U0572560

江藩集校注

Collation and Annotation of Jiang Fan's Collected Works

[清] 江藩　著

高明峰　校注

WUHAN UNIVERSITY PRESS

武漢大學出版社

圖書在版編目（CIP）數據

江藩集校注/（清）江藩著；高明峰校注.—武漢：武漢大學出版社，
2023.4
國家社科基金后期資助項目
ISBN 978-7-307-23321-8

Ⅰ.江⋯　Ⅱ.①江⋯　②高⋯　Ⅲ.江藩—文集　Ⅳ.Z424.9

中國版本圖書館 CIP 數據核字（2022）第 175881 號

責任編輯:朱凌雲　　　責任校對:汪欣怡　　　版式設計:韓聞錦

出版發行: **武漢大學出版社** 　（430072　武昌　珞珈山）
（電子郵箱: cbs22@whu.edu.cn　網址: www.wdp.com.cn）
印刷:武漢中遠印務有限公司
開本:720×1000　1/16　印張:35.5　字數:616 千字　插頁:1
版次:2023 年 4 月第 1 版　　2023 年 4 月第 1 次印刷
ISBN 978-7-307-23321-8　　定價:148.00 元

版權所有，不得翻印；凡購我社的圖書，如有質量問題，請與當地圖書銷售部門聯系調換。

国家社科基金后期资助项目(18FZW032)

国家社科基金后期资助项目
出版说明

后期资助项目是国家社科基金设立的一类重要项目，旨在鼓励广大社科研究者潜心治学，支持基础研究多出优秀成果。它是经过严格评审，从接近完成的科研成果中遴选立项的。为扩大后期资助项目的影响，更好地推动学术发展，促进成果转化，全国哲学社会科学工作办公室按照"统一设计、统一标识、统一版式、形成系列"的总体要求，组织出版国家社科基金后期资助项目成果。

全国哲学社会科学工作办公室

前　言

　　江藩(一七六一——一八三〇)，字子屏，號鄭堂，晚號節甫，佛號辟支迦羅居士，江蘇甘泉(今揚州西北)人。

　　江藩爲人權奇倜儻，豪飲好客。三十岁前，主要生活於苏州。受其父亲影响，自幼便儒佛兼修。后從惠栋弟子余蕭客、江聲學，傳惠氏《易》；三十岁之后，江藩交游四方，爲名公巨卿王昶、王杰、阮元等所重，踪迹遍及齊、晋、燕、趙、閩、粤、江、浙，曾數應鄉試不第，以監生終老。在顛沛流離的生活中，江藩泛覽群籍、博通經史、詩酒唱和、著述不輟。既以《周易述補》《爾雅小箋》《乐县考》等研經之作爲乾嘉學術增色，又以《國朝漢學師承記》《國朝宋學淵源記》爲清代學術史作出了總結，同時還精於詩詞古文，留下众多篇章，颇得时誉。因其博通之學，江藩甚得藝林推崇，與乾嘉通儒焦循並稱，時有"二堂"之目。陳康祺《郎潜紀聞二筆》卷十六《江鄭堂在儒林文苑游俠之間》亦有準確的概括：

　　　　甘泉江鄭堂藩，淹貫經史，博通群書，旁及九流、二氏之學，無不綜覽，詩古文豪邁雄俊，才氣無雙。嘗作《河賦》，以匹郭景純、木玄虚《江》《海》二作。受業惠氏弟子余仲林，盡得其傳，諸經多有發明。其爲人，則權奇倜儻，能走馬奪槊，狂歌豪飲，好游好客，至貧其家。儒林、文苑、游俠三傳，令後世難於位置。

　　就江藩的文學創作而言，留有《隸經文》四卷、《續隸經文》一卷、《半氈齋題跋》一卷、《炳燭齋雜文》一卷、《伴月樓詩鈔》三卷、《乙丙集》二卷、《扁舟載酒詞》一卷，以及《炳燭室雜文補遺》一卷(王欣夫輯)、《炳燭室雜文續補》一卷(漆永詳輯)、《炳燭室雜文拾遺》(筆者輯)一卷。不僅文體多樣，兼及詩文詞賦，而且題材廣泛，風格多樣，价值突出，成爲清代漢學家中兼擅文辭的翹楚，在"揚州學派"學者中，可與汪中、焦循、阮元等相媲美。

一、文本經術，博洽暢達

江藩的文章，主要包括辯説經義的《隸經文》、考論典籍碑刻的《半氈齋題跋》，以及傳記序書之類的《炳燭室雜文》。

關於文章寫作，江藩强調文本經術，要求俾贊王道，申抒性靈。凌廷堪《校禮堂文集》卷一《與江豫來書》引述江藩之語："近見爲文者，稽之於古，則訓詁有乖；驗之於今，則典章多舛""能文者必多讀書，讀書不多必不能文"。江藩也借評價凌廷堪文集作夫子自道：

> 君(凌廷堪)之學可謂本之性情，稽之度數者也。出其餘緒，爲古文詞，經禮樂，綜人倫，通古今，述美惡，大則憲章典謨，俾贊王道，小則文義清正，申紓性靈。嗟乎！文章之能事畢矣。近日之爲古文者，規仿韓、柳，模擬歐、曾，徒事空言，不本經術，污潦之水不盈，弱條之花先萎，背中而走，豈能與君之文相提並論哉！(《校禮堂文集序》)

由此，我們看到，江藩的文章大多有濃厚的學術底蘊，考釋精審，叙述平正，少有無病呻吟、舞文弄墨之作。

《隸經文》四卷《續隸經文》一卷，初刻於道光元年，曾釗撰序，吳蘭修作跋。是書爲江藩考訂經義、綜論群經之作，尤其以考釋古代禮制、名物爲主，範圍則幾乎涉及"十三經"各部經典。據江藩自述，《隸經文》乃"從諸文中删存者，苟非説經皆不録"。

總起來看，《隸經文》(含《續隸經文》，下同)共收文近五十篇，分議、辯、論、解、説、釋、雜文七體。體式既異、内容亦雜、範圍也廣，這是其特點之一。如《明堂議》以議的形式考論古代的明堂制度，涉及《禮記》《周禮》等；《公羊親迎辯》則以辯的形式考辯親迎之説，涉及《春秋公羊傳》《左傳》等；《姜嫄廟論》則以論的形式考述姜嫄廟的由來，涉及《周禮》；《六龍解》則以解的形式爲"六龍"一詞作解，涉及《周易》，《釋言解》《釋訓解》則專解《爾雅》；《居喪不文説》則以説的形式對所謂的"居喪不文"論作出解説，涉及《儀禮》《禮記》

等；《釋車制尺寸》則以釋的形式詮釋車制的尺寸，涉及《周禮》；在雜文類，則有《徐心仲論語疏證序》《書夏小正後》等，分別涉及了《論語》《尚書》。這些篇章或爲一字之解，或爲一事之説，或爲一制之議，確實是"非説經皆不録"。

特點之二，參究各家之説加以考訂，論證精博，多有發明。正如曾釗《隸經文序》所評："於前人紛紏同異之説，參互考訂，發所未發，謂之'六藝'傳注可，謂之自成一子亦可。"如《明堂議》一文，先列出異説："明堂制度，有以爲九室十二堂者，《大戴記·聖德篇》、班固《白虎通》、蔡邕《明堂月令章句》也；有以爲五室者，《考工記·匠人》、鄭康成《周禮》二《記》《注》也，後儒或從鄭《注》，或主蔡説，言人人殊，莫能是正。"次溯源窮流，以爲漢武時罷儒生之議而用方怪之言，光武時儒生議禮又不敢不本緯書，故而江藩指出："竊謂當從鄭君之説。鄭君深於禮，善於讖，其論明堂則本諸經而不言讖，蓋折衷二京諸儒之言而知讖記、方書之不可信矣。"然後徵引《大戴記·聖德篇》、張衡《東京賦》、宇文愷《明堂議》及《周易·説卦》《禮記·玉藻正義》《五經異義》《漢書·光武紀注》等材料，申論鄭氏"明堂爲五室"之説，並論及明堂的建制地和尺寸等問題，最後，江藩對這些問題提出看法，並作總結：

> 謹案今禮古禮，各以其義説，無明文以知之。在鄭君時，其尺寸之制，已不可考，《匠人職》依文解義，乃述古缺疑之意，而後人鑿空臆斷，豈能合於古制耶！蓋武王初定天下，典章未備，有會同之事，如《覲禮》所云，爲宮於國外，方三百步，四門，壇十有二尋，深四尺，加方明於其上而已。所以西京無明堂也。迨周公攝政之日，作洛之年，始考古制，作明堂於土中，《禮記·明堂位》"周公避成王，朝諸侯於明堂"者，東都之明堂也，即於此禘郊配天，頒朔聽政焉。及成、康時，舉行巡狩之儀，於是方岳有明堂矣。《孟子》《吕氏春秋》所稱齊之明堂，乃泰山天子巡狩之明堂也。後人不達斯禮，紛紏競爭，強作解事。今緣述古意，通其旨趣，惜《禮經》殘缺，求之靡據已。

通觀《隸經文》，可以發現，《明堂議》一文頗爲典型，既旁徵博引，資料翔實，又裁斷衆説，有所發明，從中可見江藩的治經方法。吳蘭修《隸經文跋》對此也有揭示：“凡單辭奧義，皆能旁推交通，以得其説。無膠執讖緯之弊，有翼輔馬、鄭之功。”評論較爲恰當。

至於《隸經文》中其他篇章，如《居喪不文説》《六龍解》等篇，也都考辯博洽，時有新見，如《居喪不文説》對“居喪不文”説法的解釋：“古人言喪事而不文飾其言，豈謂詩文哉！今人之詩文，含宮聚商咀，與古之樂章無異同，古人小功尚不及樂，況父母之喪邪！居喪不爲詩文，非言不文，乃《曲禮》所謂居喪不言樂也。”在《六龍解》中則提出：“《彖》言六龍者，猶言六陽也，即六位也，九家逸象曰‘乾爲龍’，此指乾之一卦，非謂六爻皆爲龍也。爻辭有五龍，龍之頭數也。《象傳》稱六龍，説乾卦全體之義也，對文則異，散文則通，六龍非實有之數，可以釋《易》，不可以制禮也。”足以當得起曾釗所評“謂之‘六藝’傳注可，謂之自成一子亦可”，以至於吳蘭修推許爲“近日通儒，舍先生其誰哉”！

特點之三，是推崇漢學，講求名物制度，又兼融宋學，留意經世致用。江藩早年在吳門受業於余蕭客、江聲，二人皆爲惠棟的得意弟子，故而，江藩得以傳承惠氏之學。而惠棟以推崇漢儒、篤守古訓著稱，梁啓超在《清代學術概論》中評其爲“凡古必真，凡漢皆好”。江藩受惠氏一派影響較爲明顯，推尊漢學不遺餘力。如江藩在《國朝漢學師承記》“緒論”中自言從余蕭客、江聲受學，從而知漢學“一壞於東西晋之清談，再壞於南北宋之道學”，並稱頌惠氏吳派、戴震皖派興起而“漢學昌明，千載沈霾，一朝復旦”。江藩又因惠棟《周易述》未完稿而續補三卷，其體例和主旨皆一仍其舊；承江聲之學而撰《爾雅正字》，亦以《説文解字》爲指歸，而許慎及其《説文解字》則專主古文經學。這種表彰漢學的情況，在《隸經文》中亦有充分體現，如《明堂議》依從鄭玄之説加以闡發，《六龍解》據鄭玄之論、《説文解字》“五龍六甲”之説而對“六龍”名義作出解釋。至於江藩究心古代典制，於《隸經文》亦是昭然若揭，其卷一全爲考釋禮制，諸如《股骹説》《軓軹軨説》《釋車制尺寸》等則專訓名物。

同時，江藩又關注宋學，留意經世致用。如江藩與惠棟等篤守東漢古文學不同，對公羊今文學有所關注。江藩寫有《公羊親迎辯》《公羊先師考》，前者就《春秋》公羊“天子至庶人皆親迎”之説作出辯解，後者則對公羊先師作一考辯，皆有發明；《膚寸説》《用然後郊解》兩文則分別是對《公羊傳》中“膚寸”一詞和“用然後郊”一句給予解釋，

《化我解》一文也主要是依據《公羊傳》來立論。再如《徐心仲論語疏證序》中反映出江藩對《論語》的熟悉，《書阮雲台尚書性命古訓後》中透露出江藩對性命義理和經世致用的關注。江藩在《徐心仲論語疏證序》一文中，對《論語》名稱的由來、師承流派及注疏的情況作了細緻梳理，頗爲簡要，可見其對《論語》的熟稔。其實，《隸經文》卷二《雅頌各得其所解》一文即是對《魯論》"吾自衛反魯，然後樂正，《雅》《頌》各得其所"一句中"所"字作的解釋。在文中，江藩認爲《魯論》"各得其所"之"所"字即《國語·周語》之"三所"，並指出："夫子正樂之音，使七律合於三所，使周之樂不襲三代五音之制，此之謂各得其所也。後人以詩篇之次第、用詩之地釋之，是正詩非正樂也。"此論可成一家之言。再如《書阮雲台尚書性命古訓後》一文，則有一定的經世致用色彩。此文首先開宗明義，指出宋儒性命之學自謂直接孔孟心原，然其所謂"因其所發而遂明之，以復其初"乃本李翺《復性書》，以虛無爲指歸，乃是佛氏之圓覺。接着推究了古聖賢的性命之説：

> 蓋性有五，木神仁，金神則義，火神則禮，水神則信，土神則知，陽之施也；情有六，喜在西方，怒在東方，好在北方，惡在南方，哀在下，樂在上，陰之化也。聖人恐陰之疑於陽也，制禮樂以節之，《召誥》曰"節性"，《中庸》曰"喜怒哀樂之未發謂之中，發而皆中節謂之和"是已。《孝經説》曰：性者，生之質命，人所禀受也。至於三科之壽命、遭命、隨命，亦禀於天者，務仁立義，毋滔天以絶命，是謂知命之君子。此皆七十子之微言大義，古聖賢性命之説不外是矣。

進而揭示出後人不求之節性復禮而求之空有是錯誤的，其所言復其性、復其初即是法秀"時時勤拂拭，免使受塵埃"偈語之義。最後，對阮元述聖經古訓以黜"復其性、復其初"謬論的《性命古訓》大加讚揚，稱頌爲"功不在禹下"，並對該書的意義作了具體闡釋："讀是書者，勿以躁心乘之，勿以舊説汩之，盡心以求其藴，存性以致其用，大可以探禮樂之原，致治平之要，小可以進德居業，樂行憂違矣。"從中，我們可以看出，江藩關注宋儒性命之學，且持批判態度，他本人對性命之學也頗有研究，所論自出機杼。我們注意到，江藩早年受父親影響，儒釋兼修，後又從學於儒佛互證的汪縉等人，於佛學有一定修養，加之江藩"於《中庸》之旨，略通其誼"（《易大義跋》），故而熟悉性命之學當不足爲奇。特別值得注意的是，《書阮雲台尚書性命古訓後》文末"盡心以求其蘊，存性以致其用"云云，顯示出了江藩研經以致用的意識，他甚至認爲研讀阮元《性命古訓》"大可以探禮樂之原，致治平之要，小可以進德居業，樂行憂違"，或許這一評價有點言過其實，但從批判宋儒性理之學的空疏來看，自有其意義；從經世致用的意識來說，可避免純粹爲考證而考證的弊端，更加值得稱道。其實，江藩傳誦一時的《河賦》亦是其留意現實的反映，而收入《隸經文》卷四的《原名》一文，也頗有經世的意味，正如江瀚《隸經文提要》所評："《原名》一篇，尤得正名之旨。其云後世名法合爲一科，先王制禮之原不以名教，而以名刑，爲酷吏騰説，奸胥舞文，殺盜賊非殺人之奸言起，而求治安，烏可得乎？是誠仁人之言。有心經世者，尚其留意焉。"①

　　特點之四，文獻價值突出，保存了一些珍貴資料，另有較高研究價值，有助於較爲全面地揭示江藩的經學成就及經學思想。諸如《節甫字説》《徐心仲論語疏證序》等，史料價值甚高。如《節甫字説》一文，使我們明瞭江藩晚年自號節甫的緣由及其意義，尤其是其中"藩生於乾隆二十六年三月二十二日"，是關於江藩出生時間的第一手資料，極爲珍貴，爲閔爾昌《江子屏先生年譜》所采録。至於《徐心仲論語疏證序》一文，尤爲值得一提。《論語疏證》一書，是徐復重要的經學著作，可惜有關著録太少，且極爲簡略，如江藩《國朝漢學師承記》爲徐復作傳時也只提到："著有《論語疏證》，藩爲之序。"而從此文中，我們可以獲悉以下情況：第一，此書於乾隆六十年已經成書。第二，此書乃博綜群籍，專攻全經，有助於改變入清以來多治大經而不治小經，以及在《論語》研究領域偏於專論的局面。第三，江藩與徐復親善，講論經義甚歡，以至"日旰忘食，夜分不寢"。第四，《論語疏證》頗見功力，得到江藩的極力推許。第五，江藩對《論語》名稱的由來、授受流派、注疏得失等情況都很瞭解，所論頗有見地。尤其是這第五點，既有文獻價值，更具研究價值，對於把握江藩在《論語》方面的治學成就極爲重要。如果我們將其與《國朝經師經義目録》之《論

<hr />

① 中國科學院圖書館整理：《續修四庫全書總目提要·經部》，中華書局一九九三年版，第一三七二頁。

語》"叙論"作一比較的話，可以發現，"叙論"只是從漢代談到了南宋朱熹的《四書集注》，而《徐心仲論語疏證序》所論則更爲詳盡，範圍延續到了清代，能够從整個《論語》注疏史的角度加以關照，對皇侃《義疏》、邢昺《正義》等多有評論，也涉及了清代閻若璩的《四書釋地》和江永的《鄉黨圖考》，並在此基礎上指出了徐復《論語疏證》在學術史上的意義；尤爲值得注意的是，在"叙論"中提到宋人對《論語》的研究時，只對朱熹的《四書集注》作了專門介紹，並稱其"盛行於世"，而在《徐心仲論語疏證序》一文中，既點名對邢昺《正義》多加指摘，稱其"疏於六書，失於考訂"，又從整體上對宋人的《論語》研究大加貶低："至於有宋一代，竊漢儒仁義禮智之餘緒，創爲道德性命之空談，其去經旨彌遠。"關於朱熹的《四書集注》，只是在叙述明代的《論語》注疏時委婉地略加提及："明季專尚制義，囿於見聞，第乞靈於新安(指朱熹)，幾不知世有平叔。"從這裏我們也可以看出，江藩更爲重視章句訓詁，故而對宋儒闡發心性義理的《論語》研究一概否定，朱熹的《四書集注》當然也在其中，其"明季專尚制義，囿於見聞，第乞靈於新安，幾不知世有平叔"云云，也含有對《四書集注》加以批評的味道。江藩之所以不明確點名批評，恐怕還是礙於當時《四書集注》作爲科舉考試標準的統治地位。而《國朝經師經義目錄》在《論語》"叙論"中對於朱熹的《四書集注》只是作了這樣的叙述："至南宋，朱子始以《論語》《孟子》及《禮記》中之《中庸》《大學》二篇，合爲《四書》，盛行於世"，從中已看不出江藩的態度。他如《公羊先師考》《尚書今古文辨》兩篇，前者專門辯駁了胡毋生、董仲舒爲公羊高五傳弟子之説，並就公羊學胡毋生、董仲舒以來的師承傳授作了考辨，後者則對《尚書》今古文之别，今文、古文之異同等問題作了分析，所論頗爲具體，辯證精審，均可與《國朝經師經義目錄》中的《春秋》"叙論"、《尚書》"叙論"參看，可補其缺漏。而《書阮雲台尚書性命古訓後》一篇，則是江藩關注性命之學不可多得的重要材料，其研究價值自不容忽視。此外，江藩未刊刻的經學著述尚有《經傳地理通釋》《儀禮補釋》《考工戴氏車制圖翼》《石經源流考》《禮堂通義》，從書名可知是關於經傳地理、禮儀制度、考工車制、石經源流等方面，這些未刊之作今已難覓踪跡，不能不説是個遺憾，但是《隸經文》中所收關於禮制的如《明堂議》《私諡非禮辨》等篇，關於考工車制的如《股骹説》《軓軹軨軹説》《釋車制尺寸》等篇，則足以使我們瞭解江藩在這些方面的成就，其文獻價值和研究價值也就顯而易見了。

正如黃式三《讀江氏隸經文》所云：

> 江氏鄭堂之《隸經文》，議、辨、論、解、説、釋、雜文凡七種，苟非説經皆不録。讀其文，汪洋自肆，不似姚公之守法；而渾厚不及盧、戴公。要之，詳博考據，務求精審，有不得盡以文之工拙論者。以其文既爲人之所難工，雖未工者亦可以傳也。鄭堂酒後耳熱，自言其文無唐宋八家氣，作文豈必外八家，意亦謂不拘其法而已。鄭堂作《漢學師承記》，凡前儒經説之創獲者，覼縷述之，不矜裁削，於後儒所講起收虛實之法不拘焉。後之爲《藝文志》《儒林傳》者，將必取法於是也哉。①

今天我們來看《隸經文》，不僅關注其文考辯博洽、條理順暢的長處，更要看到江藩本於經術、俾贊王道的努力，誠可謂"不得盡以文之工拙論者"。

《半氈齋題跋》二卷，有光緒間《功順堂叢書》本，後出的《叢書集成初編》本乃據《功順堂叢書》本排印。《半氈齋題跋》分上下兩卷，上卷有《錢氏詩詁》《穀梁注疏》《草堂詩餘》等二十篇，多是江藩爲所見、所藏、所校書籍而作的題跋，所涉範圍頗廣，包括經傳、類書、小説、詩文集等，主要是考察其作者與内容，辨明其版本與源流，再附以江藩的評論。茲舉《事文類聚翰墨全書》一篇以明之：

> 《事文類聚翰墨全書》，諸家目録皆無此書。疑是宋劉應李《翰墨大全》。元人重爲編次，屛入《方輿》一門耳。考興和路之寶昌州，金之昌州也，仁宗延祐六年，改爲寶昌州，是書仍作昌州，則編次之人，在仁宗延祐以前矣。壬集二卷後，有康熙時無名氏跋語，云刊於至正二年。蓋甲集前有序記至正年月，今又失去耳。是書體例蹖駁，不足以資考證，惟《輿地》一門，次叙與《元史》不同，如懷孟路下有冠州、恩州，可補《元史·地志》之缺。

---

① 黃式三：《儆居集》四《子集三》，光緒十四年刻本，第三册第三一頁。

是篇先考《事文類聚翰墨全書》的作者，次及其版本源流，最後下以評論，以爲此書"體例踳駁，不足以資考證"，但同時又指出《輿地》一門的價值所在。

此外，通觀《半氈齋題跋》卷上所收序跋，可以發現，一方面，江藩撰寫的序跋不拘一格，有時是長篇累牘，詳加論述，以考鏡其源流本末，如《宋本四書》《楊太真外傳》《群賢小集》等篇；有時又惜墨如金，以寥寥數語扼要概括，如《草堂詩餘》一篇：

> 是本不分小令、中調、長調，乃《草堂詩餘》之元本也。世傳《類編草堂詩餘》，不知何人所分，古人書籍往往爲庸夫俗子所亂，殊爲可恨。

誠可謂言簡意賅。另一方面，這些序跋所記述的各種典籍的版本、內容以及江藩的評論，也有着較高的學術意義。如《詞源》中江藩關於詞律的認識以及對張炎世系的考察，《事文類聚翰墨全書》中江藩的評論，這些都有參考價值。又如《楊太真外傳》中記及樂鈞屬江藩校正《楊太真外傳》之事："《太真外傳》二卷，宋樂子正撰。……蓮堂先生，子正之雲仍也。博學好古，購得予老友吳君小匏手鈔影宋本，屬予校正，付之梓人。能述祖德，前賢稱美，豈非樂氏之賢子孫哉！校讎訖事，爰書數語於後"，《李賀歌詩編》述及江藩老友吳枚菴的生平："枚菴，長洲生。手鈔秘笈數百種，日夕不輟，因而損一目。枚菴名翌鳳，一字小匏"，這些都具有史料價值。尤爲值得一提的是，《穀梁注疏》《孟子注疏》《宋本四書》《乾鑿度》等篇，對於研究江藩的經學成就或思想不無參考意義，從中可以看出江藩對《穀梁傳》《孟子》《四書》等今文學經典也有所關注，對宋儒之學更不是一概排斥；而《乾鑿度》指出的先秦之緯不比成、哀之緯，其辭醇正，值得信從的論斷，則無疑能讓我們更全面理解江藩對讖緯的看法。

《半氈齋題跋》卷下則有《五鳳二年十三字碑》《南宋石經》《長樂未央瓦》等二十一篇，主要是就碑帖磚瓦上面的刻字或畫像而作的題跋，以述其原委爲主，時或兼及江藩的評論。其中的《顏臨十七帖》和《宋嘉定井欄題字》兩篇，尤爲值得一提。《顏臨十七帖》，江藩亦不能辨其真贗，在跋文中如實說明，僅提出兩條可疑之處，並請深於金石之學的張南溪爲之考證。於此可見江藩多聞闕疑的科學態度。《宋嘉定井欄題字》一篇，則詳細記載了嘉慶十二年六月十一日與族兄江仙舟、表弟方象明一起到揚州舊城二巷井欄拓字的事情，有"是日，赤日如爐，火雲似傘，揮汗拓之。旁觀咸以爲痴，而予三人不顧也"云云，運用簡潔的文筆，生動形象地展示出江藩求學若渴的一面，也讓我們對後來江藩以豐厚館金盡易端溪石硯的舉動有了更好的理解。

《炳燭齋雜文》於光緒三年刻入《滂喜齋叢書》，光緒十九年又刻入《積學齋叢書》。值得注意的是，《積學齋叢書》本《炳燭室雜文》，要比《滂喜齋叢書》本多《爾雅釋魚補義》一篇，少《節甫字説》《私諡非禮辨》二篇，而此二篇已收録於道光元年刊刻的《隸經文》中。

《炳燭室雜文》所收多爲書信序跋、傳記論説等，以考釋經史和傳記人物爲主。這些篇章頗有可觀之處，如考釋史事的《與張篠原書》，材料豐贍，辨證有力。江藩先提出靶子，引述有問題的史料："杜佑《通典·食貨篇》：宋文帝元嘉中，始興太守孫豁上表曰'武吏年滿十六，便課米十斛，十五以下至十三，皆課三十斛'云云。馬端臨《文獻通考》引此與《通典》同。"繼而詳考《漢書》《後漢書》《宋書》《南史》《風俗通》等典籍，首先指出孫豁乃徐豁之誤；繼而揭明武吏即亭長，"豁所表陳者，乃武吏之田，非民田"，並對《通典》《文獻通考》産生訛誤之由作了説明：

> 自杜佑《通典》節去"郡大田"三字，混入賦税之內，遂訛爲取民之制。而馬端臨《文獻通考》襲其舛訛，又疑之曰："晋孝武時，除度定田收租之制，只口税三斛，增至五石，而宋元嘉時，乃至課米六十斛，與晋制懸絕，殊不可曉。豈所謂六十斛者，非一歲所賦耶？"貴與但疑課米之多，而不疑"郡大田武吏"五字，蓋誤以爲取民之制，竟置武吏於不論矣。

不僅如此，江藩還考察了《晋書·山濤傳》等材料，並結合晋代有關田制，對始興太守徐豁上表的情狀作了具體分析："竊謂始興係邊郡，武吏之田，必邊郡之屯田。武帝去兵之後，所有屯田希冀給武吏。晋制，五十人爲屯田二千石，長吏以入穀多少爲殿最。是時，求課最者，必爭相益，乃至六十斛之多。豁不言税米而變文言課者，可見至宋時雖不以入米之多少爲課殿最，而課之名猶在也。其始田多吏少，尚能輸納。至元嘉時，田止此數，而生齒日煩，勢在不能均給，而武吏子孫，又成土著，甚至無大田之實，有武吏之名。按戶征輸，循而未改，於是有畏懼法逃匿，而戶口歲減也”，從而再次強調徐豁所言乃武吏之田：“若以此爲取民之制，既與孝武口稅三斛不符，且豁亦不必言武吏矣。”由此可見，江藩的考辯極爲博洽，材料豐贍而史事融貫，很有説服力。

又如傳記人物的《吾母王孺人傳》，叙述簡而有法，描摹形象生動。先以“孺人在家，事父母以孝聞。于歸後，以事父母者事姑，以佐其父母者佐夫、子，内外無間言”總評王孺人的生平行事，繼而分別加以描摹刻畫，如事姑以孝：“丁太孺人多病，孺人進甘旨、視湯藥、扶持搔抓以及滌牏之役，無不親爲之”，相夫以賢、教子以義：

> 序常丈，敦行君子，六十年中，夫婦相敬如賓。家無中人之產，當坎壈時，孺人少侘傺之色，而勤儉持家，服食樸素，雖不至有負薪被絮之苦，然亦可繼簪蒿杖藜之風矣。嗣後四子成立，奉養無缺。孺人服敬姜之訓，終不休蠶織也。孺人平居無怒色，無疾聲，教子惟以義方，不加榎楚，即下及臧獲，待之亦以禮。

运用简洁条贯的语言，通过富有表现力的细节，使王孺人的形象躍然紙上。

尤爲值得注意的是，《炳燭室雜文》卷首第一篇是《河賦》，這是江藩傳世的唯一一篇辭賦。此賦先渲染河水的大氣磅礴：“河出其上，瀾汗激蕩。奔雷泄雲，涌濤騰浪。若流浮竹而駟馬難追，如鼓風輪而一葦難航”，繼而鋪陳大禹治水時“導河積石，闓辟呂梁。下安民居，定墺四方”的宏闊場面與艱難波折，最終通過疏通水道，“播爲九河”，出現了“影則斜絡乎天，形則貫注乎地。膆腋流化，筋脉卷舒。通中原之垢濁，爲百川之具區”的嶄新局面。通觀全篇，誠可謂文辭富麗流美，史事融貫條暢，爲文史結合之佳作，堪與木玄虚《海賦》、郭景純《江賦》並傳。此賦一出，頗得好評，廣爲傳誦，王昶《江鄭堂河賦注評》稱其“醇厚斑駁，亦似鄒、枚”，江璧《伴月樓詩鈔跋》亦指出江藩“有仿《文選》體《河賦》一篇，最爲當時傳誦”。錢坤還專門爲之作注，後由繆荃孫刊入《藕香零拾》中。

除了《隸經文》《半氈齋題跋》《炳燭室雜文》以外，江藩還有大量散佚之文，王欣夫、漆永祥及筆者皆輯得一卷。王欣夫輯得《炳燭室雜文補遺》一卷，收《周禮注疏獻疑序》《與焦里堂書》等佚文十四篇，其中《楊太真外傳跋》《詞源跋》已見於江藩《半氈齋題跋》中；漆永祥輯得《炳燭室雜文續補》一卷，收《漢延熹西岳華山碑考序》《與汪喜孫書》等佚文十三篇；筆者輯得《炳燭室雜文拾遺》一卷，收《廣東廣西得名説》《毛詩物名釋序》《漢石經殘字跋》等二十餘篇。這些佚文多爲書信序跋，内容廣博豐贍，文辭精煉暢達，與上述《炳燭室雜文》相類，兹不贅述。王欣夫《炳燭室雜文補遺》稱其"不但實事求是，絕無空言，且可窺爲學博涉，無所不通矣"，庶幾得之。

　　值得進一步申説的是，江藩所作多爲散文（或曰古文），非駢文，更非用於科考之時文。所以，儘管江藩多次參加科考，却無功而返。劉大觀《贈江鄭堂》稱江藩"賦自長安賣，燈同宰相分。依然身未顯，不肯作時文"。漢學家中此類情況較爲普遍，江藩《國朝漢學師承記》亦有鳴其不平之意①。關於古文創作，江藩頗爲自負。在《句容道中有懷胡大眉峰》詩中，江藩自言工於古文，並對世人只稱其經學而不稱其古文略有不滿，因而將賞識其古文的胡量（號眉峰）引爲平生第一知己：

　　　　肆經識小愧聲聞，近日名流咸以經學推僕。漢宋諸儒説正紛。粗淺疏迂從物議，玄黃朱綠要君分。僕工古文，世無知者，唯眉峰亟稱之，真可謂平生第一知己也。

　　後來，江藩還曾對姚鼐高足方東樹説："吾文無他過人，只是不帶一毫八家氣息"②，所謂文無八家氣息，正如黃式三《讀江氏隸經文》所言，"鄭堂酒後耳熱，自言其文無唐宋八家氣，作文豈必外八家，意亦謂不拘其法而已"，當是有激於桐城古文而言的。從實際情況來看，江藩的文章或以融貫條暢見長，或以簡潔有法著稱，格調清俊，與歐蘇文風相近，非桐城古文所能局限。

二、詩抒性靈，清俊通脱

　　江藩詩集有《乙丙集》二卷，稿本，藏北京國家圖書館，上海圖書

---

① 參見筆者：《〈國朝漢學師承記〉〈國朝宋學淵源記〉述論》，《求索》二〇〇五年第二期。
② 方東樹：《漢學商兑》卷下，商務印書館一九三七年版，《萬有文庫》本，第一四六頁。

館藏有鈔校本，卷上、卷下共收詩一百二十八首；《伴月樓詩鈔》三卷，清鈔本，藏上海圖書館，卷上、卷中和卷下共收詩一百七十三首，其卷上、卷中分別是《乙丙集》的卷上和卷下。

正如江璧《伴月樓詩鈔跋》所言，江藩"卓然爲當代經師。暇而爲詩，其餘事也"。江藩自束髮後，就開始閉門造車地寫作五七言詩。十五歲時，從余蕭客游，得以獲知風雅之旨，創作水準有了很大提高。在此後的十一年中，作詩達八百首，《乙丙集》二卷所收的詩歌，即是乾隆丙午年(一七八六)從這八百首詩作中選出的。

對於詩歌創作，江藩主張博采衆長。他"上窺漢、魏、六朝，下逮李唐、趙宋，雖不能入天廚、竊禁臠，而鍾嶸之品、皎然之式，亦三折肱而思過半矣"(《乙丙集自序》)，廣泛地從前人作品中汲取營養。江藩還強調詩歌創作要抒寫性靈，不應彰立門户。其《呈簡齋先生》(其二)云"作詩寫性靈，何必立門户"，在稱讚袁枚寫詩獨抒性靈的同時，也否定了世人彰立門户的行爲。他在《國朝漢學師承記》卷四《王蘭泉先生》中，還批評從游三十年的王昶："今先生(王昶)以五七言詩争立門户，而門下士皆不通經史，粗知文義者，一經盼飾，自命通儒，何補於人心學術哉！"此外，江藩還注重詩歌創作的開拓創新，反對因襲。其《和答子乘》詩云"吾儕言語過，不拾昔賢餘"，《秋日遣價邀墨莊清話墨莊作詩報僕和韻答之》詩亦有"從此與君約清話，了无拾晋人餘"之語。在《呈簡齋先生》(其一)中有"發爲古文辭，畢天下能事。徐庾作奴隸，韓柳亦愕眙"云云，又有"高論法漢魏，稍卑宗李杜。此皆詩因語，攟拾前人吐"之句，皆可反映出江藩對詩文創新的重視。

江藩的詩歌創作，各體兼備，既有如《古風》《二樹老人畫梅歌》之古體，又有絶句、律詩之近體，多爲五七言詩。從内容上看，以唱和酬贈之作居多，另有寫景題畫、詠史言志之類。

江藩常年漂泊在外，見賞於王杰、阮元等名公巨卿，加之又喜好吟詠，且視友朋如性命，這些爲其詩酒唱和提供了主客條件。關於詩酒唱和之盛況，江璧《伴月樓詩鈔跋》寫道："當時若陽湖孫淵如、洪稚存，武進黄仲則諸前輩皆與公爲文字交。公年五十始南歸，居廣陵之城北草堂。維時，適吳穀人祭酒、洪桐生太史掌教在揚，而華亭汪墨莊從吳中來，主於吾家，顧千里先生亦從虎邱買舟來揚，一時士大夫並汪容甫、趙介南諸公相爲過從，文酒之宴無虚日，酬唱之作最多，甚盛事也。"故而，《乙丙集》和《伴月樓詩鈔》中以唱和酬贈之作居多當不足爲奇。從這些詩篇來看，江藩酬贈唱和的不僅有余古農、朱笥河等師長，更多的是友朋，如胡量、黃石航、季雪垞、洪樾林等；不僅有汪縉、汪繩這樣儒佛互證的儒生，更有淡上人、玉上人等釋子。這類詩歌，固然多屬留連光景、應酬往還之作，但也大多寫得情真意摯，饒有趣味。如《早發銀山却寄半客》："行人殘夢寄征鞍，相見匆匆一夕歡。學道艱辛談道樂，讀書容易著書難。雲沈空谷天光曙，日轉蒼松江影寒。異姓兄弟如骨肉，何年同把釣魚竿"，把友朋之情、切磋之樂抒寫得興味盎然；而《過愛廬師》《孟陬十八日陪笥河夫子游聖恩寺作此以呈》等篇，則能够將從游師長的意趣形象地表達出來，即便是對老師的讚揚，如《孟陬十八日陪笥河夫子游聖恩寺作此以呈》(其二)稱朱笥河"文章窟裏推先輩，仙佛中間第一人。若有朝雲相伴住，東坡居士定前身"云云，也顯得生動有趣。至於《游天平山次蘇子美韻贈淡上人》《玉上人云寺内鳴鐘聲聞在此聞聲在彼是現在聲是虛空聲請下一轉語爲述二十八字》等篇，則不僅僅是友朋間的唱和之作，其史料價值尤爲值得注意，對於考察江藩的佛學淵源與修養都有裨益。

此外，江藩還有一些寫景題畫之作，如《杏花村舍》《六月二十九日阻風江口作》《阻雨盤古山莊》等篇寫景，《題明皇幸蜀圖》《二樹老人畫梅歌》《題聽秋圖小影》等篇題畫。當然，在寫景題畫中也不免抒情、議論，如《題明皇幸蜀圖》中有"妃子空餘坡下骨，君王能斬畫中頭。開圖莫笑郎當甚，曾願長生祝女牛"之句，無疑是融入了作者對歷史的思考與感慨。

特別值得我們注意的，或許還是那些詠史言志詩。江藩在詠史的同時，也流露出許多對現實的思考，頗有意義。具體說來，江藩或是詠史事，如《讀五代史伶官傳三首》《讀後漢黨錮傳弔范光禄滂》《書司馬相如傳後》等；或是詠古迹，如《禦兒亭》《梅花嶺弔史閣部》《出古北口》等。如《讀五代史伶官傳三首》：

著囊藥篋翁家物，富貴兒郎墊破巾。
試看宮中調笑事，真天子作假山人。

雜戲俳優共妙伶，晉汾歌曲曲輕輕。

翻成亞次新名目，按板聲如批頰聲。

先王三箭血痕多，國政如何決八哥。
一自五方焚器後，銅光不用鏡新磨。

可以説是用組詩的形式，對歐陽修《五代史伶官傳序》"憂勞可以興國，逸豫可以亡身"作了生動詮釋，而江藩生活的年代，正值清朝由盛轉衰的時期，其現實意義不言而喻。再如《梅花嶺弔史閣部》"亂臣詭説清君側，聖主還興問罪師。冷雨斜風斑竹路，家亡國破欲何之"，《出古北口》"多少苻秦慕容事，興亡都在亂流中"等句，在對歷史進行深層思考的同時，也飽含了作者穿越時空的感慨和無奈。其實，除了這些詠史之作外，江藩還有一些留意於現實的詩篇，體現出對民衆的關懷。如《友人從蜀中來話兵後風景有志》（其二）：

紅旗聞已赴神京，巴蜀初回大地春。
望遠喜無林障眼，入村幸免犬驚人。
版圖舊迹仍歸漢，父老生還不避秦。
最是天陰腸欲斷，蕭蕭山雨濕青磷。

雖然取得了戰爭的勝利，但却是以大量屍骨以及物力、財力爲代價，"望遠喜無林障眼，入村幸免犬驚人""最是天陰腸欲斷，蕭蕭山雨濕青磷"等句，流露出作者反對戰爭、關懷民衆的深情。由此可見，江藩並非一味埋頭研究典籍，也並不因詩酒唱和而留連光景，他還有關懷現實的一面。

從藝術上來講，江藩的詩歌創作帶有宋詩的風貌，接近蘇軾、黃庭堅的詩風。江藩《和答黃大石航見寄之作時石航在廣陵》詩有注云"石航來詩，謂予近日詩文有蘇子之風"，吳翌鳳《東齋脞語》則稱江藩"亦能詩，宗山谷派，頗不羈"。江藩詩既有平易的一面，又有精工的一面，總體風貌則表現爲清疏俊朗。

上文提到，江藩主張在詩歌創作上博采衆長，對漢魏六朝乃至唐宋詩歌都要兼收並蓄，但實際上，他對唐宋詩歌，尤其是蘇、黃二人的詩歌更爲欣賞。他詩篇中所用的前人詩韻多屬宋人，如蘇舜卿、歐陽修、蘇軾、黃庭堅等，其中尤以蘇、黃二人之詩韻居多，用蘇軾詩韻的有《詠雪用東坡尖叉韻十六首》《遠齋雪中過我薄暮即去用東坡大雪獨留尉氏韻》《讀墨莊詩書其後用東坡翁書林逋卷尾韻》《上元夕同子乘藥師王廟觀燈用坡公雪後到乾名寺遂宿韻》等，用黃庭堅詩韻的有《梅窗獨坐憶文洲歸舟遇雪用山谷竹軒詠雪韻寄之》《殘雪用山谷韻》《山谷次韻王定國揚州見寄詩中有明珠論鬥煮雞頭之句今揚州並無雞頭何古今之殊若此遂次其韻》《山谷在廣陵有之字韻詩三首清新可愛追和其韻》等，這充分説明，江藩對蘇、黃二人的詩作極爲熟悉且欽慕有加。其實，江藩在詩作中多次表達了對蘇軾其人其詩的追摹。如《十一日大雪不止季二雪垤同其弟蓉湖過舍茶話季氏仲季雅善調律玉笛牙板互相角勝頗慰岑寂用六一先生聚星堂雪詩禁體韻》云：

> 歐九善戰無寸鐵，巨筆橫掃如橫槊。
> 老門生詩實過之，我欲追配殊大㗛。東坡《聚星堂詩序》："僕以老門生繼公後，不足追配先生。"

委婉表達了欲追配蘇軾的願望；而《詠雪用東坡尖叉韻十六首》則分明有一較高下之意，實際上，這十六首詩也確實充分顯示了江藩詩歌創作的藝術技巧，得到了友朋的讚賞，江藩本人對此頗爲得意，正如其在《和洪樾林客中感舊二首》（其一）中所云："蕭蕭兩鬢已霜華，匹馬曾經萬里沙。笑我雙聲諧競病，愛君險韻押尖叉。"在《和答黃大石航見寄之作時石航在廣陵》一詩中，江藩更是明確表示要拜東坡爲師，並以秦觀、張耒自期：

> 六根静業得聲聞，願學朱陳舊使君。東坡詩"我是朱陳舊使君"。
> 再向蘇門求下乘，秦張或者是同群。石航來詩，謂予近日詩文有蘇子之風。

從江藩的師承來説，他自幼就從朱筠（字笥河）等人游，受其影響是顯而易見的，而朱笥河與蘇軾又有着幾許相似之處，以至於江藩在推許朱筠時，曾把他比作蘇東坡："文章窟裏推先輩，仙佛中間第一人。若有朝雲相伴住，東坡居士定前身"（《孟陬十八日陪笥河夫子游聖恩寺作此以呈》其二），或者直接用蘇東坡指稱朱笥河："栢樹有因梅有緣，因緣暗結東坡老"（《栢因軒有梅一株倚墙而生今年春笥河夫子探

梅見此婆挐樹本以竹杖去其枝頭蛛網謂藩曰何其古也十一月二十六日
與墨莊約明年春宿還元閣作衆香國主人談及此事而先生已歸道山矣唏
噓久之泫然泣下感而作此》）。正是由於這種師承淵源與自主追求，江
藩的詩作在一定程度上體現出了蘇詩的面貌，正如江藩所自期的秦
觀、張耒的詩作那樣（苏轼以为"秦得吾工，张得吾易"），或精工，
或平易；而關於這一點，黃石航早已有所察覺。

　　具體説來，江藩的詩歌如蘇詩一般，有以文爲詩、以才學爲詩、
以議論爲詩的傾向，或精工細緻，或自然平淡，而在總體上則呈現出
清疏俊朗的面貌。典型者如《國香者荆州女子也不知其姓山谷謫居時
曾屬意焉後嫁與小民家故和馬荆州水仙花詩有可惜國香天不管隨緣流
落小民家所爲作也谷曾以此意告其友高子勉後山谷卒於宜州荆州地歲
荒小民鬻其妻爲本州田氏侍兒子勉過荆飲於田氏田氏出侍兒侑酒子勉
以山谷事告之且勸以谷詩國香字之高友王子亦聞此事於高索高作國香
詩詩見任淵山谷集注十五卷中古農先生昔有和作辛丑春墨莊問及此事
予爲之細述感嘆唏籲遂和高詩焉》：

　　　　涪翁淪謫年將晚，春日迷花猶欸欸。迷花迷到水仙花，羅襪
　　凌波動班管。姬人未嫁似羅敷，豆蔻梢頭二月餘。青草岸邊才子
　　宅，綠波江上美人居。春雲有夢夢何處，夢輕恐被風吹去。相思
　　寫入香草篇，空向詩中弄佳句。謫官無計但含悲，夫婿輕離倦掃
　　眉。宋家南渡將遷日，白髮詞臣落魄時。太史沈泉沈未久，換字
　　移居感故友。無端飄蕩蕩浮萍，可憐仍作風前柳。金步搖兼翠羽
　　翹，樽前一曲態嬌饒。美人淪落才人死，酒罷歌闌魂暗銷。翩翩
　　風致水仙似，惱殺無雙黃國士。根出淤泥香若蘭，國香詩字爲説
　　字。茫茫千載話難詳，紅燭春宵起夜涼。好句傳來人似玉，水仙
　　一朵爲誰香。

關於黃庭堅屬意某荆州女子且爲之作詩寓意，高子勉勸田氏以國香字
之，並且賦詩感嘆一事，《能改齋漫録》卷十一、《夷堅丙志》卷十八、
《宋人佚事彙編》卷十二等都有記載，江藩則以詩歌的形式將之娓娓道
來而饒有情趣，融叙述、描摹、議論、用典於一體，可謂以文爲詩、
以才學爲詩、以議論爲詩的佳作，置之宋詩中將難以分辨。其中，
"迷花迷到水仙花，羅襪凌波動班管。姬人未嫁似羅敷，豆蔻梢頭二

月餘""無端飄蕩蕩浮萍，可憐仍作風前柳。金步搖兼翠羽翹，樽前一曲態嬌饒"等句，描摹精工；"春雲有夢夢何處，夢輕恐被風吹去。相思寫入香草篇，空向詩中弄佳句"，出語平易；而結尾"茫茫千載話難詳，紅燭春宵起夜涼。好句傳來人似玉，水仙一朵爲誰香"則又宕開一筆，使全詩帶上清俊之風。顧廣圻《江鄭堂詩序》稱江藩的詩作"神思雋永，體骨高秀，鎔裁精當，聲律諧美"，但觀此詩，可知所評不虛。他如《夢覺》："片竹爲床事事慵，春雲如夢去無踪。道人不解玄機妙，那肯輕輕打曉鐘"、《和汪大墨莊初秋有感》："夏日蒼涼秋日慵，閉門著述半因窮。濃陰欲造滋枯雨，清析方舒愈病風。蓮漏滴殘殘夜永，鶴更報曉曉光空。功名兩字難回首，白髮欺人本不公"等詩，或平淡自然，或精工細膩，也多呈現出清疏俊朗之風。正如袁枚《隨園詩話補遺》卷一所指出的："凡攻經學者，詩多晦滯，獨江鄭堂藩詩能清拔，王蘭泉司寇之高弟子也。《登齊雲山》……抑何工切。"

三、詞重本色，諧婉清麗

傳世的江藩詞作，有《扁舟載酒詞》一卷，於道光三年與《國朝漢學師承記》八卷、《國朝經師經義目録》一卷、《國朝宋學淵源記》二卷《附記》一卷合刻，後又於光緒十二年刻入《江氏叢書》中，卷首有顧廣圻作於嘉慶二十年的序，卷尾有張丙炎作於光緒十二年的跋。《扁舟載酒詞》共收録江藩五十首詞，體式多樣、内容廣泛，藝術成就也較突出，嚴迪昌《清詞史》(第三章第三节)將江藩與凌廷堪、焦循並推爲清中葉學人詞的代表。

江藩詞從體式上來説，有小令、中調及長調，既有如《一點春·汪大飲泉索題程四研紅畫梅花便面》二十四字的短制，又有如《鶯啼序》多達二百四十字的長篇。就内容而言，大致可分爲四類。

一是題贈唱和。如《浪淘沙慢·題張大鄂樓十二梧桐小影》《龍山會·九月十日秦澹生太史招飲即席作》《水調歌頭·題陳大月墀紅笑集》等。詞集中此類作品最多，反映出江藩好結友朋、快意人生的一面。試看《八歸·汪大飲泉招同人集東柯草堂送石大遠梅返吳門》：

清霜初降，朔風才緊，衰柳慘澹蕪城。消磨歲月無他計，十千且辦青錢，買酒同傾。可笑三年槐夢醒，只能得酒國爭名。坐中諸公，大半皆下第者。海月上、横掛東柯，向離筵偏明。　　離情。江天雲樹，寒濤千疊，翠搖浮玉螺青。醉中分袂，送人南浦，生怕聽平聲。踏歌聲。祝布帆無恙，棹回射漬凍波皺。探梅信、虎山橋外，詩吟香雪春。

詞作於揚州東柯草堂，時汪潮生設宴送石鈞返吳。詞中既流露縱酒酣飲的痛快，又自嘲蹉跎科場的失意，更有離別的依戀與祝願。"慘澹"一詞，移情於景，可謂寫盡人生景況與離愁別緒。

二是紀行詠懷。江藩一生，漂泊南北，故多有紀行詠史之詞。如《氐州第一·出龍泉關》《八聲甘州·易水，用柳七體》《滿江紅·雪夜渡江北上》等篇。試看《六州歌頭·出古北口有感》：

> 單車出塞，山色馬頭前。殘月黑，狂風緊，角聲幹。漫流連。獨走灤陽道，幾行柳，幾行雁，十里戌，三里堠，盡荒煙。望裏邊牆，雉堞因山築，隔斷幽燕。逐牛羊水草，另是一山川。仰視飛鳶。感華年。　　欷星星鬢，蒼蒼髮，真骯髒，百憂煎。人易老，征塵撲，冷車氈。有人焉。開府干城寄，催俊勁，擁中權。鳴鉦鼓，行酒炙，敞華筵。堪笑將軍負腹，如何浪用水衡錢。看書生身手，有力拓弓弦。七札能穿。

乾隆癸丑(一七九三)，江藩三十三歲時，曾前往熱河(今河北承德，亦稱灤陽)，途經古北口，留下《出古北口》《六州歌頭·出古北口有感》紀行。《六州歌頭》本鼓吹曲，宋人倚聲作吊古詞，格調悲壯。古北口乃長城隘口之一，在北京密雲縣東北，歷來為關防要塞。江藩單車出塞，取道灤陽，眼見古迹之荒涼苦寒，頓生人生蕭瑟困頓之感，但由於作者生性豪放，故又借寫庾信之征戍、豪飲、挽弓寄寓平生懷抱，情調悲慨。

三是體物遣興。如《於中好·蝸牛》《感恩多·叩頭蟲》《秋宵吟·扁豆花》等。這些詞多精於描摹，細緻入微，流露出作者的閒逸之思。如《月華清·桂》：

> 花媚秋雲，枝團涼露，一輪蟾影才滿。三五圓時，放遍誰家庭院。賞芳華、金粟芬菲，欷搖落、玉犀撩亂。悲怨。問根生下土，何如月殿。　　漫說牢騷難遣。正蕙佩同紉，平聲。桂漿頻

勸。萬斛藏香，怎貯閒愁無算。耆卿詞：“一粒粟中香萬斛，君有梢頭幾金粟。”最恨那、雨冷風盲，恰少簡、蝶迷蜂款。依戀。怕殘黃褪色，元黃庚《木樨花》詩：“殘黃銷骨現金粟。”零香成片。

此詞全篇圍繞桂來展開，既寫月中之桂，又寫人間之桂，一一敘寫桂花、桂枝、桂香、桂花酒等，既有對盛開時嬌媚香豔的歡賞，又有對凋零時零落殘褪的惋惜，其特色在刻畫精細，情韻深長。

四是擬寫閨情。如《定風波·閨情》《酷相思·閨怨》等，正所謂“男子作閨音”，本是詩詞中一類常見題材。試看《杏花天影·閨怨》：

　　　　簡人遠去三千里。撫瑤琴、偷彈綠綺。可憐無處説相思，暗地織回文、湊錦字。　　　封姨妒、吹紅墮紫。卻春日芳心不死。恨他池上好鴛鴦，兩兩浴晴波、並頸睡。

此詞摹擬閨怨情思，上闋以撫琴織文寫盡無限相思，下闋以風吹花落卻芳心依舊比擬情意堅貞，尤以鴛鴦浴波並頸反襯獨守閨房之怨恨，可謂纏綿哀婉、細膩逼俏。

《扁舟載酒詞》不僅內容豐富，且獨具特色，自成一家。大體而言，可概括爲音律諧婉、格調雅麗。顧廣圻《扁舟載酒詞序》云：“善用宮律而詞句兼美者，吾友江子屏，方今之一也。……《扁舟載酒詞》一卷，清真典雅，流麗諧婉，追《花間》之魂、吸《絕妙》之髓，專門名家，未能或之先也”，所言大體不差。

詞乃倚聲而作，嚴分宮律聲韻，正所謂“填詞之有宮律，譬則規矩也”（顧廣圻《扁舟載酒詞序》）。江藩《半氈齋題跋·詞源》曾批評當時詞壇不知宮調聲律之弊：

　　　　蓋聲律之學，在南宋時，知之者已鮮，故仇山村曰：“腐儒村叟，酒邊豪興，引紙揮筆，動以東坡、稼軒、龍洲自況，極其至四字《沁園春》、五字《水調》、七字《鷓鴣天》《步蟾宮》，拊幾擊缶，同聲附和，如梵唄，如步虛，不知宮調爲何物，令老伶俊倡，面稱好而背竊笑，是豈足與言詞哉！”近日大江南北，盲詞啞細，塞破世界，人人以姜、張自命者，幸無老伶俊倡竊笑之耳。

故而，江藩填詞力求宮律謹嚴，聲韻和諧，同樣擅長填詞的顧廣圻在《扁舟載酒詞序》中指出："予往者亦嘗留意於《碧雞漫志》《樂府指迷》等諸家之説，用求卷中眾作，不啻重規疊矩。"兹舉《滿江紅·雪夜渡江北上》爲例：

> 衣帶長江，恰一葉、雙槳破潮。帆懸岸闊明月夜，山積瓊瑶。雨點金焦浮翠色，千層雲樹浸寒濤。看玉龍、殘甲滿天飛，風怒號。　　孤蓬底，魂暗銷。雪侵鬢，欸刁騷。那日饑驅了，世事全抛。卻又風餐還水宿，客愁如海不能消。悵望家，山在有無間，難畫描。

詞後有江藩按語云："平調《滿江紅》始於白石，謂仄調多不協律，末句第二字用去聲方諧音律。予細讀姜詞，玩其音節，第二句五字當用上聲，六字當用去聲，七句六字當用上聲，下半曲第九句五字當用上聲，始爲合律，不拗歌喉矣。白石是曲押寒、山韻，而'阻江南'句闌入侵、覃，蓋一時失於檢點耳。"按《滿江紅》多以柳永格爲准，押仄韻，自姜夔以來始用平調。江藩細究平仄調之別，指出平調"第二句五字當用上聲，六字當用去聲，七句六字當用上聲，下半曲第九句五字當用上聲"，方合律可歌。藩詞正仿姜詞而作，押蕭、肴、豪平韻，且在第二句五字用上聲，六字用去聲，七句六字用上聲，下半曲第九句五字用上聲，使得通篇格律嚴整，聲韻諧和。龍榆生先生《唐宋詞格律》指出："(《滿江紅》)聲情激越，宜抒豪壯情感與恢張襟抱。姜夔改作平韻，則情調俱變。"江藩詞抒寫饑驅漂泊的悲怨惆悵，取用平韻，所謂"平聲哀而安"(舒天民《六藝綱目·附録》)，益增其哀婉深摯。

江藩詞作宮律諧婉的原因，緣於他對音律的精通。江藩曾精研樂理、樂制，撰有《樂縣考》二卷，曾得到張其錦的高度評價："篇葉無多，條理在握，古樂之復，此其權輿乎。"(《乐县考序》)江藩對詞律曲調也頗有研究，"嘗著《竹西詞鈔》，自序稱少時頗研究音律"(伍崇曜《乐县考跋》)。所以江藩對詞的源流、詞牌詞調均相當熟悉，他曾指出："玉田生詞，與白石齊名。詞之有姜張，如詩之有李杜也。姜張二君，皆能按譜制曲，是以《詞源》論五音均拍，最爲詳瞻。竊謂樂府一變而爲詞，詞一變而爲令，令一變而爲北曲，北曲一變而爲南曲，今以北曲之宮譜，考詞之聲律，十得八九焉。"(《半氈齋題跋·詞源》)再如《扁舟載酒詞》中，《夢芙蓉》一首用吳文英自度曲填詞，《晝夜樂·效柳七體》《八聲甘州·易水，用柳七體》則仿柳永體而作，還有多處以詞序或按語的形式對姜夔、張炎等人有關詞調的平仄押韻作出考辯，如上舉《滿江紅·雪夜渡江北上》詞後按語。尤爲可貴的是，江藩通於詞律曲調，不僅在於研讀詞譜、詞作等文獻資料，更時常考之以樂工的實踐，如《夢芙蓉》詞序指出："此吳夢窗自度曲也，詞家絕無繼聲者。夏日，泛舟湖上，獨酌荷花中，不覺大醉。醒時已四鼓矣，遂填是調。明日入城，乞莊生吹笛按譜，有不葉者，改易數字，音節和諧，幸不失邯鄲故步。"由此，江藩精於詞律以及詞作音律諧婉，也就不難理解了。

江藩作詞不僅嚴守宮律，合轍押韻，而且詞句流麗，氣脈貫通，不爲律呂所束縛。如這首《六幺令·夜泊袁江聞笛》：

> 夢回孤枕，驚起關山笛。篷窗雨絲才住，漁火昏煙夕。多事梅花三弄，惱殺江湖客。酒腸偏窄。消愁無計，怎不教人早頭白。　忽按商聲側犯，吹得蒼崖裂。看取九折黃流，夜靜魚龍寂。聽到更殘漏轉，驀地傷離別。天邊明月。淒涼如此，千里相思向誰説。

按《六幺令》以柳永《六幺令·澹煙殘照》爲正體，又有變體二，一以賀鑄《六幺令·澹煙殘照》爲代表，雙調九十四字，前段九句六仄韻，後段九句七仄韻；二以陳允平《六幺令·授衣時節》爲代表，雙調九十四字，前後段各九句五仄韻，此亦與柳詞同，惟後段第三句六字折腰句法異。藩詞仿陳允平體，謹守宮律，嚴分平仄，押陌、錫、屑入聲韻，讀來音韻諧美。尤爲突出的是，江藩以氣運詞，將羈旅落寞之感、離別相思之情貫注全篇，文詞暢達流麗，情思酣暢淋漓，極易引起讀者共鳴。作者運用一系列動詞，通過不停轉換，諸如"夢回""驚起""才住""忽按""看取""聽到"等，既凸顯了意脈的流動，又增強了文詞的氣勢。同時作者還運用反問("消愁無計，怎不教人早頭白")、疑問("淒涼如此，千里相思向誰説")等句式，既增進感情的抒發，也促成文詞的流暢。當然，江藩詞作在文辭上總體表現爲流易疏淡，並不講求藻飾華麗，此首《六幺令·夜泊袁江聞笛》亦可見一斑。

此外，江藩詞作的風格，呈現出清新俊朗之貌。如上引《滿江紅·雪夜渡江北上》，“帆懸岸闊明月夜，山積瓊瑶。雨點金焦浮翠色，千層雲樹浸寒濤”，可謂寫景壯闊，氣勢雄壯，“那日饑驅了，世事全抛。卻又風餐還水宿，客愁如海不能消”，雖然其情哀婉，然仍能灑脱面對，可謂“哀而不傷”。整體而言，格調清新自然，俊朗明快。即便是擬寫閨閣情的《酷相思·閨怨》，亦非華麗穠豔一路，“睡不穩、漏聲徹。擁衾坐、殘燈還未滅。郎夢裏、關山月。妾夢裏、關山月”，將思婦清閨獨守的孤寂與綿長無盡的相思用流易直切的詞句來展現，格調依舊是清新俊朗。

《扁舟載酒詞》作爲江藩傳世的詞集，不僅展示了江藩填詞藝術的成就和特色，更藴含着豐富多樣的價值，尤其突出的，是其文學批評和史料考據價值。

文學批評價值主要體現在詞作藝術批評和詞曲宫調考辯兩方面。《扁舟載酒詞》中有多首題詞之作，其中《隔浦蓮近拍·題汪大肯堂冷香水榭填詞圖》《聲聲慢·題汪大飲泉秋隱庵填詞圖》《水調歌頭·題陳大月墀紅笑集》《風入松·書儀君墨農劍光樓詞抄後》四首涉及對相關作家作品的藝術批評。《隔浦蓮近拍·題汪大肯堂冷香水榭填詞圖》爲汪念貽而作，云“宫商細嚼，嗣響水雲遺韻”，指出念貽詞有宋末詞人汪元亮（號水雲）之風，而元亮所作詩詞多紀國亡前後事，時人有“詩史”之目。《聲聲慢·題汪大飲泉秋隱庵填詞圖》爲汪潮生而作，云：“一瓣香熏白石，譜新詞、笛怨琴清。笑傖父、歌樓酒社，浪得虚名。休唱大江東去，有玉奴無賴，慣按銀筝。度曲樽前，將紅豆記分明。”可知江藩認爲汪潮生詞取法姜夔，格調清怨婉約。《水調歌頭·題陳大月墀紅笑集》爲陳增而作，云：“一卷香奩别體，惹起花枝欲笑，錦字織難成。新詩寫歌扇，香繞筆端生。惱舉舉，憐惜惜，愛卿卿。杏欺桃妬，北里南部盡争名。”可知陳增詞集《紅笑集》多寫歌樓楚館兒女情事，格調綺麗婉媚。《風入松·書儀君墨農劍光樓詞抄後》爲儀克中而作，云：“不裁柳七輕盈體，愛他非曲非詩。八寳樓臺拆下，争如茅舍疏籬。……滴粉揉酥小令，牽儂多少鄉思。”可知江藩批評儀克中《劍光樓詞抄》取法柳永詞，格調輕盈婉約，疏淡通俗，尤以小令見長，情思旖旎，感人至深。由此可見，以上四首詞作均有詞學批評的意義，值得今人珍視。

　　詞曲宮調考辯也是《扁舟載酒詞》文學批評價值的一大體現。正如上文所説，詞爲倚聲之作，合體入律乃其基本要求，而這正是江藩詞作的一大特色。據統計，《扁舟載酒詞》中共有七處，或以詞序，或以按語的方式對詞調聲律、用韻等進行考辯，具體篇目包括《暗香疏影》（詞序）、《聲聲慢》（詞序）、《杏花天影·閨怨》（按語）、《八聲甘州·易水，用柳七體》（按語）、《滿江紅·雪夜渡江北上》（按語）、《霓裳中序第一》（按語）、《采綠吟》（按語）。江藩在考辯中多有精闢見解，如："失腔不失腔，在住字煞聲。詞中有一二拗嗓者，配管色時可以融化入律"（《聲聲慢》詞序），"南宋詞家嚴於聲律，而寬於用韻，不如北宋人之謹嚴矣"（《采綠吟》按語），"此調（《霓裳中序第一》）當以姜詞爲正，平仄宜參用个翁、草窗二家。个翁詞有脱字，草窗下半闋'悵洛浦分綃，漢皋遺玦'，較之白石多一'悵'字，詞律謂之領句字，即今北曲之襯字。白石、个翁、草窗皆用入聲韻，有用去聲韻者，非正格矣"（《霓裳中序第一》按語）。這些見解對我們理解詞調詞律或研讀宋人詞作均有參考意義。

　　《扁舟載酒詞》還有重要的史料考據價值。一是反映江藩生平行迹，可與其他資料相印證；二是紀録文人間的交遊唱和，可供考見乾嘉之際揚州文壇的生態。

　　《扁舟載酒詞》對江藩走南闖北的一生行迹多有反映。江藩出身於蘇州，二十歲始移居揚州，他與友人的唱和之詞多作於揚州。作品投贈對象多爲著籍揚州或流寓揚州之人，且作品多涉及揚州風物，如"緑楊城郭，近日揚州夢初覺"（《暗香·題郭十三頻伽畫筆》）、"十二樓頭春色，廿四橋邊明月"（《水調歌頭·題陳大月墀紅笑集》）等。《六州歌頭·出古北口有感》《氐州第一·出泉龍關》《八聲甘州·易水，用柳七體》等詠史懷古之作，則記録了江藩三十三歲時，奔赴熱河、出入塞北燕南之行。據《鶯啼序》詞序所云"乾隆乙卯，至金陵應布政司試……嘉慶戊午，重來白下"，可知江藩曾於乾隆乙卯（一七九五）、嘉慶戊午（一七九八）兩度赴南京應布政司試。《六幺令·夜泊袁江聞笛》一詞，據袁江這一江西境内水流，可知江藩曾有江西之行。《風入松·書儀君墨農劍光樓詞鈔後》《采綠吟》二詞，反映的是江藩晚年游幕廣州時的交遊，可與江藩應阮元之聘主纂《廣東通志》相印證。

　　《扁舟載酒詞》還對江藩的交遊作了一定的反映。據統計，《扁舟

載酒詞》涉及可考的交遊人物十五人，作品二十二首。這些交遊人物，
除了儀克中爲番禺（今廣州）人外，多爲江蘇、浙江、安徽人，且多與
揚州有關，或著籍揚州，如汪潮生、秦恩復、顧麟瑞等，或流寓揚
州，如石鈞、汪廷桂、郭麐、陳增、吳錫麒等。這些交遊作品，既真
切反映出江藩的人生蹤迹，自然流露出江藩的個性情感，足以豐富對
江藩其人、其文、其學的認識；又通過彼此間的交遊唱和、品析評
論，生動展示出乾嘉時期揚州文壇的生態，此是江藩詞作面貌形成的
大背景，可視作珍貴的文學史料。揚州地區自入清以來詞人輩出，如
吳綺、汪懋麟等，再加上王士禎推波助瀾，湧現出填詞熱潮。順康之
際，詞壇先後崛起以陳維崧爲領袖的陽羨詞派和以朱彝尊爲領袖的浙
西詞派，尤其是浙派後起巨擘厲鶚曾坐館揚州三十年，對揚州詞壇影
響深遠，揚州地區遂形成以江昱、江昉爲代表的浙派詞人群。而與江
藩交遊的吳錫麒、郭麐，可看作是浙西詞派後期嬗變的代表。嚴迪昌
《清詞史》指出：“所謂‘浙派’的晚期嬗變，簡要地説也就是由密返
疏，變艱澀爲流利，並以情趣來調劑一味講雅潔的空榾。”吳錫麒、郭
麐二人的詞作開始轉向自然活潑，情味濃厚。試看吳錫麒《無悶·出
古北口》：

> 垂者雲耶，立者鐵耶，相對崢嶸萬古。繞一發中原，自成門
> 户。照出牆邊冷月，怕更向、秦時從頭數。斷鞭籠袖，回身馬
> 上，但看來路。　　行旅，亂山去。問酒肆誰家，冒寒沽取？任
> 落葉呼風，吼聲如虎。高歌出塞，盡捲入、丁丁琵琶語。待射
> 侣、相約殘年，爲道短衣休誤。

可謂文詞俊爽流易，格調剛健慷慨，與上文所引江藩《六州歌頭·出
古北口有感》幾乎如出一轍。由此，我們可以指出，江藩詞作反映的
交遊圈，正是揚州詞壇的一個側影，而江藩詞作流麗清俊之風的形
成，當與吳錫麒、郭麐等人的交遊有着内在的關聯。

　　最後，有必要强調，江藩的文學創作，與其爲人品性及學術涵養
關係緊密。江藩有狂生之名，爲人權奇倜儻，能走馬奪槊，豪飲好
客，交遊四方。這種豪放爽朗的秉性，在其詩文中多有表現，如《觀
黃大石航劍器歌》：“聞之古有劍舞，長可以刺人，短可以自護。江郎
置酒，黃郎斫地而歌。嗟乎！利器不可以示人，其奈酒酣耳熱何”，

就充分表現了江藩豪放的一面。但是，生活的磨煉，學術涵養的提升，又能變化氣質，使其頗多反省，如在《國朝漢學師承記·洪亮吉》中云："今作君傳，潸然泪下，自悔鹵莽，致傷友道，能不悲哉。"在《國朝漢學師承記·李惇》中也提到："自君謝世之後，二十餘年，藩坎坷日甚，而性情益戾，不聞規過之言，徒增放誕之行，可悲也夫。"從而使得文學創作漸趨内斂，較多地呈現出清俊的風貌。正如我們上面所分析的，江藩文學創作的主要風格還是清新俊朗，而如《河賦》這樣的豪邁雄俊之作並不多見。所以，阮元在《定香亭筆談》卷四中稱江藩"所爲詩古文辭，豪邁雄俊，卓然可觀"，並特別舉出江藩《河賦》爲例，其實，卓然可觀不假，豪邁雄俊則未必，將其主要風格定爲"清新俊朗"或許更恰當。

　　至於江藩的學術涵養，則對其文學創作的影響更加明顯。上文已經提到，江藩追求文本於經，强調文學創作要有學養根基。故而，在江藩詩文中，使事用典、考經釋史比比皆是，多爲根底經術之言。正所謂"《六經》觀文章，根柢固不淺"（王翼鳳《挽江鄭堂藩先生》）。其文章自不必多説，其詩亦如顧廣圻《江鄭堂詩序》所言："世之論詩者，以爲有學人之詩，有詩人之詩，此大不然。詩也者，學中之一事，如其不學，無所謂詩矣。是故，吾友江君鄭堂，人咸知其爲學人也，而其詩神思雋永，體骨高秀，鎔裁精當，聲律諧美……吾觀天下詩人讀鄭堂詩者，曉然曰'學之所至，詩亦至焉'，則詩道其興矣。"至於《扁舟載酒詞》，作爲學人之詞，並不以使事用典見長，而以聲律諧婉著稱，這自然根基於江藩樂律詞譜學的精深涵養，而詞作中藴含的文學批評和史料考據，亦是其學人之詞的重要體現。其實，自荀子、劉勰以來即倡導"文本於經"，江藩沿襲這一傳統而發揚之。正是這種濃厚的學術養料，使江藩的文學創作具備了更爲豐富的内藴。

　　總地來看，江藩的文學成就比較突出，詩詞文兼擅。可謂本於經義，發乎性情，體式多樣，題材豐富，文辭練達，風格清俊。他的古文獨立於桐城派之外，詞作也與"浙派"有别①，詩歌模擬蘇黃而自成一格，而總體風貌則表現爲清新俊朗。這些作品，不僅具有文學史的

---

①　嚴迪昌即認爲江藩《六幺令·夜泊袁江聞笛》"瘦硬蒼勁，卻又有清空情味，不是沿'浙派'舊徑所能達到的"，見嚴迪昌《清詞史》，江蘇古籍出版社一九九九年版，第四五七頁。

意義，奠定江藩在文學史上的一席之地，同時也是江藩學術思想的反映，是其學術成就的重要載體，其中藴含的文獻價值與學術意義，更值得後人去發掘和闡釋。

江藩生前，《隸經文》《扁舟載酒詞》已刊刻行世，而《炳燭齋雜文》《半氈齋題跋》在光緒間才陸續刊刻，詩集《乙丙集》《伴月樓詩鈔》則長期以稿鈔本形式藏於深閨。直至二〇〇五年，上海古籍出版社推出漆永祥整理的《江藩集》，才將江藩詩文集集中點校出版。收錄有《隸經文》四卷、《續隸經文》一卷、《炳燭室雜文》一卷、《半氈齋題跋》二卷、《伴月樓詩鈔》三卷、《扁舟載酒詞》一卷及《炳燭室雜文補遺》（王欣夫輯）一卷、《炳燭室雜文續補》（漆永祥輯）一卷等，初步全面呈現江藩文辭之概貌。惜點校訛誤在所難免，未臻完善。更主要的是，江藩文辭本於經義，價值顯著，材料繁複，典故頻仍，不作箋釋，殊不易解，自然難以準確釋讀、充分利用江藩詩文，勢必影響到全面客觀地認識江藩之文學特色與成就，也不利於理解“揚州之學最通”①這一論斷。所以，此次對江藩詩文作全面的點校、注釋，以期爲讀者提供一個較爲完備的閱讀文本，推進江藩乃至清代文學及學術的研究。疏漏難免，誠望讀者批評指正。

---

① 張舜徽：《清代揚州學記》，廣陵書社二〇〇四年版，第二頁。

凡　例

一、筆者整理《江藩集》，主要從校勘、題解、注釋三個方面着手。校勘重點在文字的訛倒脱衍，題解在寫作背景、篇章要旨及疑難字詞，注釋則解析字詞含義、文句意旨或典故出處、名物制度等。在文本搜集方面，力求齊全，不僅收録江藩詩文的稿鈔或刻印本，還收録王欣夫輯録《炳燭室雜文補遺》一卷①，漆永祥輯録《炳燭室雜文續補》一卷②，以及筆者輯録《炳燭室雜文拾遺》一卷③。

二、江藩詩文之版本，多出自同一系統，文字差異不大。故《隸經文》四卷《續隸經文》一卷，以《續修四庫全書》影印清道光元年刻本爲底本，校以咸豐四年《粤雅堂叢書》本；《半氈齋題跋》二卷，以光緒間潘祖蔭刻《功順堂叢書》本爲底本；《炳燭室雜文》一卷，以光緒十九年徐乃昌輯《積學齋叢書》本爲底本，校以光緒三年潘祖蔭輯《滂喜齋叢書》本；《伴月樓詩鈔》三卷，以上海圖書館藏清鈔本爲底本，校以國家圖書館藏《乙丙集》鈔稿本；《扁舟載酒詞》一卷，以光緒十二年江巨渠補刻《江氏叢書》本爲底本。

三、爲存原貌，凡卷帙篇次，悉依底本，不作更動；所輯佚文，依體裁編次，附録於後。

四、凡底本之譌文誤字，除顯著的版刻錯誤如"己""已""巳"之類徑改不出校記外，皆據校本、他書或上下文勘正，改爲定本，且出校記；難定是非或義可兩存者，不改動底本，僅出校説明；無價值之異文，皆不出校。

---

① 删去與江藩《半氈齋題跋》重復的《楊太真外傳跋》《詞源跋》兩篇，並補注出處。
② 爲統一體例，次序略有調整。另，漆氏原據汪喜孫《汪氏學行記》收録《與汪喜孫書》一通，因非全札，且原札已收於筆者等所輯《炳燭室雜文拾遺》中，爲免重復，遂删去。
③ 包含時賢馬學良所輯江藩致汪喜孫手札五通，薛以偉所輯《唐語林跋》《吳越備史跋》《吳越備史題記》，王長民所輯《金石録跋》《金石録題記》，李科所輯《鼎帖跋》等。

五、書中引文，凡字句不同而與原書語意無大出入者，概不出校。

六、凡避清帝諱字，直接徑改，不出校記；凡異體、俗體字，酌情統一或改成通用字，個別古今字、生僻字，適當予以保留。

七、本書末有附錄四種，一是《江藩傳記資料選編》，二是《江藩詩文評資料選編》，三是閔爾昌編《江子屏先生年譜》，四是筆者編纂的《新編江藩年譜》，爲讀者研析江藩詩文提供參考。

目　録

隸經文叙

曾　釗

　　文莫盛於漢，《漢書·藝文志》無文家，何哉？《説文解字》："文，畫也，象交形①。"然則物類中，一彼一此，同異相錯而成章，皆謂之文。故六藝、諸子，文也[一]；箋注、傳疏，亦文也[二]。而後世溺尚詞章，推唐宋八家爲文宗，至於核證典禮、辨訂經傳，則皆外之曰"考據家"，若不足以語文者。嗚呼！空騁議論，衆口一談，即多至百卷，究何補哉！

　　國朝崇尚實學，於是朱竹垞、錢辛楣數先生[三]，以考據之文雄，然應酬之作多有。釗嘗惜其不能删汰，獨存問答經史、題跋金石諸篇。甘泉江鄭堂先生[四]，今之宿儒也[五]，博學無所不通，著作富甚。一日，出《隸經文》示釗命叙，且曰："此從諸文中删存者，苟非説經皆不録。"釗受而讀之，真能於前人紛糾同異之説，參互考訂，發所未發，謂之"六藝"傳注可，謂之自成一子亦可。爰爲編成四卷，以授梓人，並以鄙見附目録後，使爲文者知所從事，無徒騁虛詞焉。鄭堂先生善漢學，不喜唐宋文，每酒後耳熱，自言文無八家氣云。道光元年八月二十六日，南海曾釗謹叙[六]。

【校勘】

①《説文解字·文部》"畫"前有"錯"字，"形"作"文"。

【題解】

　　《隸經文》乃江藩從所作諸文中删選而成，"苟非説經皆不録"。道光元年(一八二一)，曾釗應江藩之囑，爲之撰序，稱其"參互考訂，發所未發，謂之'六藝'傳注可，謂之自成一子亦可"。並釐爲四卷，刊印行世。時曾釗與江藩同入阮元幕府，與修《廣東通志》，往還甚密。

【注釋】

[一]六藝：本指禮、樂、射、禦、書、數六種技能，漢代以來漸指《易》《書》《詩》《禮》《樂》《春秋》等六部經典。諸子：此處指先秦各派學者的著作。

[二]箋注：指古書的注解。傳疏：指詮釋經義的文字。傳以釋經，疏以推演傳義。

[三]朱竹垞：指朱彝尊（一六二九——一七〇九），字錫鬯，號竹垞，浙江秀水（今嘉興）人。康熙十八年（一六七九）舉博學鴻詞科，後入直南書房。博通經史，兼擅詩詞，有《經義考》《曝書亭集》等。錢辛楣：指錢大昕（一七二八——一八〇四），字曉徵，一字辛楣，號竹汀，江蘇嘉定（今屬上海）人。乾隆十九年（一七五四）進士。歷官翰林院編修、詹事府少詹事、廣東學政等。精於經史，有《廿二史考異》《十駕齋養新錄》等，今人整理有《嘉定錢大昕全集》。

[四]江鄭堂：指江藩，字子屏，號鄭堂。

[五]宿儒：老成博學之士。亦作"夙儒"。《後漢書》卷六三《李固傳》："見諸侍中並皆年少，無一宿儒大人可顧問者，誠可歎息。"

[六]曾釗（? ——一八五四）：字敏修，號勉士，廣東南海（今廣州）人。道光五年（一八二五）拔貢生。官至欽州學正。有《周易虞氏義箋》《詩毛鄭異同辨》《周禮注疏小箋》《面城樓集鈔》等。

隸經文　卷一

明堂議

　　明堂制度，有以爲九室十二堂者，《大戴記·盛德篇》、班固《白虎通》、蔡邕《明堂月令章句》也[一]；有以爲五室者，《考工記·匠人》、鄭康成《周禮》二《記》《注》也[二]。後儒或從鄭《注》，或主蔡説，言人人殊，莫能是正，然而尋其原可窮其流焉。漢興，直秦焚書[三]，典籍無傳，叔孫綿蕝[四]，略而不備。至孝武世[五]，鄉儒術、招賢良[六]，以文學爲公卿，欲議古立明堂城南，未就。及封禪泰山[七]，作明堂於汶上[八]。其時孝武志在求仙，事非稽古[九]，罷儒生之議，用方怪之言，烏足道哉。逮及東京[十]，光武好讖[十一]，儒生議禮，不敢不本緯書[十二]，而明堂制度又雜以讖緯之文矣。竊謂當從鄭君之説。鄭君深於《禮》，善於讖，其論明堂則本諸經而不言讖，蓋折衷二京諸儒之言，而知讖記方書之不可信矣。藩不揣讓劣，別黑白而申明之。

　　《盛德篇》曰：“明堂者，古有之也，凡九室。”二九四、七五三、六一八，此龜文之數，爲術士九宮之法[十三]，十二堂之説，本《援神契》[十四]，皆出緯書。後人痛詆緯學，獨於明堂則深信不疑，何哉？其述明堂之制曰九室十二堂矣，則二九四、七五三、六一八，合於十五之數者，又何所施乎？且古制有堂必有室，豈此十二堂在九室之內邪？在九室之外邪？抑環九室而列十二堂邪？堂室相配，於數不合；堂室錯綜，於制難通。《文選》張衡《東京賦》云：“乃營三宮，布教班常。復廟重屋，八達九房[十五]。”薛綜《注》：“房，室也，謂堂後有九室[十六]。”據此，則東京明堂但有九室，亦無十二堂也。《後漢書·光武紀注》引《建武圖》曰："建武三十一年，作明堂，上圜下方，十二堂法日辰，九室法九州[十七]。"此説與平子《賦》言乖異。《建武圖》不知何人所作，昔人皆云不可依據。張衡目擊其制，是當以衡言爲正矣。所以隋宇文愷《明堂議》不從其説[十八]，不用十二堂也。《月令章句》之十二堂，此用呂不韋《月令》之文[十九]。鄭君謂《月令》爲不韋作，非古制也。晋裴頠亦云漢氏作四維之个[二十]，不能令各據其辰，就使其象可圖，莫能通其居用之體①，此爲設虛器也。斯言可爲破的之論矣。北魏賈思伯、李謐知蔡説九室之非[二十一]，而又以《月令》之左右个，謂五室有十二堂，是乃蔡、鄭之調人，豈釋經之正論哉！蔡邕謂天子明堂即太廟，禘祭、宗祀、朝覲、耕籍、養老、尊賢、饗射、獻俘、治曆、望氣、告朔，外政內治皆在其中，袁准《正論》所謂"人鬼煩黷，死生交錯"是也[二十二]。嗣後袁翻亦從鄭説[二十三]，則鄭君主五室黜九室十二堂，及宗廟、路寢、明堂三者同制互言，洵爲千古不刊之論矣。

　　説者又謂《考工記》乃先秦之書，不可爲典禮[二十四]。嘗考《隋書》《太平御覽》引《周書·明堂》曰："明堂方一百十二尺，高四尺，階廣六尺三寸。室居中，方百尺，室中方六十尺，户高八尺，博四尺。東，應門；南，庫門；西，皋門；北，雉門。東方曰青陽，南方曰明堂，西方曰總章，北方曰玄堂，中央曰太廟，以左爲左个，右爲右个。"然則《匠人》五室，實本周制，《考工》不可信，豈《周書》亦不可信乎？至於木室東北，火室東南，金室西南，水室西北，土室中央，法《周易》大衍之數，李謐謂用事之交[二十五]，出何經典，可謂攻於異端，言非而博。此妄人之言，不足與辨矣。大凡古時行政之宮，皆南鄉。《易·説卦傳》曰："離也者，明也。萬物皆相見，南方之卦也。聖人南面而聽天下，鄉明而治，蓋取諸此也。"太廟、路寢、明堂，皆取鄉明而治之義，所以太廟、路寢皆謂之明堂，而明堂則在國之陽也。《玉藻》天子玄端[二十六]，"聽朔於南門之外。閏月，則闔門左扉，立於其中"。《五經異義》："淳于登説：'明堂在"國之陽，丙巳之地，三里之外，七里之内[二十七]。'"此明證也。若從蔡邕説，則明堂不得在南門之外矣。鄭君太廟、路寢、明堂同制之説，李謐駁之曰："《尚書·顧命》'迎子釗南門之外[二十八]，延入翼室'。此之翼室，即路寢矣。其下曰：'大貝、賁鼓在西房[二十九]，垂之竹矢[三十]，在東房。'此則路寢有左右房見於經史者也。《禮記·喪大記》曰：'君夫人卒於路寝。小斂^[三十一]，婦人髽^[三十二]，帶麻②於房中。’鄭《注》曰：‘此蓋諸侯禮。帶麻於房中，則西房。’天子、諸侯左右房見於《注》者也。論路寝則明其左右，言明堂則闕其左右个，同制之説，還相矛盾，通儒之注，何其然乎？”此譏未讀《鄭志》而慢肆其説耳，《玉藻正義》論之甚詳。其説云：“《孝經緯》云^[三十三]：‘明堂在國之陽。’又《異議》淳于登説‘明堂在三里之外，七里之内’，故知南門亦謂國城南門也。云‘天子廟及路寝，皆如明堂制’者，按《考工記》云：‘夏后氏世室。’鄭《注》云：‘謂宗廟。’‘殷人重屋。’《注》云：‘謂正寝。’‘周人明堂。’鄭云：‘三代各舉其一，明其制同也。’又《周書》亦云宗廟、路寝、明堂，其制同《考工③》。按《明堂位》：‘太廟，天子明堂。’魯之太廟如明堂，則知天子太廟亦如明堂也。然太廟、路寝既如明堂，則路寝之制，上有五室，不得有房。而《顧命》有東房、西房，又鄭注《樂記》云：‘文王之廟爲明堂制^[三十四]。’按《覲禮》朝諸侯在文王廟，而《記》云‘凡俟於東箱’者，鄭答趙商云：‘成王崩時，在西都。文王遷豐、鎬，作靈臺、辟廱而已，其餘猶諸侯制度焉。故知此喪禮設衣物，有夾有房也。周公攝政，制禮作樂，乃立明堂於王城^[三十五]。’如鄭此言，是成王崩時，路寝猶如諸侯之制，故有左右房也。《覲禮》在文王之廟，而《記》云‘凡俟於東箱’者，是記人之説誤耳。或可文王之廟，不如明堂制，但有東房西房，故魯之太廟如文王廟。《明堂經》云‘君卷冕立於阼，夫人副褘立於房中’是也^[三十六]。《樂記注》稱‘文王之廟如明堂制’，有‘制’字者，誤也。然西都宮室既如諸侯制。按《斯干》云：‘西南其户。’《箋》云：‘路寝制如明堂。’是宣王之時在鎬京^[三十七]，而云‘路寝制如明堂’，則西都宮室如明堂也。故張逸疑而致問^[三十八]，鄭答之云：‘周公制於土中，《洛誥》云“王入太室祼”是也。《顧命》成王崩於鎬京，承先王宮室耳。宣王承亂，又不能如周公之制。’如鄭此言，則成王崩時，因先王舊宮室。康王已後，所營依天子制度。至宣王之時，承亂之後，所營宮室，還依天子制度，路寝如明堂也，不復能如周公之時先王之宮室也。若然，宣王之後，路寝制如明堂。按《詩·王風》‘右招我由房’^[三十九]，鄭答張逸云：‘路寝，房中所用男子。’而路寝又有左右房者，劉氏云^[四十]：‘謂路寝下之燕寝，故有房也。’熊氏云：‘平王微弱，路寝不復如明堂也^[四十一]。’”穎達穿穴經傳，貫通鄭義，可謂無義不搜矣。房在堂内，个在堂偏，永和以个爲房^[四十二]，非通論也。

若夫明堂尺寸，公玉帶所上之《圖》[四十三]，乃方士之説，既不可據，而《建武圖》，亦非定制。故《五經異義》曰：“古《周禮》《孝經》説，東西九筵，筵九尺，南北七筵，堂崇一筵[四十四]，五室，凡室一筵，蓋之以茅。謹案今禮、古禮各以其義説，無明文以知之。”在鄭君時，其尺寸之制已不可考。《匠人職》依文解義，乃述古闕疑之意，而後儒鑿空肊斷，豈能合於古制邪？蓋武王初定天下，典章未備，有會同之事，如《覲禮》所云“爲宫於國外，方三百步，四門，壇十有二尋，深四尺，加方明於其上”而已。所以西京無明堂也。迨周公攝政之日，作洛之年，始考古制，作明堂於土中。《禮記·明堂位》“周公避成王，朝諸侯於明堂”者，東都之明堂也。即於此禘郊、配天、頒朔、聽政焉。及成、康時，舉行巡狩之儀，於是方岳有明堂矣。《孟子》《吕氏春秋》所稱齊之明堂，乃泰山天子巡狩之明堂也。後人不達斯禮，紛糾競爭，强作解事，今緣述古義，通其旨趣，惜《禮經》殘缺，求之靡據已。惠徵君從蔡邕《章句》[四十五]，輯爲《明堂大道録》；古農、艮庭二先生頗疑之[四十六]，藩申後師之説，不敢苟同於先師云。

【校勘】

①“體”，《魏書·袁翻傳》作“禮”。

②“帶麻”，原作“帶立”，據《禮記·喪大記》《魏書·李謐傳》改。

③漆永祥校本（收入《江藩集》，上海古籍出版社二〇〇六年版）云：“‘考工’二字，阮元刻《十三經注疏》本《禮記·玉藻正義》作‘文’。《校勘記》曰：‘惠棟校宋本“文”作“又”。《考文》引補本同，是也。閩建、毛本並誤。’”

【題解】

“明堂”一詞，首見於《逸周書》，乃古時帝王布政、祭祀之所。究其形制，後儒異説紛紜，或主九室十二堂，或主五室。清人對明堂亦争訟不已。惠棟從蔡邕《明堂章句》“九室十二堂”之説，輯爲《明堂大道録》。江藩則認爲鄭玄深於《禮》，善於識，本諸經而不言識，遂從其明堂五室之説，並申明其義，持論剴切。後人將江氏此篇與阮元《明堂圖説》相提並論，給予極高評價，如林昌彝《三禮通釋》卷六七《明堂》即指出：“近儒惠士奇、惠棟、戴震、孔廣森、金榜、江聲、孫星衍、任啓運、焦循、万世美、汪中咸有著論，有合古制，亦有未盡合古制者。阮氏元《明堂圖説》、江藩《明堂議》最後出，所定諸家得失，確得古人規制。”議，文體名，分爲奏議、私議二體，“大要在於據經析理，審時度勢”（徐師曾《文體明辨序説·議》）。

【注釋】

[一]"大戴記"句:《大戴記》:指戴德編《大戴禮記》。戴德字延君,西漢時梁國睢陽(今河南商丘)人。曾任信都王劉囂太傅。《大戴記·盛德篇》:"明堂者,自古有之。凡九室,室四戶八牖,共三十六戶,七十二牖,以茅蓋屋,上圓下方,所以朝諸侯。其外有水,名曰辟雍。"《明堂月令說》:"明堂,高三丈,東西九仞,南北七筵,上圓下方,四堂十二室(筆者按:當作九堂十二室或九室十二堂),室四戶八牖,其宮方八百步,在近郊三十里。"班固(三二—九二):字孟堅,扶風安陵(今陝西咸陽)人,有《白虎通》《漢書》等。《白虎通·辟雍》:"明堂,上圓下方,八窗四闥,布政之宮,在國之陽。……九室法九州,十二坐法十二月,三十六戶法三十六雨,七十二牖法七十二風。"蔡邕(一三八—一九二):字伯喈,陳留圉(今河南開封)人,有《蔡中郎集》。《明堂月令章句》:"明堂者,天子太廟,所以祭祀。夏曰世室,殷曰重屋,周曰明堂。……其制度數,各有所法。堂方百四十四尺,坤之策也。屋圓屋徑二百一十六尺,乾之策也。……八闥以象八卦,九室以象九州,十二宮以應辰,三十六戶七十二牖,以四戶九牖乘九室之數也……"

[二]"考工記"句:《考工記》:即《周官》(《周禮》)之《冬官》篇。《周官·考工記·匠人》:"周人明堂,度九尺之筵,東西九筵,南北七筵,堂崇一筵,五室,凡室二筵。"鄭玄(一二七—二〇〇):字康成,北海(今山東)高密人,漢末大儒,遍注群經,有《三禮注》《毛詩傳箋》等。《周禮·考工記》"夏后氏世室,堂修二七,廣四修一,五室,三四步,四三尺",鄭玄《注》:"堂上爲五室,象五行也。三四步,室方也。四三尺,室廣也。""殷人重屋,堂修七尋,堂崇三尺,四阿,重屋",鄭玄《注》:"重屋者,王宮正堂,若大寢也。……五室各二尋。""周人明堂,度九尺之筵,東西九筵,南北七筵,堂崇一筵,五室,凡室二筵",鄭玄《注》:"明堂者,明政教之堂也。……此三者或舉宗廟,或舉王寢,或舉明堂,互言之,以明其同制。"二《記》《注》:謂《考工記》及鄭玄《周禮·考工記注》。

[三]直:通"值",適逢。

[四]叔孫:指叔孫通,薛縣(今山東滕州)人,秦朝博士。入漢,助高祖定朝儀。綿蕝(jué):亦作"綿蕞",謂制訂整頓朝儀典章。據《史記·劉敬叔孫通列傳》載,叔孫通欲爲漢高祖創立朝儀,使徵魯諸生三十餘人,叔孫通"遂與所徵三十人西,及上左右爲學者與其弟子百餘人爲綿蕝野外",習肄月餘始成。南朝宋裴駰《史記集解》引如淳曰:"置設綿索,爲習肄處。蕝謂以茅剪樹地爲纂位。《春秋傳》曰'置茅蕝'也。"

[五]孝武：指漢武帝劉徹（前一五六—前八七），強化集權，獨尊儒術，造
　　就盛世局面。

[六]鄉：通“嚮”，傾嚮，文中表崇尚之意。

[七]封禪泰山：源於古代帝王封禪祭祀。《史記·封禪書》張守節《正義》：
　　“此泰山上築土爲壇以祭天，報天之功，故曰封。此泰山下小山上除
　　地，報地之功，故曰禪。”

[八]“作明堂”句：齊召南《漢書考證》：“令奉高作明堂汶上，如帶《圖》。
　　注：汶，水名也。出琅邪朱虛，作明堂於汶水之上也。按：顏注汶水非
　　也。胡三省曰《地理志》明堂在奉高縣西南四里，即《禹貢》浮汶達濟之
　　汶，若琅邪汶水入濰而入海，非立明堂處。”

[九]稽：考核，核查。《周禮·宮正》：“稽其功緒。”鄭玄《注》：“稽猶考
　　也，計也。”

[十]東京：指東漢都城洛陽，借指東漢。

[十一]光武：指光武帝劉秀（前五—五七），東漢開國皇帝。讖：指秦漢間
　　巫師、方士編造的預言吉凶的圖録隱語。

[十二]緯書：指漢代儒生假托古代聖人製造的依附於“經”的各種著作，多
　　雜神學迷信觀念。

[十三]九宮之法：《易緯·乾鑿度》載太一行九宮圖：二（坤宮）九（離宮）四
　　（巽宮）、七（兌宮）五（中宮）三（震宮）、六（乾宮）一（坎宮）八（艮
　　宮）。

[十四]“十二堂”二句：《孝經援神契》曰：“布政之宮，在國之陽。上圓下
　　方，八窓法八風，四闥法四時，九室法九州，十二重法十二月，三十
　　六户法三十六旬，七十二牖法七十二候。”

[十五]“文選”句：張衡（七八—一三九）：字平子，南陽西鄂（今河南南陽）
　　人，有《二京賦》《歸田賦》等。三宮：指明堂、辟雍、靈臺。班：通
　　“頒”，發下。常：指舊典。八達：謂室有八窓。

[十六]薛綜（？—二四三）：字敬文，沛郡竹邑（今安徽濉溪）人，吳國名臣，
　　有《私載》《五宗圖述》《二京解》等。

[十七]“十二堂”二句：日辰：古人將一晝夜分爲十二時辰，即子、丑、寅、
　　卯、辰、巳、午、未、辛、酉、戌、亥。九州：古代分中國爲九州，
　　《尚書·禹貢》分作冀、兗、青、徐、揚、荊、豫、梁、雍九州。

[十八]宇文愷（五五五—六一二）：字安樂，朔方夏州（今陝西靖邊）人，官
　　至工部尚書，有《東都圖記》《明堂圖議》等。其《明堂議》曰：“臣遠
　　尋經傳，傍求子史，研究衆説，總撰今圖。其樣以木爲之，下爲方
　　堂，堂有五室，上爲圓觀，觀有四門。”

[十九]"月令"二句：呂不韋(前二九二—前二三五)：姜姓，呂氏，名不韋，衛國濮陽(今河南安陽)人，官至秦國宰相，主持編纂《呂氏春秋》。《呂氏春秋·十二月紀》之首章，同於《禮記·月令》，故鄭玄稱呂不韋《月令》。《呂氏春秋·十二月紀》載天子按月依次居青陽左個、青陽太廟、青陽右個、明堂左個、明堂太廟、明堂右個、總章左個、總章太廟、總章右個、玄堂左個、玄堂太廟、玄堂右個等十二室。而蔡邕《明堂月令章句》云："明堂者，天子太廟，所以祭祀。……東曰青陽，南曰明堂，西曰總章，北曰玄堂，中央曰太室。《易》曰：'離也者，明也，南方之卦也。聖人南面而聽天下，鄉明而治。'人君之位，莫正於此焉。故雖有五名，而主以明堂也。"

[二十]裴頠(二六七—三〇〇)：字逸民，河東聞喜(今屬山西)人，有《崇有論》等。個：堂兩旁的側室。《呂氏春秋·孟春紀》："天子居青陽左個。"高誘《注》："青陽者，明堂也，中方外圓，通達四出，各有左右房謂之個。個猶隔也。"

[二十一]賈思伯(四六八—五二五)：字仕休，北魏益都(今山東壽光)人，官太常卿，嘗上《明堂議》，以爲明堂"室猶是五，而布政十二"。李謐(四八四—五一五)：字永和，河北趙涿人，有《明堂制度論》，其云："余故采掇二家，參之《月令》，以爲明堂五室，古今通則。其室居中者謂之太室，太室之東者謂之青陽，當太室之南者謂之明堂，當太室之西者謂之總章，當太室之北者謂之玄堂；四面之室，各有夾房，謂之左右個，三十六戶七十二牖矣。"

[二十二]袁准：字孝尼，陳郡扶樂(今河南太康)人，入晉拜給事中，有《袁子正論》等。

[二十三]袁翻(四七六—五二八)：字景翔，陳郡項(今河南沈丘)人，官中書令，嘗上《明堂辟雍議》，云："案周官考工所記，皆記其時事，具論夏殷名制度，豈其紕繆？是知明堂五室，三代同焉，配帝象形，義則明矣。……且鄭玄之訓詁《三禮》，及釋《五經異義》，並盡思窮神，故得之遠矣。覽其明堂圖義，皆有悟人意，察察著明，確乎難奪，諒足以扶微闡幽，不墜周公之舊法也。"

[二十四]典禮：制度禮儀。《易·繫辭上》："聖人有以見天下之動，而觀其會通，以行其典禮。"

[二十五]用事之交：指鄭玄釋五室之位，謂土居中，木火金水各居四維，"水木用事，交於東北；木火用事，交於東南；火土用事，交於中央；金土用事，交於西南；金水用事，交於西北"(《禮記·玉藻正義》)。

[二十六]玄端：黑色的祭服。端，當爲“冕”。《禮記》鄭玄《注》：“‘端’當爲‘冕’字之誤也。玄衣而冕，冕服之下。”孔穎達《正義》：“下諸侯皮弁聽朔，朝服視朝。是視朝之服卑於聽朔。今天子皮弁視朝，若玄端聽朔，則是聽朔之服卑於視朝，與諸侯不類。且聽朔大，視朝小，故知‘端’當爲‘冕’，謂玄冕也。是冕服之下。”

[二十七]“五經異議”句：淳于登：字登成，東漢宦官，中常侍，有《月令異義》等。丙巳之地：赤帝所處之位。《後漢書·祭祀》：“（建武）二年正月，初制郊兆於洛陽城南七里，依鄗。采元始中故事。爲圓壇八陛，中又爲重壇，天地位其上，皆南鄉，西上。其外壇上爲五帝位。青帝位在甲寅之地，赤帝位在丙巳之地，黄帝位在丁未之地，白帝位在庚申之地，黑帝位在壬亥之地。”

[二十八]釗：指周康王姬釗（？—前九九六），周武王姬發之孫，西周第三位君主。

[二十九]大貝：貝之一種。上古以爲寶器。賁（bēn）鼓：大鼓。

[三十]垂：傳說中的古代巧匠名。《荀子·解蔽》：“垂做弓。”竹矢：竹製的箭。

[三十一]小斂：亦作“小殮”。舊時喪禮之一，給死者沐浴、穿衣、覆衾等。

[三十二]髽（zhuā）：古代婦人的喪髻，用麻束髮。

[三十三]《孝經緯》：流傳於東漢的“七緯”之一，以方術、預言附會經典。

[三十四]文王（前一一五二—前一〇五六）：指姬昌，季歷之子，岐周（今陝西岐山）人。襲封西伯侯，奠定周朝基業。

[三十五]“鄭答趙商”句：趙商：東漢河内人，鄭玄弟子，有《鄭先生碑銘》等。成王（前一〇五五—前一〇二一）：指姬誦，周武王姬發之子，西周第二位君主。豐：文王時的都城，在今陝西長安西南。鎬：武王時的都城，在今陝西長安西北。周公：指姬旦，周文王姬昌第四子，周武王姬發之弟。

[三十六]阼：大堂前東面的臺階。天子、諸侯、大夫、士皆以阼爲主人之位，臨朝覲、揖賓客、承祭祀、升降皆由此。《禮記·冠義》：“故冠於阼，以著代也。”鄭玄《注》：“阼，謂主人之北也。”孔穎達《疏》：“阼，是主人接賓之處。”卷冕：謂穿戴禮服和禮帽。副褘（huī）：謂穿戴首飾和上服。

[三十七]宣王：指姬静（？—前七八二），周厲王之子，西周第十一代君主。

[三十八]張逸：鄭玄弟子，時与鄭玄問答，見《毛詩注疏》《禮記注疏》中。

[三十九]由房：用房中之樂娛樂。《詩·王風·君子陽陽》：“君子陽陽，左執簧，右招我由房，其樂只且。”《毛傳》：“由，用也。國君有房中

之樂。"

[四十]劉氏：指劉芳（四五三—五一三），字伯文，北魏彭城（今江蘇徐州）人，有《禮記義證》等。

[四十一]"熊氏"句：熊氏：指熊安生（？—五七八），字植之，北朝長樂阜城（今河北阜城）人，有《禮記義疏》等，清馬國瀚《玉函山房輯佚書》輯有《禮記熊氏義疏》四卷。平王：指姬宜臼（？—約前七二○），東周第一代君主。

[四十二]永和：指李謐（四八四—五一五），字永和，河北趙涿人，有《明堂制度論》。

[四十三]公玉帶：山東濟南人，漢武帝時獻明堂圖。《漢書·藝文志·郊祀下》："上欲治明堂奉高旁，未曉其制度。濟南人公玉帶上黃帝時明堂圖。"顏師古注："公玉，姓也。帶，名也。《呂氏春秋》齊有公玉丹，此蓋其舊族。而説者讀公玉爲宿，非也。單姓玉者，後漢司徒玉況，自音宿耳。"

[四十四]崇：《爾雅》："崇，高也。"

[四十五]惠徵君：指惠棟（一六九七——一七五八），字定宇，號松崖，人稱"小紅豆先生"，江蘇吳縣人，有《周易述》《古文尚書考》《明堂大道録》等。

[四十六]古農：指余蕭客（一七二九——一七七七），字仲林，別字古農，江蘇吳縣人，師事惠棟，有《古經解鈎沈》《文選紀聞》等。江藩業師。艮庭：指江聲（一七二一——一七九九），字叔沄，號艮庭，江蘇元和人，師從惠棟，有《尚書集注音疏》等。江藩自余蕭客去世後，轉師江聲，得傳惠氏《易》。

廟制議

《虞書》："正月上日[一]，受終於文祖[二]。歸，格於藝祖[三]，用特[四]。月正元日[五]，舜格於文祖。"《經》云禘郊祖宗[六]，《書》言祖即祖廟也。蓋唐虞時[七]，言祖不言廟。夏殷以來，則兼言祖廟矣。周衰禮廢，秦暴焚書。漢興，諸儒網羅散失，捃拾遺編，興廢繼絶之功大矣哉！然諸儒議廟制多少之數互異。有四廟、五廟六朝、七廟之殊。四廟見於《喪服小記》，七廟見於《祭法》《王制》，夏五廟、殷六朝見《禮記》鄭《注》，此多少之數見於經者也。韋玄成説五廟[八]，劉歆說七廟[九]，此多少之數見於史者也。晉王肅作《聖證論》[十]，論廟制以難康成。後人惑其詭說，尊之如經，不究經史本文，但以集矢於鄭君爲事，不亦誣乎？昔賢如馬昭、張融[十一]，申鄭難王，諸儒謂之附會，謂之不經，於是聖人制作之精義，經師議禮之微言，幾乎息矣。藩學術膚淺，不揣樗昧，疏證而明辯之。

後人云四廟出《喪服小記》。《小記》雖曰立四廟，而實五廟也。其文曰："王者禘其祖之所自出，以其祖配之，而立四廟[十二]。""以其祖配之"之祖，即祖廟也。是爲始祖廟，並四親廟爲五廟。劉原父不繹經文[十三]，妄謂"而立四廟"句上有缺文，當曰"諸侯及其大祖而立四廟"。其意以爲天子七廟、諸侯五廟，此乃諸侯之禮，故用《大傳》文以補之。然上文云"王者禘其祖之所自出"，王者非天子邪？謂之諸侯可乎？且鄭注亦以爲五廟。注云："始祖感天神靈而生，祭天則以祖配之，自外至者，無主不上。"又云："高祖以下與始祖而五，無主不上。"《公羊傳》文何休《注》[十四]："外至者，天神也。主者，人祖也。"證以《曲禮》"措之廟，立之主曰帝"之文，則有主必有廟，其爲五廟，從可知矣。康成夏五廟之說，與《小記》同，後人謂虞夏五廟，康成本之讖緯。考《王制》："天子七廟，三昭三穆[十五]，與太祖之廟而七[十六]。"《注》："此周制。七者，太祖及文王、武王之祧，與親廟四。太祖：后稷。殷則六廟，契及湯與二昭、二穆[十七]。夏則五廟，無太祖，禹與二昭、二穆而已[十八]。"是康成謂夏五廟，不曰虞、夏五廟也。此必古禮家說，至唐時古說久亡，《正義》無可徵引，乃據馬昭所引《禮緯》唐虞五廟之文，以疏鄭注耳。康成之言，未必出於緯，若出於緯，何以不言唐虞，但云夏五廟哉？蓋聖人定禮，廟制緣於服制。四廟者，高、曾、祖、父也。在四服之內，親親著也[十九]，故謂之四親廟，以別於親盡則祧之廟[二十]，及無服之始祖廟也。所以匡衡《告謝毀廟》曰[二十一]："天序五行[二十二]，人親五屬，天子奉天，率其意而尊其制。是以禘嘗之序[二十三]，靡有過五，受命之君，躬接於天，萬世不墮。繼烈以下，五廟而遷。"師古曰[二十四]："五屬謂同族之五服，斬衰、齊衰、大功、小功、緦麻也。"據匡衡之言，則廟制緣於服制，益信當衡之時，緯學未行，其言必古禮家說，乃康成所本，詎可以緯學重誣康成哉？康成云殷六廟，王肅之徒則曰殷同周制亦七廟。《僞古文·咸有一德篇》"七世之廟，可以觀德"，後人遂以爲殷亦七廟。《呂氏春秋》引《商書》曰："五世之廟，可以觀怪；萬夫之長，可以主謀[二十五]。"梅賾竊取其文[二十六]，改五爲七，以求合於王肅之説。

先師惠徵君曰："王肅從劉歆之説以駁鄭，於是造《僞古文》者，改《吕氏春秋》所引《商書》五世之廟爲七世。孔鼂、虞喜、干寶皆在《僞古文》已出之後[二十七]，故亦宗七廟之説，而不知其畔經而離道也。"《商書》曰"可以觀怪"者，怪，鬼也。對文則異[二十八]，鬼爲人鬼之鬼，怪爲物怪之怪；散文則通，鬼可訓怪，怪可訓鬼。《楚辭·遠游篇》"忽神奔而鬼怪"是已[二十九]。鬼謂祧廟也。殷六廟，契與湯爲不祧之廟，四親廟迭毀，至五廟乃必祧之廟，故曰五廟也。五世之廟在四廟之外，不在月祭之中[三十]，謂之鬼者，同於去墠爲鬼之義爾[三十一]。康成周七廟之説，與韋玄成之説同，而周以前五廟之説則不同也。《漢書·玄成傳》詔曰："蓋聞明王制禮，立親廟四，祖宗之廟，萬世不毀。朕獲承祖宗之重，惟大禮未備，其與將軍、列侯、中二千石①、諸大夫博士議[三十二]。"玄成等四十四人奏議曰："禮，王者始受命而祭天，以其祖配，而不爲立廟，親盡也[三十三]。立親廟四，親親也。親盡而迭毀，親疏之殺[三十四]，示有終也。"是玄成謂周以前無始祖廟，立四廟而已。與鄭注《小記》異。其議周制曰："周之所以有七廟者，以后稷始封，文王、武王受命而王，是以三廟不毀，與親廟四而七。非有后稷始封，文、武受命之功者，皆當親盡而毀。成王成二聖之業，制禮作樂，功德茂盛，廟猶不世，以行爲謚而已。"與鄭注《王制》同。玄成又曰："臣愚以爲高帝受命定天下[三十五]，宜爲帝者太祖之廟，世世不毀，承後屬盡者宜毀。今宗廟異處，昭穆不序，宜入就太祖廟而序昭穆如禮。太上皇、孝惠、孝文、孝景廟[三十六]，皆親盡宜毀，皇考廟親未盡[三十七]，如故。"此謂繼高祖者，無文、武受命之功，不得如周之文、武世室，但立五廟而已。玄成謂漢制當如此，非以周制七廟爲非也。後人謂玄成主五廟之説，何邪？至哀帝時[三十八]，劉歆議孝文、孝武皆有功德於世，當如周制立七廟。其議曰："高帝建大業，爲太祖；孝文皇帝德至厚也，爲文太宗；孝武皇帝功至著也，爲武世宗。《禮記·王制》及《春秋·穀梁傳》天子七廟，諸侯五，大夫三，士二。天子七日而殯，七月而葬；諸侯五日而殯，五月而葬。此喪事尊卑之序也，與廟數相應。其文曰：'天子三昭三穆，與太祖之廟而七；諸侯二昭二穆，與太祖之廟而五。'故德厚者流光，德薄者流卑[三十九]。《春秋·左氏傳》曰：'名位不同，禮亦異數[四十]。'自上以下，降殺以兩[四十一]，禮也。七者，其正法數，可常數者也。宗不在此數中。宗，變也。苟有功德則宗之，不可預爲設數，故於殷，太甲爲太宗[四十二]，太戊曰中宗[四十三]，武丁曰高宗[四十四]。周公爲《無逸》之戒，舉殷三宗以勸成王，繇是言之[四十五]，宗無數也。然則所以勸帝者之功德博矣。以七廟言之，孝武皇帝未宜毀；以所宗言之，則不可謂無功德。《禮記·祀典》曰：‘夫聖王之制祀也，功施於民則祀之，以勞定國則祀之，能救大灾則祀之[四十六]，竊觀孝武皇帝，功德皆兼而有焉。凡在於異姓，猶將特祀之，況於先祖？或説天子五廟無見文，又説中宗、高宗者，宗其道而毁其廟，名與實異，非尊德貴功之意也。《詩》云：‘蔽芾甘棠，勿翦勿伐。邵伯所芟[四十七]，’思其人猶愛其樹，況宗其道而毀其廟乎。迭毀之禮，自有常法，無殊功異德，固以親疏相推及，至祖宗之序，多少之數，經傳無明文，至尊至重，難以疑文虚説定也。”劉歆以殯葬日月之數，爲七廟之制，與五廟五屬之説異。天子七日而殯，七月而葬，及降殺以兩，皆《春秋左氏》説周制也。云“天子五廟無見文”，又曰“祖宗之序，多少之數，經傳無明文”，是歆以五廟之説無明文，可證定用七廟之制，不以五廟爲非也。

考玄成、劉歆皆以七廟爲周制，後人以韋、劉二家之説爲不同，何邪？且二家亦不言周以前皆七廟也。至王肅僞撰《家語》，衛將軍文子將立先君之廟[四十八]，使子羔訪於孔子。孔子曰：“天子七廟，自虞至周所不變也。”以爲佐證而難康成，於是撰《僞古文》者，又從而和之，康成之罪，遂同刑書，一成而不可變矣。張融云：“《家語》，先儒以爲肅之所作，故《漢書·藝文志·家語》下師古曰‘非今所有《家語》’。”若謂今之《家語》非肅僞作，則哀帝時劉歆手定《七略》，豈不見《家語》？《廟制篇》何不援以爲證，而謂‘多少之數，經傳無明文’邪？《聖證論》數高祖之父、高祖之祖廟與文、武而九，此後世九廟之制所繇起也。儒者謂肅述七廟，豈其然乎？如《王制》《穀梁》《荀子》韋玄成、劉歆皆言周七廟，而玄成以廟數始於五，至周始立七廟，與盧侍中、鄭司農同[四十九]。東晉以後，確守《僞書》，以爲自虞至周皆七廟，謂鄭君夏五廟、殷六朝之説出於緯書，然則韋玄成之説亦出於緯書乎？是不然矣。且哀、平以前之緯，近於正，亦未可盡廢也。即出緯書，不逾於篤信《僞書》者乎？夏、殷之文獻無徵，自當從七廟之制。至九廟之説，乃新莽篡逆之亂制[五十]，王肅據以考定《禮經》，豈非聖門之亂臣賊子哉！

【題解】

　　本文以天子廟數四、五、六、七歧異爲議題，申發鄭玄之義。鄭玄注《禮記·喪服小記》"王者禘其祖之所自出，以其祖配之，而立四廟"云："高祖以下與始祖而五，無主不上。"此爲五廟之説。鄭玄注《禮記·王制》"天子七廟，三昭三穆，與太祖之廟而七"云："此周制。……殷則六廟，契及湯與二昭、二穆。夏則五廟，無太祖，禹與二昭、二穆而已。"此論三代廟制有別，夏五廟、商六廟、周七廟。江藩以爲廟制與服制相匹配，即五廟緣於五服，而商六廟、周七廟則是損益所致。

【校勘】

①漆永祥校本云："《漢書》卷七三《韋玄成傳》'中二千石'下尚有'二千石'三字。"

【注釋】

[一]上日：朔日，即農曆的每月初一。

[二]受終：承受帝位。終謂堯終帝位之事。文祖：廟名，指堯文德之祖廟。

[三]格：通"假"，到達，文中指到文祖廟祭告。藝祖：文德之祖。《尚書》孔安國《傳》："巡守四岳，然後歸告至文祖之廟。藝，文也。"

[四]特：一牲曰特，指祭祀用的一牛或一豕。

[五]月正：正月。元日：即上日、朔日。

[六]禘郊：天子祭祀始祖和天神的大典。《周禮·天官·内宰》："上春，王后帥六宫之人而生穜稑之種，而獻於王。"鄭玄《注》："必生而獻之，示能育之，使不傷敗，且以佐王耕事，供禘郊也。"賈公彦《疏》："禘謂祭廟，郊謂祀天，舉尊言之。其實山川社稷等皆用之也。"

[七]唐虞：唐堯與虞舜的並稱，亦指堯與舜的時代。《论语·泰伯》："唐虞之際，於斯爲盛。"

[八]韋玄成（？—前三六）：字少翁，山東鄒縣人，官至丞相，有《自劾》等。其廟制説見《漢書·韋玄成傳》，江藩文有徵引。

[九]劉歆（前五〇—二三）：字子駿，江蘇沛縣人，劉向子，有《七略》等。其廟制説見《漢書·韋賢傳》，江藩文有徵引。

[十]王肅（一九五—二五六）：字子雍，東海郡郯縣（今山東郯城）人，有《聖證論》等。

[十一]馬昭：魏國中郎，信守鄭學，曾上書駁王（王肅）申鄭。張融（四四四—四九七）：字思光，吳郡（今江蘇蘇州）人，官至司徒左長史，有

《海賦》等。

[十二]"王者"三句:《禮記》孔穎達《疏》:"'王者禘其祖之所自出'者,禘,大祭也,謂夏正郊天。自,從也。王者夏正,禘祭其先祖所從出之天,若周之先祖出自靈威仰也。'以其祖配之'者,以其先祖配祭所出之天。'而立四廟'者,既有配天始祖之廟,而更立高祖以下四廟,與始祖而五也。"

[十三]劉原父:劉敞(一○一九——○六八),字原父,臨江新喻(今江西新余)人,慶曆六年(一○四六)進士,官汝州知州等,有《公是集》等。繹:尋繹,理清頭緒,引申爲解析。《論語·子罕》:"巽與之言,能無説乎?繹之爲貴。"邢昺《疏》:"繹,尋繹也。"

[十四]何休(一二九——一八二):字邵公,任城樊(今山東滋陽)人,有《春秋公羊傳解詁》等。

[十五]昭穆:古代宗法制度,宗廟或宗廟中神主的排列次序。始祖居中,以下父子(祖、父)遞爲昭穆,左爲昭,右爲穆。《周禮·春官·小宗伯》:"辨廟祧之昭穆。"鄭玄《注》:"父曰昭,子曰穆。"

[十六]太祖:指后稷,堯舜時期掌管農業之官,周朝始祖。武王:指周武王姬發(約前一○八七—前一○四三),姬昌之子,伐紂滅商,建立周朝。祧:古代帝王的宗廟分家廟和遠祖廟,遠祖廟稱祧。《禮記·祭法》:"遠廟爲祧。"孫希旦《集解》:"蓋謂高祖之父,高祖之祖之廟也。謂之遠廟者,言其數遠而將遠遷也。"

[十七]契:又名卨,子姓。堯帝時,受封於商(河南商丘),主管火正,其部族以地爲號稱"商族"。後世尊稱其爲"商祖""火神"。湯:指成湯(約前一六七○—前一五八七),名履,又名天乙,契第十四代孫,滅夏建商。

[十八]禹:姒姓,名文命,字高密,陝西户縣人,夏后氏首領、夏朝開國君主。相傳禹因治理黃河有功,受舜禪讓而繼承帝位。

[十九]親親:親愛自己的親屬。《詩·小雅·伐木·序》:"親親以睦友,友賢不弃,不遺故舊,則民德歸厚矣。"

[二十]祧:此處指遷移神主。《説文解字·新附·示部》:"祧,遷廟也。"

[二十一]匡衡:字稚圭,西漢東海郡承縣(今山東蘭陵)人。官至丞相,以説《詩》著稱。告謝:請罪。毀廟:古代宗廟制度之一,撤除不再奉祀的前代宗廟。《公羊傳·文公二年》:"毀廟之主,陳於大祖。"何休《注》:"毀廟,謂親過高祖,毀其廟,藏其主於大祖廟中。"

[二十二]五行:《孔子家語·五帝》:"天有五行,水、火、金、木、土,分時化育,以成万物。"

[二十三]禘嘗：禘禮與嘗禮的並稱。周禮，夏祭曰禘，秋祭曰嘗。常用以指天子諸侯歲時祭祖的大典。

[二十四]師古：指顏師古（五八一—六四五），名籀，字師古，祖籍琅邪臨沂（今山東臨沂），後遷爲京兆万年（今陝西西安）人。累官秘書監、弘文館學士，有《漢書注》《匡謬正俗》等。

[二十五]"五世"四句：高誘《吕氏春秋注》："《逸書》也。廟者鬼神之所在，五世久遠，故於其所觀魅物之怪異也。"

[二十六]梅賾（zé）：字仲真，東晋汝南（今湖北武昌）人，官豫章内史。嘗獻《古文尚書》及《尚書孔氏傳》立爲官學，南宋以來疑爲僞書。

[二十七]孔鼂（cháo）：西晋五經博士，王肅學派的代表人物，有《尚書義》《周書注》等。虞喜（二八一—三五六）：字仲寧，會稽余姚（今屬浙江）人，有《尚書釋問》《毛詩釋》等。干寶（？—三三六）：字令升，河南新蔡人，官至散騎常侍，有《周易注》《搜神記》等。畔：通"叛"，背離。

[二十八]對文：又稱"對言""析言"。散文：又稱"統言""渾言"。二者相對而言，皆是訓詁學中分析同義詞的術語。對文强調其差異性，散文强調其同一性。

[二十九]犇：同"奔"，急走，奔跑。《墨子·明鬼下》："鄭穆公見之，乃恐懼犇。"

[三十]月祭：古代帝王每月對祖廟的祭祀。

[三十一]去墠（shàn）爲鬼：《禮記》孔穎達《疏》："去墠爲鬼者，若又有從壇遷來墠者，則此前在墠者，遷入石函爲鬼。雖有祈禱，亦不得及，唯禘、祫乃出也。"墠：祭祀用的場地。《禮記·祭法》："是故王立七廟，一壇一墠。"鄭玄《注》："封土曰壇，除地曰墠。"

[三十二]中二千石（dàn）：漢代官吏秩禄等級，中是滿的意思，中二千石即實得二千石，月俸一百八十斛，一歲凡得二千一百六十斛。凡太常、光禄勛、衛尉、太僕、廷尉、大鴻臚宗正、大司農、少府、執金吾等中央機構的主管長官，及地方官中"三輔"，即京兆尹、左馮翊、右扶風，皆爲中二千石。

[三十三]親盡：親屬關係疏遠。

[三十四]親疏之殺：《禮記·祭統》提出祭有十倫，其六曰"見親疏之殺焉"。《禮記·郊特牲》："夫祭有昭穆，昭穆者，所以別父子、遠近、長幼、親疏之序而無亂也。是故，有事於大廟，則群昭群穆咸在而不失其倫。此之謂親疏之殺也。"

[三十五]高帝：指漢高祖劉邦（前二五六—前一九五），字季，沛豐邑（今徐

州豐縣)人，漢朝開國皇帝，漢民族和漢文化的開拓者之一。

[三十六]太上皇：指劉太公(？—前一九七)，本名劉煓，字執嘉，號顯初，劉邦之父。劉邦稱帝以後，封其爲太上皇。孝惠：指劉盈(前二一〇—前一八八)，漢高祖劉邦與吕后之子，西漢第二位皇帝。孝文：指劉恒(前二〇二—前一五七)，漢高祖刘邦四子，惠帝刘盈弟，西漢第五位皇帝。孝景：指劉啓(前一八八—前一四四)，漢高祖刘邦孙，文帝刘恒四子，西漢第六位皇帝。

[三十七]皇考：對已故曾祖的尊稱。《禮記·祭法》："曰皇考廟。"孔穎達《疏》："曰皇考廟者，曾祖也。"

[三十八]哀帝：指劉欣(前二五—前一)，字和，漢元帝劉奭庶孫，成帝刘驁侄，定陶恭王劉康之子，西漢第十三位皇帝。

[三十九]"故德厚"二句：語出《穀梁傳·僖公十五年》："天子七廟，諸侯五，大夫三，士二，故德厚者流光，德薄者流卑。"流光：福澤流傳至後世。

[四十]異數：指等次不同。

[四十一]降殺以兩：指每降一級減少兩個祭廟。降殺：遞減。

[四十二]太甲：太丁之子，廟號"太宗"，商朝第四位君主。

[四十三]太戊(？—前一四一一)：太庚之子，廟號"中宗"，商朝第九位君主。

[四十四]武丁(？—前一一九二)：小乙之子，廟號"高宗"，商朝第二十三位君主。

[四十五]繇(yáo)：同"由"，從，自。

[四十六]"夫聖王"四句：《禮記》孔穎達《疏》："'法施於民則祀之'者，若神農及后土，帝嚳與堯，及黄帝、顓頊與契之屬是也。'以死勤事則祀之'者，若舜及鯀、冥是也。'以勞定國則祀之'者，若禹是也。'能禦大災'及'能捍大患則祀之'者，若湯及文、武也。"

[四十七]"蔽芾"兩句：語出《詩·甘棠》。《毛傳》："蔽芾，小貌。甘棠，杜也。翦，去。伐，擊也。"《鄭箋》："茇，草舍也。召伯聽男女之訟，不重煩勞百姓，止舍小棠之下而聽斷焉。國人被其德，説其化，思其人，敬其樹。"

[四十八]衛將軍文子：指公孫彌牟，字子之；一説名木，字彌牟。春秋時衛靈公幼子衛公子郢之子。謚"文"，故稱"文子"，《大戴禮記》稱之爲"衛將軍文子"。子羔：指高柴(前五二一—前三九三)，字子羔，春秋時齊國人。

[四十九]盧侍中：指盧植(一三九—一九二)，字子干，涿郡(今河北涿州)

人，師事馬融，有《尚書章句》《三禮解詁》等。鄭司農：指鄭衆（？—八三），字仲師，河南開封人，鄭興之子。官至大司農，習稱"鄭司農"。有《春秋左氏傳條例》《孝經注》。

[五十]新莽：指王莽（前四五—二三），字巨君，魏郡元城（今河北大名）人，西漢末篡權，改國號新，故稱。

特廟議

特廟者，不在七廟之中。特立一廟，如周之有姜嫄廟也[一]。據劉歆説，宗不在數中，則殷之三宗，必於六廟之外，特立三宗之廟矣。以此推之，則周之成、康刑錯[二]，宣王中興，其功德與殷三宗可以媲美，此三君者，當迭毀之後，亦必特立廟以祀之。又《春秋·昭七年左傳》曰："敢忘高圉、亞圉[三]？"孔穎達《王制疏》引此文曰："《左傳注》：周人不毀其廟，而報祭之[四]。"杜預無此《注》，是賈、服《注》也。高圉、亞圉，先公也，親盡之後，尚不毀其廟。而實始翦商之太王[五]、奄有四方之王季[六]，功德茂盛，反毀其廟乎？亦必特立一廟也。凡此當祧之主，不藏於二祧之中[七]，別立廟以祀之，亦世世不毀，不月祭之而已。至諸侯五廟之外，魯有文王之廟、文公之廟、姜嫄之宮[八]，鄭有厲王之廟[九]，皆特廟也。劉歆爲《左氏》學，三宗之説必本之《春秋》古文家説。高圉、亞圉等説，皆見《左氏傳》，與禮家説不合，所以馬融曰高圉、亞圉[十]，周人所報而不立廟也。《詩·烈祖正義》引《異義》"《齊詩》①説：丞相匡衡以爲殷中宗，周成、宣王，皆以時毀"。是周以成、宣爲宗廟以時毀矣。與融説同。又云："《古文尚書》説經稱中宗，明其廟宗而不毀。《春秋公羊》御史大夫貢禹説[十一]：王者宗有德，廟不毀，宗而復毀，非尊德之義。鄭從而不駁。"是鄭君不以融説爲然也。

【校勘】

①"齊詩"，孔穎達《毛詩正義》、許慎《五經異義》均作"詩魯"。

【題解】

特廟在天子七廟之外，用以祭祀功德卓異的先祖。按照禮制，宗廟親盡則毀，然對於有特殊功德的先主，江藩認爲應別立一廟以祭祀，且世世不毀，只是不月祭而已。

【注釋】

[一]姜嫄：一作"姜原"，有邰氏部落之女，帝嚳之妃，一說帝嚳後世子孫之妃，周人始祖后稷之母。傳說其於郊野踐巨人足迹而懷孕生稷。

[二]刑錯：亦作"刑措"，置刑法而不用。《荀子·議兵》："傳曰：'威厲而不試，刑錯而不用。'"

[三]高圉(yǔ)：公非之子，黃帝的第十三世孫、帝嚳的第十世孫，周部族首領，周王先祖。亞圉：姬姓，高圉之子，繼立爲部族首領。

[四]報祭：指報答恩德的祭禮。《國語·魯語上》："高圉、太王，能帥稷者也，周人報焉。"韋昭《注》："報，報德，謂祭也。"

[五]翦商：剪滅商紂。《詩·魯頌·閟宮》："后稷之孫，實維大王，居岐之陽，實始翦商。"太王：指公亶父，姬姓，名亶，周文王祖父。

[六]奄有：全部占有，多用於疆土。《詩·商頌·玄鳥》："方命厥後，奄有九有。"王季：名季歷，周文王姬昌之父。

[七]二祧：指古代帝王七廟中兩位功德特出而保留不遷的遠祖廟。《禮記·祭法》："遠廟爲祧，有二祧，享嘗乃止。"孔穎達《疏》："遠廟爲祧者，遠廟謂文、武廟也，文、武廟在應遷之例，故云遠廟也；特爲功德而留，故謂爲祧。祧之言超也，言其超然上去也。"

[八]文公：指姬咎，西周最後一任君主。

[九]厲王(？—前八二八)：指姬胡，周夷王姬燮之子，西周第十位君主。

[十]馬融(七九—一六六)：字季長，扶風茂陵(今陝西興平)人。長於古文經學。設帳授徒，盧植、鄭玄皆出其門。遍注群經，有《春秋三傳異同說》等。

[十一]貢禹(前一二七—前四四)：字少翁，琅邪(今山東諸城)人，以明經潔行著聞。主張選賢能，罷倡樂。精通《春秋》《論語》。

昭穆議

昭穆之制有五：廟制之昭穆一也，公墓之昭穆二也[一]，合祭之昭穆三也[二]，賜爵之昭穆四也[三]，世系之昭穆五也。先儒釋經，秩然有叙，後人比而同之，自縈亂絲，豈能得其端緒哉。今條別陳之。

夫不知廟制之昭穆者，由於誤以合祭之儀爲宗廟之制也。其説始於孫毓[四]，謂諸侯五廟，太祖居中，二昭二穆，以次而南。朱子宗其説[五]，議《禮》者固信朱子，莫敢置辨矣。江永《鄉黨圖考》云：朱子作《中庸或問》[六]，用孫毓説，如此則《聘禮》迎賓不得有每門每曲之揖矣[七]。按賈《疏》，則五廟是並列[八]，每廟有隔墻，隔墻有通門，又謂之閣門[九]。君迎賓自大門內，折而東行，歷三閣門，乃至太祖廟中。曲處逼狹，則主賓有揖，其説甚確。是也。然朱子作《經傳通解》亦引賈説，是朱子始從孫毓，後悟其非矣。考廟制，太祖居中，左昭右穆，並列南嚮。蓋生必南嚮，死必北首[十]，所以宗廟宮室皆鄉明而治，惟合祭之禮，則太祖東嚮，昭南穆北。《漢書·張純傳》曰"祖孫不並坐，而孫從王父"及《決疑要注》"昭明穆順"之文，指禘祫而言[十一]，非謂廟制也。如孫毓之説，則太祖之廟必東嚮，然後昭可以南嚮，穆可以此北嚮，若太祖南嚮，則昭西嚮，而穆東嚮矣。

公墓之制，則太祖居中，左昭右穆，以次而南，古人葬必北首，故昭穆以東西爲左右，其制見於《三禮圖》，與廟制不同。陳祥道《禮書》與廟制並舉[十二]，可不謬哉。宗廟、公墓皆左昭右穆，所不同者，南嚮北首，一並列、一不並立耳。

賜爵昭穆之制，又不然。四時之祭，太祖、昭穆皆南嚮，則助祭者必東嚮、西嚮矣。禘祫之祭，太祖東嚮，昭南穆北，則助祭者亦昭南穆北矣。長幼有序，在昭與昭齒，穆與穆齒而已[十三]，豈必以南嚮北嚮爲尊卑之次邪？昭常爲昭，穆常爲穆，固已然，而有后稷以下之昭穆，太王以下之昭穆，別子爲祖之昭穆[十四]，三者不同。何謂后稷以下之昭穆？《周官·小宗伯》疏云："自始祖之後，父曰昭，子曰穆者，周以后稷爲始祖，即從不窋以後爲數[十五]，不窋父爲昭，鞠子爲穆。從此以後，皆父爲昭，子爲穆。至文王十四世，文王第爲穆也。"此后稷以下之昭穆也。至武王有天下，追王太王、王季、文王，於是太王爲昭，王季爲穆，文王爲昭，武王爲穆。所以文王稱穆考，亦稱昭考矣，此太王以下之昭穆也。別子之昭穆，如周公，文之昭也。伯禽封於魯[十六]，周公別子爲祖矣；則伯禽爲昭，考公爲穆[十七]，此別子爲祖之昭穆也。凡此昭穆，皆與廟制不同，烏可援此以證彼哉！後人不明此義，合而論之，自生樛葛[十八]，聚訟紛紜，是知二五而不知十者。宋何洵直之徒[十九]，又引《喪服小記》"妾祔於①祖姑"[二十]、《雜記》"士不祔大夫"以爲説，徵引繁而義愈晦矣。

【校勘】

①漆永祥校本云：“《禮記·喪服小記》‘於’下有‘妾’字。”

【題解】

昭穆之制分属五类，即“廟制”“公墓”“合祭”“賜爵”与“世系”，后人混同错乱，江藩一一条陈，细加区分。

【注釋】

[一]公墓：君王、諸侯及王子弟之墓。《周禮·春官·冢人》：“冢人掌公墓之地。”鄭玄《注》：“公，君也。”孫詒讓《正義》：“文、武葬地，在鎬京之東，蓋王城外近郊內之隙地。周初諸王，及王子弟，皆族葬於彼，即此經所謂公墓。”

[二]合祭：合於祧廟而祭。古代帝王對其世次疏遠之祖，依制遷其神主藏於祧廟而合祭之。《公羊傳·文公二年》：“大祫者何？合祭也。其合祭奈何？毀廟之主，陳於大祖；未毀廟之主，皆升，合食於大祖。”何休《注》：“毀廟，謂親過高祖，毀其廟，藏其主於大祖廟中。”

[三]賜爵：祭祀時賜助祭者以酒爵。《禮記·祭統》：“凡賜爵，昭爲一，穆爲一，昭與昭齒，穆與穆齒，凡羣有司皆以齒，此所謂長幼有序。”孔穎達《疏》：“爵，酒爵也。謂祭祀旅酬時賜助祭者酒爵，故云賜爵。”

[四]孫毓：字休朗，西晉東莞郡（今山東臨沂）人，有《毛詩異同評》等。

[五]朱子：指朱熹（一一三〇—一二〇〇），字元晦，號晦庵、晦翁，福建尤溪人，有《四書章句集注》《周易本義》《儀禮經傳通解》等。

[六]江永（一六八一—一七六二）：字慎修，又字慎齋，徽州婺源（今屬江西）人。精通禮學、小學，有《周禮疑義舉要》《古韻標準》等。創立皖派，戴震、程瑤田等皆出其門。

[七]“如此”句：意謂按孫毓之説，“諸侯五廟，太祖居中，二昭二穆，以次而南”，則不會出現《聘禮》所言每門每曲之揖。據《聘禮》，公迎賓於大門內，每門每曲揖及庙門。賈公彦《疏》曰：“諸侯五廟，太祖之廟居中，二昭居東，二穆居西，每廟之前兩旁有隔牆，牆皆有閣門。諸侯受聘於太祖廟，太祖廟以西隔牆有三大門，東行至太祖廟，凡經三閣門，故曰每門也。”

[八]賈：指賈公彦，唐代唐州永年（今河北邯鄲）人，官至太常博士，有《周禮義疏》《儀禮義疏》等。

[九]閣門：古代宮殿的側門。

［十］北首：頭朝北。古禮，人死入葬，屍體頭朝北。《禮記・檀弓下》：“葬於北方，北首，三代之達禮也。”

［十一］禘祫(dì xiá)：古代帝王祭祀始祖的典禮。《國語・周語上》“我先王不窋用失其官”，韋昭《注》：“不窋，弃之子也。周之禘祫文武，必先不窋，故通謂之王。”

［十二］陳祥道(一〇五三——一〇九三)：字用之，一作佑之，福建福州人，有《禮書》等。

［十三］齒：並列；次列。《左傳・隱公十一年》：“寡人若朝於薛，不敢與諸任齒。”杜預《注》：“齒，列也。”孔穎達《疏》：“齒是年之別名；人以年齒相次列，以爵位相此列，亦名爲齒。”

［十四］別子：即“庶子”，古代宗法制度稱諸侯嫡長子以外之子爲“別子”。《禮記・大傳》：“百世不遷者，別子之後也，宗其繼別子之所自出者。”孔穎達《疏》：“別子謂諸侯之庶子也。諸侯之適子適孫繼世爲君，而第二子以下悉不得禰先君，故云別子。”

［十五］不窋(zhú)：姬姓，后稷之子，夏朝太康時期周部族首領，周朝先祖。鞠：即鞠陶，不窋之子。

［十六］伯禽：姬姓，名禽，伯是其排行，尊稱禽父，周文王姬昌之孫，周公旦長子，周朝諸侯國魯國第一任國君。

［十七］考公：指魯考公姬酋(？—前九九三)，伯禽之子，魯國第二任君主。

［十八］樛(jiū)葛：彎曲的樹枝和葛藤。引申爲纏夾不清。

［十九］何洵直：北宋湖南道州人，治平四年中進士第二名，官司勳郎中，有《禮論》等。

［二十］祔(fù)：附祭，後死者合食於先祖。孔穎達《禮記正義》：“‘妾祔於妾祖姑’者，言妾死，亦祔夫祖之妾也。”

隸經文　卷二

公羊親迎辯

《春秋公羊》說天子至庶人，皆親迎；《左氏》說天子不親迎。杜佑《通典》引鄭君康成駁《左氏》說曰[一]：“文王親迎於渭[二]，則天子親迎也。天子雖尊，其於后，夫婦也。夫婦無判[三]，禮同一體，所謂無敵，豈施於此哉。《禮記·哀公》問曰：‘冕而親迎，不已重乎？’孔子對曰：‘合二姓之好，以繼先聖之後，以爲天地宗廟社稷之主，君何謂已重焉！’此言繼先聖之後，爲天地之主，非天子則誰乎？是鄭以天子當親迎也。”杜元凱以《春秋》祭公逆王后於紀[四]，《傳》曰“禮也”。劉夏逆王后[五]，譏卿不行，皆不譏王不親行，明是天子不當親迎也。文王迎太姒[六]，身爲公子[七]，迎在殷代，未可據以爲天子之禮。孔子之對哀公，自論魯國之法，魯以周公之後，得郊祀上帝[八]，故以先聖天地爲言，非說天子之禮。後儒皆是杜說而非鄭君。愚謂漢儒治《春秋》者，古學與今學互相攻擊，如水火之不相容，鑿枘之不相入，鄭君起而折中之，從古學用《左氏》說，從今學用《公羊》說。引《詩》親迎於渭，《公羊》說也。班固《白虎通》說《春秋》皆用《公羊》家言，其論《昏禮》云：“人君及宗子無父母，自定娶者，卑不主尊，賤不主貴，故自定之也。《昏禮經》曰：‘親皆没，己躬命之。’《詩》云：‘文定厥祥，親迎於渭[九]。’據此則文王定昏在即位之後，非在爲公子時矣。”孟堅之說，乃《公羊》先師之言，杜預不知有此一解耳。周家文王爲受命王，故《公羊》·隱公元年》傳：“王者孰謂？謂文王也。”武周繼述，改正朔[十]，易服色[十一]，皆推本文王。蓋當時因文有親迎之事，遂制天子親迎之禮也。不然者，鄭君一代儒宗，豈不知文王爲殷之諸侯，而以爲天子哉？至於《哀公問》，杜謂魯得郊祀上帝，故以先聖天地爲言，然魯郊非禮，先儒論之詳矣。以非禮之禮對哀公，豈夫子之言與？孟子尚且“非堯、舜之道不陳於王前”[十二]，而謂聖人爲此言乎？元凱之辭遁矣[十三]。

【題解】

　　本文以天子之婚礼是否親迎爲議題。《公羊传》主天子至庶民皆親迎，《左傳》主天子不親迎。郑玄從《公羊》説。后杜預注《左傳》，以祭公逆王后於紀而《傳》謂合礼爲據，以文王迎娶太姒在即位前，从而否定郑説。江藩核論衆家之説，援據班固釋《詩》“文定厥祥，親迎於渭”所言文王定昏在即位之後，非在爲公子時，並體味孔子對哀公問之言，認爲鄭義與孔子相合，而杜説不確。辯：文體名。徐師曾《文體明辨序説·辯》：“漢以前，初無作者，故《文選》莫載，而劉勰不著其説。至唐韓、柳乃始作焉。然其原實出於孟、莊。蓋非本乎至當不易之理，而以反復曲折之詞發之，未有能工者也。故今取名家諸作，以式學者。其題或曰某辯，或曰辯某，則隨作者命之，實非有異議也。”

【注釋】

[一]杜佑(七三五—八一二)：字君卿，京兆万年(今陝西西安)人，官拜司徒，有《通典》《理道要訣》等。

[二]渭：水名。黄河最大支流，源於甘肅省鳥鼠山，横貫陝西中部，至潼關入黄河。

[三]判：區别。《莊子·天下》：“判天地之美，析萬物之理。”

[四]杜元凱：指杜預(二二二—二八五)，字元凱，京兆杜陵(今陝西西安)人，官至司隸校尉，有《春秋左氏經傳集解》《春秋釋例》等。祭(zhài)公：祭公謀父的省稱，周穆王當政時期的大臣，與虢石父、尹球並列三公。逆：迎接。《書·顧命》：“虎賁百人，逆子釗於南門之外。”紀：古國名。姜姓，春秋時爲齊所滅，故城在今山東省壽光縣東南。戰國時爲齊邑，改稱“劇”。《左傳·隱公元年》：“八月，紀人伐夷。”杜預《注》：“紀國在東莞劇縣。”

[五]劉夏：周天子的官師。官師即百官，較低級的官吏。杜預《春秋左傳集解》：“劉，采地。夏，名也。天子卿書字，劉夏非卿，故書名。”

[六]太姒：有莘國(今陝西郃陽)人，姒姓，周文王的正妃，周武王之母。

[七]公子：古代稱諸侯之庶子，以别於世子，亦泛稱諸侯之子。《儀禮·喪

服》："公子爲其母，練冠，麻，麻衣縓緣。"鄭玄《注》："公子，君之庶
子也。"

[八]郊祀：古代於郊外祭祀天地，南郊祭天，北郊祭地。郊謂大祀，祀爲群
祀。《漢書·郊祀志下》："帝王之事莫大乎承天之序，承天之序莫重於
郊祀……祭天於南郊，就陽之義也；瘞地於北郊，即陰之象也。"

[九]"文定"二句：語出《詩·大明》。"文定厥祥"，《毛傳》："言大姒之有
文德也。祥，善也。"《鄭箋》："問名之後，卜而得吉，則文王以禮定其
吉祥，謂使納幣也。""親迎於渭"，《毛傳》："言賢聖之配也。"《鄭箋》：
"賢女配聖人，得其宜，故備禮也。"

[十]正朔：帝王新頒的曆法。《禮記·大傳》："改正朔。"孔穎達《疏》："改
正朔者，正，謂年始；朔，謂月初，言王者得政示從我始，改故用新，
隨寅丑子所損也。周子、殷丑、夏寅，是改正也；周半夜、殷鷄鳴、夏
平旦，是易朔也。"

[十一]服色：車馬和祭牲的顏色。《禮記·大傳》："易服色。"孫希旦《集
解》："服，如服牛乘馬之服，謂戎事所乘；若夏乘驪，殷乘翰，周
乘騵是也。色，謂祭牲所用之牲色；若夏玄牡，殷白牡，周騂犅
是也。"

[十二]孟子(約前三七二—前二八九)：名軻，山東鄒城人，提倡性善、民
本、仁政等思想，與孔子合稱"孔孟"。

[十三]遁：逃避，躲閃。用以形容理屈詞窮。

畏厭溺殤服辯

殤者，未成人之喪也。《士禮·喪服》："年十九至十六爲長殤，
十五至十二爲中殤，十一至八歲爲下殤，不滿八歲以下爲無服之殤。"
緣制三等之服[一]，長殤、中殤降一等[二]，下殤降二等，以其未成人，
故降之也。丈夫之爲殤之服者，齊衰之殤中從上[三]，大功、小功之
殤中從下[四]。婦人爲夫之黨服[五]，齊衰之殤中從上，大功、小功之
殤中從下，差別之等也。是爲殤服之正者。有非上、中、下三殤者，
乃殤服之變也。

曷爲殤服之變？小功殤五月，大夫、公之昆弟、大夫之子爲其昆
弟、庶子、姑姊妹、女子子之長殤[六]；緦麻服三月[七]，夫之姑姊妹
之長殤是已。小功殤五月，馬融《注》："大夫無昆弟之殤，此言殤①，

關有罪若畏厭溺，當殤服之。”鄭《注》曰：“大夫爲昆弟之長殤小功，謂爲士者若不仕者也[八]。以此知大夫無殤服也。”賈《疏》：“大夫無殤服也者，已爲大夫，大夫冠而不爲殤也。大夫二十而冠，而有兄子殤者，已與兄弟同十九，而兄姊於年終死，已至明年初二十，因喪而冠，是以冠成人，而有兄姊殤也。且五十乃爵命[九]，今未二十已得爲大夫者，五十乃爵命，自是禮之常法。或有大夫之盛德，未必至五十爲大夫者也。”賈說非是。馬君，鄭君之師，“以此知大夫無殤服”句，用師說而微破之。馬君之《喪服傳注》具在，故不申述也[十]。鄭注《喪服·小記》論四世、五世，微破師說，而不言季長亦同此例。公彦不察，別爲因喪而冠，年未二十得爲大夫之說，曲爲之解，謬矣。緦麻殤服，三月。馬融注《禮》“三十乃娶，而有夫之姊殤，關有畏厭溺者”，此文鄭君無注，有師說在，不重言之。陳銓曰[十一]：“大夫未三十而娶，故有姊殤然矣。夫雖二十則成人。”孔倫曰[十二]：“蓋以爲違禮早娶者，制非畏厭溺也。”射慈答徐整曰[十三]：“古者三十而娶，禮之常制也。古者七十而傳宗事與子，子雖幼未滿三十，自得少娶，故《曾子問》曰：‘宗子雖七十，無無主婦。’此言宗子已老，傳宗事與子，則宜有主婦。”敖繼公曰[十四]：“夫之姊無在殤者，此言姊蓋連妹而立文耳。古者三十而娶，何夫姊之殤之有？”以上四說皆屬肊斷，而孔倫之言，尤爲不倫。先王制禮，焉有爲違禮者又制禮服之事哉？馬君深於《禮經》，其說必出於高堂生諸大儒[十五]，雖鄭君之博綜羣籍，亦不以馬說爲非，而魏晉儒生，不信師承，好立小異，何邪？

　　曷爲畏厭溺？《檀弓》：“死而不弔者三：畏、厭、溺。”鄭君注“畏”云：“人或②以非罪攻已，已不能有以說之，死之者。孔子畏於匡[十六]。”注“厭”云：“行止危險之下。”注“溺”云：“不乘橋船。”蓋謂匡人以非罪罪孔子，孔子微服而行，不死於非命，知命者也。“行止危險之下”者，若孟子云岩墻之下也。“不乘橋船”者何？胤云馮河、潛泳也[十七]，此不知命者也。然鄭君約略言之，猶有未盡。如溺之不乘橋船，亦有輕生自投者矣。至於畏則有兵刃相接，無勇跳走而死於兵者矣。此三者皆不順正命[十八]，得罪君上，得罪祖宗，是以馬君云有罪也。夫殤者，傷也。畏、厭、溺，雖皆有罪，然與三殤同爲凶短折[十九]，是可傷已，豈可不降正服而服以殤服哉[二十]？所謂“不弔”者，蓋指朋友言之也。即如畏而死於兵者，雖不登於明堂，不入於兆域[二十一]，然而死於王事，其可傷則一也，故謂之“國殤”。至於免冑衒鬻之士[二十二]，又不得以殤禮遣、殤禮葬矣[二十三]。若未成人者，亦可不殤。魯人勿殤童汪踦是已[二十四]。是喪服上、中、下三殤之外，又有畏、厭、溺之三殤也。漢儒去古未遠，此必先儒傳《子夏傳》者之說，鄭君稱季長爲通儒，豈有通儒而私造典禮者哉？後人不信古人，多無本之言，可謂蔑弃古訓矣。近今又有涵泳《經》文而不信《傳》者，變本加厲，滔滔者何所底止乎！

【校勘】

①據杜佑《通典》引馬融之語，“殤”下有“者”字。

②據《禮記·檀弓》鄭玄《注》，“或”下有“時”字，“已”下不重“已”字。

【題解】

　　殤，意爲未至成年而死。分長、中、下三殤。緣制三等之服，降等而行。另有非上、中、下三殤者，乃殤服之變，尤其是畏、厭、溺三殤。江藩援引馬融、鄭玄等漢儒經義，爲之辯説解析。

【注釋】

[一]三等之服：即一殤之中有長、中、下三等服。

[二]降：舊制，喪服降低一等爲“降服”。如子爲父母應服三年之喪，其已出繼者，則爲本生父母降三年之服爲一年之服。

[三]齊衰：喪服名，爲五服（斬衰、齊衰、大功、小功、緦麻）之第二等。服用粗麻布製成，以其緝邊縫齊，故稱“齊衰”。服期有三年的，爲繼母、慈母；有一年的，爲“齊衰期”，如孫爲祖父母，夫爲妻；有五月的，如爲曾祖父母；有三月的，如爲高祖父母。

[四]大功：喪服名，爲五服之第三等，服期九月。其服用熟麻布做成，較齊衰稍細，較小功爲粗，故稱大功。舊時堂兄弟，未婚的堂姊妹，已婚的姑、姊妹、侄女及衆孫、衆子婦、侄婦等之喪，都服大功。已婚女爲伯父、叔父、兄弟、侄、未婚姑、姊妹、侄女等服喪，也服大功。小功：喪服名，爲五服之第三等。其服以熟麻布製成，視大功爲細，較緦麻爲粗，服期五月。凡本宗爲曾祖父母、伯叔祖父母、堂伯叔祖父母、未嫁祖姑、堂姑，已嫁堂姊妹，兄弟之妻，從堂兄弟及未嫁從堂姊妹；外親爲外祖父母、母舅、母姨等，均服之。

[五]黨：親族。《禮記·雜記》：“其黨也食之，非其黨弗食也。”鄭玄《注》：“黨，猶親也。”

[六]大夫：古職官名。周代在國君之下有卿、大夫、士三等，各等中又分上、中、下三級。昆弟：兄弟。姑姊妹：父親的姐妹，姑母。女子子：女兒。《儀禮·喪服》："女子子在室爲父。"鄭玄《注》："女子子者，女子也，別於男子也。"

[七]緦麻服：喪服名，爲五服之第五等，服期三月。孝服用細麻布製成。凡本宗爲高祖父母，曾伯叔祖父母，族伯叔父母，族兄弟及未嫁族姊妹，外姓中爲表兄弟，岳父母等，均服之。

[八]"大夫"二句：《儀禮》賈公彥《疏》："'大夫爲昆弟之長殤小功，謂爲士者若不仕者也'者，凡爲昆弟，成人期，長殤在大功，今大夫爲昆弟長殤小功，明大夫爲昆弟降一等，成人大功長殤，中殤在小功，若昆弟亦爲大夫同等，則不降，今言降在小功，明是昆弟爲士，若不仕者也。"

[九]爵命：封爵受職。陳琳《檄吳將校部曲文》："大啓爵命，以示四方。"呂向《注》："爵，謂封侯也；命，謂一命受職。"

[十]具：通"俱"，全、都。

[十一]陳銓：晉代人，有《喪服經傳注》。

[十二]孔倫：字敬序，會稽(今浙江紹興)人，東晉廬陵太守，有《集注喪服經傳》。

[十三]射慈(二〇五—二五三)：一作謝慈，字孝宗，彭城(今江蘇徐州)人，三國吳中書郎，有《喪服變除圖》等。徐整：字文操，三國豫章(今江西南昌)人，官太常卿，有《毛詩譜》《孝經默注》等。

[十四]敖繼公：字君善，元福州長樂人，有《儀禮集說》。

[十五]高堂生：複姓高堂，名伯，西漢魯(今山東新泰龍廷)人。專治古代禮制，傳《士禮》十七篇，即今本《儀禮》。

[十六]"孔子"句：《論語》邢昺《疏》："謂匡人以兵圍孔子，記者以衆情言之，故云'子畏於匡'。其實孔子無所畏也。"匡：地名，在今河南長垣縣西南。

[十七]胤：指何胤(四四六—五三一)，字子季，廬江灊(今安徽廬江)人，官太子中庶子，有《毛詩總集》《禮記隱義》等。馮河：徒步涉水渡河。《易·泰》："用馮河，不遐遺。"孔穎達《疏》："無舟渡水，馮陵於河，是頑愚之人。"

[十八]正命：儒家以順應於天道、得其天年而死爲得"正命"。《孟子·盡心上》："盡其道而死者，正命也；桎梏死者，非正命也。"趙岐《注》："盡修之道，以壽終者爲得正命也。"

[十九]凶短折：夭折。《書·洪範》："六極，一曰凶短折。"孔穎達《疏》："鄭玄以爲凶短折皆是夭枉之名，未齔曰凶，未冠曰短，未婚曰折。"

[二十]正服：古代禮儀所規定的正式服裝，包括朝服、祭服、喪服，文中指喪服。

[二十一]兆域：墓地四周的疆界，指稱墓地。《周禮·春官·塚人》："掌公墓之地，辨其兆域而爲之圖。"孫詒讓《正義》："辨其兆域者，謂墓地之四畔有營域埒埓也。"

[二十二]免冑：指決死。夏完淳《大哀賦》："既有志於免冑，豈無心於喪元。"銜鬚：口含髯鬚，表示臨難不屈、大義凜然的樣子。《後漢書·獨行傳·溫序》："序受劍，銜須於口，顧左右曰：'既爲賊所迫殺，無令須污土。'遂伏劍而死。"

[二十三]遣：古代將葬時祭奠。《禮記·檀弓下》："始死，脯醢之奠；將行，遣而行之；既葬而食之。"鄭玄《注》："葬有遣奠。"

[二十四]汪踦：亦作"汪錡"，春秋時魯國的一個兒童。哀公十一年齊國伐魯，汪踦挺身而出，衛國而死，所以魯人破例以成人之禮葬之。

姜嫄帝嚳妃辨

《大戴禮·帝繫篇》："帝嚳卜其四妃之子[一]，皆有天下。上妃，有邰氏之女曰姜嫄，而生后稷；次妃，有娀氏之女曰簡狄[二]，而生契；次妃，陳隆氏之女曰慶都[三]，生帝堯；下妃，娵訾之女曰常儀[四]，生摯。"與《史記》同。《生民》詩毛公本此作《傳》[五]，其後劉歆、班固、賈逵、服虔、馬融、王肅、皇甫謐等皆以爲然[六]，惟《鄭箋》云："姜嫄當堯之時，爲高辛氏之世妃。"《鄭志》趙商問："當堯之時，姜嫄爲高辛氏世妃，意以爲非帝嚳之妃。《史記》嚳以姜嫄爲妃，是生后稷，明文皎然。又毛亦云高辛帝，苟信先籍，未覺其偏隱，是以敢問易毛之義？"答曰："即姜嫄誠帝嚳之妃，履大人之迹而歆歆然，是非真意矣。乃有神氣，故意歆歆然。天下之事，以前驗後，其不合者，何可悉信。是故悉信亦非，不信亦非，稷稚於堯，堯見爲天子，高辛與堯並在天子位乎？"是鄭以姜嫄爲高辛氏後世子孫之妃也。馬融説《詩》從毛義，王肅申馬説以難鄭，王基、馬昭、張融辨之詳矣[七]，其文見《生民》詩《疏》，不具録。惟是孔《疏》節録諸子之説，未盡鄭君之義，而鄭君之《箋》，亦有意旨未暢者，今詮毛、鄭之説，以己意論斷焉。

厥初生民，時維姜嫄。

《傳》：“生民，本后稷也。姜，姓也。后稷之母配高辛氏焉。”《箋》：“厥，其。初，始。時，是也。言周之始祖，其生之者，姜嫄也。姜姓者，炎帝之後，有女名嫄，當堯之時，爲高辛氏之世妃，本后稷之初生，故謂之生民。”謹案：《毛傳》“高辛氏帝焉”，帝者，帝嚳也。鄭易《傳》以姜嫄爲高辛氏之世妃，據《命曆序》云帝嚳傳十世，堯在帝嚳之後，去嚳世甚遠，堯與稷、契皆非帝嚳之子也。孔子刪《書》，斷自唐虞，堯以前世次莫考，不知姜嫄爲高辛氏何人之妃，故但云世妃也。是以張融曰稷、契年稚於堯，堯不與嚳並處帝位。則稷、契焉得爲嚳子乎？若使稷、契必嚳子如《史記》，是堯之兄弟也。堯有賢弟七十不用[八]，須舜舉之？此不然明矣。《詩》之《雅》《頌》，姜嫄履迹而生，爲周始祖，有娀以玄鳥生商，而契爲玄王，即如《毛傳》《史記》之説，嚳爲稷、契之父，帝嚳聖夫，姜嫄正妃，配合生子，人之常道，則《詩》何故但嘆其母，不美其父，而云“赫赫姜嫄，其德不回。上帝是依，是生后稷”？“周、魯何殊，特立姜嫄之廟乎？”孔穎達謂融之此言深得鄭旨，是也。

生民如何，克禋克祀[九]，以弗無子。

《箋》：“克，能也。弗之言祓也[十]。姜嫄之生后稷，如何乎？乃禋祀上帝於郊禖，以祓除其無子之疾，而得其福也。能者，言齊肅當神明意也。二王之後，得用天子之禮。”謹案：郊乃天子之祭，惟天子得行，諸侯不敢僭也。《傳》謂帝嚳天子，故得行郊禖之禮。《箋》謂稷與堯皆非嚳子，若爲嚳子，堯自唐侯升爲天子，父死子繼，不得易有天下之號曰陶唐，則堯非嚳子明矣。蓋堯即位後，封帝嚳之子孫於高辛。高辛，地名也，因以爲國名。堯以窓禮待之[十一]，故得用天子之禮也。

履帝武敏歆，攸介攸止[十二]。載震載夙[十三]，載生載育，時維后稷。

《傳》：“履，踐也。帝，高辛氏之帝也。武，迹。敏，疾也。從於帝而見於天，將①齊敏也。”《箋》：“帝，上帝也。敏，拇也。祀郊禖之時，則有大人之迹，姜嫄履之，足不能滿。履其拇指之處，心體歆歆然，其左右所止住，如有人②感己者也。於是遂有身，而肅戒不復御。後則生子而養長，名之曰弃。舜臣堯而舉之，是爲后稷。”謹案：《傳》謂姜嫄隨帝嚳之後，踐履嚳迹，行事敬而敏疾，故爲神所歆饗[十四]，即得懷任。鄭不從者，以姜嫄非帝嚳之妃。帝乃上帝也，若如《傳》言，姜嫄隨夫祀天，豈有不接武於其夫之後乎？又以敏爲疾，豈祭祀之禮以疾爲敬乎？於義難通。“歆”“忻”，古今字也。《史記》云：“見巨人迹，心忻然悦，欲踐之，踐之而身動如孕。”“歆歆然”者，即“忻然悦”之意。以“歆”爲“饗”，則履帝武爲一事，齊敏爲一事，天神歆饗爲一事，詞氣不屬，頗嫌蕪累矣。鄭所謂帝者，即感生帝也。《異義》：“《詩齊》《魯》《韓》《春秋公羊》説聖人皆無父，感天而生，《左氏》説聖人皆有父。謹案：《堯典》‘以親九族’，即堯母慶都感赤龍而生堯，堯安得九族而親之？《禮讖》云‘唐五廟’，知不感天而生。玄之聞也，諸言感生得無父，有父則不感生。此皆偏見之説也。《商頌》曰：‘天命玄鳥，降而生商。’謂娀簡吞鳦子生契[十五]，是聖人感生，見於經之明文也。劉媪是漢太上皇之妻[十六]，感赤龍而生高祖，是非有父感神而生者也。且夫蒲蘆之氣，嫗煦桑蟲，成爲己子[十七]，況乎天氣？因人之精，就而神之，反不使子賢聖乎？是則然矣，又何多怪。"鄭駁《異義》，引蒲蘆爲證，可謂善於取譬矣。竊謂上古之世，人與天近，多神靈之事；下古以後，在所罕聞。然乾元資始，坤元資生，萬物皆天地所資生，而況於人乎！鄭君引《商頌》之文以爲證，推而廣之，《閟宮》曰"上帝是依"，本《詩》云"上帝不寧"[十八]，《詩》辭明言上帝，豈非感生帝之確據乎？許君云："無父而生，則無九族，不當立五廟，如堯以慶都爲母，是不得不以慶都之夫爲父矣。感生者，感天之精氣而生，非實有人道交接之事也。即堯自知無父而生，然受其長養之恩，可等之路人乎？"叔重之説，拘墟之見耳。王肅以後諸人，謂事出於讖，不可信。然則齊、魯、韓三家《詩》説，《史記》、劉向《列女傳》皆載此事，豈盡出於讖乎？是不然矣。

誕彌厥月[十九]，先生如達[二十]。不坼不副[二十一]，無災無害，以赫厥靈。上帝不寧，不康禋祀，居然生子。

《箋》："姜嫄以赫然顯著之徵，其有神靈審矣。此乃天帝之氣也，心猶不安之。又不安徒以禋祀，而無人道，居默然自生子，懼時人不信也。"謹案：時人不信，後人尤不信矣。作《詩》者恐後人有污辱之毀，故極言其生之易，皆上帝所佑以祛惑傳信也。"居默然生子"者，在胎而母不病，生子而不加病，如無其事者然，故曰"默然"也。

誕寘之隘巷，牛羊腓字之[二十二]。誕寘之平林，會伐平林。誕寘之寒冰，鳥覆翼之。鳥乃去矣，后稷呱矣。

《箋》："天異之，故姜嫄寘后稷於牛羊之徑，亦所以異之。"謹案：《鄭箋》順《毛傳》以爲説，謂姜嫄無人道生子，恐人之議己，以爲上帝所生，弃之以顯其神異，然後收養以解衆惑。如鄭君之言，則姜嫄收養后稷，仍居高辛，何以下章"即有邰家室"？《箋》云："改封於邰，就其成國之家室，無變更也。"若姜嫄收養之後，后稷爲高辛氏之子，當居其國而爲家室焉，何以不居本國，反之有邰而立室家邪？與後説不合。《箋》文必有脱誤，不然則義爲二創矣。愚謂姜嫄之夫，因無人道而生后稷，疑非己子，乃弃之隘巷、平林，而后稷不死，高辛氏必欲其死，又寘之寒冰，姜嫄不忍其子之死，收而養之，遂携其子之有邰也。若謂姜嫄弃之，姜嫄因無子而被高禖，其急欲生子明矣，豈有期而生子，反忍心弃之乎？至於天之所異，姜嫄承天異而異之，則弃之隘巷、平林，亦可以顯其異矣，何必寘於寒冰必死之地邪？設無大鳥覆翼，則后稷殂矣。即使姜嫄承天意而顯之於天下，焉能必其有大鳥來邪？豈上帝諄諄然命之曰"有大鳥覆翼之"乎？斯言不可信也。至於王肅寡居弃子之説，則王基辨之詳矣。

實覃實訏[二十三]，厥聲載路。誕實匍匐，克岐克嶷[二十四]。以就口食，藝之荏菽。荏菽旆旆，禾役穟穟[二十五]。麻麥幪幪[二十六]，瓜瓞唪唪[二十七]。

謹案：此言后稷生而神聖，於就口食之時，即知稼穡之事。

誕后稷稚穡，有相之道。茀厥豐草，種之黄茂。實方實苞，實種實襃。實發實秀，實堅實好。實穎實栗，即有邰家室。

《箋》：“大矣后稷之掌稼穡，有見助之道。謂若神助之力也。后稷教民除治茂草，使種黍稷。黍稷生則茂好，孰則大成。以此成功，堯改封於邰，就其成國之家室，無變更也。”謹案：此章言棄爲后稷，堯嘉其播奏庶艱食之功，封之於邰即就也。故曰“就其成國之家室，無變更也”。蓋高辛氏終疑后稷非己子，姜嫄不安其室，攜子大歸於邰，後邰國絕，稷遂繼位爲君。所以云“成國至家室”也。若寄寓於邰，何謂“成國”乎？舜知其賢，薦之於堯，命爲稷官，嘉其教民稼穡之功，就其已成之國而封之。時高辛氏之國，亦絕於是，命稷奉高辛氏之祀，爲二王之後，改有邰之國曰周，故曰改封也。

誕降嘉種，維秬維秠[二十八]，維穈維芑[二十九]。恒之秬秠，是穫是畝[三十]。恒之穈芑，是任是負，以歸肇祀。

《傳》：“恒，徧③；肇，始也。始歸郊祀也。”《箋》：“任，猶抱也。肇，郊之神位也。后稷以天爲己下此四穀之故，則徧種之，成孰則穫而畝計之，抱負以歸，於郊祀天。得祀天者，二王之後也。”謹案：此章《傳》與《箋》皆言郊祀，惟《傳》訓“肇”爲“始”，《箋》讀“肇”爲“兆五帝於四郊”之“兆”。謂后稷以四種嘉穀歸而祭天，后稷爲二王後，故得郊天也。愚謂《傳》云“郊祀”，兼郊天及宗廟之祀，以后稷就封之國，始舉郊天之典及宗廟羣祀，言郊則二王之後，得行郊天之祭，在其中矣。《箋》讀“肇”爲“兆”，但言郊天，似不若《傳》之隱括毛義爲長。

誕我祀如何，或舂或揄[三十一]，或簸或蹂[三十二]。釋之叟叟[三十三]，烝之浮浮[三十四]。載謀載惟[三十五]，取蕭祭脂[三十六]，取羝以軷[三十七]，載燔載烈[三十八]，以興嗣歲。

謹案：此章言后稷行上辛祈穀之禮[三十九]。

卬盛於豆[四十]，於豆於登[四十一]。其香始升，上帝居歆[四十二]，胡臭亶時[四十三]。后稷肇祀，庶無罪悔，以迄於今。

謹案：此章言文、武之功起於后稷，故推以配天焉。

【校勘】

①漆永祥校本云：“《詩·生民》毛《傳》‘將’下尚有‘事’字。”

②漆永祥校本云：“《詩·生民》鄭《箋》‘人’下尚有‘道’字，江氏引文脫之。”

③此“徧”字與下文“則徧種之”之“徧”字，原皆作“偏”，漆永祥校本已據《詩·生民》毛《傳》改，今從。

【題解】

《大戴禮記》《史記》記載姜嫄爲帝嚳之妃，毛公傳《生民》詩亦本於此，劉歆、馬融等皆以爲然，獨鄭玄箋《詩》以爲姜嫄爲高辛氏後世子孫之妃。江藩申發鄭義，就《生民》毛、鄭之説詳加詮釋。

【注釋】

[一]帝嚳：姓姬，名俊，號高辛氏，河南商丘人，黄帝的曾孫，五帝之一。

[二]簡狄：相傳爲有娀氏之女，帝嚳之妻，吞玄鳥卵懷孕而生商代祖先契。

[三]慶都：帝堯之母。

[四]常儀：娵訾(jū zī)氏之女，帝摯之母。

[五]毛公：指毛亨，戰國末年魯國(今山東曲阜)人，秦始皇時避難隱居於武垣縣(滄州河間)，入籍河間。據稱其詩學傳自子夏，作《毛詩古訓傳》，傳授趙人毛萇。時人稱毛亨爲大毛公，毛萇爲小毛公。

[六]賈逵(三〇——〇一)：字景伯，扶風平陵(今陝西咸陽)人，官侍中，有《左氏傳解詁》《尚書古文同異》等。服虔：字子慎，東漢河南滎陽人，官尚書郎、九江太守，有《春秋左氏解誼》等。皇甫謐(二一五—二八二)：字士安，自號玄晏先生，安定朝那(今甘肅靈台)人，有《針灸甲乙經》《高士傳》等。

[七]王基(一九〇—二六一)：字伯輿，東萊曲城(今山東煙台)人，有《時要論》等。

[八]七十：指堯在位七十年。

[九]禋(yīn)：祭名，升煙祭天以求福。《説文解字·示部》：“禋，潔祀也。一曰精意以享爲禋。”

[十]祓(fú)：古代爲除灾求福而舉行的一種儀式。《説文解字·示部》：“祓，除惡祭也。”

[十一]愙(kè)：恭敬。《説文解字·心部》：“愙，敬也。”

[十二]攸：語助詞。介：通“祄”，神保佑。止：通“祉”，神降福。《詩毛傳》：“介，大也。攸止，福祿所止也。”

[十三]載震載夙：或震或夙，指十月懷胎。《詩毛傳》：“震，動。夙，早。”

[十四]歆饗：同“歆享”，指鬼神享受祭品、香火。

[十五]鳦：燕子。《爾雅·釋鳥》：“燕燕，鳦。”

[十六]劉媪：本名王，一説姓温，梁人，漢太上皇帝劉太公之妻，劉邦生母，後追尊爲“昭靈后”。

[十七]嫗煦：生養覆育。嫗：指地賦物以形體。煦：指天降氣以養物。三國魏高堂隆《諫明帝疏》：“是以有國有家者，近取諸身，遠取諸物，嫗煦養育，故稱愷悌君子，民之父母。”

[十八]不寧：大寧。不，通“丕”，大。《詩毛傳》：“不寧，寧也。不康，康

也。"《鄭箋》："康、寧皆安也。"

[十九]誕：迨，到了。彌：滿。

[二十]先生：頭生，第一胎。達：滑利。

[二十一]坼：裂開。副(pì)：破裂。

[二十二]腓(féi)字：庇護憐愛。腓：通"庇"。

[二十三]覃(tán)：長。訏(xū)：大。

[二十四]岐：通"企"，踮起腳跟。嶷(nì)：幼小聰慧。

[二十五]"荏菽"二句：孔穎達《毛詩疏》："其施施、穟穟、幪幪，皆言生長
　　　　　茂盛之貌。"役：通"穎"，禾苗之末。

[二十六]幪幪(měng)：茂盛的樣子。

[二十七]瓞：小瓜。唪唪：果實累累貌。

[二十八]秬(jù)：黑黍。秠(pī)：古書上說的一種黑黍，一殼二米。

[二十九]穈(méi)：不黏的黍。芑：梁、黍一類的農作物。

[三十]穫：泛指刈割、砍伐。畝：堆在田裏。

[三十一]揄(yóu)：舀，從臼中取出舂好的米。

[三十二]簸：揚米去糠。蹂：蹂禾取穀。

[三十三]釋：淘米。叟叟：狀聲詞。形容淘米的聲音。

[三十四]烝：同"蒸"。浮浮：熱氣上升貌。

[三十五]惟：考慮。

[三十六]蕭：香蒿。脂：指用以熏香的牛腸脂。

[三十七]羝：公羊。軷(bá)：剝去羊皮。

[三十八]燔：烤肉使熟。烈：《詩毛傳》："貫之加於火曰烈。"

[三十九]上辛：農曆每月上旬的辛日。《穀梁傳·哀公元年》："我以十二月
　　　　　下辛卜正月上辛。如不從，則以正月下辛卜二月上辛。如不從，則
　　　　　以二月下辛卜三月上辛。如不從，則不郊矣。"范寧《注》："郊必用
　　　　　上辛者，取其新潔莫先也。"

[四十]卬：仰，舉。豆：古代盛肉或其他食品的器皿，形狀像高腳盤。

[四十一]登：古代盛器，亦用作祭器。登似豆而較淺。《詩毛傳》："木曰
　　　　　豆，瓦曰登。豆薦菹醢也，登盛大羹也。"

[四十二]居歆：安然享用。

[四十三]胡臭：香氣味。馬瑞辰《毛詩傳箋通釋》："《廣雅·釋詁》：'胡，
　　　　　大也。'胡臭，謂芳臭之大。"亶時：確實好。馬瑞辰《毛詩傳箋通
　　　　　釋》："亶時，猶云誠善也。"

私謚非禮辨

《儀禮·士冠禮記》：“死而謚，今也。古者生無爵，死無謚。”鄭康成《注》：“今，謂周衰，記之時也。古，謂殷。殷士生不爲爵，死不爲謚。周制以士爲爵，死猶不爲謚耳，下大夫也。今記之時，士死則謚之，非也。謚之，由魯莊公始也[一]。”此專爲士而言也。若夫下大夫以上，則無不誄而謚矣[二]。《周官經·太史職》“小喪，賜謚”[三]，《小史職》“大夫之喪，賜謚”，讀誄皆謚之出於朝者也。至於下大夫以下，其有意稱明德者，不得請謚於朝，恐行迹之就湮，於是有私謚焉。漢張璠、荀爽以私謚爲非古[四]，然柳下謚惠[五]，黔婁謚康[六]，私謚始於春秋時，不可謂不古也。蓋周人卒哭而諱[七]。《左傳》申繻曰[八]：“周人以諱事神。名，終將諱之。”名者，死者之名也。故於將葬之時，爲謚以易其名。《檀弓》云：“公叔文子卒[九]，其子戌請謚於君曰：‘日月有時[十]，將葬矣，請所以易其名者。’”易其名者，以謚易死者之名而諱之也。諱之者，非特子孫不敢斥言而已[十一]，且欲使後人亦不敢斥言之。所以《左傳》紀僕來奔[十二]，史克之對稱“先大夫臧文仲”[十三]，而不名也。若無爵無謚，則柳下惠、黔婁之賢，乃百世之師，豈可使後人斥言其名哉？此私謚之所以不得不舉也。蓋有爵者行事著於朝廷，其謚賜之於上；無爵者行事見於閭里，其謚定之於下。展禽，下大夫也；黔婁，庶人也，皆不得請謚於朝，故門人曾子議私謚焉[十四]。曾子問：“賤不誄貴，幼不誄長。”爲諸侯相誄而發，非言私謚也。張璠、荀爽不達斯義，輒生駁難，以譏刺當世，謂爲非禮。劉向《列女傳》[十五]：“魯黔婁先生死，曾子與門人往弔焉。曰：‘何以爲謚？’”若從張璠、荀爽之言，則曾子爲不知禮矣。

【題解】

本文以私謚非禮爲議題。漢人張璠、荀爽以私謚非古，不合於禮。江藩則認爲私謚始於春秋時，不可謂不古，且有爵者行事著於朝廷，其謚賜之於上；無爵者行事見於閭里，其謚定之於下，此私謚之所以不得不舉也。

【注釋】

[一]魯莊公：指姬同（前七〇六—前六六二），魯桓公姬允（一名軌）之子，

魯國第十六任君主。

[二]誄：古代列述死者德行，表示哀悼並以之定謚（多用於上對下）。《禮記·曾子問》：“賤不誄貴，幼不誄長，禮也。”鄭玄《注》：“誄，累也。累列生平事蹟，讀之以作謚，謚當由尊者成。”

[三]小喪：指夫人以下，九嬪、世婦、女御、諸内人之喪。《周禮·天官·宰夫》：“大喪小喪，掌小官之戒令，帥執事而治之。”鄭玄《注》：“大喪，王、后、世子之喪也。小喪，夫人以下。”

[四]張璠：魏晉時安定（今甘肅涇川）人，有《後漢紀》《周易集解》。荀爽（一二八——一九〇），一名諝，字慈明，潁川潁陰（今河南許昌）人，有《周易注》等。

[五]柳下：指柳下惠（前七二〇—前六二一），本名展獲，字子禽，一字季，謚“惠”，魯國柳下邑（今山東平陰）人。

[六]黔婁：號黔婁子，謚“康”，戰國時齊稷下先生，有《黔婁子》等。

[七]卒哭：古代喪禮，百日祭後，止無時之哭，變爲朝夕一哭，名爲卒哭。《儀禮·既夕禮》：“三虞卒哭。”鄭玄《注》：“卒哭，三虞之後祭名。始朝夕之間，哀至則哭，至此祭，止也。朝夕哭而已。”

[八]申繻：春秋時魯國大夫。《左傳·桓公六年》載申繻論取名云：“名有五，有信，有義，有象，有假，有類。以名生爲信，以德命爲義，以類命爲象，取於物爲假，取於父爲類。不以國，不以官，不以山川，不以隱疾，不以畜牲，不以器幣。周人以諱事神，名，終將諱之。”

[九]公叔文子：指公叔發，名拔，謚“文”，春秋時衛（今河南濮陽）人。衛獻公之孫。

[十]有時：《禮記》鄭玄《注》：“猶言有數也，大夫、士三月而葬。”

[十一]非特：非但；不但。

[十二]紀僕：春秋時莒國紀公的長子，因不滿紀公立二兒子季佗繼位，殺死紀公投奔魯國。

[十三]史克：春秋時魯國太史，《左傳·文公十八年》載其諫逐莒僕事。臧文仲（？—前六一七）：指臧孫辰，姬姓，名辰，臧哀伯次子，謚“文”，故死後又稱臧文仲。春秋時魯國大夫，世襲司寇，執禮以護公室。

[十四]曾子：名參（前五〇五—前四三二），字子輿，春秋末年魯國南武城（今山東嘉祥）人，有《大學》《曾子》等。

[十五]劉向（前七七—前六）：本名更生，字子政，祖籍沛豐邑（今江蘇豐縣），世居京兆長安（今陝西西安），有《別錄》《説苑》等。《列女傳》是劉向編著的一部介紹中國古代婦女事迹的傳記性史書。

姜嫄廟論

考之禮，婦人無廟，何以周、魯皆有姜嫄廟邪？此周之變禮也。姜嫄爲出妻[一]，后稷爲弃子，在有邰之時，姜嫄薨，無廟可祔，不得不立姜嫄廟以奉烝嘗[二]。及武王有天下，承西岐舊制[三]，立先妣廟[四]，不在宗廟之中，《周禮·大司樂》“舞《大濩》，以祀①先妣”是也。蓋稷處人倫之變，禮文亦不得不變矣。堯命稷奉帝嚳之祀，周立五廟，稷父在五廟之内，以次迭毀，惟姜嫄廟則世世不毀也。然不毀之典，與太祖世室又有差别焉。因姜嫄祈於郊禖而生子[五]，遂以人鬼配天神，祭郊禖之日以姜嫄配焉，故孟仲子謂之禖宫[六]。姜嫄，人鬼也。而周人以神道祀之，故又謂之“神宫”。成王賜魯重祭[七]，魯得祀郊禖，故魯謂之“閟宫”。“閟”，神也。以姜嫄配祀郊禖，所以不毀。然姜嫄實生后稷，當寘之寒冰之時，收而養之，得以不死，奏千萬世粒食之功，肇七百年周家之業，姜嫄之功德茂矣，豈特劬勞撫育之恩哉！若不别立廟以祀之，非仁人孝子之用心矣。高辛以弃子而不得爲不毀之祖，姜嫄以婦人而不能正東向之位，既不得祔於班[八]，又不能祭於寢[九]，時祭月享[十]，皆不及焉，失報本追遠之誠矣。聖人緣情制禮，名之“神宫”，别於祖廟，配以郊禖，同於郊禘，雖曰變禮，洵天之經、地之義也。

【校勘】

①“祀”，《周禮·大司樂》作“享”。

【題解】

考之禮制，婦人無廟，爲何周、魯皆有姜嫄廟？江藩認爲姜嫄祈於郊禖而生子，遂以人鬼配天神，祭郊禖之日以姜嫄配，且姜嫄功德卓異，唯立廟以祀，方顯仁人孝子之用心。論：文體名，多用於分析和説明事理。劉勰《文心雕龍·論説》：“論也者，彌綸群言，而研精一理者也。”

【注釋】

[一]出妻：指被休弃的妻子。《儀禮·喪服》：“出妻之子爲母期。”

[二]烝嘗：本指秋冬二祭，泛指祭祀。《詩·小雅·楚茨》：“潔爾牛羊，以往烝嘗。”《鄭箋》：“冬祭曰烝，秋祭曰嘗。”

[三]西岐：古邑名，在陝西岐山縣東北。

[四]先妣：先祖之母，即姜嫄。

[五]郊禖：禖，古代帝王为求子所祭的神。因其祠在郊外，故称“郊禖”。《诗·大雅·生民》：“克禋克祀，以弗无子。”《毛传》：“弗，去也；去无子求有子，古者必立郊禖焉；玄鸟至之日，以大牢祠于郊禖。”

[六]孟仲子：孟子的弟子之一。趙岐《孟子章句》：“孟仲子，孟子之從昆弟，學於孟子者也。”

[七]重祭：隆重的祭祀。《禮記·祭統》：“周公既没，成王、康王追念周公之所以勛勞者，而欲尊魯，故賜之以重祭。”

[八]班：次序；序列。《儀禮·既夕禮》：“明日，以其班祔。”鄭玄《注》：“班，次也。”

[九]寢：古代宗廟的後殿。《禮記·月令》：“寢廟畢備。”鄭玄《注》：“凡廟，前曰廟，後曰寢。”

[十]時祭：四時的祭祀。《漢書·韋玄成傳》：“日祭於寢，月祭於廟，時祭於便殿。”月享：月祀。《國語·楚語下》：“是以古者先王日祭、月享、時類、歲祀。”韋昭《注》：“日祭於祖、考，月薦於曾、高。”

諸侯五廟論

《王制》曰：“諸侯五廟，二昭二穆，與太祖之廟而五。”《正義》曰：“凡始封之君，謂王之子弟，封爲諸侯，爲後世之太祖，當此君之身，不得立出王之廟，則全無廟也。故諸侯不敢祖天子，若有大功德，王特命立之則可，若魯有文王之廟，鄭祖厲王是也。魯非但立文王之廟，又立姜嫄之廟及魯公、文公之廟，並周公及親廟，除文王廟外，猶八廟也。此皆有功德特賜，非禮之正。此始封君之子，得立一廟，始封六世之孫，始五廟備也。若異姓始封，如太公之屬[一]，初封則得立五廟，從諸侯禮也。”此説非也。就魯之始封而論之，周公相成王，而使其子伯禽代就封於魯，若謂伯禽不得立出王之廟，是時周公尚在，並一廟亦不得立矣。有人民而無祖先，有社稷而無宗廟，體國經野之制，有如此乎？若謂周公薨，魯始得立一廟，夫廟制天子七，諸侯五，大夫三，士一，所謂“降殺以兩”也。以諸侯之尊同於下士，而大夫反得立三廟，上士反得立二廟，降殺之禮，固如此乎？魯公一廟不立，自必反祭於周，四時之祭，以及大祫助祭[二]，一年之中，魯公弃土地人民之責，不遑奔走，何以能三年報政乎[三]？竊謂魯公之國，即得立四親廟，公叔祖類爲昭[四]，太王爲穆，王季爲昭，文王爲穆，以次迭毀。至魏公之世[五]，周公爲始祖，爲太廟，乃別立文王之廟。《郊特牲》“諸侯不敢祖天子”者，謂不得以天子爲所出之祖，非謂不敢禰天子也[六]。如魯至魏公之世，以周公爲始祖，不以文王爲始祖，所謂“不敢祖天子”也。鄭有屬王之廟者，桓公乃屬王少子[七]，始封得立出王之廟，亦如魯制。至六世乃以桓公爲始祖，而別立屬王之廟，豈以有功德而後特賜立之哉？至於宋乃二王之後[八]，既得郊祀，亦得祖天子矣。不可與魯、鄭比而同之也。《正義》本之《五經異義》，而不達匡衡“諸侯不得專祖於王”之義，失《禮經》之旨矣。

【題解】

考之禮制，諸侯立五廟，即太祖與二昭、二穆。孔穎達釋《禮記·王制》時認爲凡始封之君，不得立出王之王，若有大功德，由王特命方可立廟。江藩以爲此説不當，特撰文辯駁。

【注釋】

[一]太公：指姜尚（約前一一五六—約前一〇一七），字子牙，俗稱“姜太公”，周朝的開國元勛。因佐武王伐紂有功，封齊太公，成爲齊國的始祖。

[二]助祭：臣屬出資、陪位或獻樂佐君主祭祀。《詩·大雅·思齊》：“雝雝在宮，肅肅在廟。”《鄭箋》：“群臣助文王養老則尚和，助祭於廟則尚敬，言得禮之宜。”

[三]報政：陳報政績。

[四]公叔祖類：指祖紺，字叔類，亞圉之子，周族首領。

[五]魏公：指姬沸（？—前九二四），《史記》作“姬晞”，魯國第五任君主。

[六]禰：《説文解字·示部》：“禰，親廟也。”

[七]桓公：指姬友（？—前七七一），周屬王姬胡少子，鄭國第一任君主。

[八]二王之後：指周武王伐紂滅商後，封商朝之後於宋國，封夏朝之後於杞國。

六龍解

《易·象傳》曰：“時乘六龍以御天。”《五經異義》曰：“《易》孟、京説[一]，天子駕六[二]，《易》‘時乘六龍以馭天’。”謹案：《王度記》云：“天子駕六，與《易》同。”[三]駁云：“玄之聞也，《易》時乘六龍者，謂陰陽六爻上下耳，豈爲禮制？《王度記》云今天子駕六者，自是漢制，與古異。漢世天子駕六龍，非常法。”鄭君謂《象傳》六龍之義，乃《乾》升《坤》降[四]，成《既濟》定，乘時變化，不失其正爾。蓋龍有五而無六，龍之生數合於五行，故《管子》曰“龍被五色”[五]，《説文解字》亦云“五龍六甲”。即以《乾》六爻言之，雖六爻皆有龍象，而九三獨稱“君子”，是龍有五而無六也[六]。所以《説卦傳》《乾》爲馬，不爲龍，而蒼龍之象屬之於《震》矣。《象》言六龍者，猶言六陽也，即六位也。《九家逸象》曰“《乾》爲龍”，此指乾之一卦，非謂六爻皆爲龍也。《爻辭》有“五龍”，龍之頭數也。《象傳》稱“六龍”説乾卦全體之義也。對文則異，散文則通。“六龍”非實之數，可以釋《易》，不可以制禮也。

【題解】

本文解説《周易》和禮制中的六龍。《易·象傳》曰：“時乘六龍以御天。”《王度記》云：“天子駕六，與《易》同。”江藩申發鄭玄之説，認爲《象傳》六龍乃謂《乾》《坤》陰陽爻升降變化，龍有五而無六，龍之生數合於五行。由此得出結論：《象傳》稱“六龍”説乾卦全體之義，“六龍”並非實數，可以釋《易》，不可以制禮。然而，二十一世紀以來，在洛陽東周王陵、湖北九連墩戰國古墓群、西安長安區神禾原戰國秦陵先後發掘出“天子駕六”，這説明“天子駕六”作爲禮制由來已久，而鄭玄所言天子駕六“自是漢制，與古異。漢世天子駕六龍，非常法”並不確當。由此，《象傳》六龍之內涵及其與“天子駕六”之關係或需重新考量。解：文體名，與“説”相近。明吳訥《文章辨體序説》：“若夫解者，亦以講釋解剝爲義，其與説亦無大相遠鄢。”

【注釋】

[一]孟：指孟喜，字長卿，西漢東海蘭陵（今山東蒼山）人，師田王孫，創立《易》孟氏學，有《孟氏章句》等。京：指京房（前七七—前三七），本

姓李，字君明，推律自定爲京氏，東郡頓丘（今河南清豐）人。受學於
梁人焦延壽，而焦延壽自稱學《易》於孟喜。京房有《京氏易传》等，創
立《易》京氏学，与孟氏学合称"孟京易学"。

[二]天子駕六：古代乘輿制度的一種規格，即皇帝乘坐六匹馬拉的兩輛
　　馬車。

[三]"王度記"句：《逸禮·王度記》："天子駕六，諸侯駕五，卿駕四，大夫
　　三，士二，庶人一。"

[四]《乾》升《坤》降：此説爲東漢《易》學家荀爽提出。立足於乾坤之相互對
　　待，乾卦的九二爻之陽，宜升居坤卦的五爻之位，相應地，坤卦的六五
　　爻之陰，則宜降居乾卦的二爻之位。

[五]被：同"披"，覆蓋。

[六]"即以"四句：乾卦六爻之中，雖皆有龍象，但九三爻獨稱"君子"，云：
　　"君子終日乾乾，夕惕若厲，無咎。"故龍有五而無六。九三：指爻位。
　　《周易》共六十四卦，每一卦皆有六個爻位，陽爻用"九"代表，陰爻用
　　"六"代表。按規則從下往上數，最下位稱"初"，最上位稱"上"，其餘
　　四位分別稱二、三、四、五。乾卦的六爻皆爲陽爻，從下往上依次爲：
　　初九、九二、九三、九四、九五、上九。

重剛而不中解

《易·文言》曰："九四重剛而不中。"《本義》云："九四非重剛，
重字疑衍。"此説非也。九四之重剛，與九三以《乾》接《乾》之重剛不
同，此爲重卦言之也[一]。三畫爲象，六畫稱爻，分天象爲三才[二]，
以地兩之而成六畫。四爲重卦之第一爻，以三畫言之，四即爲初矣，
故曰："上不在天，下不在田，中不在人，故或之。"或之者，疑之也；
疑之者，謂近於五而不能飛，與二皆以陽居陰而不能見[三]，近於三
而非君子，疑其爲初爻之潛伏，而又躍於淵，故或之。"在淵"之
"淵"，即潛之謂歟？四爲重卦之初爻，是以稱"重剛"，疑其以陽居
陽也。別上下卦而言之，四爲外卦之初爻[四]，又爲奇矣，即謂之"重
剛"，亦無不可也。若以"重"爲衍字，則自商瞿至北宋治《易》者不可
更僕數矣[五]，諸家豈無一語及之邪？虞仲翔《乾》三爻《注》曰"以
《乾》接《乾》"[六]，亦謂重卦也。内卦三爻，與外卦四爻比[七]，是謂
以《乾》接《乾》云。

【題解】

　　本文解説《易·文言》"九四重剛而不中"之義。朱熹《周易本義》認爲"九四非重剛，重字疑衍"。江藩斥其非是，認爲九四爲重卦之初爻，疑其以陽居陽，故稱"重剛"；或別上下卦言之，九四爲外卦之初爻，且爲奇數，奇爲陽，故稱"重剛"。

【注釋】

[一]重卦：重叠八卦以成六十四卦，每卦由兩個單卦組成，凡六爻。

[二]三才：指天、地、人。《易·説卦》："是以立天之道曰陰與陽，立地之道曰柔與剛，立人之道曰仁與義。兼三才而兩之，故《易》六畫而成卦。"

[三]見：通"現"，顯現。

[四]外卦：亦稱"悔"，重卦中的上卦，即六十四卦中的上三爻。《左傳·僖公十五年》："蠱之貞，風也；其悔，山也。"杜預《注》："内卦爲貞，外卦爲悔。"

[五]商瞿（前五二二—?）：字子木，魯國人，孔子弟子，傳《易》學。

[六]虞仲翔（一六四—二三三）：字仲翔，會稽余姚（今浙江寧波）人，有《周易注》。

[七]比：並列。《説文解字·畾部》："二人爲從，反從爲比。"

雅頌各得其所解

　　《魯論》："吾自衛反魯，然後樂正，雅頌各得其所。"何晏《集解》用鄭《注》[一]，而不言"所"字之義。予謂"所"，三所也。《國語》："周景王曰：'七律者何?[二]'伶州鳩曰[三]：'昔武王伐殷，歲在鶉火，月在天駟，日在析木之津，辰在斗柄，星在天黿[四]。星與日辰之位，皆在北維[五]，顓頊之所建也[六]，帝嚳受之。我姬氏出自天黿，及析木者，有建星及牽牛焉，則我皇妣大姜之姪，伯陵之後，逢公之所馮神也[七]。歲之所在，則我周之分野也。月之所在，辰馬農祥也[八]，我太祖后稷之所經緯也。王欲合是五位三所而用之，自鶉及駟七列也，南北之揆七同也[九]。故以七同其數，而以律和其聲，於是乎有七律。'"《魯論》"各得其所"之"所"，即《周語》之"三所"也。逢公所馮神，周分野所在，后稷所經緯，謂之“三所”，因三所而合之五位。歲、日、月、星、辰，謂之五位。因五位而合之七列。張、翼、軫、角、亢、氐、房，謂之七列。以七同其數，以律和聲，謂之七律。七律，即七列也。此韋昭説^[十]，與杜預《左傳注》不同，杜《注》非，今從韋説。

考伏羲作紀^[十一]，陽氣之初以爲曆法，建冬日至之聲，以黃鍾爲宮，太簇爲商，姑洗爲角，林鍾爲徵，南呂爲羽。殷以前但有五音^[十二]，無應鍾爲變宮，蕤賓爲變徵也。至周加此二聲，謂之七音。蓋武王有天下，以三所乃國家受命之符，因七列制七律，變殷之質，從周之文焉。如析木之次，則用應鍾之均，一所也；鶉火之次，則用林鍾之均，二所也；大辰之次，則用夷則之均，三所也。魯備四代之樂，虞、夏、商三代之樂用五音，周樂用七律。至定公時^[十三]，伶官失職^[十四]，雅頌之升歌金奏^[十五]，用六律而不用七律之均，故夫子正樂之音，使七律合於三所，使周之樂不襲三代五音之制，此之謂“各得其所”也。後人以《詩》篇之次第、用《詩》之地釋之，是正《詩》非正樂矣。

【題解】

《魯論》“《雅》《頌》各得其所”之“所”字，歷來無人釋義。江藩認爲其乃《周語》之“三所”，即“逢公所馮神，周分野所在，後稷所經緯”，而後由三所合五位，由五位合七列，七列即七律。夫子正樂，意在使七律合乎三所，而後人以《詩》篇之次第、用《詩》之地釋之，是正《詩》而非正樂。

【注釋】

[一]何晏（？—二四九）：字平叔，南陽宛（今河南南陽）人，有《論語集解》《道德論》等。

[二]“周景王”句：據《國語·周語》，周景王於公元五二二年問樂律於伶州鳩。周景王：指姬貴（？—前五二〇），謚“景”，東周第十二任君主。

[三]伶州鳩：周景王在位時的樂官。

[四]“歲在”五句：韋昭《國語注》：“歲，歲星也。鶉火，次名，周分野也。從柳九度至張十七度爲鶉火。謂武王始發師東行，時殷十一月二十八日戊子，於夏爲十月。是時歲星在張十三度。張，鶉火也。天駟，房星也。謂戊子日，月宿房五度。津，天漢也。析木，次名，從尾十度至南斗十一度爲析木，其間爲漢津。謂戊子日，宿箕七度也。辰，日月之

會。斗柄，斗前也。謂戊子後三日，得周正月辛卯朔，於殷爲十二月，夏爲十一月。是日，月合辰斗前一度也。星，辰星也。天黿，次名，一曰玄枵。從須女八度至危十五度爲天黿。謂周正月辛卯朔。二日壬辰，辰星始見。三日癸巳，武王發行。二十八日戊午，度孟津，距戊子三十一日。二十九日己未晦，冬至，辰星與須女伏天黿之首也。”

[五]“星與日辰”二句：韋昭《國語注》：“辰星在須女，日在析木之津，辰在斗柄，故皆在北維。北維，北方水位也。”

[六]顓頊：“五帝”之一，號高陽氏，黃帝之孫。據説顓頊爲主管北方的天帝。

[七]“我姬氏”六句：意謂姬氏出自天黿的分野，而析木之次附近的建星和牽牛則是始祖母太姜的侄兒、伯陵的後裔逢公所主的吉星。古人依據壽星、大火、析木、星紀、玄枵、娵訾、降婁、大樑、實沈、鶉首、鶉火、鶉尾等十二星次的位置劃分地面上州、國的位置與之相對應，“天黿”即是十二次的“玄枵”。韋昭《國語注》：“從斗一度至十一度，分屬析木，日辰所在也。建星在牽牛間，謂從辰星所在。須女，天黿之首。至析木之分，歷建星及牽牛，皆水宿，言得水類也。皇，君也。生曰母，死曰妣。大姜，大王之妃，王季之母，姜女也。女子謂昆弟之子，男女皆曰姪。伯陵，大姜之祖有逢伯陵也。逢公，伯陵之後，大姜之姪，殷之諸侯，封於齊地。齊地屬天黿，故祀天黿，死而配食，爲其神主，故云憑。憑，依也。言天黿乃皇妣家之所憑依也，非但合於水木相承而已，又我實出於水家。周道起於大王，故本於大姜也。”

[八]“月之”兩句：韋昭《國語注》：“辰馬，謂房、心星也。心星，所在大辰之次爲天駟。駟，馬也，故曰辰馬。言月在房，合於農祥。祥，猶象也。房星晨正，而農事起焉，故謂之農祥。”

[九]“王欲”三句：韋昭《國語注》：“七同，合七律也。揆，度也。歲在鶉火午，辰星在天黿子。鶉火，周分野。天黿及辰水星，周所出。自午至子，其度七同也。”

[十]韋昭（二〇四—二七三）：字弘嗣，吳郡雲陽（今江蘇丹陽）人，官拜中書郎，有《國語注》《漢書音義》等。

[十一]伏義：風姓，燧人氏之子。相傳伏義始畫八卦，又教民漁獵。

[十二]五音：指宮、商、角、徵、羽五個音階。

[十三]定公：指姬宋（？—前四八〇），春秋時魯國第二十五任君主。

[十四]伶官：樂官。《詩·邶風·簡兮·序》：“衛之賢者，仕於伶官。”鄭玄《箋》：“伶官，樂官也。伶氏世掌樂而善焉，故後世多號樂官爲伶官。”

[十五]升歌：謂祭祀、宴會登堂時演奏樂歌。《儀禮·燕禮》：“升歌《鹿
　　鳴》，下管《新宫》，笙入三成。”金奏：敲擊鍾鎛以奏樂，常用以指廟
　　堂音樂。《周禮·春官·鍾師》：“鍾師掌金奏。”鄭玄《注》：“金奏，
　　擊金以爲奏樂之節。金謂鍾及鎛。”

化我解

　　《春秋·桓六年》：“春正月，寔來。”《公羊傳》曰：“寔來者何？
猶曰是人來也。孰謂？謂州公也。曷謂之寔來？慢之也。曷爲慢之？
化我也。”何邵公《注》[一]：“行過無禮謂之化，齊人語也。”《説文解
字》：“化，教行也。”《方言》：“化，嘩也。”蓋州公不服教行，燕享之
際[二]，喧嘩無禮。州公無禮於我，故曰“化我”。無禮於人，齊語亦
謂之“化我”。《哀六年傳》：“陳乞曰[三]：‘常之母有魚菽之祭[四]，願
諸大夫之化我也。’”何《注》：“言欲以薄陋餘福共宴飲。”《傳》之意若
曰魚豆菲薄，不可以供宴飲，顧諸大夫不以我爲無禮而過我也。

【題解】

　　本文解説《公羊·桓六年傳》“化我”一詞，認爲“化我”乃齊人語，意爲
無禮於人，並引《方言》《公羊·哀六年傳》等詳加論證。

【注釋】

[一]何邵公：指何休（一二九——一八二），字邵公，任城樊（今山東滋陽）人，
　　有《春秋公羊傳解詁》《春秋漢議》等。
[二]燕享：亦作“燕饗”，此處指鬼神受享祭祀的酒食。
[三]陳乞（？—前四八五）：指田乞，嬀姓，田氏，名乞，陳厲公嬀躍之子
　　陳完五世孫。陳完在陳國競争君位失利後，出奔齊國，效力於齊桓公，
　　陳氏遂在齊國立足。陳乞春秋末期擔任國相，專擅齊國朝政。
[四]常：指陳乞（田乞）之子恒，漢朝爲漢文帝劉恒避諱，改稱“常”。承襲
　　相位，獨攬齊國朝政。魚菽之祭：以魚和豆類作祭品。借指禮儀不周。
　　菽：指豆類。

賈石解

　　《春秋經·僖公》：“十有六年春王正月戊申朔[一]，賈石於宋五。”

《公羊傳》曰：“曷爲先言霣而後言石？霣石記聞，聞其磌然[二]，視之則石，察之則五。”《左氏》《穀梁》經文“霣”作“隕”，與《公羊》不同。許氏《説文解字》曰：“霣，雨也。齊人謂雷爲霣。”此《公羊》説也。公羊子、胡毋生皆齊人[三]，以經傳之文著於竹帛，多用齊語，“隕”之爲“霣”，亦“登來”“踊棓”之類矣[四]。孔子修《春秋》，書此事先序所聞隕石之聲如雷，故曰“霣”也。徐而視之則石，徐而察之則五也。《春秋繁露》云：“隕石於宋五，耳聞而記，目見而書，或徐或察，皆以其先接於我者序之。”《傳》“聞其磌然”者，即董子所謂“耳聞而記”也。磌然者，雷聲也。古無“磌”字，當作“填”。屈子《九歌》“靁填填兮雨冥冥”，是可知“磌”之當作“填”矣。《公羊傳》因隕石之聲填然，故爲齊人語作“霣”，言“隕”則“填”不見，言“霣”則“填”見矣。“霣”訓爲“雨”，“星霣如雨”，從“霣”之本訓也。“霣霜殺菽”之“霣”，“霜之降如雨”之“雨”也。“填”之訓引申爲鼓聲。古人製鼓，取法於雷。《禮》：“冒鼓以啓蟄之日。”鄭《注》：“啓蟄，孟春之中，蟄蟲始聞雷聲而動，鼓乃所以取象。”故鼓聲亦訓“填”也，《孟子》“填然鼓之”是已。“填”通作“闐”，《詩·采芑》“振旅闐闐”是已[五]。

【題解】

　　本文解説《春秋·僖公十六年》之“霣石”。江藩認爲《公羊傳》作“霣”，《左氏傳》《穀梁傳》作“隕”，原因在於“霣”爲齊語，而公羊高、胡毋生皆齊人，以經傳之文著於竹帛，多用齊語。齊人謂雷爲霣，故《公羊傳》稱“霣石記聞，聞其磌然”，磌然者，雷聲也。然古無“磌”字，當依《九歌》“靁填填兮雨冥冥”之用例作“填”。由此得出結論：《公羊傳》因隕石之聲填然，故爲齊人語作“霣”，言“隕”則“填”不見，言“霣”則“填”見矣。

【注釋】

[一]王正月：周天子所頒曆法的正月。周以建子之月（農曆十一月）爲正。《春秋·隱公元年》：“元年春，王正月。”《公羊傳》：“元年者何？君之始年也。春者何？歲之始也。王者孰謂？謂文王也。曷爲先言王而後言正月？王正月也。何言乎王正月？大一統也。”

[二]磌(tián)：《集韻·先韻》：“磌，石落聲。”

[三]公羊子：指公羊高，戰國時齊國人，相傳是子夏（卜商）的弟子，有《春秋公羊傳》。胡毋生：字子都，西漢齊（今山東臨淄）人，受業於公羊高玄孫公羊壽，協助公羊壽將公羊師説著於竹帛。

［四］登來：猶得來，得之。《公羊傳·隱公五年》：“公曷爲遠而觀魚？登來之也。”公羊壽《傳》：“登，讀言得。得來之者，齊人語也。”踊栖（pǒu）：《公羊傳·成公二年》：“踊於栖而窺客。”公羊壽《傳》：“踊，上也。凡無高下有絶，加躓板曰栖，齊人語。”

［五］振旅：謂整隊班師。《詩·小雅·采芑》：“伐鼓淵淵，振旅闐闐。”《毛傳》：“入曰振旅，復長幼也。”孔穎達《疏》引孫炎曰：“出則幼賤在前，貴勇力也；入則尊老在前，復常法也。”闐闐：形容車馬隊伍聲勢浩大。

釋言解

　　《爾雅》之《釋詁》《釋言》《釋訓》三篇，郭景純所謂“九流之津涉，六藝之鈐鍵”也[一]。後之學者，致力於經注，而昧於大題。或云《釋言》之言，古謂之名，今謂之字，恐不然矣。考《説文》“直言曰言”，直言者，如十五國詩人之言，各操土風，與王都之正音不合，作此篇以正方俗之語耳。然列國之言，因時遞變，有古之所有今之所無者，有今之所有古之所無者。自周至晋，先代之絶言多矣，有可知者，有不可知者，故郭《注》多引方言以證經，於其所不知，蓋闕如也。試舉其所知者論之，若“斯、諺，離也”，《注》“齊、陳曰斯、諺”，是“離”爲雅言，“斯”“諺”爲方言矣。其餘如“怙，恃”“律，遹”之屬，皆古之方言也①。“今江東呼母爲恀”“今呼重甑爲甗”，凡言今者，皆晋時之方言也。郭《注》此篇引方言不下數十處，則《釋言》一篇，以雅言正方俗語爲無疑矣。此必舍人、樊光、李巡、孫炎諸人相傳述之舊聞，非景純創爲之也[二]。

【校勘】

①按：《爾雅·釋言》：“恀、怙，恃也。”“律、遹，述也。”揆之文意，且郭璞《注》云“今江東呼母爲恀”，則此句疑當作：“其餘如恀怙律遹之屬皆古之方言也。”

【題解】

　　江藩十八歲時，承江聲之學，著成《爾雅正字》一書，晚年訂爲三卷，改題《爾雅小箋》。本文即對《爾雅》第二篇篇名“釋言”作出解釋。江藩以《説文》“直言曰言”爲據，認爲《釋言》篇乃以雅言正方俗語，從而駁斥了“《釋言》之言，古謂之名，今謂之字”的説法。

【注釋】

[一]郭景純(二七六—三二四)：指郭璞，字景純，河東郡(今山西)聞喜人，有《爾雅注》《方言注》等。津涉：渡口，比喻治學的門徑。鈐鍵：比喻事物的核心、關鍵。

[二]舍人：西漢犍爲郡敝邑(今貴州遵義)人，有《爾雅注》。樊光：東漢京兆(今陝西西安)人，有《爾雅注》。李巡(？——一八九)：河南汝陽人，有《爾雅注》。孫炎：字叔然，樂安(今山東博興)人，有《爾雅音義》等。

釋訓解

《釋詁》云：“訓，道也。”《説文》：“訓，説教也。”道者，導也，謂順其意以導之也。説者，悦也。《傳》曰“巽語之言，能無悦乎”，故曰説教也。巽訓爲順，見《周易·繫辭》。巽語者，亦順以道之之意。後人以順道釋訓，於義雖通，然尚有所未盡也。訓、順、馴皆从川聲，互爲假借，小學家言之詳矣。所謂訓者，雅馴也[一]。太史公《五帝紀贊》：“其文不雅馴”，《正義》曰：“馴，訓也。”雅馴者，言之文也。《傳》曰：“言者身之文也。”《古禮》：士大夫惟居喪乃言不文。《爾雅》言有單詞，有重言[二]。重言爲形容之詞，“明明，察也”。順“明”字而重言之，極形容之美也。是“明明”爲雅馴之言，“察”爲直言矣。如《孟子》曰“泄泄猶沓沓”，“泄泄”爲雅言，“沓沓”爲俗語矣。此篇自“明明、斤斤”至“秩秩，清也”，皆順字而重言之訓也。“畇畇，田也”以下，亦重言形容之詞，而又有別焉。《詩·信南山》“畇畇原隰”，“畇畇”，墾辟貌。《頌》“畟畟良耜”，“畟畟”，耜入地貌。此文飾其詞也。言“畇畇”則知爲田，“畟畟”則知爲耜矣。是爲多文辭之文，似訓詁而又非訓詁也。如“丁丁”本伐木聲，“嚶嚶”本烏鳴，因見於《小雅·伐木》之什，《韓詩》云“《伐木》廢，朋友之道缺，所以言丁丁、嚶嚶，則知爲朋友相切磋之道矣”。“藹藹萋萋”，“藹藹”本訓“容止”，“萋萋”本訓“盛貌”，因見於《大雅·卷阿》之詩，所以言“藹藹萋萋”，則知爲“臣盡力”之美矣。“粵夆，掣曳也”以下[三]，雖非重言，其義一也。

蓋《釋詁》一篇，釋古今之異言；《釋言》《釋訓》二篇，通方俗之殊語，皆雅言也。古人以言語爲樞機榮辱之主也，率爾蒙野哉之誚，辭輯有君子之稱，可不慎哉[四]。《戴記·小辨篇》孔子曰："《爾雅》以觀於古，是以辨言矣。《傳》言以象，反舌皆至，可謂簡矣。"是《爾雅》一書，皆正雅俗之音，而《雅》《頌》爲王都之正音，《風》爲列國之方言，四方聲音之別，莫備於《詩》。《爾雅》多釋《詩》詞，其斯之謂歟。

【題解】

本文解說《爾雅》第三篇《釋訓》之名義。前人多以"順道"釋"訓"，於義雖通，尚有所未盡。江藩認爲"訓"應釋爲"雅馴"，雅馴者，言之文也。《釋言》《釋訓》二篇，通方俗之殊語，皆爲雅言。

【注釋】

[一]雅馴：指文辭優美，典雅不俗。

[二]重言：一種修辭方式，也稱叠字。

[三]掣曳：郭璞《爾雅注》："謂牽挽。"

[四]"率爾"三句：分別用子路、子産之典，強調語言之重要，必須謹慎對待。《論語·子路》："子路曰：'衛君待子而爲政，子將奚先？'子曰：'必也正名乎！'子路曰：'有是哉，子之迂也！奚其正？'子曰：'野哉，由也！君子於其所不知，蓋闕如也。名不正，則言不順，言不順，則事不成。'"朱熹《集注》云："野，謂鄙俗。則其不能闕疑，而率爾妄對也。"《左傳·襄公三十年》："晋侯見鄭伯，有加禮，〔禮加敬。〕厚其宴、好而歸之。乃築諸侯之館。叔向曰：'辭之不可以已也如是夫。子産有辭，諸侯賴之，若之何其釋辭也？《詩》曰：辭之輯矣，民之協矣。辭之繹矣，民之莫矣。其知之矣。'"《論語·公治長》載："子謂子産：'有君子之道四焉：其行己也恭，其事上也敬，其養民也惠，其使民也義。'"

配酏二字解

《説文解字》："配，酒色也。从酉，己聲。""酏，酒色也。从酉，弋聲。"藩謂"己"非聲，乃"弖"之誤也。酏，黑色之酒也。《漢書·文帝紀贊》："身衣弋綈[一]。"《注》："如淳曰[二]：'弋，皂也。'賈誼曰[三]：'身衣皂綈[四]。'師古曰：'弋，黑色也。'"又考《周官》"盎齊[五]"，鄭《注》："盎猶翁也，成而翁翁然蔥白色，如今酇白[六]。"鄭謂之"蔥白色"者，蓋酒之色青，微有白色，若今人稱碧玉爲蔥管白矣。是當時酒有青色者，有黑色者，合二酒之色則謂之"配"。《考工記》黑與青謂之黻酒之色[七]，與"黻"之義同，故從"亞"。"黻"，古作"亞"，"亞"即"亞"之省也。因配合青、白二色，有合義，所以借爲"妃匹"字矣。配從亞，酏從弋，是諧聲亦兼會義矣。

【題解】

　　本文對配酏二字進行解釋，認爲《説文解字》所言"配，酒色也。從酉，己聲"並不準確，"己"非聲，乃"亞"之誤，並進一步考證指出："配從亞，酏從弋，是諧聲亦兼會議矣。"由此可知，江藩對《説文解字》並不盲從，儘管其《尔雅小箋序目》有"予少習此經……爲《爾雅正字》一書。承艮庭先師之學，以《説文》爲指歸"云云。

【注釋】

[一]綈：光滑厚实的丝织品。顏師古《漢書注》："綈，厚繒。"

[二]如淳：陝西高陵人，官曹魏陳郡丞，注《漢書》。

[三]賈誼(前二〇〇—前一六八)：河南洛陽人，官長沙王太傅，有《過秦論》《吊屈原賦》等。

[四]皂綈：黑色厚繒，亦指用黑色厚繒做成的衣服。

[五]盎齊：一種白色的酒。《周禮·天官·酒正》："辨五齊之名，一曰泛齊，二曰醴齊，三曰盎齊，四曰緹齊，五曰沈齊。"

[六]酇白：陸德明《释文》："酇白，即今之白醝酒也。"

[七]黻(fú)酒：青黑色酒。黻：本指古代禮服上青黑相間的花紋，此處指青黑相間的顏色。

隸經文　卷三

祧廟説

《漢書》王舜、劉歆《廟制議》奏引《王制》《穀梁傳》爲證[一]，其文曰“天子三昭三穆，與大祖之廟而七”，又曰“宗不在數中”，與韋玄成“二昭二穆，文、武世室與大祖廟而七”之説異。文、武世室，見於《禮·明堂位》“魯公之廟，文世室也，武公之廟，武世室也”，鄭《注》：“此二廟，象周有文王、武王之廟也。”又見於《春秋公羊傳·文王十三年①》“世室屋壞”，《傳》：“世室者何？魯公之廟也。周公稱大廟，魯公稱世室，羣公稱宫。此魯公之廟也。曷爲謂之世室？世室，猶世室也，世世不毁也。”舜、歆既據《公羊傳》以孝文、孝武爲不毁之廟，何以不言文、武世室，而曰三昭三穆也？蓋歆引《王制》“三昭三穆”之文，而文、武世室即在其中，不變文言世室矣。後人惑於王肅之邪説，於三昭三穆之上，又加文、武世室與大祖之廟而九，後人謂肅本歆説，弗思甚矣。惟朱子不惑邪説，其論祧廟之制曰：“武王初有天下之時，后稷爲大祖，而祖紺居昭之北廟，大王居穆之北廟，王季居昭之南廟，文王居穆之南廟，猶爲五廟而已。至成王時，則祖紺祧，王季遷，而武王祔。至康王時，則王季祧，武王遷，而康王祔。自此以上，亦皆且爲五廟而祧者，藏於大祖之廟。至穆王時[二]，則文王親盡當祧，而以有功當宗，故別立一廟於西北，而謂之文世室，於是成王遷，昭王祔，而爲六廟矣。至共王時[三]，則武王親盡當祧，而亦以有功當宗，故別立一廟於東北，謂之武世室，於是康王遷，穆王祔，而爲七廟矣。自是以後，則穆之祧者，藏於文世室，昭之祧者，藏於武世室，而不復藏於大廟矣。”

　　朱子言七廟迭毀之制甚詳，而言廟制則誤。宗廟之制，左昭右穆，皆南向。禘祫之祭，則太祖東向，昭南向，穆北向。朱子誤以禘祫主位爲廟制耳。又謂有七廟之後，穆之祧主藏於文世室，昭之祧主藏於武世室，不復藏於大廟，此申鄭康成之說，以黜難鄭者。孔穎達《王制疏》：儒者難鄭云："《祭法》遠廟爲祧，鄭注《周禮》云'遷主所藏曰祧'，違經正文。鄭又云：'先公之遷主，藏於后稷之廟；先王之遷主，藏於文、武之廟。'便有三祧，何得《祭法》云有二祧？"鄭注《祭法》云："祧之言超也，超上去意也。天子遷廟之主，以昭穆合藏於二祧之中，諸侯無祧，藏於祖考之廟中。"《周禮》："守祧掌守先王先公之廟祧。"鄭《注》："廟謂大祖之廟及三昭三穆。遷主所藏曰祧。先公之遷主，藏於后稷之廟；先王之遷主，藏於文、武之廟。"賈《疏》："后稷廟不名祧者，以有大祖廟名，故稷不名祧也。"公彥又云："王肅之義，二祧乃是高祖之父、高祖之祖與親廟四，皆次第而遷，文、武爲祖宗不毀矣。鄭不然者，以其守祧有奄八人守七廟[四]，並姜嫄則足。若益二祧，則十廟矣。"公彥惑於王肅之說，不明七廟之義，但舉奄八人之事以破之，不若朱子直舉七廟二祧之文，而肅之說不攻自破矣。惟云七廟已備之後，先公之主不復藏於太廟爲異鄭云。"藏於文、武之廟"者，當周公制禮之時，文、武二廟在親廟之中，故不言世室也。朱子以賈《疏》不以后稷之廟爲祧，於義難通，乃斷爲七廟已備之後，先公先王之主，分藏於二世室之內，所以名二祧，此欲通鄭君之義，而未暢其旨爾。

　　竊謂祧有二義：當祧不毀之廟謂之祧廟，《聘禮》"不腆先君之祧"[五]，《左傳》"其敢愛豐氏之祧"是也[六]；藏毀廟之主亦謂之祧，《小宗伯》"辨廟祧之昭穆"，《守祧》"掌守先王先公之廟祧"是也。在四屬之中者謂之親廟，在四屬之外者謂之遠廟，后稷廟、文、武世室在四屬之外，非遠廟乎？遠廟即祧廟，不得云遠經正文也。守祧之職，守后稷廟先公之祧主，文、武廟先王之祧主。二祧者，指祧主言之，先公之主藏於后稷之廟爲一祧，先王之主藏於文、武之廟爲一祧，是爲二祧，安得有三祧乎？朱子以鄭《注》天子遷廟之主，以昭穆合藏於二祧之中，而不言后稷廟之遷主，乃誤會鄭以七廟已備以後之制釋經，遂曰不藏於大祖之廟以附會之耳，殊不知先公之主不入子孫廟也。

【校勘】

①"公羊傳"，原作"穀梁傳"。"十三年"，原作"十二年"。按：該段引文出
　自《春秋公羊傳·文公十三年》，漆永祥校本已據改，今從。下句"公羊
　傳"亦涉上而誤作"穀梁傳"，今一並據改。

【題解】

　　本文論祧廟制度，与卷一《廟制議》相關，可參閱。江藩參酌賈公彦、朱
熹之説，申發鄭玄之義，認爲祧有二義：一是當祧不毀之廟謂之祧廟；一是
藏毀廟之主。守祧之官，掌守后稷廟先公之祧主，文、武廟先王之祧主。此
即所謂二祧，而非三祧。説：文體名。明吳訥《文章辨体序説》指出："按：
説者，釋也，述也，解釋義理而以己意思述之也……若夫解者，亦以講釋解
剥爲義，其與説亦無大相遠焉。"

【注釋】

[一]王舜(？——一)：西漢魏郡元城(今河北大名)人，王音子，王莽堂弟，
　　官至太師。

[二]穆王：指姬滿，周昭王姬瑕之子，西周第五任君主，世稱"穆天子"。

[三]共王：指姬緊扈，周穆王姬滿之子，西周第六任君主。

[四]奄：同"閹"，指宦官。《周禮·春官·宗伯》："守祧，奄八人，女祧每
　　廟二人，奚四人。"鄭玄《注》："奄，如今之宦者。"

[五]腆：平善；美好。鄭玄《儀禮注》："腆猶善也。"

[六]"左傳"句：《左傳》孔穎達《正義》曰："《祭法》云：'遠廟爲祧。'鄭玄
　　云：'祧之言超也，超上去意也。'以祧是遵遠之意，故以祧言廟耳。此
　　公孫段是穆公之孫，子豐之子，其家唯有子豐之廟。君若特賜，或得立
　　穆公廟耳，其家無遠祖廟也。杜云遠祖廟者，順傳文且據正法言之。"

藪　説

　　藪者，參分轂圍[一]，去一以爲藪圍。轂圍三尺二①寸，《考工記》
所謂"以其圍之防捎其藪"也。《注》："捎，除也。防，三分之一也。
鄭司農'藪讀爲蜂藪之藪，謂②空壺中也'。玄謂此藪徑三寸九分寸之
五，壺中，當輻菑者也[二]。蜂藪者，猶言趨也。藪，衆輻之所趨
也。"戴太史《釋車》[三]："轂空壺中，所以受軸[四]，謂之藪。"《自注》：

"《急就篇》：'輻、轂、輨、轄、蹂、軧、轃[五]。'顏師古《注》：'轃者，轂中之空，受軸處也。'"又曰："轃謂之藪。"《自注》："轃、藪，語之轉，後人誤以爲三十輻所建[六]，非也。輻菑所入謂之鑿[七]，不謂之藪。"鄭《注》"今輨廣三寸半"，《記》"凡輻，量其鑿深以爲輨廣"，則鑿亦深三寸半也。其圍徑與藪不合。《記》："參分其轂長，二在外，一在內，以置其輻。"《注》："轂長三尺二寸者，令輨廣三寸半，則輻內九寸半，輻外一尺九寸。"并之得三尺二寸。大穿在內，小穿在外，則賢深九寸半[八]，軹深一尺九寸也[九]。轂中餘三寸半，在賢、軹之間，其外乃置輻之處，即所謂衆輻所趨之藪也。轂三尺二寸，徑一尺零六六六六二，賢圍一尺九寸二，徑六寸四。參分轂圍，去一以爲藪圍，藪圍一尺零六六六二，徑三寸五分五五三，小於賢徑。轂徑一尺零六六六六二，去藪徑三寸五分五二三，餘七寸一分一一五，中詘之三寸五分五五七五[十]，鑿深三寸半，則藪圍五厘五七五，之外置鑿，其內受軸，即《釋車》所謂受軸也。藪在轂中，其徑小於賢，弱於軹，如壺蘆之束，要即司農所謂空壺中也。

【校勘】

①"三尺二寸"之"二"，原作"三"，據《考工記·輪人》鄭《注》"轂長三尺二寸"及下文"轂三尺二寸"改。

②漆永祥校本云："《周禮·考工記》鄭《注》引文，'謂'下尚有'轂'字。"

【題解】

　　江藩有《戴氏考工車制圖翼》，專爲補正、申發戴震《考工記圖注》而作，惜已散佚不存。此《藪説》及同卷《軹説》《弱説》《股骹説》《較説》《軓軹軫説》《軸説》《軓説》《軓后説》、卷四《釋車制尺寸》，皆專論車制，當即《戴氏考工車制圖翼》中之數篇。該篇論藪，辨其尺寸。所謂藪(còu)，指車轂中心穿孔以承軸的部分。江藩考核后指出，藪圍爲一尺零六六六二，徑爲三寸五分五五三，小於賢，弱於軹。

【注釋】

[一]參：同"三"。轂：車輪的中心部位，周圍與車輻的一端相接，中有圓孔，用以插軸。《詩·秦風·小戎》："文茵暢轂，駕我騏駵。"朱熹《集傳》："轂者，車輪之中，外持輻內受軸者也。"

[二]輻：車輪中湊集於中心轂上的直木。《詩·魏風·伐檀》："坎坎伐輻

分，置之河之側兮。”朱熹《集傳》：“輻，車輻也。伐木以爲輻也。”菑
（zī）：通“倳”，樹立、插入。《周禮·考工記·輪人》：“察其菑蚤不
齵，則輪雖敝不匡。”鄭玄《注》：“菑謂輻入轂中者也。”

[三]戴太史：指戴震（一七二四——一七七七），字東原，一字慎修，號杲溪，
休寧隆阜（安徽黃山）人，皖派宗師，有《考工記圖注》《孟子字義疏
證》等。

[四]軸：輪軸，即貫於轂中持輪旋轉的圓柱形長杆。《周禮·考工記·輈
人》：“輈有三度，軸有三理。”

[五]輨（guǎn）：包裹在車轂上的金屬套，截管狀圓環形，或作六角形。《說
文解字·車部》：“輨，轂端沓也。”轄（xiá）：車軸兩頭的金屬鍵，用以
擋住車輪，不使脫落。《左傳·哀公三年》：“校人乘馬，巾車脂轄。”輮
（róu）：車輪的外框，由輪輻連於輪轂的輪子外緣的圓形部分。《說文
解字·車部》：“輮，車輞也。”軧（dǐ）：大車的後部。《詩·小雅·采
芑》：“約軧錯衡，八鸞瑲瑲。”《毛傳》：“軧，長轂之軧也，朱而
約之。”

[六]三十輻：《老子》：“三十輻共一轂，當其無，有車之用。”

[七]鑿：榫眼。《周禮·考工記·輪人》：“凡輻，量其鑿深以爲輻廣。”

[八]賢（xiàn）：車轂所穿之孔，在輻以內一端略大者之稱。《周禮·考工
記·輪人》：“五分其轂之長，去一以爲賢。”鄭玄《注》引鄭司農曰：
“賢，大穿也。”

[九]軹（zhǐ）：車轂外端貫穿車軸的細孔。《周禮·考工記·輪人》：“五分
其轂之長，去一以爲賢，去三以爲軹。”鄭玄《注》引鄭司農云：“軹，小
穿也。”

[十]詘（qū）：《說文解字·車部》：“詘，詰詘也。一曰屈襞。”段玉裁《注》：
“（詰詘）二字雙聲。屈曲之意。”

軹　説

　　《記》：“六尺有六寸之輪，軹崇三尺有三寸也，加軫與轐焉[一]，
四尺也。人長八尺，登下以爲節[二]。”鄭《注》：“鄭司農云：‘軹，軎
也[三]。’”又：“五分其轂之長，去一以爲賢，去三以爲軹。”《注》：
“賢，大穿也。軹，小穿也。”《輪人職》：“弓長六尺謂之庇軹，五尺
謂之庇輪，四尺謂之庇軫。”《注》：“玄謂軹，轂末也。”《夏官·大

馭》：“右祭兩軹。”《注》：“故書軹爲軒。杜子春云[四]：‘文當如此。’”又云：“軹謂兩轊也，或讀軒爲簪笄之笄[五]。”戴太史東原《釋車》“轂末小釭謂之軒”，云“小釭”者[六]，即鄭《注》“凡大小穿皆謂金”也。蓋以轂末謂之軒，軸末謂之轊，如上所引“軹”字，皆當作“軒”。《説文》無“軒”字，讀爲“簪笄之笄”，則作“笄”字亦無不可。“轊”，《説文》“軎”字之重文。“軎”，《説文》“車軸端也”。“軹”，“車輪小穿也”。後鄭以軹爲轂末，與前鄭不同。《大馭》謂“軹”爲“轊”，乃杜子春之言，康成皆不從其説。《輿人職》：“參分較圍[七]，去一以爲軹圍。”《注》：“軹，輢之植者、衡者也[八]，與轂末同名。”此乃輢內之軹，非轂末之軹。然則軹有二：一爲輢內之軹，一爲小穿之軹。軸末則謂之轊，不得謂之軹也。

【題解】

　　本文解説軹，兼辨軹、轊之別。江藩認爲“軹”有二義：一爲輢內之軹，一爲小穿之軹。軸末謂之轊，不得謂之軹。

【注釋】

[一]軫：車後橫木。一説爲車廂底部四面的橫木。《周禮·考工記·序》：“車軫四尺。”鄭玄《注》：“軫，輿後橫木。”轐(bú)：車伏兔。古代車箱下面鉤住車軸的木頭，其形如伏兔。鄭玄引鄭司農云：“轐讀爲旗僕之僕，謂伏兔也。”

[二]登下：明徐昭慶《考工記通》：“謂登車下車也。人長八尺，軫轐得人之半，故升降以此爲節，而得其宜也。”節：節度。

[三]軎(wèi)：亦作“轊”，古代車上的零件，青銅制，形如圓筒，套在車軸的兩端。軎上有孔，用以納轄。

[四]杜子春(約三○—約五八)：河南緱氏(今偃師)人，從劉歆受《周禮》，轉授鄭衆、賈逵。

[五]笄(jī)：古代盤頭髪或别住帽子用的簪子。《説文解字·竹部》：“笄，簪也。”

[六]釭：車轂內口用以穿軸的鐵圈。《方言·第九》：“車釭，齊、燕、海、岱之間謂之鍋，或謂之錕，自關而西謂之釭，盛膏者乃謂之鍋。”

[七]較(jué)：車箱兩旁板上的橫木。《後漢書·輿服志上》：“鳥旟七斿，五䍃齊較，以象鶉火。”劉昭《注》：“鄭玄曰：‘較者，車高檻木也。’”

[八]輢：車箱兩旁的木板。《説文解字·車部》：“輢，車旁也。”段玉裁

《注》："謂車兩旁，式之後，較之下也。注家謂之輢。按輢者言人所倚也。前者對之，故曰轛，旁者倚之，故曰輢。"植：木柱。衡：車轅前端的橫木。

弱　説

弱廣三寸半，所以没鑿[一]，菑必更小於弱，然後能入三寸半之鑿，若菑與鑿相等，則不能入鑿矣。《記》"故竑其輻廣，以爲之弱"[二]，承上文"凡輻，量其鑿深以爲輻廣"也。此又以近股之弱爲輻，以没鑿之處爲弱，合言之輻也，分言之輻也、弱也。康成曰"弱，菑也"者，合言之菑也，分言之菑也、弱也。

【題解】

本文解説弱，兼辨弱、菑、輻之關聯。所謂弱，即菑，指車輻插入轂中的部分。就尺寸而言，菑要短於弱。二者可合稱爲菑，分稱則爲菑、弱。弱、輻亦可混稱，或以近股之弱爲輻，或以没鑿之輻爲弱。

【注釋】

[一]没：沉也。引伸爲盡也。
[二]竑：量度。《玉篇》："竑，量度也。"

股骹説

《輪人職》："轂也者，以爲利轉也。輻也者，以爲直指也[一]。"又曰："輪輻三十，以象日月也[二]。"《老子》："三十輻共一轂。"《輪人職》："參分其股圍，去一以爲骹圍。"《注》："鄭司農云：'股謂近轂者也，骹謂近牙者也[三]。'""參分其輻之長而殺其一[四]，則雖有深泥，亦弗之溓也[五]。參分其股圍，去一以爲骹圍。"牙圍尺一寸。《記》："參分其牙圍而漆其二。"《注》："漆者，七寸三分寸之一；不漆者，三寸三分寸之二。令①厚一寸三分寸之二，則内外面不漆者各一寸也。"按：漆者實七寸三分三三三一二，不漆者三寸六分六六六，并之始合牙圍尺一寸之數。《記》又云："椁其漆内而中詘之，以爲之轂長，以其長爲之圍。"《注》："六尺六寸之輪，漆内六尺四寸，是爲轂長三尺二寸，圍徑一尺三分寸之二也。鄭司農云：'椁，兩②漆之内相距之尺寸也。'"按：轂長三尺二寸，圍與長等。因圍以求其徑，實一尺零六六六二。賈《疏》："上經不漆者，外内面各一寸，則兩畔減二寸，故漆内有六尺四寸也。"六尺四寸，去轂徑一尺零六六六六二，餘五尺三分三三三二。中詘之輻長二尺六寸有奇，入轂之菑、入牙之蚤不與焉。又鄭《注》"輻廣三寸半"，則輻廣三寸五分，長二尺六寸有奇也。《記》："參分其輻之長而殺其一。"賈《疏》："假令輻除入轂之中，其③長三尺，則殺一尺以向牙。"按："參分其輻之長而殺其一"者，謂股圍也，非骹圍也。故下云"參分其股圍，去一以爲骹圍"。股近轂，骹近牙。公彦以爲向牙，誤矣。輻長二尺六寸六分，參分去一以爲股圍，股圍一尺七寸七八，方徑四寸四分四。參分股圍，去一以爲骹圍，骹圍一尺一寸八五三二，方徑二寸九分六三也。《記》："參分其轂長，二在外，一在内，以置其輻。"《注》："令輻廣三寸半。"輻乃總名，分言之菑也、弱也、股也、骹也、蚤也，合言之輻也。"令輻廣三寸半"者，謂弱也。弱者，謂弱於股也。太史所圖之輻、弱、股不分[六]，失之矣。

【校勘】

①漆永祥校本云："據《考工記·輪人》鄭《注》'令'下尚有'牙'字，江藩脱誤也。"

②據《考工記·輪人》鄭《注》，"椁"下有"者"字，"兩"前有"度"字。

③漆永祥校本云："據《考工記·輪人》賈《疏》'其'下尚有'外'字，江氏脱誤之。"

【題解】

　　本文解説股與骹。股，指古代車輻同輪牙相連接的較粗的一端，骹則指較細的一端。江藩考索出股、骹之圍及徑的尺寸，並指出輻爲總名，分則有菑、弱、股、骹、蚤等，而戴震《考工記圖》不分輻、弱、股，可謂失察。

【注釋】

[一]直指：筆直指向；直趨。《周禮》賈公彦《疏》："入轂入牙，並須直指，

不邪曲也。”

[二]“輪輻”二句：鄭玄《注》：“輪象日月者，以其運行也。日月三十日而合宿。”賈公彦《疏》：“輪象日月者，以其運行也。日月三十日而合宿”者，輪乃運行之物，至於日，則一日行一度，一年一周天。月行十三度十九分度之七，一月一周天。又行一辰，遂及日而合宿，是日月亦是運行之物，故以輪象之也。”

[三]牙：古時當唇者稱齒，在輔車之後者稱牙。

[四]殺：削减。鄭玄《注》：“殺，衰小之也。”

[五]㴑（nián）：通“黏”。鄭玄《周禮注》引鄭司農云：“㴑讀爲粘，謂泥不黏着輻也。”

[六]太史：指戴震，官翰林院庶吉士（俗稱翰林爲太史），有《考工記圖注》。

較　説

鄭康成《周官·考工記注》：“較，兩輢上出式者[一]。”賈公彦《疏》：“較，謂車輿兩相[二]，今人謂之平鬲也[三]。言兩輢，謂車相兩旁豎之者。二者既別，而云較兩輢上出式者，以其較之兩頭，皆置於輢上，二木相附，故據兩較出式而言之云。兵車自較而下，凡五尺五寸者，以其前文式已崇三尺三寸，更增此遂之半二尺二寸，故爲五尺五寸。按《左氏》昭公十年《傳》云：‘陳、鮑方睦[四]，遂伐欒、高氏[五]。子良曰[六]：先得公，陳、鮑焉往？遂伐虎門[七]。公卜使王黑以靈姑鉟率[八]，吉。請斷三尺而用之。’彼《注》云：‘斷三尺，使至於較，大夫旗至較。’按《禮緯》諸侯旗齊軫，大夫齊較。軫至較五尺五寸，斷三尺得至較者，蓋天子與其臣，乘重較之車[九]，諸侯之車不重較，故有三尺之較也，或可。服君誤。”彼《注》，服虔《注》也，故云服君。《後漢書·輿服志》：“天子五路[十]，建太常[十一]，十有二斿[十二]，九仞曳地。”《注》：“鄭衆曰：‘太常，九旗之畫日月者。’鄭玄曰：‘七尺爲仞，天子之旗高六丈三尺。’”又曰：“龍旗九斿，七仞齊軫，鳥旗七斿[十三]，五仞齊較。”則七仞齊軫，諸侯所建也。五仞齊較，大夫所建也。服君《左傳注》“斷三尺”者，斷旗之三尺也。式崇三尺三寸，較崇二尺二寸，去三尺至較，是二尺五寸也。賈君據《禮緯》，言三尺之較者，蓋言斷三尺之較也，與禮制不合。據賈君之説，

豈天子與卿士之較，崇六尺歟？豈倍於三尺，故言重較歟？諸侯七
仞，四丈九尺也。大夫五仞，三丈五尺也。所謂齊軫、齊較，皆言旗
之下與軫較齊耳。賈君之説，雖未明晰，與《毛傳》“重較”之説合。
戴太史《釋車》注曰：“左右兩較，望之而重。故《衞風》曰：‘猗重較
兮。’《毛傳》：‘重較，卿士之車。’因《詩》辭傅會爾，非禮制也。”竊謂
《毛傳》必有所據，其制不傳耳，未可漫云傅會也。《説文解字》無
“較”字，當作“較”。“較，車騎上曲銅也。”李善《文選注》、徐堅《初
學記》引《説文》“騎”作“輢”，“銅”作“鈎”。又《説文解字》：“軬，
車耳反出也。”崔豹《古今注》[十四]：“車耳，重較。重耳，晋文公
名[十五]，取此爲義。”應劭《漢書注》[十六]：“車輢爲軬[十七]，以簟爲之，
或用革，所以屏蔽塵泥也。”又曰：“車耳反出，所以爲之藩屏塵泥
也。”則車耳反出謂之軬，重耳謂之重較矣。雖“重耳”之制無明文可
證，然亦《毛傳》之一證也。總之，舊説不傳，學者於此，闕疑焉
可也。

【題解】

　　本文釋較。鄭玄以爲較爲車箱兩旁板上的橫木，賈公彦以爲較是車箱兩
旁之上高出於軾的平木。江藩則指出“較”當作“較”，指車輿兩側車輢上的
曲鈎，且車耳反出謂之軬，重耳謂之重較。

【注釋】

[一] 式：通“軾”，車前扶手橫木。《周禮·考工記·輿人》：“輿人爲車……
　　　參分其隧，一在前，二在後，以揉其式。”賈公彦《疏》：“式謂人所馮依
　　　而式敬，故名此木爲式也。”

[二] 相：通“箱”。

[三] 平㱕(gé)：車箱兩旁之上高出於軾的平木。

[四] 陳：指陳無宇，即田無宇，嬀姓，名無宇，謚“桓”，故稱“田桓子”，
　　　春秋時齊國田氏家族首領之一，陳厲公嬀躍之子陳完四世孫。鮑：指鮑
　　　國，春秋時齊國大夫，鮑叔牙曾孫，鮑牽之弟。

[五] 欒、高氏：齊惠公之子，即公子欒與公子高。《左傳》杜預《注》：“欒、
　　　高二族，皆出惠公。”

[六] 子良：指高强，公子高之孫。《左傳》孔穎達《疏》：“齊惠公生子欒、公
　　　子高。高生子尾，尾生子良。”

[七] 虎門：古代王宮的路寢門。《周禮·地官·師氏》：“居虎門之左，司王

朝。"鄭玄《注》:"虎門,路寢門也。王日視朝於路寢,門外畫虎焉,以明勇猛,於守宜也。"

[八]公:指齊景公,姜姓,吕氏,名杵臼,春秋時齊國第二十六任君主。靈姑銔:古代旌旗名。《左傳》孔穎達《疏》:"靈姑銔者,齊侯旌旗之名……《禮》,諸侯當建交龍之旂,此靈姑銔蓋是交龍之旂,當時爲之名,其義不可知也。"

[九]重較之車:指古代卿士所乘車箱前左右有伸出的彎木(車耳)可供倚攀的車子。《詩·衛風·淇奥》:"寬兮綽兮,猗重較兮。"陸德明《釋文》:"較,古岳反。車兩傍上出軾者。"朱熹《集傳》:"重較,卿士之車也。較,兩輢上出軾者,謂車兩傍也。"

[十]五路:亦作"五輅",古代帝王所乘的五種車子,即玉路、金路、象路、革路、木路。《周禮·春官·巾車》:"王之五路,一曰玉路,鍚樊纓,十有再就,建大常,十有二斿,以祀;金路,鉤,樊纓九就,建大旂以賓,同姓以封;象路,朱,樊纓七就,建大赤以朝,異姓以封;革路,龍勒條纓五就,建大白以即戎,以封四衛;木路,前樊鵠纓,建大麾以田,以封蕃國。"

[十一]太常:此處指古代旌旗名。《書·君牙》:"厥有成績,紀於太常。"孔安國《傳》:"王之旌旗畫日月曰太常。"

[十二]斿(liú):同"旒",古代旌旗下垂的飄帶等飾物。《周禮·春官·巾車》:"建太常,十有二斿。"鄭玄《注》:"太常,九旗之畫日月者,正幅爲縿,斿則屬焉。"

[十三]旟(yú):古代畫有鳥隼圖像的軍旗。《周禮·春官·司常》:"鳥隼爲旟。"

[十四]崔豹:字正雄,西晉漁陽(今北京密雲)人,官至太傅,有《古今注》。

[十五]晋文公:姬姓,名重耳(前六七一——前六二八),晋獻公之子,春秋時晋國第二十二任君主。

[十六]應劭(約一五三——一九六):字仲瑗,汝南(今河南)南頓人,有《風俗通義》《漢書注》等。

[十七]車轓:亦作"車蕃"或"車藩",車旁的遮罩。《周禮·春官·巾車》:"漆車藩蔽。"鄭玄《注》:"藩,今時小車藩,漆席以爲之。"

軓軹軫説

《説文》:"軓,車軾前也。從車,凡聲。《周禮》曰:'立當前軓。’”《周禮》作“前侯”。“侯”，俗本誤爲“疾”。邢昺《論語疏》引《周禮》作“前侯”[一]，云“侯伯立當前侯胡”，叔重作“軓”者，所見本異也。《輈人職》：“軓前十尺。”前鄭云：“軓，謂式前也。書或作軷。”“軷”，即《説文》“範”字，省“竹”耳。《説文》：“軷[二]，出，將有事於道，必先告其神，立壇四通，樹茅以依神，爲軷。既祭軷，轢於牲而行[三]，爲範軷。《詩》曰：‘取羝以軷。’”“範，範軷也。从車，笵省聲。讀與犯同。”“轢，車所踐也。”《夏官·大馭》：“及犯軷。”讀與“犯”同，故作“犯”。《注》：“犯之者，封土爲山象[四]，以菩芻棘柏爲神主。既祭之，以車轢之而去，喻無險難也。”又《詩》家説曰：“將出祖道，犯軷之祭也。”説與《説文》同，則所謂“軓”者，乃封土爲山也。康成訓“軓”爲“法”，謂“輿下三面之材，輈式之所樹，持車正也”，即所謂任正也[五]。戴太史曰：“鄭以輈式之所樹三面材爲軓，又以軓爲任正者，如其説，宜記於《輿人》，今《輈人》爲之，殆非也。”《詩毛傳》：“陰[六]，掩軓也。由輈以上爲軓[七]。”《鄭箋》：“軓在式前，垂輈上，渡深水者必濡陰軓[八]。”《釋名》：“陰，蔭也。橫側車前以蔭笭也。”笭，即軨字。軨，《説文》“車轖間橫木[九]”。

　　轛，《説文》“車橫轛”也。《周禮》：“參分軹圍，去一以爲轛圍。”轛，康成曰：“式之植者、衡者也[十]。”則轛之在式，猶軹之在輈，一衡二植，外掩以版，版即軓也。故《毛傳》曰“掩”，《釋名》曰“陰”。戴云：“累呼之曰揜軓[十一]，如約轂革直曰軝[十二]，累呼之曰約軝。”又云：“輈、衡、軸皆任木[十三]。任正者，輈也。衡任者[十四]，軸也、衡也。此先發其意，下文乃舉其制。《記》中文體，若是多矣。輿下之材，合而成方，通名軫。故曰‘軫之方也，以象地也’。鄭《注》專以輿後橫木爲軫，以輈式之所樹三面材爲軓，非也。”此説最爲明晰。下云：“五分其軫間，以其一爲之軸圍。”軸長出轂末，而以軫間爲度，軫間六尺六寸，則可知輿之左右前後木合成方形者，謂之軫矣。《白虎奏議》：“王者仰即觀天，俯即察地，爲輿教之道。”若但在車之前後，則軫不方，其所謂象地者安在哉？《記》：“加軫與轐焉。”康成曰：“軫，輿也。輿方象地，故云軫輿也。是康成亦以左右前後木爲軫。”《記》云：“六分其廣，以一爲之軫圍。”《注》：“軫，輿後橫者也。”蓋前軫在式下，左右軫在輈下，獨後軫全體在外，易於比例，舉一以知三耳。《記》又云：“車軫四尺，謂之一等。”《注》：“軫，輿後橫木。”戴云：“康成以軫爲輿後橫木者，失其傳也。”太史之説，殆未深考歟。

【題解】

本文援據鄭玄、戴震之説，辨析軾、轛、軫的含義。江藩認爲軾乃式前掩輿之板；轛爲軾上的兩個木柱與一個橫木；軫爲車廂底部四面的橫木，前軫在式下，左右軫在轛下，後軫全體在外。

【注釋】

[一]邢昺(九三二——一〇一〇)：字叔明，曹州濟陰(今山東曹縣)人，有《論語注疏》《爾雅義疏》等。

[二]軷：古代出行時祭路神謂之"軷"。《詩·大雅·生民》："取蕭祭脂，取羝以軷。"《毛傳》："軷，道祭也。"

[三]轢：車輪輾軋。《文選·張衡〈西京賦〉》："當足見蹍，值輪被轢。"薛綜《注》："足所蹈爲碾，車所加爲轢。"

[四]封土：聚土爲壇。班固《白虎通·社稷》："封土立社。"

[五]任正：古代車箱底部木檔，在前方、左方、右方者謂之"任正"。與在後方者(即所謂"軫")共相構成車箱之方矩形，故稱。

[六]陰：車軾前覆車軓的橫板。《詩·秦風·小戎》："陰靷鋈續。"朱熹《集傳》："軓在軾前而以板橫側揜之，以其陰映此軓，故謂之陰。"

[七]輈：車轅。用於大車上的稱轅，用於兵車、田車、乘車上的稱輈。《左傳·隱公十一年》："公孫閼與潁考叔爭車，潁考叔挾輈以走。"杜預《注》："輈，車轅也。"

[八]濡：沾濕。《詩·曹風·候人》："維鵜在梁，不濡其翼。"

[九]車轖(sè)：古代車箱旁或車前曲欄上用皮革交錯纏縛的障蔽物。《説文解字·車部》："轖，車藉交錯也。"

[十]式：通"軾"。植：木柱。衡：車轅前端的橫木。

[十一]累呼：訓詁學術語。与"單呼"相對。指稱同一事物，用單音詞，稱"單呼"；用雙音詞，稱"累呼"。揜(yǎn)：通"掩"，遮蔽；掩藏。

[十二]約：塗飾。《詩·商頌·烈祖》："約軧錯衡，八鸞鶬鶬。"《鄭箋》："約軧，轂飾也。"革：車前的飾物。《禮記·明堂位》："革車千乘。"直曰：類似於"單呼"，與下文"累呼"相對。軧：大車的後部。《説文解字·車部》："軧，大車後也。"

[十三]軸：輪軸，即貫於轂中持輪旋轉的圓柱形長杆。《周禮·考工記·輈人》："輈有三度，軸有三理。"任木：古代車箱下面支撐木的通稱。《周禮·考工記·輈人》："凡任木、任正者，十分其輈之長，以其一

爲之圍。”孫詒讓《正義》：“車輿下横直材，持任輿之重以行車，通謂之任木。”

[十四]衡任：謂兩軹之間的着力處。《周禮·考工記·輈人》：“衡任者，五分其長，以其一爲之圍。”鄭玄《注》：“衡任者，謂兩軹之間也。”

軸　説

軸圍一尺三寸二分，圍徑四寸四分，賢徑六寸四，去金厚一寸，則四寸四分矣。軹徑四寸二分六二，去金厚一寸，則二寸二分六六二矣。藪徑三寸五分五一二，今軸徑四寸四分，可以入四寸四分之賢，斷不能入二寸二分有奇之軹，所謂軸圍者，蓋入賢九寸半之軸也。其入藪三寸半之徑，必小於入賢之徑，其入軹一尺九寸之徑，必更小於入藪之徑。故《補注》曰“軸之兩端入轂中稍削之”是也[一]。至兩轂內之軸，即任輿之六尺六寸，則又爲方徑置輈矣。故《補注》曰：“軸横輿下以任輿，即所謂衡任者是也。”軸，總名也。分言之，衡任也、軹也。兩轂內六尺六寸，衡任六尺六寸，總計軸之長一丈三尺二寸。康成曰：“輿廣六尺六寸，兩轂并六尺四寸，并之一丈三尺也。”此言成數。於下云：“旁減軹內七寸。”則兩軹之廣，凡丈一尺六寸者，則又減承輿與軹內之一尺四寸耳。

【題解】

本文辨析軸之名義尺寸。軸即輪軸，指貫於轂中持輪旋轉的圓柱形長杆。江藩認爲軸乃總名，分言之，則有衡任與軹。其尺寸，兩轂內六尺六寸，衡任六尺六寸，總計軸之長一丈三尺二寸。

【注釋】

[一]《補注》：指戴震《考工記圖注》。

軹後説

《記》：“五分其頸圍，去一以爲踵圍。”踵圍七寸六分八，方徑一寸九分二。當兔之方徑三寸六分^[一]，踵圍小於當兔之圍一寸八分八。康成曰：“踵，後承軫者也。”以此推之，輿底板當在軫一寸二分八厘之上，軫下出一寸二分八厘，必上屈一寸二分，以承後軫，而輈入輿四尺四寸，當前軫之處，亦必刻爲乙形，以承前軫下出之一寸二分八厘。其形如戈戟之胡^[二]，即《記》“胡三之”之胡也。若不刻爲胡形以承前軫，則輿必前仰後底，大扤不安矣^[三]。是以《禮》謂之“前侯”，亦謂之“胡”也。叔重所引《周禮》之“立當前軓”者，即侯胡也。然則軓有二：一爲揜板，一爲侯胡也。揜陰之軓，从車凡聲。侯胡之軶，从車笵省聲。所謂祭軓則兼輈者，其此之謂歟。戴太史《釋車》：“輈出軓前穹而上者謂之胡。”“穹而上”者，乃撓曲之象，非侯胡之謂也。

【題解】

在《軓軾軫説》後，本文對軓作出進一步申説。江藩指出前軫之處，必刻乙形，其形如戈戟之胡，進而認爲軓義有二：一爲揜板；一爲侯胡。

【注釋】

[一]當兔：指處在兩伏兔之間的部分車轅。兔：古代車制，輿下方木，伏於轂上軸内兩旁，用以承輿者，名優兔，省稱爲兔。

[二]胡：戈頸。《正字通》：“鋒之曲而旁出者曰胡，戈頸也。”《周禮·冬官考工記·冶氏》：“戈胡三之，戟胡四之。”

[三]扤(wù)：摇動。《周禮·冬官考工記·輪人》：“輻廣而鑿淺，則是以大扤，雖有良工，莫之能固。”鄭玄《注》：“扤，摇动貌。”

相　説

《詩毛傳》：“箱，大車之箱也。”箱、相，古字通。賈公彦曰：“較，謂車輿兩相，今人謂之平鬲也。言兩輢，謂車相兩旁豎之者。二者既別，而云‘較，兩輢上出式者’，以其較之兩頭，皆置於輢上，二木相附。”據此則較在軫上^[一]，如軓之在輈^[二]。所謂相者，豈揜版與？太史所圖之較，與輢無異。《釋車》又曰：“大車之較，謂之牝服^[三]，其内謂之箱。”賈公彦《車人疏》：“牝服，謂車較，即今人謂之平鬲，皆有孔，内軨子於其中^[四]，而又向下服^[五]，故謂之牝服也。”

軨即輨字。《説文》："輨，檻間子也。""楯，闌檻也①。"賈君所謂"平
扃"者，若今窗櫺然矣。蓋較似闌檻，相似窗櫺，賈君之説是也。《尚
書大傳》："未命爲士，車不得有飛軨。"《注》："如今窗車也。"《左
傳》："陽貨載蔥靈[六]。"蔥靈、窗櫺，音之轉，古今字也。據此，古
時士乘役車[七]，不得爲窗櫺也。太史所圖，其役車之制歟。

【校勘】

①按：《説文解字·車部》："軨，車輨間橫木。从車令聲。輨，軨或从霝，
　司馬相如説。"《説文解字·木部》："櫺，楯間子也。"與江氏所引不同。

【題解】

　　本文解説相制。相，通"箱"，指車箱。江藩申賈公彦之説，認爲較似闌
檻，相似窗輨，並據《尚書大傳》指出戴震所圖乃役車之制。

【注釋】

[一]較：車箱兩旁板上的橫木。軨：車箱底部四面的橫木。
[二]軹：車軸的末端。輢：車箱兩旁的木板。
[三]牝服：車箱兩旁橫木。
[四]内：交入；接納。后作"纳"。《国语·周语》："夫耳内和声，而口出
　　美言。"
[五]服(fù)：通"負"，負載；負荷。
[六]陽貨：字貨，名虎，春秋時魯國人。蔥靈：古代有帷蓋的車子，既可載
　　物，又可作卧車。杜預《注》："蔥靈，輜車名。"
[七]役車：供役之车，庶人所乘。

膚寸説

　　《公羊傳》曰："山川有能潤於百里者，天子秩而祭之，觸石而
出，膚寸而合[一]。"何邵公《注》："側手爲膚，案指爲寸。"鄭君注
《禮》，皆本《傳》文。《儀禮·鄉射》："箭籌八十[二]，長尺有握[三]，
握素。"《注》："握，本所持處也。素，謂刊之也[四]。刊本一膚。"賈
公彦《疏》曰："《投壺》云：'室中五扶。'《注》云：'鋪四指曰扶，一
指案寸。'謂布四指，一指一寸，四指則四寸。引之者，證握膚爲一，

謂刊四寸也。”《禮記·投壺》：“籌，室中五扶，堂上七扶，庭中九扶。”《注》：“籌，矢也。鋪四指曰扶，一指案寸。《春秋傳》曰：‘膚寸而合。’”繹鄭君《注》義，“膚”通作“扶”，訓爲“鋪”也。考《説文解字》“膚”乃籀文“臚”字，本訓爲“皮”，引申爲“臚列”之義。“鋪四指”者，臚四指也，“膚”與“扶”以音同而通也。訓爲“鋪”者，音同而義亦同矣。何《注》：“側手爲膚。”側手，覆手也。《玉藻》：“君不①覆手，不敢飧[五]。”謂側覆其手，以循咡邊污著之觳粒也[六]。蓋以手接物，不覆手則不能按，故曰“按指爲寸”。言按指者，足成上文爾。凡度物之廣，覆手鋪四指，則知廣之數矣。如室中五扶，二尺也；堂上七扶，二尺八寸也；庭中九扶，三尺六寸也。度物之長，以手之四指握其物，則知長之數矣。如箭籌尺有握，以四指握其本，則知本爲四寸，通計其長，則一尺四寸也。禮：宗廟之牛角四寸。是以《王制》云“宗廟之牛角握”也。四指者，食指、將指、無名指、小指也。然人之小指必小於三指，不能及寸。所謂四寸者，約其大分言之耳。

【題解】

本文解説膚寸。膚寸爲古代長度單位，一指寬爲寸，四指寬爲膚。江藩申發鄭義，指出“膚”通作“扶”，訓爲“鋪”；度物之廣，則覆手鋪四指；度物之長，則以手之四指握其物。

【注釋】

[一]膚寸而合：謂(雲氣)逐漸集合。阮福《膚寸而合解》：“所謂膚寸而合者，如雲出山，散而不合，則不得雨。今膚寸而合，如人以兩手之四指平鋪，先分兩處向下覆之，由分而合，漸肖雲合之狀，合之甚易，故云膚寸而合，不崇朝而雨遍天下。”

[二]箭籌：箭竹做的算籌。算籌即舊時計算數目所用器物之一種，其制甚古，以竹木及厚紙等爲之，上記數字，用以布算。鄭玄《注》：“箭，篠也；籌，筭也。”

[三]有：通“又”。握：一拳的長度，約四寸。

[四]刊：砍削。《禮記·雜記》：“刊其柄與末。”鄭玄《注》：“猶削也。”

[五]飧(sūn)：用湯泡飯。《禮記·玉藻》：“君未覆手，不敢飧；君既食，又飯飧。飯飧者，三飯也。”孔穎達《疏》：“飧，謂用飲澆飯於器中也。禮：食竟，更作三飧以勸助，令飽實使不虛也。”

[六]咡(èr)：口旁。《禮記·曲禮》：“負劍辟咡詔之，則掩口而對。”鄭玄

《注》：“口旁曰唝。”殽：豆實，菹醢也。凡非穀而食之曰殽。

握素説

《儀禮·鄉射記》：“箭籌八十，長尺有握，握素。”《注》：“握，本所持處也。素，謂刊之也。刊本一膚。”杜佑《通典》引此文作“刊本一云膚”。蓋素一名膚，今《注疏》本奪“云”字耳。《記》又云：“楚朴長如笴[一]，刊本①。”《注》：“刊其可持處。”《禮記·投壺》：“算長尺二寸。”《注》：“其節三扶可也。或曰算長尺有握，握素也。”孔、賈二《疏》，皆不言“握素”之義，後儒習《禮經》者，亦置而不論。

竊謂《射禮》之“箭籌”，即《投壺》之“算”，皆計獲之籌也。籌與朴皆刊本，其形如矢，故曰如笴。笴，矢之幹也。籌朴之制與矢同，第無鏃羽耳[二]。是以鄭君《投壺注》訓籌爲矢也。《投壺》曰：“矢，以柘若棘[三]，毋去皮。”《注》：“取其堅且重也。”據此，則所謂素者，於握處四寸，去其皮，取其光澤，故謂之素。《説文解字》曰：“素，白緻繒也[四]。從糸、𡳿，取其澤也。”是籌朴之制，於本之四寸，刊去其皮，使滑澤不觸手，所以刊本一名握素，又名膚者，則指四寸言之矣。素亦訓爲本，《文選》王子淵《洞簫賦》[五]：“惟詳察其素體兮。”李善《注》：“《方言》曰：‘素，本也。’”是竹木之本，皆可謂之素與？鳥之羽白如素繒，其形下𡳿，故素從糸、𡳿也。《方言》：“猴，訓本也。”郭璞《注》：“今以鳥羽本爲猴。”義取之此。

【校勘】
①漆永祥校本云：“《儀禮·鄉射記》‘本’下尚有‘尺’字。”

【題解】
本文解説握素。江藩援據鄭玄之注，對孔穎達、賈公彦未疏解之握素作了解釋，認爲握素一名刊本，即於本之四寸，刊去其皮，使滑澤不觸手。素亦可訓爲本。

【注釋】
[一]楚朴：古時教刑所用的木杖。朴：通“撲”，擊、打。

[二]鍭(hóu)：即鍭矢。《詩·大雅·行葦》：“敦弓既堅，四鍭既鈞。”《鄭箋》：“周之先王將養老，先與群臣行射禮，以擇其可與者以爲賓。”

[三]柘：落葉灌木或喬木，樹皮多刺。

[四]緻：細密。《禮記·月令》：“作爲淫巧，以蕩上心，必攻緻爲上。”繒：古代絲織品的總稱。《禮記·禮運》：“故先王秉蓍龜，列祭祀，瘞繒，宣祝嘏辭説，設制度。”鄭玄《注》：“幣帛曰繒。”

[五]王子淵：指王褒（前九〇—前五一），字子淵，蜀資中（今四川資陽）人，有《洞簫賦》等。

六甲五龍説

《説文解字》：“戊，中宫也[一]。象六甲五龍相拘絞也。”段丈懋堂《注》[二]：“六甲者，《漢書》‘日有六甲’是也。五龍者，五行也。《水經注》引《遁甲開山圖》曰：‘五龍見教，天皇被迹[三]。’榮氏《注》云[四]：‘五龍治在五方，爲五行神[五]。’《鬼谷子》[六]：‘盛神法五龍。’陶《注》曰[七]：‘五龍，五行之龍也。’許謂戊字之形像六甲五行相拘絞也。”戊字五畫，有五龍之形，而無六甲之象，豈可謂象六甲邪？且戊字象形之義，何以必取五龍，又何以必言六甲邪？段丈求其説而不得，乃引《水經注》《鬼谷子》，漫衍支離，通可以已也。

予謂天數五，地數五，自甲至戊，其數五，居十之中，《漢書·律曆志》“五六者，天地之中合”，故曰“戊，中宫也”。以天干①加地支爲六甲，甲子、甲戌、甲申、甲午、甲辰、甲寅也。天干數十，地支數十二。天干之五行，皆二身分陰陽，如甲爲陽木，乙爲陰木是已。地支五行，金、木、水、火皆二身，惟土有四身，辰、戊、丑、未是已。蓋土分王於四季。辰，春之季月也；未，夏之季月也；戊，秋之季月也；丑，冬之季月也。辰屬春，與蒼龍合德，所以辰之禽星爲龍也。五龍者，五辰也。六甲之中，惟甲午旬無辰，是旬有六甲，六甲之中，惟有五辰，辰爲龍，故曰“六甲五龍”也。《漢書》“日有六甲，辰有五子”，孟康曰“六甲之中，惟甲寅無子，故有五子”[八]，同此例也。無子之“無”，古人謂之虛，今人謂之空矣。天干中央戊、己，龍之象，不屬之己而屬之戊，何哉？六甲，甲子爲旬首，甲子旬有戊辰，六甲中無己辰，此龍之象。不屬己而屬戊者，職是故與？古者“八歲入小學，學六甲、五方書計之事”。六甲之義，雖童子能言之。自劉向校定之《古五子》十八篇亡，而世之經生文學，有皓首而不能通其説者矣。

【校勘】

①“天干”之“干”，原作“幹”，漆永祥校本已據文義改，今從。本文他處“天干”亦如之。

【題解】

　　嘉慶十一年（一八〇六）春，江藩在宣城，与洪亮吉辯論《説文解字》“五龍六甲”之説，各執己見而交惡。胡世琦《江上舍藩以日前在魯太守銓筵上辯〈説文〉中“五龍六甲”之義，因步前韻見答，復叠韻奉柬一首》。此文即辨析《説文解字》“六甲五龍”之説。江藩认为许慎所言戊字“象六甲五龍相拘絞”之説不确，指出五龍即五辰，六甲之中，惟甲午旬無辰，是旬有六甲，惟有五辰，故曰“六甲五龍”。

【注釋】

[一]中宮：指北極星所在的區域。古代劃分星空的區域稱爲宮。《史記·天官書》：“中宮天極星，其一明者，太一常居也。”司馬貞《索隱》引《文耀鈎》：“中宮大帝，其精北極星。”

[二]段丈懋堂：指段玉裁（一七三五——一八一五），字若膺，號懋堂，江蘇金壇人，有《説文解字注》。

[三]天皇：即天皇氏，上古傳説中的神話人物，古越族，姓望，名獲，字文生，別號天靈、防五、天霧，制天干地支的曆法，用以定歲時節候。

[四]榮氏：不詳，有《榮氏遁甲開山圖》。

[五]五行神：古代傳説中五個人面龍身的仙人，道教稱爲五行神。

[六]鬼谷子：指王詡，又名王禪，號玄微子，春秋戰國時人，爲道家代表人物，縱橫家之鼻祖，有《鬼谷子》《本經陰符七術》等。

[七]陶：指陶宏景（四五六—五三六），字通明，號華陽隱居，丹陽秣陵（今江蘇南京）人，有《本草經集注》等。

[八]孟康：字公休，三國魏時安平廣宗（今河北邢臺）人，有《漢書音義》《老子注》等。五子：甲子、丙子、戊子、庚子、壬子。干支相配六十年間有五個子年，故稱。顏師古《注》：“六甲之中唯甲寅無子，故有五子。”

居喪不文説

　　近日士大夫，居喪不爲詩文，謂之“居喪不文”，以爲知禮，殊不知《禮經》之“言不文”者，非此之謂也。《喪服四制》云：“三年之喪，君不言。《書》云：‘高宗諒闇[一]，三年不言。’此之謂也。然而曰‘言不文’者，非①臣下也。”鄭康成《注》：“言不文者，謂喪事辨不所②當共也。《孝經説》曰：‘言不文，指士民也。’”蓋天子、諸侯、卿大夫，居喪不言，不言國事耳。天子、諸侯之喪禮，有百官有司在[二]，卿大夫有家臣在，不言而喪事行，無失禮之愆[三]，至士民之喪事，則必言而後事行，但不文飾其辭爾。《喪大記》所謂“父母之喪，非喪事不言”也。《既夕禮》：“非喪事不言。”鄭康成《注》：“不忘所以爲親。”若杖而起者[四]，不言喪事，是爲忘其親乎。然“三年不言”者，亦非三年之中絶無一言也。《禮》：“斬衰之喪，唯而不對；齊衰之喪，對而不言[五]。”《雜記》：“天子七月而葬，九月而卒哭。諸侯五月而葬，七月而卒哭。大夫三月而葬，五月而卒哭。士三月而葬，是月而卒哭。”天子、諸侯、大夫、士卒哭受服之後，斬衰之喪，唯而對矣。齊衰之喪，對而言矣。《喪大記》所謂“既葬，與人立。君言王事，不言國事；大夫、士言公事，不言家事[六]。既練，君謀國政，大夫謀家事[七]”也。

　　古人言喪事而不文飾其言，豈謂詩文哉？今人之詩文，含宮咀商，與古之樂章無異，古人小功尚不及樂，況父母之喪邪？居喪不爲詩文，非言不文，乃《曲禮》所謂“居喪不言樂”也。余曾見一士大夫，在斬衰之時，作詩一卷，名曰《銜恤吟》，徧送弔者，其罪何異於宰我之請期喪，原壤之歌《貍首》乎[八]？不學無術之人，不但不知“居喪不言樂”，且不知世俗所謂“居喪不文”之説矣。

【校勘】

①漆永祥校本云：“《禮記·喪服四制》‘非’作‘謂’。”
②“不所”二字，原互乙，據《禮記·喪服四制》鄭《注》改。

【題解】

　　本文對“居喪不文”之禮作出辯説。江藩認爲“居喪不文”並非“居喪不爲詩文”，實指居喪期間，天子、諸侯、卿大夫不言國事，而士民之喪事，則必言而後事行，但不文飾其辭。

【注釋】

[一]高宗：指子昭(？—前一一九二)，廟號“高宗”，商朝第二十三任君主。諒闇：居喪時所住的房子。鄭玄《注》：“諒，古作梁，楣謂之梁。闇，讀如鵪鶉之鶉，闇謂廬也。廬有梁者，所謂柱楣也。”

[二]有司：官吏。古代設官分職，各有專司，故稱。

[三]愆：過錯；罪過。《説文解字·心部》：“愆，過也。”

[四]杖：謂居喪持喪棒。《禮記·問喪》：“則父在不敢杖矣，尊者在故也；堂上不杖，辟尊者之處也……此孝子之志也。”

[五]“斬衰”四句：《禮記正義》孔穎達《疏》：“謂與賓客言也，但稱‘唯’而已，不對其所問之事。侑者爲之對，不旁及也。”唯：急聲回答聲。

[六]“君言”四句：《禮記正義》孔穎達《疏》：“君，諸侯；王，天子也。既可並立，則諸侯可得言於天子之事，而猶不自私言己國事也。‘大夫、士言公事，不言家事’者，尊君也。大夫、士葬後，亦得言君事，而未可言私事也。”

[七]“既練”三句：《禮記正義》孔穎達《疏》：“‘君謀國政，大夫、士謀家事’者，此常禮也。練後漸輕，故得自謀己國家事也。”練：古祭名。古代父、母喪後周年之祭稱小祥，此時孝子可以穿練過的布帛，故小祥之祭也稱“練”。《禮記·雜記下》：“期之喪，十一月而練，十三月而祥，十五月而禫。”

[八]“其罪”二句：據《論語·陽貨》，宰予嘗指出孔子“三年之喪”的制度不可取，云：“三年之喪，期已久矣。君子三年不爲禮，禮必壞；三年不爲樂，樂必崩”，被孔子批評爲“不仁”。另據《禮記·檀弓下》，原壤母親去世時，孔子幫其清洗棺木，原壤却登上棺木唱《狸首》，時人以其爲無禮。宰我：指宰予(前五二二—前四五八)，字子我，亦稱宰我，魯國人，孔子弟子，“孔門十哲”之一。原壤：春秋時魯國人，孔子故交。因不守禮儀，庸碌無爲，受到孔子的批評。

隸經文　卷四

釋　止

　　《詩·草蟲》:"亦既見止。"《傳》:"止,辭也。與《小雅·采薇》'作止'同義。"《説文解字》:"此,止也。从止,从匕。匕,相比次也。"此"从止"爲會義,"止"與"此"音相近,亦可通作"止"。所以段丈懋堂云"《釋詁》:'已,此也。'互相發明,於物爲止之處,於文爲止之詞"是也。亦通作"些"。"些"乃"呰"之僞體。《爾雅》:"呰,此也。"《釋文》曰:"郭音些。"《玉篇》《廣韻》:"些,此也。"可證"呰"爲"些"之正體。《楚辭·招魂》句末用"些"字,與此"止"同義爾。又可通作"斯","斯""呰"《爾雅》皆訓爲"此"。"斯"又通作"思",《詩·漢廣》"不可求思"是已。又可通作"只","只"《説文》"語已詞也",《釋詁》訓"已"爲"此",是"此"亦可訓爲"已"也。《楚辭》句末用"只"字者,音義皆與"呰"通也。以此推之,如兹、嗞、斯、思、此、呰、止、只等字,凡聲音相近者,皆訓爲辭,而可以假借矣。惟"只"爲"已"詞,而"呰"則有"咨嗟"之意[一]。《招魂》不用"只"而用"呰"者,哀呰之詞也[二]。

【題解】

　　本文解釋"止"字。止爲語氣助詞。用於句末,表確定語氣。江藩指出止同兹、嗞、斯、思、此、呰、只等字聲音相近,皆訓爲辭,可以假借。只是"只"爲語句結束詞,而"呰"有嗟嘆意。

【注釋】

[一]咨嗟:嘆息。漢焦贛《易林·離之升》:"車傷牛罷,日暮咨嗟。"

[二]哀呰(cī)：哀嘆。

釋車制尺寸

《輪人》：牙。《記》："六分其輪，崇以其一爲之牙圍。"《注》："六尺六寸之輪，牙圍尺一寸。"《記》："參分其牙圍，而漆其二。"《注》："漆者七寸三分寸之一，不漆者三寸三分寸之二。""參分牙圍而漆其二"者，徑一以開三也。密法：漆者七寸三分三三三一二，不漆者三寸六分六六六，并之得牙圍尺一寸。《注》："令牙厚一寸三分寸之二，則内外面不漆者各一寸。"

轂。《記》："椁其漆内而中詘之，以爲之轂長，以其長爲之圍。"《注》："六尺六寸之輪，漆内六尺四寸，是爲轂長三尺二寸，圍徑一尺三分寸之二也。""漆内六尺四寸"者，賈公彦《疏》："上經不漆者，内外面各一寸，則兩畔減二寸，故漆内有六尺四寸也。"藩謂轂長三尺二寸，圍三尺二寸，圍徑一尺零六六六六二。

藪。《記》："以其圍之阞，捎其藪。"《注》："捎，除。阞，三分之一也。玄謂此藪徑三寸九分寸之五。"藩謂藪圍一尺零六分六六六五，圍徑三寸五分五五五五[一]。

賢、軹。《記》："五分其轂之長，去一以爲賢，去三以爲軹。"《注》："玄謂此大穿徑八寸十五分寸之八，小穿徑四寸十五分寸之四。大穿甚大，似誤矣。"藩謂賢圍二尺五寸六，徑八寸五分三一[二]。軹圍一尺二寸八分，徑四寸二分六二。《注》又云："大穿實五分轂長去二，去二則得六寸五分寸之二。凡大小穿，皆謂金也。令大小穿金厚一寸，則大穿穿内徑四寸五分寸之二，小穿穿内徑二寸十五分寸之四。"藩謂"令大小穿"之"令"，今本作"今"，誤。戴君辨之，見《考工記圖》。賢圍一尺九寸二，徑六寸四，去金厚一寸，上下各二寸，則賢徑四寸四分。軹圍徑四寸二分六二，去金上下二寸，則二寸二分六六二也。《記》："參分其轂長，二在外，一在内，以置其輻。"《注》："轂長三尺二寸者，今輻廣三寸半，則輻内九寸半，輻外一尺九寸。"藩謂并之三尺二寸也。

鑿。《記》："凡輻，量其鑿深以爲輻廣。"鄭《注》："令輻廣三寸半，則鑿深亦三寸半也。"

弱。《記》：“故竑其輻廣以爲之弱。”弱没鑿之處，廣三寸半。

股、骹。《記》：“參分其輻之長而殺其一，則雖有深泥，亦弗之
溓也。參分其股圍，去一以爲骹圍。”股圍一尺七寸七八，方徑四寸四
分四五，骹圍一尺一寸八分五三三，徑二寸九分六三三。

綆[三]。《記》：“參分寸之二。”綆，出隆三分有奇。

達常[四]。《記》：“圍三寸。”《注》：“圍三寸，徑二①寸也。”

桯[五]。《記》：“桯圍倍之，六寸。”《注》：“圍六寸，徑二寸。”
《記》：“部長二尺，桯長倍之。四尺者②。”桯即杠也。《注》：“杠長
八尺，加達常二尺，則蓋高一丈，立乘。”

部[六]。《記》：“信其桯圍，以爲部廣。部廣六寸，長二尺。”
《注》：“廣謂徑也。”部厚一寸。《記》：“十分寸之一謂之枚，部尊一
枚[七]。”《注》：“枚一分。”

弓鑿。《記》：“弓鑿廣四枚，鑿上二枚，鑿下四枚。鑿深二寸有
半，下直二枚，鑿③一枚。”戴君曰：“鑿上下合六分，並鑿空四分，
共一寸也。”《補注》：“弓鑿外大内小，外縱橫皆四分，内縱二分，橫
一分。下直者對上迆爲言，鑿下外内同四分，鑿下外二分内四分，加
部尊焉。”

弓。《記》：“弓長六尺謂之庇軹，五尺謂之庇輪，四尺謂之庇軫。
參分弓長而揉其一[八]。”《注》：“輿廣六尺六寸，兩轂并六尺四，旁減
軹内七寸，則兩軹之廣，凡丈一尺六寸也。”賈《疏》：“‘旁減軹内七
寸’者，七寸以承輿，故旁減軹内七寸。”蓋謂六尺六寸之輿，先減輿
内七寸，餘五尺九寸，又以并兩轂六尺四寸，得一丈二尺，再減軹内
七寸，總得丈一尺六寸也。《注》又云：“六尺之弓倍之。加部廣，凡
丈二尺六寸。”六尺倍之，得丈二尺也，并部廣六寸，丈二尺六寸也。
《注》“六尺之弓”者，近部二尺，四尺爲宇曲。

股、蚤[九]。《記》：“參分其轂圍，去一以爲蚤圍。”《注》：“以弓
鑿之廣爲股圍，則寸六分也。爪圍一寸十五分寸之一。”藩謂鑿廣四
枚，枚一分，并之寸六分也。股徑五分三三一，蚤圍一寸零六六九，
徑三分五五六一。

尊。《記》：“參④弓長，以其一爲之尊。”《注》：“尊，高也。六
尺之弓，上近部平者二尺，爪末下於部二尺。二尺爲句，四尺爲弦，
求其股，股十二除之，面三尺幾半也。”藩謂尊即近部二尺也。二尺爲
句，四尺爲弦，弦自乘，得弦實丈六尺。句自乘，得句實四尺。以句

實除弦實，餘丈二尺爲股實，所謂"股十二"也。開方除之，股長三尺四寸六分，所謂"面長三尺幾半"也。

《輿人》："輪。輪崇六尺六寸。"《記》："輿人爲車，輪崇、車廣、衡長，參如一，謂之參稱。"車，車廣六尺六寸。

衡。衡長六尺六寸，高八尺七寸，衡頸之間七寸。

隧[十]。《記》："參分車廣，去一以爲隧。"《注》："兵車之隧，四尺四寸。"

式。《記》："參分其隧，一在前，二在后，以揉其式。"《注》："兵車之式，深尺四寸三分之二。"一在前，一尺四寸六分六六六二；二在後，二尺九寸三分三二四。《記》："以其廣之半爲之式崇。"廣，車廣也。式高三尺三寸。

較。《記》："以其隧之半，爲之較崇。"較崇二尺二寸。《注》："兵車自較而下，凡五尺五寸。"較崇二尺二寸，式崇三尺三寸，并之五尺五寸，即輿之崇也。

軫。《記》："六分其廣，以一爲之軫圍。"《注》："兵車之軫圍，尺一寸。"因圍以求方徑，徑二寸七分五。

式。《記》："參分軫圍，去一以爲式圍。"《注》："兵車之式圍，七寸三分寸之一。"藩謂式圍七寸三分三三三三，方徑一寸八分三三三一。

較。《記》："參分式圍，去一以爲較圍。"《注》："兵車之較圍，四寸九分寸之八。"藩謂圍四寸八分八八八八，方徑一寸二分二二二二。

軹。《記》："參分較圍，去一以爲軹圍。"《注》："兵車之軹圍，三寸二十七分寸之七。"藩謂圍三寸二分五九二五，方徑八分一四八一二五。

轛。《記》："參分軹圍，去一以爲轛圍。"《注》："兵車之轛圍，二寸八十一分寸之十四。"藩謂圍二寸一分七二八三，方徑五分七六一。

《輈人》：輈。《記》："國馬之輈[十一]，深四尺有七寸。"《注》："鄭司農云：'深四尺七寸，謂轅曲中。'馬高八尺，兵車、乘車，軹崇三尺有三，加軫與轐七寸，又并⑤衡高八尺七寸也。除馬之高，則餘七寸，爲衡頸之間也。"《記》："田馬之輈，深四尺。"《注》："田車軹崇三尺一寸半，並此輈深而七尺一寸半。今田馬七尺，衡頸之間亦七寸，則軫與轐五寸半，則衡高七尺七寸。"《記》："駑馬之輈，深三尺有三寸。"《注》："輪軹與軹轐大小之减，率寸之半也。則駕馬之車，軹崇三尺，加軹與轐四寸，又并此輈深，則衡高六尺七寸也。今駕馬六尺，除馬之高，則衡頸之間亦七寸。"

策[十二]。《記》："軹前十尺，而策半之。"半之，五尺也。鄭《注》："十或作七，合⑥七爲弦，四尺七寸爲句，以求其股，股則短矣。"七尺爲弦，自乘得弦實四丈九尺。四尺七寸爲句，自乘得句實二丈零九尺。以句除弦，得二丈八尺一寸爲股實。開方除之，得方五尺三寸。馬高八尺，不容馬，故云"股則短"矣。

任正。《記》："任正者，十分其輈之長，以其一爲之圍。"《注》："輈，軹前十尺，與隧四尺四寸，凡丈四尺四寸，則任正之圍，尺四寸五分寸之二。"藩謂并十尺與四尺四寸，爲輈之長，是輈長丈四尺四寸矣。十分之一尺四寸四分，則任正之圍一尺四寸四分也。圓徑四寸八分。

衡任。《記》："衡任者，五分其長，以其一爲之圍。"《注》："衡任者，謂兩軛之間也。兵車、乘車，衡圍一尺三寸五分寸之一。"藩謂五分其長者，衡長六尺六寸，五分之，取其一爲衡任之圍也。圍一尺三寸二分，方徑三寸三分。

軸。《記》："五分其軹間，以其一爲之軸圍。"《注》："軸圍亦一尺三寸五分寸之一，與衡任相應。"藩謂軹間六尺六寸也。軸圍亦一尺三寸二分，圓徑四寸四分。

當兔。《記》："十分其輈之長，以其一爲之當兔之圍。"《注》："輈，當伏兔者也。亦圍尺四寸五分寸之二，與任正者相應。"藩謂圍亦一尺四寸四分，方徑三寸六分。

頸。《記》："參分其兔圍，去一以爲頸圍。"《注》："圍九寸十五分寸之九。"藩謂頸圍九寸六分，圓徑三寸二分。

踵。《記》："五分其頸圍，去一以爲踵圍。"《注》："圍七寸七十五分寸之五十一。"藩謂圍七寸六分八，方徑一寸九分二。

【校勘】

①漆永祥校本云："《考工記·輪人》鄭《注》'二'作'一'。"

②漆永祥校本云："《考工記·輪人》'者'下尚有'二'字。"

③漆永祥校本云："《考工記·輪人》'鑿'下尚有'端'字，江藩脱誤。"

④漆永祥校本云："《考工記·輪人》'參'下尚有'分'字，江藩脱誤。"

⑤漆永祥校本云：“《考工記·輿人》‘并’下與‘衡’之間，尚有‘此輈深則’
　　四字，下文所引皆未刪，則此句亦當並引，文義方明，江藩刪省不當也。”

⑥漆永祥校本云：“‘合’，阮元《注疏》本改作‘令’。《校勘記》：按‘合’當
　　‘令’字之訛，《九章·盈不足》有‘假令’。”

【題解】

　　本文全面討論了古代車制規定的各個組成部分的尺寸，可與前文《藪説》
《軹説》《弱説》等篇互參，然有的尺寸如藪圍、賢圍等前後不一，令人不解。

【注釋】

[一]“藩謂藪圍”二句：在《隸經文》卷三《藪説》中，江藩指出藪圍一尺零六
　　六六二，徑三寸五分五五五三，與此處所言有異。

[二]“藩謂賢圍”二句：在《隸經文》卷三《藪説》中，江藩指出賢圍一尺九寸
　　二，徑六寸四，與此處所言有異。

[三]綆(bǐng)：古時輪輻近軸處的突出部分。《周禮·考工記·輪人》：“視
　　其綆，欲其蚤之正也。”鄭玄《注》：“蚤當爲爪，謂輻入牙中者也。”

[四]達常：古代車蓋的柄。《周禮·考工記·輪人》：“輪人爲蓋，達常圍三
　　寸。”鄭玄引鄭司農云：“達常，蓋斗柄，下入杠中也。”

[五]桯(tīng)：古代車上插車蓋柄的長木筒。

[六]部：蓋斗。

[七]尊：鄭玄《周禮注》：“尊，高也。”

[八]揉：使木彎曲。

[九]股、蚤：孫詒讓《周禮正義》引鄭鍔云：“股，與輻之近轂者謂之股同。
　　弓之近部者亦謂之股，以其大也。蚤，與輻之入牙者謂之蚤同，弓之宇
　　曲者謂之蚤，以其小也。”

[十]隧：車輿深。

[十一]國馬：國家所飼養的馬。鄭玄《周禮注》：“國馬，謂種馬、戎馬、齊
　　馬、道馬。”

[十二]策：竹製的馬鞭(頭上有尖刺)，引申爲駕馭馬匹的工具，包括轡繩
　　之類。鄭玄《周禮注》：“策，御者之策也。”

釋　由

　　《説文解字·马部》：“甹，木生條也。从马，由聲。《商書》曰：

'若顛木之有枿枿[一]。'"案：《説文》無"由"字，而"从由聲"之字不下數十，或謂當作"卣"，蓋因中尊之"卣"[二]，有由聲也。然"卣"與"由"字形不同，"卣"之不可爲"由"顯然矣。艮庭先生欲盡改《説文》"从由聲"之字爲"从曳省聲"。段楙堂丈云："若欲改爲曳省聲，則曳从由聲，又何説也？"余謂此言是也。蓋許書奪"由"字耳。

阮賜卿問曰[三]："如先生之言，由爲《説文》奪字，而由字於六書之義安在乎？"答曰："此甲字之倒文，同倒子爲㔦之例，象形也。《易·解卦·象傳》曰：'百果草木皆甲坼[四]。'《禮·月令》：'其日甲乙。'鄭《注》：'時萬物孚甲[五]，因以爲日名①。'甲，孚甲也。字象草木枝條出地之形，其字當作㽕，上丨象出地之枝條，下甴象根垞之孚皮也[六]。草木枝條皆以自出，所以由訓爲從、爲自矣。"問曰："於文何證？"曰："《漢書·三統曆》：'孳萌於子，紐牙於丑，引達於寅，冒茆於卯，振美於辰，已盛於巳，咢布於午，昧薆於未，申堅於申，留孰於酉，畢入於戌，該閡於亥，出甲於甲，奮軋於乙，明炳於丙，大盛於丁，豐楙於戊，理己②於己，斂更於庚，悉新於辛，懷任於壬，陳揆於癸。'以孳訓子，以紐訓丑，以引訓寅，以冒訓卯，此同義同音互爲訓也，豈獨於甲而不然耶？文當作'出㽕於甲'，由之合音爲調，調轉爲卣，卣轉爲槀，槀轉爲洽，洽轉爲甲。此乃由入聲轉平，非由平聲轉入也。合韻有遠近之別，此爲遠合，即古所謂'類隔'也[七]。若作'出甲於甲'，則無所謂互訓，於例亦自相抵牾矣。"問曰："'出甲於甲'，不符互訓之例。然'申堅於申'，又何説乎？"曰："'申堅於申'，乃'神堅於申'之壞字[八]。《説文》：'申，神也。'與《示部》'神'字訓'天神，引出萬物'同義，比類會通，又何疑於甲非由字之誤哉？"問曰："由誤於甲，既聞命矣。然甲隸作甲，篆作甲，何以《説文》由字不作㽕，而作由耶？"曰："今有漢瓦當文[九]，上書二鹿，下篆書'甲天下'三字，可知漢時篆書已有甲字，甲可爲甲，則㽕可爲由矣[九]。或者許書作㽕，後人改爲由，抑或許書本有甲字，亦未可知也。"

【校勘】

①漆永祥校本云："鄭《注》原文爲：'時萬物皆解孚甲，自抽軋而出，因以爲日名焉。'"

②漆永祥校本云："《漢書》卷二一《律曆志上》引此'己'作'紀'。"

【題解】

　　本文解釋“由”字。江藩認爲“由”字爲“甲”字倒文，訓爲從、自，而漢時篆書已有“甲”字，故《说文》之“由”或爲後人竄改。文中有江藩與阮賜卿即阮福的問答，據江藩《爾雅小箋自序》“嘉慶二十五年，年六十矣，爲阮生賜卿説《毛詩》，肄業及之……道光元年太歲在重光大荒落霜月庚申自序，時年六十一”，可知此文作於江藩嘉慶二十五年至道光元年間，時江藩应两广总督阮元之聘，客居嶺南节署，纂修《廣東通志》，兼爲阮生授學。

【注釋】

[一]枿(niè)：草木砍伐後余桩重生的枝條。清段玉裁《说文解字注·木部》：“櫱，韋昭《注》：‘以株生曰櫱。’……枿者，亦‘櫱’之異文。”

[二]中尊：古代中等容量的酒器。《周禮·春官·鬯人》：“廟用脩。”鄭玄《注》：“脩讀曰卣。卣，中尊，謂獻象之屬。”

[三]阮賜卿：指阮福(一八〇一──一八七五)，字賜卿，一字小芸，號喜齋，江蘇儀徵人，有《孝經義疏補》《兩浙金石志補遺》等。

[四]甲坼(chè)：草木發芽時種子外皮裂開。甲：草木初生時所帶種子的皮殼。坼：裂開。《易·解》：“天地解而雷雨作，雷雨作而百果草木皆甲坼。”孔穎達《疏》：“雷雨既作，百果草木皆孚甲開坼，莫不解散也。”

[五]孚甲：指草木種子分裂發芽，引申爲萌發，萌生。孚：通“莩”，葉裏白皮。

[六]垆：土丘。北魏酈道元《水經注·泗水》：“泗水南徑小沛縣東，縣治故城南垆上。”

[七]類隔：音韻學術語。凡反切上字與所切之字有重唇、輕唇或舌頭、舌上之異，稱作“類隔切”。隔者隔礙之謂，二者聲不同類。故名。然古人制反切，皆取“音和”，如“篇，芳連切”，“篇”屬重唇音“滂”母，“芳”屬輕唇音“敷”母。其實古無輕唇和舌上音，“篇”和“芳”都是“滂”母。唐宋人不知古音，謂之“類隔”，蓋出於誤會。

[八]壞字：錯字，多指書籍鈔寫或刊刻時因筆畫脱略而造成的誤字。

[九]瓦當：筒瓦的頭部。其上多有文字或圖案，作裝飾之用，有圓形瓦當和半圓形瓦當兩種。

原　名

　　天造草昧[一]，萬物無名。黄帝正名百物以明命[二]，《祭法》。使民衣服有章，鄭《注》。是謂垂衣裳[三]，使貴賤分明得其所也。孔《疏》。夫名者，定親疏、決嫌疑、別同異、明是非。教訓正俗[四]，非名不備；分争辨訟，非名不決；君臣上下，父子兄弟，非名不定。正其名則辨上下、定民志，而天下治。名不正則言不順，言不順則事不成，事不成則禮樂不興，禮樂不興則刑罰不中，刑罰不中則民無所措手足而天下亂[五]。

名，命也。許氏《説文》。天以四德[六]，與人名之曰性，生之所以然者謂之性，散名之在人者也[七]。《荀子·正名篇》。凡民雖有恒性，然民者瞑也。《春秋繁露·深察名號》。瞑之爲言冥也。《毛詩》箋。冥冥無知，《詩正義》。其生之性似目，目卧幽而瞑，待覺而見。《深察名號》。古聖王起而率其所以然之性，而教養之，名之曰禮。書經界使之樹藝[八]，名之曰井田，則共財矣[九]。《祭法》。設庠序使之弦誦，名之曰學宮，則明倫矣。覺民之瞑，而天下後世治。所以黄帝之壽，極之三百年也。

後王之成名：刑名從商，爵名從周，文名從《禮》。散名之加於萬物者，則從諸夏之成俗曲期[十]。《正名篇》。刑名從商，墨家者流也。墨翟著書作辨以立名[十一]，本惠施、公孫龍[十二]，祖述其學，以正形名。《晋書·魯勝傳》。施、龍之徒，亂名改作，以是爲非。楊倞《荀子注》。創爲馬非馬、指非指、堅白石、臧三牙之説，以亂形名。古之法家，用名以明罰飭法[十二]，爲大埋之首章。《深察名號》。及刻者爲之，則無教化，去仁愛，專任刑法，而欲以致治，《漢書·藝文志》。難矣哉！爵名從周，文名從《禮》，散名之加於萬物者從諸夏之成俗曲期，儒家者流也。孔子作《春秋》，必先正名，是非之正，取之逆順；逆順之正，取之名號；名號之正，取之天地。天地爲名號之大義也。

有散名，有凡號。《深察名號》。號，名之大者也。何謂散名？形以定名，名以定事，事以驗名，察其所以然，則形名之與事物無所隱其理。凡有三科：一曰命物之名，方圓黑白是也；二曰毀譽之名，善惡貴賤是也；三曰況謂之名，賢愚愛憎是也。《尹文子》。何謂凡號？祭祀之號，祠礿嘗烝[十四]；田獵之號，苗蒐狩獮是也[十五]。號莫大於深察，王號之大意有五科：皇科、方科、匡科、黄科、往科。合此五科，以一謂之王。王者，皇也、方也、匡也、黄也、往也[十六]。是故王意不普大皇，則道不正直而方；不能正直而方，則德不能匡運周偏，則美不能黄；美不能黄，則四方不能往；四方不能往，則不全於王。故曰天覆無外，地載無愛，風行令而一其威，雨布施而均其德，王術之謂也。君之號亦有五科：元科、原科、權科、溫科、羣科。合此五科，以一言謂之君。君者，元也、原也、權也、溫也、羣也。是故君意不比於元，則動而失本；動而失本，則所爲不立；所爲不立，則不效於原；不效於原，則自委舍；自委舍，則化不行；用權於變，則失中適之宜；失中適之宜，則道不平德不溫；道不平德不溫，則衆不親安；衆不親安，則離散不羣；離散不羣，則不全於君。

　　名生於真，非其真，弗以爲名。名者，聖人之所以真物也，名之爲言真也。故凡百譏有黮黮者[十七]，各反其真，則黮黮者，還昭昭耳。《深察名號》。正名號，乾坤定，貴賤位，於是君君臣臣、父父子子，稱名不越而天下治矣。真者，誠也，所以成己而成物也。《春秋》辭術，合內外之道也。名不正，則譏之貶之。國氏人名字子，《公羊疏》。書爵書官爵，從周也。筆則筆，削則削，使天下後世亂臣賊子懼，而後世治矣。黮黮爲冥冥無知之民，教以覺之，禮以節之，節文威儀，三千三百，《荀子注》。文名從《禮》也。牖民於禮法之中，而民無不善矣。發志爲言，發言爲名，《大戴記·四代篇》。故成舊俗、方言，委曲期會物名，《荀子注》。如定穀實之名，則知所以已饑也；定草木之名，則民知所以已疾也，不夭札而登上壽矣[十八]。名之時義大矣哉！及叫者爲之，則苟鈎鈲析亂而已[十九]。《漢書·藝文志》。

　　嗟乎！後世名、法合爲一科，先生制禮之原，不以名教，而以名刑，爲酷吏騰説，奸胥舞文，“殺盜賊非殺人”《莊子》。之姦言起，而求治安，烏可得乎？後王欲成名者，慎之哉！

【題解】

　　本文推究名之本源，有類於韓愈《原道》《原性》等篇。江藩考察名之源流，辨析名之類別，區分名之真僞，強調指出先王制禮正名時義大矣；而後世名法合一，治安難求，可不慎哉！

【注釋】

[一]草昧：天地初開時的混沌狀態；蒙昧。《易·屯》：“天造草昧。”王弼
　　《注》：“造物之始，始於冥昧，故曰草昧也。”

[二]“黃帝”句：《禮記·祭法》：“黃帝正名百物，以明民共財。”孔穎達
　　《疏》：“‘黃帝正名百物’者，上雖有百物，而未有名，黃帝爲物作名，

正名其體也。"黄帝：古華夏部落聯盟首領，五帝之首。本姓公孫，後改姬姓，故稱姬軒轅。居軒轅之丘，號軒轅氏，建都於有熊，亦稱有熊氏。因有土德之瑞，土色黄，故號黄帝。

[三]垂衣裳：定衣服之制，示天下以禮。《易·繫辭下》："黄帝堯舜垂衣裳而天下治，蓋取諸乾坤。"韓康伯《注》："垂衣裳以辨貴賤，乾尊坤卑之義也。"

[四]正俗：匡正風俗。孔穎達《禮記疏》："熊氏云：'教謂教人師法，訓謂訓説義理。以此教訓，正其風俗。'"

[五]"名不正"五句：語出《論語·子路》。不中：不適合；不恰當。

[六]四德：指《易》乾卦元、亨、利、貞四德。《易·乾》："文言曰：元者，善之長也；亨者，嘉之會也；利者，義之和也；貞者，事之幹也。君子體仁足以長人，嘉會足以合禮，利物足以和義，貞固足以幹事。君子行此四德者，故曰乾元亨利貞。"

[七]散（sàn）名：散雜的名稱。戰國荀子用語。名的一種類型。相對於刑名、爵名、文名而言的另一部分概念名稱。

[八]經界：土地、疆域的分界。《孟子·滕文公上》："夫仁政，必自經界始。經界不正，井地不鈞，穀禄不平，是故暴君污吏必慢其經界。"樹藝：種植。

[九]共財：孔穎達《禮記疏》："'共財'者，謂山澤不鄣，教民取百物以自贍也。其如上事，故得祀之。"

[十]曲期：共同的約定。

[十一]墨翟（前四六八—前三七六）：即墨子，名翟，魯國人，墨家學派創始人，有《墨子》。

[十二]惠施（約前三七〇—前三一〇）：即惠子，名施，宋國（今河南商丘）人，名家學派創始人，與公孫龍齊名。公孫龍（前三二〇—前二五〇）：字子秉，趙國人，名家離堅白派的代表人物，有《白馬論》《指物論》《堅白論》等。形名：指事物的實體與名稱。

[十三]飭：整治；整頓。《易·雜卦》："蠱則飭也。"韓康伯《注》："飭，整治也。"

[十四]礿：古代宗廟四時祭之一，夏祭。祠：春祭。

[十五]苗：指夏天打獵。蒐（sōu）：指春天打獵。狩：指冬天打獵。獮（xiǎn）：指秋天打獵。《左傳·隱公五年》："故春蒐，夏苗，秋獮，冬狩。"

[十六]黄：調和。往：歸附。

[十七]黮（dàn）黮：猶昏昏，糊塗不明。

[十八]夭札：遭疫病而早死。《左傳·昭公四年》：“癘疾不降，民不夭札。”杜預《注》：“短折爲夭，夭死爲札。”

[十九]鈎釽（zhāo）析亂：探索分析出本質或條理。

公羊先師考

西京大儒傳習淵原，《史記》《漢書·儒林傳》，序之綦詳，嗣後序録家亦無異論。惟《公羊傳》則後人有胡毋生、董仲舒爲公羊高五傳弟子之説[一]，大謬不然矣。其説本之戴宏[二]，徐彦《疏》引宏《序》云：“子夏傳與公羊高，高傳與子平，平傳其子地，地傳其子敢，敢傳其子壽。至漢景帝時，壽乃其弟子齊人胡毋子都著於竹帛，與董仲舒皆見於圖讖。”徐彦又曰：“胡毋生本雖以《公羊》經、傳授董氏，猶自別作《條例》。”其言不可信也。太史公親見仲舒，故曰“吾聞之董生”，其作《儒林傳》，不言子都、仲舒之師爲何人，蓋不可得而聞矣。若子都、仲舒爲壽之弟子，太史公豈有不知者哉？即班書《儒林傳》亦不言子都、仲舒之師爲壽，第云胡毋生與董仲舒同業，仲舒著書稱其德，年老歸教於齊而已。同業者，同治《公羊》之學，未嘗云以經傳授董子也。陸元朗《經典釋文·序録》亦無是説矣[三]。戴宏《解疑論》本之圖讖，乃無稽之談，而《隋書·經籍志》《公羊疏》《玉海》皆引以爲説，不信經史而信圖讖，何哉？

《公羊》之學，興於漢初，最著者爲胡毋生、董子。子都歸老於齊，齊之言《春秋》者不顯。董子之弟子遂之者眾，故其説大行於世，如蘭陵褚大、東平嬴公、廣川段仲、温吕步舒[四]，皆通顯至大官。嬴公授東海孟卿及魯眭宏[五]，宏授嚴彭祖、顏安樂[六]，由是《公羊》有嚴、顏之學，彭祖授琅邪王中[七]，中授同郡公孫文及東門雲[八]。安樂授淮陽泠豐及淄川任翁[九]。豐授大司徒馬宮及琅邪左咸[十]。貢禹亦事嬴公而成於眭孟[十一]，授潁川堂溪惠[十二]，惠授泰山冥都及疏廣[十三]。廣事孟卿以授琅邪筦路[十四]。路及冥都又事顏安樂，授大司農孫實[十五]。《釋文序録》之説如此。是前漢時嚴、顏之學盛行，皆仲舒之學也。胡毋生之弟子，惟公孫宏一人，餘無聞焉。

爰及東京，多治《嚴氏春秋》，見於范書《儒林傳》者，則有丁恭、周澤、鍾興、甄宇、樓望、程曾六人[十六]。治《顏氏春秋》者，惟張君

夏一人^[十七]，張氏兼説嚴氏、冥氏，"冥"《後漢書》誤作"宣"。亦非專治
顏氏之學者。至於李育^[十八]，雖習《公羊》，然不知其爲嚴氏之學歟？
顏氏之學歟？何休之師，則博士羊弼也^[十八]。《傳》稱休與弼追述李育
意以難二《傳》，作《公羊墨守》，則休之學出於李育，無所謂嚴氏、
顏氏矣。其爲《解詁》，依胡毋生《條例》，自言多得其正，至於嚴、
顏之學，則謂之"時加釀嘲辭"，又曰"甚可閔笑"，然則休之學出於
育，育之學本之子都矣。今之《公羊》乃齊之《公羊》，非趙之《公羊》
也。董子書散佚已久，傳於世者謹存殘闕之《繁露》，而其説往往與休
説不合，《繁露》之言"二端十指"^[十九]，亦與《條例》之"三科九旨"迥
異^[二十]，仲舒推五行灾異之説，《漢書·五行志》備載焉。休之《解
詁》，不用董子之説，取京房之占，其不師仲舒可知矣，則其所稱先
師者，爲胡毋生、李育之徒，非仲舒、彭祖、安樂也。是董子之學，
盛行於前漢，寖微於後漢，至晋時其學絶也。若夫晋之劉兆、王接父
子^[二一]，絶無師法，合三《傳》而別一尊，不特非胡毋生、董子之學，
並非公羊高之學也。

【題解】

　　本文考論《公羊》學先師。江藩認爲後人所謂胡毋生、董仲舒爲公羊高的
五傳弟子，本自圖讖，不可信；何休之學出於李育，李育之學本之胡毋生；
董仲舒之學，盛行於前漢，寖微於後漢，至晋時董子之學，盛行於前漢，寖
微於後漢，至晋時絶矣。

【注釋】

[一]董仲舒（前一七九—前一○四）：廣川（今河北景縣）人，今文經學大師，
　　有《舉賢良對策》《春秋繁露》等。
[二]戴宏（一二四—？）：字元襄，濟北郡剛縣（今山東寧陽）人，官至酒泉太
　　守，有《解疑論》。徐彦：唐朝人，有《春秋公羊傳疏》。
[三]陸元朗：指陸德明（五五○—六三○），字德明，江蘇吳縣人，有《經典
　　釋文》等。
[四]褚大：西漢東海蘭陵（今山東臨沂）人，治《公羊春秋》，官梁國相。嬴
　　公：西漢東平（今屬山東）人，治《公羊春秋》，授孟卿、眭宏。官諫大
　　夫。段仲：西漢廣川（今河北景縣）人，治《公羊春秋》。吕步舒：西漢
　　溫縣（今河南焦作）人，治《公羊春秋》，官丞相長史。
[五]孟卿：西漢東海蘭陵（今山東臨沂）人，孟喜之父，精通《禮》《春秋》，

授后蒼、疏廣。世所傳《后氏禮》《疏氏春秋》，皆出孟卿。眭宏：字孟，西漢東海蕃縣(今山東滕州)人，從嬴公治《公羊春秋》。

[六]嚴彭祖：字公子，西漢東海下邳(今江蘇睢寧)人，官太子太傅。與顏安樂俱事眭宏，傳其學。顏安樂：字公孫，魯國薛(今山東薛城)人，創《公羊春秋》顏氏學。

[七]王中：西漢琅邪(今山東諸城)人，從嚴彭祖受《嚴氏春秋》，元帝時官少府。

[八]公孫文：西漢琅邪(今山東諸城)人，師事王中，官東平王太傅，徒衆頗盛。東門雲：西漢琅邪(今山東諸城)人，師事王中，官荆州刺史。

[九]泠豐：西漢淮陽人，事顏安樂治《公羊春秋》，官淄川太守。任翁：西漢淄川(今山東壽光)人，事顏安樂治《公羊春秋》，官少府。

[十]馬宮：復姓馬矢，字游卿，西漢東海戚縣(今山東滕州)人，事泠豐治《公羊春秋》。官大司徒，封扶德侯。左咸：西漢琅邪(今山東諸城)人，師事泠豐，官大司農，門徒衆多。

[十一]貢禹(前一二四—前四四)：字少翁，琅玡(今山東諸城)人。先後師從嬴公、眭孟，治《公羊春秋》。以明經潔行著稱，官涼州刺史。

[十二]堂溪惠：西漢潁川(今河南)人，從禹貢治《公羊春秋》。

[十三]冥都：西漢泰山人，從潁川堂溪惠受《公羊春秋》，爲丞相史。又與琅邪管路同從顏安樂學。故《顏氏春秋》後有管、冥之學。疏廣：(？—前四五)，字仲翁，東海蘭陵(今山東臨沂)人。從潁川堂溪惠受《公羊春秋》。家居教授，從游弟子甚衆。後徵爲博士、太中大夫、太子太傅。與侄疏受並稱"二疏"。

[十四]筦路：西漢琅邪(今山東諸城)人，始從疏廣學，後事顏安樂學《公羊春秋》，官至御史中丞。

[十五]孫寶：字子嚴，潁川鄢陵(今河南鄢陵)人。從筦路治《公羊春秋》，官大司農。

[十六]丁恭：字子然，東漢山陽東緡(今山東金鄉)人。周澤：字穉都，東漢北海安丘(今山東安丘)人。鍾興：字次文，東漢汝南汝陽(今河南汝陽)人，少時隨丁恭習《嚴氏春秋》。甄宇：字長文，東漢北海安丘(今山東安丘)人。樓望：字次子，東漢陳留雍丘(今河南杞縣)人。程曾：字秀升，東漢豫章南昌(今江西南昌)人。

[十七]張君夏：東漢人，治《顏氏春秋》，兼容嚴氏、冥氏之學。

[十八]李育：字元春，東漢扶風漆縣(今陝西永壽)人，治《公羊春秋》，有《難左氏義》等。

[十九]二端十指：《春秋繁露》卷五有《十指》篇，云："王化之由得流也，舉

事變見有重焉一指也；見事變之所至者一指也；因其所以至者而治之
一指也；彊幹弱枝，大本小末一指也；別嫌疑，異同類一指也；論賢
才之義，別所長之能一指也；親近來遠，同民所欲一指也；承周文而
反之質一指也；木生火，火爲夏天之端一指也；切刺譏之所罰，考變
異之所加天之端一指也。”卷六有《二端》篇，云：“春秋至意有二端，
不本二端之所從起，亦未可與論灾異也。小大微著之分也。夫覽求微
細於無端之處，誠知小之爲大也，微之將爲著也。吉凶未形，聖人所
獨立也，雖欲從之，末由也已，此之謂也。”

[二十]三科九旨：漢代《公羊》學家謂《春秋》書法有三科九旨，即於三段中
寓九種旨意。何休云：“三科九旨者，新周、故宋，以《春秋》当新
王，此一科三旨也。所见異辞，所闻異辞，所传闻異辞，二科六旨
也。又内其国而外诸夏，内诸夏而外夷狄，是三科九旨也。”

[二十一]劉兆：字延世，晋時山東濟南人，有《春秋公羊穀梁左氏集解》。
王接(二六八—三〇六)：字祖游，河東猗氏(今山西猗縣)人，長
子王愆期，先後注《公羊春秋》。

徐心仲論語疏證序

　　叙曰：《論語疏證》者，江都徐君心仲之所著也。《論語》者，班
固云：“孔子應答弟子時人，及弟子相與言而接聞於夫子之語。當時
弟子各有所記，夫子既卒，門人相與輯而論纂，故謂之《論語》。”漢
興，齊人所傳謂之《齊論》，魯人所傳謂之《魯論》，出孔子壁中者謂
之《論語古》。至安昌侯張禹[一]，受《魯論》於夏侯建[二]，又從庸生、
王吉受《齊論》[三]，擇善而從，著《張侯論》，最後行於漢代。東漢包
咸、周氏並爲《章句》[四]，立於學官，餘家寖微，由是《齊》《魯》二家
之說，合而爲一，莫能考其孰爲《齊》孰爲《魯》矣。漢末，大司農鄭
玄，就《魯論》篇章，考之《齊》《古》，爲之注，今不傳。度其書當如
《儀禮》《周禮注》，明古文、今文故書之例，亦注《齊論》作某字、《魯
論》作某字、《論語古》作某字也。何晏《集解》篇章既用《魯論語》二十
篇之次第，又采鄭説，則晏所注之本，乃鄭氏學。其書正始中盛行於
世[五]，由是《張侯論》寖微，而《齊》《魯》《古》三家之説合而爲一，又
不能考其孰爲《齊》《魯》，孰爲《論語古》矣。嗟乎！士處千百年之下，
安能汲寖微之古義於千百年之上哉！自不得不以《集解》爲主矣。疏

者，以聲音訓故，疏明經文，如鄭樵所云“釋人所不釋者，不釋人所釋者”[六]。何晏集諸家之説，義多二創，互有得失，證者或解訓詁以引申其説，或援據他書以證其説之不安，此《疏證》之所爲作也。

且邢昺《正義》晚出於世，雖間引李充諸人之説[七]，然疏於六書，失於考訂，如《鄉黨》之“執圭”，既引頫聘之“圭璋”[八]，復雜以天子命圭之文[九]。《先進》於顏淵死，據王肅僞作之《家語》，疑伯魚死在顏淵後[十]，無學無識，殆古所謂俗儒歟。皇侃《義疏》[十一]，其書久亡，今得自足利[十二]，又屬贋鼎，則自蜀譙周以下[十三]，東西兩晉諸儒之説又絕。至於有宋一代，竊漢儒仁義禮智之緒餘，創爲道學性理之空談，其去經旨彌遠。明季專尚制義[十四]，囿於見聞，第乞靈於新安[十五]，幾不知世有平叔[十六]，更無論矣。我國家龍興一百五十二年，崇尚實學，培養人才，治古學、工文章者，炳焉與兩漢同風。然多治大經而不治小經，若閻若璩《四書釋地》之作[十七]，江慎修《鄉黨圖考》之書，一則隨筆漫書，一則專詳制度，而博綜羣籍、專攻全經者，則未之有。此又《疏證》之不可不作也。

乾隆六十年藩駐揚州[十八]，與徐君親善，講習經義，每相遇，輒日旰忘食，夜分不寢，出其書屬藩叙之，因述《論語》源委，以釋其著書之意如此。昔《張侯論》出，諸儒爲之語曰：“欲爲《論》，念張文。”今當移贈徐君矣。

【題解】

徐心仲即徐復，與江藩爲同鄉好友。乾隆六十年(一七九五)，江藩與徐心仲講習經義，相談甚歡。徐心仲出示《論語疏證》，邀序於江藩，江藩遂叙《論語》之原委，明其著書之意。值得注意的是，江藩提及流傳日本的皇侃《義疏》，以爲贋鼎，當屬失察。

【注釋】

[一]張禹(？—五)：字子文，河內軹縣(今河南濟源)人，謚“節侯”，從王陽、庸生習《論語》，有《張侯論》。

[二]夏侯建：字長卿，夏侯勝的長子，西漢山東寧陽人，清陳喬樅輯有《尚書歐陽夏侯遺説考》。

[三]庸生：名譚，西漢膠東國(今山東膠州)人，有《齊論語》《古文尚書》等。王吉(？—四八)：字子陽，琅琊皋虞(今山東青島)人，曾從蔡義

學《韓詩》。

[四]包咸(七—六五)：字子良，會稽曲阿(今江蘇丹陽)人，有《論語章句》。周氏：東漢人，清馬國翰輯有《論語周氏章句》。

[五]正始：魏齊王曹芳的年號(一四○—一四九)。

[六]鄭樵(一一○四—一一六二)：字漁仲，南宋興化軍(今福建)莆田人，世稱"夾漈先生"，有《通志》等。

[七]李充：字弘度，東晉江夏(今湖北武漢)人，有《論語注》《翰林論》等。

[八]覜(tiào)聘：古代諸侯聘問相見之禮。《周禮·考工記·玉人》："王琰圭璋八寸，璧琮八寸，以覜聘。"鄭玄《注》："琰，文飾也。覜，視也。聘，問也。衆來曰覜，特來曰聘。"

[九]命圭：亦作"命珪"，天子賜給王公大臣的玉圭。《周禮·考工記·玉人》："命圭九寸，謂之桓圭，公守之；命圭七寸，謂之信圭，侯守之；命圭七寸，謂之躬圭，伯守之。"

[十]顏淵：指顏回(前五二一—前四八一)，字子淵，春秋時山東曲阜人，孔子最得意門生之一。伯魚(前五三二—前四八三)：指孔鯉，字伯魚，山東曲阜人，孔子之子。

[十一]皇侃(四八八—五四五)：一作皇偘，南朝梁吳郡(今江蘇蘇州)人，有《論語義疏》《禮記義疏》等。

[十二]足利：指日本足利學校，位於栃木縣足利市，爲日本最古老的學校，創建於鎌倉时代。皇侃《論語義疏》成書於南朝梁武帝年間，至隋朝時，流傳到日本。南宋乾道、淳熙以後亡佚。清乾隆年間由日本傳回中國。

[十三]譙周(二○一—二七○)：字允南，三國蜀巴西西充國(今四川西充)人，有《仇國論》等。

[十四]明季：明代末年。制義：即八股文，亦稱制藝、時文、時藝、八比或四書文，明清時科舉考試規定的文體。

[十五]乞靈：求助於神靈或某種權威。《左傳·哀公二十四年》："寡君欲徼福於周公，願乞靈於臧氏。"杜預《注》："以臧氏世勝齊，故欲乞其威靈。"新安：指朱熹(一一三○—一二○○)，祖籍徽州婺源，徽州古稱新安，故自稱"新安朱熹"，宋代理學集大成者，有《四書章句集注》等。

[十六]平叔：指何晏(？—二四九)，三国曹魏南阳宛(今河南南陽)人，正始玄學創始人之一，有《論語集解》《道德論》等。

[十七]閻若璩(一六三八—一七○四)：字百詩，號潛邱，山西太原人，有《古文尚書疏證》《四書釋地》《潛邱劄記》等。

[十八]乾隆：指高宗純皇帝愛新覺羅·弘曆(一七一一——七九九)，清朝
　　　第六位皇帝，在位六十年。

書夏小正後

　　《夏小正》，《大戴記》之一篇也。宋傅崧卿、朱子、金履祥皆肆
《小正》[一]。至國朝，則有昆圃王氏、東京戴氏、秋帆畢氏、巽軒孔
氏[二]，皆能抉奧旨，通隱義，而於篇名《小正》之義反忽焉。説者有
曰："'緹縞'傳[三]：'何以謂之？《小正》以小著名也。'緹乃物之微
者，記動植之微物，著名於經，爲《小正》之通例，於此發其凡。"
　　予以本文核之，殊不然也。其記時有雷，雷聞百里，聲之大者
也。俊風，俊，大也，風之大者也。霖雨，雨三日爲霖，雨之大者
也。記星，曰鞠、曰參、曰斗、曰昂、曰南門、曰大火、曰辰，星之
大者也。辰繫於日、漢案户[四]，天象之大者也。記動物，曰雁，曰
鴻、曰鷹，禽之大者也。曰俊羔、曰馬、曰熊羆豹貉、曰豺、曰麋
鹿、獸之大者也。曰鮪、曰鱣，魚之大者也。記植物，曰桐、曰桑，
木之大者也。記典章，曰用暘、曰萬用入學、曰綏多士女、曰祈麥、
曰始鱄、曰王狩[五]，禮樂之大者也。《小正》一篇，天象、典禮、草
木、蟲魚、鳥獸，無所不書，烏得云但記動植之微者乎？竊謂"小"，
《説文解字》曰："从八丨，見而分之。""八"訓爲"別"，則"小"字
"微"訓之外，又兼"分""別"二義。蓋見天象及動植之物應於時者，
以十二月分別記之也。著，見也。故曰"以小著名"也。是《小正》之
小，當訓爲"分"、爲"別"，不訓爲"微"矣。此乃一己之曲説，質乃
禮家，未識以爲然否。

【題解】

　　《夏小正》出自《大戴記》，爲現存最早的一部農事曆書。本文專釋《夏小
正》之名義。江藩指出説者據《大戴禮記》"以小著名"釋《夏小正》書名之義不
妥，認爲《夏小正》之"小"應訓爲"分"或"別"，即按十二月分別記載天象、
動植物等方面的事情。

【注釋】

[一]傅崧卿：字子駿，號樵風，官至給事中，南宋越州山陰人，有《夏小正

戴氏傳》。朱子：指朱熹。金履祥（一二三二——一三〇三），字吉父，号次农，宋末元初蘭溪（今浙江蘭溪）人，有《尚書注》《大學疏義》等。

[二]昆圃王氏：指王昶（一七二四——一八〇六），字德甫，號述庵、蘭泉，江蘇青浦（今屬上海）人，有《使楚從譚》《春融堂詩文集》等。秋帆畢氏：指畢沅（一七三〇——一七九七），字纕蘅，一字秋帆，自號靈岩山人，鎮洋（今江蘇太倉）人，有《傳經表》《靈岩山人詩文集》等。巽軒孔氏：指孔廣森（一七五一——一七八六），字衆仲，號撝約，山東曲阜人，孔子六十八代孫，有《大戴禮記補注》等。

[三]緹：莎草的籽實。緰：即莎草，多年生草本植物。

[四]漢案户：謂七月黄昏，銀河正南北。《大戴禮記·夏小正》：“漢案户，漢也者，河也。案户也者，直户也，言正南北也。”王聘珍《解詁》：“七月初昏，箕尾中於南，故天河自南而北也。”

[五]用暢（chàng）：除草。《大戴禮記·夏小正》：“初歲祭末，始用暢也。”王聘珍《解詁》：“祭讀曰察……始用暢，謂用末耕，反其萌芽，使草不生也。”萬用入學：傅嵩卿《夏小正戴氏傳》：“萬也者，干戚舞也。入學也者，大學也。謂今時大舍采也。”綏多士女：傅嵩卿《夏小正戴氏傳》：“綏，安也。冠子娶婦之時也。”祈麥：即祈麥實。傅嵩卿《夏小正戴氏傳》：“麥實者，五穀之先見者，故急祈而記之也。”始鹽：即養鹽。《夏小正》：“妾子始鹽，執養宫事。”王狩：傅嵩卿《夏小正戴氏傳》：“言王之時田也，冬獵爲狩。”

書阮雲臺尚書性命古訓後

宋儒性命之學，自謂直接孔、孟心原，然所謂“因其所發而遂明之以復其初”，實本李翱《復性書》[一]，以虛無爲指歸，乃佛氏之圓覺[二]，不援墨而自入於墨矣。其謂“反求之六經”者，不式古訓，獨騁知識，亦我用我法而已，與陸子静“六經爲我注腳”之言[三]，何以異乎？蓋性有五：木神則仁，金神則義，火神則禮，水神則信，土神則知[四]，陽之施也。情有六：喜在西方，怒在東方，好在北方，惡在南方，哀在下，樂在上，陰之化也。聖人恐陰之疑於陽也，制禮樂以節之。《召誥》曰“節性”[五]，《中庸》曰“喜怒哀樂之未發謂之中，發而皆中節謂之和”是已。《孝經説》曰：“性者，生之質命，人所禀受也。至於三科之壽命、遭命、隨命，亦禀於天者，務仁立義，毋滔天以絶命[六]，是謂知命之君子。”此皆七十子之微言大義，古聖賢性命之説不外是矣。後人不求之節性復禮，而求之空有，云“復其性，復其初”，即法秀“時時勤拂拭，免使受塵埃”偈語之義[七]。是不知此義在彼法中已爲下乘[八]，今竊其説而津津乎有味言之，豈不謬哉！

　　雲臺尚書述聖經古訓以詘之，使千古沈霾之精義，一旦軒露，可謂功不在禹下。讀是書者，勿以躁心乘之，勿以舊説汨之，盡心以求其蘊，存性以致其用，大可以探禮樂之原，致治平之要；小可以進德居業，樂行憂達矣。

【題解】

　　道光元年（一八二一），阮元撰成《性命古訓》，江藩爲之題跋，盛讚其“使千古沈霾之精義，一旦軒露，可謂功不在禹下”，讀者可“盡心以求其蘊，存性以致其用”，並批評宋儒性命之學空疏無根，不式古訓，指出性有五，情有六，主張節性復禮。由此可見，江藩、阮元等漢學家，雖標榜漢學，亦不廢宋學，只是更强調躬行實踐。阮雲臺：指阮元（一七六四—一八四九），字伯元，號雲臺、雷塘庵主，江蘇儀徵人，有《揅經室集》，主持校刻《皇清經解》《十三經注疏》等。

【注釋】

[一]李翱（七七二—八四一）：字習之，隴西成紀（今甘肅秦安）人，有《復性書》。

[二]圓覺：佛教語，指佛家修成圓滿正果的靈覺之道。南朝梁蕭繹《揚州梁安寺碑序》：“旃檀散馥，無復圓覺之風。”

[三]陸子静：指陸九淵（一一三九—一一九三），字子静，號象山，江西撫州人。開創心學，與朱熹齊名，有《象山先生全集》等。

[四]知：通“智”，智慧。

[五]節性：節制性情。《書·召誥》：“王先服殷御事，比介於我有周御事，節性，惟日其邁。”吳澄《注》：“節，裁抑之也；性，氣質之性。”

[六]“至於”三句：《白虎通·壽命》：“命有三科以記驗：有壽命以保度，有遭命以遇暴，有隨命以應行。習壽命者，上命也，若言文王受命唯中身，享國五十年。隨命者，隨行爲命，若言怠弃三正，天用剿絶其命矣。又欲使民務仁立義，無滔天。滔天則司命舉過，言則用以弊之。遭命者逢世殘賊，若上逢亂君，下必災變暴至，夭絶人命，沙鹿崩於受邑是也。”

[七]法秀：指神秀(六〇六—七〇六)，俗姓李，汴州尉氏(今開封尉氏)人，北宗禪的創始人。

[八]下乘：佛教語，即小乘，指教義之淺顯者。

答程在仁書

昨接手書，因有事入城，不暇裁答，惶悚之至。承問居喪稱"棘人"之説[一]，藩以爲不然。《檜風・素冠》詩箋云："《喪禮》：子爲父，父卒爲母，皆三年。時人恩薄禮廢，不能行也。"蓋時人不能終喪，練祭之後[二]，即服吉服[三]，詩人之意，若曰庶幾得見冠練冠之人[四]，以刺當時不能盡禮之人也。苟有能盡禮之人，則其人必急於哀戚，而形貌欒欒然腹瘠矣[五]。《正義》曰："棘，急也。情急哀戚，其人必腹。"此"棘人"之義也。居喪至十三月之後，而能哀戚以至形容腹瘠，可謂孝子矣。今自稱"棘人"，儼然以孝自居，可乎不可乎？況世俗之訃書、門狀[六]，皆稱"不肖"，既稱"不肖"矣，忽然又稱"孝子"，豈不自相矛盾邪？藩謂居倚廬之時[七]，稱"斬衰"或稱"在苫"[八]；既葬之後，稱"受服"[九]，期而小祥，則稱"練"；大祥[十]，則稱"縞"；中月而禫[十一]，則稱"禫"。然古人居喪，本无稱謂，但世風日下，至於今日，何事能事寧復古哉？妄爲此説，庶幾不悖於《禮經》，亦可挽世俗相沿之陋習。質之足下，以爲然否？

【題解】

程在仁爲江蘇常熟人，與江藩皆從汪縉學，儒佛兼修。本文是江藩給在仁的回信，針對在仁"居喪稱棘人"之惑，江藩指出"棘人"爲居父母喪時，因情急哀痛而瘦瘠之人，並批評自稱"棘人"之人其實沒有達到"棘人"的標準。

【注釋】

[一]棘人：《詩・檜風・素冠》："庶見素冠兮，棘人欒欒兮，勞心慱慱兮。"《鄭箋》："急於哀戚之人。"後人居父母喪時，自稱"棘人"。

[二]練祭：又稱"小祥"，古代親喪一周年的祭禮。《禮記・曾子問》："小祥者，主人練祭而不旅。"孫希旦《集解》："三年之喪，謂之小祥，小祥練冠、練衣。練祭，謂練冠以祭也。"

[三]吉服：古祭祀時所著之服。祭祀爲吉禮，故稱。《周禮·春官·司服》：
　　　"王之吉服，祀昊天上帝，則服大裘而冕，祀五帝亦如之。"

[四]庶幾：有幸。《漢書·公孫弘傳》："朕夙夜庶幾獲承至尊。"

[五]欒欒：身體瘦瘠貌。《詩·檜風·素冠》："庶見素冠兮，棘人欒欒兮。"
　　　《毛傳》："欒欒，瘠貌。"

[六]訃書：報喪的書信、文告。門狀：張帖或挂在大門上的訃告。

[七]倚廬：古人爲父母守喪時居住的簡陋棚屋。《左傳·襄公十七年》："齊
　　　晏桓子卒，晏嬰粗縗斬，苴絰、帶、杖，菅屨，食鬻，居倚廬，寢苫、
　　　枕草。"

[八]斬衰：一作"斬縗"，喪服名，爲五服(斬衰、齊衰、大功、小功、緦
　　　麻)之第一等。服用粗麻布製成，左右和下邊不縫。服期三年。子及未
　　　嫁女爲父母，媳爲公婆，承重孫爲祖父母，妻妾爲夫，均服斬衰。先秦
　　　諸侯爲天子、臣爲君亦服斬衰。在苫：也稱"苫次"。古代喪禮，遇父
　　　母之喪，百日以内喪主和諸子睡草墊，枕土塊，故稱守喪爲"在苫"。
　　　苫：草墊子。

[九]受服：穿喪服守孝。清夏炘《學禮管釋·釋殤服》："大功小功既葬以
　　　後，有受服，殤服無受。"

[十]大祥：古時父母喪後兩周年的祭禮。《儀禮·士虞禮》："又期而大祥，
　　　曰薦此祥事。"

[十一]中月：間隔一月。《儀禮·士虞禮》："中月而禫。"鄭玄《注》："中，
　　　猶間也；禫，祭名也。與大祥間一月，自喪至此二十七月。"

與伊墨卿太守書

　　藩在江寧[一]，驚悉尊甫歸道山之信，抵舍見訃，有"稽顙拜拜稽
顙"之文，藩作弔入署，見門狀亦然，心竊疑之。及讀閣下所刊《陰静
夫先生遺文》，始知"稽顙拜拜稽顙"之説，出於陰先生[二]。蓋謂丘瓊
山創立訃書[三]，妄用"泣血"[四]，於是用《檀弓》"拜而後稽顙，稽顙
而後拜"之文[五]，去"泣血"二字，定爲"稽顙拜"。

　　藩謂"稽顙拜"，用之於世俗之謝帖則可[六]，用之於訃書、門狀
則不可。何以明之？居喪之拜有二：一答賓拜，一答問賜之拜。《檀
弓》："孔子曰：'拜而后稽顙，頹乎其順也。'"鄭君康成《注》："此殷
之喪拜。頹，順也。先拜賓，順於事也。""稽顙而後拜，順乎其至

也。"鄭《注》："此周之喪拜也。顙，至。先觸地無容[七]，哀之至也。"蓋賓來弔，則先拜而後稽顙，殷禮也。周禮則先稽顙而後拜。《士喪禮》所謂"有賓則拜之"是也。若非來弔之賓，但稽顙而已，此答賓拜也。至於晋獻公之喪[八]，秦穆公使人弔[九]，公子重耳稽顙而不拜者，孔穎達《正義》曰："此穆公本意勸重耳反國[十]，重耳若爲其後則當拜，今不受其勸，故不拜。穆公以其不拜，故云未爲後也。"然則重耳之不拜，乃禮文之變，非禮之常經矣。《雜記》："三年之喪，以其喪拜[十一]；非三年之喪，以吉拜[十二]。"鄭《注》："謂受問受賜者也。稽顙而后拜曰喪拜，拜而後稽顙曰吉拜。"此答問賜之拜也。今之謝帖，是答賓拜也。至於出訃書、門狀之時，既無弔問之賓，又無賜與之事，何拜之有？芻蕘之論，呈之閣下，乞恕冒昧之罪。幸甚！

【題解】

嘉慶十二年(一八〇七)，江藩聞伊秉綬之父離世，前往作弔，見其訃告、門狀皆有"稽顙拜拜稽顙"之文，便致函伊氏，指出"稽顙拜"用於謝帖則可，用於訃書、門狀則不可。伊墨卿：指伊秉綬(一七五四——一八一五)，字祖似，號墨卿，晚號默庵，福建寧化人，官揚州知府期間，曾主修《揚州圖經》，邀江藩參與其事，有《留春草堂詩鈔》等。

【注釋】

[一]江寧：地名，舊江寧府所在地，在今南京市。尊甫：對他人父親的敬
　　稱。道山：舊時稱人死爲歸道山。

[二]陰先生：指陰承方(一七一五——一七九〇)，字静夫，號克齋，福建寧
　　化人，有《喪儀述》等。

[三]邱瓊山：指邱濬(一四二一——一四九五)，字仲深，號深庵，又號玉峰、
　　瓊台，廣東瓊山(今海南海口)人。

[四]泣血：無聲痛哭，泪如血涌。一説，泪盡血出。形容極度悲傷。《易·
　　屯》："乘馬班如，泣血漣如。"

[五]稽顙(qǐ sǎng)：古代一種跪拜禮，屈膝下拜，以額觸地，表示極度的
　　虔誠。《儀禮·士喪禮》："吊者致命，主人哭拜，稽顙成踴。"

[六]謝帖：舊時受人禮物後表示答謝的回帖。

[七]無容：不文飾儀容。《孝經·喪親》："孝子之喪親也，哭不偯，禮無
　　容，言不文。"邢昺《疏》："以其悲哀在心，故形變於外，所以稽顙觸地
　　無容，哀之至也。"

[八]晋獻公：姬姓，晋氏，名詭諸（？—前六五一），春秋時晋國第二十一
　　任君主。

[九]秦穆公：一作秦繆公，嬴姓趙氏，名任好（？—前六二一），春秋時秦
　　國第十三任君主。

[十]反：通“返”，返回，回歸。

[十一]喪拜：古代喪禮中持杖期以上的重服者跪拜賓客時的拜禮，以額觸地
　　　而後拜。

[十二]吉拜：古禮九拜之一，先拜手而後稽顙。《周禮·春官·大祝》：“辨
　　　九拜：一曰稽首，二曰頓首，三曰空首，四曰振動，五曰吉拜，六曰
　　　凶拜，七曰奇拜，八曰褒拜，九曰肅拜。”

節甫字説

　　藩弱冠時，受《易》漢學於元和通儒艮庭徵君，始知六日七分、消
息升降之變[一]，互卦、爻辰、納甲之説，迄今三十年矣。藩生於乾
隆二十六年三月二十二日，至嘉慶十五年[二]，符大衍之日十辰十二
星二十八之數。先儒云：“聖人幽贊於神明而生蓍。”因創爲大衍四象
之法[三]，以作八卦，卦扐之術[四]，協假年之文。乃擇元日令辰，啓
櫝出筮，而命之曰：“假爾泰筮有常[五]。尚辭尚變，尚占尚象，得失
吉凶，知來藏往，惟爾有神，受命如嚮。”得《坎》之《節》，本漢儒之
義而爲之説曰：

　　《坎》之初爻：“習坎[六]，入於坎窞[七]，凶。”窞，《坎》中小坎也。
則五十年爲重《坎》之象，入窞坎之内，所以身處蓬户，辱在泥塗，如
蛇之蟠於潦，獸之困於檻矣。處重險之中，思動而出險，見異物而
遷，設反道之行，以追時好，而取世資，然不免於饑寒，且動輒得
咎，幾蹈於阽危。是欲被文綉，食粱齒肥，反不若衣裋褐，啗菽飲水
之爲得也。變而之《節》。節，止也。今而後其出坎而知所止乎。
《節》之《爻辭》曰：“不出户庭，無咎。”《泰》三之五，《泰》《坤》爲户，
初應四[八]，四互《艮》，《艮》爲庭。卦體自二至四，又互《震》，《震》
爲出，得位應四，故无咎。《象》曰：“不出户庭，知通塞也。”《坎》爲
通，二變《坤》，《坤》土爲塞，當位宜守，《坤》塞不中正，不可求
《坎》通，止之象也。“子曰：亂之所生也，則言語以爲階。君不密則

失臣，臣不密則失身，幾事不密則害成，是以君子慎密而不出也。"君子知通塞之有時，戒慎密以自惕，可以无咎矣。《繫辭》曰："《震》无咎者存乎悔。"自兹以往，知悔而善補過，不可纖介不正，而使悔吝爲賊焉。

嗟乎！今世之人，舉孝廉，策科甲，紫其綬而丹其轂者[九]，豈盡瞻知之人哉，亦時之通塞而已。通則可爲，塞則不可爲，知塞而爲不可爲，不知止也。揚子曰[十]："爲可爲於可爲之時，則從；不可爲於不可爲之時，則凶。"知言哉！此揚子之所以守玄而不尚白也[十一]。藩竊比揚子之《玄》，守先師所傳之經，爲章句之徒，抱一藝以終老於家，可謂居而安，樂而玩者夫！因自號"節甫"，泊如也[十二]。

【題解】

江藩五十歲時，感慨自己一生困苦不得意，筮《易》得《坎》之《節》，故用"節甫"作爲自己的晚號，並作此文述其原委。

【注釋】

[一]六日七分：指卦爻分主時節氣及日，即所謂《易緯》卦氣之説。孟喜首傳其學，後京房、揚雄、穀永等皆依以爲説。消息：乾六爻爲息，坤六爻爲消。《易》乾卦主陽，坤卦主陰。陽升則萬物滋長，故稱息；陰降則萬物滅，故稱消。互卦：六十四卦中，古人把二至四的爻位、三至五的爻位組合形成的三畫卦。爻辰：鄭玄用乾坤六爻與十二時辰相配合以研究易學，稱爲爻辰。納甲：謂天干分納於八卦。即乾納甲壬，坤納乙癸，震納庚，巽納辛，坎納戊，離納己，艮納丙，兌納丁。相傳出於《京氏易傳》，後代卜筮家本此以干支與卦爻，五行、五方相配。

[二]嘉慶：清仁宗愛新覺羅·顒琰的年号（一七九六——八二〇）。

[三]四象：指少陽、老陽、少陰、老陰四種爻象。《易·繫辭上》："太極生兩儀，兩儀生四象，四象生八卦。"

[四]扐(lè)：古代數蓍草占卜，將零數夾在手指中間稱"扐"。

[五]泰筮：對卜筮的美稱。用蓍草占卜叫筮。《禮記·曲禮上》："假爾泰龜有常，假爾泰筮有常。"孔穎達《疏》："泰，大中之大也。欲褒美此龜、筮，故謂爲泰龜、泰筮也。"

[六]習坎：卦名，指二坎卦相重疊。習：通"襲"，重疊。坎：低陷不平的地方，坑穴。

[七]窞(dàn)：小而深的坑。

［八］應：對應。六十四卦每一卦的爻位之間都有關係，初與四、二與五、三與上形成了相互對應的關係。若是陽爻陰爻相對，稱作“正應”；若是同性相對，則稱“敵應”。

［九］紫其綬而丹其轂：本指达官显贵所用的衣物和车马，此处借指达官显贵。

［十］揚雄（前五三——一八）：字子雲，蜀郡成都（今屬四川）人，有《法言》《方言》等。

［十一］守玄而不尚白：《漢書·揚雄傳》：“哀帝時丁、傅、董賢用事，諸附離之者或起家至二千石，時雄方草《太玄》，有以自守，泊如也。或嘲雄以玄尚白，而雄解之，號曰《解嘲》。其辭曰：‘客嘲揚子曰：……然而位不過侍郎，擢才給事黃門。意者玄得毋尚白乎？何爲官之拓落也？’”顏師古《注》：“玄，黑色也。言雄作之不成，其色猶白，故無禄位也。”

［十二］泊如：恬淡無欲貌。

隸 經 文 跋

吳蘭修

　　《隸經文》四卷，甘泉江鄭堂先生撰。先生受學於元和惠氏，博綜羣經，尤深漢詁，凡單辭奧義，皆能旁推交通，以得其説。無膠執讖緯之弊，有翼輔馬、鄭之功。近日通儒，舍先生其誰哉！蘭辱先生交厚[一]，且服膺是書，乃與曾君勉士校而刻之[二]，兩月而功畢。初，先生著《漢學師承記》八卷，於國朝經學淵源，靡不綜貫，而阮儀徵公又欲萃國朝經説，條繫之爲《大清經解》一書，以屬先生。先生今年六十有一矣，矍鑠健飯，揆諸申公、伏生之年[三]，正未有艾。蘭將企踵以望其成也。道光元年九月嘉應吳蘭修跋。

【注釋】

[一]蘭：指吳蘭修(一七八九——一八三九)，字石華，廣東嘉應(今梅縣)人，官信宜訓導，有《南漢紀》《端溪硯史》等。吳蘭修與江藩同在阮元幕府纂修《广东通志》，頗有交誼。吳蘭修爲江藩《隸經文》題跋，江藩为吳蘭修《南漢紀》作跋，且同嗜端硯，江藩亦著《端硯记》一卷。

[二]曾君勉士：指曾釗(？——一八五四)，校刻《隸经文》並作序。

[三]申公：名培，西漢魯(今山東曲阜)人，約生活於公元前三至前二世紀之间。今文《詩》學"魯詩學"的開創者。伏生(前二六〇—前一六一)：一作伏勝，字子賤，濟南鄒平(今濱州鄒平)人，有《尚書大傳》等。

續隸經文

顧命康王之誥辨

天子之禮，與大夫、士不同，《禮經》殘缺，其詳不可得聞矣。惟顧命報告之儀文，具見於《顧命》《康王之誥》二篇[一]。兩漢儒者，深究《禮經》，不爲異説，即王肅之徒，亦不敢任意倍經[二]。至宋時，乃有蘇軾者[三]，不習禮儀，不明古義，妄謂之失禮，於是俗儒訾議之説，紛如聚訟焉。其説有五：

一謂世子當在内，養疾不當遠處南門之外。艮庭先生曰："世子蓋以王未疾時，奉使而出。如鄭君注《无逸》云：'武丁時爲太子，爲其父小乙將師役於外[四]。'是則太子亦有時奉君命而出者。惟是康王之奉使，經未有明文爾。《僞孔傳》以爲臣子皆侍左右，將正太子之尊，故出於路寢門外，更新逆門外，所以殊之。案：王崩而太子遂居翼室，爲喪主，未嘗不尊，何必出之，故逆之乃成其尊乎？且路寢門外，正朝所在，羣臣當有在焉，虎賁守王宮[五]，大喪則守王門[六]，蓋在其外逆者，自内而出迎，豈容自外操戈而入内乎？《經》所謂南門，非路寢門也。《經》言'逆於南門之外'，其逆之遠近無文，蓋世子出使而反，自遠而漸近，逆者自南門趨之，既接見，遂衛之而入自南門。南門，蓋外朝之外門[七]，所謂皋門也，安得以爲路寢門乎？且據上文，王命羣臣時，世子實不在左右，《僞孔》曲説，非也。"先生不闢宋、元以後諸人之説，但駁《僞孔》，而諸人之狂喙亦息矣。

一謂《顧命》"狄設黼扆綴衣"以下[八]，乃逾年即位之事。此顧君炎武因蘇軾《注》而爲調人之説也[九]。艮庭先生駁之曰："天子七月而葬，葬則有謚。成王以四月崩，逾年則葬，而再閱月矣[十]。何下文猶稱‘新陟王’乎[十一]？且先王之顧命，不宜通之逾年，而後傳於嗣王。‘丁卯，命作册度’，必不逾年而始傳顧命矣。推顧氏之意，以陳設華美，非初喪所宜，故有是説。曾不思《周禮·天府職》有大喪陳寶器之文，《典路職》有大喪出路之文乎？則周公之制固然也。顧氏豈不信《周禮》爲周公作乎？不然何疑乎此篇耶？”藩謂“仍几”[十二]，仍，因也，因生時几也。仍几陳寶出路，皆爲死者而設，非謂生者也。

　　一謂若非逾年即位，則康王當稱予，不當稱王。《公羊》文九年《傳》曰“天子三年，然後稱王”。《白虎通》曰“諸侯於其封内三年稱子，逾年稱公矣”。予謂天子諸侯未即位皆稱子，故《顧命篇》曰“眇眇予末小子”，《康王之誥》曰“無遺鞠子羞”。此稱子之明證。稱子者，未即位自稱子，謙辭也。若臣下則緣不可一日無君之義仍稱王矣，且不敢以王之謙辭直稱之也。故《康王之誥》曰“今王敬之哉”，至於“王麻冕黼裳”“御王册命”“王再拜興”“王三宿”“王答拜”等辭，乃史臣於王即位之後追記之辭耳。即在未即位之前，亦豈敢以王自稱之謙辭，直書於册耶？不特此也，《顧命》曰“逆子釗於南門之外”者，此必成王之命，命太保逆康王，故稱名加“子”字於上者，明天子未即位當稱子也。《康王之誥》“惟予一人釗報誥”，此爲報誥之儀文，不自稱子者，對庶邦侯甸男衛隱然尸天子位[十三]，故變文稱“予一人”，不稱“朕”者，尸位之謙辭。若逾年即位，則稱“朕”矣。稱名者，在喪稱名，猶之夫在喪稱予也。孔子作《春秋》書名之例，蓋本諸此篇。是則康王實未即位，未敢當王稱，後人不能悉心熟讀本文，乃大肆厥詞，何哉？

　　一謂《禮》“喪三年不祭”，以祭爲非禮。《顧命》曰：“諸侯出廟門俟。”艮庭先生曰：“諸侯實出畢門。言廟門者，以殯所在神之，故謂之廟。或問曰：‘僖八年《傳》凡夫人不殯於廟，則弗致以正禮，當殯於廟。又僖三十二年《傳》晉文公卒，殯於曲沃。曲沃，晉宗廟所在，是亦殯於廟者。若殯於廟，則出自殯宫。出自廟門，乃不以廟門爲宗廟之門，而云實出畢門，何也？’答曰：‘《檀弓》云殷朝而殯於祖，周朝而遂葬。則周之不殯於廟，《禮》有明文矣。此《經》上文明言畢門之内，畢門即路門也，則殯在路寢明矣。《雜記》至於廟門，不毀墻，遂入適所殯。鄭《注》云：廟所殯宫。是亦謂殯所爲廟，與此《經》云廟門同誼[十四]。若《左傳》不殯於廟，則弗致者，鄭君以爲《春秋》變周之文，從殷之質，故不同也。其晉文公殯於曲沃，則是衰世大國不遵周制者，不可據以爲正。'案：《鄭志》趙商問：'周朝而遂葬，則是殯於宮，葬乃朝廟。《春秋》晉文公卒，殯於曲沃，是爲去絳就祖殯[十五]，與《禮記》異，未通其説。'鄭君答曰：'葬乃朝廟，周之正禮也。其末世諸侯國，何能同也？傳會不合當解《傳》爾，不得難《經》。'然則此言廟門，自是畢門，安得據《春秋》時事以相難乎？"藩謂《經》文"乙丑王崩"以下無殯於廟於事，所謂三茜、三祭、三垞[十六]，即在西堂匰前[十七]，如《士喪禮》之奠而已，何嘗祭於廟哉？

一謂稱成王崩未葬，君臣皆冕服，爲非禮。當以喪服受顧命。引《曾子問》孔子曰"將冠子"，及期日，而有"齊衰大功之喪""則因喪服而冠"。冠，吉禮也，猶可以喪服行之，受顧命，見諸侯獨不可以喪服乎？又引《左傳》鄭子皮如晉"以幣行"事[十八]，謂康王不當受乘黄玉帛之幣，使周公在，必不爲此。此蘇軾之言也。蓋以康王成服之後[十九]，易嘉服、受顧命、見諸侯爲失禮。夫康王受天命爲天子，承文、武之大業，受陟王之付托，若不易吉服以受命，見庶邦侯甸男衛以報誥，是爲不敬天，不尊祖矣。易吉之制，乃喪禮中之吉禮也。考《周禮》冕服九章，次八曰黼。《禮器》曰："天子龍衮[二十]，諸侯黼。"康王麻冕黼裳，降服諸侯之服，以明居喪變吉，當服次八之章也。卿士、邦君服蛾裳。鄭君《注》："蛾，謂色玄也。"太保、太史、太宗服彤裳。彤裳，纁裳也[十九]。九章之服皆有文，蛾裳無文，故但言色。《禮》"士玄衣纁裳"[二十一]，亦無彣[二十二]，故但言纁也。蛾裳、纁裳，皆無文，是周制此二服，特爲顧命及逾年即位而制也。蛾裳無文可證，然太保等降服士服，則卿士、邦君之服，又降太保、太史、太宗一等矣。且《王制》"喪三年不祭，惟祭天地社稷"，則越紼行事[二十三]，服衰冕矣，何有於黼裳乎？軾云使周公在必不爲此，是不知顧命時召公尚在也[二十四]。召公親見武周定禮，召公賢臣，敢悖經國之憲章哉？又引《曾子問》云云，此乃大夫士之禮，不可以上通於天子。至《左傳》子皮如晉事，爲諸侯朝聘之禮，亦非天子之禮也。善乎朱子之言曰："天子諸侯之禮，與士庶人不同，故孟子有'吾未之學也'之語。如伊尹元祀十二月朔[二十五]，奉嗣王祗見厥祖[二十六]，固不可用凶服矣。漢、唐即位，行册禮，君臣亦皆吉服，追述先帝之命，以告嗣君，蓋易世傳授，國之大事，當嚴其禮也。"斯言可謂通儒之論矣。或謂不當引《僞古文》以爲證，然以今之《古文》爲僞，發端於朱子，朱子豈不知之？是説乃答潘時舉之問[二十七]，偶不記憶，姑舉此以答之耳。況《僞書》亦有所本，非肊説也。惟是蔡沈不承師學[二十八]，妄引蘇軾之《注》，以誣康王、召公，則沈不獨爲朱子之罪人，且爲聖門之罪人矣。

　　《公羊》桓元年《傳》：“繼弑君，不言即位，此其言即位何？如其意也。”何《注》：“即者，就也。先謁宗廟，明繼祖也；還之朝，正君臣之位也；事畢而反凶服焉。”此言逾年即位之禮，易吉服，以謁宗廟，然後見羣臣，事畢反服，受服非顧命報誥之禮也。於此可知天子即位之禮，亦下同於諸侯矣。是天子三年喪中，易吉服之禮有三：越紼行事一也，顧命報誥二也，即位先謁宗廟見羣臣三也。因論顧命之制，附識於此。

【題解】

　　《尚书》之《顧命》《康王之誥》兩篇保存了一些天子、大夫、士之間的禮儀。自蘇軾始，後儒認爲此二篇所載不合禮制，並産生五種異説，江藩申江聲之説，一一進行辯駁。

【注釋】

[一]顧命：臨終遺命，多用以稱帝王遺詔。《書·顧命》：“成王將崩，命召公、畢公率諸侯相康王，作《顧命》。”孔《傳》：“臨終之命曰顧命。”

[二]倍：通“背”，違反。

[三]蘇軾(一〇三七——一一〇一)：字子瞻，號東坡居士，眉州眉山(今屬四川)人，有《东坡易传》《书传》等。

[四]小乙：指子斂(？—前一三二五)，武丁之父，商朝第二十二位君主。

[五]虎賁(bēn)：勇士。賁：通“奔”。《書·牧誓·序》：“武王戎車三百兩，虎賁三百人，與受戰於牧野。”孔《傳》：“勇士稱也。若虎賁獸，言其猛也。皆百夫長。”王宮：天子的宮殿。

[六]王門：指王宮之皋門、庫門。《周禮·地官·大司徒》：“若國有大故，則致萬民於王門。”孫詒讓《正義》：“王門即王宮之皋門、庫門。”

[七]外朝：對内朝而言，周制天子、諸侯處理朝政之所。

[八]黼扆(fǔ yǐ)：古代帝王座後的屏風，上畫斧形花紋。

[九]顧炎武(一六一三——一六八二)：初名絳，字忠清，後改名炎武，字寧人，號亭林，明末清初南直隸蘇州府(今屬江蘇)人，有《日知録》《天下郡國利病書》等。

[十]閲月：經一月。

[十一] 陟 (zhì)：升遐；升天。《竹書紀年》卷上："（黃帝軒轅氏）一百年，地裂，帝陟。帝王之崩，皆曰陟。《書》稱'新陟王'，謂新崩也。帝以土德王，應地裂而崩葬。"

[十二] 仍几：保留原樣的几案。爲紀念死者，保留如生前原樣，故稱。《書·顧命》："敷重篾席，黼純，華玉仍几。"孔《傳》："仍，因也。因生時，几不改作。"

[十三] 庶邦：諸侯衆國。《周書·蘇綽傳》："庶邦百辟，咸會於王庭。"侯甸：侯服與甸服。古代王畿外圍千里以内的區域。《後漢書·王暢傳》："郡爲舊都侯甸之國，園廟出於章陵，三后生自新野。"李賢《注》："五百里甸服，千里侯服。"尸：擔任；承擔。

[十四] 誼：通"義"。

[十五] 絳：古地名，春秋時晋國舊都，在今山西省翼城縣東南。晋穆侯自曲沃遷都於此，孝公時改名爲翼。及景公遷新田，稱爲新絳，遂稱此爲故絳。

[十六] "所謂"三句：《書·顧命》："王三宿，三祭，三吒。"孔穎達《疏》："三宿，謂三進爵，從立處而三進至神所也；三祭酒，三酹酒於神坐也；每一酹酒，則一奠爵，三奠爵於地也。"

[十七] 西堂：西廂的前堂。椫：同"柩"，裝着屍體的棺材。

[十八] 鄭子皮：指罕虎（？—前五二九），字子皮，鄭國七穆之一，罕氏宗主。如：去，往。

[十九] 成服：舊時喪禮大殮之後，親屬按照與死者關係的親疏穿上不同的喪服，稱"成服"。《礼记·奔丧》："三日成服，拜宾送宾皆如初。"

[二十] 龍袞：天子禮服，上繡龍紋。

[二十一] 纁裳：淺絳色之裳。《禮記·禮器》："禮有以文爲貴者，天子龍袞，諸侯黼，大夫黻，士玄衣纁裳。"

[二十二] 彣 (wén)：駁雜的花紋或色彩。《說文解字·文部》："彣，𢆶也。從彡從文。"段玉裁《注》："有彣彰謂之彣。"

[二十三] 越紼：指不受私喪的限制，在喪期參加祭天地社稷的典禮。紼，柩車之繩。《禮記·王制》："喪，三年不祭，唯祭天地社稷，爲越紼而行事。"鄭玄《注》："越，猶躐也。紼，輴車索。"

[二十四] 召公：姬姓，名奭，西周宗室、大臣。因采邑於召，故稱召公或召伯。輔助周武王滅商，輔佐周成王、康王開創"成康之治"。

[二十五] 伊尹：伊姓，名摯（前一六四九—前一五四九），生於空桑（今開封杞縣空桑村），助商湯滅夏，有《伊訓》等。

[二十六] 祗：恭敬。厥：其；他的；她的。

[二十七]潘時舉：字子善，台州臨海（今浙江臨海）人，官無爲軍（今屬安徽）教授。師事朱熹，辨析《六經》疑義，多蒙稱許。

[二十八]蔡沈（一一六七—一二三〇）：字仲默，號九峰，建州建陽（今屬福建）人，有《書集傳》等。

尚書今古文辨

《書》有今文、古文、僞古文，國朝諸儒辨之詳矣。惟今、古文之別，及今文、古文二家之異與同，其辨論則有未盡者。予以己意斷之，而爲之説焉。

當秦燔書，濟南伏生，收拾燼餘，得《書》二十八篇。漢興，作《大傳》以教於齊、魯之間。生爲秦博士，隸書始於秦時，生以隸書書之。今文者，隸書也。《漢書·藝文志》：“魯恭王壞孔子宅[一]，欲以廣其宮，而得《古文尚書》及《禮記》《論語》《孝經》，皆古字也。”古文者，篆書也。所謂古、今文者，乃篆、隸之别，經文無異同也。《儒林傳》：“孔氏有《古文尚書》，安國以今文讀之[二]。”蓋安國不能盡識古文奇字，乃以伏生隸書經文，對讀古文，而知古文，而知某字爲某字，是可知今、古文之經文，無異同矣。安國上《古文》，遭巫蠱事，未及施行，臧於秘府[三]，名《中古文》。中秘所臧，故曰中也。伏生一傳而爲夏侯都尉及始昌、勝、建[四]。勝爲大夏侯學，建爲小夏侯學。又一傳爲歐陽和伯[五]，和伯受倪寬[六]，寬授和伯之子及高、地餘、政，爲歐陽氏學。伏生之書，一再傳而分爲三家，師説已有不同，而經文亦復互異，於是劉向以《中古文》校歐陽、大、小夏侯三家經文，自向校定之後，今、古文合而爲一，不知孰爲古文，孰爲今文矣。而近日儒生，辨某句爲今文，某句爲古文，何所據而云然哉？

西京赤眉亂後[七]，秘府典籍無存。杜林於西州得《漆書古文尚書》一卷[八]，所謂“漆書”者，如蘭臺漆書之類[九]，即《中古文》，非古文之外，别有《漆書古文》也。第其書爲安國之本歟？抑爲更生教定之本歟？不可考矣。古、今文二家之説，見於《五經異議》諸書者，是無疑義，然亦不能確鑿言之也。竊謂伏生之説，乃七十子之微言大義，其原必出於齊之棘下生[十]，與古家説當無異辭。《史記·孔子世家》“安國爲今皇帝博士”，是時課弟子，惟用今文，則安國先通今文，後得古文，以今文字讀之，則其説亦本棘下生，與伏生不甚相遠。而今文家之倪寬又受業於安國，則寬之弟子門人所謂歐陽氏學者，未必盡今文家説也。夏侯勝傳勝從子建，自師事勝及歐陽高，左右采獲，又從《五經》諸儒問與《尚書》説相出入者，牽引以次章句，具文飾説。勝非之曰"建所謂章句小儒，破碎大道"，建亦非勝"爲學疏略，難以應敵"。據此，則大夏侯之學謹守師承；而小夏侯之學失其師法。其學不但合今、古文爲一，且雜以諸儒之説矣。今文之學，惟《大傳》僅存千百之什一，如今文之大、小夏侯、歐陽氏，古文之膠東庸生、清河胡常諸儒之説皆亡[十一]。後漢初，杜伯山得《漆書》，授衛宏、徐巡[十二]，於是宏作《訓旨》，蓋豫作《雜記》[十三]，則今所傳賈徽父子、馬融、鄭康成、盧植之説[十四]，皆本杜林，豈盡出於安國乎？《後漢書·盧植傳》云"少與康成俱事馬融，能通古、今學"，作《尚書章句》。是馬、鄭、盧三家之説，或取今文及夏侯、歐陽之説，或取古文及都尉朝、倪寬諸儒之説[十五]，爲一家之學，其書不傳，其文散見於羣籍者，又安能辨其此爲古文家，此爲今文家乎？近日儒生，齗齗然辨之曰此今文家説，此古文家説，又何所據云然哉？

若夫杜林《逸書》，則諸儒但習句讀，不爲解義，然安國所上之書，雖不爲訓詁，其授都尉朝諸弟子者，必述棘下生之説而著之竹帛焉。意者漢時今文立於學官，置博士弟子員，傳習者多。古文不列於學，傳習者少，至漢末，而孔氏之書亡矣。故馬融《書·序》云"絕無師説"，而鄭君因無師説，亦不作注也。至晋永嘉之亂，今、古文皆亡，惟存鄭《注》，所以梅賾①敢上《僞書》，若古文尚在，賾亦不能作僞，而南朝士大夫亦不信其説矣。今、古文二家之學，小夏侯合古文及諸儒之説，已非今文之舊，至馬、鄭之學，又合二漢諸家之説，今古雜糅，烏能條分縷析耶？

【校勘】

①"梅賾"之"賾"及下文"賾"字，原作"噴"，據《尚書正義》等改。

【題解】

《尚書》有今文、古文與僞古文之別，本文就《尚書》今、古文之別，及今文、古文二家之異同作進一步辯説。江藩指出自劉向以《中古文》較歐陽、大、小夏侯三家經文後，今、古文合而爲一，無法辨別孰爲今文，孰爲古文。可谓实事求是，持论通达。

【注釋】

[一]魯恭王：指劉余（？—前一二八），漢景帝劉啓之子。

[二]安國：指孔安國，字子國，魯國人，孔子十世孫，約公元前一五六年至前七四年間在世。受《詩》於申公，受《尚書》於伏生，有《古文尚書》《古文孝經傳》等。

[三]秘府：古代稱禁中藏圖書秘記之所。《漢書·藝文志》：“於是建藏書之策，置寫書之官，下及諸子傳說，皆充秘府。”顏師古《注》引如淳云：“外則有太常太史博士之藏，內則有延閣廣內秘室之府。”

[四]夏侯都尉：從張生受《尚書》，以傳族子始昌，始昌傳勝。夏侯始昌：西漢魯國（今山東曲阜）人，官太傅，以《尚書》《齊詩》教授弟子。夏侯勝：字長公，西漢寧陽侯國（今山東寧陽）人，今文《尚書》“大夏侯學”的開創者。著《尚書大小夏侯章句》《大小夏侯解故》，均佚，陳喬樅輯有《尚書歐陽夏侯遺説考》。

[五]歐陽和伯：指歐陽生，名容，字和伯，西漢千乘郡（今山東東營）人，有《歐陽章句》《歐陽説義》等。從伏生習《尚書》，後授倪寬，倪寬授歐陽生之子歐陽世。此後世代相傳，包括曾孫歐陽高、玄孫歐陽地餘、六世孫歐陽政、七世孫歐陽賓，至八世孫歐陽歙，史稱“歐陽八博士”，又稱“歐陽尚書學派”。

[六]倪寬（？—前一〇三）：字仲文，千乘郡（今山東東營）人，從歐陽生治《尚書》，有《封禪頌》等。

[七]赤眉：亦作“赤糜”，指新莽末以樊崇等爲首的農民起義軍。因以赤色塗眉爲標志，故稱。

[八]杜林（？—四七）：字伯山，扶風茂陵（今陝西興平）人，得《漆書古文尚書》一卷，傳衛宏、徐巡。西州：指陝西地區。漆書：古代用漆寫於竹簡，故稱。

[九]蘭臺：漢代宮內收藏典籍之處。

[十]棘下生：戰國時會聚在棘下的齊國學者的通稱。酈道元《水經注·淄水》：“鄭玄答云：‘齊田氏時，善學者所會處也，齊人號之棘下生，無常人也。’”

[十一]胡常：字少子，西漢清河（今屬河北）人，受《尚書》於庸生。

[十二]衛宏：字敬仲，東漢東海（今山東郯城）人，從謝曼卿學《毛詩》，從杜林學《古文尚書》，有《古文尚書訓旨》等。徐巡：初拜衛宏爲師，後從杜林學《古文尚書》。

[十三] 蓋豫：東漢人，官至徐州刺史。據《後漢書·周防傳》，周防師事蓋豫，受《古文尚書》，並撰《尚書雜記》。

[十四] 賈徽：東漢扶風平陵(今陝西咸陽)人，從劉歆受《左氏春秋》，兼習《國語》和《周官》，又從涂惲受《古文尚書》，有《左氏條例》等。其子賈逵著有《春秋左氏傳解詁》《尚書古文同異》等。

[十五] 都尉朝：從孔安國受《古文尚書》，轉授膠東庸譚。

書書叙後

《書叙》百篇，今所傳者，僞孔本也。《史記·孔子世家》云："叙《書傳》，上紀唐虞之際，下至秦穆①，編次其事。"是《叙》爲孔子所著矣。《尚書緯》云："孔子求書，得黃帝玄孫帝魁之書[一]，訖於秦穆公，凡三千二百四十篇。斷遠取近，定可以爲世法者百二十篇，以百二篇爲《尚書》，十八篇爲《中侯》。"此雖緯書之說，然先儒亦取之，且張霸僞造《百兩篇》[二]，篇數與百二篇同。在霸時，緯學不顯，而霸不爲百篇，而爲百二篇，是必本先儒之說以作僞，其不出於緯明矣。

竊謂《書》實百二篇，名百篇者，舉成數也。今、古文皆出棘下生，伏《書》無《叙》，生年老遺忘耳。考《漢書·律曆志》引《三統曆》曰："康王十二年六月戊辰朔，三日庚午。故《畢命》《豐刑》曰：'惟十有二年，六月庚午朏[三]，王命作策《豐刑》。'"孔穎達《書正義》引此文"策"下有"書"字，據此則《畢命》《豐刑》乃同日命作。是書有《豐刑》一篇，劉歆親見古文，故引此以正曆也。康成鄭君注《畢命叙》云："今其逸篇有册命霍侯之事，不與此叙相應，非也。"蓋康成所有《逸書》內，又亡《畢命》一篇，時人以册命霍侯事爲《畢命》，是以鄭君辯之曰與此序不相應，非也。然則《畢命》之外有《册命霍侯》一篇矣，今《書叙》缺《豐刑》及《册命霍侯》之文，所以止有百篇爾。百篇之外，益以《豐刑》《册命霍侯》二篇，適符百二篇之數，是《書》實百二篇也。

【校勘】

①漆永祥校本云："'穆'，《史記》卷四七《孔子世家》作'繆'。"

【題解】

　　本文讨论《尚書》篇目。《書叙》云有百篇，江藩認爲《尚書》實有一百零二篇，《書叙》缺《豐刑》及《册命霍侯》兩篇，名百篇乃舉其成數而已。

【注釋】

[一]帝魁：傳説人物神農名。張衡《東京賦》：“昔常恨《三墳》《五典》既泯，仰不睹炎帝、帝魁之美。”李善《注》：“炎帝，神農後也。帝魁，神農名。並古之君號也。”

[二]張霸：字伯饒，東漢蜀郡成都(今屬四川)人，拜樊鯈爲師，博通五經。

[三]朏(fěi)：本義是新月開始生明發光，亦用於農曆每月初三日的代稱。此處代指初三日。

原命解

　　《尚書叙》：“大戊贊於伊陟[一]，作《伊陟》《原命》。”《僞孔傳》：“原，臣名。《原命》《伊陟》二篇皆亡。”《正義》曰：“言太戊贊於伊陟，告伊陟，不告原也。史録其事，而作《伊陟》《原命》二篇，則大戊告伊陟，亦告原，俱以桑穀事告[二]，故《序》總以爲文，原是臣名，而云原命，謂以言命原，故以《原命》名篇，猶如《冏命》《畢命》也。”案：今之《書序》乃《僞孔》本，與《史記》不同。《殷本紀》曰：“伊陟贊於巫咸[三]。巫咸治王家有成，作《咸艾》，作《大戊》。帝大戊贊伊陟於廟，言弗臣，伊陟讓，作《原命》。”子長所記之文[四]，孔安國古文説也。魏、晋時，王肅造僞説爲《尚書注》以攻康成，皇甫謐作《帝王世記》，用僞説以攻子長，所以《僞古文叙説》删去“作《太戊》”一句，而以《伊陟》《原命》爲二篇，以合百篇之數。艮庭先生駁之曰：“據《史記》言‘伊陟讓，作《原命》’，則伊陟非《書》篇名，此特《原命》一篇之《叙》爾。《漢書》司馬子長嘗從安國問《古文尚書》，故《史記》所載《尚書》多古文説，然則子長必親見《原命篇》文矣。云‘大戊贊伊陟於廟，言弗臣，伊陟讓，作《原命》’，必依此篇經文爲説，則可知無《伊陟篇》目矣。蓋俗儒誤闕《太戊》一篇，因增《伊陟》之目，以足百篇之數。”先生之説，可謂確不可易矣。又曰：“贊伊陟者，命伊陟也。伊陟謙讓，不敢受命，因再命之，故曰《原命》。原之言再也。馬融以爲原臣名也，命原以禹、湯之道，我所修也，豈其然乎？”

是説竊以爲不然。馬融《注》見《史記集解》，原臣名者，生號也。《記·檀弓》：“幼名，冠字。五十以伯仲[五]。死謚，周道也。”《正義》云：“冠字者，人年二十有爲人之道，朋友等類，不可復呼其名，故冠而加字。年至五十，耆艾轉尊[六]，又捨其二十之字，直以伯仲別之。至死而加謚，周道也。自殷以爲字不在冠時，伯仲不當五十，以殷尚質，不諱名故也。又殷以上有生號，仍爲死後之稱，更無別謚。堯、禹、湯之例是也。”蓋伊陟相太戊，贊巫咸，治王家，能原禹、湯之道，俾天下乂安，弗敢以陟爲臣，而呼其名，乃易陟爲原，生以原爲號，死以原爲謚。古人名號無別，名即號也。堯，名也。舜，名也。以此推之，禹、湯，皆名矣。《周禮·冢人》“詔其號”，《注》謂“謚號”，蓋周以前尚質，不曰謚，曰號。《白虎通》曰：“翼善傳聖謚曰堯，仁聖盛明謚曰舜。”是堯、舜又爲謚矣。即孔《疏》所謂“因上世之生號陳之爲死謚”是也。以此推之，則禹、湯亦謚矣。馬融以原爲臣名，即此誼也。其説必本諸伏、孔，似未可以意説非之。先生謂謚法作於周公，而“翼善傳聖謚曰堯，仁聖盛明謚曰舜”，《謚法解》無此文。又《僞孔傳》亦以原爲臣名，遂不信“生以爲名死以爲謚”之誼，故訓原爲再矣。然班固謂堯、舜爲謚，今《逸周書》無此文，安知非缺文耶？或孟堅別有所據，亦未可知也。且《書》之《説命》《畢命》《微子之命》《同命》皆以名爲篇名，以再命名篇，無此例也。先生之學，疏通知遠，遠紹孔、鄭，固無可議，此乃千慮之一失耳。

【題解】

本文解説《尚书·原命篇》之名義。前人主要有二説：一是孔穎達認爲“原”爲臣名，“原命”指以言命原；二是江聲認爲“原”爲“再”義，“原命”指“再命伊陟受命”。江藩批駁業師江聲之説，認爲伊陟能原禹、湯之道，後人不敢以陟爲臣而直呼其名，故易陟爲原，生以原爲號，死以原爲謚。

【注釋】

[一]大戊：子姓，名伷，商朝第九任君主。伊陟：商朝重臣伊尹之子。

[二]桑穀：二木名。古時迷信以桑穀生於朝爲不祥。《書·咸有一德》附《亡書·序》：“伊陟相大戊，亳有祥，桑穀共生於朝。”孔穎達《疏》：“桑穀二木，共生於朝。朝非生木之處，是爲不善之徵。”

[三]巫咸：商王太戊的大臣。巫是擔任上帝與下帝之間媒介任務的人。《吕氏春秋·勿躬》：“巫彭作醫，巫咸作筮。”屈原《離騷》：“巫咸將夕降兮，懷椒糈而要之。”王逸《注》：“巫咸，古神巫也。”

[四]子長：指司馬遷（前一四五—前九〇），字子長，夏陽（今陝西韓城）人，有《史記》等。

[五]伯仲：古代對年長的男子，不稱名字而稱排行，表示尊敬。

[六]耆艾：泛指老年人。《漢書·武帝紀》：“然則於鄉里先耆艾，奉高年，古之道也。”顏師古《注》：“六十曰耆，五十曰艾。”

用然後郊解

《春秋·成①十七年》：“九月辛丑，用郊。”《公羊傳》：“用者何？用者不宜用也。九月，非所用郊也。然則郊曷用？郊用正月上辛，或曰用然後郊。”何邵公《注》：“或曰用者，先有事，存后稷神也。晋人將有事於河，必先有事於惡池[一]。齊人將有事於泰山，必先有事於蜚林[二]。魯人將有事於天，必先有事於泮宮[三]。九月郊，尤悖禮，故言用小大盡譏之，以不郊乃譏三望[四]，知郊不得譏小也。又夕牲告牷后稷[五]，當在日上，不當在日下。”《解》云：“言古禮，郊之前日，午後陳其牲物，告牲之牷於后稷，則知此經宜云‘九月用辛丑郊’。”《傳》文“或曰用然後郊”句，《注》文既晦，《疏》解亦略，讀者難通，今爲之解曰：

九月郊，失禮也。故曰用不宜用也。又引“或曰”一說者，申明前說，惟當在日上，不當在日下，爲異義。《注》“或曰用者，先有事，存后稷神”者，魯之郊必先有事於泮宮，郊之前一日，存后稷之神於泮宮也。存神者，求神也。如廟祭之祝祭於祊是已[六]。《詩箋》云：“孝子不知神之所在，故使祝博求之[七]。”《郊特牲》曰：“索祭祝於祊。”索，求也。索祭者，求神之祭也。郊，大事也。求神，小事也。僖公三十一年[八]：“夏四月，四卜郊不從，乃免牲，猶三望。”《傳》曰：“猶者何？通可以已也。譏不郊而望祭也。”卜郊不從，乃免牲，不爲失禮。既不郊矣，則三望之祭，亦可已也。此譏小不譏大。九月郊，大悖禮矣，求神亦悖禮矣。故曰“言用小大盡譏之”，又曰“知郊不得譏小”也。《傳》文若曰用者，不特用九月辛丑爲悖禮，即辛丑前一日用求神之禮，亦悖矣。然後者承前，一日之轉詞也。"又夕牲告牷后稷，當在日上，不當在日下"者，夕牲告牷即求神也。《書·召誥》"用牲於郊，牛二"，帝牛，稷牛也。宣三年《公羊傳》云"養牲養二卜，帝牲不吉，則扳稷牲而卜之。帝牲在於滌三月[九]。於稷者，唯具是視"。此二牛，即《周禮·牛人》"凡祭祀共其享牛"也。求神之牛，《牛人職》之"求牛"[十]，鄭司農《注》"享牛前祭一日之牛也"。又《充人》："展牲則告牷。"鄭司農云："展，具也。具牲若今時選牲也。充人主以牲牷[十一]，告展牲者也。""玄謂展牲者，若今夕牲也。《特牲饋食禮》曰"宗人視牲告充，舉獸尾告備"。近之。"所謂"告充"者，告牷牲之充，備肥腯[十二]，故屬充人也。《尚書·微子》："竊神祇之犧牷牲。"《周禮·犬人疏》引鄭《注》曰："犧，純也。牷體完具。"《說文》："牷，牛純色。"蓋牷有"純"誼，單言牷可，兼"純毛""體完"二誼，言"犧牷"則分兩解矣。《郊特牲》："毛、血，告幽全之物也。"蓋《士禮》舉尾以告，備郊禘之禮，則用毛血以告牷矣。此用求牛存神，以帝稷二牛之毛血，告充於郊宮爾。《後漢書》："明堂、五郊、宗廟、太社稷、六宗夕牲，皆以晝漏十四刻初納。"故徐《疏》云："古禮郊之前日午后，陳其牲物也。"《後漢書注》："郊儀[十三]，先郊日未脯五刻夕牲，公卿京尹衆官悉至壇東就位，太祝吏牽牲入[十四]，到榜[十五]，廩犧令跪曰[十六]：'請省牲[十七]。'舉手曰：'腯。'令繞牲，舉手曰：'充。'太史令牽牲就庖，豆酌毛血，其一奠天神座前，一奠太祖座前。"此鄭君所謂"若今夕牲"也。漢時制禮，皆用古制而酌定之，所以鄭、何二君，每舉漢法以況之矣。古禮告牷於郊宮，漢制告牷於壇，爲不同耳。"當在日上，不當在日下"者，或曰一説謂夕牲在郊之前一日，而用字大小盡譏之，經文當作"用辛丑郊"，用在日上，則"大小盡譏"之例明。用在日下，則疑於"譏大不譏小"矣。是以《疏》云"《經》宜云九月用辛丑郊"也。古傳注之難讀如此，讀者烏可以躁心乘之哉。

【校勘】

①"成"，原作"桓"。按：引文出自《春秋·成公十七年》，漆永祥校本已據改，今從。

【題解】

《春秋公羊傳》有"用然後郊"句，注解晦澀粗略，故江藩予以詮解。江

藩認爲“用，不宜用也”，或曰“用者，先有事，存后稷神”，意即郊前要夕
牲告牷。

【注釋】

[一]“晋人”二句：孔穎達《禮記疏》：“‘晋人將有事於河，必先有事於惡
池’者，有事於河，謂祭河也。必先告惡池小川，從小而祭也。先告從
祀者，然後祭河也。”惡池：水名，即滹（hū）沱河，源出山西省，流入
河北省。

[二]“齊人”二句：孔穎達《禮記疏》：“‘齊人將有事於泰山，必先有事於配
林’者，有事於泰山，謂祭泰山也。先告配林，配林是泰山之從祀者
也，故先告從祀，然後祭泰山，此皆積漸從小至大之義也。”蜚林：又
作“配林”。蜚：通“配”。

[三]“魯人”二句：孔穎達《禮記疏》：“‘魯人將有事於上帝，必先有事於頖
宫’者，明相見有積漸之義。有事於上帝，謂祭天也。必先有事於頖宫
之中，告后稷，告以將配天也。是先告卑，然後祭尊也。”泮宫：又作
“頖宫”，西周諸侯所設大學。

[四]三望：祭祀名。望，謂不能親詣所在，遥望而祭。所祭之事有三，故稱
“三望”。

[五]夕牲：祭祀前夕，查看犧牲。《漢書·丙吉傳》：“從祠高廟，至夕牲
日，乃使出取齋衣。”顔師古《注》：“未祭一日，其夕展視牲具，謂之夕
牲。”牷（quán）：古代用作祭品的純色全牲。

[六]祊（bēng）：古代在宗廟内設祭的地方。《詩·小雅·楚茨》：“祝祭
於祊。”

[七]祝：這裏指祭祀時司禮儀的人。《禮記·曾子問》：“祫祭於祖，則祝迎
四廟之主。”鄭玄《注》：“祝，接神者也。”

[八]僖公：姬姓，名申，魯莊公之子，春秋時魯國第十八任君主。卜郊：用
占卜選定郊祭的日期。

[九]滌：即滌宫，古代宫中飼養祭祀牲畜的房子。宋馬端臨《文獻通考·郊
社考二》：“滌，宫名，養帝牲三牢之處也。謂之滌者，取其蕩滌潔清。
三牢各主一月，取三月一時，足以充其天牲。”

[十]求牛：古代祭祀前，經挑選，將以其毛爲卜之牛。

[十一]充人：官名。周代置此官，掌飼養牲畜，以供祭祀之用。隸屬地官。

[十二]肥腯（tú）：牲畜獸類膘肥肉厚。《左傳·桓公六年》：“吾牲牷肥腯，
粢盛豐備，何則不信？”腯：肥壯，多用以形容牲畜。《説文解字·月
部》：“腯，牛羊曰肥，豕曰腯。”

[十三]郊儀：皇帝郊祭的儀仗。

[十四]太祝：官名。掌祭祀祈禱之事。

[十五]榜：屋棟。

[十六]廩犧令：古代官名，掌管供宗廟祭祀的穀物和牲畜。《漢書·百官公
　　　卿表上》：“左內史更名左馮翊，屬官有廩犧令、丞、尉。”顏師古
　　　《注》：“廩主藏穀，犧主養牲，皆所以供祭祀也。”

[十七]省(shěng)牲：古代祭祀前，主祭及助祭者須審察祭祀用的牲畜，以
　　　示虔誠，稱爲“省牲”。

與阮侍郎書

　　閣下示程丈瑤田《倨句之形生於圓半周圖説》[一]，藩以爲不然。
倨句者，句股也，取象於人之股。人股行卧成一直綫形，跌坐成方
形，惟箕倨則成句股形，蓋箕倨則髀以上曲爲句形，體以下直爲股
形，是句股亦謂之倨句也。倨即踞字，《漢書·張耳傳》“漢王箕倨”，
可知“倨”可通作“踞”矣。《考工記》：“磬氏爲磬[二]，倨句一矩有
半。”鄭《注》：“必先度一矩爲句，一矩爲股，而求其弦。既而以一矩
有半觸其弦，則磬之倨句也。磬制有大小，此假倨以定倨句，非用其
法也。”康成之説甚明，《記》文乃假矩形以喻句股，而知磬之制初無
算術也。若論算術求之，句三、股四、弦五而已矣，又何必求之象
限哉？

　　夫句股，九章之一也[三]，以御方圓之數。曆象用以割圓、八綫
等術[四]，皆出於句股。《周髀》所謂“圓出於方，方出於矩”也。我聞
以句股測象限矣，未聞以象限測句股也。如程丈之説，當云矩出於
圓，有是理乎？至於冶氏①之“倨句中矩”，鄭《注》：“中矩則援之外
句磬折與？”此假據句以明援之外句之形中矩耳，亦無算術也。且有倨
形即中矩矣，天下安有不中矩之倨居哉？

　　程丈又云：“倨句中矩，倨句半矩，一矩有半之倨句，其類不過
此三種。”是不知三角等邊、不等邊，亦爲句股也。而謂“聖人復起，
不易吾言”，毋乃太誇乎！又云：“倨句之形，生於圓半周中心之一
點。”此因懸孔處而附會之。幾何之點綫面體，乃置位之法，萬物之
數，未有不始於一點者，豈獨象限有此一點，而方直橫斜諸形無此一

點哉？懸孔之設，不過約以繩而懸之耳。古人此制，未必取象限之點也。若云必取象限之點，則圭之中，必亦可云取象限直綫之點矣。要之，器物之形，非方即圓，皆可以取象限釋之，何獨磬與鼓哉？推其意欲攻擊康成耳。然於《經》文、《注》文並未細繹，漫爲一說以毀前修，鄭君不任咎也。

【校勘】

①"冶氏"，原作"矢人"。按："倨句中矩"出自《考工記·冶氏》，漆永祥校本已據改，今從。

【題解】

阮元將程瑶田《倨句之形生於圓半周圖説》示江藩，江藩予以批駁，认为倨句即句股，取象於人股而非圓半周圖；且句股以御方圓之數，曆象用以割圓、八綫等術，皆出於句股，可以句股測象限，不可以象限測句股。阮侍郎指阮元，曾歷任禮部、兵部、户部、工部侍郎。

【注釋】

[一]程瑶田(一七二五——一八一四)：字易田，一字易疇，號讓堂，安徽歙縣人，與戴震同師事江永，有《通藝録》《釋蟲小記》等。倨句：物體彎曲的形狀角度。微曲爲倨，甚曲爲句。

[二]磬：古代打擊樂器，形狀像曲尺，用玉、石製成，可懸挂。

[三]九章：指我國古代的數學專著《九章算術》之九類算法，句股爲第九類。

[四]割圓：即割圓術，古代證明圓面積公式和計算圓周率的方法，由魏晉時期的劉徽首創。當圓内接正多邊形邊數逐步增加時，其周長和面積分别逼近圓周長和圓面積。八綫：古代數學名詞，指三角函數之正弦、餘弦、正切、餘切、正割、余割六綫及正矢、餘矢二綫。

半氊齋題跋　卷上

錢氏詩詁

《錢氏詩詁》一卷，不著撰人名。予得之廣陵肆中[一]，乃影宋鈔本。取《毛詩》中訓詁，作《爾雅》句法，分爲十篇：《釋天》一，《釋地》二，《釋山》三，《釋水》四，《釋人》五，《釋言》六，《釋禮》七，《釋樂》八，《釋宮》九，《釋器》十。考《宋史·藝文志》有錢文子《白石詩傳》十卷[二]，又《詩訓詁》三卷，疑即此書也。

【題解】

江藩於廣陵肆中得《錢氏詩詁》一卷，題跋介紹其版本、内容等，並疑其爲宋代錢文子所作。

【注釋】

[一]廣陵：揚州舊稱。始於公元前三一九年，楚懷王在邗城基礎上築廣陵城。

[二]錢文子：名宏（一一四八——一二二〇），字文季，號白石山人，浙江樂清人，有《白石詩傳》《詩訓詁》等。

三禮圖

《郡齋讀書志》云："周世宗時[一]，聶崇義被旨撰[二]。皇朝建隆中奏之，竇儼爲之序[三]。"崇義雖據《禮經》舊注，然其圖多以己意爲之。又如“通天”以下諸冠[四]，半出漢制，與《禮經》無涉。賈安宅、王譜交言崇義未嘗親見古器[五]，出於臆度，信然。書中有曰“舊圖”者，則鄭康成、阮諶、梁正、夏侯伏朗、張鎰五家之《圖》也[六]。

【題解】

五代入宋的聶崇義參互考訂鄭玄、阮諶、梁正、夏侯伏朗、張鎰等多家《三禮圖》，著成《三禮圖》或曰《三禮圖集注》。江藩爲之題跋，認爲聶氏圖多以己意爲之，且有出於漢制而與《禮經》無關者。

【注釋】

[一]周世宗：指柴榮（九二一—九五九），邢州堯山（今河北邢臺）人，五代時後周第二位皇帝。

[二]聶崇義：五代時河南洛陽人，善《禮》學，有《三禮圖集注》等。被旨：承奉聖旨。

[三]竇儼（九一八—九六〇）：字望之，薊州漁陽（今天津薊縣）人，有《周正樂》等。

[四]通天：皇帝戴的一種帽子。《後漢書·輿服志下》：“通天冠，高九寸，正豎，頂少邪却，乃直下爲鐵卷梁，前有山，展筒爲述，乘輿所常服。”

[五]賈安宅（一〇八八—？）：字居仁，烏程（今浙江湖州）人。官給事中，工詩文。王譜：生平不詳。

[六]阮諶：字士信，東漢陳留（今河南開封）人，官侍中，有《三禮圖》等。梁正：五代人，有《三禮圖》。夏侯伏朗：隋代人，有《三禮圖》。張鎰（？—七八三）：字季權，一字公度，吳郡昆山（今江蘇昆山）人，官中書侍郎、同平章事，有《三禮圖》《五經微旨》等。

穀梁注疏

是本乃康熙間老儒何仲友取宋刊建安余氏萬卷堂本、章邱李氏鈔本、《唐石經》[一]，參校經傳注疏，訛謬訂正百餘處，書窠中之寶①也。

【校勘】

①《功順堂叢書》本“寶”字下有“書”字。

【題解】

　　江藩爲清儒何仲友校訂本《穀梁注疏》題跋，因其訂正訛謬百餘處，將之視爲書窠之寶。

【注釋】

[一]何仲友：指何煌（一六六八——一七四五），字仲友，號小山，別號何仲子，何焯弟，江蘇長洲（今蘇州）人，酷愛藏書，精於校勘。余氏：建陽的刻書世家。北宋初期入建陽書林，百餘年後，余仁仲將余氏家族的刻書事業推向了高峰。余仁仲萬卷堂刻書盛於南宋前期，今仍有其所刻十幾種書流傳於世。李氏：指李開先（一五〇二——一五六八），字伯華，號中麓子，濟南章丘人。嘉靖八年（一五二九）進士，官至太常寺少卿。富藏書，工於散曲及雜劇。

孟子注疏

　　《隋書·經籍志》《郡齋讀書志》皆十四卷，今本從十四卷分爲二十八卷。孫宣公有《音義序》[一]，而《疏序》與之略同。議論多附王氏新學[二]，蓋熙寧以後人僞爲之，朱子謂“邵武士人作，不解名物制度，其書不似疏”是也[三]。趙《注》元本[四]，每章之後，有《章指》數十言，邵武士人删去，混入《正義》中。故後人有“疏裏疏”之語。是書何義門學士借虞山毛氏本校正[五]，録其篇叙，又取《章指》書於每章之下，並書毛斧季《跋》於後，乃何校本之最精者①。

【校勘】

①“者”，原作“著”，據《功順堂叢書》本改。

【題解】

　　《孟子注疏》題漢趙岐注，宋孫奭疏。朱熹以來疑其疏爲邵武士人作。江藩申論朱子之説，並指出此本爲何焯訂校，屬何氏校本之最精者。

【注釋】

[一]孫宜公：指孫奭（九六二——一〇三三），字宗古，博川博平（今山東茌平博平鎮）人，有《孟子注疏》《經典徽言》等。

[二]王氏：指王安石（一〇二一——一〇八六），字介甫，號半山，臨川（今江西撫州）人，官參知政事，封荆國公，主撰《三經新義》，號“荆公新學”。

[三]邵武：古縣名，今福建境内。宋時置邵武軍，治邵武縣。

[四]趙：指趙岐（？——二〇一），字邠卿，京兆長陵（今陝西咸陽）人，有《孟子章句》等。

[五]何義門：指何焯（一六六一——一七二二），字潤千，後改字屺瞻，晚號茶仙，人稱“義門先生”，江蘇長洲（今蘇州）人，有《義門讀書記》等。虞山毛氏：指毛扆（一六四〇——？），字季斧，號省庵，虞山（今江蘇常熟）人，毛晉次子，有《汲古閣珍藏秘本書目》等。虞山：或稱“隅山”，在江蘇省常熟縣西北，因周時虞仲曾治理當地而得名。

宋本四書

　　宋本《四書》，《孟子》十四卷，今則合爲七卷。《中庸》第一章《注》，今本云：“蓋人知己之有性，而不知其出於天；知事之有道，而不知其由於性；知聖人之有教，而不知其因吾之所固有者裁之也。故子思於此，首發明之，而董子所謂‘道之大原出於天’，亦此意也。”宋本作：“蓋人之所以爲人，道之所以爲道，聖之所以爲教，無一不本於天而修於我，學者知之，則其於學知所用力而自不能已矣。故子思於此，首發明之，讀者所宜深體而默識也。”第九章《注》，今本云：“然皆倚於一偏，故資之近而力能勉者，皆足以能之。至於中庸[一]，雖若易能。”宋本作：“然不必其合於中庸，則質之近似者，皆能以力爲之。若中庸，則雖不必皆如三者之難[二]。”《論語》：“道千乘之國。”《注》：“道，治也。”下有馬氏云：“八百家出車一乘。”其餘異同甚多。《憲問①》“公孫文子”《注》，今本作“公孫枝”，宋本作“公孫拔”。《四書釋地》載何屺瞻云：“公孫拔，《釋文》作‘皮八反’。王厚齋謂《集注》蓋傳寫之誤[三]。明初人不加是正，今毛氏所刊《十三經》中，並孔《注》反改爲‘枝’矣。”是“拔”字在宋時已訛爲“枝”，則無怪乎今本之誤也。又《孟子》今本“古之爲市者”，宋本作“古之市也”，與《注疏》石經同。朱子《集注》屢易其稿，此本乃晚年之定本，且紙墨如新，真可寶也。

【題解】

①"憲問"，原作"先進"。按："公孫文子"出自《論語·憲問》篇，今據改。

【題解】

江藩爲宋本《四書集注》題跋，通過與今本比對，認爲此本爲朱熹晚年之定本，且紙墨如新，極爲珍貴。

【注釋】

[一]中庸：指儒家倡導的待人處世不偏不倚，無過無不及之道。語出《論語·雍也》："中庸之爲德也，其至矣乎。"何晏《集解》："庸，常也，中和可常行之道。"

[二]三者：指知、仁、勇。

[三]王厚齋：指王應麟(一二二三——一二九六)，字伯厚，號深寧居士，又號厚齋，慶元府鄞縣(今屬浙江)人，有《玉海》《困學紀聞》等。

國　語

是本錢士興取宋刊宋庠《補音》本與明道二年刻本參校[一]，甚精。士興，遵王之子也[二]。

【題解】

《國語》一書記録周朝王室和魯國、齊國、晋國、鄭國、楚國、吳國、越國等諸侯國的歷史，是最早一部國別體史書。此本《國語》爲錢曾子士興取宋刊宋庠《補音》本與明道二年刻本參校，江藩跋文以爲極其精審。

【注釋】

[一]明道：宋仁宗趙禎年號(一〇二三——一〇三二)。錢士興：虞山(今江蘇常熟)人，錢曾子。

[二]遵王：指錢曾(一六二九——一七〇一)，字遵王，號也是翁，虞山(今江

蘇常熟）人，有《讀書敏求記》《述古堂書目》等。

乾鑿度

　　《乾鑿度》不見於《漢書·藝文志》《隋書·經籍志》。晁氏《郡齋讀書志》曰[①][一]：“《易乾鑿度》二卷。右題倉頡修古籀文[二]，鄭氏注。”蓋在宋時作籀文古字，今則變而爲楷矣。七十子之微言大義[三]，藉此不墜[四]。其論三微九宫、積蔀消息、爻辰卦氣[五]，一本孔子。成、哀之緯，其辭駁；先秦之緯，其辭醇。此乃先秦之緯也。晁氏曰：“緯書僞起哀、平，桓譚、張衡之徒，皆深疾之。自苻堅之後[六]，其學殆絶，就使其尚存，猶不足保，況此文非真也。”莊子曰[七]：“曲士不可以語道[八]。”其昭德之謂乎[九]？

【校勘】

①“曰”上原有“皆”字。按：《漢書·藝文志》《隋書·經籍志》未載《乾鑿度》，下述引文出自晁公武《郡齋讀書志》，故“皆”屬衍字，今删。

【題解】

　　《乾鑿度》又稱《易緯·乾鑿度》，江藩爲之題跋，指出其爲先秦緯書，且其中的三微九宫、積蔀消息、爻辰卦氣等説皆本自孔子。

【注釋】

[一]晁氏：指晁公武（一一〇五——一一八〇）：字子止，鉅野（今山東巨野）人，人稱“昭德先生”，有《郡齋讀書志》等。

[二]倉頡：古代傳説中的漢字創造者。

[三]七十子：指孔門七十二賢。《史記·孔子世家》：“孔子以詩、書、禮、樂教，弟子蓋三千焉，身通六藝者七十有二人。”

[四]藉：通“借”，憑藉。

[五]三微：三正。三正之始，萬物皆微，故又稱三微。《後漢書·陳寵傳》：“三微成著，以通三統。”李賢《注》引《三禮義宗》：“三微，三正也。言十一月陽氣始施，萬物動於黄泉之下，微而未著，其色皆赤，赤者陽氣。故周以天正爲歲，色尚赤，夜半爲朔。十二月萬物始牙，色白，白者陰氣。故殷以地正爲歲，色尚白，雞鳴爲朔。十三月萬物始達，其色

皆黑，人得加功以展其業。夏以人正爲歲，色尚黑，平旦爲朔，故曰三微。"蔀(bù)：古曆法名詞。漢初所傳六種古代曆法，以十九年爲章，章有七閏，四章爲蔀，二十蔀爲紀六十蔀爲元。卦氣：以《易》六十四卦與四時、月令、氣候等相配之法。相傳文王序《易》，以《坎》《離》《震》《兑》爲四時卦，其二十四爻分主二十四節氣。以《復》《臨》《泰》《大壯》《夬》《乾》《姤》《遯》《否》《觀》《剥》《坤》配十二地支，爲十二月消息卦，其七十二爻分主七十二候。其餘四十八卦，分布十二月，每月加消息卦共五卦，分配君臣等位，其三十爻，以配一月日數。凡此，統稱之爲卦氣。其説出自漢孟喜、京房等。

[六]苻堅(三三八—三八五)：即前秦世祖宣昭皇帝，字永固，又字文玉，略陽臨渭(今甘肅秦安)人。

[七]莊子：名周，戰國時宋國蒙邑(今河南民權)人，有《莊子》。

[八]曲士：鄉曲之士，比喻孤陋寡聞的人。《莊子·秋水》："曲士不可以語於道者，束於教也。"陸德明《釋文》引司馬彪曰："曲士，鄉曲之士也。"

[九]昭德：指晁公武，人稱"昭德先生"。

三輔黃圖

　　乾隆丁未，客游江西。在謝藴山先生家[一]，得交桐城胡雒君虔[二]，出宋撫州本《三輔黃圖》示予[三]。是時，因無别本可校，又不能影鈔，事遂中止。二十五年後，山尊太史寓邗江[四]，酒間談藝，以校本示予，乃借歸，一日録畢。考程大昌《雍録》所見本[五]，其《圖》尚存，今撫州所刻，有説無《圖》，非當日之善本也。

【題解】

　　《三輔黃圖》是古代地理書籍，專記秦、漢都城的建設，而以漢都長安爲主，作者佚名。三輔指西漢京畿地區的三個郡級政區，即京兆尹、左馮翊、右扶風。乾隆五十二年(一七八七)，江藩客游江西，在謝啓昆處目睹宋撫州本《三輔黃圖》。二十五年後，又從吳鼒借得《三輔黃圖》校本，鈔録並題跋其上，指出現存撫州本已非當日之善本。

【注釋】

[一]謝藴山：指謝啓昆(一七三七—一八〇二)，字良璧，號藴山，又號蘇

潭，江西南康人，有《樹經堂集》《西魏書》等。

[二] 胡雒君虔：即胡虔，名雒君，號楓原，破罡鄉（今安徽樅陽）人，助謝
啓昆修《南昌府志》《廣西通志》，有《柿葉軒筆記》等。

[三] 撫州本：指由撫州州學刊刻的書本。撫州：今江西境内。宋時置撫州
軍，治臨川。

[四] 山尊太史：指吳鼒（一七五五——一八二一），字及之，一字山尊，號抑
庵，又號南禺山樵，晚號達園，安徽全椒人。嘉慶四年（一七九九）進
士，官侍讀學士。善書畫，工駢文，有《夕葵書屋集》《清畫家詩史》等。

[五] 程大昌（一一二三——一一九五）：字泰之，徽州休寧（今安徽休寧）人，
有《演繁露》《考古編》等。

中華古今注

　　《中華古今注》，讀馬縞《序》[一]，始知縞取崔豹書而爲之注[二]。
昔人未見此書，題作“馬縞撰”，非也。書中如“唐革隋制”云云，乃
縞之《注》也[三]。今本與豹混而爲一，無從是正，豈非恨事哉！

【題解】

　　《中華古今注》題署馬縞撰，以考證名物制度爲主，體例與崔豹《古今
注》大致相同，且部分内容重復。江藩爲之題跋，認爲是書非馬縞撰，而是
縞取崔豹書而爲之注，今縞注與豹書混而爲一，無從是正。

【注釋】

[一] 馬縞（？—九三六），少舉明經，又舉宏詞，官刑部侍郎、權判太常卿，
有《中華古今注》。

[二] 崔豹：字正雄，西晉漁陽（今北京密雲）人，有《古今注》。

[三] “書中”二句：如《中華古今注》卷上云：“唐革隋政，天子用九環帶，百
官士庶皆同。”按崔豹爲西晉人，故可推知“唐革隋政”云云爲五代人馬
縞所注。

羯鼓録

　　唐南卓撰[一]。會昌元年[二]，卓爲洛陽令，與白少傅、劉中山

游[三]，後爲婺州刺史[四]。《録》中有云："《前録》大中二年所著。"則此書乃《後録》也。

【題解】

《羯鼓録》爲唐南卓所撰，是一部音樂史料，分前、後二《録》。《前録》成於大中二年(八四八)，《後録》成於大中四年(八五〇)。江藩跋文，指出所見此本爲《羯鼓録》之《後録》，並對作者作了介紹。

【注釋】

[一]南卓：字昭嗣，唐朝人，有《羯鼓録》《駁史》等。

[二]會昌：唐武宗李炎的年號(八四一—八四六)。

[三]白少傅：指白居易(七七二—八四六)，字樂天，號香山居士，河南新鄭人，有《白氏長慶集》。劉中山：指劉禹錫(七七二—八四二)，字夢得，河南洛陽人，有《劉賓客集》。

[四]婺州：金華古稱。隋置婺州，治金華。朱元璋改寧越府，旋改金華府。

楊太真外傳

《太真外傳》二卷，宋樂子正撰。晁公武《郡齋讀書志》作《楊貴妃外傳》，與陳振孫《書録解題》同。惟范成大《石胡集》作《太真外傳》[一]，蓋當時所見本異耳。是書采輯《津陽門詩》《長恨傳》《開元天寶遺事》《幸蜀記》諸書而成。新、舊唐書《楊妃傳》，皆取資於此，然有與正史異者，如武惠妃[二]，《史》記其卒在開元二十四年，《外傳》云二十二年，《史》據《實録》紀年，當以《史》爲正。玄琰妻李氏[三]，封梁國夫人，《外傳》作"涼國"。考唐時封號，多以族望，梁國，李姓十二望之一也。《外傳》作"涼"，其誤可知矣。子正素嫻掌故，不應紕繆若此，疑傳寫之訛，非子正之失也。至於封元琰濟陰太守[四]，陳倉縣令薛景仙之類[五]，《新書》不載，若無此書，則湮没不傳矣。

予謂前代女禍[六]，莫甚於唐。媚娘絶河、睢之響[七]，鞠廟社爲黍苗；桑條播晨牝之風[八]，弑太和以餅餌[九]。孝明首定大策[十]，討平內亂，開元之際，幾致太平，不鑒武、韋之禍[十一]，復蹈治、顯之轍[十二]，以致外戚擅權，强藩構寡，兵敗潼、洛，露次河、池，其不喪亡也，亦幸而勉已。《外傳》作於太平興國年間[十三]。是時，南唐周后入朝，西蜀花蕊内侍[十四]，子正之著此書也，殆有深意存焉。明隸川顧氏《四十家小說》中[十五]，曾刊此書，今流傳甚少。蓮裳先生[十六]，子正之雲仍也[十七]，博學好古，購得予老友吴君小匏手鈔影宋本[十八]，屬予校正，付之梓人。能述祖德，前賢稱美，如蓮裳先生者，豈非樂氏之賢子孫哉！校讎訖事，爰書數語於後。

【題解】

《楊太真外傳》爲北宋樂史所撰，是宋代文言傳奇小説，以楊太真故事爲中心，穿插安禄山亂事等情節。樂史後裔樂鈞，從吴翌鳳購得此書，爲述祖德，囑江藩予以校正刊行。是書校畢，江藩遂題跋於後。江藩跋文肯定是書有補訂史事之價值，並认为作者寓有深意。楊太真：指楊玉環（七一九—七五六），號太真，蜀郡成都（今屬四川）人，深受唐玄宗寵幸。

【注釋】

[一]范成大（一一二六—一一九三）：字致能，號石湖居士，吴縣（今江蘇蘇州）人，有《攬轡録》《石湖詩集》等。

[二]武惠妃：指武落衡（六九九—七三七），唐玄宗李隆基的寵妃，武則天的侄孫女。《新唐書》卷七十載其卒於開元二十五年（七三七）。

[三]玄琰：指楊玄琰（六九九—七二九），號州閿鄉（今河南靈寶）人，楊玉環生父。

[四]濟陰：郡、國名。漢景帝中六年（一四四）分梁國置國，後改爲郡。治定陶。隋大業及唐天寶、至德時，又曾改曹州爲濟陰郡。太守：官名。秦置郡守，漢景帝時改名太守，爲一郡最高的行政長官。隋初以州刺史爲郡長官。

[五]陳倉：今陝西寶鷄。秦置縣，漢、魏、晋皆因之。漢魏以來爲攻守戰略要地。薛景仙：唐朝人，官扶風太守。安史之亂中，景仙鎮守的扶風成爲對抗叛軍、護衛行在的重要屏障。

[六]女禍：舊稱君主寵信女子或女主執政而使國事敗壞爲女禍。《新唐書·睿宗玄宗紀贊》：“自高祖至於中宗，數十年間，再罹女禍，唐祚既絶而復續。”

[七]媚娘：指武則天（六二四—七〇五），本名珝，後改名曌，并州（今山西）文水人，改唐爲周，自立爲帝。睢（huī）：水名。在河南，流入汜水，早已湮塞，僅有上游一支流流入惠濟河。

[八]晨牝：謂牝鷄司晨，喻婦人專權。西晉陸機《湣懷太子誄》：“如何晨牝，穢我朝聽。”

[九]太和：唐文宗李昂的年號(八二七—八三五)，此處代指唐文宗。

[十]孝明：指唐玄宗李隆基(六八五—七六二)，唐睿宗李旦第三子，諡“至道大聖大明孝皇帝”，故又稱“唐明皇”，唐朝第九位皇帝。

[十一]武、韋之禍：對唐朝武后、韋后專權歷史事件的稱呼。

[十二]治：指唐高宗李治(六二八—六八三)，字爲善，唐太宗李世民第九子，唐朝第三位皇帝。顯：指唐中宗李顯(六五六—七一〇)，原名李哲，唐高宗李治第七子，武則天第三子，唐朝第四位皇帝。

[十三]太平興國：宋太宗趙匡義的年號(九七六—九八四)。

[十四]花蕊：指花蕊夫人，南唐後主李煜的宮人，閩人之女，雅好賦詩，人稱“小花蕊”。

[十五]顧氏：指顧元慶(一四八七—一五六五)，字大有，號大石山人，長洲(今江蘇蘇州)人，工書法，富藏書，擇其精善本刻印成《顧氏文房小説》《顧氏明朝四十家小説》等。

[十六]蓮裳先生：指樂鈞(一七六六—一八一四)，本名宮譜，字效堂，一字元淑，號蓮裳，別號夢花樓主，江西臨川(今撫州)人，有《耳食錄》《青芝山館詩集》等。

[十七]雲仍：遠孫。《爾雅·釋親》：“晜孫之子爲仍孫，仍孫之子爲雲孫。”郭璞《注》：“言輕遠如浮雲。”

[十八]吳小尩：指吳翌鳳(一七四二—一八一九)，字伊仲，一字小尩，號枚庵，江蘇吳縣(今蘇州)人，有《遜志堂雜鈔》《與稽齋叢稿》等。

事文類聚翰墨全書

《事文類聚翰墨全書》，諸家目錄皆無此書，疑是宋劉應李《翰墨大全》[一]，元人重爲編次，屬入《方輿》一門耳。考興和路之寶昌州，金之昌州也，仁宗延祐六年，改爲寶昌州，是書仍作昌州，則編次之人，在仁宗延祐以前矣[二]。《壬集》二卷後，有康熙時無名氏跋語，云“刊於至正二年”[三]，蓋《甲集》前有序記至正年月，今又失去耳。是書體例蹐駁，不足以資考證。惟《輿地》一門，次叙與《元史》不同，如懷孟路下有冠州、恩州，可補《元史·地志》之闕。

【題解】

爲《事文類聚翰墨全書》題跋而作。是書諸家目録皆無記載，江藩以爲乃元人重新編次宋劉應李《翰墨大全》，隸入《方輿》一門而成，並指出是書可補《元史·地志》之闕。

【注釋】

[一]劉應李：初名柴，字希泌，號省軒，宋建寧建陽（今屬福建）人，編有《事文類聚翰墨大全》。

[二]仁宗：指孛兒只斤·愛育黎拔力八達（一二八五——一三二〇），元朝第四位皇帝。

[三]至正：元惠宗孛兒只斤·妥懽帖睦爾的年號（一三一四——三七〇）。

沈休文集

《隋書·經籍志》："梁特進《沈約集》一百一卷並《録》[一]。"《本傳》云"一百卷"。蓋《經籍志》所多之一卷，即《序録》也。是本爲明楊鶴所刊[二]，僅有四卷，不知何人編次。

【題解】

江藩爲明楊鶴所刊《沈休文集》題跋，指出是本僅四卷，編次之人不詳，並對比了《梁書》《南史》之沈約《本傳》與《隋志》的著録情況。沈休文：指沈約（四四一——五一三），字休文，吳興郡武康（今浙江德清）人。官左光禄大夫、太子少傅，通曉史學，工於詩文，有《宋書》《文集》等。

【注釋】

[一]特進：官名，始設於西漢末。授予列侯中有特殊地位的人，位在三公下。東漢至南北朝僅爲加官，無實職，隋唐以後爲散官。

[二]楊鶴：字修齡，湖廣常德（今屬湖南）人，官至兵部右侍郎。

東皋子集

《東皋子集》三卷。《集》中《答馮士華處士書》云[一]："我近作《河

渚獨居賦》。”今本無此文，中卷末補遺，引葛立方《韻語陽秋》[二]，當
是南宋人所編，必非舊書也。

【題解】

　　江藩爲《東皋子集》作跋，指出是本爲南宋人所編，並非舊書。東皋子：
指王績(約五九〇—六四四)，字無功，號東皋子，絳州龍門(今山西河津)
人，有《東皋子集》《老子注》等。

【注釋】

[一]馮士華：生平不詳。處士：本指有才德而隱居不仕的人，後亦泛指未做
　　過官的士人。

[二]葛立方(？——一一六四)：字常之，自號懶真子，江蘇丹陽人，有《韻語
　　陽秋》等。

駱賓王文集

　　《駱賓王文集》，明以後所刊，有四卷、六卷、八卷，皆非古本。
此本十卷，係元時所槧，卷目與《郡齋讀書志》《宋史·藝文志》同，
當是郗雲卿次序之舊本也[一]。俗本有《軍中行路難》一首“君不見封狐
虺自成羣”云云，又有《行路難》一首“君不見玉關塵色暗邊庭”云云，
十卷本《軍中行路難》，即俗本之《行路難》，而無“君不見封狐虺自成
羣”一首。《唐詩所》云“君不見封狐虺自成羣”一首[二]，乃辛常伯
詩[三]。《詩所》之言，自必有據，疑後人誤以常伯詩羼入《賓王集》中
耳。此本無此詩，其爲雲卿所編次無疑矣。

【題解】

　　江藩爲《駱賓王文集》題跋，指出此本係元刊本，存郗雲卿編次本之舊
貌，並認爲明代以後所刊皆非古本。駱賓王(約六三八—六八四)：字觀光，
婺州(今浙江)義烏人，初唐四杰之一。作品散佚散佚嚴重，武則天命郗雲卿
集成十卷，傳於後世。

【注釋】

[一]郗雲卿：唐朝兖州(今山東濟寧)人，輯有《駱賓王文集》十卷。

[二]《唐詩所》：明臧懋循編，四十七卷，凡十四門：曰《古樂府》、曰《樂府系》、曰《三言四言古詩》、曰《五言古詩》、曰《七言古詩》、曰《雜體古詩》、曰《風體騷體古詩》、曰《五言律詩》、曰《七言律詩》、曰《五言排律》、曰《七言排律》、曰《五言絕句》、曰《七言絕句》、曰《闕文》。

[三]辛常伯：與駱賓王同時人，存《軍中行路難》詩一首。

李賀歌詩編

此本乃吳君枚庵所贈[一]。枚庵，長洲庠生[二]，手鈔秘籍數百種，日夕不輟，因而損一目。枚庵名翌鳳，一字小匏。

【題解】

江藩爲吳翌鳳所贈《李賀歌詩編》作跋，介紹是本鈔録者吳翌鳳之名號與生平。李賀（七九一—八一七）：字長吉，河南福昌（今洛陽）人，有《昌谷集》《歌詩編》等。

【注釋】

[一]吳君枚庵：指吳翌鳳（一七四二—一八一九），字伊仲，一字小匏，號枚庵，江蘇吳縣（今蘇州）人，有《與積齋叢稿》等，江藩稱其爲老友。

[二]長洲：唐時析吳縣東部而置，隸屬蘇州。庠生：古代學校稱庠，故學生稱庠生，爲明清科舉制度中府、州、縣學生員的別稱。

劉蛻集

《劉蛻集》六卷，明天啓時，吳馡於欈李僧寺[一]，得桑悦所藏本[二]，重加編輯付梓者，非古本也。案蛻《文泉子集序》“三月辛卯夜半，野水入廬，漬壞簡笈”云云[三]，蓋因野水之來，始自編文集，故名《文泉》。《序》中云有《外篇》《内篇》諸篇，今蛻手定之本，不可得矣。此本如《吊屈原詞》、《山書》一十八篇、《禹書》二篇、《梓州兜率寺文塚銘》，皆見《文苑英華》。又《禹謗》一首，《唐文粹》以爲皮日休文[四]。桑悦本亦從諸書中搜輯而成者，其餘不見於載籍，當是宋元人所編，亦未可知也。

【題解】

江藩爲《劉蜕集》作跋，指出是本乃明天啓吴酺據桑悦所藏本重加編輯而成，桑悦本亦從諸書中搜輯而成，或是宋元人所編。劉蜕：字復愚，唐荆南人，有《文泉子集》等。

【注釋】

[一]吴酺：字衆香，生活於明朝末年。嘗舉時文社於天界寺，集者近百人。刻孫樵、皇甫湜、劉蜕文行世。檇(zuì)李：古地名，在今浙江省嘉興西南。檇李本指水果李子的一個品種，果皮鮮紅，汁多味甜，當地因盛産此果而得名。《春秋·定公十四年》："五月，于越敗吴於檇李。"杜預《注》："檇李，吴郡嘉興縣南醉李城。"

[二]桑悦(一四四七——一五一三)：字民懌，號思亥，南直隸蘇州府常熟(今屬江蘇)人，工辭賦，有《南都賦》《北都賦》等。

[三]簡筴：亦作"簡策"，即簡册，由竹簡編連而成，後指典籍。《管子·宙合》："是故聖人著之簡筴，傳以告後進。"

[四]皮日休(約八三八—約八八三)：字襲美，一字逸少，號鹿門子，復州竟陵(今湖北天門)人，有《皮子文藪》等。

群賢小集

陳起宗之居臨安睦親坊以鬻書爲業，刊本所謂"行都坊本"，亦謂之"書棚本"[一]。宗之一字彦木，與名流往還，《許棐集》中有"書肆陳解元"，即起也。方回《瀛奎律髓》云[二]："賈書陳彦木①，亦曰陳道人，寶慶初[三]，以'秋雨梧桐皇子府，春風楊柳相公橋'詩，爲史彌遠所顯[四]。詩禍之興，捕敖器之、劉潛夫等下大理獄[五]，鄭清之在瑣闥[六]，止②之。予及識人，屢造其肆。别有小陳道人，亦爲賈似道編管[七]。"小陳道人，起之子思也，曾著《寶刻叢編》，傳於世。

《群賢小集》，即宗之所刻。乾隆壬寅六月，於揚州書肆中得宋槧本，乃馬氏玲瓏山館所藏[八]，後爲汪君雪礓所有[九]。是時曾録《序目》一卷。今年冬，敦夫太史得此鈔本，出以示予，乃取舊存《序目》檢閲，鈔本缺廬陵劉過改之《龍州道人詩》一卷[十]，《適安藏拙餘稿》

内[十一]，缺張實甫允聖《序》一篇[十二]；《雲臥詩集》，旴江吳汝式作吳汝式[十三]。又取錢塘吳焯所藏《目錄》對檢[十四]，缺洪邁《野處類稿》二卷、羅與之《雪坡小稿》二卷、嚴粲《華穀集》一卷、樂雷發《雪磯叢稿》一卷、劉過《龍州小集》一卷、吳淵《退安遺藁》一卷[十五]，共六家。鈔本內《癖齋集》後附錄之杜斿、杜旟、杜去輕、杜浚之詩文[十六]，《蕭臺公餘詞》後附詩，凡每集後詩下注出處者，皆吳志上所輯也。太史因書無《序目》，屬予編次《目錄》。《集》中如白石、方泉、仲高、器之四人[十七]，皆紹熙、慶元時人[十八]，其餘寧宗、理宗兩朝時人[十九]，惟《黃希旦集》首《九天彌羅真人傳》云[二十]："希旦生於宋仁宗景祐二年，卒於熙寧七年。"希旦乃北宋人，不應入此《集》。志上《跋》云："後人取北宋人集之小者，如陶弼、蔣堂等以傅儷[二十一]。"則《支離集鈔》，即傅儷之一種矣。《支離集》乃羼入之書，附於《芸居乙稿》之後。白石以後諸人，略依時代編次，爲《目錄》一冊，共七十種。並書吳焯《跋》於後。

　　乾隆庚子春，從朱丈文游處[二十二]，借得汲古閣影宋鈔《九僧詩》，後有毛扆《跋》，謂此書乃司馬溫公所未見[二十三]，爲枕中鴻秘。至壬寅歲，讀《群賢小集》，始知《九僧詩》即《聖宋高僧詩選》之《前集》也。若使小毛公得見宋槧本[二十四]，又不知如何色飛目舞矣。

【校勘】

①"木"，《瀛奎律髓》作"才"。
②"止"，原作"上"，據《瀛奎律髓》改。

【題解】

　　《群賢小集》由南宋陳起刊刻，所收爲宋人小集。乾隆四十七年壬寅（一七八二），江藩於揚州書肆中訪得宋槧本《群賢小集》，錄《序目》一卷，後秦恩復得此宋刻本之鈔本，囑江藩編次《目錄》，江藩遂核校編次，成《目錄》一卷，並作此題跋。

【注釋】

[一]陳起：字宗之，一字彥木，號芸居，一號陳道人，別稱武林陳學士，南宋臨安錢塘（今浙江杭州）人，以刻書、售書爲業，輯刻有《江湖集》。

[二]方回（一二二七——一三〇五）：字萬里，別號虛穀，徽州歙縣（今安徽歙

縣)人,有《瀛奎律髓》等。

[三]寶慶:宋理宗趙與莒的年號(一二二五——一二二七)。

[四]史彌遠(一一六四——一二三三):字同叔,明州(今浙江寧波)鄞縣人。史彌遠專擅朝政,爲排除異己,大興文字獄。黥:古代的一種肉刑,墨刑的異稱。《説文解字·黑部》:"黥,墨刑在面也。"

[五]敖器之:指敖陶孫,字器之,號臞翁,一號臞庵,南宋東塘(今屬江西)人,有《臞翁詩集》。劉潛夫:指劉克莊(一一八七——一二六九),初名灼,字潛夫,號後村,福建莆田人,有《後村先生大全集》等。

[六]鄭清之(一一七六——一二五一):初名燮,字德源、文叔,別號安晚,慶元道鄞縣(今浙江寧波)人,有《安晚集》。瑣闥(tà):鑴刻連瑣圖案的宮中小門,這裏代指朝廷。《樂府詩集·郊廟歌辭十二·漢宗廟樂舞辭》:"霧集瑶階瑣闥,香生綺席華茵。"

[七]賈似道(一二一三——一二七五):字師憲,號悦生、秋壑,台州天台(今屬浙江)人,有《促織經》等。編管:宋代官吏得罪,謫放遠方州郡,編入該地户籍,並由地方官吏加以管束,謂之"編管"。此等刑罰亦有用於一般罪犯者。宋司馬光《涑水記聞》卷十六:"吕吉甫大怒,白上奪俠官,汀州編管。"

[八]馬氏:馬氏兄弟爲安徽祁門人,以業鹺居揚州。兄爲馬日琯(一六八八——一七五五),字秋玉,號嶰穀;弟爲馬日璐(一七〇一——一七六〇),字佩兮,號半槎。兄弟俱以詩名,時稱"揚州二馬"。家有小玲瓏山館,藏書豐富。

[九]汪雪礓:指汪焴,字中也,號雪礓,清江蘇江都人。精於鑒賞字畫、磁玉之類。佐江鶴亭布政使幕,購馬氏小玲瓏山館居之。

[十]劉過(一一五四——一二〇六):字改之,號龍洲道人,吉州太和(今江西泰和)人,有《龍洲集》等。

[十一]《適安藏拙餘稿》:作者武衍,字朝宗,汴梁(今河南開封)人,工詩,名著寶慶間。

[十二]張實甫:字允聖,南宋人,官臨汀迪功郎。

[十三]盱江:河川名,又稱"汝江"。源出河南省嵩縣高陵山,流經臨汝、許昌、汝南、潢川、新蔡諸縣,注入淮河。吳汝式:字伯成,宋朝盱江人,有《雲卧詩集》。

[十四]吳焯(一六七六——一七三三):字尺鳧,號綉谷,晚號綉谷老人,錢塘(今浙江杭州)人,有《藥園詩稿》《綉谷雜鈔》等。

[十五]洪邁(一一二三——一二〇二):字景盧,號容齋,又號野處,饒州樂平(今江西樂平)人,有《容齋隨筆》等。羅與之:字與甫,一字北涯,

號雪坡，宋螺川(今江西吉安)人，有《雪坡小稿》等。嚴粲：字坦叔，又字明卿，號華谷，南宋邵武人，有《華谷集》等。樂雷發(一二〇八——二八三)：字聲遠，號雪磯，湖南寧遠人，有《雪磯叢稿》等。吴淵(一一九〇——一二五七)：字道父，號退庵，宣州寧國(今安徽寧國)人，有《退庵集》等。

[十六]杜斿：字叔高，宋金華(今屬浙江)人，與杜旟、杜旃、杜旘、杜斿皆有詩聲，時稱"金華五高"。杜去輕：字端甫，號紫岩，宋蘭溪(今屬浙江)人，杜旃之子，有《紫岩集》。杜浚之：字若川，宋蘭溪(今屬浙江)人，杜去輕之子，有《示故人》《書警》等詩。

[十七]白石：指姜夔(一一五四——一二二一)，字堯章，號白石道人，饒州鄱陽(今江西鄱陽)人，有《白石道人詩集》《白石道人歌曲》等。方泉：指周文璞，字晋仙，號方泉，宋陽穀(今屬山東)人，有《方泉集》。仲高：指杜旃，字仲高，金華(今屬浙江)人，杜旟之弟，工詞，有《癖齋小集》。器之：指劉安世(一〇四八——一一二五)，字器之，號元城、讀易老人，魏(今河北館陶)人，有《盡言集》等。

[十八]紹熙：宋光宗趙惇的年號(一一九〇——一一九四)。慶元：宋寧宗趙括的年號(一一九五——二〇〇)。

[十九]寧宗：指趙擴(一一六八——一二二四)，南宋的第四位皇帝。理宗：指趙與莒(一二〇五——一二六四)，南宋的第五位皇帝。

[二十]黄希旦(一〇三三——一〇七四)：字姬仲，號支離子，邵武(今屬福建)人，有《支離子詩集》等。

[二十一]陶弼(一〇一五——一〇七八)：字商翁，永州(今湖南祁陽)人，有《邕州小集》等。蔣堂：字希魯，北宋常州宜興(今屬江蘇)人，有《吴門集》等。傅儷：附着。傅：通"附"。儷：同"麗"，依附；附着。

[二十二]朱文游：指朱奂，字文游，號滋蘭堂主人，江蘇吴縣(今蘇州)人。家富藏書，與惠棟爲莫逆之交。

[二十三]司馬温公：指司馬光(一〇一九——一〇八六)，字君實，號迂叟，陝州夏縣(今屬山西)人，封"温國公"，故又稱"司馬温公"，有《資治通鑒》等。

[二十四]小毛公：指毛扆，與其父毛晉皆以藏書富贍著稱。

詞　源

《詞源》二卷，宋遺民張玉田撰[一]。玉田生詞，與白石齊名。詞之有姜、張，如詩之有李、杜也。姜、張二君，皆能按譜制曲，是以《詞源》論五音均拍，最爲詳瞻。竊謂樂府一變而爲詞，詞一變而爲令，令一變而爲北曲，北曲一變而爲南曲。今以北曲之宮譜，考詞之聲律，十得八九焉。《詞源》所論之樂色、管色，即今笛色之六五上四合一凡也[二]。管色應指字譜，七調之外，若句小大一①、小大士、小大凡、大住、小住、製、折、大凡、打，乃吹頭管者，換調之指法也。宮調應指譜者，七宮指法起字，及指法十二調之起字也。論指眼云："以指尖應節候拍，即今之三眼一板也。花六十前衰、中衰、打前拍、打後拍者，乃今之起板、收板、正板、贈板之類也。樂色拍眼，雖樂工之事，然填詞家亦當究心，若舍此不論，豈能合律哉！"細繹是書，律之最嚴者，結聲字如商調結聲是凡字，若用六字，則犯越調[三]，學者依此類推，可免走腔落調之病矣。

蓋聲律之學，在南宋時，知之者已尠，故仇山村曰[四]："腐儒村叟，酒邊豪興，引紙揮筆，動以東坡、稼軒、龍洲自況[五]，極其至四字《沁園春》五字《水調》七字《鷓鴣天》《步蟾宮》，拊几擊缶，同聲附和，如梵唄，如步虛，不知宮調爲和物，令老伶俊倡[六]，面稱好而背竊笑，是豈足與言詞哉！"近日大江南北，盲詞啞細，塞破世界，人人以姜、張自命者，幸無老伶俊倡竊笑之耳。

叔夏乃循王之裔[七]，《宋史·循王傳》子五人：琦、厚、顏、正、仁。其後不可考。淳熙間，最著者爲張鎡功甫[八]，史浩《廣壽慧雲寺記》稱鎡爲循王曾孫[九]，石刻《碑文》後，有鎡孫樞《跋》。蓋以五行相生，爲世次之名者，始於功甫。功甫之子，《賞心樂事》稱爲小庵主人，而佚其名。功甫之名從金，金生水，水生木，小庵主人之子所以名樞也。《詞源》下卷云"先人曉暢音律，有《寄閑集》，旁綴音譜，刊行於世。曾賦《瑞鶴仙》一詞'捲簾人睡起'"云云。此詞乃張樞所作[十]。樞字斗南，號雲窗，一號寄閑老人。樞與樞名皆從木，是爲弟兄行，木生火，故玉田生名炎也。以張氏世系計之，叔夏乃循王之六世孫，袁清容《贈玉田詩》稱爲循王五世孫[十一]，誤矣。考當日清和坊賜第甚隘[十二]，功甫移居南湖[十三]，而循王之子，有居南園者，有居新市者[十四]，見《南湖集》中，皆緣賜第近市湫隘[十五]，而徙居他所耳。斗南有《壺中天》一闋，《自注》："月夕登繪幅樓，與笤房各賦一解[十六]。"繪幅樓在南湖之北園，乃功甫所居，或者斗南爲功甫之孫，亦未可知也。

【校勘】

①“小大一”，原作“失一”，據《叢書集成初編》本及下文所引“小大士”“小大凡”改。

【題解】

嘉慶十五年(一八一〇)，秦恩復重刻《詞源》並跋，江藩亦題跋於上，肯定《詞源》之樂律成就，並對張炎的家族世系進行考證。《詞源》：南宋張炎撰，由制曲、句法、字面、虛、清空、意趣、用事、詠物、節序、賦情、令曲、雜論等十三部分構成。

【注釋】

[一]張玉田：指張炎(一二四八——三二〇)，字叔夏，號玉田，臨安(今浙江杭州)人，張俊後裔，曾祖張鎡，有《詞源》《山中白雲詞》等。

[二]笛色：指曲笛的工尺七調。古時的工尺譜，上尺工凡六(合)五(四)乙(一)，相當於簡譜的1、2、3、4、5(低八度5)、6(低八度6)、7(低八度7)。凡：中國古代樂譜的記音符號，相當於簡譜“4”。

[三]越調：詞曲宮調，爲七宮十二調之一。

[四]仇山村：指仇遠(一二四七——三二六)，字仁近，一字仁父，號山村、山村民，錢塘(今浙江杭州)人，有《金淵集》等。

[五]東坡(一〇三七——一一〇一)：指蘇軾，字子瞻，又字和仲，號東坡居士，眉州眉山(今屬四川)人，兼善詩文詞及書畫，有《東坡七集》《東坡樂府》等。稼軒：指辛弃疾(一一四〇——一二〇七)，字幼安，號稼軒，曆城(今山東濟南)人，有《稼軒長短句》等。

[六]伶：舊時稱以演戲爲職業的人。倡：古代稱唱戲的人。

[七]循王(一〇八六——一一五四)：指張俊，字伯英，鳳翔府成紀(今甘肅天水)人，與岳飛、韓世忠、劉光世並稱“南宋中興四將”。卒後，追封循王。

[八]張鎡(一一五三——一二二一)：原字時可，因慕郭功甫，故易字功甫，號約齋，祖籍成紀(今甘肅天水)，居臨安(今浙江杭州)，卜居南湖，有《南湖集》《玉照堂詞》等。

[九]史浩(一一〇六——一一九四)：字直翁，號真隱，明州鄞縣(今浙江寧波)人，有《尚書講義》《鄮峰真隱漫録》等。

[十]張樞(一二九二——一三四八)：字子長，號雲窗，一號寄閑老人，臨安(今浙江杭州)人，後遷居金華，有《續後漢書》等。

[十一]袁清容：指袁桷(一二六六——一三二七)，字伯長，號清容居士，慶
　　　元鄞縣(今屬浙江)人，有《清容居士集》等。

[十二]賜第：賞賜的宅第。

[十三]南湖：又名鴛鴦湖，在浙江嘉興縣城東南。

[十四]新市：古縣名。東漢初置南新市縣，屬江夏郡，以別於中山國的新市
　　　縣，故名。治今湖北京山東北。南朝宋改名新市。

[十五]湫(jiǎo)隘：低窪狹小。

[十六]筼房：指李彭老，字商隱，一作周隱，號筼房，南宋德清(今屬浙
　　　江)人，有《龜溪二隱詞》等。

草堂詩餘

　　是本不分小令、中調、長調，乃《草堂詩餘》之元本也^[一]。世傳
《類編草堂詩餘》^[二]，不知何人所分，古人書籍往往爲庸夫俗子所亂，
殊爲可恨^[三]。

【題解】

　　《草堂詩餘》爲南宋何士信編輯，收錄作品以宋詞爲主，兼收一部分唐五
代詞。江藩作跋，指出是本爲南宋本，並針對後世流傳的《類編草堂詩餘》，
感嘆古書往往被庸夫俗子所竄亂。

【注釋】

[一]元本：即始本，初本。元：開始，起端。《春秋公羊傳·隱公元年》：
　　　“元年者何？君之始年也。”

[二]《類編草堂詩餘》：凡四卷，武陵逸史編次。以五十八字以內爲小令，
　　　五十九字至九十字爲中調，九十一字以外爲長調。

[三]殊：很；甚。《戰國策·趙策》：“老臣今者殊不欲食，乃自強步，日三
　　　四里。”

半氈齋題跋　卷下

五鳳二年十三字碑

文曰："五鳳二年魯世西年六月四日成。"後有曼卿記一則云[一]："金明昌中[二]，詔修孔廟，於靈光殿基西南三十步[三]，有太子釣魚池，取池石充用，得此石。五鳳，宣帝時年號也。東漢以前，勒於金者多，勒於石者少，此則僅存者也。"朱竹垞以石爲磚[四]，誤也。

【題解】

江藩對碑版石刻、鐘鼎彝器等興趣濃厚，多有題跋考釋文字。《半氈齋題跋》卷下所收即多屬此類。本跋文介紹《五鳳二年十三字碑》，並指出朱彝尊誤以此碑爲磚。《五鳳二年十三字碑》：即漢碑《五鳳刻石》，金明昌二年（一一九一）重修曲阜孔廟時發現，石側有金代高德裔刻跋。五鳳指漢宣帝劉詢的年號（前五七—前五四）。

【注釋】

[一]曼卿：指高德裔，字曼卿，鶴野（今遼寧遼中）人。

[二]明昌：金章宗完顏璟的年號（一一九〇—一一九六）。

[三]靈光殿：漢景帝子魯恭王所建的宮殿，故址在今山東省曲阜市東。東漢王延壽《魯靈光殿賦·序》："魯靈光殿者，蓋景帝程姬之子恭王餘之所立也。……遭漢中微，盜賊奔突，自西京未央、建章之殿，皆見隳壞，而靈光巋然獨存。"

[四]朱竹垞：指朱彝尊（一六二九—一七〇九），字錫鬯，號竹垞，又號驅芳，秀水（今浙江嘉興）人，有《經義考》等。

禮器碑

　　《禮器碑》，漢隸之正宗，如楷書之《多寶塔》《醴泉銘》也[一]，精拓本甚尠[二]。是本較《隸釋》所録全文[三]，惟"運"字模糊耳，可下宋拓一等。

【題解】

　　江藩跋文指出《禮器碑》乃漢隸之正宗，精拓本極少，是本惟"運"字較爲模糊，質量僅次於宋拓本。《禮器碑》：全稱《漢魯相韓敕造孔廟禮器碑》，又稱《修孔子廟器碑》《韓明府孔子廟碑》等，東漢永壽二年(一五六)立。碑文字迹清勁秀雅，爲漢代隸書重要的代表作之一。

【注釋】

[一]《多寶塔》：全稱《大唐西京千福寺多寶塔感應碑文》，爲唐代書法家顏真卿所書。《醴泉銘》：唐代書法家歐陽詢所書。
[二]尠(xiǎn)：指稀有的，罕見的。
[三]《隸釋》：南宋洪適撰，著録漢魏隸書石刻文字一百八十三種。

北海淳于長夏君碑

　　《北海淳于長夏君碑》，宋元祐中，洺州治河堤，得此碑。全文載於《隸釋》。明成化、嘉靖再經翻刻，奇石之意盡失矣。予二十年前，流寓吳門，聞之陸丈貫夫曰[一]："宋拓《夏承碑》，世有三本：一爲錫山華氏藏本[二]，一爲豐南禺藏本[三]，一爲孫石雲藏本[四]。"豐、孫兩家所藏之本，皆缺三十餘字，此本只缺二六字，及"姬""咳"二字，與華氏所藏無異，則此本在豐、孫兩家所藏本之上矣。宋紙宋拓，完好如新，誠爲翠墨之奇珍。竹癡二丈定爲天下第一[五]，非誑語也。若夫翻刻本一望而知，又何必置辯哉！

【題解】

　　江藩跋文叙述《北海淳于長夏君碑》流傳原委，並指出其所見之本在豐、孫兩家所藏本之上。《北海淳于長夏君碑》：即《漢北海淳于長夏承碑》，又名《夏仲兖碑》，簡稱《夏承碑》，東漢建寧三年（一七〇）立。此碑結字奇特，隸篆夾雜，且多存篆籀筆意。明成化十五年（一四七九），秦民悦發現此碑，但碑的下半截一百一十字，已爲後人剜剔。明嘉靖二十二年（一五四三），因築城爲工匠所毀。兩年以後，唐曜於漳川書院取舊拓重刻一碑置亭中。淳于：西漢初置，故治在今山東濰坊市。夏君：指夏承，字仲兖，官至淳于長。

【注釋】

[一]陸貫夫：指陸紹曾，字貫夫，號白齊，清吳縣（今江蘇蘇州）人，有《履園叢話》等。

[二]錫山華氏：明代居於江蘇錫山的華姓刻書家。

[三]豐南禺：指豐坊（一四九二——一五六三），字人叔，一字存禮，後更名道生，更字人翁，號南禺外史，鄞縣（今浙江寧波）人。工書法、篆刻，有《書訣》等。

[四]孫石雲：明代收藏家，喜碑帖玉石。

[五]竹癡：指繆中（約一七五二—約一八一五），字牧人，號竹癡，栟茶場人。附貢生。工詩，善書畫，尤精蘭竹。

武梁祠堂畫像

是刻何三夢華所贈[一]，自歐、趙以下[二]，金石家皆未之見。《畫像》可識者四：一顏淑獨處[三]；一信陵君虛左以待侯生[四]；一王陵母伏劍[五]；一范贖求代兄罪[六]。顏淑一則，與《毛傳·巷伯》所引不同。顏淑，《毛傳》作"叔子"。石刻《榜》云"燃蒸自燭"，《畫像》亦顏淑握火。《傳》云："婦人趨而至，顏叔子納之而使執燭。"是叔子使婦人執燭也。兩家異説，未知孰是。《榜》云"掐芒續之"，蓋蒸盡而天未明[七]，乃掐屋上草，爲燭以續之。《傳》云"縮屋繼之"，"縮"與"掐"古字通，"屋"字下脱一字。據《禮疏》，疑是"茅"字耳。《榜》文無"屋"字，《毛傳》脱"茅"字，此又互文可證也。

"蒸"可訓爲"燭"，"燭"亦可訓爲"蒸"。《廣雅》："焎，炬也。"《儀禮·既夕》鄭《注》："燭用焎。"蓋焎以薪爲之。《周禮·甸師》鄭《注》："木大曰薪，小曰焎。"焎，薪之小者。故《管子·弟子職注》：

"焌，細薪者。"李善《文選注》："燭，照也。""焌"訓爲"炬"，義與
"照"通。《儀禮·燕禮》鄭《注》："燭，燋也。""燭"用"焌"義，與
"燋"通。《毛傳》之"燭"，以"燭"爲"焌"，《畫像》之"燭"，以"燭"
爲"照"。字同而訓不同也。

【題解】

江藩得何元錫所贈《梁武祠堂畫像》，遂將《畫像》與傳世文獻對照，考
釋文字，指出"縮"與"搐"字通，"焌"與"燭"可互訓。

【注釋】

[一]何夢華：指何元錫（一七六六——八二九），字夢華，又字敬祉，號蝶
　　隱，錢塘（今浙江杭州）人，有《神秋閣詩鈔》等。
[二]歐：指歐陽修（一〇〇七——〇七二），字永叔，號醉翁，吉州永豐（今
　　江西吉安）人，有《歐陽文忠公集》。趙：指趙明誠（一〇八一——一二
　　九），字德甫，一作德父，密州諸城（今山東諸城）人，有《金石錄》等。
[三]顏淑獨處：《詩毛傳·巷伯》載其事："昔者顏叔子獨處於室，鄰之釐婦
　　又獨處於室。夜，暴風雨至而室壞。婦人趨而至，顏叔子納之而使執
　　燭。放乎旦而焌盡，縮屋而繼之。"
[四]信陵君：指魏無忌（？—前二四三），魏昭王之子，因被封於信陵（今河
　　南寧陵），故稱"信陵君"。
[五]王陵（？—前一八一）：沛縣豪族。楚漢相争時，項羽劫持其母，企圖
　　招降王陵，陵母寧死不屈，拔劍自刎，此舉惹怒項羽，將其烹煮。
[六]范瞻：陳留外黃（今河南杞縣）人，求代兄罪，人稱義士。
[七]焌：古時用麻稭、竹、木等作的火炬。《墨子·備蛾》："室中以榆
　　若焌。"

孔子見老子畫像

　　《隸續》云："《孔子見老子畫像》，人物七、車二、馬三、標榜
四。惟老子後一榜漫滅[一]。孔子面右，贄雁，老子面左，曳曲竹杖。
中間復有一雁，一人俯首在雁下，一物挂地，若扇之狀。石有裂文，
不能詳辨。侍孔子者一人，其後雙馬駕車，車上一人，馬首外向。老
子之後，一馬駕車，車上亦一人，車後一人回首向外。《史記》魯昭公

予孔子一乘車、兩馬、一豎子[二]，同南宮敬叔適周[三]，問禮於老子。此畫聖與兩驂，似是據此。"據《隸續》之說，則孔子後一人，南宮敬叔也。今本老子後有三人，《隸續》但云"一人回首向外"而已，疑洪氏所見[四]，尚非全本。

【題解】

《孔子見老子畫像》描繪的是魯昭公與孔子同車適周，向老子問禮的歷史故事。江藩作跋，指出所見之本與《隸續》所載不同，據此懷疑洪適所見並非全本。

【注釋】

[一]標榜：上面題寫文字作爲標志的木牌。唐柳宗元《法華寺石門精室三十韻》："蘿葛綿瓦甍，莓苔侵標榜。"漫滅：磨滅，模糊難辨。《後漢書·文苑傳·禰衡》："始達潁川，乃陰懷一刺，既而無所之適，至於刺字漫滅。"

[二]魯昭公：姬姓，名裯（前五六〇—前五一〇），一名稠，魯襄公之子，春秋時魯國第二十四位君主。

[三]南宮敬叔：姬姓，魯國南宮氏，名閱或説，一名絛，謚"敬"，孟僖子之子。

[四]洪氏：指洪適（一一一七——一八四），本名造，後更名適，字景伯，又字溫伯、景溫，號盤州，饒州鄱陽（今屬江西）人，有《隸釋》等。

天發神讖碑

《吳天璽元年紀功碑》，亦名《天發神讖》，石毀爲三，又名《三段碑》，俗稱爲落星石。黃長睿《東觀餘論》定爲皇象書[一]。考《三國·吳志·趙達傳》後裴松之《注》引張勃《吳録》曰[二]："皇象，字休明，廣陵江都人。幼工書，時有張子並、陳梁甫能書[三]。甫恨逋，並恨峻，象斟酌其間，甚得其①妙，中國善書者不能及。"是《碑》在江寧縣學尊經閣下[四]，嘉慶十一年，不戒於火，《碑》與《二十一史》《玉海》書板，俱爲六丁下取[五]。芸臺先生得馬氏玲瓏山館舊拓本，重摹刻石，重鄉賢之迹，廣翠墨之傳，亦藝林盛事也。

【校勘】

①"其"字原脱，漆永祥校本據《三國志》卷六三《吳書‧趙達傳》後裴松之
　《注》引張勃《吳錄》補，今從。

【題解】

　　《天發神讖碑》，又稱《吳天璽記功頌》《三段碑》《三擊碑》等，三國吳主
孫皓於天璽元年(二六七)，因天降符瑞而立此碑記功。原石在宋時斷爲三
段，後有宋胡宗師、石豫亨及明耿定向題跋三則，清嘉慶十八年(一八一三)
八月毀於火。阮元從馬氏玲瓏山館得舊拓本，重摹刻石，江藩作跋記之。

【注釋】

[一]黃長睿(一〇七九—一一一八)：字伯思，號雲林子，別字霄賓，福建
　　邵武人，有《東觀餘論》等。皇象：字休明，吳廣陵江都(今江蘇揚州)
　　人。官至侍中，善書法，作品有《天發神讖碑》《急就章》等。

[二]裴松之(三七二—四五一)：字世期，河東聞喜(今屬山西)人，有《三國
　　志注》等。張勃：晉人，吳鴻臚嚴之子，有《吳錄》。

[三]張子並、陳梁甫：二人皆爲三國東吳人，工書。

[四]尊經閣：爲藏書之所，用以貯藏儒家重要經典及百家子史諸書，以供學
　　宮生員博覽經籍，閱讀研求。舊學以經爲重，故稱尊經。

[五]六丁：道教認爲六丁(丁卯、丁巳、丁未、丁酉、丁亥、丁丑)爲陰神，
　　爲天帝所役使；道士則可用符籙召請，以供驅使。《後漢書‧梁節王暢
　　傳》："從官卞忌自言能使六丁。"李賢《注》："六丁，謂六甲中丁神也。
　　若甲子旬中，則丁卯爲神，甲寅旬中，則丁巳爲神之類也。役使之法，
　　先齋戒，然後其神至，可使致遠方物及知吉凶也。"

瘞鶴銘

　　《瘞鶴銘》在焦山之下[一]，以雷震入江，其石破碎不完，俟潮落
後，方能模拓，世所謂水拓也。康熙丁未，淮安張力臣親至水澨[二]，
仰臥手拓，共得六十九字，較諸本獨多，因爲考訂成書。後四十六
年，陳公鵬年守鎮江[三]，乃摹工出石於江中，陷之焦山亭壁間。其
石分而爲五，所存七十七字，又不全九字。長洲汪退古[四]，作《銘
考》一卷。此本乃康熙時水拓本，字雖少而神彩畢露，較之近日俗工

所拓，不可同日語矣。

【題解】

　　江藩跋文記録《瘞鶴銘》的流傳原委，並指出是本乃康熙時水拓本，與俗工所拓不同。《瘞鶴銘》：指鎮江焦山江心島《瘞鶴銘》摩崖石刻。此石後遭雷擊滑坡，碑文下半截落入江中，後來上半段也消失了，傳世的拓片多爲僞作。

【注釋】

[一]焦山：在今江蘇鎮江東北長江中，與金山對峙。相傳東漢處士焦先隱此，故名。

[二]張力臣：指張弨（一六二五——一六九四），字力臣，號亟齋，江蘇淮安人，有《學志》等。澨（shì）：水邊地，涯岸。

[三]陳鵬年（一六六三——一七二三）：字北溟，又字滄州，湖南湘潭人，有《道榮堂文集》等。

[四]汪退古：指汪士鋐（一六五八——一七二三），字文升，號退穀，又號秋泉居士，長洲（今江蘇蘇州）人，有《近光集》等。

祈疾疏

　　《祈疾疏》在陝西鄠縣，考新、舊《唐書·高祖本紀》[一]，無鄭州刺史事，此可補史傳之缺。《新唐書·本紀》，高祖曾爲滎陽守，隋之滎陽郡[二]，鄭州也。大業初[三]，仍改爲鄭州，高祖爲刺史時，在大業二年，是時已改滎陽爲鄭州矣。史書作滎陽，誤。

【題解】

　　《祈疾疏》全稱爲《李淵爲子祈疾疏》，隋大業三年（六〇六）刻。江藩作跋，指出此石刻所載鄭州刺史李淵事迹，可補史傳之缺。

【注釋】

[一]高祖：指李淵（五六六—六三五），字叔德，隴西成紀（今甘肅秦安）人，唐朝開國皇帝。

[二]滎陽：郡名，三國魏正始三年（二四二）分河南郡置，轄今河南黃河以

南，東至朱仙鎮、西至滎陽市、南至新密市、尉氏及黃河以北的原陽地。隋大業初，改鄭州爲滎陽郡。

[三]大業：隋煬帝楊廣的年號(六〇五—六一八)。

姚恭公墓志銘

《虞公碑》與此碑[一]，乃歐書之最佳者[二]。是碑爲俗工割裂，字句不屬[三]，殊爲可恨。

【題解】

江藩爲《姚恭公墓志銘》作跋，頌其爲歐陽詢書法之最佳者，惜爲俗工割裂，字句聯接不暢。《姚恭公墓志銘》全稱爲《歐陽詢姚恭公墓志銘》。姚恭公：字思辯，隋代武威(今甘肅)人。

【注釋】

[一]虞公：春秋時姬姓的公爵諸侯，周朝皇室的後裔。

[二]歐：指歐陽詢(五五七—六四一)，字信本，潭州臨湘(今湖南長沙)人，書法作品有《九成宮醴泉銘》《姚恭公墓志銘》《虞公碑》等。

[三]屬(zhǔ)：《説文解字·尾部》：“屬，連也。從尾蜀聲。之欲切。”

九歌石刻

《九歌》石刻與草書《千字①文》同時出土[一]，在保定汪氏[二]，今歸查觀察處[三]。乾隆五十八年，自山右至都門[四]，道出保陽[五]，手摹此本。嘉慶十一年，檢付裝池[六]，漫識於後。

【校勘】

①“字”原脱，漆永祥校本據文義補，今從。

【題解】

《九歌》石刻與草書《千字文》，皆歐陽詢書，不知何時埋入土中，後於河北同時出土。乾隆五十八年(一七九三)，江藩途經保定，摹得此本。嘉慶十一年(一八〇六),江藩將《九歌》石刻摹本檢付裝池,題跋記之。

【注釋】

[一]《九歌》:《楚辭》篇名,屈原據民間祭神樂歌加工而成,共十一篇。《千
文》:即《千字文》,由南北朝時期梁朝散騎侍郎、給事中周興嗣編纂,
共一千個漢字組成的韻文。

[二]保定:古稱上谷、保州、保府,位於河北省中心地帶、太行山東麓。清
代,保定曾作爲直隷省省會,直隷總督駐地。汪氏:不詳。

[三]查觀察:不詳。觀察:官名,唐代於不設節度使的區域設觀察使,省稱
"觀察",清代作爲對道員的尊稱。

[四]山右:指山西,因居太行山之右,故稱。

[五]保陽:保定的別稱。

[六]裝池:裝裱古籍或書畫。明文徵明《跋吳中三大老詩石刻》:"邢君麗文
得拓本,裝池成軸。"

溫大雅集右軍書

唐人集右軍書[一],惟懷仁《聖教》與是碑[二]。溫大雅在唐時,爲
一代詞宗。文云:"夫人圓姿替月,潤臉呈花。"文體亦甚褻矣[三]。

【題解】

江藩作跋,以爲唐人集王羲之書,僅是碑與懷仁《聖教序》,並指出溫大
雅一代詞宗,文體艷褻。溫大雅(約五七二—六二九):字彥弘,并州祁縣
(今屬山西)人,有《大唐創業起居注》等。右軍:指王羲之(三二一—三七
九),字逸少,山陰(今浙江紹興)人,工書,有《蘭亭序》《快雪時晴帖》等。

【注釋】

[一]懷仁:唐代佛門弟子,曾從王羲之書法中集字,刻成碑文,名爲《懷仁
集王羲之書聖教序》,或稱《唐集右軍聖教序並記》,簡稱《聖教序》。

[二]褻:輕慢,不莊重。

還少林寺神王敕

是碑殘缺,又爲俗工割裂。大略如意元年,迎神王入大內[一]。

久視元年，還少林寺[二]。開元二十年裝金[三]。天寶十四載建碑。碑中具録久視元年《還神王敕》，故碑額題"敕碑"二字也。

【題解】

　　江藩作跋，記述《還少林寺神王敕》碑大意。神王：佛教指護法神。

【注釋】

[一]如意：唐朝武則天的年號(六九二)。大内：皇宫。

[二]久視：唐朝武則天的年號(七〇〇—七〇一)。

[三]裝金：指將黄金附着佛像。

顏臨十七帖

　　《顏臨十七帖》，清勁疏宕，先儒所謂猶存拙意者。《釋文》筆法，與小字《麻姑仙壇》相似。宋、元藏鑒家，皆未著録。予不能辨其真贗，而可疑之處有二事焉：如上有司馬道士承禎印[一]。承禎，武后、睿宗朝人，在魯公前，不應有此鈐記[二]。或者神仙不死，竟至代宗時[三]，亦未可知。然既云"奉旨釋"，則此本必入大内，承禎即或被召，得見此本，必不敢擅用私印，可疑一也。又《釋文》署銜"行湖州刺史""時大曆元年"云云[四]。考新、舊《唐書》本傳，魯公當代宗時，爲檢校刑部尚書，爲宰相元載所惡，坐論祭器不飭，爲誹謗，貶硤州别駕，改吉州司馬，遷撫州刺史，又遷湖州刺史[五]。歐陽修《集古録》云："大曆三年，公始移撫州。公靖居寺題名云：'永泰二年，真卿以罪佐吉州。'"[六]據此，則大曆元年公在吉州，尚未遷撫州刺史，安得先署行湖州刺史邪？可疑二也。南溪深於金石之學，其爲我考之[七]。

【題解】

　　江藩作跋，認爲《顏臨十七帖》真僞難辨，並指出兩點可疑之處，向通曉金石學的張南溪求證。按江藩與張南溪交游頗早，編成於乾隆五十一年(一七八六)的江藩《乙丙集》中即收有《同張南溪飲清築軒》詩。

【注釋】

[一]司馬承禎(六四七—七三五)：字子微，法號道隱，自號白雲子，河内(今河南)温縣人，有《坐忘論》《天隱子》等。

[二]睿宗：指李旦(六六二—七一六)，又名旭輪，唐朝第五位皇帝。魯公：指顔真卿(七〇九—七八五)，字清臣，別號應方，京兆萬年(今陝西西安)人，工書，有《多寶塔碑》《顔勤禮碑》等。

[三]代宗：指李豫(七二六—七七九)，初名李俶，唐朝第八位皇帝。

[四]大曆：唐代宗李豫年號(七六六—七七九)。湖州：州、路、府名。隋仁壽二年(六〇二)置州。唐轄境相當今浙江湖州、德清、安吉、長興等市縣地。

[五]元載(？—七七七)：字公輔，鳳翔府(今陝西)岐山人，官至宰相，有《元載集》等。飭：謹慎；謹嚴。《玉篇·食部》："飭，謹貌。"硤州：古代行政區劃名，北周改拓州置，唐宋延續。吉州：州、路名。隋開皇十年(五九〇)置州。唐轄境相當今江西新干、泰和間的贛江流域及安福、永新等縣地。

[六]永泰：唐代宗李豫的年號(七六五—七六六)。

[七]南溪：指張南溪，崇明(今屬上海)人。嘉慶元年(一七九六)，舉孝廉方正。與江藩交游唱和，江氏《伴月樓詩鈔》卷中(《乙丙集》卷下)有《同張南溪飲清築軒》詩。

苻公碑

苻璘之父令奇，見《唐書·忠義傳》[一]。趙明誠《金石録》云，碑文乃李宗閔撰[二]。

【題解】

江藩作跋，釋《苻公碑》及其撰者。苻公(七〇四—七八二)：指苻令奇，琅琊(今山東臨沂)人。官昭義軍節度副使，試太常卿開府儀同三司，封琅邪郡公，贈户部尚書左僕射。事迹見《唐書·忠義傳》。

【注釋】

[一]苻璘：字元亮，琅琊(今山東臨沂)人。苻令奇長子。官至輔國大將軍，行左神策軍將軍知軍事。封義陽郡王，贈刑部尚書越州都督。卒年六十

五。事迹見《唐書·忠義傳》。

[二]李宗閔(七八七—八四三)：字損之，唐高祖第十三子鄭王李元懿之後。

馬廏本泉帖

《泉帖》有二：一爲馬廏本，宋時刻，正統間出土[一]；一爲洪武四年，泉州知府常性從《閣帖》祖本摹刻郡學[二]。此本乃馬廏本之宋拓也。何義門先生據《閣帖》考異，以證缺字裂文。前輩用心稽古，精密乃爾。

【題解】

江藩作跋，叙《泉帖》版本源流，指出此本爲宋拓馬廏本。《泉帖》：指泉州翻刻的彙集各家書法墨迹的法帖《淳化閣帖》。

【注釋】

[一]正統：明英宗朱祁鎮的年號(一四三六—一四四九)。

[二]"一爲洪武四年"二句：明王佐《新增格古要論》記載《淳化閣帖》石於泉州出土後，"洪武四年辛亥，知府古任常性，以劉次莊《釋文》序而刻之。仁宗皇帝命取入内府，人不可得而見矣"。洪武：明太祖朱元璋的年號(一三六八—一三九八)。常性：明洪武初年，泉州路改爲泉州府，常性爲首任知府。

南宋石經

宋高宗楷書法鍾太傅[一]，嘗曰："寫字當寫書，不惟學字，又得經書不忘。"紹興二年，高宗①示御書《孝經》《易》《詩》《書》《春秋左傳》《語》《孟》及《中庸》《大學》《學記》《儒行》《經解》五篇，刊石太學[二]。元初，西僧楊璉真伽造塔於行宫故址[三]，取碑石疊塔，申屠致遠力争而止[四]。後改宋太學爲西湖書院，歲久斷折，僅存百片。明宣德二年，吳訥移置杭州府學[五]。崇禎甲申後，存八十七碑。是册紙墨俱佳，當是宋時拓本。昔唐六如有南宋《石經》數紙[六]，文衡山《跋》中稱爲至寶[七]，在明時已珍重若此，觀是册者，勿以近而忽諸。

【校勘】

①“高宗”，原作“宣宗”。按：紹興爲宋高宗趙構年號，今據改。

【題解】

　　江藩作跋，叙《南宋石經》由來及存佚情況，並指出其所見之本爲宋時拓本。《南宋石經》爲南宋皇帝高宗趙構所書，故又稱《高宗禦書石經》。紹興十二年（一一四三），秦檜請求鑴石以頒四方。其字體有兩種：《周易》《詩經》《尚書》《春秋左氏傳》《禮記》爲真書（楷中有隸）；《論語》《孟子》爲行書。

【注釋】

[一]宋高宗：指趙構（一〇一七——一一八七），字德基，南宋開國皇帝。鍾太傅：指鍾繇，字元常，三國魏潁川長社（今河南許昌）人，工書，與東晉王羲之並稱“鍾王”。

[二]太學：國學，古代設於京城的最高學府。《漢書·武帝紀》：“興太學，修郊祀。”

[三]楊璉真珈：元朝黨項人，藏傳佛教僧人，吐蕃高僧八思巴帝師的弟子。

[四]申屠致遠（？——一二九八）：字大用，東平壽張（今山東陽穀）人，有《忍齋行稿》等。

[五]吳訥（一三七二——一四五七）：字敏德，號思庵，江蘇常熟人，有《文章辨體》等。

[六]唐六如：指唐寅（一四七〇——一五二四），字伯虎，後改字子畏，號六如居士、桃花庵主等，工書畫，有《六如居士全集》等。

[七]文衡山：指文徵明（一四七〇——一五五九），原名壁（或作璧），字徵明，後更字徵仲，號衡山居士，世稱“文衡山”，長州（今江蘇蘇州）人，工書畫，有《甫田集》等。

禹迹圖

　　《禹迹圖》，用開方法，以百里爲一方，山川郡邑名號，亦頗詳悉。阜昌，僞齊劉豫僭號也[一]。豫僭號凡八年，阜昌七年，金人已有廢立之謀，而豫不知也。既獻《海道圖》，又刻此石。身處苴巢，欲遷寶器，可謂愚矣。鬻國求榮，叛君忘義，不鑒邦昌之覆轍[二]，繼石晋之故智[三]，遂至家蹈覆亡之禍，名編凶頑之條，不亦宜哉！

【題解】

江藩作跋，叙《禹迹圖》之繪制方法，並鍼砭刻石者劉豫賣國求榮、叛君忘義的行徑。《禹迹圖》：繪刻於宋代，繪者佚名，爲現存最早的石刻地圖之一。《禹迹圖》長寬各一米多，圖中采用計里畫方的繪制方法，每方折地百里，橫方七十一，豎方七十三，總共五千一百一十方。

【注釋】

[一]劉豫（一〇七三——一一四三）：字彦游，永静軍阜城（今屬河北）人，金朝扶植的傀儡政權僞齊皇帝。僭號：冒用帝王的稱號。

[二]邦昌：指張邦昌（一〇八一——一一二七），字子能，永静軍（今河北）東光人，金朝扶植的傀儡政權僞北宋皇帝。

[三]石晋：指石敬瑭（八九二—九四二），五代十國時後晋開國皇帝，爲滅後唐，認賊作父，向契丹求援。

宋嘉定井欄題字

嘉慶十二年六月十一日，粟莪上人告予曰[一]："舊城二巷井欄，有宋嘉定三年蔣世顯刻字[二]，字五行，計六十八字。"予聞之，即同家仙舟兄、方象明表弟[三]，携紙墨往。是日，赤日如爐，火雲似傘，揮汗拓之，旁觀咸以爲痴，而予三人不顧也。

【題解】

嘉慶十二年（一八〇七），江藩與家兄仙舟、表弟方象明前往揚州舊城二巷井欄，拓宋嘉定三年蔣世顯刻字，遂作跋記之。

【注釋】

[一]粟莪：清李斗《揚州畫舫録》卷十六載："粟庵在司徒廟神道東南山麓。本高郵龍珠寺下塔院。今庵后有平陽法嗣森鑒上人塔。"上人：舊時對和尚的尊稱。

[二]蔣世顯：唐大理寺少卿蔣士宏十傳孫。

[三]家仙舟：指江仙舟，江藩族兄。方象明：江藩表弟，生平不詳。

石刻畫像

《畫像》不知何時刻石。自伏羲至南宋而止，當是元、明人所爲也。

【題解】

江藩作跋，指出此本石刻《畫像》，所涉時間跨度起自伏羲，迄於南宋，當爲元、明人所作。

義士左軍磚

此磚得於寶祐城下[一]，義士左軍無可考。然字體遒勁，有唐賢規範，非近人所能爲也。許嵩《建康實録》有周廣陵義軍主曹藥[二]，義士左軍疑即義軍也。

【題解】

江藩作跋，考義士左軍磚之字體，疑其非近人所爲，其中的“義士左軍”很可能指義軍。左軍：古代三軍中的左翼軍。

【注釋】

[一]寶祐城：在今江蘇揚州市西北七裏。舊名堡城。《方輿紀要》卷二十三揚州府：寶祐城，“《志》云，城周千七百丈，遺隍斷塹，隱隱可尋，即隋迷樓故基也。宋寶祐四年，賈似道奉詔築，所謂包平山而瞰雷塘者”。

[二]許嵩：唐高陽(今河北蠡縣)人，有《建康實録》等。曹藥：南朝陳朝人，周廣陵義軍主，事迹見《陳書·宣帝紀》。

許浦都統司磚

　　許浦在常熟縣海濱，南宋時置都統司，元初改爲巡檢司。此磚爲南宋時物無疑，且質細下墨，用斲爲硯，以供文玩[一]。

【題解】

　　嘉慶六年(一八〇一)，汪喜孫示《許浦都統司磚考》於江藩，江藩通過考證宋元兩代“都統司”職官名稱的變化，認定此磚必爲南宋之物。許浦：爲江蘇常熟通長江的二十四浦之一，邑地臨長江而立的古鎮。宋紹興六年(一一三六)置鎮，軍民市易繁盛。宋乾道(一一六五——一一七三)初年，平江知府汪應辰上奏《許浦水軍札》，乞以定海水軍移駐澉浦，成爲南宋的一支水軍。都統司：南宋時置，爲當時的軍事機構，元時改爲巡檢司。

【注釋】

[一]文玩：供賞玩或擺設用的雅致器物。清劉獻廷《廣陽雜記》：“誓自今日始，除經史典册外，其餘一切文玩，悉皆屏除。”

長樂未央瓦

　　乾隆間，修關中長安壽亭侯廟[一]，士人掘土得之，長一尺，橫六寸四分，上有陽文“長樂未央”四篆字。西漢有未央宮，一名紫微，又名東宮，在長安縣西北十里，新莽改名壽成，在建章宮中。長樂宮在長安縣故城中，一名西宮，高帝五年作，後改爲永樂，新莽改爲常樂室。西漢有長樂殿，亦有未央殿，新莽改爲玉露室。以此考之，疑是漢時物也。唐時亦有未央宮，而無未央殿，有長樂殿，而無長樂宮。然漢時未央爲首宮，長樂在未央之下，當作“未央長樂”，不知何故作“長樂未央”，或者未央殿在長樂宮中，亦未可知。若唐之未央宮，則在通天宮中，長樂殿則在太極宮中，其非唐時瓦明矣。

【題解】

　　江藩作跋，介紹長樂未央瓦，並推斷爲漢時之物。清馮雲鵬《金石索·

漢長樂宮瓦》亦云："長樂未央，此長東宫瓦。"長樂未央：意謂長久歡樂，永不結束。

【注釋】

[一]壽亭侯：指關羽(一六一—二二〇)，字雲長，本字長生，河東解良(今山西運城)人。漢末名將，封漢壽亭侯，追謚壯繆侯。好《左傳》，以忠義見稱。

炳燭室雜文

河賦並序

班固曰："中國川源^①以百數，著莫於四瀆^[一]，而河爲宗。"《白虎通》曰："其德著大，故稱瀆。"則河之爲德也，洋洋乎大哉！昔成公子安、應瑒皆有賦^[二]，見酈道元《水經注》中^[三]，其文不傳。山居讀書，慕木玄虛之賦海、郭景純之賦江^[四]，而賦靈河，晋以後之事，略而不取，恐汎濫則文冗長，且非古賦之體。事則稽之經史，水道合於《水經》，産則考之於古，而徵之於今。"玉卮無當^[五]，雖寶非用；侈言無驗，雖麗非經。"左太冲之言也^[六]。

稽古帝嬀^[七]，攝政陶唐^[八]。洪水方割^[九]，山懷陵襄^[十]。乃命大禹^[十一]，平分水壤。龍門崒嶺^[十二]，巉巒岩^②岡^[十三]。河出其上，瀾汗激蕩^[十四]。奔雷洩雲，涌濤騰浪。若流浮竹，而駟馬難追^[十五]；如鼓風輪^[十六]，而一葦難杭^[十七]。於是導河積石^[十八]，閶闔吕梁^[十九]。下民安居，定壖四方^[二十]。聽濁河之音大，慶德水之靈長^[二十一]。積石之上，則泳行地中，蒲昌相連^[二十二]。上溯其脉，出於昆山。渤海蔥嶺，是謂重源。別有三水，赤洋與丹^[二十三]。昆侖三級^[二十四]，離嵩五萬^[二十五]。太帝之居^[二十六]，戴勝之苑^[二十七]。五龍之出入，百神之盤旋。生不死之樹^[二十八]，來不升之仙^[二十九]。新頭千仞^[三十]，石立巉棧。莫步高下，莫測深淺。臨之目眩，行之息喘。縣絙如繩，渡梯類棧。甘英畏艱而去^[三十一]，張騫懼險而返^[三十二]。

至於渤澤^[三十三]，渾渾灋灋^[三十四]。隱淪迴湍^[三十五]，轉聲如罷^[三十六]。冬夏不減，澄渟清泚^[三十七]。鳥飛見影，墜淵而死。敦煌酒泉之外^[三十八]，玉門陽關之域^[三十九]。過八大山^[四十]，歷十一國^[四十一]。

源流色白，眾川濁之。一曲一直，紆行如蛇。一千七百，並渠可計。揚沫孟津^[四十二]，而步廣八十；中流砥柱^[四十三]，而一障萬里。

爾其狀也，始則潊淁泉潘^[四十四]，濔濞潏灡^[四十五]；繼則滆潬間溜^[四十六]，濼汭渙减^[四十七]。潢辟滂沛^[四十八]，滔滔不息。涌洸^③而天輪轂轉，洶潢而地軸柱側^[四十九]。演溢溍淀^[五十]，灓溯淲泍^[五十一]。沸佚騰超，水厲涔矣^[五十二]。西北時潦^[五十三]，東南時起。鼓觸高岸，擊搏中峙。奔流汪泫^④，瀰漫無涘。

防川如口^[五十四]，日夜孜孜。人力築塴^[五十五]，流始順漦^[五十六]。名爲四瀆之宗^[五十七]，神則河伯之司。沈以圭璧^[五十八]，載之《周官》。備言利害，始於太史^[五十九]。災異契乎天象，眚祥合乎人事^[六十]。下民恨則水赤，聖人興則水清。伏羲授《河圖》之瑞，大禹有《玉書》之禎。金泥玉檢^[六十一]，而流星升昂；璇珠玉果，而天子西行^[六十二]。造石出川，而巨靈之迹猶在^[六十三]；崩山壅河，而聾者之言可聽^[六十四]。山有神鬼之目^[六十五]，濟有君子之名^[六十六]。恃勇除黿，而浪沫皆逆；以義求蛟，而水波皆平。勇則可殄怪物，義則可動四靈^[六十七]。峽橋運梁，羌迷避地^[六十八]。水回浸灌，三國喪兵。

其產也，則蔓芋馬帝^[六十九]，石髮蘪薇^[七十]。惟檉惟楊，惟棗惟梨。春風習習，秋霜霏霏。垂實纍纍，布葉依依。寶黿靈黿，游泳乎其隅；神龍妖蛟，出没乎其淵。呼吸噴噎，排水淺淺；鼓濤抑浪，矗脊蘢蘢^[七十一]。魴魦鰡鰭，鰝鰕鰌鯿。鞏穴之產^[七十二]，或鯉或鱮。《周禮》所獻，王鮪龍^⑤鱸。獻子^⑥鱉人^[七十三]，浮以俞虛^[七十四]。舫人舟師，駕以舳^⑦艫^[七十五]。魚鹽之利，猗頓陶朱^[七十六]。流桐貢道，達於帝都。

一石之水，六斗之泥。決渠雨注，荷甶雲齊。直麻叢生，垂穎昂低。不可通漕，淤水急波。爭言水利，隴首開禾^[七十七]。漢則決爲三瀆，禹則播爲九河^[七十八]。竹楗石菑^[七十九]，溢決奈何。延年上書，可按地圖^[八十]。黄金可成，荒哉欒大^[八十一]。鐫廣砥柱，水更爲禍。鴻嘉以後，溢灌滂沱^[八十二]。河高於屋，民苦嗟呼。懷哉太史，《河渠》之書。傷矣漢武，《瓠子》之歌。不出禹穿，定王五載。徙其故道，涸其東北。如灘反入^[八十三]，隨時更改。尾爲漯川^[八十四]，入於天海。分爲二水，歷沇注濟。所竭忽移，商周更遞。合會出入，百有餘水。郡縣山城，過歷可次。繪以爲圖，指掌可視。影則斜絡乎天，形則貫注乎地。膝腋流化，筋脉卷舒。通中原之垢濁，爲百川之具區。古人曰："微大禹，我其魚乎！"

【校勘】

①"源"，錢坤《江鄭堂河賦注》本（光緒三十一年繆荃孫刻入《藕香零拾》中）
　　與《漢書·溝洫志贊》皆作"原"。

②漆永祥校本云："'岩'，錢坤《江鄭堂河賦注》本作'巍'。"

③"洸"，原作"洗"，漆永祥校本據錢坤《江鄭堂河賦注》本改，今從。

④漆永祥校本云："'浤'，錢坤《江鄭堂河賦注》本作'泓'。"

⑤漆永祥校本云："'龍'，錢坤《江鄭堂河賦注》本作'叔'。"

⑥"戲子"，原作"獻于"，漆永祥校本據錢坤《江鄭堂河賦注》本改，今從。

⑦"舳"，原作"軸"，漆永祥校本據錢坤《江鄭堂河賦注》本改，今從。

【題解】

　　江藩辭賦，僅存此一篇。江藩師承《文選》學名家余蕭客，亦精於選學，
於《河賦》可見一斑。據《水經注》載，摹寫黃河之賦，成公綏有《大河賦》，
應瑒有《靈河賦》，然皆亡佚。江藩追慕木華之賦海、郭璞之賦江，故作此
賦。此賦一出，頗得好評，王昶稱其"醇厚斑駁，亦似鄒、枚"，阮元稱
"（江藩）所爲詩古文辭，豪邁雄俊，卓然可觀。嘗作《河賦》，以匹景純、玄
虛《江》《海》二賦"，支偉成稱其"典麗雄偉，可以上方郭景純《江賦》，人爭
傳錄焉"。錢曾還專門爲之作注①，繆荃孫以爲"賦則醇厚斑駁，注亦淹雅閎
通"，將之刻入《藕香零拾》中。

【注釋】

[一]四瀆：長江、黃河、淮河、濟水的合稱。《爾雅·釋水》："江、河、
　　　淮、濟爲四瀆。四瀆者，發原注海者也。"

[二]成公子安：指成公綏（二三一—二七三），字子安，東郡白馬（今河南滑
　　　縣）人，有《大河賦》。應瑒（一七七—二一七）：字德璉，汝南南頓（今
　　　河南項城）人，"建安七子"之一，有《靈河賦》。

[三]酈道元（約四六六—五二七）：字善長，范陽（今河北）涿州人，有《水經
　　　注》。

[四]木玄虛：指木華，字玄虛，西晋廣川（今河北景縣）人，有《海賦》。

[五]卮：古代盛酒的器皿。當：底。

---

①　漆永祥以爲《河賦注》乃江藩托名錢曾所作，然證據不足，姑且存疑。參見筆者《江藩
　　研究》，中國文史出版社二〇一五年版，第一〇二—一〇三頁。

[六]左太沖：指左思（約二五〇—三〇五），字太沖，齊國臨淄（今山東淄博）人，有《左太沖集》。所引玉卮無當句，出自《三都賦序》。

[七]稽古：鄭玄《尚書注》曰：“稽，同；古，天也。言堯能順天而行之，與之同功。”帝嬀：指舜，傳説舜居嬀汭。

[八]陶唐：指唐堯，帝嚳之子，姓伊祁，名放勛。初封於陶，後徙於唐。《史記·五帝本紀》：“舜年二十以孝聞，年三十堯舉之，年五十攝行天子事。”

[九]方割：普遍爲害。《書·堯典》：“湯湯洪水方割，蕩蕩懷山襄陵，浩浩滔天。”孫星衍《疏》：“是方割爲溥害也。”

[十]山懷陵襄：意謂洪水汹涌奔騰溢上山陵。

[十一]大禹：對夏禹的美稱。《書·大禹謨》：“曰若稽古大禹。”孔《傳》：“禹稱大，大其功。”

[十二]龍門：即禹門口。在山西省河津縣西北和陝西省韓城市東北。黄河至此，兩岸峭壁對峙，形如門闕，故名。《書·禹貢》：“導河積石，至於龍門。”岝㠊（zuò è）：形容山勢不整齊。

[十三]巇（h）：山高貌。岩岡：亦作“嵓岡”，猶山岡。左思《魏都賦》：“列宿分其野，荒裔帶其隅，岩岡潭淵，限蠻隔夷，峻危之窶也。”

[十四]瀾汗：水勢浩大貌。木華《海賦》：“洪濤瀾汗，萬里無際。”李善《注》：“瀾汗，長貌。”

[十五]“若流”二句：語出《水經注·河水四》：“慎子下龍門，流浮竹，非駟馬之追也。”

[十六]如鼓風輪：化用木華《海賦》：“鼓怒，溢浪揚浮，狀如天輪。”

[十七]一葦難杭：反用《詩·衛風·河廣》“誰謂河廣，一葦杭之”意。孔穎達《毛詩疏》：“言一葦者，謂一束也，可以浮之水上而渡，若桴筏然，非一根葦也。”後以“一葦”爲小船的代稱。杭：通“航”，渡河。

[十八]積石：山名，即阿尼瑪卿山，在青海省東南部，延伸至甘肅省南部邊境。爲昆侖山脉中支，黄河繞流東南側。

[十九]吕梁：山名，在今山西省西部，位於黄河與汾河間，主峰在離石縣東北。夏禹治水，鑿吕梁以通黄河。《水經注·河水三》：“河水左合一水，出善無縣故城西南八十里，其水西流，歷於吕梁之山，而爲吕梁洪。……蓋大禹所闢，以通河也。”

[二十]墺：可居住的地方。《説文解字·土部》：“墺，四方土可居也。”

[二十一]德水：黄河的别名。《史記·秦始皇本紀》：“始皇推終始五德之傳，以爲周得火德，秦代周德，從所不勝。方今水德之始……更名河曰德水，以爲水德之始。”靈長：廣遠綿長。

[二十二]蒲昌：即蒲昌海，今新疆東部的羅布泊。《水經注·河水一》：“昆侖虛在西北，去嵩高五萬里，地之中也。河水出其東北陬，屈從其東南流入於渤海。又出海外，南至積石山下，有石門，河水冒以西南流。又南出蔥嶺山，其一源出於闐國南山，北流與蔥嶺河合，東注蒲昌海。”

[二十三]赤洋與丹：指赤、洋、丹三水。《淮南子·地形訓》：“黃水三周，復其原，是謂丹水。東南陬出昆侖東北陬，赤水出其東北陬，洋水出其西北陬。”

[二十四]昆侖三級：《水經注·河水一》：“《昆侖記》曰：‘昆侖之山三級。下曰樊桐，一名板松；二曰玄圃，一名閬風；上曰增城，一名慶庭。’”

[二十五]離嵩五萬：《水經注·河水一》：“昆侖虛在西北，去嵩高五萬里。”

[二十六]太帝：太古之帝，指傳說中的伏羲氏、神農氏等。

[二十七]戴勝：本指戴玉琢之華勝，爲古神話人物西王母的服飾，此處借指西王母。《山海經·西山經》：“西王母其狀如人，豹尾虎齒而善嘯，蓬髮戴勝。”

[二十八]不死之樹：神話傳說中的一種樹，人食之可得長生。《山海經·大荒南經》：“有不死之國，阿姓，甘木是食。”郭璞《注》：“甘木即不死樹，食之不老。”

[二十九]不升之仙：東方朔《十洲記》：“方丈在東海中，有金玉琉璃之宮。羣仙不欲升天者，皆得往來也。”

[三十]新頭：古水名，即今印度河。《水經注·河水一》：“釋法顯曰：‘度蔥嶺西南行十五日，其山惟石，壁立千仞，臨之目眩。下有水名新頭河。昔人有鑿石通路施旁梯者，凡度七百渡，梯已設縣絙，過河漢之甘英、張騫，皆不至也。’”

[三十一]甘英：字崇蘭，東漢人。《西域傳》：“建初九年，班超遣掾甘英，窮臨西海而還，皆前世所不至，山經所未詳，莫不備其風土，傳其珍怪焉。”

[三十二]張騫（前一六四—前一一四）：字子文，漢中郡（今陝西）城固人。《西域傳》：“漢興，至孝武事征四夷，而張騫始開西域之迹。”

[三十三]泑澤：古湖泊名，即今新疆羅布泊。《水經注·河水二》：“河水又東注於泑澤，即《經》所謂蒲昌海也。泑澤，河水之所潛，其源渾渾沌沌，東至玉門、陽關一千三百里，廣袤三百里，其水澄渟，冬夏不減。其中洄湍雷轉，爲隱淪之脉。當環流之上，飛禽奮翮於霄中，無不墜於淵波。”

[三十四]靉靅(ài xì)：猶依稀，不明貌。《文選·木華〈海賦〉》：“且希世之
　　　　所聞，惡審其名？故可仿像其色，靉靅其形。”李善《注》：“仿像、
　　　　靉靅，不審之貌。”

[三十五]隱淪：神人等級之一，泛指神仙。郭璞《江賦》：“納隱淪之列真，
　　　　挺異人乎精魄。”

[三十六]霆：雷聲。

[三十七]澄渟清泚：即明静清澈。渟：静止不流動的水。《史記·李斯傳》：
　　　　“禹鑿龍門，通大夏，疏九河，曲九防，決渟水，致之海。”

[三十八]敦煌：古代郡名，治所在今甘肅省敦煌縣。《漢書·地理志》：“敦
　　　　煌郡，武帝後元年，分酒泉置。正西關外有白龍堆沙，有蒲昌
　　　　海。”酒泉：《漢書·地理志》：“酒泉郡，武帝太初元年開。”應劭
　　　　曰：“其水若酒，故曰酒泉。”

[三十九]玉門：關名，漢武帝置，因西域輸入玉石時取道於此而得名，故址
　　　　在今甘肅敦煌西北小方盤城。陽關：古關名，在今甘肅省敦煌市西
　　　　南古董灘附近，因位於玉門關以南，故稱。《漢書·地理志下》：
　　　　“敦煌郡……有陽關、玉門關，皆都尉治。”

[四十]八大山：指積石、蔥嶺、大頭痛、小頭痛、阿耨達、于闐、南山、
　　　　赤沙。

[四十一]十一國：指罽賓、月氏、安息、陀衛、皮山、於闐、抒彌、且末、
　　　　莎車、溫宿、姑墨。

[四十二]孟津：古黄河津渡名，在今河南省孟津縣東北、孟縣西南。相傳周
　　　　武王在此盟會諸侯並渡河，故一名盟津。一説本作盟津，後訛作
　　　　孟津。

[四十三]砥柱：山名，又稱底柱山、三門山，在今河南省三門峽市，當黄河
　　　　中流。以山在激流中矗立如柱，故名。《水經注·河水四》：“砥
　　　　柱，山名也，昔禹治洪水，山陵當水者鑿之，故破山以通河，河水
　　　　分流，包山而過，山見水中若柱然，故曰砥柱也。”

[四十四]潋(yóu)：水流貌。木華《海賦》：“潋溇潡蠱。”李善《注》：“潋，
　　　　流行之貌。”濩(huò)：水波相擊聲。郭璞《江賦》：“硠岩鼓作，漰
　　　　濩泬潀。”李善《注》：“漰濩泬潀，皆大波相激之聲也。”波濤激蕩
　　　　聲。泬潀(xué zhuó)：郭璞《江賦》：“硠岩鼓作，漰濩泬潀。”李善
　　　　《注》：“漰濩泬潀，皆大波相激之聲也。”瀹濞(xī bì)：水流聲。

[四十五]潏(jué)：水涌流貌。瀷(yì)：疾流的雨水。郭璞《江賦》：“磴之
　　　　以瀿瀷，渫之以尾閭。”

[四十六]淈(gǔ)：水涌流貌。郭璞《江賦》：“潛演之所汩淈，奔流之所硉

錯。"李善《注》引《蒼頡篇》："湿，水通貌。"湋(wéi)：水流的迴旋。滑：十分清澈。《玉篇》："涓，呼滑切。青黑皃。又大清也。今作'滑'。"

[四十七]潨(cóng)：小水流入大水。汭(ruì)：兩條水流匯合處。渙：水勢盛大。減：急流。

[四十八]溪辟：通流大川，亦泛指流水。《爾雅·釋水》："溪辟，流川。"郭璞《注》："通流。"滂沛：水流廣大衆多貌。《文選·左思〈吳都賦〉》："出乎大荒之中，行乎東極之外。經扶桑之中林，包湯穀之滂沛。"李周翰《注》："滂沛，水多貌。"

[四十九]洶：水波騰涌貌。

[五十]演溢：蔓延滿溢。潵淀：水流迴旋不定的樣子。

[五十一]淲(biāo)：水流貌。汃：水涌貌。

[五十二]浍(lì)：水流不暢。

[五十三]潀：水虛，水的中心有空處。《說文解字·水部》："潀，水虛也。"

[五十四]防川如口：語出《國語·周語上》："防民之口，甚於防川。"

[五十五]墳：堤岸，水邊高地。《詩·周南·汝墳》："遵彼汝墳，伐其條枚。"孔穎達《疏》："墳，大防。"

[五十六]漦(chí)：滲流。《說文解字·水部》："漦，順流也。"

[五十七]河伯：傳說中的河神。《莊子·秋水》："於是焉，河伯欣然自喜，以天下之美爲盡在己。"陸德明《釋文》："河伯姓馮，名夷，一名冰夷，一名馮遲……一云姓呂，名公子；馮夷是公子之妻。"

[五十八]沈：這裏指祭川。《穆天子傳》："天子沈圭璧，以禮河伯。"《周禮·春官·宗伯》："以貍沈祭山林川澤。"鄭玄《注》："祭川曰沈。"

[五十九]太史：指司馬遷。《史記·河渠書》："甚哉！水之爲利害也。"

[六十]眚(shěng)：災難；疾苦。

[六十一]金泥玉檢：以水銀和金爲泥作飾、用玉製成的檢。古代天子封禪所用。

[六十二]天子西行：《穆天子傳》："天子至大黃之山，河伯乃與天子視圖視典，以觀天子寶器，玉果璇珠，燭銀金膏等物，皆《河圖》所載。河伯以禮穆王視圖，方乃導天子西邁矣。"

[六十三]巨靈：神話傳說中劈開華山的河神。張衡《西京賦》："綴以二華，巨靈贔屭，高掌遠蹠，以流河曲，厥迹猶存。"薛綜《注》："巨靈，河神也……古語云：此本一山當河，水過之而曲行，河之神以手擘開其上，足蹋離其下，中分爲二，以通河流。手足之迹，於今

尚在。”

[六十四]崩山句：《春秋·穀梁傳》：“晋成公五年，梁山崩，遏河水，三日不流。召伯宗，遇輂者，不避，使車右鞭之。輂者曰：‘所以鞭我者，其取道遠矣。’伯宗問之，輂者曰：‘君親縞素輂臣哭之，斯流。’如其言，而河流。”

[六十五]“山有”句：《水經注·河水二》：“岩堂之内，每時見神人往還矣。蓋鴻衣羽裳之士，練精餌食之夫耳。俗人不悟其仙者，乃謂之神鬼。彼羌目鬼曰唐述，復因名之爲唐述山。”

[六十六]“濟有”句：《水經注·河水三》：“皇魏桓帝十一年，西幸榆中，東行代地。洛陽大賈齎金貨隨帝后行，夜迷失道，往投津長，曰子封，送之渡河。賈人卒死，津長埋之。其子尋求父喪，發塚舉屍，資囊一無所損。其子悉以金與之，津長不受。事聞於帝，帝曰：‘君子也。’即名其津爲君子濟。”

[六十七]四靈：指麟、鳳、龜、龍四種靈畜。《禮記·禮運》：“何謂四靈？麟、鳳、龜、龍謂之四靈。”

[六十八]羌迷：地名。《水經注·河水二》：“羌迷、唐鍾所居也。永元五年，貫友代聶尚爲護羌校尉，攻迷唐，斬獲八百餘級，收其熟麥數萬斛，於逢留河上築城以盛麥，且作大航於河峽，作橋渡兵，迷唐遂遠依河曲。”

[六十九]馬帚(zhǒu)：草名，茢之別名，根可製帚。《爾雅·釋草》：“茢，馬帚。”郭璞《注》：“似蓍，可以爲掃蔧。”

[七十]石髮：生於水邊石上的苔藻。蘪：古書上説的一種水草。薇：草名，又名“大巢菜”。

[七十一]蘢(jiān)：指龍背上的鬐。《説文解字·龍部》：“蘢，龍者脊上蘢蘢。”段玉裁《注》：“者者，老也。老則脊隆，故凡脊曰者。或作鬐，因馬鬣為此字也。龍、魚之脊上出者如馬鬣然。渾言之，者則脊，析言者在脊上。”

[七十二]鞏穴：洞穴，成栱形，故稱。鞏：同“栱”，建築物立柱與橫梁之間成弓形的承重結構。

[七十三]戲子：《周禮·天官·戲人》：“掌以時戲爲梁。”鱉人：《周禮·天官·鱉人》：“掌取互物。”

[七十四]俞：古代挖空樹木做船。《説文解字·舟部》：“俞，空中木爲舟也。”

[七十五]軸艫：分别指船頭和船尾，泛指船。

[七十六]猗頓：戰國時大富商。《史記·貨殖列傳》：“猗頓用鹽鹽起……與

王者埒富。”陶朱：指陶朱公，春秋時越國大夫范蠡的別稱。《史記·越王勾踐世家》：“（范蠡）乃歸相印，盡散其財，以分與諸友鄉党，而懷其重寶，間行以去，止於陶。……逐什一之利。居無何，則致貲累巨萬。天下稱陶朱公。”

[七十七]隴首：亦作“龍首”，中國歷史上第一條地下井渠。漢武帝時爲灌溉今陝西北洛水下游東岸一萬多頃鹹鹵地而開鑿。相傳開鑿時掘到龍骨，故名。

[七十八]九河：禹時黄河的九條支流，近人多認爲是古代黄河下游許多支流的總稱。《爾雅·釋水》：“九河：徒駭一，太史二，馬頰三，覆釜四，胡蘇五，簡六，潔七，鈎盤八，鬲津九。”

[七十九]竹楗：堵塞河堤决口所用的竹木等器材。石菑：堵塞决口立楗時所用的舀石。《漢書·溝洫志》：“隤林竹兮揵石菑，宣防塞兮萬福來。”顏師古《注》：“石菑者謂舀石立之，然後以土就填塞也。”

[八十]“延年”二句：化用《漢書·溝洫志》：“齊人延年上書，言河出昆侖，經中國，注勃海，是其地勢西北高而東南下也。可案圖書，觀地形，令水工准高下，開大河。”

[八十一]“黄金”二句：化用《史記·武帝紀》：“欒大曰：‘黄金可成，而河决可塞。’”

[八十二]“鴻嘉”二句：《漢書·溝洫志》：“後九歲，鴻嘉四年，楊焉言：‘從河上下，患底柱隘，可鐫廣之。’上從其言，使焉鐫之。鐫之裁没水中，不能去，而令水益湍怒，爲害甚於故。”

[八十三]灉（yōng）：從黄河主道分出又流回主河道的水。

[八十四]漯川：古黄河下游主要支流之一，其故道自河南武涉縣妥支行今黄河之北，經河北至山東，改行今黄河之南，東注於海。

六安州沿革説

六安，即古之六國，皋陶所封揚州之域也[一]。《春秋》文五年：“秋，楚人滅六。”杜預《注》：“六國，今廬江六縣。”《左氏傳》：“臧孫①聞六與蓼滅[二]，曰：‘皋陶庭堅不祀[三]，忽諸！’”《注》：“六與蓼皆皋陶後。”在前漢則爲六安國。班固《地理志》：“六安國，故楚。高帝元年，別爲衡山國。五年，屬淮南。文帝十六年，复爲衡山。武帝元狩二年，別爲六安國。莽曰安風。”六，故國，皋繇後。偃姓，爲楚所滅。在後漢，則省屬廬江郡。司馬彪《郡國志》[四]："廬江郡，文帝分淮南置。建武十年省六安國，以其縣屬。"司馬貞《史記索隱·黥布傳·注》[六]："《地理志》廬江有六縣。蘇林曰[六]：'今爲六安。'"今班固《地理志》無此文，亦無蘇林《注》。且西漢時，六安自爲國，或屬淮南，或爲衡山，至東漢始屬廬江郡，而廬江郡無六縣。小司馬所引《地理志》，不知爲何書，豈《後漢·郡國志》廬江郡下脱六縣耶？然不可考矣。陳壽《三國志》無志[七]，就紀傳及《晋書·地理志》考之，在魏爲六安縣，晋爲六縣，俱屬廬江郡。

東晋以後，南朝郡縣之名，千回百改，巧曆不算[八]。第據沈約《宋書·州郡志》考之[九]，有廬江郡，無六安縣。今《地志》云"宋省入灊縣"[十]，無明文可據，不知何所見而云然也。按《宋志》："邊城左郡太守，文帝元嘉二十五年，以豫部②蠻民，立茹由、樂安③、光城、雩婁、邊城、史水、開化七縣，屬弋陽郡。徐《志》有邊城郡④[十一]，領雩婁、史水、開化、邊城四縣。大明八年，復省爲縣，屬弋陽，後復立，領縣四。"歷考《地志》，雩婁縣，前漢屬廬江，安豐縣屬六安國，後漢並屬廬江。魏文帝分廬江[十二]，立安豐郡，屬縣五：安風、雩婁、安豐、蓼、松滋。江左僑立屬縣二：安豐、松滋。晋安帝省爲縣[十三]，屬弋陽。弋陽本縣名，屬汝南，魏文帝分立屬縣六。江左時承魏舊，分廬江立安豐。安帝又省安豐爲縣，屬弋陽。宋又分安豐，置邊城左郡。一郡之地，疆域屢分，名號輒易，幾不知郡縣所在。

據樂史《太平寰宇記》"廢邊城郡，在六安縣一百九十八里"[十四]，則今之六安州，乃邊城郡治矣。今《志》引魏收《地形志》云[十五]："霍州邊城郡麻步山麻埠鎮，在州西南九十里，即故麻步山也。"考《魏書》，霍州，蕭衍置[十六]，魏因之，領郡十七，縣三十六。安豐郡領縣一，治洛步城。邊城郡治麻步山，領縣一。史水則梁武時安豐郡，省松滋一縣。邊城郡省雩婁、開化、邊城三縣。隋廬江郡統縣七：合肥、廬江、襄安、慎、霍山、淠水、開化。《隋書·地理志》："霍山、梁置霍州及岳安郡、岳安縣，後齊州廢。開皇初郡廢，縣改名焉。淠水⑤，梁置北沛郡及新蔡縣。開皇初，郡廢，又廢新蔡入焉。有墜星山。開化，梁置，有衡山、九公山、蹋鼓山、天山、多智山。"今岳安故城、淠水、多智山，皆在六安境中，則六安在梁爲岳安，爲北沛，至隋則爲霍山、淠水、開化三縣地。劉昫《舊唐書·地理志》[十七]：

"壽春治所。縣五⑥。安豐，漢六國，故城在縣南。梁置安豐郡。縣界有芍陂，灌田萬頃，號安豐塘。隋因置縣。"今芍陂水在壽州，然則今之鳳陽府壽州，亦古六國之境矣。《志》又云："霍山，漢灊縣，屬廬江郡。隋置霍山、應城三縣。貞觀元年，廢霍州，省應城、灊城二縣，以霍山屬壽州。"又云："盛唐，舊霍山縣。神功元年，改爲武昌。神龍元年，復爲霍山。開元二十七年，改爲盛唐。"考《漢書·孝武紀》："五年冬，行南巡狩，至於盛唐，望祀虞舜於九嶷，登灊天柱山，薄樅陽而出，作《盛唐樅陽之歌》。"《注》："盛唐，文穎曰[十八]：'按《地理志》不得，疑當在廬江左右，縣名也。'韋昭曰：'在南郡。'"《史記·孝武紀》無盛唐之說，但云"浮江，自尋陽出樅陽"而已。樂史《太平寰宇記》："六安縣，在漢爲盛唐，屬廬江郡。縣西二十五里，有盛唐山，因爲名。"今州境內無此山，豈史以文穎之說而傅會之耶？抑別有所據耶？《志》又云："霍邱，漢松滋縣地，屬廬江郡。武德四年，置蓼州，領霍邱一縣。七年，蓼州廢，霍邱屬壽州，縣北有安豐津。"考霍邱，隋屬淮南郡，亦因霍山得名，在今壽州境中也。則今之霍山縣，漢之灊縣，至隋開皇初，始更名霍山，宋開寶四年，省入六安，明弘治七年復置，屬六安州。王圻《續文獻通考》云[十九]："五代梁改盛唐曰潛山，後唐同光⑦初復，晉天福中，又改曰來化，尋後曰盛唐。"考《五代史·職方考》，舒、蘄、廬、壽四州，始屬吳，繼屬南唐，非梁、唐、晉、漢所有，圻之說殆瞀說歟！

　　考之宋、元二《史》，開寶時，改盛唐爲六安。政和八年，於縣置六安軍。紹興十三年，又廢爲縣。嘉定五年，復爲軍。端平元年，又爲縣，後復爲軍。元至元二十八年，復降爲縣，屬廬州路，後復升爲州。明洪武初，以州治六安縣省入，屬鳳陽府。十五年，還屬廬州府。至英山一縣，本漢江夏郡蘄春縣地，至劉宋分立蘄水縣，宋咸淳初，分蘄州羅田縣地置英山縣，屬六安軍，尋廢。德祐二年，復。明初，屬鳳陽。洪武十四年，還屬六安州，本朝因之。此六安一州，英、霍二縣沿革之大略也。

　　嘉慶二年春，與六安張君篠原同客韓城相國家[二十]，談釋地沿革之難，語及六安州沿革，指畫口說，不能了然，退而著此，質之張君。張君能文章，治古學，且爲州之望族，見聞必廣，又加以目驗，予說之是與非，必能辨之也。

【校勘】

①“臧孫”，《春秋左傳正義》作“臧文仲”。

②“部”，原作“郡”，漆永祥校本據《宋書》卷三六《州郡二》改，今從。

③“樂”，原作“東”，漆永祥校本據《宋書》卷三六《州郡二》改，今從。

④“郡”，原作“兩”，屬下讀；“四縣”，原作“兩縣”。漆永祥校本據北京中華書局校點本《宋書》卷三六《州郡二》改，今從。

⑤“水”字原脫，漆永祥校本據上文“淠水”及《隋書·地理志下》補，今從。

⑥《舊唐書·地理志》無“縣五”二字。

⑦“同光”，原作“開光”。按：後唐有“同光”而無“開光”年號，今據改。

【題解】

　　嘉慶二年(一七九七)，江藩與張篠原同客陝西韓城王杰府邸，談釋地沿革之難，遂作此篇，詳考六安州之沿革，並質之張篠原。江藩《炳燭室雜文》另有《與張篠原書》一篇，亦與張氏討論史料之真偽問題，可並參。張篠原：清安徽六安人，輯有《編策彙覽》等。

【注釋】

[一]皋陶(gāo yáo)：虞舜時掌管司法的賢臣，因功受封，爲六安國始祖。

[二]蓼(liǎo)：春秋古國名，在今河南省唐河縣西南。

[三]庭堅：杜預以爲庭堅乃皋陶字。也有人認爲二者並非一人，如南宋羅泌《路史》卷二十六云：“夫皋陶乃少昊之後，四世而庭堅，則高陽氏之子六皋陶之後，而蓼則庭堅之後也。”

[四]司馬彪(？—三〇六)：字紹統，河内(今河南)温縣人，有《續漢書》。

[五]司馬貞：字子正，唐河内(今河南沁陽)人，有《史記索隱》等。

[六]蘇林：字孝友，外黃(今民權)人。三国魏吏，官至散騎常侍。博學多才，善解古書中疑難；善屬文，所著文賦頗传於世。

[七]陳壽(二三三—二九七)：字承祚，西晉巴西安漢(今四川南充)人，有《三國志》等。

[八]巧曆：指精於曆算的人。《文選·劉孝標〈廣絶交論〉》：“巧歷所不知，心計莫能測。”李周翰《注》：“言交道多塗，雖巧於曆數及心算之人，無能知測其委趣也。”

[九]沈約(四四一—五一三)：字休文，吳興武康(今浙江湖州德清)人，有《宋書》《沈隱侯集》等。

[十]灊：古地名，在今中國安徽省霍山縣。

[十一]徐：指徐爰(三九四—四七五)，字長玉，琅邪開陽(今屬江蘇)人，

撰有《宋書》。沈約《宋書》即在其基礎上刪補而成。

[十二]魏文帝：指曹丕（一八七—二二六），字子桓，沛國譙（今安徽亳州）人，曹魏的開國皇帝，有《典論》等。

[十三]晉安帝：指司馬德宗（三八二—四一九），字安德，建康（今江蘇南京）人，東晉第十位皇帝。

[十四]樂史（九三〇—一〇〇七）：字子正，撫州宜黃（今屬江西）人，有《太平寰宇記》等。

[十五]魏收（五〇五—五七二）：字伯起，鉅鹿下曲陽（今河北晉縣）人，有《魏書》等。

[十六]蕭衍（四六四—五四九）：字叔達，建康（今江蘇南京）人，南朝梁代的創立者。

[十七]劉昫（八八七—九四六）：字耀遠，涿州歸義（今屬河北）人，有《舊唐書》等。

[十八]文穎：東漢南陽（今屬河南）人，有《漢書注》。

[十九]王圻（一五三〇—一六一五）：字元翰，號洪洲，上海人，有《續文獻通考》等。

[二十]韓城相國：指王杰（一七二五—一八〇五），字偉人，號惺園，又號葆淳，著有《惺園易説》《葆淳閣集》等。因係陝西韓城人，官至内閣學士、軍機大臣，故稱。

行狀説

劉勰《文心雕龍》云[一]：“狀者，貌也。體①兒本原，取其事實，先賢表謚，並有行狀，狀之大者也。”蓋三代時，誄而謚，於遣之日讀之。後世誄文，傷寒暑之退襲，悲霜露之飄零，巧於序悲，易入新切而已。交游之誄，實同哀辭；后妃之誄，無異哀策[二]。誄之本意盡失，而讀誄賜謚之典亦廢矣。至典午之時[三]，始有行狀，綜述生平行迹，上之於朝以請謚。任彦昇《齊竟陵文宣王行狀》所謂“易名之典，請遵前烈”[四]，故《文心雕龍》以狀爲“表謚”，則狀亦誄之流也。

狀者，上之朝廷賜謚，以爲飾終之典[五]，亦付之史官立傳，以揚前烈之休。此唐李習之所以有百官行狀之奏也[六]。考古人行狀，皆出於門生故吏。挽近之世[七]，遂有子狀父者，“居喪不文”之禮，姑置勿論。夫門生故吏所爲之狀，李翱尚謂“虛美於所受恩之地”，不足以取信，若子爲父狀，豈能指事實書，不飾虛言哉？則其不足取信於人，有更甚於門生故吏之所爲矣。子孫欲夸大其祖、父，必至以是爲非，以黑爲白。蘇明允曰^[八]："明以燼亂青史，幽以欺謾鬼神。"明允之言，可謂深切著明者也。尤可駭者，名不登於仕籍，行不顯於閭閻，亦爲行狀、行述。既不能請諡於朝，又不能列名於史，而爲此虛辭飾美，豈非重誣其親乎！

　　昔梁袁^②昂死^[九]，遺疏"不受贈諡，教^③諸子不得言上行狀"。以昂之功業，尚不敢上狀請諡，今世與草木同腐之輩，必爲一卷之狀，亦徒形其醜而已。且生不能養，喪不盡禮，欲以虛文表揚其親以爲孝，不得請諡而爲狀，干逾禮之典，偽妄謬作，又陷其親於不義，其罪加於不孝一等矣。

　　《晋書·孫楚傳》：王濟爲并州大中正^[十]，訪問詮邑人品狀，至孫楚^[十一]。濟曰："此人非卿所能目，吾自爲之。"乃狀楚曰："天才英博，亮拔不羣。"此生狀也，若今之考語矣。

【校勘】

①"體"，原作"禮"，漆永祥校本據《文心雕龍·書記》篇改，今從。
②"袁"，原作"元"，漆永祥校本據《梁書》卷三一《袁昂傳》改，今從。
③漆永祥校本云："'教'，《梁書》卷三一《袁昂傳》作'敕'。"

【題解】

　　本文討論行狀這一文體。所謂行狀，指記述死者世系、籍貫、生卒年月和生平概況的文章。江藩指出行狀乃誄之支流，古人行狀皆出於門生和故吏，並批評晚近之世，有子爲父狀，誇大其詞的現象。

【注釋】

[一]劉勰(約四六五—約五二〇)：字彥和，江蘇京口(今鎮江)人，有《文心雕龍》。
[二]哀策：亦作"哀册"，文體的一種。封建時代頌揚帝王、后妃生前功德的韻文，多書於玉石木竹之上。行葬禮時，由太史令讀後，埋於陵中。《後漢書·禮儀志下》："太史令奉哀策立後。"
[三]典午："司馬"的隱語，晋朝的代稱。《三國志·蜀志·譙周傳》："周語次，因書版示立曰：'典午忽兮，月酉没兮。'典午者，謂司馬也；月酉者，謂八月也。至八月而文王(司馬昭)果崩。"晋帝姓司馬氏，後因以

“典午”指晋朝。

[四]任彥昇：指任昉（四六〇—五〇八），字彥升，樂安郡博昌（今山東壽
　　光）人，長於作文，與沈約並稱“沈詩任筆”。

[五]飾終：人死時給予尊榮。《荀子·禮論》：“送死，飾終也。”

[六]李習之：指李翺（七七二—八四一），字習之，隴西成紀（今甘肅秦安）
　　人，有《復性書》等。

[七]挽（wǎn）近：晚近，離現在最近的時代。《史記·貨殖列傳》：“挽近世
　　塗民耳目，則幾無行矣。”

[八]蘇明允：指蘇洵（一〇〇九—一〇六六），字明允，號老泉，眉州眉山
　　（今屬四川）人，唐宋八大家之一，有《嘉祐集》。

[九]袁昂（四六一—五四〇）：字千里，陳郡陽夏（今河南太康）人，官至司
　　空，有《古今書評》等。

[十]王濟：字武子，西晋山西太原人，官至侍中，有《王濟集》。

[十一]孫楚（？—二九三）：字子荆，太原中都（今山西平遥）人，有《孫馮翊
　　集》。

與阮侍郎書

　　見示大著《墓表》，敬讀再三，句無可削，字不得減，此劉勰所謂
“首尾圓合，條貫始序”者也。所有脱字訛字，皆增改矣。至於“親
家”之稱，出《汝南記》，見《後漢書·應奉傳注》。《舊唐書·蕭嵩
傳》：“嵩子衡[一]，尚新昌公主。嵩夫人賀氏入覲①拜席，玄宗呼爲親
家母[二]。”則“親家”之稱，其來已久，且見於史傳，《表》中直書“親
家”，不爲無據也。竊有一説，伏惟俯察。

　　古人居喪不文，所以行狀與述，或求之達官長者，或乞之門生故
吏，無子狀父者，有之自唐人始。迨及明季，士大夫不讀《禮經》，不
稽古制，當處苫枕塊之時[三]，無不伸紙抽毫者矣[四]。迄今末俗相沿，
古風難返，若不自爲行狀，則必羣起而非之，飲狂井之水，以不狂爲
狂，良可慨也。然行狀，分送弔者而已，未必能傳之久遠；若墓表，
則勒之貞珉[五]，以垂不朽，豈可事不師古耶？考墓表之作[六]，始於
漢《謁者景君墓表》。其後如《唐著作郎贈秘書少監權君墓表》，李華
之文也[七]；《廣陵陳先生墓表》，呂温之文也[八]；《施州房使君鄭夫
人殯表》，韓愈之文也[九]；《宋穆氏先塋石表》，王壽卿之文也[十]。

其例亦如狀述，無自爲之者。惟歐陽修《瀧岡阡表》，則自爲之，然作於既葬之六十年後，不在三年之中也。閤下爲人倫表式，多士楷模，安可復蹈興公表哀之失乎？藩以爲墓表，不可建於下壙之時^[十一]，當立於禮祭之後，既不悖“唯而不對”之《經》，又得盡發於言語之哀，揆之情禮，斯爲得矣。伏乞垂聽焉。

【校勘】

①“覿”，原作“覲”，漆永祥校本據《舊唐書》卷九九《蕭嵩傳》改，今從。

【題解】

　　嘉慶十年（一八〇五）五月二十二日，揚州寶應學者劉臺拱（字端臨）卒，相交甚厚的阮元爲撰墓表。是年秋，江藩得讀《劉端臨墓表》，就其中“親家”稱謂等問題提出商榷意見，並指出墓表與行狀一樣，無自爲之者，且不可建於下葬之時，當立於禮祭之後。

【注釋】

[一]嵩：指蕭嵩（？—七四九），字喬甫，號體竣，蘭陵（今山東臨沂）人，官至尚書右丞相。蕭衡（？—七四七），字景平，娶唐玄宗李隆基女新昌公主爲妻，官駙馬都尉。

[二]玄宗：指李隆基（六八五—七六二），東都（今河南洛陽）人，廟號“玄宗”，唐朝第六位皇帝。

[三]枕塊（kuài）：古時居父母喪，睡時頭枕土塊，表示極其悲痛。《儀禮·既夕禮》：“居倚廬，寢苦枕塊。”賈公彥《疏》：“孝子寢臥之時，寢於苦，以塊枕頭。必寢苦者，哀親之在草；枕塊者，哀親之在土雲。”

[四]抽毫：抽筆出套，借指寫作。

[五]勒：雕刻。貞瑉：石刻碑銘的美稱。瑉：似玉的美石。

[六]墓表：明徐師曾《文體明辨序説·墓表》：“按墓表自東漢始，安帝元初元年立《謁者景君墓表》，厥後因之。其文體與碑碣同，有官無官皆可用，非若碑碣之有等級限制也。”

[七]李華（約七一五—七七四）：字遐叔，趙郡（今河北）贊皇人，與蕭穎士等倡導古文，有《李遐叔文集》。

[八]呂溫（七七一—八一一）：字和叔，又字化光，河中（今山西永濟）人，官衡州刺史，有《呂衡州集》。

[九]韓愈（七六八—八二四）：字退之，河南河陽（今孟州）人，世稱“韓昌

黎”“昌黎先生”，唐宋八大家之一，有《韓昌黎集》等。

[十]王壽卿：字魯翁，宋河南陳留（今开封）人，善書，得李阳冰笔意。

[十一]壙（kuàng）：墓穴。

與張篠原書

杜佑《通典·食貨篇》：宋文帝元嘉中，始興太守孫豁上表曰[一]："武吏年滿十六，使課米十斛[二]，十五以下至十三，皆課三十斛。"云云。馬端臨《文獻通考》引此與《通典》同[三]。考之沈約《宋書》，乃徐豁，非孫豁也。李延壽《南史·列傳》："豁，徐廣之兄子也[四]。"《宋書》本傳云："元嘉初，豁爲始興太守。三年，遣大使巡行四方，並使郡縣各言損益。因表陳三事：其一曰：'郡大田，武吏年滿十六，便課米六十斛，十五以下至十三，皆課米三十斛。一戶內隨丁多少，悉皆輸米。且十三歲①，未堪田作，或是單迴，無相兼通，年及應輸②，便自逃逸。既過接蠻俚[五]，去就益易。或乃斷截支體，産子不養，戶口歲減，實此之由。謂宜更量課限，使得存立。今若減其米課，雖有交損，考之將來，理有深益。'"

武吏之名，見於《漢書·尹賞傳》："得赤丸者斫武吏"，然不知所屬。考《賞傳》，當屬縣令。《後漢書·百官志注》："材官③、樓船年五十六老衰[六]，乃得免爲民就田。應④選爲亭長，課徵⑤巡。尉、游徼、亭長皆習設備五兵。吏⑥赤幘行滕[七]，帶劍佩刀。"所謂吏赤幘行者，即亭長也。應劭《風俗通》曰[八]："亭吏舊名負弩，改名爲長。"《朱博傳》[九]："博家貧，少時給事縣爲亭長。"又云："博本武吏，不更文法。"據此，武吏即亭長也。亭長，縣令所屬也。然則豁所表陳者，乃武吏之田，非民田耶。自杜佑《通典》節去"郡大田"三字，混入賦稅之內，遂訛爲取民之制。而馬端臨《文獻通考》襲其舛訛，又疑之曰："晉孝武時[十]，除度定田收租之制，只口稅三斛，增至五石，而宋元嘉時，乃至課米六十斛，與晉制懸絕，殊不可曉。豈所謂六十斛者，非一歲所賦耶？"貴與但疑課米之多，而不疑"郡大田武吏"五字，蓋誤以爲取民之制，竟置"武吏"於不論矣。

考《晉·山濤傳》，武帝平吳之後，詔天下罷兵，州郡悉去兵。大郡置武吏百人，小郡五十人。晉初，限田之制，丁男五十畝，而不言兵。蓋兵無受田之事也。竊謂始興係邊郡，武吏之田，必邊郡之屯田。武帝去兵之後，所有屯田，即給武吏。晋制，五十人爲屯田二千石，長吏以入穀多少爲殿最[十一]。是時，求課最者，必争相益，乃至六十斛之多。豁不言税米，而變文言課者，可見至宋時雖不以入米之多少爲課殿最，而課之名猶在也。其始田多吏少，尚能輸納。至元嘉時，田止此數，而生齒日煩[十二]，勢在不能均給，而武吏子孫，又成土著，甚至無大田之實，有武吏之名，按户徵輸，循而未改，於是有畏法逃匿，而户口歲減也。若以此爲取民之制，既與孝武口税三斛不符，且豁亦不必言武吏矣。昨辱手書下問，今具述所知以答，如予説未當，乞明以教我。幸甚！

【校勘】

①《宋書·徐豁傳》"十三歲"下有"兒"字。

②"輸"，原作"輕"，據《宋書·徐豁傳》改。

③"材官"前原有"衛士"二字，當屬《注》文上句"不給衛士"讀，漆永祥校本據《後漢書志·百官五注》删之，今從。

④漆永祥校本云："《後漢書志·百官五注》'應'下尚有'合'字。"

⑤"徵"字原無，漆永祥校本據《後漢書志·百官五注》補，今從。

⑥漆永祥校本云："《後漢書志·百官五注》'吏'前尚有'鼓'字。"

【題解】

　　江藩接張篠原來信，翌日即針對張氏提問復函作答，糾正了《通典》與《文獻通考》所引史料"武吏年滿十六，使課米十斛，十五以下至十三，皆課三十斛"的訛誤，並指出"孫豁"應作"徐豁"，徐豁所表，乃武吏之田，而非民田。

【注釋】

[一]始興：郡名。三國吳甘露元年(二六五)分桂陽郡置，轄境相當今廣東連江、滃江流域以北地區。徐豁：字萬同，南朝宋時東莞姑幕(今山東莒縣)人，徐邈之子。

[二]課：征收《漢書·食貨志上》："過(趙過)試以離宮卒田其宮壖地，課得穀皆多其旁田畝一斛以上。"斛：古量器名，也是容量單位，十斗爲一斛。

[三]馬端臨(一二五四——一三二三)：字貴與，號竹洲，宋末元初饒州(今江

西)樂平人，有《文獻通考》。

[四]徐廣(三五二—四二五)：字野民，東莞姑幕(今山東莒縣)人，有《晉紀》《史記音義》，皆散佚。

[五]蠻俚：亦作"蠻里"，古代少數民族蠻人的別稱。《後漢書·南蠻傳序》："建武十二年，九真徼外蠻里張游，率種人慕化内屬。"李賢《注》："里，蠻之別號，今呼爲俚人。"

[六]材官：武卒或供差遣的低級武職。樓船：有樓的大船，古代多用作戰船，這裏代指水軍。

[七]赤幘(zé)：赤色頭巾，古代武士所服。行縢：綁腿布。《詩·小雅·采菽》："赤芾在股，邪幅在下。"鄭玄《箋》："邪幅，如今行縢也。逼束其脛，自足至膝，故曰在下。"

[八]應劭(約一五三—一九六)：字仲瑗，汝南郡(今河南)南頓人，有《漢官儀》《風俗通義》等。

[九]朱博：字子元，漢杜陵(今陝西西安)人，有《五行志》等。

[十]孝武：指司馬曜(三六二—三九六)，字昌明，東晉第九位皇帝。

[十一]殿最：古代考核政績或軍功，下等稱爲"殿"，上等稱爲"最"。《漢書·宣帝紀》："其令郡國歲上繫囚以掠笞若瘐死者所坐名、縣、爵、里，丞相御史課殿最以聞。"顔師古《注》："凡言殿最者：殿，後也，課居後也；最，凡要之首也，課居先也。"

[十二]生齒：古時以嬰兒長出乳齒後才登入户籍，故後用以指人口。《周禮·秋官·司民》："司民掌登萬民之數，自生齒以上皆書於版。"

釋橢序

江都焦君里堂[一]，屬節讀書，綜經研傳，鈎深致遠。復精推步[二]，稽古法之九章，考西術之八綫，窮弧矢之微，盡方圓之變，與凌君仲子、李君尚之齊名[三]。嘉慶三年秋，里堂出所製《釋橢》一篇示予。考西法，自多禄歆以至第谷，皆以日①月五星之本，天爲平圓。其後西人有刻白爾、噶西瓦等，以爲橢圓兩端徑長，兩要徑短。雍正八年六月朔日食[四]，舊法推得九分二十二秒，今法推得八分十秒，驗諸實測，今法爲合，於是詔用今法。

橢圓起於不同心天之兩心差，引而倍之爲倍心差。用面積求平行、實行之差，於是有大小徑中率與平圓之比例，及差角之加減，與舊法不同矣。其法以面積之度與角度相較，亦可得平行、實行之差。然平行，面積也；實行，角度也。以積求角難，以角求積易，故先設以角求積，次設以積求角，次設借積求積，次設借角求角，四法最爲簡捷，與舊法迴殊。其言日躔之理[五]，亦即盈縮高卑之説也。如橢圓以地心爲心，規橢圓之形，中畫爲午，從地心作綫，分爲三百六十度，每分之積皆爲一度，每一分積爲六十分，太陽每日右旋，當每一度積之五十九分有奇，所謂平行也。則太陽在午綫之下，是爲最卑，而地心至橢圓界之綫短，角度必寬，是爲行盈。太陽在午綫之上，是爲最高，而地心至橢圓界之綫長，角度必狹，是爲行縮。盈縮高卑之理，雖與第谷同，而橢圓之法，則密於第谷諸輪之法。若以諸輪之法測今日月五星之天，有不謬以千里者哉！

昔秦大司寇蕙田[六]，輯《五禮通考》，《觀象授時》一門，戴編修震分纂，詳述諸輪之法，而不及太陽地半徑差、清蒙氣差、橢圓三説，不亦傎乎？是篇仿張淵《觀象賦》之例[七]，自爲《圖注》，反復參稽，抉藴闡奧，爲實測推步之學者所不可無之書也。學者從事於斯，以求日躔月離交食諸論，無晦不明，無隱不顯矣。里堂不以藩爲譾劣，屬序是篇，乃書橢圓緣起，爲讀是篇者之先導云。

【校勘】

①“日”，原作“五”，據焦循《釋橢》卷首江藩《釋橢序》改。

【題解】

江藩與焦循皆以博洽著稱，有揚州“二堂”之譽。嘉慶三年（一七九八），焦循著《釋橢》一篇示江藩，囑爲撰序。江藩乃書橢圓緣起，爲之鼓吹。

【注釋】

[一]焦君里堂：指焦循（一七六三——一八二〇），字里堂，江蘇甘泉（今揚州西北）人，有《雕菰樓易學三書》《孟子正義》等。

[二]推步：推算天象曆法。古人謂日月轉運於天，猶如人之行步，可推算而知。

[三]凌君仲子：指凌廷堪（一七五五——一八〇九），字次仲，又字仲子，安徽歙縣人，有《燕樂考原》《校禮堂文集》等。李君尚之：指李鋭（一七六九——一八一七），字尚之，號四香，江蘇元和（今蘇州）人，有《李氏算學遺書》等。

[四]雍正：指愛新覺羅·胤禛(一六七八——一七三五)，清朝第五位皇帝。

[五]日躔：太陽視運動的度次。顏延之《三月三日曲水詩序》："日躔胃維，月軌青陸。"呂向《注》："躔，次也。胃，星名。維，畔也。……言日次胃星之軌行畔也。"

[六]蕙田：指秦蕙田(一七〇二——一七六四)：字樹峰，號味經，江南金匱人，官至刑部尚書，有《五禮通考》等。司寇：古代司法官吏名稱。商代即設，爲最高司法官；周有大司寇、小司寇之分。秦漢以廷尉代之。後世以大司寇爲刑部尚書別稱，侍郎則稱少司寇。

[七]張淵：北魏人，明占候，曉內外星分，官太史令，有《觀象賦》等。

石研齋書目序

藏書家之有目錄，始於宋之晁公武《郡齋讀書志》、尤袤《遂初堂書目》、陳振孫《書錄解題》[一]。自此以後，海內藏書家，無不有目錄矣。吾鄉收藏之富，如馬半查、蔣西浦，皆甲於大江南北，而獨無目錄，不數十年，宋槧元刻，秘本精鈔，散失無存，良可慨已。

江都秦敦夫太史[二]，樂志鉛黃[三]，栖神典籍，蓄書數萬卷，日夕檢校，一字之誤，必求善本是正。竊怪近日士大夫，藏書以多爲貴，不論坊刻惡鈔，皆束以金繩，管以玉軸，終身不寓目焉。夫欲讀書，所以蓄書，蓄而不讀，雖珍若驪珠，何異空談龍肉哉！若太史之兀兀窮年，蓋亦鮮矣。太史有鑒於馬、蔣兩家，謂予曰："有聚必有散，吾子孫焉能世守勿替？暇日編《石研齋書目》上下二卷，以志雲煙之過眼云爾。"藩昔年聚書，與太史相埒。乾隆乙巳、丙子間，頻遭喪荒，以之易米，書倉一空，自我得之，自我失之，夫復何恨？然師丹未老[四]，強半遺忘，所弃秘笈，至有不能舉其名者，惜未編目錄以志之也。有感於太史之言而爲之序。

【題解】

此文爲秦恩復所編《石研齋書目》作序。據顧廣圻《思適齋集》卷十二《石研齋書目序》(乙丑三月)可知，嘉慶十年乙丑三月，顧廣圻爲秦恩復《石研齋書目》作序，而江藩已先於顧氏序之。

秦恩復與江藩交游甚密。按秦恩復(一七六〇——一八四三)，字近光，一字澹生，號敦夫，江蘇江都人。讀書好古，蓄書萬卷，尤精校勘。有《石研齋書目》二卷、《享帚詞》三卷等，校刻《全唐文》《樂府雅詞》等多種。秦氏所藏之書，江藩大多寓目，今《半氈齋題跋》卷上《群賢小集》《詞源》《草堂詩余》諸篇，以及王欣夫輯《炳燭室雜文補遺》所收《宋拓本隸韻跋》，皆爲跋秦氏之書。王欣夫輯《炳燭室雜文補遺·漢帳構銅跋》所言漢帳構銅，亦藏於秦氏家中。嘉慶八年四月，江藩嘗在秦氏五笥仙館校《十二子》之《鶡子》《公孫龍子》《尹文子》。此外，江藩《扁舟載酒詞》收有《薄幸·過紅如舊院有感索澹生太史同作》《望梅花·月香以胭脂水畫紅梅數朵嫣然可愛芝山澹生皆有題詠邀予同作》《龍山會·九月十日秦澹生太史招飲即席作》《鬭百草·題澹生太史少壯三好圖行看子》等篇，皆爲與秦氏唱和之作。

【注釋】

[一]尤袤（一一二七——二〇二）：字延之，號遂初居士，晚年號樂溪，江蘇無錫人，有《遂初堂書目》等。陳振孫（約一一八三—？）：曾名瑗，字伯玉，號直齋，浙江安吉人，有《直齋書録解題》等。

[二]秦敦夫：指秦恩復（一七六〇——八四三），字近光，號敦夫，江蘇江都人。乾隆五十二年（一七八七）進士，官至翰林院編修（明清兩代稱翰林院史官爲“太史”）。讀書好古，精於鑒藏，所居玉笥仙館，蓄書數萬卷，有《石研齋集》《享帚詞》等。

[三]鉛黃：鉛粉和雌黃。古人常用鉛粉和雌黃點校書籍，故稱校勘之事爲“鉛黃”。

[四]師丹（？—三）：字仲公，琅邪東武（今山東諸城）人，師事匡衡，官至大司空。

張舊山詩集序

　　張君舊山，名居壽，世爲江都人。少習舉子業，應童子試，不售[一]，即弃去。嗜酒落拓，與里中無賴子游。友人黃君文暘勸之學[二]，始折節讀書，學詩於朱布衣箟[三]。家天心墩側[四]，破屋三間，日夕吟詠其中，易衣而出，並日而食，晏如也。所爲五七言詩，鈇肝鏤腎，眇慮窮思，多不經人道語。然詩愈工而窮愈甚，甑塵常滿[五]，妻子幾至不能存活。袁大令枚過揚州[六]，見舊山五言詩，於當事前稱之，當事餽以錢米，得免餓死，於是始有人知舊山之名，延之爲童子師者。舊山生性剛烈，疾惡如仇，曾著《舐痔得車論》以譏當世，又使酒罵座，俗人以爲狂生，見之輒避去，坐此所如不偶，卒以窮困死。其子不肖，詩稿散失無存，因録其與藩唱和之作、投贈之篇，爲一册而序之。

【題解】

本文爲張居壽詩集作序。居壽字舊山，江蘇江都人，從朱筫學詩，而朱筫與江藩爲忘年交。居壽與江藩多有唱和，歿後詩稿散佚無存。江藩遂輯録其與己唱和投贈之作爲一册，並爲之序。惜張氏詩集今已散亡無存，江藩詩集《伴月樓詩鈔》《乙丙集》中也未見與居壽贈答之作。

【注釋】

[一]不售：指考試不中。蒲松齡《聊齋志異·賈奉雉》：“賈奉雉，平涼人。才名冠一時，而試輒不售。”

[二]黄文暘（一七三六—?）：字時若，號秋平、焕亭，江蘇甘泉（今揚州西北）人，一作丹徒（今鎮江）人，工詩文，通聲律，撰有《埽垢山房詩鈔》，輯有《曲海》。

[三]朱筫（一七一八—一七九七）：字二亭，號市人，江蘇江都人，有《經濟纂要》《二亭詩鈔》。

[四]天心墩：地名，今在福建武夷山市。

[五]甑（zèng）塵：典出《後漢書·范冉傳》：“所止單陋，有時絶粒，窮居自若，言貌無改，閭里歌之曰：甑中生塵范史雲，釜中生魚范萊蕪。”范冉字史雲，桓帝以爲萊蕪長。後以“甑塵釜魚”形容家貧斷炊已久。甑：古代蒸飯的一種瓦器。底部有許多透蒸氣的孔格，置於鬲上蒸煮，如同現代的蒸鍋。

[六]袁大令枚：指袁枚（一七一六—一七九七），字子才，號簡齋、隨園老人，錢塘（今浙江杭州）人，官沭陽、溧水等地知縣，有《小倉山房集》《隨園詩話》等。大令：對縣官的敬稱。

乙丙集自序

予束髮時，即能爲五七言詩，閉門造車，絶無師法。年十五，從余仲林先生游[一]，始知風雅之旨。於是上窺漢、魏、六朝，下武李唐、趙宋，雖不能入天厨、竊禁臠[二]，而鍾嶸之《品》、皎然之

《式》^[三]，亦三折肱而思過半矣^[四]。瓦缶鳴、秋蟲吟，十一年中得八百首。丙午歲大饑^[五]，日唯一饘粥^[六]，貧居無事，發八百首讀之，吟哦之聲，與饑腸雷鳴聲相斷續，乃去蕭取蘭、伐稂存禾^[七]，得一百四十九首，釐爲二卷。上卷七十七首，下卷六十三首，起乙未^[八]，終乙巳^{①[九]}。嗚呼！自乙至丙，歲星一周天矣^[十]。此十二年中，春花秋夜，選舞徵歌^[十一]，風雨鷄鳴，然糠漂麥，年未三十，而哀樂相半，過此以往，事可知矣。名其集曰《乙丙》。"乙丙"者何？乙以紀歲，丙以志感也^②。

【校勘】

①按：中國國家圖書館藏《乙丙集》鈔稿本，卷首有江藩《自序》，云："去蕭取艾、伐稂存禾，得一百二十八首，釐爲二卷。上卷六十五首，下卷六十三首，起乙未，終乙巳。"與《乙丙集》實際收錄情況相符。又，"下卷七十二首"，《滂喜齋叢書》本作"下卷六十三首"。

②漆永祥校本云："中國國家圖書館藏《乙丙集》鈔稿本，此文末尚有'乾隆丙午正月十二日江藩自序'十三字。"

【題解】

江藩早年從余蕭客學詩，曾得袁枚稱賞。乾隆五十一年(一七八六)，江藩爲其詩集《乙丙集》作序，叙詩集之由來及命名。按《乙丙集》二卷未曾刊印，今存鈔稿本，藏中國國家圖書館。江藩另有詩集《伴月樓詩鈔》三卷，卷上、卷中與《乙丙集》同，有清鈔本，藏上海圖書館。

【注釋】

[一]余仲林：指余蕭客(一七三二——一七七八)，字仲林，別字古農，江蘇吳縣人，有《古經解鈎沈》《文選紀聞》等。

[二]天廚：天庭的庖廚。《漢武帝内傳》："王母自設天廚，真妙非常，豐珍上果，芳華百味……非地上所有。"禁臠：比喻珍美的、獨自占有而不容別人分享、染指的東西。唐杜甫《八哀詩·故秘書少監武功蘇公源明》："前後百卷文，枕籍皆禁臠。"

[三]鍾嶸(約四六八——約五一八)：字仲偉，潁川長社(今河南長葛)人，有《詩品》。皎然(七三〇——七九九)：俗姓謝，字清晝，湖州(今浙江吳興)人，有《詩式》等。

[四]三折肱：喻屢遭挫折。宋張侃《歲時書事》："年來三折肱，逢人漫

稱好。"

[五]丙午：指乾隆五十一年(一七八六)，江藩時年二十六。

[六]饘(zhān)：稠粥。

[七]去蕭取蘭、伐稂存禾：皆是取其精華，刪汰蕪雜之意。蕭：即艾蒿，蒿
　　類植物的一種。蘭：一種有清香氣的花草。稂(láng)：害禾苗的雜草。

[八]乙未：指乾隆四十年(一七七五)，江藩時年十五。

[九]乙巳：指乾隆五十年(一七八五)，江藩時年二十五。

[十]歲星：即木星。古人認識到木星約十二年運行一周天，其軌道與黃道相
　　近，因將周天分爲十二分，稱十二次。木星每年行經一次，即以其所在
　　星次來紀年，故稱歲星。

[十一]選舞徵歌：亦作"選色徵歌"，挑選美女，徵召歌伎，指放蕩的生活
　　　方式。清余懷《板橋雜記·雅游》："結駟連騎，選色徵歌。"

毛乾乾傳

　　毛乾乾，字心易，江西星子人也。於學無所不窺，尤精推步，通
中西之學。崇禎時，爲邑諸生。鼎革後[一]，縣令捕入科舉，乾乾不
得已入試。文體奇古，學使不能句讀[二]，題其卷末云："生乎今之
世，反古之道。"乾乾見而笑曰："羽陵書生，但知錢在紙裏中耳[三]。"
歸隱匡盧山[四]，不復見世人。著古衣冠，獨往獨來，講學山中，村
農負販，聽者圍立。山中老稚婦女，皆稱爲"毛先生"。郟縣謝廷逸往
訪之[五]，以所著《推步全儀》爲贄。乾乾見而驚曰："辨析極微，窮極
秒①忽，古人宄此儀器也。"與之論方圓分體、方圓合義、方圓衍數，
不謀自合。嘆曰："野人肥遯山中[六]，日講經術，以世人罕知曆數，
不談久矣。今見子，豈可謂世無人耶！"即以女妻之，後與廷逸偕隱陽
羨[七]。宣城梅文鼎造門求見[八]，與文鼎論周徑之理、方圓相窮相變
諸率、先後天八卦位次不合者，文鼎以師事之。乾乾亦常謂人曰：
"文鼎、廷逸，老人之畏友也。"乾乾審五音之輕重、六律之短長，著
《律曆學》若干卷，又《雜著》二卷。子磐，於算數甚有精思，世傳
其學。

　　論曰：曆學之不明，由算學之不密，雖精如祖冲之、耶律楚材、
郭守敬、趙友欽[九]，而猶不密者，算法之不備也。自歐羅巴利瑪竇、

羅雅谷、陽瑪諾諸人入中國[十]，而算法始備，曆學始明。我朝明曆數之學者，咸推宣城梅氏、郟縣謝氏。謝氏之子名身灌，與予交，以是得讀先生之遺書，得聞先生之顛末，始知梅、謝兩家之學，有由來矣。世傳先生通占驗、善望氣[十一]，好事者取奇言怪語附著之，然而先生非唐都之學也。

【校勘】

①"秒"，原作"杪"，漆永祥校本據《滂喜齋叢書》本改，今從。

【題解】

　　毛乾乾爲明末清初曆算名家，梅文鼎之恩師，謝廷逸之岳父。江藩與廷逸子身灌相交，因得讀毛乾乾之遺書，得聞毛乾乾之始末，遂有此篇之作。毛乾乾(一六二一——一七〇九)：初名惕，字用九，號心易，別號匡山隱者，江西南康人。精於推數，通中西之學，有《樂述》《測天偶述》等。

【注釋】

[一]學使：即學政，全稱"提督學政"，亦稱"督學使者"，欲稱"學臺"，是清代地方文化教育行政官。

[二]鼎革：建立新的，革除舊的。舊時多指改朝換代。《易·雜卦》："革，去故也；鼎，取新也。"

[三]"羽陵"二句：意在譏刺士夫文人見識淺陋。宋胡仔《苕溪漁隱叢話》卷四載："東坡云：俗傳書生入官庫，見錢不識，或怪而問之，生曰：'固知其爲錢，但怪其不在紙裏中耳。'"羽陵：古地名。後以"羽陵"爲貯藏古代秘笈之處。《穆天子傳》："仲秋甲戌，天子東游，次於雀梁，蠹書於羽陵。"郭璞《注》："謂暴書中蠹蟲，因云蠹書也。"

[四]匡廬山：又名匡山、廬岳、匡廬，中國佛教名山之一，位於江西省北部，北依長江，東連鄱陽湖。

[五]謝廷逸：字野臣，清江蘇宜興人，有《推步全儀》等。

[六]肥遯：這裏指退隱。《易·遯》："九，肥遯，無不利。"孔穎達《疏》："子夏《傳》曰：'肥，饒裕也。'……上九最在外極，無應於内，心無疑顧，是遯之最優，故曰肥遯。"後因稱退隱爲"肥遯"。遯(dùn)：同"遁"，潛逃。

[七]陽羨：縣名。漢代設置，隋改爲義興，故址在今江蘇省宜興縣南。

[八]梅文鼎(一六三三——一七二一)：字定九，號勿庵，安徽宣城人，有《古

今曆法通考》《星圖》等。

[九]祖冲之(四二九—五○○)：字文遠，范陽遒(今河北淶水)人，有《綴
　　術》等。耶律楚材(一一九○—一二四四)：字晉卿，號玉泉老人，法號
　　湛然居士，有《湛然居士集》等。郭守敬(一二三一—一三一六)：字若
　　思，順德(今河北)邢臺人，有《推步》《授時曆》等。趙友欽：字子恭，
　　自號緣督，宋末元初時江西鄱陽人，有《革象新書》《推步立成》等。

[十]利瑪竇(一五五二—一六一○)：號西泰，又號清泰、西江，意大利的
　　天主教耶穌會傳教士，在華傳教二十八年，有《天主實義》《天主教要》
　　等。羅雅谷(一五九三—?)：字味韶，意大利人，天主教耶穌會傳教
　　士，有《日躔表》《測量全義》等。陽瑪諾：葡萄牙人，明朝末年來華的
　　傳教士，有《天問論》《天學舉要》等。

[十一]望氣：古代方士的一種占候術，觀察雲氣以預測吉凶。《墨子·迎敵
　　祠》：“凡望氣，有大將氣，有小將氣，有往氣，有來氣，有敗氣，
　　能得明此者，可知成敗吉凶。”

吾母王孺人傳

嘉慶十四年八月初四日，吾母王孺人弃世，其孤學海泣謂藩
曰[一]：“先孺人有賢行，不可湮没。子乃姻婭也[二]，知孺人之工容言
德莫若子[三]，敢以傳請。”孺人姓王氏，吾丈序常之室也[四]。吾氏其
先出浙之開化，由浙遷晉。明季有念庵公者[五]，爲蘇州守，因家焉。
丈之王父仁長公[六]，以諸生忤當事[七]，遣戍關中[八]，二子隨侍。季
如玉公事母家居[九]，娶丁太孺人，生丈及一女。如玉公奉母入秦[十]，
太孺人及丈寄食外家。後丈至關中省親[十一]，旋奉父命歸里，迎太孺
人往，而太孺人因積勞成疾，不果行。丈舅氏丁魯尊先生，以書達如
玉公，得攝主婚事，乃娶孺人。孺人在家，事父母以孝聞。于歸
後[十二]，以事父母者事姑，以佐其父母者佐夫子，內外無間言。丁太
孺人多病，孺人進甘旨，視湯藥，扶持搔抓以及滌牏之役[十三]，無不
親爲之。太孺人長嘆曰：“我生平困躓[十四]，今得此賢婦，天之報我，
亦良厚矣。”奉事太孺人，十餘年如一日，及居太孺人喪，哭泣盡禮。
序常丈，敦行君子，六十年中，夫婦相敬如賓。家無中人之產[十五]，
當坎壈時[十六]，孺人少侘傺之色[十七]，而勤儉持家，服食樸素，雖不
至有負薪被絮之苦，然亦可繼簪蒿杖藜之風矣。嗣後四子成立，奉養

無缺，孺人服敬姜之訓[十八]，終不休其蠶織也。

孺人平居，無怒色，無疾聲，教子惟以義方，不加榎楚[十九]，即下及臧獲[二十]，待之亦以禮。序常丈之妹適曹氏[二十一]，甚貧，時或就食母家。每產後輒無乳，生三女，皆孺人親爲乳哺。及長遣嫁，孺人以奩具析贈之[二十二]，至今戚黨尤嘖嘖稱道焉。孺人體素羸瘠，今秋患病，雖危劇，而神明不衰，無殿屎之聲[二十三]，若不有疾苦者，豈二氏所謂來去瞭然者耶？子四：長學海，次炳也，次子屛，次從周。孫五，孫女五，皆幼。孺人生於乾隆五年十一月十八日，卒於嘉慶十四年八月初四，得年七十。

藩於學海，少同學，情好逾昆弟，總角時[二十四]，登堂拜母，孺人以子侄蓄之。及學海取藩妹，爲姻親，時相往來。孺人與先慈[二十五]，杯酒論心，情如同氣，兩家子婦侍左右，團圝笑語，如一家焉。先慈見背時[二十六]，孺人哭之慟。未幾，余妹亦相繼下世，藩扶柩回邗上[二十七]，音問遂疏。今年春，藩客游四明，道出吳門，孺人謂藩曰：“予老矣，不知能復見子否？”親舊暌隔，何以爲懷，含泪別去。季秋復來吳下[二十八]，則孺人已殯兩楹，昔日之言，得非讖語乎？回憶三十年來，兩家舊事，竟同塵影，能不悲哉！縱橫涕泗，不知所云。

【題解】

江藩與吾學海同學交好，後江藩妹珠嫁與學海，結爲姻親。嘉慶十四年（一八〇九），吾母王孺人去世，江藩應學海之請，爲之立傳，以哀其亡故，彰其賢行。孺人：古代稱大夫的妻子，明清七品官的母親或妻子封孺人。也通用爲婦人的尊稱。此處用後一義。

【注釋】

[一]學海：指吾學海，號半客，江蘇吳縣（今蘇州）人，與江藩同學交好，後娶江藩之妹江珠爲妻。

[二]姻婭：亦作“姻亞”，有婚姻關係的親戚。《左傳·昭公二十五年》：“爲父子、兄弟、姑姊、甥舅、昏媾、姻亞，以象天明。”杜預《注》：“婿父曰姻，兩婿相謂曰亞。”

[三]工容言德：亦作“德言容功”“德容言功”等，指封建禮教要求婦女具備的四種德行，即婦功、婦容、婦言、婦德。《禮記·昏義》：“是以古者婦人先嫁三月……教以婦德、婦言、婦容、婦功。”鄭玄《注》：“婦德，

貞順也；婦言，辭令也；婦容，婉娩也；婦功，絲麻也。"

[四]序常：吾學海父。

[五]明季：指明代末年。季：末了。念庵公：官苏州知府，由山西举家迁入。

[六]王父：祖父。仁長公：吾學海曾祖，嘗遣戍關中。

[七]當事：指當權者。

[八]關中：指"四關"之内，即東潼關（函谷關）、西散關（大震關）、南武關（藍關）、北蕭關（金鎖關），在今陝西省中部。

[九]季如玉公：指仁長公的小兒子如玉公。季：兄弟排行次序最小的。

[十]秦：古地區名，指今陝西省中部平原地區。因春秋戰國時爲秦國地，故名。

[十一]省(xǐng)親：探望父母或其他尊親。

[十二]于歸：出嫁。《詩·周南·桃夭》："之子于歸，宜其室家。"朱熹《集傳》："婦人謂嫁曰歸。"

[十三]腧(shù)：本指人體上的穴道，這裏指按摩。

[十四]困躓(zhì)：受挫，顛沛窘迫。

[十五]中人：中等人家。

[十六]坎壈(lǎn)：不得志。《楚辭·九嘆·怨思》："惟鬱鬱之憂毒兮，志坎壈而不違。"

[十七]佗傺(chà chì)：失意而神情恍惚的樣子。《楚辭·離騷》："忳郁邑餘佗傺兮，吾獨窮困乎此時也。"王逸《注》："佗傺，失志貌。"簪蒿杖藜：以蒿當簪，以藜爲杖，形容生活艱苦。

[十八]敬姜：齊侯之女，姜姓，諡"敬"，魯國大夫公父文伯之母。以賢惠著稱，有《論勞逸》，是春秋戰國時期家訓的代表作。

[十九]檟(jiǎ)楚：用檟木荊條製成的刑具，用以笞打。《晋書·虞預傳》："臣聞間者以來，刑獄轉繁，多力者則廣牽連逮，以稽年月；無援者則嚴其檟楚，期於入重。"楰：檟木荊條。

[二十]臧獲：古代對奴婢的賤稱。《荀子·王霸》："大有天下，小有一國，必自爲之然後可，則勞苦耗悴莫甚焉；如是，則雖臧獲不肯與天子易執業。"

[二十一]適：女子出嫁。

[二十二]奩(lián)具：嫁妝。宋周密《癸辛雜識別集·銀花》："姑以千緡爲奩具之資。"

[二十三]殿屎：愁苦呻吟。《詩·大雅·板》："民之方殿屎，則莫我敢葵。"《毛傳》："殿屎，呻吟也。"

[二十四]總角：古時兒童束髮爲兩結，向上分開，形狀如角，故稱總角。
《詩·齊風·甫田》：“婉兮孌兮，總角丱兮。”《鄭箋》：“總角，聚
兩髦也。”

[二十五]先慈：稱亡母。

[二十六]見背：父母或長輩去世。西晋李密《陳情表》：“生孩六月，慈父
見背。”

[二十七]邗上：地名。因春秋吳王夫差筑邗城、开邗沟而得名，今屬江蘇
揚州。

[二十八]吳下：泛指吳地。

享年室銘並序

江都黄君承吉[一]，弱禀異質。髫齔時[二]，請於祖寄亭公曰[三]：
“世人多以字行者，獨孫無字，請字之亨年，可乎？”君之祖爲之色喜。
所以色喜者，以是言爲兆，知君之可享大年，且自喜壽徵也。藩謂君
之祖已登上壽[四]，則君之年又可不筮而知矣。

君之於學，靡不講貫，尤精於漢儒之説，請即以漢之經師喻之：
漢之經師，其年齒見於史傳，略可考而知也。伏生之年九十，張蒼百
有餘歲[五]，夏侯勝九十，申公九十餘，孔光九十[六]，揚雄七十一，
桓譚七十[七]，蘇竟七十[八]，楊厚八十二[九]，賈逵七十二，子楷亦七
十，桓榮八十餘[十]，任安七十九[十一]，周防七十八[十二]，包咸七十
一[十三]，寒朗八十四[十四]，王允①七十，伏恭九十[十五]，鄭玄七十四，
樓望八十[十六]，如董仲舒、盧植、丁鴻、周澤諸儒[十七]，史雖未著卒
年，然有爲三老五更者[十八]，有書老乞骸骨者[十九]，則其年可知矣。
蓋潜心於學，則心不外役，而神明不衰也。君既長，字曰謙牧，乃以
亨年署爲室名，不獨不忘祖德，抑且自勵其學云。嘉慶元年春王正
月，屬藩爲銘，因述六書之義以銘之，銘曰：

亨與享烹，古本一字。後人分別，字體乃二。《吕刑》享
國[二十]，見於《周書》。《叙傳》永年，是爲權輿[二十一]。中數曰
歲[二十二]，朔數曰年。見《周官經》，鄭《注》云然。曰宫曰室，散
文則通。度几度尋[二十三]，對文不同。論君之年，義證史

宬[二十四]。名君之室，訓本古經。注《禮》箋《詩》，傳之於後。君於《周禮》《毛詩》，皆有著述。死而不忘，厥名曰壽。

【校勘】

①"王允"，疑作"王充"。按：王允(一三七——一九二)，字子師，山西太原人，官至司徒。王充(二七—約九七)，字仲任，會稽(今浙江紹興)上虞人，習《論語》《尚書》，好古文經學，有《論衡》。據所言年齒"七十"和江藩所謂"漢之經師"而論，當作"王充"爲是。

【題解】

　　乾隆五十五年庚戌(一七九〇)，江藩三十歲時與黃承吉訂交。嘉慶元年(一七九六)，江藩應黃承吉之囑，爲其書齋享年室撰銘。

　　黃承吉与江藩为同乡好友，情誼篤厚。黃氏《夢陔堂文集》卷一《江鄭堂像贊(並序)》稱江藩爲"通儒""執(摯)友"。《夢陔堂詩集》卷二《李濱石携榼過飲，有懷江鄭堂(藩)焦里堂(循)》與《得江鄭堂書》、卷三《寄江鄭堂》與《春日憶江鄭堂》、卷四《鄭堂見過，論及字書音義，別後申前意成詩簡之》與《喜江鄭堂折足復愈》、卷二十二《觀漢學師承記憶江鄭堂粵東》、卷三十二《江鄭堂没已數月，秋窗坐憶，惻然成詩》、卷四十二《因憶艾塘觸想當時同聚諸君，感不自勝，更成絕句十二首·江鄭堂(藩)》諸篇，皆是唱和感懷之作，讀來情深意摯。尤堪注意者，黃氏論學多得江藩指引點撥。黃氏《江鄭堂没已數月，秋窗坐憶，惻然成詩》云："君(江藩)曰吾語汝，此豈空領悟。古來善讀書，讀橫不讀豎。要在研精微，能使經義著。記誦非可師，經師有先路。由是俗見袪，恍然若趨曙。明我以六書，析我以九數。通我以金石，擴我以傳注。後來交浸多，引類從此赴。我行雖未逮，非君莫假步。"

　　銘：文體名。古代常刻於碑版或器物，或以稱功德，或用以自警。劉勰《文心雕龍·銘箴》："箴全禦過，故文資確切；銘兼褒讚，故體貴弘潤。"

【注釋】

[一]黃承吉(一七七一——一八四二)：字謙牧，號春谷，江蘇江都人，有《夢陔堂文集》等。

[二]髫髩(tiáo duǒ)：幼年。《後漢書·周燮傳》："始在髫髩，而知廉讓；十歲就學，能通《詩》《論》。"

[三]寄亭公：指黃承吉的祖父修濤，安徽歙縣潭渡人。有子三：其林，其樺，其橚。承吉爲其林長子。

[四]上壽：三壽中之上者。《莊子·盜蹠》：“人上壽百歲，中壽八十，下壽六十。”

[五]張蒼(前二五六—前一五二)：陽武縣(今河南原陽)人，校正《九章算術》，制定曆法，官至丞相。

[六]孔光(前六五—五)：字子夏，山東曲阜人，孔子的十四世孫，通經學，官至丞相。

[七]桓譚(二三—五六)：字君山，沛國相(今安徽淮北)人，好古文經學，有《新論》。

[八]蘇竟(前四○—三○)：字伯況，扶風平陵(今陝西咸陽)人，通《周易》《尚書》，擅長圖讖和緯書。

[九]楊厚(七二—一五三)：字仲桓，四川廣漢新都人，有《唐書藝文志》《內讖》等。

[十]桓榮：字春卿，東漢時沛郡龍亢(今安徽懷遠)人，少時赴長安從博士朱普學，後任博士、太子少傅。

[十一]任安(一二四—二○二)：字定祖，蜀郡綿竹(今屬四川)人。少時從楊厚學，入太學習《五經》，後隱居授徒。

[十二]周防：字偉公，商水人，習《古文尚書》，有《尚書雜記》等。

[十三]包咸(七—六五)：字子良，會稽曲阿(今江蘇丹陽)人，有《論語章句》等。

[十四]寒朗：字伯奇，東漢初魯國薛地(今山東滕縣)人，治《尚書》。

[十五]伏恭(五—八四)：字叔齊，琅邪東武(今山東諸城)人，治《齊詩》。

[十六]樓望(二○—一○○)：字次子，陳留雍丘(今河南杞縣)人，治《春秋》。

[十七]丁鴻(？—九四)：字孝公，潁川定陵(今河南漯河)人，隨桓榮習《歐陽尚書》，後參與白虎觀會議。周澤：字穉都，漢代北海(今山東)安丘人，習《公羊嚴氏春秋》，門徒甚眾。

[十八]三老五更：古代設三老五更之位，天子以父兄之禮養之。《禮記·樂記》：“食三老五更於大學。”鄭玄《注》：“三老五更，互言之耳，皆老人更知三德五事者也。”

[十九]乞骸骨：古代官吏自請退職，意謂使骸骨得歸葬故鄉。《晏子春秋·外篇上二十》：“臣愚不能復治東阿，願乞骸骨，避賢者之路。”

[二十]享國：帝王在位年數。《尚書·呂刑》：“惟呂命，王享國百年，耄，荒度作刑，以詰四方。”

[二十一]權輿：起始。《詩·秦風·權輿》：“今也每食無餘，於嗟乎！不承權輿。”朱熹《集傳》：“權輿，始也。”

[二十二]"中數"句：孔穎達《周禮疏》："中數者，謂十二月中氣一周，總三百六十五日四分之一，謂之一歲；朔數者，十二月之朔一周，總三百五十四日，謂之爲年。此是歲年相對，故有朔數、中數之別。"中數：指中氣一周之數，即地球公轉一周的時間。朔數：從第一年正月初一到第二年正月初一。

[二十三]尋：古代的一種長度單位，八尺爲尋。《方言》："尋，長也。周官之法，度廣爲尋。"

[二十四]史宬（chéng）：即皇史宬，古代的檔案館，始建於明嘉靖年間。宬：古代的藏書室。

汪先生墓表

先生諱鎬京，字快士，號西谷，歙人也。先世居古唐村[一]，後僑寓江都，遂家焉。祖諱文耀，明季知餘姚縣事[二]，觀納風謠[三]，廣求民瘼[四]，民感其惠，配食於社[五]。考諱應健，畢志邱園，忘懷簪冕[六]，壻於同里鄭重[七]，師其書法，知名於時。

先生生有異姿，長而懷德，恢韜百氏，探賾六書。樂衡門之徲夷[八]，甘山林之杳藹[九]。雅愛巖谷[十]，性痼煙霞[十一]。大江南北，名山勝迹，游踪殆遍。如宗少文，每遇佳山水，往輒忘歸。長於歌詩，兼工摹印，以價印之貲[十二]，为裹糧之計。然頗自矜重，貲既給，亦不復價。平生游歷名勝之地，攟拾故事，旁及詩文，各刻一印，系以四言詩，題曰《紅术軒山水篆册》，桐城張文端公序而刻之[十三]。別著《紫泥法》，仁和王晫刊入《檀几叢書》[十四]。

嘗謂肄經當知古文，識字乃明訓故。《三蒼》之學[十五]，卷帙不傳；《十帖》之科[十六]，口試又廢。所存古籍，或詳形體，不顯聲讀是非；或論音均[十七]，不辨偏旁紊亂。刺取《説文》《玉篇》諸書，集古今之字，依四聲編次，撰《文字原》一書。又謂小學由篆變隸，由隸變楷，字體寖失，惟摹印爲今世所用，然必考據《六藝》，不可兼通八體[十八]，爲《紅术軒印範》，皆刊行於世。以康熙四十一年四月七日卒，生於明崇禎七年六月三日，春秋六十有九。葬甘泉縣金匱山郝家寶塔先塋之右[十九]，禮也。取鄭氏，生子三：長良溥，次良沛，季良澤。女一，適山陽程某。既葬之越一百十二年，墓門之樹無恙，泉扉之志缺如。五世孫喜孫恐年歲遐遠[二十]，陵谷隕遷，乞爲志墓文，敢勒遺塵，式名玄石。銘曰：

箕山之侶[二十一]，葛天之氓[二十二]。與物無私，與世不争。邁軸抱璞[二十三]，嚴阿飾情[二十四]。《易》占石階，《詩》詠河清。世守邱壠[二十五]，永奠佳城[二十六]。惡木不植，書帶長生。

【題解】

乾隆四十五年庚子（一七八〇），江藩二十歲時與同鄉汪中訂交，後成爲密友。喜孫爲汪中子，亦時有往還。嘉慶十八年（一八一三），江藩應喜孫之請，爲其高祖汪鎬京撰寫墓表。汪先生即汪鎬京，字快士，號西毂，一號紅術軒主人，祖籍安徽歙縣，僑寓江都，有《文字原》《紅術軒印範》等。墓表：猶墓碑。因其豎於墓前或墓道内，表彰死者，故稱。

【注釋】

[一]古唐村：古地名，今在湖南省衡陽市祁東縣靈官鎮西北部。

[二]餘姚：縣名，位於浙江省紹興縣之東，瀕姚江北岸，滬杭甬鐵路南段經此。

[三]風謠：泛指反映風土民情的歌謠。

[四]民瘼（mò）：民衆的疾苦。《詩·大雅·皇矣》：“監觀四方，求民之莫。”

[五]配食：祔祭；配享。《漢書·外戚傳上·孝武李夫人》：“武帝崩，大將軍霍光緣上雅意，以李夫人配食，追上尊號曰孝武皇后。”

[六]簪冕：冠簪和禮帽，借指在朝爲官。唐岑參《過王判官西津所居》：“夫子賤簪冕，注心向丘林。”

[七]鄭重：字千里，號無著，明安徽歙縣人，工書畫。

[八]衡門：横木爲門，指簡陋的房屋。衡：通“横”。《詩經·國風·衡門》：“衡門之下，可以栖遲。”《毛傳》：“衡門，横木爲門，言淺陋也。”徲（tí）：久。《説文解字·彳部》：“徲，久也，讀若遲。”夷：平安。

[九]杏藹：茂盛貌。

[十]巖：通“岩”，高峻。

[十一]痼：長期養成的不易克服的癖好、習慣。煙霞：泛指山水、山林。

[十二]貲：通“資”，貨物；錢財。

[十三]張文瑞公：名英（一六三七—一七〇八），字敦復，一字夢敦，號樂

圃，又號倦圃翁，謚"文端"，安徽桐城人，有《篤素堂詩集》等。

[十四]王晫：初名棐，字丹麓，號木庵，自號松溪子，明末清初錢塘（今浙江杭州）人，有《今世説》《遂生集》等。

[十五]《三蒼》：指秦李斯《蒼頡》七章、趙高《爰曆》六章、胡毋敬《博學》七章。是秦統一文字之後，介紹小篆楷範的字書。漢代合此三書爲一，斷六十字爲一章，統稱爲《蒼頡篇》。

[十六]《十帖》：指王獻之的《洛神賦》、褚遂良的《倪寬傳贊》、歐陽詢的《九成宫醴泉銘》、顏真卿的《祭侄文稿》、懷素的《自訴帖》、王羲之的《蘭亭序》、黄庭堅的《松風閣詩》、米芾的《蜀素帖》、蘇軾的《黄州寒食帖》。

[十七]均：同"韻"，和諧的聲音。成公綏《嘯賦》："音均不恒，曲無定制。"李善《注》："均，古韻字也。"

[十八]八體：八種書體。秦代統一文字，廢除不符合秦文的六國文字，定書體爲大篆、小篆、刻符、蟲書、摹印、署書、殳書、隸書八種，謂之"八體"。

[十九]甘泉：雍正十年（一七三二），地方申請行政區劃調整，因揚州境内有甘泉山（爲西漢古墓群），狀如北斗七星，故用甘泉作縣名。金匱山：亦作"金桂山"或"金龜山"，位於揚州西郊。郝家寶塔：一處較大的墓地。先塋（yíng）：先人墳墓。《漢書·楚元王劉交傳》："太夫人薨，賜塋，葬靈户。"顏師古《注》："塋，塚地。"

[二十]喜孫：指汪喜孫（一七八六——一八四七），字孟慈，號荀叔，江蘇江都人，有《經師言行録》《從政録》等。

[二十一]箕山：山名，位於河南省登封縣東南。相傳堯時巢父許由隱居在此，後來伯益亦避禹子啓於此山之北。

[二十二]葛天：傳説中的遠古帝名。

[二十三]抱璞：指保持本色，不爲爵禄所惑。

[二十四]飾情：矯飾真實的心意和想法。

[二十五]邱壠：亦作"邱隴"，指墳墓。

[二十六]佳城：喻指墓地。

清故刑部山東司員外郎鄭君墓志

鄭氏世居於歙，至贈中議公炳基[一]，始遷江寧。贈公子候補知府贈中議公爲翰[二]，自江寧遷江都，贈公生候補道中憲公澂江[三]。澂江公二子：長涵，早歿；君其次也。君諱宗汝，字翼之，號雨鄉。家世科第，望冠士族，承先德之清華[四]，植之以茂實，端志修能，賢士大夫莫不響慕加厚焉。少攻舉子業[五]，不得志於有司，朝廷開川運例，以貲爲員外郎[六]，授刑部山東司。時尚書文蕭公英廉、袁公守侗[七]，敬度祥刑[八]，簡孚有衆[九]，君悉心秋讞[十]，手定爰書[十一]，有倫有要，平反之力居多，二公咸重之。然君心切烏私[十二]，志高蟬脱，力請乞養。歸侍澂江公，佐家政。以嘉慶六年八月十二日卒，年四十六，恭遇覃恩，加三級，誥授中憲大夫。二娶：元配謝恭人，次配王恭人，皆先卒。子一，兆理，大理寺寺丞。孫一，煦。以嘉慶十二年某月某日，葬於江寧縣南鄉之馬廠。

　　君天性孝友，事父母克順祇修，侍母吳太恭人疾，衣不解帶，目不交睫，日夕焚香祝天，願以身代。居倚廬，朝夕一溢米[十三]，晝夜哭無時，雖哀毀骨立[十四]，而能勝喪。少隨兄讀書家塾，兄歿，塾師講《詩》“鶺鴒”章[十五]，聞之淚下，塾師爲之掩卷。事其嫂吳宜人如事兄，教育猶子，無異己子。與人交，和易可親，有所緩急，無少吝。喜讀書，有園曰餘圃，澂江公所葺也。春秋暇日，與朋友唱和其中。鄉先達沈既堂先生[十六]，稱其詩如劉隨州[十七]。事澂江公，先意承志，能得親之歡心。卒之日，澂江公撫君背曰：“汝一生孝順，當如釋氏言往生樂土矣[十八]。”君時奄奄一息，聞是言，泣不成聲，猶勉强作稽首狀。核君生平，好善學文，謹謹致孝。嗚呼！可謂篤行君子矣。銘曰：

　　　　服官以勤，事親以道。惟樸不斫，惟淳可葆。未臻上壽，爲善是悼。子孫逢吉，卜筮以告。爰位幽宅，於陰之原。銘勒貞石，其辭不煩。藏之奧隅，百世猶存。

【題解】

　　嘉慶十二年(一八〇七)，鄭宗汝卒，江藩核其生平，爲作墓志。鄭君：指鄭宗汝，字翼之，號雨鄉，江蘇江都人。墓志：放在墓裏刻有死者生平事迹的石刻，分上下兩層：上層曰蓋，下層曰底，底刻志銘，蓋刻標題。

【注釋】

[一]炳基：指鄭炳基，鄭宗汝曾祖，始由歙縣遷居江寧。

[二]候補：清制，未經補實缺的官員由吏部依法選用，選定後到某部或某省聽候補缺或臨時委用，稱爲候補。爲翰：鄭炳基子，由江寧遷入江都，候補知府。子二：長鍾山，次鑒元。

[三]澂江：指鄭鑒元，字允明，能文章，好程朱性理之學，年八十，講誦不倦。

[四]清華：門第或職位清高顯貴。北齊顏之推《顏氏家訓·雜藝》：“王褒地冑清華。”

[五]舉子業：即“舉業”，爲應科舉考試而準備的學業，明清時專指八股文。

[六]員外郎：官名。員外，本指正員以外的郎官。晉武帝始設員外散騎常侍，員外散騎侍郎，簡稱員外郎。隋開皇時，尚書省二十四司各設員外郎一人，爲各司的次官。唐以後，直至明清，各部都有員外郎位在郎中之次。

[七]英廉（一七〇七——一七八三）：馮氏，字計六，號夢堂，遼寧瀋陽人，謚“文肅”，有《清代畫史》等。袁守侗（一七二三——一七八三）：字執沖，號愚谷，山東長山人，謚“清愨”。

[八]祥刑：同“詳刑”，謂善用刑罰。《書·呂刑》：“有邦有土，告爾祥刑。”

[九]簡孚：猶核實。《書·呂刑》：“五辭簡孚，正於五刑。”孔《傳》：“五辭簡核，信有罪驗，則正之於五刑。”

[十]秋讞（yàn）：亦作“秋審”，古代復審死刑案件的一種制度。因於秋季舉行，故稱。讞：議罪；判定。《漢書·景帝紀》：“諸獄疑，若雖文致於法而於人心不厭者，輒讞之。”顏師古《注》：“讞，平議也。”

[十一]爰書：古代記錄囚犯供辭的文書。

[十二]烏私：李密《陳情表》：“臣密今年四十有四，祖母劉今年九十有六，是臣盡節於陛下之日長，報養劉之日短也，烏鳥私情，願乞終養。”後因以“烏私”爲孝養父母之典實。

[十三]溢：同“鎰”，古代重量單位，合二十兩。

[十四]骨立：形容人消瘦到極點。漢劉向《說苑·修文》：“（子路）遂自悔，不食七日而骨立焉。”

[十五]“鶺（líng）原”章：指《詩經·小雅·常棣》：“脊令在原，兄弟急難。每有良朋，況也永嘆。”《鄭箋》：“水鳥，而今在原，失其常處，則飛則鳴，求其類，天性也。猶兄弟之於急難。”脊令，也寫作“鶺鴒”。後因以“鶺原”謂兄弟友愛。

[十六]先達：有德行學問的前輩。沈既堂：指沈業富（一七三二——一八〇七），字既堂，又字方，號味鐙老人，揚州高郵人。官太平知府，有《味鐙齋詩文集》。

[十七]劉隨州：指劉長卿（約七二六—約七八六），字文房，安徽宣城人，
　　詩風清遠，有《劉隨州集》等。
[十八]釋氏：佛姓釋迦的略稱，亦指佛或佛教。

廩膳生吳君墓表

君名兆松，字蒼虹，一字敬堂，其先爲歙縣人。君之曾祖大熹
公[一]，始遷於江都，遂爲江都人。君十五歲，母氏李孺人弃世，晝
夜哭泣，哀毀幾於滅性[二]。是時家道中落，日食饘粥，而君下帷讀
書[三]，處之怡然。年二十，爲邑庠生[四]。二十三，試高等[五]，爲廩
膳生。二十五，始娶李孺人，共事父文瀾公[六]，授巾問衣，怡聲柔
色，瀡瀸脂膏[七]，不假手於僕婦[八]，必敬而進之。文瀾公歿後，能
盡古喪禮。

君少時，讀五子《近思録》[九]，嘆曰：“聖賢躬踐之實在是矣，何
必外求哉！”自文瀾公歿後，終身不應鄉舉，閉户讀書，闡濂、洛、
關、閩之旨[十]，嘗謂：“孔子作《春秋》，爲百王不易之大法。漢、
唐、宋諸儒之説，紛紜轇轕[十一]，莫能是正。清江張元德[十二]，游朱
子之門，親聞緒論，其所著之《春秋集傳》《春秋集注》，統會羣言，
考其異同，參其中否，至於掊擊僞辨，亦無牽合之弊，衛宗武所謂
“以傳考經，以經考傳，能得史外傳心之藴者”也[十三]。近日學者專習
胡《傳》[十四]，幾不知世有此書矣。”乃取《集傳》，删繁就簡，薈其説
之最精者，手寫成書。又著《尚書先儒遺論》四十六篇。

君足不出户三十年，著書之暇，閉目默坐，以是世無知者，惟李
進士道南、朱布衣賫亟稱之[十五]。君生於康熙四十九年，卒予乾隆五
十五年，年八十一，葬於郡之西鄉。子一，名夢熊，字曰達。藩與曰
達，有尹班之雅[十六]，每見君，執弟子禮，謂藩曰：“讀書當融釋，
講學在縝密。不讀書無入德之門，不講學無自得之樂。”藩聞此語，知
君深於李南劍之學者[十七]，豈尋常講學之流哉！

嗟乎！《六經》乃載道之文，未有不讀《六經》而能明聖賢之道者。
君郡明季王艮[十八]，目不知書，爲姚江之學，自謂不由語言文字，默
契心宗，一傳之後，吏胥窰匠[十九]，皆爲講學之人矣。不讀書而講
學，自古所無，獨釋氏有不立文字、言下頓悟之説。心齋之徒，其説

與釋氏無異，乃聖門之罪人，安得讀之得孔、孟之心傳也哉！支離詭僻之習，至康熙、雍正間，其熾不衰。君燭理明而是非辨，知所止而操履完，不搖惑於亂道之巧言，可稱真儒矣。

【題解】

　　乾隆五十五年(一七九〇)，吳兆松卒。江藩對吳兆松執弟子之禮，且與其子夢熊交好，故爲其撰作墓表，叙其生平，彰其品節。廩膳生：又稱廩生，明、清兩代稱由公家給以膳食的生員。吳君：指吳兆松(一七一〇——一七九〇)，字蒼虯，一字敬堂，江蘇江都人，有《尚書先儒遺論》《春秋集傳》等。

【注釋】

[一]大熹公：吳兆松曾祖，始由歙縣遷入江都。

[二]滅性：因喪親過哀而毀滅生命。《禮記·喪服四制》："毀不滅性，不以死傷生也。"

[三]下帷：指閉門苦讀。南朝梁任昉《贈王僧孺》詩："下帷無倦，升高有屬。"

[四]庠生：科舉時代稱府、州、縣學的生員，明清時爲秀才的別稱。

[五]高等：古代舉官選士，政績學業獲優良者。

[六]文瀾公：吳兆松父，生平不詳。

[七]滫瀡(xiǔ suǐ)：指柔滑爽口的食物。

[八]僕婦：年齡較大的女僕。

[九]《近思録》：南宋朱熹與吕祖謙編輯周敦頤、張載、程顥、程頤等著述精義成《近思録》，後來講學家力争門户，務黜衆説而定一尊，遂没祖謙之名，但稱《朱子近思録》。

[十]濂、洛、關、閩：指宋朝理學的四個重要學派。濂指周敦頤；洛指程頤、程顥兄弟；關指張載；閩指朱熹。

[十一]轇轕(jiāo gé)：亦作"轇輵"或"轇葛"，指糾纏不清。

[十二]張元德：指張洽(一一六〇——一二三七)，字元德，臨江清江(今江西樟樹)人，有《春秋集注》《歷代郡縣地理沿革表》等。

[十三]衛宗武(? ——一二八九)：字洪父，一作淇父，自號九山，嘉興華亭(今屬浙江)人，有《秋聲集》等。

[十四]胡：指胡安國(一〇七四——一一三八)，又名胡迪，字康候，號青山，謚"文定"，建寧崇安(今福建武夷山)人，有《春秋傳》等。

[十五]李進士道南：字晴山，清江蘇江都人，輯有《四書講義集説》。

[十六]尹班之雅：喻指關係親密。尹班：漢代尹敏與班彪的並稱。《東觀漢記·尹敏傳》：“敏與班彪親善，每相遇與談，常日旰忘食，晝即至暝，夜則達旦。”

[十七]李南劍：指李侗（一〇九三——一一六三），字願中，世號延平先生，南劍州劍浦（今福建南平）人，故稱李南劍。從羅從彦學，與楊時、羅從彦並稱“南劍三先生”，有《李延平先生文集》。

[十八]王艮（一四八三——一五四一）：字汝止，號心齋，泰州安豐場（今江蘇東台安豐鎮）人，人稱“王泰州”。經王守仁點化轉而治學，並創立傳承陽明心學的泰州學派。姚江之學：明代王守仁所創的學派，主張心即理、知行合一、致良知。因王守仁是浙江餘姚人，號陽明，故其學説稱爲“姚江學派”，亦稱爲“陽明學派”。

[十九]吏胥：舊時官府中的小吏。

朱處士墓表

處士名簣，字二亭，江都人。幼遭父喪，哭泣盡禮，雖不杖之年而能病也。事母以孝聞，鄉人無間言。處士生而穎悟，十三歲即能爲五七言詩。因家貧，弃學舉子業，服賈以養母，自號市人。處士少習拳勇，市中人有犯之者，不與校[一]。雖與屠沽雜處[二]，然手一編弗徹，夜則閉户讀，至鷄鳴猶朗朗誦讀不已，市人恒笑之。

中年，博通文籍，肆力爲詩古文。桂林陳文恭公見先生所作《前明郝公景春紀略》《經濟纂要》諸篇[三]，稱爲“奇才”，謂門生姜忠基曰：“子爲我招之來京師。”忠基至江都，致文恭公命，處士以母老不敢遠離辭。高宗純皇帝開四庫館，思得如揚雄、劉向之徒者，校讎古籍。兩江總督高文端公耳處士名[四]，札致金教授兆燕[五]，將薦之於朝。處士曰：“吾深山之麋鹿也，豈可裹以章服哉！”力辭不就。是時，其族叔隸旗籍名孝純者，官泰安知府[六]，折柬招處士爲泰安之游，乃探仙闕神府之幽賾，訪五祠三廟之遺踪，得詩數十首而返。後孝純遷兩淮鹽運使[七]，處士絶不與聞公事，惟與孝純飲酒賦詩而已。

處士家無餘財，好周人之急。友人金某夫婦病卒，爲之殯殮，養其子女十有餘年。疏戚程某，貧無所歸，寄食處士家。死後，教養程某二子，皆得成立。金徵君農客江都，既老且病，處士延之於家。其殁也，杭太史大宗鳩金治喪事[八]，以餘金畀處士[九]，蓋欲償處士供膳之資也，處士盡與徵君之嗣子。又有比鄰杜母，其子不肖，所蓄金珠，藏於匣中，恐爲其子竊取，寄處士家，他人不知也。杜母死，處士置之柩前，封識宛然[十]，其子感泣，遂改行爲善。邦人稱爲"独行君子"，非虛語也。及其爲詩文，根柢經史，如有原之水，挹而不窮。韓子曰："人皆刦刦[十一]，我独有餘。"於處士見之矣。

　　嘉慶二年正月三日，召弟子張居壽、葉州、薛本、李文英四人，謂之曰："吾初七日與諸君別矣。讀書惟正心誠意爲第一義，富貴如浮雲耳。"復命其子曰："《傳》云：'喪具，稱家之有無。'不可乞貸於親友。吾生平無絲粟累人，勿使吾身後蒙不潔名也。"至初七日，端坐而逝，卒年八十。以嘉慶某年某月，葬於某鄉。子一，慎履，歲貢生。

　　乾隆四十三年，處士見藩歌詩，囑張居壽爲介紹，引爲忘年之交。處士之韜耀絕機，含和隱璞，藩知之最深，乃作石表之文，以著清風於來葉焉。

【題解】

　　經張居壽介紹，江藩與朱箟結爲忘年之交，故有此《朱處士墓表》之作。朱箟《二亭詩鈔》亦收錄江氏《朱處士墓表》，署"嘉慶戊辰三月既望甘泉江藩撰"，可知作年爲嘉慶戊辰十三年(戊辰)。朱處士：指朱箟，字二亭，江蘇江都人，有《二亭詩鈔》等。處士：有才德而隱居不仕的人。

【注釋】

[一]校：計較，較量。

[二]屠沽：亦作"屠酤"，宰牲和賣酒，這裏泛指職業微賤的人。《墨子·迎敵祠》："舉屠酤者置廚給事，弟之。"

[三]陳文恭公：指陳宏謀(一六九六——一七七一)，字汝咨，號榕門，臨桂(今廣西桂林)人，謚"文恭"，有《培遠堂全集》等。

[四]高文端公：指高晉(一七〇七——一七七八)，字昭德，謚"文瑞"，乾隆時期的治河名臣。

[五]金兆燕(約一七一九—約一七九一)：字鐘越，一字棕亭，安徽全椒人，任揚州府學教授，後升國子監博士，有《國子先生集》。

[六]泰安：軍、州、府名。金分襲慶府置軍。大定二十二年(一一八二)升爲州。治奉符(今泰安市)。轄境相當今山東泰安、萊蕪、新泰等市地。

清雍正初升爲直隸州，後改爲府。

［七］鹽運使：“都轉鹽運使司鹽運使”的簡稱，爲産鹽區主管鹽務之官，始設於元代。

［八］杭太史大宗：指杭世駿（一六九五——一七七三），字大宗，號菫浦，仁和（今浙江杭州）人，官御史，有《道古堂集》《榕桂堂集》等。鳩：聚集。《爾雅》：“鳩，聚也。”

［九］畀（bì）：給與。《詩·鄘風·干旄》：“彼姝者子，何以畀之。”

［十］封識：封緘並加標記。柳宗元《段太尉逸事狀》：“泚（朱泚）取視，其故封識具存。”宛然：真切貌；清晰貌。

［十一］刼刼：即“劫劫”，猶汲汲，匆忙急切貌。

重葺抗風軒記

南園在廣州城南二里。元末，孫易庵結詩社於園之抗風軒[一]。嘉靖時，改爲大忠祠，而欧楨伯復結詩社於此[二]。國朝康熙癸亥，番禺令李文浩[三]，即祠之東偏，建復抗風軒，祀五先生。乾隆癸未，督糧道熊繹祖[四]，允郡人士之請，增祀後五先生。前五先生者：南海孫經歷賁[五]，字仲衍；番禺李教諭德[六]，字仲修；河東王給事佐[七]，字彥舉；番禺黃典簽哲[八]，字庸之；趙處士介[九]，字仙貞。同社之人可考而知者：別駕黃楚金、徵士蔡養晦、黃希貢、長史黃希文、架閣蒲子文、進士黃原善、趙安中、通判趙澄、徵士趙訥九人而已[十]。後五先生者：順德歐郎中大任[十一]，字楨伯；從化黎參議民表[十二]，字維敬；南海吳僉事而待[十三]，字蘭皋；番禺李知府時行[十四]，字少偕；順德梁主事有譽[十五]，字公實。同社之人可考而知者：瑶石之弟民衷、民懷、梁考三人而已[十六]。後陳忠簡修復南園舊社[十七]，與黎烈愍諸公唱和其中[十八]，可謂極一代人文之盛矣。所以過此者，往往低徊不忍去。

予承乏是邦[十九]，簿書之暇，循覽圖經，乃知舊址舊社大半爲居民隱占，今所存者，惟抗風一軒。因捐廉爲丹艧塗墍之資[二十]，俾昔賢觴詠之地[二十一]，不敢鞠爲蔓草焉。當日前五先生蜚聲藝苑，與“四杰”並稱[二十二]；後五先生掉鞅詞壇，與王、李並駕[二十三]。是故世人推許在“閩中十子”之上[二十四]，皆以詩人目之。然十先生事實，見於

《明史》及《廣州人物傳》，其敦善行，勵氣節，可爲後世矜式，豈僅以詩鳴者哉！

【題解】

　　本文記叙抗風軒的由來、社中人物以及重修抗風軒的緣由。據文中"承乏是邦"之語，該文當是代兩廣總督阮元作。據閔爾昌《江子屛先生年譜》，嘉慶二十三年至道光五年間，江藩受阮元之聘入廣州節署，該記當作於此間。抗風軒：即南園，在廣州城東南大忠祠側。明初，孫蕡、王佐、黃哲、李德、趙介結社唱酬於此，稱南園五子。寫詩力去宋元風習，以上追三唐爲旨歸。嘉靖年間，歐大任、梁有譽、黎民表、吳旦、李時行又聚會抗風軒，復振南園之風，稱南園後五子。清光緒年間，張之洞任兩廣總督，將前後五子合稱"南園十先生"，並建南園十先生祠。

【注釋】

[一]孫易庵：指孫蕡（一三三七——一三九三），字仲衍，號西庵，廣東南海（今順德）人，"南園五子"之首，有《理學訓蒙》《西庵集》等。

[二]歐楨伯：指歐大任（一五一六——一五九六），字楨伯，號侖山，廣東順德陳村人，有《思玄堂集》等。

[三]番禺：縣名，在廣州市南郊。李文浩：清朝人，官番禺縣令。

[四]督糧道：官名，掌督運漕糧。熊繹祖：字定思，清京山（今湖北荊門）人，官至貴州按察使。

[五]孫經歷蕡：指孫蕡。經歷：官名。金於都元帥府、樞密院置經歷，明清都察院、通政使司、布政使司、按察使司等亦置經歷，職掌出納文書。

[六]李教諭德：指李德，字仲修，明廣東番禺人，有《易庵集》等。教諭：學官名。宋代在京師設立的小學和武學中始置教諭。元、明、清縣學亦置教諭，掌文廟祭祀，教育所屬生員。

[七]王給事佐：指王佐，字彥舉，明廣東南海人，有《聽雨軒集》《瀛洲集》等。給事：官名，給事中的省稱。清隸屬都察院，與御史同爲諫官，故又稱給諫。

[八]黃哲：字庸之，荔灣（今屬廣東廣州）人，晚年自署所居爲"聽雪篷"，故稱"雪篷先生"，有《雪篷集》等。典簽：官名，爲處理文書的小吏。

[九]趙處士介：指趙介（？——一三八九）：字伯貞，番禺人，有《臨清集》。

[十]別駕：官名。漢置別駕從事史，爲刺史的佐吏，刺史巡視轄境時，別駕乘驛車隨行，故名。魏晉以後均承漢制。徵士：指不接受朝廷徵聘的隱

士。長史：官名。秦置，漢後爲郡府官，掌兵馬。架閣：指架閣庫官。通判：官名。宋初始於諸州府設置，即共同處理政務之意，明清設於各府，分掌糧運及農田水利等事務。

[十一]歐郎中大任：指毆大任。郎中：官名。始於戰國，隋唐迄清，各部皆設郎中，分掌各司事務，爲尚書、侍郎之下的高級官員。

[十二]黎參議民表：指黎民表（一五一五——一五八一），字維敬，號瑶石山人，廣東從化人，有《瑶石山人詩稿》等。參議：官名。金軍中、元明中書省屬官，明布政司、通政司，清各部均置“參議”。

[十三]吳僉事而待：指吳旦，字而待，號蘭臬，別署雲臺山樵，明廣東南海人，有《蘭臬集》等。僉事：官名。金置按察司僉事，元時諸衛、諸親軍及廉訪、安撫諸司，皆置僉事，明因之。

[十四]李知府時行：指李時行（一五一四——一五六九），字少偕，又稱“李駕部”，廣東番禺人，有《駕部集》等。

[十五]梁主事有譽：指梁有譽（一五二一——一五五六），字公實，又稱蘭汀先生，乾滘（今屬廣東佛山）人，有《蘭汀存稿》等。主事：官名。漢代光禄勛屬官有主事，明代於各部司官中置主事。

[十六]民衷（一五一七——一五六四）：黎民表弟，字惟和，廣東從化人。明嘉靖三十五年進士，官潯州府知府。有《司封集》。民懷：黎民表、民衷弟，字惟仁，號白泉山人，有《清居集》。梁考：生平不詳。

[十七]陳忠簡：指陳子壯（一五九六——一六四七），字集生，號秋濤，謚“文忠”，廣東南海（今屬廣州）人，有《雲淙集》等。

[十八]黎烈潛：指黎遂球（一六〇二——一六四六），字美周，廣東番禺人，有《周易爻物當名》《蓮須閣詩文集》等。

[十九]承乏：承繼空缺的職位，後多用作任官的謙詞。《左傳·成公二年》：“敢告不敏，攝官承乏。”杜預《注》：“言欲以己不敏，攝承空乏。”

[二十]捐廉：舊謂官吏捐獻除正俸之外的養廉銀。丹臒（wò）：同“丹臒”。《書·梓材》：“若作梓材，既勤樸斲，惟其塗丹臒。”孔穎達《疏》：“臒是彩色之名，有青色者，有朱色者。”塗墍（jì）：用泥塗抹屋頂或牆壁，亦泛指塗飾修繕。《書·梓材》：“若作室家，既勤垣墉，惟其塗墍茨。”蔡沈《集傳》：“塗墍，泥飾也。”

[二十一]觴詠：飲酒賦詩。語出晋王羲之《蘭亭集序》：“一觴一詠，亦足以暢叙幽情。”

[二十二]四杰：指明代的“吳中四杰”：高啓、楊基、張羽、徐賁。

[二十三]王、李：指明代的王世貞和李攀龍。

[二十四]閩中十子：指明初閩中詩派的十位作家：林鴻、鄭定、王褒、唐

泰、高棅、王恭、陳亮、王偁、周玄、黃玄。皆爲福建福州人，作詩旨趣相近，在洪武、永樂年間結社唱和，後人謂之“閩中十子”。

天地定位節爲納甲之法解

納甲之说，見於魏伯陽《參同契》[一]。所謂“三日出爲爽，《震》庚受西方。八日《兌》受丁，上弦平如繩。十五《乾》體就，盛滿甲東方。蟾蜍與兔魄，日月氣雙明。蟾蜍視卦節，兔魄吐生光。七八道已就，屈折低下降。十六轉受統，《巽》辛見平明。《艮》直於丙南，下弦二十三。《坤》乙三十日，東北喪其朋。節盡相禪與，繼體復生龍。壬癸配甲乙，《乾》《坤》括始終。七八數十五，九六亦相應。四者合三十，陽氣索減藏”。此納甲之大略也。三國時，虞君仲翔用其説以注《易》，如《坤》之“西南得朋，東北喪朋”，《蹇》之“利西南”，《小畜》之“月幾望”，《歸妹》之“人之終始也”，《繫辭》之“在天成象，八卦成列”，《説卦傳》之“水火不相射”，及“萬物出乎《震》”節，皆用納甲耳。而其説詳於《繫辭》之“天數五，地數五，五位相得，而各有合”《注》文。《注》曰：“五位，謂五行之位。甲《乾》乙《坤》，相得合木，天地定位也。丙《艮》丁《兌》，相得合火，山澤通氣也。戊《坎》己《離》，相得合土，水火相逮也。庚《震》辛《巽》，相得合金，雷風相薄也。天壬地癸，相得合水，言陰陽相薄而戰於《乾》。故五位相得，而各有合。”

納甲之法，以月體言[二]，《坎》戊《離》己爲中宮。《坎》爲月精，《離》爲日光，《乾》爲甲，《坤》爲乙，在東方。《艮》爲丙，《兌》爲丁，在南方。《震》爲庚，《巽》爲辛，在西方。壬癸屬於《乾》《坤》，爲北方。月之行天也，晦月朔旦，《坎》象流戊，日中則《離》，《離》象就己，三十日會於壬。三日出於庚，八日見於丁，十五日盈於甲，十六日退於辛，二十三日消於丙，二十九日窮於乙，滅於癸。《乾》交《坤》，初爻始受一陽之光，見於西方庚地，月之第一節，所謂“三日出爲爽，《震》庚受西方”也。二爻受二陽之光，昏見於南方丁地，月之第二節，所謂“八日《兌》受丁，上弦平如繩”也[三]。三爻全受日光，既望之時[四]，昏見於東方甲地，月之第三節，所謂“七八道已就”也。月之第四節，十六日，《坤》交《乾》，初爻受陰爲《巽》而成魄，以平旦而没於西方辛地。月之第五節，二十三日，二爻受陰爲《艮》而下弦，以平旦而没於南方丙地。月之第六節，三十日，全變三陰而光盡，體伏於東北壬癸之方。一月六節既盡，而禪於後月，復生《震》卦，壬癸屬於《乾》《坤》，所謂"壬癸配甲乙，《乾》《坤》括始終"也。九六之數合十五，七八九六合之三十。三十日，一月之數也，所謂"四者合三十"也。納甲之法，盡於此矣。

至於天地定位之説，即"五位相得而各有合"也。天一生水，壬與癸合也。天三生木，甲與乙合也。二生火，丙與丁合也。四生金，庚與辛合也。五生土，己與戊合也。《月令》："孟春，其數八；孟夏，其數七。"蓋以土數乘木火金水而成，即劉歆大衍之數也。皇侃《禮記義疏》云："以爲金木水火得土而成，以水數一得土數五，故六也。火數二得土數五，爲成數七。木數三得土數五，爲成數八。又金數四得土數五，爲成數九。"《參同契》謂"土王四季，羅絡始終，青赤黑白，各居一方，皆禀中宫戊己之功①"也。水乘土得六，火乘土得七，木乘土得八，金乘土得九，六、七、八、九，少陰、老陰、少陽、老陽之數，皆備於是矣。五行各居其位而不亂，五位相得而各有合也。天數五：一、三、五、七、九；地數五：二、四、六、八、十。天下之數，皆出《乾》《坤》。《乾》《坤》相交成《既濟》，六爻定位，各正性命，是天地定位也。"山澤通氣"以下，可以類推矣。

【校勘】
①"功"，原作"宫"，漆永祥校本據《周易參同契》改，今從。

【題解】
天地定位及納甲之法，相傳出於《京氏易傳》，本文對其內涵作了詳盡解説。江藩師承惠棟高足江聲，得傳惠氏《易》學，有爲續補惠棟《周易述》而作的《周易述補》，專取荀爽、虞翻等漢《易》學，可以本文互參。天地定位：指用乾坤確定南北上下尊卑之位。納甲：天干分納於八卦，即乾納甲壬，坤納乙癸，震納庚，巽納辛，坎納戊，離納己，艮納丙，兌納丁。後代卜筮家據之將干支與卦爻，五行、五方相配。

【注釋】
[一]魏伯陽：一説名翱，字伯陽，號雲牙子，東漢會稽上虞(今屬浙江)人。

出身望族，博聞强識，喜修煉丹術道法，有《五相類》《周易參同契》等。《周易參同契》以震、兌、乾、巽、艮、坤六卦表示一月中陰陽的消長，甲、乙、丙、丁、戊、己、庚、辛、壬、癸十干表示一月中的日月地位。

[二]月體：把八卦卦象與一月中的月相相配的象數體例。

[三]上弦：農曆每月初七或初八，太陽跟地球的聯綫和地球跟月亮的聯綫成直角時，在地球上看到的月相呈“D”字形，稱“上弦”。

[四]既望：周曆以每月十五、十六日至廿二、廿三日爲既望。後稱農曆十五日爲望，十六日爲既望。《書·召誥》：“惟二月既望。越六日乙未，王朝步自周，則至豐。”孔穎達《疏》：“周公攝政七年二月十六日，其日爲庚寅，既日月相望矣。於已望後六日乙未，爲二月二十一日。”

爾雅小箋序目

《爾雅》之名，見於《孔子三朝記》。則《釋詁》一篇，爲《周公》所著無疑。《釋言》以下，則秦、漢儒生遞相增益之文矣。在當時，經文皆篆書，讀者望文即知形聲，故但著訓義而略形聲也。至西京時，變篆爲隸，形聲已非其舊，然篆隸之體，不甚相遠，其文猶可考索。嗣後變隸爲楷，形聲皆失矣。字體在後漢已大壞。如“持十爲斗”“屈中爲虫”，鄉壁虛造[一]，變亂常行，此許末重所以嘆“古文欲絕”而作《説文解字》也[二]。桓、靈之世[三]，賄改蘭臺漆書，而文字逾壞矣。魏、晉以降，譌體百出，詭更正文，變“騧”爲“騧”，改“悖”作“背”，易“茶”爲“茶”，別“葔”作“花”。草木之名，無不從草從木；蟲魚之屬，亦皆加虫加魚。文義乖壁中，違戾六書，且傳寫多訛，帝虎魯魚[四]，轉轉滋謬[五]。徐鼎臣曰[六]：“《爾雅》所載草木魚鳥之名，肆意增益，不可顧矣。諸儒傅釋，亦非精究小學之徒，莫能矯正。”此説是也。

予少習此經。乾隆四十三年，年十八矣，不揣譾陋，爲《爾雅正字》一書。承艮庭先師之學，以《説文》爲指歸，《説文》所無之字，或考定正文，或旁通假借，不敢妄改字畫。張美和“手可斷，筆不可亂”之言[七]，豈欺我哉！王西沚光禄見之[八]，深爲嘆賞，謂予曰：“聞邵晉涵大史作《疏》有年矣[九]，子俟其書出，再加訂正未晚也。”

　　弱冠後，千里饑驅，未遑卒業。嘉慶二十五年，年六十矣，爲阮生賜卿説《毛詩》，肄業及之。《爾雅》自郭《注》行而舊注盡廢，景純乃文章家，於小學涉獵而已。邢《疏》膚淺，固不足論。而邵《疏》又襲唐人義疏之弊，曲護注文，至於形聲，則略而不言，亦未爲盡善也。因檢舊稿，重加删訂。邵《疏》引《毛傳》《鄭箋》《説文》諸書，讀所引之文，即知訛字爲某字，故不復出。其誤者正之，未及者補之。數年中，竊聞師友之緒論，擇善而從，皆書姓氏。有其説本出於予而爲人剿竊者，直書己説，置之不辨，讀者幸勿以掠美責之。箋中稱“後人”者，魏、晋以後之人也；稱“陋人”者，本郭《注》之例，猶言淺人也；稱“庸人”者，有其人而不質言之，若曰“夫己氏”也。書爵、書氏、書名、書人，春秋之名例也。今據古本，厘爲三卷，易名《小箋》，變篆作楷者，俾循覽之人趣於簡易云。道光元年太歲在重光大荒落霜月庚申自叙，時年六十又一。

　　爾雅小箋上
　　　　釋詁
　　　　釋言
　　　　釋訓
　　　　釋親
　　爾雅小箋中
　　　　釋宮
　　　　釋器
　　　　釋樂
　　　　釋天
　　　　釋地
　　　　釋丘
　　　　釋山
　　　　釋水
　　爾雅小箋下之上
　　　　釋草
　　　　釋木
　　　　釋蟲
　　爾雅小箋下之下
　　　　釋魚

　　釋鳥

　　釋獸

　　釋畜

【題解】

　　江藩自叙《爾雅小箋》的成書過程及體例宗旨。《爾雅小箋》爲江藩訓詁學方面的專著，初稿題名《爾雅正字》，寫成於乾隆四十三年，時年十八。至六十歲時，才重加删定，厘爲三卷，更名爲《爾雅小箋》。此書在江藩生前並未刊刻。江藩殁後，徐松出資聘請汪喜孫校録江氏遺書，《爾雅小箋》即其中之一。光緒十九年，徐乃昌據費念慈傳鈔本刻入《鄦齋叢書》中。

【注釋】

[一]鄉壁虚造：東漢許慎《説文解字・序》："魯恭王壞孔子宅而得《禮記》《尚書》《春秋》《論語》《孝經》……而世人大共非訾，以爲好奇者也。故詭更正文，鄉壁虚造不可知之書，變亂常行，以耀於世。"段玉裁《注》："此謂不信壁中書爲古文，非毀；謂好奇者改易正字，向孔氏之壁，憑空造此不可知之書指爲古文也。"後因以稱憑空捏造。

[二]許叔重：指許慎(約五八—約一四七)，字叔重，汝南郡召陵(今河南漯河)人，有《説文解字》《五經異義》等。

[三]桓：指漢桓帝劉志(一三二——一六七)，東漢第十位皇帝。靈：漢靈帝劉宏(一五七——一八九)，東漢第十一位皇帝。

[四]帝虎魯魚：亦作"魯魚帝虎"，指文字傳鈔錯誤。語出東晋葛洪《抱樸子》："諺云：'書三寫，魚成魯，帝成虎。'"

[五]轉轉：漸漸。

[六]徐鼎臣：指徐鉉(九一六—九九一)，字鼎臣，廣陵(今江蘇揚州)人，校訂過《説文解字》，有《古今國典》等。

[七]張美和：指張九韶，字美和，明江西清江人，有《群書拾唾》等。

[八]王西沚：指王鳴盛(一七二二——一七九七)，字鳳喈，一字禮堂，別字西莊，晚號西沚，江蘇嘉定(今屬上海)人，有《十七史商榷》等。光禄：指光禄大夫，官名。戰國時置中大夫，漢武帝時改稱光禄大夫，掌顧問應對，屬光禄勛。

[九]邵晋涵(一七四三——一七九六)：字與桐，號二雲，浙江余姚人。長於史學，入《四庫全書》館任編修，有《爾雅正義》等。

爾雅釋魚補義

　　“魚”字下四點，即“火”字，《説文》作：“魚，水蟲也。象形。魚尾與燕尾相似。”徐鍇曰[一]：“下火象尾，非水火之火。”段氏《解字》謂：“其尾皆枝，故象枝形，非从火也。”與徐氏之義同。愚考《易·姤卦》：“包有魚。”虞氏《注》：“《巽》之初爲魚，蓋《巽》下斷有魚尾之形也。”則魚象形之説非無本矣。然考《内經·素問》言“魚熱中”，《家語》言“魚生於陰而屬陽”，醫家丹溪朱氏謂“諸魚在水，無一息之停，皆能動風動火”[二]。則魚字亦可从火，不必泥於象形。夫庖犧畫卦，以《坎》爲水，《坎》中有一陽爻，即水中之火，魚之游於水中，正其具火之性，而可以勝水者也。雖南方飛鳥屬火，而魚亦可與之爲類，故文鰩有翼能飛。《説文》：“文鰩，魚名。”能飛，見《山海經》。況魚尾雙尖，亦有火之形，安知蒼頡造字，不以此爲象形乎？

　　鯉　鯉从里，何也？《説文》云：“里，居也。”言人所居之地，皆有此魚，故从里。邵氏《正義》云：“今鯉處處有之，是所居皆有鯉也。”《説文》以“鯉”爲“鱣”，何也？蓋“鱣”字从“亶”，“亶”字《説文》訓爲“多穀”，“穀”字訓“善”。鯉三十六鱗，合陰爻之全數，而獺祭之[三]，豈非多善乎？故“鱣”“鯉”互訓爲一物耳。

　　鱣　《爾雅》注爲“黄魚”。《正義》引陸璣《疏》云[四]：“大者千餘斤，可烝爲臚，又可爲酢，魚子可爲醬。”是亦魚之多善者也。

　　鰋　《説文》本作“鰋”，鮀也。鰋，从匽。何也？《説文》云：“匽，安也。”天下之魚多矣，何獨以安屬“鰋”乎？《釋文》謂“鰋即白魚”。《史記》“武王伐紂，渡河中流，有白魚躍入舟中”。殷人尚白。是天將殷之天下與周，而天下治安之兆也。此鰋字所以从匽也。

【題解】

　　本文對《爾雅·釋魚》進行補釋，先後解析了魚、鯉、鱣、鰋等字，可与江藩《尔雅小笺·釋魚》互參。

【注釋】

[一]徐鍇(九二〇—九七四)：字鼐臣，又字楚金，徐鉉之弟，世稱“小徐”，

廣陵(今江蘇揚州)人，有《説文解字系傳》《説文解字韻譜》等。

[二]丹溪朱氏：指朱震亨(一二八一——一三五八—)，字彥修，婺州義烏(今屬浙江)人。因其故居有條美麗的小溪，名"丹溪"，故人稱"丹溪翁"或"朱丹溪"。精通醫學，有《格致餘論》《丹溪心法》等。

[三]獺祭：即"獺祭魚"，獺常捕魚陳列水邊，如同陳列供品祭祀。《禮記·月令》："(孟春之月)東風解凍，蟄蟲始振，魚上冰，獺祭魚，鴻雁來。"

[四]陸璣：字元恪，三國吳郡(今江蘇蘇州)人。官吳太子中庶子、烏程令，有《毛詩草木鳥獸蟲魚疏》等。

附：江鄭堂河賦注

錢坤　注

河賦序

班固曰："中國川源以百數，莫著於四瀆，而河爲宗。"《白虎通》曰："其德著大，故稱瀆。"則河之爲德也，洋洋乎大哉！

《後漢書·班固傳》："固字孟堅，北地人也。"《前漢書·溝洫志贊》曰："中國川原以百數，莫著於四瀆，而河焉宗。"《爾雅·釋水》："江、淮、河、濟爲四瀆。四瀆者，發源注海者也。"《白虎通·巡狩篇》："河謂之瀆何？瀆者，獨也。其功著大，故稱瀆也。"

昔成公子安、應瑒皆有《賦》，見酈道元《水經注》中，其文不傳。

《水經注》："成公子安《大河賦》，應瑒《靈河賦》。"

山居讀書，慕木玄虛之賦海、郭景純之賦江，而賦靈河。

《文選注》："今書《七志》曰：木華，字玄虛。華《集》曰：爲楊駿府主簿。傅亮《文章志》曰：廣川木玄虛焉爲《海賦》，文甚隽麗，足繼前良。"臧榮緒《晉書》曰："郭璞，字景純，河東人。璞性放散，不修威儀，爲佐著作，後轉王敦記室參軍。敦謀逆，爲敦所害。"

晋以後之事，略而不取。恐泛濫則文冗長，且非古賦之體。事則稽之經史，水道合於《水經》，産則考之於古，而征之於今。"玉卮無當，雖寶非用；侈言無驗，雖麗非經"，左太沖之言也。

《文選》左太沖《三都賦》："且夫玉卮無當，雖寶非用。"李善曰："卮，一名觶，酒器也。當，底也。《韓非子》堂溪公謂韓昭候曰：'今有白玉之卮無當，有瓦卮有當，君寧何取？'曰：'取瓦卮也。'"李善《文選注》曰："劉廙《答丁儀刑禮書》曰：崇飾侈言，欲其往來。"《文選注》："臧榮緒《晋書》曰：左思，字太沖，齊國人。少博覽文史，曾作《三都賦》。"

稽古帝嬀，攝政陶唐。

鄭玄《尚書注》曰："稽，同；古，天也。言堯能順天而行之，與之同功。"《括地志》曰："嬀州有嬀水，源出城中。"《史記注》孔安國曰："居嬀水之汭。"《史記·五帝紀》曰："舜年二十，以孝聞。年三十，堯舉之。年五十，攝行天子事。"《説文》曰："陶，在濟陰。《夏書》曰：'東至於陶丘。'陶丘有堯城，堯嘗所居，故堯號曰陶唐氏。"

洪水方割，山懷陵襄。

《尚書注》曰："洪，大。割，害也。言大水方爲害。"《史記》孔安國曰："懷，包。襄，上也。"

乃命大禹，平分水壤。

《尚書注》曰："禹稱大，大其功也。"《尚書·舜典》："帝曰：'俞，咨禹。汝平水土。'"《説文》曰："壤，柔土也。"

龍門岸嶺，巇巒岩岡。

《水經·河水》："南出龍門口，汾水從東來注之。"《淮南子·墜形訓》云："龍門在河淵。"《吕氏春秋·考類篇》云："昔龍門未開，吕梁未發，河出孟門，大溢逆流。"是龍門在河中陉流者也。云禹鑿以通河者。岸，《廣韻》："鋤陌切。"嶺，《集韻》："鄂格切，同峉。"《文選》木華《海賦》："啓龍門之岸嶺。"巇，《説文》曰："巍高也。"巒，《説文》曰："山小而鋭。"巍，

《説文》曰："高也。"岡,《爾雅》曰："山脊岡也。"

河出其上,瀾汗激蕩。奔雷泄雲,涌濤騰浪。

《淮南子》曰："龍門未辟,吕梁未鑿,河出孟門之上。"木華《海賦》: "洪濤瀾汗。"激,《説文》曰:"疾波①也。"蕩,《水經注》:"河流激蕩。"木華 《海賦》:"驚浪雷奔。"《水經注》:"雷奔雲泄,濤涌波襄。"

若流浮竹,而駟馬難追;如鼓風輪,而一葦難杭。

《水經注》:"慎子下龍門,流浮竹,非駟馬之追也。"木華《海賦》:"鼓 怒,溢浪揭浮,狀如天輪。"《説文》曰:"葦,大葭也。"《詩·衛風》:"一葦 杭之。"《毛傳》曰:"杭,渡也。"

於是導河積石,闓辟吕梁。下民安居,定塲四方。聽濁河之音 大,慶德水之靈長。

《漢書·地理志》顏師古曰:"積石山,在河關西羌中,自積石起,鑿石 穿池,以通其流。"《西山經》曰:"積石之山,其下有石門,河水冒以西流。" 《説文》曰:"闓,開也。"《水經注》:"城西南八十里,其水西流,歷於吕梁 之山。昔吕梁未辟,河出孟門之上。蓋大禹所辟以通河也。"《孟子》曰:"人 得平土而居之。"塲,《説文》曰:"四方土可居也。"《文選注》引《説文》作"四 方之土可定居者也"。《漢書·溝洫志》:"河水重濁。"《淮南子·墜形訓》: "濁水音大。"《漢書·郊祀志》:"秦更名河曰德水也。"

積石之上,則泳行地中,蒲昌相連。上溯其脉,出於昆山。渤海 蔥嶺,是謂重源。别有三水,赤洋與丹。

江聲《尚書集注音疏》:"《水經》云:'昆侖虚在西北,去嵩高五萬里, 地之中也。河水出其東北陬衇,從其東南流入於渤海。又出海外,南至積石 山下,有石門,河水冒以西南流。又南出蔥嶺山,其一源出于闐國南山,北 流與蔥嶺河合,東注蒲昌海。'案:積石當河始入中國之處,蔥嶺、于闐、蒲

---

① "波",原作"没",漆永祥校本據《説文·水部》改,今從。

昌，皆在荒裔，乃其上流。《山海經》不言蒲昌，略之也。《水經》'又南出蔥
嶺山'云云，當承'南流入於渤海'之下。'又出海外'云云，當承'東注蒲昌
海'之下。乃先言積石，後言蒲昌，文誤倒矣。故道元注《水經》，據釋氏
《西域傳》云：'河自蒲昌，潛行地下，南出積石。'《經》文似如不比，積石宜
在蒲昌海下矣。"此駁是也。《漢書·西域傳》云："河有兩原：一出蔥嶺山，
一出于闐，于闐在南山下，其河北流，與蔥嶺河合，東注蒲昌海。蒲昌海，
一名鹽澤者也。去玉門、陽關三百餘里，廣袤三百里，其水亭居，冬夏不增
減，皆以爲潛行地下，南出於積石，爲中國河。"是亦謂積石在蒲昌海下矣。
《爾雅·釋水》："潛行爲泳。"《淮南子》曰："黃水三周，復其原，是謂丹水，出
昆侖東北陬，赤水出其東南陬①，洋水出其西北陬。"

昆侖三級，離嵩五萬。太帝之局，戴勝之苑。

《水經注》："《昆侖説》曰：昆侖之山三級。下曰樊桐，一名板松；二曰
玄圃，一名閬風；上曰增城，一名天庭。"《水經·河水》："昆侖虛去嵩高五
萬里。"《爾雅·釋山》云："嵩高爲中岳。"郭璞《注》："大室山也。別名外
方，今在河南陽城縣西北。"《山海經》曰："昆侖之丘，是實爲帝之下都。"
《山海經》："昆侖之丘西三百五十里，曰玉山，西王母所居也。西王母其狀
如人，豹尾虎齒，而最善笑②，蓬髮戴勝。"

五龍之出入，百神之盤旋。生不死之樹，來不升之仙。

《水經注》："《開山圖》曰：五龍見教，天皇被迹，天出無外柱州昆侖山
上。"榮氏《注》云："五龍治在五方，爲行神。五龍降，天皇兄弟十二人，分
五方爲十二部，法五龍之迹，行無爲之化，天下仙聖治在柱州昆侖山上。"
《山海經》曰："昆侖虛有九門，門有開明獸守之，百神之所在。"《淮南子·
墜形訓》："昆侖虛上有不死樹。"東方朔《十洲紀》："方丈在東海中，有金玉
琉璃之宮，羣仙不欲升天者，皆得往來也。"

新頭千仞，石立巖棧。莫步高下，莫測深淺。臨之目眩，行之息
喘。縣絚如繩，渡梯類棧。甘英畏艱而去，張騫懼險而返。

---

① "東南陬"，原作"東北陬"，據《淮南子·墜形訓》改。
② 漆永祥校本云："'笑'，《山海經·西山經》作'嘯'。"

《水經注》："釋法顯曰：度蔥嶺西南行十五日，其山惟石，壁立千仞，臨之目眩。下有水名新頭河。昔人有鑿石通路施旁梯者，凡度七百渡，梯已設縣絙，過河漢之甘英、張騫，皆不至也。"嶻，《説文》曰："尤高也。"甘英，《漢書·西域傳》曰："建初九年，班超遣掾甘英，窮臨西海而還，皆前世所不至，《山經》所未詳，莫不備其風土，傅其珍怪焉。"《漢書·傳》曰："張騫，漢中人也。建元中，爲郎。騫以郎應募使月氏。"又《西域傳》曰："漢興，至孝武事征四夷，而張騫始開西域之迹。"

至於泑澤，渾渾飂飉。隱淪回湍，轉聲如靁。冬夏不減，澄淳清泚。鳥飛見影，墜淵而死。

《水經·河水》："又東至於泑澤，即《經》所謂蒲昌海也。泑澤，河水之所潛，其源渾渾沌沌，東至玉門、陽關一千三百里，廣袤三百里，其水澄淳，冬夏不減。其中洄湍雷轉，爲隱淪之脉。當環流之上，飛禽奮翮於霄中，無不墜於淵波。"枚乘《七發》："沌沌渾渾。"《海賦》："飂飉其形。"洄，《説文》曰："溯洄也。"湍，《説文》曰："疾瀨也。"《集韻》："雷聲也。"澄，《方言》："清也。"淳，《史記·李斯傳》："決淳水，致之海。"《詩·邶風》："新台有泚。"《毛傳》："泚，鮮明貌。"

敦煌之外，酒泉之或①。過八大山，歷十一國。

《漢書·地理志》："敦煌郡，武帝後元年②分酒泉置。正西關外有白龍堆沙，有蒲昌海。""酒泉郡，武帝太初元年開。"應劭曰："其水若酒，故曰酒泉。"敦煌郡，龍勒注曰："有陽關、玉門關，皆都尉治氏置。"《水經·河水》："東注於泑澤，又東入塞，過敦煌、酒泉、張掖郡。"或，《説文》曰："邦也。或又從土。"案：河水入中國，從敦煌、酒泉，其土所過之山，積石、蔥嶺、大頭痛、小頭痛、阿耨達、于闐、南山、赤沙，所謂八大山也。河水所經之國，罽賓、月氏、安息、陀衛、皮山、于闐、扜彌、且末、莎車、溫宿、姑墨，此所謂十一國也。

源流色白，衆川濁之。一曲一直，紆行如蛇。一千七百，並渠可計。揚沫孟津，而步廣八十；中流砥柱，而一障萬里。

---

① 漆永祥校本云："此句《炳燭室雜文·河賦》作'敦煌、酒泉之外，玉門、陽關之域'。"
② "元年"二字原無，漆永祥校本據《漢書》卷二八《地理志下》補，今從。

《爾雅》：“河出昆侖，色白。所渠並千七百一川。色黃，百里一小曲，千里一曲一直。”《物理論》曰：“衆川之流，蓋濁之也。”《周禮》鄭玄《注》：“紆，曲也。”案：蛇爲紆行之物。《淮南子》：“武王伐紂，會①於孟津。”《魏土地記》曰：“孟津，河廣八十步。”《莊子·大宗師》：“相濡以沫。”《水經·河水》：“又東過砥柱。”《注》：“山名也。”《晏子春秋》：“古冶子曰：吾嘗從君濟於河，黿銜左驂，以入砥柱之中。”張衡《東京賦》曰：“砥柱輒流。”障，《説文》曰：“隔也。”

爾其狀也，始則潎洌梟潘，潏濞潏瀷；繼則渦潷間溍，濛汭渙減。漢辟滂沛，滔滔不息。

木華《海賦》：“潎洌澈灡。”李善《注》：“潎，流行之貌。”洌，《唐韻》：“呼陌切。”郭璞《江賦》：“瀄洌梟潘。”梟，《廣韻》：“胡角切。”《爾雅·釋水》：“夏有水，冬無水曰梟。”潘，《説文》曰：“水小聲。”宋玉《高唐賦》：“巨石溺溺之瀺潘。”潏，許及切。《説文》曰：“水疾聲。”濞，匹備切。《説文》曰：“水暴至聲。”左思《吳都賦》：“濞焉洶洶。”潏，古匹切。《説文》曰：“涌出也。”《爾雅·釋水》：“水②中可居曰洲，人所爲爲潏。”瀷，《廣韻》：“與職切。”《淮南子·本經訓》：“淌游瀷減。”郭璞《江賦》：“磴之以瀇瀷。”渦，古忽切。《説文》曰：“濁也。”《楚辭》：“渦其泥而揚其波。”《博雅》：“渦，決流也。”潷，羽非切。《説文》曰：“回也。”溍，呼骨切。《玉篇》：“大清也。”濛，《廣韻》：“職戎切。”《説文》曰：“小水入大水曰濛。”《詩·大雅》：“鳧鷖在濛。”汭，而鋭切。《説文》曰：“水相入貌。”渙，呼玩切。《詩·衛風》：“溱與洧，方渙渙兮。”減，于逼切。《説文》曰：“疾流也。”張衡《南都賦》：“漻泪減泊。”漢辟，《爾雅·釋水》：“漢辟流川。”《説文》曰：“深水處也。”滂，普郎切。《説文》曰：“沛也。”《史記·司馬相如傳》：“洶涌滂濞。”沛，司馬相如《上林賦》：“奔揚滯沛。”滔，《説文》曰：“水漫漫大貌。”《詩·齊風》：“汶水滔滔。”

涌洸而天輪轂轉，洶淙而地軸柱側。演溢潽淀，欒溯滹汍。沸佚騰超，水屬沴矣。西北時潦，東南時起。鼓觸高岸，擊搏中峙。奔流汪浤，彌漫無涘。

①　漆永祥校本云：“‘會’，《淮南子·覽冥訓》作‘渡’。”
②　“水”字原脱，漆永祥校本據《爾雅·釋水》補，今從。

涌，《説文》曰："騰也。"《上林賦》："洶涌砰湃。"洸，《爾雅·釋訓》："洸，武也。"《吕氏春秋·大樂篇》："天地車輪。"高誘《注》："輪，轉也。"轂，《周·考工記·輪人》："轂也者，以爲利轉也。"洵，《説文》曰："涌也。"淙，《説文》曰："水聲也。"木華《海賦》："似地軸挺拔而争迴。"李善《注》："《河圖括地象》曰：地下有四柱，廣十萬里，有三千六百軸。"演，《説文》曰："長流也。"左思《蜀都賦》："演以潛沬。"溢，《爾雅·釋詁》："盈也。"《尚書·禹貢》："入於河，溢爲滎。"浯，《唐韻》："古括切。"水流聲。淀，以寅切。《説文》曰："回泉也。"灓，以官切。《説文》曰："漏流也。"溯，桑故切。《説文》曰："逆流而上曰溯洄。"滮，皮彪切。《説文》曰："水流貌。"引《詩》"滮池北流"。汃，阻力切。水涌貌。沸，《上林賦》："沸乎暴怒。"渗，《説文》曰："水不利也。"《漢書·五行志》："氣相傷，謂之渗。渗猶臨莅，不和意也。"漮，《爾雅正字》曰："郭注揚子《方言》云：漮之言空也，皆丘墟耳。《釋文》引《説文》曰：水之空也。《方言》云：漮之言空也，作窾，亦空也。按：今本《方言》漮，空也。《注》：窅空貌。漮或作歉，虚字也。按窾，古無此字，且今本亦作漮，陸説非也。"《水經注》："石經禹鑿，河巾漱廣，夾岸崇深，其中水流交沖，渾洪贔怒，鼓若山騰。"《釋名》："指廣搏以擊之。"崎，《廣韻》："峻崎屹立也。"班固《東都賦》："散若驚濤，聚如京崎。"汪，《説文》曰："深廣也。"《淮南子·俶真訓》："汪然平静。"泓，《説文》曰："下深貌。"彌，《詩·邶風》："河水彌彌。"木華《海賦》："渺彌淡漫。"漫，《博雅》云："平也。"涘，《説文》曰："水厓也。"《爾雅·釋丘》曰："涘爲厓。"

防川如口，日夜孜孜。八力築墳，流始順漦。名爲四瀆之宗，神則河伯之司。

《周語》："防民之口，甚於防川。"墳，《爾雅·釋丘》："墳，大防。"《説文》曰："墓[1]也。"漦，《説文》曰："順流也。"《穆天子傳》："天子西征，騖行於陽紆之山，河伯馮夷之所居，是惟河宗氏者也。"

沈以圭璧，載之《周官》。備言利害，始於太史。灾異契乎天象，眚祥合乎人事。

---

[1] "墓"，原作"基"，漆永祥校本據《説文·土部》改，今從。

《穆天子傳》：“天子沈圭璧，以禮河伯。”《周禮·春官宗伯》：“以貍沈祭山林川澤。”鄭玄《注》曰：“祭川曰沈。”《爾雅》：“祭川曰浮沈。”太史公《河渠書》曰：“甚哉，水之爲利害也。”《易·繫辭》曰：“天垂象，見吉凶，聖人象之。”《尚書》：“眚灾肆赦。”

下民恨則水赤，聖人興則水清。伏羲授河圖之瑞，大禹有玉書之禎。

《竹書紀年》：“晋昭公元年，河水赤於龍門三里。梁惠成王四年，河水赤於龍門三日。”京房《易妖占》曰：“河水赤，下民恨。”《易乾鑿度》曰：“上天將降嘉應，河水先清。”《漢書·五行志》云：“劉歆以爲伏羲氏繼天而王，授《河圖》，則①而畫之，八卦是也。禹治洪水，賜《雒書》，法而陳之，《洪範》是也。”

金泥玉檢，而流星升昴；璇珠玉果，而天子西行。

《水經注》：“《論語北考讖》曰：堯與舜游首河，觀河渚，有五老游河。一老曰：‘《河圖》將來，告帝期，《河圖》將浮，龍銜玉苞，刻板題，命可卷，金泥玉檢。書成，知我者重瞳黃姚。’歌訖，五老翻爲流星，而升於昴。”《穆天子傳》：“天子至大黃之山，河伯乃與天子視《圖》視典，以觀天子之寶器，玉果璇珠，燭銀金膏等物，皆《河圖》所載。河伯以禮穆王視《圖》，方乃導天子西邁矣。”

造石出川，而巨靈之迹猶在；崩山壅河，而聾者之言可聽。

薛綜《西京賦注》：“《遁甲開山圖》曰：有巨靈胡者，偏得神元之道，能造山川出河。”《春秋穀梁傳》：“晋成公五年，梁山崩，遏河水，三日不流。召伯宗，遇聾者，不避，使車石鞭之，聾者曰：‘所以鞭我者，其取道遠矣。’伯宗因問之，聾者曰：‘君親縞素，羣臣哭之，斯流。’如其言，而河流。”

山有鬼神之目，濟有君子之名。

---

① “則”字原脱，漆永祥校本據《漢書》卷二七《五行志》補，今從。

《水經注》：“河北有層山。石峰之上，多石室。室中若有積卷，而世士罕有津逮者，謂之積書岩。岩堂之內，每見神人往還。蓋鴻衣羽裳之士，俗人不悟其仙，乃謂之神鬼。漢桓帝十三年，西幸榆中，東行代地，洛陽大賈，齎金貨隨帝後行，夜迷失，往投問津長，曰：子封送之。渡河，賈人卒死，津長薶之。其子尋求父骸，發冢舉屍，資費一無所損，其子悉以金與之，津長不受。事聞於帝，曰：‘君子也。’即名其濟爲君子之濟。”

恃勇除黿，而浪沫皆逆；以義求蛟，而水波皆平。勇則可殄怪物，義則可動四靈。

干寶《搜神記》曰：“齊景公渡於江，沈之河，黿銜左驂没之，衆皆惕。古冶子於是拔劍從之，袤行五里，逆行三里，乃黿也。左手持黿，右手狹左驂，燕躍鵠踊而出，仰天大呼，水爲逆流三百步，而觀者以爲河伯也。”《水經注》引：“澹臺子羽齎千金之璧渡河，陽侯波起，兩蛟狹舟，子羽曰：‘吾可以義求，不可以威劫。’操劍斬蛟，蛟死波休，乃投璧於河，三投而輒躍出，乃毁璧而去。”

峽橋運梁，羌迷避地。水迴浸灌，三國喪兵。

《水經注》：“羌迷、唐鍾所居也。永元五年，貫支代聶尚爲護羌校尉，攻迷、唐，斬獲八百餘級。其麥熟數萬斛。於逢留河上築城以盛麥，作大船於河峽，作橋渡兵，迷、唐遂遠依河曲。”《漢·西域傳》：“元鳳四年，霍光遣平樂監傅介子刺殺樓蘭王，更立俊王，又立前王質子尉屠耆爲王，更名其國爲鄯善。百官祖道橫門。王自請天子曰：‘身在漢久，恐爲前王子所害，國中有伊循城，土地肥美，願將屯田積粟，令得依威重。’遂置田以鎮撫之。敦煌索勵，字彥義，有才略，將酒泉、敦煌兵千人，至樓蘭屯田，起白屋，召鄯善、焉耆、龜茲三國兵各千，橫斷注濱河。河斷之日，水奮勢激，波陵冒堤。勵屬聲曰：‘王遵建節，河堤不溢。王伯精誠，呼沱不流。水德神明，古今一也。’勵勤禱祀，水猶未減，乃列陣被杖，鼓噪歡叫，且刺且射，大戰三日，水乃迴減。灌浸沃野，胡人稱神。”

其産也，則蔓芋馬帚，石發蘪薇。惟樫惟楊，惟棗惟棃。春風習習，秋霜霏霏。垂實纂纂，步葉依依。

蔓，《説文》曰："葛屬。"芋，《説文》曰："大葉，實根駭人，故謂之芋也。"馬帚，《廣雅》："屈馬箒也。"石髮，張揖《博雅》："石衣也。"蘪，《爾雅》："蘪從水生。"《説文》曰："蘪蕪。"薇，《玉篇》："菜也。"《説文》曰："似霍。菜之微者也。"檉，《廣雅》："檉也。"《爾雅·釋木》："檉，河柳。"楊，《説文》曰："木名。"《爾雅》："蒲柳。"棗，《説文》曰："果名。"梨，《爾雅·釋木》："樆，山梨①。"邢昺《疏》："在山曰樆，人植曰梨。"《文選》潘安仁《笙賦》："棗下纂纂，朱實離離。"

寶龜靈鼉，游泳乎其隅；神龍妖蛟，出没乎其淵。呼吸噴嚘，排水淺淺。鼓濤抑浪，鬐脊矗矗。

《爾雅·釋魚》："四曰寶龜。"《尚書》曰："遺我大寶龜。"陸機《毛詩草木魚蟲疏》："鼉似蜥蜴，長丈餘，其甲如鎧，皮堅可冒鼓。黿、鼉、蛟、龍，四靈也。故謂之靈鼉。"淺，《集韻》："音箋。水疾流貌。"《楚辭·九歌》："石瀨兮淺淺。"《説文》曰："矗，龍耆脊上矗矗。"《廣韻》："龍鬐也。"

魴鮌鰡鰍，鰝鰕鰩鯿。鞏穴之産，或鯉或鱮；周禮所獻，王鮪叔鱣。

魴，《説文》曰："赤尾魚。"《詩·周南》："魴魚赬尾。"鮌，《爾雅·釋魚》："大鱧。"鰍，《説文》曰："鰡也。"鰡，《説文》曰："鰍也。"《爾雅·釋魚》："鰡，鰍。"郭璞《注》："今泥鰍也。"鰝，鰕。《爾雅》："鰝，大鰕。"郭璞《注》："鰕，大者出海中，長一二丈，須長數尺，今青州呼鰕魚爲鰝。"鰩，《説文》曰："文鰩，魚名。"《吕氏春秋》："雚水之魚名曰鰩，其狀若鯉，而有翼。"鯿，《爾雅》："魴，鮌。"郭璞《注》："建東呼鯿爲魴。"《水經注》："鞏縣北有山臨城，謂之崟原丘。其下有穴，謂之鞏穴。"《水經河水》："又南，得鯉魚。"《注》曰："鱣鮪也。出鞏穴。三月則上渡龍門，得渡爲龍矣。"鱮，《博雅》："鰱也。"《漢書·馬融傳》："魴鯉鱣鯿。"《周禮·天官·鼈人》："春獻王鮪。"《爾雅》郭《注》曰："鮪，鱣屬也。大者爲王鮪，小者爲叔鮪。"鱣，《説文》曰："鯉也。"《詩·衛風》："鱣鮪發發。"

鼈子鱉人，浮以俞虛。舫人舟師，駕以舳艫。魚鹽之利，猗頓陶

朱。流桐貢道，達於帝都。

《周禮·天官·獻人》：“掌以時獻爲梁。”《鱉人》：“掌取互物。”俞，《説文》：“空中木爲舟也。”《易·中孚》：“乘木舟虚也。”《詩·谷風正義》引鄭玄《易注》曰：“舟謂集板，如今目爲空木大爲之曰虚。”舫，《説文》曰：“舡師也。”蔡邕《明堂月令》：“舫人，習水者。”《説文》曰：“舳，船尾。”“艫，舡頭。”①桐，顏師古《漢書注》：“古通字也。”《史記·貨殖傳》：“猗頓用鹽鹽起。”又曰：“范蠡既雪會稽之耻，乃乘扁舟，浮五湖，變名易姓。適齊，爲鴟夷子。之陶，爲朱公。以爲陶天下之中，諸侯四通，貨物所交易也。”

一石之水，六斗之泥。決渠雨注，荷臿雲齊。直麻叢生，垂穎昂低。

《漢書·溝洫志》：“大司馬史長安、張戎言，河水重濁，號爲‘一石水而六斗泥’。”《水經注》引此作張仲議曰：“河水濁，清澄一石水，六斗泥。而民引河灌田。”《史記·河渠書》：“秦使水工鄭國鑿涇水，命曰鄭國渠。”又曰：“趙白公復穿渠引涇水注渭，溉田四千餘頃，因曰白渠，人得其饒。歌之曰：‘田於何所，池陽穀口。鄭國在前，白渠起後。舉臿爲雲，決渠爲雨。’”《大戴禮》：“蓬生麻中，不扶自直。”《詩》：“實穎實栗。”《毛傳》：“穎，垂穎也。”史游《急就篇注》：“臿，擔也。”

不可通漕，淤水急波。爭言水利，隴首開禾。漢則決爲三瀆，禹則播爲九河。竹楗石菑，溢決奈何。延年上書，可按地圖。

《河渠書》：武帝令齊人水工徐伯表，數萬人穿漕渠。砥柱之限，敗亡甚多。又曰：“溉田之，度可得谷二百萬石。穀從渭上，與關中無異，而砥柱之東，可無復漕。”天子以爲然，作渠田。其後人有上書，欲通褒斜道，穿渠得龍骨，名曰龍首渠。禾，《廣韻》：“田也。”《水經·河水》：“東道平原縣故城西而北，絶屯氏三瀆。”《漢書·溝洫志》：“元帝永光五年，河決清河靈鳴犢口，而屯氏河絶。”《禹貢》：“又北播爲九河。”《爾雅》：“九河，徒駭、

---

① 漆永祥校本云：“《説文·舟部》：‘舳，艫也。一曰船尾。’又‘艫，船艫也。一曰船頭’。”

太史、馬頰、覆鬴、胡蘇、簡、潔、鈎盤、鬲津。"《史記》："頹竹林兮楗石
菑。"韋昭曰："楗，柱也。木立死曰菑。"《溝洫志》："齊人延年上書，言河
出昆侖，經中國，注渤海，是其地勢西北高而東南下。可案地圖，觀地形，
令水工准高下，開大河。"

　　黃金可成，荒哉欒大。鐫廣砥柱，水更爲禍。

　　《史記·武帝紀》："欒大曰：'黃金可成，而河決可塞。'"《水經注》：
"漢鴻嘉四年，楊焉言從河上下，患砥柱隘，可鐫廣之。上乃令焉鐫之，裁
沒水中，不能復去，而令水益湍怒，害甚平日。"

　　鴻嘉以後，溢灌滂沱。河高於屋，民苦嗟呼。懷哉太史，《河渠》
之書。傷矣漢武，《瓠子》之歌。

　　《史記·河渠書》："天子既臨河決，悼功不成，乃作歌曰：'瓠子決黃
將奈何？'"

　　不出禹穿，定王五載。徙其故道，涸其東北。如灉反入，隨時更
改。尾爲漯川，入於天海。

　　《漢書·溝洫志》："《周譜》云：'定王五年，河徙。'則今所行非禹之所
穿也。又秦攻魏，決河灌其都，決處遂大，不可復補。宜徙完平，更開空使
緣西山足乘高地，而東北入海，乃無水災。"《爾雅·釋水》："灉反入。"
《注》："即河水決出復還入者。河之有灉，猶江之有沱。"《水經注》："大河
右迆，東注漯水矣。"《爾雅·釋水注》："尾，猶底也。"案：河水自漯水下歷
沇水，注濟水，又東北入海。

　　分爲二水，歷沇注濟。忽竭忽移，商周更遞。

　　《水經·河水》："又東，分爲二水。枝津東徑甲下城南，東南歷常沇注
濟。"《水經注》："河之入海，舊在碣石，今川流所導水，禹瀆也。周定王五
年，河徙故瀆。故班固曰'商竭周移'也。"遞，《說文》曰："更易也。"

　　合會出入，百有餘水。

“百有餘水”，見《水經注》。《莊子·秋水篇》：“秋水時至，百川灌河。”

郡縣山城，過歷可次。繪以爲圖，指掌可視。影則斜絡乎天，形則貫注乎地。膝腋流化，筋脉卷舒。通中原之垢濁，爲百川之具區。

古人曰：“微大禹，我其魚乎！”

《考異郵》曰：“河者，水之氣所以流化。”《元命苞》曰：“萬物之所由生，元氣之膝腋也。”《管子》：“水者，地血氣筋脉之通流。”應劭《風俗通》曰：“瀆，通也。所以通中國垢濁。”《左傳·昭公元年》：“劉子曰：‘美哉禹功，明德遠矣。微禹，吾其魚乎！’《溝洫志贊》曰：‘古人有言：‘微大禹，我其魚乎！’’”

本《漢書》《水經》以立言，故晋、魏後置莫論也。醇厚斑駁，亦似鄒、枚。述庵。

江先生《炳燭室遺文》，刊入《滂喜齋叢書》，此賦即第一篇，早取而讀之矣。辛丑，門人曹揆一中翰行篋携有先生手書《河賦》，而錢君坤爲之注，並有王述庵《跋》。賦則醇厚斑駁，注亦淹雅閎通，諒爲海内所未見，敬謹付梓，以廣其傳。乙巳十月，江陰繆荃孫識。

伴月樓詩鈔　卷上

宿雨亭張丈止園

迷道來投宿，村居半日閑。樓藏楊柳岸，門對夕陽山。煉句齒應落，敲詩髮欲班[一]。野人多好酒[二]，談笑不知還。

【題解】

江藩《伴月樓詩鈔》卷上、卷中，分別爲《乙丙集》卷上、卷下，據江藩《乙丙集自序》云：“上卷七十六首，下卷六十三首，起乙未，終乙巳。”故其寫作時間在乾隆四十年(一七七五)至五十年(一七八五)，即江藩十五歲至二十五歲之間。是時，江藩生活於吳縣，先後受業於余蕭客、江聲。

此詩因久雨留宿張丈止園而作。詩篇摹寫村居之閑逸和樂，令人嚮往。宿雨：夜雨；經夜的雨水。隋江總《詒孔中丞奐》：“初晴原野開，宿雨潤條枚。”江藩《書半客月榭吟後》：“温李香奩呼宿雨，齊梁金粉送西風。”亭：通“停”，停留。張丈：張姓老翁，不詳。止園：園林名。

【注釋】

[一]“煉句”二句：煉句、敲詩，均指錘煉、推敲詩句。齒落、髮班，均喻指年華衰老。班，通“斑”，本指雜色花紋或斑點，此處指頭髮黑白相間，比喻年老。
[二]野人：指村野之人。

谷董羹並序

予本宣州人也[一]，我鄉人常食谷董羹。蓋著雜物於小釜中，下以火爐煨之[二]，禦寒佳然，鄉人四時皆設。谷董者，諧聲也。其名見《苕溪漁隱叢話》[三]。得一律呈古農師[四]。

蓬窗雨雪聲疏密，苦菜生園吾未貧。寒夜投醪若下酒[五]，春天雜薦洞庭蒓[六]。佳名傳自羅浮老，好句還思陸道人[七]。谷董羹香舊鄉景，盤餐市遠味艱新[八]。

【題解】

江藩十五歲時，從余蕭客游，知風雅之旨。十七歲時，余蕭客歿。此詩即爲江藩從學期間投贈老師的唱和之作。詩篇摹寫鄉人飲食谷董羹，感念鄉情，兼嘆時艱。谷董羹：一種雜煮的飲食。蘇軾《仇池筆記》卷下《盤游飯谷董羹》載："羅浮穎老取凡飲食雜烹之，名谷董羹。"

【注釋】

[一]宣州：古州郡名，治所在宣城。江藩祖上從宣城遷旌德，自祖父日宷起移居揚州，著籍甘泉。

[二]煨：用文火燉熟或加熱。

[三]《苕溪漁隱叢話》：南宋胡仔所編詩話集，前集六十卷，後集四十卷。其卷三十九《東坡二》載："羅浮穎老取凡飲食雜烹之，名谷董羹，坐客皆稱善。"

[四]古農：指余蕭客（一七二九——一七七七），字仲林，別字古農，江蘇長洲（今蘇州）人。惠棟弟子。博通經史，兼擅"文選學"。有《古經解鈎沈》《文選音義》《文選紀聞》等。

[五]醪：汁渣混合的酒，即"濁酒"，也稱"醪糟"。《説文解字·酉部》："醪，汁渣酒也。"若下酒：美酒名。《初學記》卷八引晉張勃《吳錄》："長城若下酒有名。溪南曰上若，北曰下若，並有村。村人取若下水以釀酒，醇美勝雲陽。"蘇軾《西太一見王荊公舊詩偶次其韻》之二："但有樽中若下，何須墓上征西。"

[六]蒓：即蒓菜，一名水葵，又名鳧葵，常用來作羹。《世説新語·言語》："有千里蒓羹，但未下鹽豉耳。"

[七]"佳名"二句：語出蘇軾《仇池筆記》卷下《盤游飯谷董羹》："羅浮穎老取凡飲食雜烹之，名谷董羹。詩人陸道士出一聯云：'投醪谷董羹鍋内，掘窖盤游飯盌中。'"

[八]"盤餐"句：杜甫《客至》："盤飧市遠無兼味，樽酒家貧只舊醅。"

青黎閣下梅花爛熳手折一枝忽焉有感

揚州何遜在東閣，手折一枝心事閑[一]。岸柳漏春人去遠，江梅破臘鶴飛還[二]。落花片片輕煙裏，新葉氄氄夕照間[三]。好似西湖湖上路，白雲無限滿孤山。

【題解】

江藩時有賞梅詠梅之舉，此爲其一。青黎閣：館閣名，江藩妹珠有《青黎閣詩稿》傳世。

【注釋】

[一]“揚州”二句：化用何遜典故。何遜(？—五一八)，字仲言，東海郯(今山東郯城)人，官至尚書水部郎。長於詩，善寫景，與陰鏗並稱陰何。明人輯有《何水部集》一卷。梁武帝天監六年(五〇七)，撫軍將軍建安王蕭偉出爲都督揚、南徐二州諸軍事、揚州刺史，何遜遷水曹行參軍，兼任記室，深得蕭偉信任，日與游宴，不離左右。第二年早春，何遜寫下《詠早梅》詩。杜甫《和裴迪登蜀州東亭送客逢早梅相憶見寄》詠其事：“東閣官梅動詩興，還如何遜在揚州。”東閣：指建安王蕭偉的芳林苑，恰似梁孝王劉武的兔園(一名東苑)。

[二]破臘：殘臘；歲末。宋梅堯臣《臘笋》：“破臘初挑簹，誇新欲比瓊。”

[三]氄氄：垂拂紛披貌。唐施肩吾《春日錢塘雜興》之一：“酒姥溪頭桑裊裊，錢塘郭外柳氄氄。”

過愛廬師

閶門喧早市[一]，衣葛夏初天[二]。童子知迎客，幽人欲問禪[三]。全芳供雜佩[四]，新竹當疏簾[五]。堂靜生虛白[六]，虛中復有邊[七]。

【題解】

江藩從游汪縉時所作。通過摹寫居所環境，點染參禪旨趣。汪縉(一七二五—一七九二)：字大紳，號愛廬居士，江蘇吳縣(今蘇州)人。諸生。出

入儒佛。喜爲詩，宗陳子昂、杜少陵，尤工古文，曲暢跌宕。有《汪子詩録》
《汪子文録》等。

【注釋】

[一]閶門：城門名。在蘇州市城西。

[二]葛：葛布，用葛織成的布。《韓非子·外儲説左下》：“冬羔裘，夏
　　葛衣。”

[三]禪：佛教語，梵語“禪那”之略。本指静坐默念，引申爲禪理、禪法、
　　禪學。

[四]佩：古時系在衣帶上的装飾品。《説文解字·人部》：“佩，大帶佩也。”

[五]簾：用竹、葦或布等做成的遮蔽門窗的用具。《説文解字·穴部》：
　　“簾，堂簾也。從竹，廉聲。”

[六]虚白：語本《莊子·人間世》：“虚室生白，吉祥止止。”謂心中純净
　　無欲。

[七]虚中：指没有雜念，心神專注。《禮記·祭義》：“孝子將祭，慮事不可
　　以不豫，比時，具物不可以不備，虚中以治之。”鄭玄《注》：“虚中，言
　　不兼念餘事。”

書半客月榭吟後

元白無端夢裏通[一]，弟兄踪迹各西東。半客有夢僕詩。言分《莊》
《老》神洲大[二]，字出《華嚴》法界空[三]。温李香奩①呼宿雨[四]，齊梁
金粉送西風[五]。含羞不是閑題目，雅鄭元音本略同[六]。《月榭吟》中有
《含羞詩》一首。

【校勘】

①“奩”，原作“區”，據《乙丙集》本改。

【題解】

　　江藩與吾學海同學交好，後江藩妹嫁與吾學海，皆爲姻親，故時有唱和
往還。此篇即爲品讀學海《月榭吟》後題贈之作，既論其内容之長於抒情，復
品其格調之流於綺豔。半客：指吾學海，號半客。

【注釋】

[一]元白：指中唐詩人元稹和白居易，二人共同提倡新樂府，唱和往還，交誼篤厚，故以“元白”並稱。此處借元白比擬江藩與半客友情深摯。

[二]《莊》《老》：指道家經典《莊子》和《老子》。《華嚴》：指佛教華嚴宗的經典《大方廣佛華嚴經》。

[三]法界：佛教語，通常泛指事物的現象及其本質。空：佛教語，佛家以爲一切事物的現象都有它各自的因和緣，而沒有實在的自體，即爲“空”。

[四]温李：指晚唐詩人温庭筠、李商隱，二人詩風婉媚綺麗，在當時享有盛名，合稱温李。香奩：指“香奩體”，一種專以婦女身邊瑣事爲題材，多綺羅脂粉之語的詩歌體裁，又稱豔體。宋嚴羽《滄浪詩話·詩體》：“香奩體。韓偓之詩，皆裾裙脂粉之語。有《香奩集》。”

[五]齊梁金粉：指南朝齊、梁時興起的綺豔靡麗詩風，以摹寫女性和豔情爲主。

[六]雅鄭：指雅樂和鄭聲。雅樂即雅正的宮廷音樂，鄭聲即鄭、衛地區的民間音樂，被儒家視爲淫邪之音。元音：純正而美好的聲音。

夢　覺

片竹爲床事事慵[一]，春雲如夢去無踪。道人不解玄機妙[二]，那肯輕輕打曉鐘。

【題解】

春日慵懶，江藩一覺夢醒後有感而作。

【注釋】

[一]慵：懶。《説文解字·新附·心部》：“慵，懶也。”

[二]玄機：深奧微妙的義理。張説《道家四首奉敕撰》之三：“金爐承道訣，玉牒啓玄機。”

題艮庭先生小紅吹簫小影二首

姜詞假借君顛倒，老伏升容未易描[一]。鄭婢知《詩》家學好[二]，小紅不獨解吹簫[三]。

【題解】

　　江藩少從余蕭客學。余氏歿後，江聲教以讀“七經”“三史”及許慎《説文解字》，乃從其受惠氏《易》。此篇爲江藩從遊江聲期間，題江聲《小紅吹簫小影》而作。艮庭先生：指江聲（一七二一—一七九九），字叔沄，號艮庭，江蘇元和（今蘇州）人。師事同郡通儒惠棟。有《尚書集注音疏》等。

【注釋】

[一]“姜詞”二句：意謂姜夔與江聲皆有名喚小紅之婢女，且都爲之欣喜、傾倒。更以西漢經師伏生比擬江聲，稱其傾倒之儀容難以描畫。姜：指姜夔，字堯章，號白石道人，饒州鄱陽（今江西鄱陽）人，有《白石道人歌曲》等。老伏：指西漢經學家伏生（前二六〇—前一六一），名勝，字子賤，濟南（今山東濱州）人，曾爲秦博士，傳今文《尚書》。

[二]“鄭婢”句：稱讚小紅有如鄭玄侍婢，陪侍於側而日得熏陶，亦有學問。《世説新語·文學》：“鄭玄家奴婢皆讀書。”鄭指鄭玄（一二七—二〇〇），字康成，北海高密（今山東濰坊）人，師從馬融，遍注群經，有《三禮注》《毛詩傳箋》等，世稱鄭學。

[三]“小紅”句：姜夔《過垂虹》：“自作新詞韻最嬌，小紅低唱我吹簫。”

　　集腋狐裘家未貧[一]，瘦如飛燕有精神[二]。《也詞》艮庭先生有《也字詩》一首。一闋卿知否，試問圖中識字人。

【注釋】

[一]集腋狐裘：即“集腋成裘”，指狐狸腋下的皮毛雖小，但聚集起來就能製成皮衣。比喻積少成多。

[二]飛燕：指趙飛燕，西漢成帝皇后，《西京雜記》稱其“體輕腰弱”。

翻書有作

　　晋唐秘笈重琳琅[一]，九百餘初①説本荒[二]。青草池塘雕句苦[三]，白雲窗室校書忙。乞兒漆碗成何器，貧女荆釵②有幾行[四]。兩袖起來風襲襲，仍然沈水學梅香[五]。

【校勘】

①按：“余初”，此處指西漢小説家虞初，故當作“虞初”。

②“叙”，原作“叙”，漆永祥校本據《乙丙集》本改，今從。

【題解】

　　江藩雅好詩詞，矢志墳典，藏書多達三萬餘卷。惜後遭饑荒，以書易米，書窠爲之一空。此詩即爲早年藏書、讀書有感而作。

【注釋】

[一] 笈：書籍；典籍。琳琅：本指精美的玉石，此處借指珍貴書籍。

[二] “九百”句：東漢張衡《西京賦》曰：“小説九百，本自虞初。”李善《注》曰：“《漢書》曰：虞初《周説》九百四十三篇。初，河南人也。武帝時，以方士侍郎，乘馬，衣黄衣，號黄衣使者，小説家者流，蓋出於稗官。”

[三] “青草”句：南朝宋謝靈運《登池上樓》：“池塘生春草，園柳變鳴禽。”

[四] “乞兒”二句：喻指江藩嗜書購書、藏書校書，以致生資匱乏。乞兒漆碗典出宋張邦基《墨莊漫録》：“叔原聚書甚多，每有遷徙，其妻厭之，謂叔原有類乞兒搬愰。叔原戲作詩云：‘生計惟兹愰，搬擎豈憚勞。……願君同此器，珍重到霜毛。’”

[五] “兩袖”二句：意謂儘管生活清苦，依舊不改雅好墳典之初心。

和汪大墨莊焚香二首

　　木葉燒殘火色昏，諸華香散到儒門[一]。通靈鼻觀無生滅[二]，更向曹溪問水源[三]。

【題解】

　　江藩年少時即與汪緄交游唱和，作於江氏十五歲至二十五歲之間的《乙丙集》中收録二人唱和之作達十餘首。後汪緄落魄揚州，江藩館之於家，時人稱江氏好客忘貧，乃當世之顧俠君。此篇即爲二人唱和之作，據之可知二人皆有儒佛兼修之品格。汪緄，字義仲，一字墨莊，號鶴崖，江蘇華亭（今上海松江）人。喜壯游，所遇不偶。工詩，有《桃花潭水詩鈔》。

【注釋】

[一]諸華香散：指供奉花香。鳩摩羅什《金剛經》：“在在處處，若有此經，一切世間天、人、阿修羅所應供養，當知此處則爲是塔，皆應恭敬作禮圍繞，以諸華香而散其處。”

[二]鼻觀：佛教觀想法，謂觀鼻端白。蘇軾《和黃魯直燒香》之一：“不是聞思所及，且令鼻觀先參。”生滅：佛教語，依因緣和合而有，謂之“生”；依因緣離散而無，謂之“滅”。

[三]曹溪：指禪宗六祖惠能，曾在廣東韶州府曹溪演法。

城南松柏北邙墳[一]，來往新人底事勤[二]。鴨舌獸爐經一卷，唱叉業海自然聞[三]。

【注釋】

[一]北邙：亦作北芒，即邙山，也叫郟山、北山。西起三門峽門，東止伊洛河岸。在今河南洛陽市北。自東漢城陽王祉葬於此後，遂成三侯公卿葬地。後因泛稱墓地。

[二]底事：何事。

[三]唱叉：“叉”爲華嚴四十二字母之一，《大方廣佛華嚴經入法界品》：“唱叉字時，入般若波羅蜜門，名息諸業海藏蘊。”業海：佛教語，謂世間種種惡因如大海，故稱“業海”。

和汪大墨莊初秋有感

夏日蒼涼秋日慵，閉門著述半因窮[一]。濃陰欲造滋枯雨[二]，清析方舒愈病風。蓮漏滴殘殘夜永[三]，鶴更報曉曉光空。功名兩字難回首，白髮欺人本不公[四]。謂墨莊。

【題解】

此爲江藩與汪緄唱和之作。江氏即景抒情，由初秋的蒼涼蕭瑟發抒懷才不遇之感。

【注釋】

[一]“夏日”句：此句用互文法，意謂夏秋時節慵懶而蒼涼。

[二]造：造就。《説文解字·走部》：“造，就也。”

[三]蓮漏：指蓮花漏，古代的一種計時器。鄭谷《信美寺岑上人》：“我來能
　　永日，蓮漏滴階前。”

[四]“白髮”句：唐薛能《春日使府寓懷二首》之一：“青春背我堂堂去，白髮
　　欺人故故生。”此處化用前人詩句寄寓不平之慨。

詠雪用東坡尖叉韻十六首

　　篩屑糝多巧至纖[一]，奪空色相到香嚴[二]。因風謝女吟成絮[三]，
著地吳娘笑道鹽[四]。摧死蕙蘭貧白屋[五]，壓枯松柏刺冰簷。栖窗聲
急腸思酒，忍凍難呵手指尖。

【題解】

　　此組詩爲江藩用蘇軾詩尖叉韻詠雪之作。因是險韻，可見其作詩技巧，
亦可見江藩對蘇詩之傾慕。後江藩《和答黄大石航見寄之作時石航在廣陵》詩
有注云：“石航來詩，謂予近日詩文有蘇子之風。”東坡：指蘇軾（一〇三
六——一一〇一），字子瞻，蘇洵次子，自號東坡居士，北宋眉州眉山（今屬四
川）人。長於詩文書畫，有《東坡集》行世。尖叉：“尖”“叉”均舊詩中之險
韻，蘇軾《雪後書北台壁》詩其一末韻爲“試掃北台看馬耳，未隨埋没有雙
尖”，其二末韻爲“老病自嗟詩力退，空吟《冰柱》憶劉叉”。造語自然，無湊
韻之弊。其弟轍與王安石步原韻所和詩及軾再用前韻所作詩，其造語押韻亦
自然協暢。世因以“尖叉”爲險韻之代稱。清梁章鉅《喜雪唱和詩》云：“素怯
尖叉造句難，東坡借雪每生瀾。”

【注釋】

[一]篩（shāi）：本指篩子。《説文解字·竹布》：“篩，篩箄，竹器也。”亦可
　　用作動詞，將物置於篩内搖動，使粗精分開或粗細分離。韓愈《喜雪獻
　　裴尚書》：“宿雲寒不卷，春雪墮如篩。”此處作動詞用。

[二]色相：亦作“色象”，佛教語，指萬物的形貌。香嚴：佛教語，香潔
　　莊嚴。

[三]“因風”句：東晉謝道韞《詠雪聯句》：“未若柳絮因風起。”

[四]"著地"句：唐施肩吾佚句："顛狂楚客歌成雪，媚賴吳娘笑是鹽。"
[五]白屋：不施采色、露出本材的房屋。一説，指以白茅覆蓋的房屋。

　　曉起佳人畫鬢鴉[一]，忽驚門駐白羊車[二]。地靈盡涌昆山玉[三]，月冷虛飄瑞木花。陰德先歸耕隴舍[四]，清光總至讀書家。使君不殺晴無用[五]，四壁塵生銀步叉。

【注釋】

[一]鬢鴉：形容鬢髮鬓黑如鴉色。元喬吉《新水令·閨麗》套曲："厭地回身攏鬢鴉，傍闌干行又羞，雙臉烘霞。"
[二]白羊車：以白羊曳引的車。唐李紳《憶至鞏縣河宿待家累追懷》："閨信坐遲青玉案，弄兒閑望白羊車。"
[三]地靈：謂土地山川靈秀。涌：《説文解字·水部》："涌，滕也。"
[四]陰德：謂陰冷的品性。清光：謂清亮的光彩。
[五]不殺：不減，不衰。《公羊傳·僖公二十二年》："《春秋》辭繁而不殺者，正也。"何休《注》："殺，省也。"

　　禁體詩成語帶纖[一]，歐公號令太申嚴[二]。九重漢闕清於水，五夜天街爛若鹽。助月誤鴉①鳴短樸[三]，乘風化鶴下危簷。舍南舍北彌漫白[四]，摧折幽篁搶地尖[五]。

【校勘】

①漆永祥校本云："'鴉'，《乙丙集》本作'雞'。"

【注釋】

[一]禁體詩：指一種遵守特定禁例寫作的詩。據歐陽修《雪》詩《自注》、《六一詩話》及蘇軾《聚星堂雪詩叙》所記，其禁例大略爲不得運用通常詩歌中常見的名狀體物字眼，意在難中出奇、因難見巧。
[二]歐公：指歐陽修（一〇〇七—一〇七二），字永叔，號醉翁，廬陵（今江西西安）人，唐宋八大家之一，有《新五代史》《歐陽文忠公集》等。申嚴：指申令嚴格遵守或執行某種法令或措施。
[三]樸(jié)：同"桀"，鷄栖息的木椿。
[四]舍：居住的房子。篁：竹林，泛指竹子。《説文解字·竹部》："篁，竹田也。"《楚辭·山鬼》："餘處幽篁兮終不見天。"

［五］搶：碰撞。

　　雲連六合噪寒鴉[一]，徧獵風聲夜走車[二]。帝德齊天飛玉粒，仙功離地雨銀花。映書兀兀無人處[三]，唱曲低低定幾家。有意陽春先及物，不封條末綠枝叉[四]。

【注釋】

［一］六合：《莊子·齊物論》：“六合之外，聖人存而不論；六合之內，聖人論而不議。”成玄英疏：“六合者，謂天地四方也。”

［二］獵：象聲詞。西漢王褒《洞簫賦》：“或渾沌而漻淚兮，獵若枚折。”李善《注》：“獵，聲也。”

［三］兀兀：孤獨貌。唐盧延讓《冬除夜書情》：“兀兀坐無味，思量誰與鄰。”

［四］條末：指枝條、樹梢。

　　千里楓林月色纖，關山行客冒森嚴[一]。眼中色界空成水[二]，野外桑田盡變鹽。愁裏忽驚霜滿鬢，醉來疑是月穿簷。口含丸粉難羞擬[三]，冷氣如捫舌本尖[四]。

【注釋】

［一］森嚴：整飭、嚴密。唐杜牧《朱坡》：“偃蹇松公老，森嚴竹陳齊。”

［二］色界：佛教語，合欲界、無色界爲三界。

［三］擬：比擬。

［四］捫：按、摸。《説文解字·手部》：“捫，撫持也。”

　　白霓光中八九鴉[一]，四章《黃竹》漫停車[二]。放春造化先消水[三]，帶雨飄零不作花。萬木枯時聞鶴語，一鐘撞處有僧家。道通業海爲銀海，好向禪門唱字叉。

【注釋】

［一］霓：虹的一種，對主虹而言，也稱副虹。形成的原因和主虹相同，只是光綫在水珠中的反射多了一次，紅色在內，紫色在外。《説文解字·雨部》：“霓，屈虹，青赤，或白色，陰氣也。”

［二］黃竹：《穆天子傳》卷五載：周穆王往蘋澤打獵，“日中大寒，北風雨雪，有凍人，天子作詩三章以哀民”，首句爲“我徂黃竹”。本爲傳説中

的地名，後用以指周穆王所作詩名，其詩爲後人僞托。

[三]放春：指春天花木萌發生長。杜甫《留別公安太易沙門》：“沙村白雪仍含凍，江縣紅梅已放春。”造化：創造演化，指自然界自身發展繁衍的功能。

　　耐寒梅蕋白纖纖，欲轉洪爐放凛嚴[一]。風捲明沙如白玉，藥生元圃似紅鹽[二]。豆秸灰下臨無地[三]，蒼卜花高繞①矮簷[四]。遠岫列窗供指點[五]，半虧青色透山尖。

【校勘】

①“繞”，《乙丙集》本作“樓”。

【注釋】

[一]洪爐：喻指天地。葛洪《抱樸子·勖學》：“鼓九陽之洪爐，運大鈞乎皇極。”凛嚴：此指梅花耐寒的品格令人敬畏。

[二]紅鹽：紅色粉末。唐皮日休《奉和魯望秋日遣懷次韻》：“藥囊除紫蠹，丹灶拂紅鹽。”

[三]豆秸灰：豆秸燒成的灰，色白而輕，借喻雪。蘇軾《歧亭道上見梅花戲贈季常》：“野店初嘗竹葉酒，江云欲落豆秸灰。”

[四]蒼卜：梵語 Campaka 音譯。又譯作瞻卜伽、旃波迦、瞻波等。義譯爲郁金花。唐盧綸《送靜居法師》：“蒼卜名花飄不斷，醍醐法味灑何濃。”

[五]岫：峰巒。三國魏嵇康《憂憤詩》：“采薇山阿，散髮巖岫。”

　　煙水迢迢打食鴉[一]，朝看門外有迷車。色搖天上精神月[二]，巧槑人間意思花。寶鏡當中藏世界，玉壺裏面住全家。寒江慘澹真堪畫[三]，髯擁漁翁手挺叉。

【注釋】

[一]煙水迢迢：意謂煙霧迷蒙的流水悠遠綿長。唐杜牧《寄揚州韓綽判官》：“青山隱隱水迢迢，秋盡江南草未凋。”

[二]精神：形容有生氣。

[三]慘澹：暗淡無光，或作“慘澹”。歐陽修《秋聲賦》：“其色慘澹，煙霏雲斂。”

春日朝衣花樣纖[一]，宋臣獻瑞傍莊嚴。聲希茶鼎元無火[二]，味淡鉶羹不著鹽[三]。澄寂光生垂四注[四]，太虛塵墮滿三簷[五]。出門散作消摇步[六]，萬點青山玉換尖。

【注釋】

[一]朝衣：君臣上朝時穿的禮服。瑞：古代作爲憑信的玉器。《説文解字·玉部》："瑞，以玉爲信也。"

[二]希：寂靜無聲。《老子》第十四章："聽之不聞，名曰希。"河上公《注》："無聲曰希。"陸德明《釋文》："希，静也。"

[三]鉶羹：古代祭祀時盛在鉶器中的調以五味的羹。《周禮·天官·亨人》："祭祀，共大羹、鉶羹。賓客亦如之。"

[四]澄寂：清澄静寂。東晉郭璞《江賦》："若乃宇宙澄寂，八風不翔。"四注：指屋宇四邊的簷，屋頂上的水可由簷流下。

[五]太虛：虛空玄奧之境。《莊子·知北游》："是以不過乎昆侖，不游乎太虛。"

[六]消摇：通"逍遥"。

帶水書字欹如鴉[一]，乘興難登薄笨車[二]。雨散龍宮飛敗甲，香消净界落空花[三]。呈祥先感君王德，報兆還歸子庶家。莫笑貧儒衣百結[四]，黑羊裘敝手能叉[五]。

【注釋】

[一]欹：傾斜，歪向一邊。

[二]薄笨車：一種製作粗陋而行駛不快的車子。

[三]净界：佛教指清净無垢的境界。

[四]百結：指用碎布料補綴而成的衣服。

[五]裘敝：成語"裘敝金盡"之省稱，比喻生活窮困。

玉條萬縷柳纖纖，寒氣深時破膽嚴。魏帝張筵試湯餅[一]，周官臘祭出形鹽[二]。但聞窸窣飄鴛瓦，不覺高低没雀簷[三]。紅燭銀缸飛些些[四]，佳人好賦兩頭尖。

【注釋】

[一]"魏帝"句：《世説新語·容止》："何平叔美姿儀，面至白，魏明帝疑其

傅粉。正夏月，與熱湯餅。既噉，大汗出，以朱衣自拭，色轉皎然。”
魏帝：指三國魏明帝曹叡(二〇四—二三九)，字元仲，沛國譙縣(今安
徽亳州)人，魏文帝曹丕長子。

[二]臘祭：古時歲終祭祀，始自周人，具載於《周禮》(又名《周官》)一書
中。形鹽：特製成虎形的鹽，供祭祀用。

[三]窸窣：象聲詞，輕微細碎的聲音。杜甫《自京赴奉先縣詠懷五百字》：
“何梁幸未拆，枝撐聲窸窣。”

[四]銀缸：指銀白色的燈盞、燭臺，或作“銀釭”。梁元帝《草名》詩：“金錢
買含笑，銀釭影梳頭。”

掌大雲生沁餓鴉，亂風高轉向雷車[一]。妻奔月窟元無象[二]，夢
到羅浮不是花[三]。旋旋輕輕唐句法，疏疏密密宋詩家。朝天金闕無
人到[四]，僵立門前衆藥叉。

【注釋】

[一]雷車：雷神的車子。《莊子·達生》：“其爲物也，惡聞雷車之聲，則捧
其手而立。”

[二]妻奔月窟：《淮南子·覽冥訓》：“譬若羿請不死之藥於西王母，姮娥竊
以奔月，悵然有喪，無以續之。”

[三]“夢到”句：舊題柳宗元《龍城録·趙師雄醉憩梅花下》載，隋開皇中，
趙師雄於羅浮山遇一女郎。與之語，則芳香襲人，語言清麗，遂相飲竟
醉，及覺，乃在大梅樹下。

[四]金闕：道家謂天上有黃金闕，爲仙人或天帝所居。《神異經·西北荒
經》：“西北荒中有兩金闕，高百丈。”

朝春猶布錦雲纖[一]，薄暮翻然入雨巖。客到定教留晶飯[二]，女
游何處采金鹽[三]。此時片片迷慌砌[四]，他日聲聲滴畫簷。驢背尋梅
灞橋去[五]，西風吹面莫辭尖。

【注釋】

[一]布：散布，分布。錦：鮮豔華麗。

[二]晶(xiǎo)：《説文解字·白部》：“晶，顯也。”《廣雅·釋器》：“晶，白
也。”晶飯謂米飯、白蘿卜和清湯，三者皆白，故戲稱。

[三]“女游”句：宋無名氏《謝氏詩源》：“近有士子作《游女詩》，中一聯云：

‘不曾憐玉笋，相競采金鹽。’”金鹽：指五加皮。明李時珍《本草綱目·木三·五加》：“金鹽，五加也。皆是煑石而餌得長生之藥也。”

[四]迷慌：即迷離恍惚。

[五]“驢背”句：明張岱《夜航船》載，孟浩然情懷曠達，常冒雪騎驢尋梅，曰：“吾詩思在灞橋風雪中驢背上。”

欲下綏綏噪臆鴉[一]，可憐何處覓三車[二]。焦先夢醒疑飛絮[三]，玉女歸時帶落花。遠大江天無水際，分明城郭有人家。賞心亭上寒光聚，尺幅圖成卦畫叉。

【注釋】

[一]綏綏：舒行貌。《詩·衛風·有狐》：“有狐綏綏，在彼淇梁。心之憂矣，之子無裳。”馬瑞辰《通釋》：“綏綏，爲舒行貌。”

[二]三車：佛教語，喻三乘，即以羊車喻聲聞乘（小乘），以鹿車喻緣覺乘（中乘），以牛車喻菩薩乘（大乘）。

[三]焦先：字孝然，河東（今山西永濟）人，漢末隱士。晋皇甫謐《高士傳》載：“及魏受禪，常結草爲廬於河之濱，獨止其中。……後野火燒其廬，先因露寢，遭冬雪大至，先祖卧不移。人以爲死，就視如故。後百餘歲卒。”

銀書寒咽管端纖[一]，八句吟成詩戒嚴。窗裏静窺無住相[二]，庭前驚産自然鹽。漫如沙水空堆舍，錯認楊花只護簷[三]。曹植馬頭看仔細[四]，飄來六出出都尖[五]。

【注釋】

[一]銀書：猶銀字。南朝梁陸倕《新漏刻銘》：“寧可使多謝曾水，有陋昆吾，金字不傳，銀書未勒者哉？”

[二]無住：佛教語。謂法無自性，無所住著，隨緣而起。佛教稱“無住”爲萬有之本。

[三]楊花：柳絮。北周庾信《春賦》：“新年鳥聲千種囀，二月楊花滿路飛。”

[四]曹植馬：曹植有《白馬篇》，曹植馬即白馬。唐李商隱《對雪二首》之一：“欲舞定隨曹植馬，有情應濕謝莊衣。”曹植（一九二—二三二），字子建，稱陳思王，長於詩賦，後人譽爲“建安之杰”。

[五]六出：花分瓣叫出，雪花六角，因以爲雪的別稱。《太平御覽》卷十二

引《韓詩外傳》：“凡草木花多五出，雪花獨六出。”南朝陳徐陵《詠雪》：
“豈若天庭瑞，輕雪帶風斜。三農喜盈尺，六出儼崇花。”

　　一一齊飛白頸鴉，五雲常落燦銀車[一]。瓊絲難入機中綉[二]，素
芷還同陌上花[三]。皎潔藐姑宜奪色[四]，蒼茫月姐①不知家。吟安費
我連朝思，深愧溫岐賦八叉[五]。

【校勘】
①“姐”，《乙丙集》本作“姊”。

【注釋】
[一]“五雲”句：庾信《道士步虛詞十首》之六：“東明九芝蓋，北燭五雲車。
　　飄飄入倒景，出没上煙霞。”
[二]綉：有彩色花紋的絲織品。《集韻·蕭韻》：“綉，綺屬。”
[三]芷：白芷。多年生草本，根粗大，有香氣，可入藥。
[四]藐姑：指藐姑射(yè)，神話中的仙山。《莊子·逍遥游》：“藐姑射之山
　　有神人居焉，肌膚若冰雪，綽約若處子。”
[五]溫岐賦八叉：指“溫八叉”，亦稱“溫八吟”。因溫庭筠才思敏捷，作賦
　　押官韻，凡八叉手而八韻成，時人稱爲溫八叉。

蠟梅二首

　　含章花落夢離身[一]，金屋新妝遠玉塵[二]。地氣融合①千葉色，
春風涵養一家春[三]。傳聞學士更名號[四]，説與浮屠別寫真[五]。七字
小詩工也未，問他誰是主盟人。

【校勘】
①“合”，《乙丙集》本作“和”。

【題解】
　　江藩歌詠蠟梅之作，嘆賞其高潔清芳。

【注釋】

[一]含章：指含章殿，南朝宋宫殿名。南宋程大昌《演繁露·含章梅妝》：
　　“壽陽公主在含章殿，梅花飄著其額。”

[二]金屋：喻女子所居之華麗宫室。南朝梁柳惲《長門怨》：“無復金屋念，
　　豈照長門心。”新妝：指女子新扮飾好的容色，亦作“新妝”。玉塵：喻
　　花瓣。唐張籍《同嚴給事聞唐昌觀玉蕊近有仙過因成絶句》：“千枝花裏
　　玉塵飛，阿母宫中亦見稀。”

[三]一家春：語出唐王勃《山扉夜坐》：“林塘花月下，別似一家春。”

[四]“傳聞”句：指蘇軾、黄庭堅確立蠟梅的名稱。蠟梅最早叫作黄梅，乃
　　取其花色而名。王安石同母弟王安國作有《黄梅花》詩，方回《瀛奎律
　　髓》注此詩曰：“熙宁五年壬子馆中作，是时但題曰黄梅花，未有蠟梅
　　之号。至元祐苏、黄在朝，始定名曰蠟梅。盖王才元园中花也。”可見，
　　王安國寫此詩時，“黄梅”還是較为通行的称呼，改称‘蠟梅’之名，是
　　从苏轼、黄庭堅的歌詠开始的，如蘇軾《蠟梅一首贈趙景貺》，黄庭堅
　　《戲詠蠟梅二首》等。學士：職官名。魏晉南北朝始設，爲掌管典禮、
　　撰述的官職；唐開元年間設置學士院，稱爲“翰林學士”，爲文學侍從，
　　參理機務，起草詔書。此處特指蘇軾、黄庭堅，蘇軾官翰林學士、侍讀
　　學士，黄庭堅官著作左郎，集賢院校理，卒贈直龍圖閣，爲“蘇門四學
　　士”之一。

[五]“説與”句：梅入畫，始於南北朝，至宋僧仲仁方盛，創作出用濃濃淡
　　淡的墨水暈染而成的所謂墨梅，稱“墨梅始祖”。浮屠：亦作浮圖，佛
　　教語，梵語 Buddha 的音譯。指佛陀；佛教；和尚；佛塔等。此處指和
　　尚。寫真：指繪畫圖像。

　　初透靈犀散冷香[一]，緑窗明月映孤芳。東君信到征消息[二]，寒
客圖成欠采章[三]。《西溪叢話》[四]：張敏卡有《十客圖》[五]，蠟梅爲寒客，在酴
醿之下[六]。敏卡蓋以色類爲次第。然《梅譜》云[七]：“蠟梅香極清芳，殆過梅香。”則
當與梅花同列。夫酴醿香極妖豔，乃温柔鄉中物，豈得與清芳同列耶？敏卡以皃取
花，失之遠矣。“采”讀若“辨”，《古文尚書》“平章百姓”作“采章”[八]。花底麝熏
香滿體[九]，梢頭蜂鬧蜜生房。禪家莫托無滋味，爐頂莫①云別有鄉。

【校勘】

①漆永祥校本云：“‘莫’，《乙丙集》本作‘黄’。”

【注釋】

[一]靈犀：舊説犀角中有白紋如綫直通兩頭，感應靈敏。因用以比喻兩心相通。李商隱《無題》：“身無彩鳳雙飛翼，心有靈犀一點通。”

[二]東君：司春之神。唐王初《立春後作》：“東君珂佩響珊珊，青馭多時下九關。方信玉簫千萬里，春風猶未到人間。”

[三]采章：辨別彰明。采通辨，辨別。章通“彰”，彰明、顯著之意。

[四]《西溪叢話》：即《西溪叢語》，宋姚寬撰，凡三卷，多爲履歷見聞、疑誤考證。

[五]張敏朩：指張景修，字敏叔，常州人。治平四年進士。官祠部郎。能詩，有《張祠部集》，今已佚。

[六]酴醾：花名，薔薇科。落葉或半常緑蔓生小灌木，攀緣莖，莖緑色，莖上有鈎狀的刺，羽狀複葉，有五片橢圓形小葉，上面有多數側脉，致成皺紋。花白色，有芳香。果近球形，深紅色。

[七]《梅譜》：指《范村梅譜》，南宋范成大撰，凡一卷，記所居范村之梅十二種。

[八]《古文尚書》：相傳爲魯恭王在拆除孔子故宅墙壁時發現，比伏生所傳多出十六篇，皆用戰國文字書寫，漢人用隸古字重鈔，故稱。

[九]麝：産於中亞山地的一種小型粗腿的鹿，雄獸有值錢的麝囊，能分泌麝香。

吾大半客滕大廈仙皆和僕作叠前韻二首

桃紅李白總凡身，初綻花苞迥出塵[一]。絳帳半開難避雪[二]，金細斜墮暗和春。融酥點處工何巧，化蠟圍邊色自真。頓有亭中爲第一，蘇黃如玉玉如人[三]。

【題解】

因吾學海、滕廈仙有詩唱和江藩《蠟梅二首》，遂叠前韻酬贈。旨在描摹蠟梅風姿神韻。半客：指吾學海，號半客，排行老大。滕大廈仙：指滕廈仙，排行老大。

【注釋】

[一]“桃紅”二句：意謂蠟梅與桃李不同，品性高遠，迥出凡塵。

[二]"絳帳"句：意謂蠟梅綻放時不避霜雪，又應和春光。絳：大紅色。《説
　　文解字・系部》："絳，大赤也。"
[三]"頓有"二句：紹聖年間，蘇、黄遠貶，王直方在家建了座"頓有亭"，
　　取《南史・謝晦傳》"宋武帝曰'一時頓有兩玉人耳'"之語意，以紀念一
　　時頓有之玉人——東坡、山谷。江西派詩人題詠甚衆。如北宋謝逸《王
　　立之園亭七詠・頓有亭》："蘇黄兩玉人，落筆傳九縣。"

　　《解嘲》詩就减幽香[一]，《王直方詩話》"蠟梅，山谷初見之，作二絶，緣此
盛於京師。然交游間亦有不喜者，余嘗作《解嘲》"云云。《解嘲》一詩，淺陋無味，頗
爲蠟梅减價。蘭氣相同各一芳。燃燭殘花他日泪，懸鐘細字舊時章。蓓
關春意藏虚室[二]，金辟霜寒貯煖房。分到洛陽誇獨秀，依然風景似
江郷。

【注釋】

[一]《解嘲》：《王直方詩話》載録《解嘲》詩："紛紛紅紫雖無韻，映帶園林
　　正要渠。誰遣一枝香最勝，故應有客問何如。"
[二]"蓓關"二句：意謂蠟梅蓓蕾飽含春意、凌寒傲霜。

續夢四首

　　妾依阿母住東城[一]，彷彿從前夢裏行。蝶翅粉消無氣力，百花
香底活三生[二]。

【題解】

　　此四首詩以一女子口吻，在新夢舊境交織中展現對過往情境的追憶、感
嘆，兼及對未來生活的思索。

【注釋】

[一]妾：謙辭，舊時女人自稱。
[二]三生：佛教語，指前生、今生、來生。

　　幾年前事落西風，新夢依稀舊夢同[一]。阿母走來故相諧，鵝兒
黄酒好爲中[二]。《穀梁・桓九年傳》："爲之中者，歸之也。"《注》："中謂關與

婚事。"

【注釋】

[一]"幾年"二句：意謂往事隨風，夢境無異。

[二]鵝兒黃酒：杜甫《舟前小鵝兒》："鵝兒黃似酒，對酒愛鵝黃。"

小住虛空漫著思[一]，成陰結子爲君遲[二]。馬嘶驚斷門前路，恍似當年夢醒時。

【注釋】

[一]小住：稍稍停留。

[二]成陰結子：綠葉成蔭，結滿果實，比喻成婚且有兒女。宋趙長卿《醉蓬萊·春半》："綠意紅情，成陰結子，五雲樓閣。"

春生楊柳柳生花，花落東風管歲華[一]。兒女團圞餘夢想[二]，不妨此處便爲家。

【注釋】

[一]"春生"二句：意謂春去春來花開花落，哪里管得青春年華。

[二]團圞(tuán luán)：環繞。元趙孟頫《題耕織圖》："相呼團圞坐，聊慰衰莫齒。"

偶　作

鑿井耕田食力安[一]，小民元可免饑寒。勸君莫向皇州去[二]，到處悲辛索一官。

【題解】

江藩針對社會現狀有感而發，寧可躬耕自食，而不願入世爲官。

【注釋】

[一]食力：靠勞作生活。《國語·晋語四》："庶人食力。"

[二]皇州：帝都；京城。南朝宋鮑照《侍宴覆舟山》之二："繁霜飛玉闥，愛

景麗皇州。"

即事呈半客

　　揚州有夢去匆匆[一]，十二樓臺夕照中。身賤從容疏草木，心閑勉强注魚蟲[二]。石爐促節分秋雨，瓦枕婆娑受午風[三]。賦性安慵人不識，惟君知我道空空[四]。

【題解】

　　江藩與吾學海唱和之作，流露清貧守節之志。即事：以當前事物爲題材作詩。

【注釋】

[一]"揚州"句：唐杜牧《遣懷》："十年一覺揚州夢，赢得青樓薄幸名。"

[二]"身賤"二句：意謂出身卑賤而心境閑逸，整日忙於經傳注疏。疏草木、注魚蟲皆代指典籍訓詁。三國吳陸璣有《毛詩草木鳥獸蟲魚疏》。王安石《詳定試卷》："細甚客卿因筆墨，卑於《爾雅》注魚蟲。"

[三]瓦枕：陶制的枕頭。蘇軾《歸宜興留題竹西寺》之二："暫借藤床與瓦枕，莫教辜負竹風涼。"婆娑：散亂。南宋辛弃疾《鷓鴣天》："敧枕婆娑兩鬢霜。起聽簷溜碎喧江。"

[四]"賦性"二句：意謂江藩安平樂道，清貧自守，並引學海爲知己。

早發銀山却寄半客

　　行人殘夢寄征鞍[一]，相見匆匆一夕歡。學道艱辛談道樂，讀書容易著書難。雲沈空谷天光曙，日轉蒼松江影寒[一]。異姓弟兄如骨肉，何年同把釣魚竿[二]。

【題解】

　　贈別之作，江藩與吾學海的兄弟情誼溢於言表。銀山：指鎮江銀山寺，建於元代。

【注釋】

[一]征鞍：猶征馬。指旅行者所乘的馬。唐杜審言《經行嵐州》：“自驚牽遠
　　役，艱險促征鞍。”

[二]“雲沈”二句：意謂拂曉時雲霧消散，倒映在江面的蒼松却顯得冷寂。
　　天光：日光。曙：天剛亮。《説文解字·新附·日部》：“曙，曉也。”

句容道中有懷胡大眉峰

　　肄經識小愧聲聞[一]，近日名流咸以經學推僕。漢宋諸儒説正紛。粗
淺疏迂從物議[二]，玄黄朱緑要君分。僕工古文，世無知者，唯眉峰亟稱之，
真可謂平生第一知己也。渠穿四野秋時雨，木落千山暮夜雲。識字源頭探
致論，卦爻三代以前文[三]。

【題解】

　　江藩旅途中懷念友人胡量而作。詩中小注云“僕工古文，世無知者”，江
藩晚年又稱“文無八家氣”，可知其文學觀念前後有變。句容：縣名，清隸屬
江寧府，今屬鎮江。胡大眉峰：指胡量（一七五一——?），字元謹，號眉峰，
華亭（今上海松江）人，僑居吳門（今江蘇蘇州）。博覽古籍，工詩善畫，有
《海紅堂詩鈔》。

【注釋】

[一]肄：學習。《説文解字·聿部》：“肄，習也。”經：指以《易》《書》《詩》
　　《禮》《春秋》爲代表的儒家經籍。

[二]物議：衆人的議論。《宋書·蔡興宗傳》：“及興宗被徙，論者並云師
　　伯……師伯又欲止息物議，由此停行。”

[三]“識字”二句：意謂文字的源頭，大概可追溯到夏周三代時的卦爻。

七月十一日夜宿龍潭驛韓大春山索贈口占一律

　　江北貴公子，讀書不好名。衣邊山色染，酒底夜光清。詩在無弦
裏[一]，文從枯樹生[二]。龍潭道上月，皎皎到天明。

【題解】

　　江藩留宿龍潭驛與韓春山唱和之作，詠嘆春山之才情，兼有懷人之意。龍潭：江寧（今南京）栖霞山下一小鎮，往來江寧府和鎮江府的要衝，設有驛站，供休息驛傳。韓大春山：指韓春山，排行老大，居江北，出身顯貴，雅好詩文。

【注釋】

[一]無弦：《宋書·隱逸列傳·陶潛》：“潛不解音聲，而畜素琴一張，無弦，每有酒適，輒撫弄以寄其意。”

[二]“文從”句：清錢謙益《徐霞客傳》：“（徐霞客）居平未嘗爲古文辭，行游約數百里，就破壁枯樹，燃松拾穗，走筆爲記，如甲乙之簿，如丹青之畫，雖才筆之士，無以加也。”

六合白雲山莊四首呈孚尹兄

　　地僻幽栖樂[一]，田園時往還。門通青草路，廬結白雲山。樹老秋風裏，人喧煙水間。上方鐘磬動，傍有白雲寺。朝暮去閑閑[二]。

【題解】

　　江藩與孚尹唱和之作，着力表現山居生活之清幽閑逸。六合：古稱棠邑，隋改今名，清屬江寧府。孚尹：指伍光瑜（一七五八——一八三〇），字孚尹，號屏秋，江蘇江寧（今南京）人。歲貢生，候選訓導。治經邃於《易》。工詩，有《補園集》。

【注釋】

[一]幽栖：幽僻的栖息之處。唐王昌齡《過華陰》：“羈人感幽栖，窅映轉奇絶。”

[二]閑閑：閑静。唐劉言史《登甘露台》：“偶至無塵空翠間，雨花甘露境閑閑。”

　　閑作看雲行，一天秋氣清。居山無限好，到處有涯生[一]。家釀三杯酒，村春四野情[二]。先人有深意，學道不如耕[三]。

【注釋】

[一]有涯生：《莊子・養生主》：“吾生也有涯，而知也無涯，以有涯隨無涯，殆也。”

[二]春：用杵臼將穀類的殼搗去。《説文解字・臼部》：“春，搗粟也。”

[三]“先人”二句：意謂先人早已昭示讀書求道不如歸耕田園。

性懶宜於睡，無人閉草堂。偶然行藥徑，聊且臥繩床。火活春茶鬪[一]，煙深晚飯香。蕭蕭風定後，萬木奏宮商[二]。

【注釋】

[一]鬪：同“鬥”。鬥茶，即比賽茶的優劣，内容包括鬥茶品、鬥茶令、茶百戲。是古代文人雅士的一種游戲。

[二]宮商：本指五音中的宮音與商音，後泛指音樂。《韓詩外傳》卷五：“人有六情，目欲視好色，耳欲聽宮商。”

氣候山中早，秋深換夾衣[一]。人隨新月出，僧背夕陽歸。墟裏炊煙直，荒村燈火微。池塘含水處，點點鷺鷥飛[二]。

【注釋】

[一]夾：同“袷”，夾衣。《説文解字・衣部》：“袷，衣無絮。”徐鍇《繫傳》：“袷夾衣也。”

[二]鷺鷥：指鷺科的鳥類，具有長嘴、長頸、長脚的外型，羽色有白色、褐色、灰藍色等，通常安静地涉行淺水（如池塘、沼澤、濕地）中覓食蛙、魚和其他水生動物。於近水邊樹林或灌叢中營巢。

國香者荆州女子也不知其姓山谷謫居時曾屬意焉後嫁與小民家故和馬荆州水仙花詩有可惜國香天不管隨緣流落小民家所爲作也谷曾以此意告其友高子勉後山谷卒於宜州荆州地歲荒小民鬻其妻爲本州田氏侍兒子勉過荆飲於田氏田氏出侍兒侑酒子勉以山谷事告之且勸以谷詩國香字之高友王子亦聞此事於高索高作國香詩詩見任淵山谷集注十五卷中古農先生昔有和作辛丑春墨莊問及此事予爲之細述[①]感嘆唏

籲遂和高詩焉

涪翁淪謫年將晚[一]，春日迷花猶欸欸[二]。迷花迷到水仙花，羅襪凌波動班管[三]。姬人未嫁似羅敷[四]，豆蔻梢頭二月餘[五]。青草岸邊才子宅，綠波江上美人居。春雲有夢夢何處，夢輕恐被風吹去。相思寫入香草篇[六]，空向詩中弄佳句。謫官無計但含悲，夫婿輕離倦掃眉[七]。宋家南渡將遷日，白髮詞臣落魄時。太史沈泉沈未久，換字移居感故友。無端飄蕩蕩浮萍，可憐仍作風前柳。金步搖兼翠羽翹[八]，樽前一曲態嬌饒。美人淪落才人死，酒罷歌闌魂暗銷。翩翩風致水仙似，惱殺無雙黃國士[九]。根出淤泥香若蘭，國香詩字焉說字。茫茫千載話難詳，紅燭春宵起夜涼。好句傳來人似玉，水仙一朵焉誰香。

【校勘】

①"述"，原作"迷"，漆永祥校本已據《乙丙集》本改，今從。

【題解】

黃庭堅與荆州女子國香的淒美遭際，後人多有題詠。江藩亦焉之唏噓感嘆，遂有此和詩。全詩熔叙述、抒情、議論於一爐，將"美人淪落才人死，酒罷歌闌魂暗銷。翩翩風致水仙似，惱殺無雙黃國士"的淒美故事娓娓道來，令人如臨其境、嘆惋不已。山谷：指黃庭堅(一〇四五——一一〇五))，字魯直，號山谷道人，晚號涪翁，洪州分寧(今江西修水)人。江西詩派開山之祖，"蘇門四學士"之一，有《山谷集》。高荷：字子勉，自號還還先生，江陵(今屬湖北)人。官至龍圖閣大學士，知涿州，江西詩派詩人，有《還還集》，今已佚。鬻：《玉篇》："鬻，鬻賣也。"侑：《玉篇》："侑，勸也。"王銍：字性之，汝陰(今安徽阜陽)人。王昭素之後，自號汝陰老民，人稱雪溪先生。官右承事郎，善詩文，有《雪溪集》《四六話》等。嘗與表兄高荷談及黃庭堅詩中本事，作《次韻國香詩》。

【注釋】

[一]淪：陷入。謫：被貶官，降職。唐白居易《琵琶行》："我從去年辭帝京，謫居臥病潯陽城。"

[二]欸欸：同"款款"，徐緩貌。杜甫《曲江》："穿花蛺蝶深深見，點水蜻蜓款款飛。"

[三]羅襪凌波：曹植《洛神賦》：“凌波微步，羅襪生塵。”班管：毛筆。以斑竹爲杆，故稱斑管。“班”通“斑”。

[四]“姬人”句：漢樂府《陌上桑》：“日出東南隅，照我秦氏樓。秦氏有好女，自名爲羅敷。”

[五]“豆蔻”句：杜牧《贈別二首》之一：“娉娉嫋嫋十三餘，豆蔻梢頭二月初。”

[六]香草篇：喻指情誼綿長忠貞的詩篇，香草喻指忠貞。東漢王逸《離騷序》：“《離騷》之文，依《詩》取興，引類譬諭，故善鳥、香草以配忠貞。”北宋蘇舜欽《依韻和王景章見寄》：“楚客留情著香草，啓期傳意入鳴琴。”

[七]掃眉：描畫眉毛。唐司空圖《燈花》：“明朝鬥草多應喜，剪得燈花自掃眉。”

[八]金步搖：即金制步搖，古代婦女的常見髮飾。翠羽：翠鳥的羽毛，古代多用作飾物。

[九]惱：惹；撩撥。殺：表示程度深。李白《贈段七娘》：“千杯綠酒何辭醉，一面紅妝惱殺人。”黃國士：指黃庭堅。國士指國中才能最優秀的人物。黃庭堅《書幽芳亭》：“士之才德蓋一國則曰國士。”

孟陬十八日陪筠河夫子游聖恩寺作此以呈

　　先生老氣欲凌空[一]，行地神仙道不同。月護布帆來崦口[二]，春隨竹枝到山中。滿村樹影含朝霧，一路梅花對曉風。小閣簾開千里遠，太湖①四面水濛濛。

　　老僧引客走香塵[三]，袁墓南頭山色新[四]。匹練太湖明似雪[五]，旃檀法界白如銀[六]。文章窟裏推先輩，仙佛中間第一人。若有朝雲相伴住[七]，東坡居士定前身。

【校勘】
①“湖”，原作“户”，據《乙丙集》本改。

【題解】
　　江藩在《國朝漢學師承記》中自稱十六歲時，受知於朱筠。此詩即爲早年陪侍唱和之作。孟陬：孟春正月。朱筠（一七二九——一七八一），字竹君，一字美叔，號筍河，順天大興(今屬北京)人。官侍讀學士、安徽學政等。擅經史詩文，有《筍河文集》等。聖恩寺：位於蘇州光福鎮玄墓山南。始建於唐天寶年間，原名天壽寺，南宋寶祐年間又建聖恩寺，兩並存，爲上、下道場，稱天壽聖恩寺。

【注釋】

[一]老氣：老練的氣概。杜甫《送韋十六評事充同谷判官》："子雖軀幹小，老氣橫九州。"

[二]嶧：泛指山。李商隱《送從翁從東川弘農尚書幕》："一川虛月魄，萬嶧自芝苗。"

[三]香塵：佛教語，色、聲、香、味、觸、法六塵之一。

[四]袁墓：即玄墓山，因避康熙皇帝玄燁之諱，寫成袁墓山或元墓山。

[五]匹練：形容流水、瀑布、光環等如一匹展開的白練或彩練。練，指絲綢、綢緞等。

[六]旃檀：又名檀香、白檀，一種古老而又神秘的珍稀樹種，香味醇和，歷久彌香。法界：佛教道教術語。法泛指宇宙萬有一切事物。界：分門別類的不同事物各守其不同的界限。

[七]朝雲：指王朝雲(一〇六二——一〇九六)，字子霞，錢塘(今浙江杭州)人，蘇東坡的姬妾、紅顏知己。

題季二雪垞小影

天台季子兒兀兀[一]，坐虎蹲牛有奇骨。影形移入畫圖中，手把漁竿浮大筏。琅玕繞岸風蕭蕭[二]，琉璃行地波汩汩[三]。漁家娘子態娉婷[四]，青布裹頭露雲髮。中有丫頭年十三，綃爲襖子羅爲襪[五]。閑來月下弄玉簫，簫聲驚破瀟湘月。

【題解】

江藩題季雪垞小像而作。詩篇重在描摹畫意，展示一家三口漁民生活之閑適愜意。季二雪垞：指季雪垞，排行第二，通曉器乐。小影：即小像。

【注釋】

[一]天台：指天台縣，清時屬台州府。兀兀：高聳貌。《説文解字·兒部》：

　　“兀，高而上平也。”

[二] 琅玕：形容竹之青翠，亦指竹。杜甫《鄭駙馬宅宴洞中》：“主家陰洞細
　　煙霧，留客夏簟青琅玕。”

[三] 琉璃：本爲一種有色半透明的玉石，詩文中常以喻晶瑩碧透之物。此喻
　　指碧波。杜甫《渼陂行》：“琉璃汗漫泛舟入，事殊興極憂思集。”

[四] 娉婷：形容女子姿態美好的樣子。東漢辛延年《羽林郎》：“不意金吾
　　子，娉婷過我廬。”

[五] 綃：《説文解字·絲部》：“綃，生絲也。”襖子：即襖，短於袍而長於襦
　　的有襯裏的内衣。

題吉板橋過墻梅畫障二首

　　南枝向暖北枝新[一]，畫裏紛紛點玉塵[二]。隔院漫疑明月影，東
風吹遣一枝春[三]。

【題解】

　　題《吉板橋過墻梅》畫障而作，摹寫梅花景致。畫障：即畫屏。

【注釋】

[一] “南枝”句：《白氏六帖》卷三十《草木雜果·梅》：“大庾嶺上梅，南枝
　　落，北枝開。”

[二] 玉塵：喻花瓣。宋向子諲《水調歌頭·趙伯山席上見梅》：“只恐鄰笛
　　起，化作玉塵飛。”

[三] 一枝春：指梅花。《太平御覽》卷九七〇引南朝宋盛弘之《荆州記》載，
　　陸凱與范曄交善，自江南寄梅花一枝，後拜訪范曄，並贈詩曰：“折花
　　逢驛使，寄與隴頭人。江南無所有，聊贈一枝春。”

　　玉奴飛燕各精神[一]，竹外枝斜覓句新。不是館娃宮裏見，錯教
連理是雙身[二]。

【注釋】

[一] “玉奴”句：借古代兩位美女喻指梅花的風姿綽約、儀態萬千。玉奴：
　　指潘玉兒，南朝齊東昏侯妃潘氏，小名玉兒。蘇軾《次韻楊公濟奉議梅

花》其四："月地雪階漫一樽，玉奴終不負東昏。"飛燕：指趙飛燕，西
漢成帝皇后。

[二]館娃宮：春秋時吳宮名，吳王夫差爲西施而建。左思《吳都賦》："幸乎
館娃之宮，張女樂而娛群臣。"連理：指不同根的草木、枝幹連生在一
起。東漢班固《白虎通·封禪》："德至草木，朱草生，木連理。"

觀黃大石航劍器歌並序

石航，瘦弱不勝衣之儒者也，然提劍在手，則眉宇間勃勃有
英氣。

聞之古，有劍舞。長可以刺人，短可以自護[一]。江郎置酒[二]，
黃郎斫地而歌[三]。嗟乎！利器不可以示人[四]，其奈酒酣耳熱何！

【題解】
江藩觀黃石航舞劍而作，嘆賞其雄姿英氣。黃大石航：指黃石航，排行
老大。

【注釋】
[一]護：護衛。
[二]江郎：指江藩。置酒：擺下酒宴。
[三]斫：《説文解字·石部》："斫，擊也。"
[四]利器不可以示人：《老子》第三十六章："魚不可脱於淵，國之利器不可
以示人。"

文洲招元謹遠齋及予泛舟石湖以空山無人分韻得空字

郡西山水茲爲一，試望諸峰便不同。晴雨可方明聖秀，彌漫直與
具區通[一]。斬新樹影來篷底，織翠湖光泛酒中。日暮上方鐘磬動[二]，
頓教仙佛一時空。

【題解】

江藩與褚華、胡量、林遠齋游賞石湖分韻唱和而作，着力摹寫泛舟石湖所見景致。文洲：指褚華（一七五八——一八〇四），字秋萼，號文洲，上海縣人。有《寶書堂詩鈔》。褚華與江藩兄妹多有唱和，如《寶書堂詩鈔》卷四《題江碧岑女史龍女受經圖照》《漢瓦當歌用東坡石鼓韻同汪墨莊方大章陸鐵簫集鄭堂別業作》等。元謹：指胡量，字元謹，號眉峰。遠齋：指林遠齋，號火蓮居士，福建龍岩人。

石湖：屬太湖支流，位於苏州古城西南。

【注釋】

[一]具區：太湖之古稱，又名“震澤”。《周禮·夏官·職方氏》：“東南曰揚
　　州，其山鎮曰會稽，其澤藪曰具區。”
[二]鐘磬：指佛教法器。金王庭筠《超化寺》：“隔竹微聞鐘磬音，墙頭修綠
　　冷陰陰。”

即席次元謹山字韻

最喜春陰新雨足，舟行到處聽潺湲[一]。樹深濃翠烏鴉樂，水闊晴明白小閑[二]。常恨終年住城市，也應半日愛湖山。蓮花峰頂堪追憶，石磴藤蘿一一攀[三]。是日，玉松、墨莊、子乘有事不至[四]。

【題解】

與胡量唱和之作。描摹雨後春光，流露山林之思。

【注釋】

[一]潺湲：水流聲。唐岑參《過緱山王處士黑石穀隱居》：“獨有南澗水，潺
　　湲如昔聞。”
[二]白小：即銀魚。俗稱麵條魚。杜甫《白小》：“白小群分命，天然二
　　寸魚。”
[三]石磴：石級；石臺階。南朝梁蕭統《開善寺法會》：“牽蘿下石磴，攀桂
　　陟松梁。”
[四]玉松：指吳雲（一七四六——一八三七），字潤之，號玉松，江蘇長洲（今
　　蘇州）人。有《醉石山房詩文鈔》。

和答黃大石航見寄之作時石航在廣陵

六根静業得聲聞[一]，願學朱陳舊使君[二]。東坡詩："我是朱陳舊使君。"再向蘇門求下乘[三]，秦張或者是同群[四]。石航來詩，謂予近日詩文有蘇子之風。傍花村裏秋如許，黃菊經霜瘦幾分。寄我封書珍重讀[五]，別離心赴渡江雲。

【題解】

與黃石航唱和之作。詩中除了飽含對友人的牽挂外，還流露出宗奉東坡的詩學觀念。

【注釋】

[一]六根：佛教語，謂眼、耳、鼻、舌、身、意。根爲能生之意，眼爲視根，耳爲聽根，鼻爲嗅根，舌爲味根，身爲觸根，意爲念慮之根。王安石《望江南·歸依三寶贊》："願我六根常寂静，心如寶月映琉璃，了法更無疑。"净業：指清净之行業，又作清净業。即世福、戒福、行福之三種福業。

[二]朱陳舊使君：指蘇軾。蘇軾《陳季常所蓄朱陳村嫁娶圖》之二："我是朱陳舊使君，勸農曾入杏花村。"

[三]下乘：下品；下等。明王世貞《藝苑巵言》卷四："王半山：'山中十日雨，雨晴門始開。坐看蒼苔色，欲上人衣來。'後二語，全用輞川，已是下乘。"

[四]秦張：指秦觀、張耒，與黃庭堅、晁補之並稱"蘇門四學士"。

[五]珍重：鄭重；慎重。宋劉正鋻《兼道携古墨來感之爲作此詩》："錦囊珍重出玄圭，雙虬刻作蜿蜒態。"

讀五代史伶官傳三首

蓍囊藥篋翁家物[一]，富貴兒郎塾破巾[二]。試看宮中調笑事，真天子作假山人[三]。

【題解】

　　詠史之作。化用歐陽修《五代史·伶官傳》後唐莊宗寵幸伶人終至隕命滅國之史事，不無垂鑒當世之意。伶官：樂官；樂師。泛指表演歌舞、戲劇的人。

【注釋】

[一]蓍：多年生草本植物，全草可入藥，莖、葉可製香料。古代用其莖占卜。篋：小箱。《廣韻·帖韻》：“篋，箱篋。”翁家：指莊宗丈人劉叟。歐陽修《五代史·伶官傳》：“(莊宗)皇后劉氏素微，其父劉叟，賣藥善卜，號劉山人。”

[二]富貴兒郎：指莊宗兒子繼岌。墊：下垂。《説文解字·土部》：“墊，下也。”

[三]真天子：指莊宗。假山人：指假扮的劉山人。歐陽修《五代史·伶官傳》：“劉氏性悍，方與諸姬争寵，常自恥其世家，而特諱其事。莊宗乃爲劉叟衣服，自負蓍囊藥笈，使其子繼岌提破帽而隨之，造其卧内，曰：‘劉山人來省女。’劉氏大怒，笞繼岌而逐之。宮中以爲笑樂。”

　　雜戲俳優共妙伶[一]，晋汾歌曲曲輕輕。翻成亞次新名目，按板聲如批頰聲[二]。

【注釋】

[一]雜戲：本指古代娛樂形式，包括百戲、雜樂、歌舞戲、傀儡戲等，此指從事雜戲之人。俳優：古代以樂舞諧戲爲業的藝人。歐陽修《五代史·伶官傳》：“莊宗既好俳優，又知音，能度曲，至今汾、晋之俗，往往能歌其聲，謂之‘御制’者皆是也。其小字亞子，當時人或謂之亞次。又別爲優名以自目，曰李天下。自其爲王，至於爲天子，常身與俳優雜戲於庭，伶人由此用事，遂至於亡。”

[二]按板：拍擊板眼。批頰：掌嘴，打耳光。

　　先王三箭血痕多[一]，國政如何決八哥[二]。一自五方焚器後[三]，銅光不用鏡新磨[四]。

【注釋】

[一]“先王”句：歐陽修《五代史·伶官傳》：“世言晋王之將終也，以三矢賜

莊宗而告之曰：'梁，吾仇也，燕王吾所立，契丹與吾約爲兄弟，而皆背晉以歸梁。此三者，吾遺恨也。與爾三矢，爾其無忘乃父之志！'莊宗受而藏之於廟。其後用兵，則遣從事以一少牢告廟，請其矢，盛以錦囊，負而前驅，及凱旋而納之。"

[二]八哥：指伶人景進，受莊宗寵幸，居中用事。

[三]"一自"句：歐陽修《五代史·伶官傳》："亂兵從樓上射帝，帝傷重，踣於絳霄殿廊下，自皇后、諸王左右皆奔走。至午時，帝崩，五坊人善友聚樂器而焚之。"

[四]銅光：即同光，指莊宗開國年號。鏡新磨：指敬新磨，伶人，受莊宗寵幸。歐陽修《五代史·伶官傳》："莊宗大怒，彎弓注矢將射之，新磨急呼曰：'陛下無殺臣！臣與陛下爲一體，殺之不祥！'莊宗大驚，問其故，對曰：'陛下開國，改元同光，天下皆謂陛下同光帝。且同，銅也，若殺敬新磨，則同無光矣。'莊宗大笑，乃釋之。"

游天平山次蘇子美韻贈淡上人

吳鎮天平山，奇石難徧數。中有卓筆峰，山宮爲石主。支硎與華山[一]，天平之弼輔[二]。瑟瑟松楸聲，泠泠侵肺腑[三]。石笋側出峰，飛勢若相舞。龍門一綫天[四]，雪磴疑無路。巔崖藏石刹[五]，煙昏佛子古。山僧羹雲泉，雲泉足新雨[六]。水爲山石髓，石寶迸如乳[七]。何須修往生[八]，此地已西土。山中山果落，山僧勤收取。啜蔣食山果[九]，持咒聲許許[十]。日暮百八鐘，珈瑜和心膂[十一]。執儒又執佛，我勢若騎虎[十二]。

【題解】

江藩自幼謹守庭訓，既不佞佛，也不辟佛。此詩即爲與佛徒淡上人贈答之作。描繪游賞天平山的所見所感，流露出江藩儒佛兼修的學養。蘇子美：指蘇舜欽（一〇〇八——一〇四八），字子美，開封（今屬河南）人。與梅堯臣齊名，人稱"梅蘇"，有《蘇學士文集》。淡上人：釋子，不詳。天平山：山名。在江蘇蘇州市西，位於靈岩山、支硎山之間。

【注釋】

[一]支硎：山名。在今江蘇省蘇州市西，又名報恩山、南峰山。

[二]弼輔：輔佐。《説文解字·弜部》：“弼，輔也。”

[三]泠泠：淒清的樣子。唐劉長卿《聽彈琴》：“泠泠七弦上，静聽松風寒。”

[四]龍門：天平山半山有白雲泉，其西有兩崖，對立如門，俗稱龍門，又稱一綫天。雲磴：高山上的石級。

[五]刹：梵語“刹多羅”的簡稱，寺廟佛塔。

[六]雲泉：指號稱“吳中第一水”的白雲泉，又名鉢盂泉。白居易《白雲泉》：“天平山上白雲泉，雲自無心水自閑。”

[七]竇：孔穴。《説文解字·穴部》：“竇，空也。”段玉裁《注》：“空、孔，古今語。凡孔皆謂之竇。”

[八]往生：佛教净土宗認爲：具足信、願、行，一心念佛，與阿彌陀佛的願力感應，死後能往西方净土，化生於蓮花中。

[九]荈(chuǎn)：茶的老葉，即粗茶。

[十]許許：泛指各種事物發出的聲音。清魏源《天台紀游·龍澗水簾》：“但覺寒颼颼，竟忘轟許許。”

[十一]珈：《説文解字·玉部》：“珈，婦人首飾。”瑜：《説文解字·玉部》：“瑜，瑾瑜，美玉也。”和：相安，協調。膂：脊骨。《説文解字·吕部》：“吕，脊骨也。膂，篆文吕，從肉從旅。”

[十二]騎虎：猶言騎虎難下。

僕札墨莊①述天平之游墨莊有詩憶山中禪客見示僕次韻答之

　　頂禮空王見佛燈[一]，先生詩語偈言能[二]。清泉來往聲如磬，山石方圓大過升[三]。《淮南子》[四]：升之②不能大於石也。碧草飄零飛冷院，楓林摇落送秋僧。愁思今夜天平路，明月依然挂上藤。

【校勘】

①“墨莊”，原作“莊墨”，漆永祥校本據《乙丙集》本及前後文乙正，今從。

②“之”，原作“子”，漆永祥校本據《淮南子·説山訓》改，今從。

【題解】

　　與汪緄唱和之作。着力描摹天平山的清幽之境，兼融佛理禪意。次韻：用他人詩作韻脚的原字及其先後次第來寫詩唱和。始於唐白居易同元積的互相唱和，至宋代大盛。

【注釋】

[一]頂禮：雙膝下跪，兩手伏地，以頭頂尊者之足，是佛教徒最崇敬的禮節。空王：佛教語，佛的尊稱。

[二]偈：佛經中的唱詞，通常以四言爲一偈。

[三]升：量具。《正字通·十部》：“升，十合器也。”

[四]《淮南子》：又名《淮南鴻烈》，西漢淮南王劉安招集賓客編成。《漢書·藝文志》列爲雜家，載内二十一篇，外三十三篇，今只流傳内二十一篇。

秋日遣价邀墨莊清話墨莊作詩報僕和韻答之

一天小雨下疏疏，歲月如流去不居[一]。業在文書身作蠹[二]，名藏城市夢爲魚[三]。養成枳棘功虛用[四]，不爨樵蘇習未除。從此與君約清話，了危莫拾晋人餘[五]。

【題解】

與汪絚贈答之作。展現江藩淡薄名利，浮游天地的人生旨趣。遣價：差遣僕人。元李存《哀祝明遠》：“寄書或浮沈，遣價胡不克。”清話：高雅不俗的言談。東晋陶淵明《與殷晋安别》：“信宿酬清話，益復知爲親。”

【注釋】

[一]歲月如流：南朝梁·徐陵《與齊尚書僕射楊遵彦書》：“歲月如流，人生何幾！”居：停留。

[二]文書：文字圖籍。蠹：蛀蟲。《説文解字·蟲部》：“蠹，木中蟲。”此句意謂埋頭典籍、苦心鑽研。

[三]夢爲魚：《莊子·大宗師》：“且汝夢爲鳥而厲乎天，夢爲魚而没於淵。”

[四]枳棘：枳木和棘木，因其多刺而稱爲惡木。爨：燒火煮飯。《説文解字·爨部》：“爨，齊謂之炊爨。”樵蘇：砍柴刈草。

[五]了危：即了語危語（詩）。了語危語是用一句話或一首詩形容非常危險的情況，説出絶境，把話説絶了，看誰説得最驚險。南朝宋劉義慶《世說新語·排調第二十五》：“桓南郡與殷荆州語次，因共作了語。顧愷之曰：‘火燒平原無遺燎。’桓曰：‘白布纏棺豎旒旐。’殷曰：‘投魚深淵

放飛鳥。'次作危語。桓曰：'矛頭淅米劍頭炊。'殷曰：'百歲老翁攀枯
枝。'顧曰：'井上轆轤卧嬰兒。'殷有一參軍在坐，云：'盲人騎瞎馬，
夜半臨深池。'殷曰：'咄咄逼人！'仲堪眇目故也。"

墨莊於九日前有詩約僕與眉峰登高賦詩豈知苦雨久陰登高之約遂不果矣得詩一首示墨莊寄眉峰

秋色婆娑霜有華[一]，簷前淫雨鬧哇哇[二]。但烝食餌嘗先品[三]，
吳俗有重陽糕，僕謂即古詩九日之食餌也，今取以爲祭品。不插茱萸滿鬢斜[四]。
清曉雞冠房脱子，西風豹脚口生花[五]。李唐舊例更重九[六]，再釀延
年泛碧霞[七]。

【題解】

與汪緄、胡量唱和之作。旨在表現重陽時節的風物與習俗，流露偕友人
把酒言歡的期許。

【注釋】

[一]婆娑：盤桓。
[二]淫雨：久雨。《禮記・月令》："(季春之月)行秋令，則天多沈陰，淫雨
　　蚤降。"鄭玄《注》："淫，霖也，雨三日以上爲霖。"
[三]烝：古代指冬祭。《爾雅・釋天》："冬祭曰烝。"郭璞《注》："進品物
　　也。"餌：糕餅。《説文解字・食部》："餌，粉餅也。"先品：指先人的
　　祭品。
[四]茱萸：植物名。香氣辛烈，可入藥。古俗農曆九月九日重陽節，佩茱萸
　　能祛邪辟惡。
[五]豹脚：指豹脚蚊。一種脚上有花斑的蚊子。
[六]"李唐"句：指唐代把重陽定爲正式節日。更：訂正，確立。重九：指
　　九月九日重陽節。
[七]延年：本指延長壽命，此代指菊花酒(亦作"菊華酒")。《西京雜記》卷
　　三："九月九日佩茱萸，食蓬餌，飲菊華酒，令人長壽。"

讀後漢黨錮傳弔范光禄滂

漢室衰微政久泯[一]，澄清天下費絲綸[二]。弃官望重能投版[三]，

去草功難竟喪身。不愧夷齊欺閹寺[四]，夷、齊兄弟二人餓死首陽[五]，所謂
"聖之清"者，豈若滂之朋①黨千人，互相伐異耶！且②是時，漢雖末世，尚未亡③國，
又何必效夷、齊餓死而同葬哉！此滂之妄言，但能欺無識之中官[六]，有識者必不爲
其所惑。爭名李杜恩慈親[七]。何爲居此傷心事，節義空教説黨人[八]。

【校勘】

①"朋"，原作"明"，據文義改。
②"且"，原作"旦"，漆永祥校本據《乙丙集》本改，今從。
③"亡"，原作"忘"，漆永祥校本據文義改，今從。

【題解】

　　此爲詠史詩。江藩既讚賞范滂忠於王室、澄清天下之壯志，又對范滂自
投獄中捨生取義的行爲表示譏刺和嘆惋。《後漢·黨錮傳》：指《後漢書·黨
錮列傳》，南朝宋范曄撰，記載東漢桓、靈二帝統治時期官僚士大夫因反對
宦官專權而遭禁錮的政治事件。范光禄滂：指范滂（一三七——一六九），汝南
征羌（今河南漯河）人，字孟博，曾任光禄勳主事，死於漢靈帝時"黨錮之
禍"。

【注釋】

[一]泯：《玉篇》："泯，泯泯，亂也。"
[二]絲綸：《禮記·緇衣》："王言如絲，其出如綸。"孔穎達《疏》："王言初
　　出，微細如絲，及其出行於外，言更漸大，如似綸也。"後稱帝王詔書
　　爲"絲綸"。
[三]投版：喻弃官。《後漢書·范滂傳》："滂懷恨，投版弃官而去。"版：
　　《説文解字·片部》："版，判也。"指古代官吏上朝用的笏。
[四]夷齊：伯夷和叔齊的並稱。閹寺：指宦官。《玉篇》："閹，宦人也。"
[五]餓死首陽：《史記·伯夷列傳》："武王已平殷亂，天下宗周，而伯夷、
　　叔齊恥之，義不食周粟，隱於首陽山，采薇而食之。"
[六]中官：指宦官。
[七]李杜：東漢名士李膺、杜密的並稱，死於"黨錮之禍"。恩：《説文解
　　字·心部》："恩，憂也。"慈：母親。親：父親。
[八]黨人：指黨錮之禍中反對宦官的士夫。

王郎歌並序

　　王郎爲浩亭，浩亭能歌詩，解音律，尤善琵琶，往來勾欄中[一]。每制豔詞[二]，拍板教粉頭歌之[三]。北里之尤者爲琴婉[四]，郎之同心人也。龍岩林遠齋爲作歌，廣陵江藩步韻焉。

　　北里琴婉郎所私，身嬌不放春風吹。爲郎歌曲歌曼聲[五]，氣如蘭蕙聲遲遲[六]。十三上頭年少小，慣梳高髻知名早[七]。兒女情多能老人，情竇通天天亦老[八]。如雲痴情楚楚郎，似病嬌慵小小娘。隔院忽聞鐵撥聲，郎疑名昌郎姓王。花前東東敲羯鼓[九]，燈前裊裊爲趙舞[十]。搊乏舞定乞教歌[十一]，銀絲作字書小譜。翻成一曲一曲新，拍成一曲一曲情。桃花亂落溪水滑，山鳥爭鳴春風生。城頭歷歷吹畫角[十二]，角聲入柳驚烏宿。妾心巧似妙蓮花，畢逋翻作《栖烏曲》[十三]。纖管書成情更深，催郎起讀花滿襟。意欲留儂伴成夢[十四]，煬帝句。低首但結栀子心[十五]。在花底活花底死，南部煙花止如此[十六]。莫向梵天入媱席[十七]，琉璃合眼界成水[十八]。烏啼似咒咒如歌[十九]，香塵點點浣多羅[二十]。楊柳無情起後眠，莫愁湖上風催波[二十一]。

【題解】

　　林遠齋爲王郎作歌，江藩步韻唱和。旨在表現王郎與琴婉在曲詞歌唱與演奏方面的高超技藝，以及二人志趣相投、心靈相通的綿長情意。

【注釋】

[一]勾欄：宋元時雜劇和各種伎藝演出的場所。勾欄内有戲臺、戲房(後臺)、神樓、腰棚(看席)等。有的亦以"棚"爲名。

[二]豔詞：指描寫情愛的詩詞。

[三]粉頭：妓女。

[四]北里：唐長安平康里位於城北，亦稱北里。其地爲妓院所在地。後因用以泛稱娼妓聚居之地。尤：特異的、突出的。

[五]曼聲：舒緩的長聲。

［六］蘭蕙：蘭和蕙，指香草。遲遲：舒緩，從容不迫的樣子。

［七］髻：挽在頭頂或腦後的髮結。

［八］“情實”句：唐李賀《金銅仙人辭漢歌》：“衰蘭送客咸陽道，天若有情天
　　　亦老。”

［九］東東：象聲詞。羯鼓：古代打擊樂器。《通典·樂四》：“羯鼓，正如漆
　　　桶，兩頭俱擊。以出羯中，故號羯鼓，亦謂之兩杖鼓。”

［十］裊裊：輕盈纖美貌。西晉左思《吳都賦》：“藹藹翠幄，裊裊素女。”趙
　　舞：相傳古代趙國女子善舞，後因以指美妙的舞蹈。

［十一］撾：《玉篇》：“撾，打鼓也。”銀絲：喻白髮。

［十二］畫角：古管樂器。傳自西羌。形如竹筒，本細末大，以竹木或皮革等
　　　　製成，因表面有彩繪，故稱。發聲哀厲高亢，古時軍中多用以警昏
　　　　曉，振士氣，肅軍容。帝王出巡，亦用以報警戒嚴。

［十三］畢逋：鳥尾擺動貌。

［十四］“意欲”句：隋煬帝《與宮女羅羅詩》：“箇人無賴是橫波，黛染隆顱簇
　　　　小蛾。幸好留儂伴成夢，不留儂意住如何？”

［十五］梔子：木名。常綠灌木或小喬木。葉子對生，長橢圓形，有光澤。春
　　　　夏開白花，香氣濃烈，可供觀賞。夏秋結果實，生青熟黃，可做黃色
　　　　染料。也可入藥，性寒味苦，爲解熱消炎劑。

［十六］煙花：猶風月，指情愛。

［十七］梵天：佛經中稱三界中的色界初三重天爲“梵天”。其中有“梵眾天”
　　　　“梵輔天”“大梵天”。多特指“大梵天”，亦泛指色界諸天。嬥：《廣
　　　　韻》：“嬥，美好。”

［十八］琉璃：喻晶瑩碧透之物。

［十九］呪：禱告。

［二十］涴：同“污”，污染，弄臟。多羅：脂粉盒。

［二十一］莫愁湖：在江蘇省南京市水西門外，相傳六朝時有女子莫愁居此。

墨莊遠齋宿予家作一宵清話遠齋有詩記之次韻一首

　　池台三畝家江東，小槽滴滴猩猩紅[一]。愛殺醉鄉閑日月[二]，招
呼巢飲濃綠中[三]。夏黽縮頸飲酒苦，花前亂擊催花鼓[四]。酒酣忽向
酒中照，妒殺山雞鏡中舞[五]。社中諸子狂更顛，翩翩年少春衫鮮。
風雨晦明天涯別，人生相見豈偶然。去年送君折楊柳，今年送客携樽

酒[六]。黃塵漫天風四角，幾度風霜便白首。焚香掃地過一生，人間多事説好名。繞屋種梅三百樹，但聽磔磔春禽聲[七]。君子知機不入麓[八]，何如携被同婦宿。結交更結孔方兄[九]，眠食無憂有至樂。火蓮出火幻非真，遠齋別號火蓮居士。供無米汁常悲辛。昔日不味葷與酒，我亦婆羅門裏人[十]。詩情通佛桃花好，謂墨莊。海南詩國知名早。近來一念修往生，欲向青山深處老。君宿我家爲我歌，鶴側丹砂哦聲多。爲問杜甫何太苦，自言花落無奈何。橫斜梅景過窗隙，梅香已被東風拔。勸君且向醉鄉逃，世上炎涼難閲歷。

【題解】

汪縄、林遠齋宿江藩家一宵閑談，遠齋有詩紀之，江藩遂和韻而作。詩篇感嘆相聚不易、韶華易老，當倍加珍惜，又譏刺世態炎涼、人生多艱，進而發出逃往醉鄉、自我麻痹的沉痛之語。

【注釋】

[一]小槽：古時制酒器中的一個部件，酒由此緩緩流出。唐李賀《將進酒》：“琉璃鍾，琥珀濃，小槽酒滴真珠紅。”猩紅：像猩猩血那樣鮮紅的顏色。南宋陸游《花下小酌》：“柳色初深燕子回，猩紅千點海棠開。”

[二]愛殺：喜愛之極。醉鄉：醉酒後神志不清的境界。唐王績《醉鄉記》：“阮嗣宗、陶淵明等十數人，並游於醉鄉。”

[三]巢飲：北宋沈括《夢溪筆談・人事一》：“石曼卿喜豪飲……每與客痛飲，露髮跣足，著械而坐，謂之‘囚飲’。飲於木杪，謂之‘巢飲’。”

[四]催花鼓：據唐南卓《羯鼓録》記載，唐玄宗呼高力士取羯鼓臨軒縱擊，奏一曲，名《春光好》；曲罷，花已發坼。南宋楊萬里《正月五日以送伴借官侍宴集英殿十口號》之七：“一聲白雨催花鼓，十二竿頭總下來。”

[五]“妒殺”句：南朝宋劉敬叔《異苑》：“山鷄愛其毛羽，映水則舞。魏武時，南方獻之，公子蒼舒，令以大鏡其前，鷄鑒形而舞，不知止，遂乏死。”

[六]樽酒：杯酒。杜甫《客至》：“盤殖市遠無兼味，樽酒家貧只舊醅。”

[七]磔磔：象聲詞，鳥鳴聲。

[八]知機：同“知幾”。《素問・離合真邪論》：“故曰知機道者不可挂以發，不知機者扣之不發。”王冰《注》：“機者動之微，言貴知其微也。”麓：生長在山脚的林木。《説文解字・林部》：“麓，林屬於山爲麓。”

[九]孔方兄：錢的謔稱。西晉魯褒《錢神論》：“錢之爲體，有乾坤之象，內

則其方，外則其圓。……親之如兄，字曰‘孔方’，失之則貧弱，得之
則富昌。"

[十]婆羅門：印度古代宗教名。相傳約於公元前7世紀形成，以崇奉婆羅賀
摩而得名。

伴月樓詩鈔　卷中

元日坐梅花樹下有作

　　竹爆松標歲事終[一]，小園春到色匆匆。鳥聲囀透將千囀[二]，花信風來第一風[三]。清福盡消紅蕚底，因緣已在綠浮中。舊年榾柮餘殘火[四]，好撥新醅熟酒筒。

　　無事閑消六六時，清樽花底最相宜。綻金園柳依依綠，銷玉東風緩緩吹。居士昨宵煩遠夢，山僧隔歲寄新枝。騎驢定赴探梅約，鞭出聰明作好詩[五]。元微之《元日》有迎富貴、鞭聰明事[六]。

【題解】

　　元日賞梅而作。詩篇描繪出冬春之際萬物復蘇的美好景象，字裏行間亦流露出江藩閑適愜意的情趣。元日：正月初一。

【注釋】

[一]標：樹梢。《玉篇》：“標，木末也。”

[二]囀：《玉篇》：“囀，鳥鳴也。”

[三]花信風：應花期而吹來的風。范成大《聞石湖海棠盛開》之一：“東風花信十分開，細意留連待我來。”

[四]榾柮：木柴塊，樹根疙瘩。

[五]“鞭出”句：唐元稹《酬復言長慶四年元日郡齋感懷見寄》：“富貴祝來何所遂，聰明鞭得轉無機。”

[六]元微之：指元稹(七七九—八三一)，字微之，與白居易共同宣導“新樂府運動”，有《元氏長慶集》。

香雪海次文洲韻

　　山中梅開人亂行，梅花香到僧來迎。衆山霍宮名不知，但見山色蒼蒼橫[一]。僧言更向山前走，梅花似海以海名。香風醉人人欲眠，被花欺住不敢驚。如魚入水不知水，登山方見花鮮明。農家不種麥與稻，完租但望梅收成。回頭玻璃八百頃[二]，湖光直接花光平。山中有亭辟四面，蜃樓現出開窗櫳[三]。欲看明月助花白，亭中夜守明月生。去年入山十五夜，花煩月落七寶城[四]。世人多忙白晝游，誰肯耐此花月清。興來好取短篴吹[五]，笛中更聽落梅聲[六]。

【題解】

　　與褚華唱和之作。旨在描繪游賞香雪海時景美人醉之況。香雪海：江蘇吳縣鄧尉山多梅，花開時，滿山盈谷，香氣四溢，勢若雪海。清康熙時江蘇巡撫宋犖題爲“香雪海”。

【注釋】

[一]蒼蒼：深青色。蒼：《説文解字·草部》：“蒼，草色也。”段玉裁《注》：“引申爲凡青黑色之稱。”

[二]玻璃：喻指平靜澄澈的水面。

[三]蜃樓：古人謂蜃氣變幻成的樓閣。

[四]七寶城：指堂皇華麗的城邑。

[五]篴(dí)：同“笛”。

[六]“笛中”句：融入《梅花落》曲意。《梅花落》是漢樂府二十八橫吹曲之一，是古代笛子曲中的代表作品。

遠齋招玉淞文洲半客叔均及予泛舟山塘時叔均將閩行小集餞別次文洲韻

　　白公堤下春水長[一]，梅花滿枝發新香。主人好客復好事，停橈喜在青山旁[二]。酌客以燒春之酒，酒杯瀲瀲攔山光[三]。主人呼酒呼不已，如天虹下飲井水。醉酣忽然起贈言，座中有客歸故里。謝君翩翩清且婉，對客揮毫飛滿紙[四]。爲食檳榔歸海濱[五]，不辭常作紅口人。鱟實惠文背如車[六]，巉岩牡蠣山色新[七]。咀吞面汗初南食，今宵勿厭斟酒頻。叔均生長江南，故云“初南食”。

【題解】

與友人唱和兼送別之作。重在描摹宴飲時的歡快愉悅，並設想友人別後的生活，寄寓著濃厚的情誼。玉淞：即玉松，指吳雲，號玉松。叔均：指翁大年，字叔均，號陶齋，江蘇吳江(今蘇州)人。工書，行、楷學翁方綱。酷嗜金石考據，刻印工秀有法。有《陶齋金石考》《陶齋印譜》等。

【注釋】

[一]白公堤：指白沙堤，相傳爲白居易任杭州刺史時所築。白居易《錢塘湖春行》：“最愛湖東行不足，綠楊陰裏白沙堤。”

[二]橈：船槳。

[三]潋潋：水波流動貌。唐楊夔《送鄭谷》：“春江潋潋清且急，春雨濛濛密復疏。”

[四]揮毫：運筆，此謂書寫。毫指毛筆。王安石《和王微之登高齋》之三：“揮毫更想能一戰，數窘乃見詩人才。”

[五]檳榔：指檳榔樹的果實。可供藥用，有消食、驅蟲等功效。不辭常作紅口人：蘇軾《惠州一絕》：“日啖荔枝三百顆，不辭長作嶺南人。”

[六]鱟(hòu)：魚名。似蟹，有籽可爲醬。惠文：指惠文冠。相傳趙惠文王創制。西晉郭璞《山海經注》：“鱟魚形如惠文冠，青黑色，十二足，長五六尺，似蟹，雌常負雄，漁子取之，必得其雙。子如麻子，南人爲醬。”唐韓愈《初南食貽元十八協律》：“鱟實如惠文，骨眼相負行。”

[七]“巉岩”句：意謂高峻的岩石形如牡蠣，風光清新。巉(chán)：險峻，陡峭。牡蠣：亦稱“牡蛤”，又名蠔，軟體動物，肉鮮美，殼可入藥。

二月二十七日僕將渡江有人持眉峰畫索題書二絕句

揚子江頭日日風[一]，挂帆今日去江東[二]。手持一卷胡生筆[三]，要我題詩在畫中。

【題解】

　　有人持胡量畫索題，時江藩正欲渡江，遂書二絶句。詩篇作於旅途，率意而成，格調俊朗。

【注釋】

[一]揚子江：長江在今儀徵、揚州一帶，古稱"揚子江"，也寫作"楊子江"。因揚子津而得名。

[二]江東：長江在蕪湖、南京間作西南南、東北北流向，隋唐以前，是南北往來主要渡口的所在，習慣上稱自此以下的長江南岸地區爲江東。

[三]胡生：指胡量。

　　濃翠嵐光新雨後，數家茅屋一溪灣[一]。居人不及行人樂，江北江南飽看山。

【注釋】

[一]濃翠：深綠。唐許渾《秋日衆哲館對竹》："蕭蕭凌雪霜，濃翠異三湘。"嵐光：山間霧靄經日光照射而發出的七色光彩。唐李紳《若耶溪》："嵐光花影繞山陰，山轉花稀到碧瑶。"

題明皇幸蜀圖

　　萬里山青上翠裘，縈紆棧道路悠悠[一]。黃塵滿地飛車幰[二]，白日無光暗羽斿[三]。妃子空餘坡下骨，君王能斬畫中頭[四]。開圖莫笑郎當甚[五]，曾願長生祝女牛[六]。

【題解】

　　題畫之作，吟詠馬嵬之變，感傷凄美愛情。《明皇幸蜀圖》爲唐李朝道所畫。明皇：指唐玄宗李隆基(六八五—七六二)，在位期間，勵精圖治，一度造就"開元盛世"；後寵幸楊玉環，荒廢朝政，導致"安史之亂"。幸：特指皇帝到某處去。蜀：地名，今四川一帶。

【注釋】

[一]縈紆：盤旋環繞。班固《西都賦》："步甬道以縈紆，又杳窱而不見陽。"

[二]幰(xiǎn)：車上的帷幔。

[三]羽：古代文舞所執的雉羽。斿(liú)：同“旒”，古代旌旗上的裝飾物品。

[四]“妃子”二句：謂馬嵬驛兵變，唐玄宗賜死楊玉環。

[五]郎當：潦倒，狼狽。

[六]“曾願”句：意謂祈願如牛郎和織女般長相廝守。

杏花村舍

　　千樹紅霞夕照幽，農桑男女一村稠[一]。陸君欄内能言鴨，鄭氏家中學字牛[二]。桐本荷錢搖岸緑，桃根杏葉夾湖浮[三]。我來正值春花了，金麥蕭蕭徧隴頭[四]。

【題解】

　　摹寫農村風物，帶有濃厚的田園氣息。

【注釋】

[一]農：耕種。桑：種桑養蠶。稠：《説文解字·禾部》：“稠，多也。”

[二]“陸君”二句：用典故、諺語來摹寫農村的家禽、牲畜。陸君欄内能言鴨，化用唐陸龜蒙之典，宋龔仲希《中吳紀聞》卷一載：“陸魯望（即陸龜蒙）有鬥鴨一欄，頗極馴養，一旦，驛使過焉，挾彈斃其尤者。魯望曰：‘此鴨善人言，見欲附蘇州上進，使者奈何斃之？’使者盡以囊中金，以窒其口。使徐問其語之狀，魯望曰：‘能自呼其名爾。’使者慚且笑，拂袖上馬。復召之，還其金，曰：‘吾戲耳！’”此典本喻指文人儘管囊中羞澀，但才智超群。鄭氏家中學字牛，語出諺語“鄭牛觸牆成八字”，本用以形容鄭玄學識淵博，家畜亦受其影響。

[三]荷錢：指初生的小荷葉。因其形如錢，故名。南宋趙長卿《朝中措·首夏》：“荷錢浮翠點前溪，梅雨日長時。”

[四]隴：同“壟”，田界。

同張南溪飲清築軒

　　一無能事惟能飲，歲歲年年把不觚[一]。清築主人多逸興[二]，捲簾請客數花鬚[三]。

【題解】

　　與張南溪飲酒於清築軒，即興而作。張南溪：崇明(今上海)人，深於金石之學。

【注釋】

[一]不觚(gū)：指酒器。《論語·雍也》子曰："觚不觚，觚哉！觚哉！"觚：古代盛酒的器皿。
[二]逸興：超逸豪放的意興。
[三]花鬚：花蕊。

二樹老人畫梅歌

　　梅花之名稽所出[一]，夏時《小正》史載筆[二]。《書》《詩》《春秋》暨《爾雅》，不以花名皆以實。集眾芳兮《離騷經》[三]，何獨無梅花之名？豈在當時花減色，同彼凡卉俱敷榮[四]。六朝名人工韻語[五]，千首萬首詩縱橫。後人寫入無聲詩[六]，梅花始錚錚有聲。北宋名家花光老，南枝北枝倚晴昊[七]。畫梅作譜趙王孫[八]，揚湯之法窮采討。元章筆墨能超群[九]，作花箇箇淡墨痕。掃盡前人工緻格，落筆如生煙與雲[十]。會稽山中二樹翁[十一]，詩書萬卷堆胸中。下筆有神寫鐵幹[十二]，直追九里山中農[十三]。自言畫梅一筆成，樹頭如欲搖春風。有時揮灑十尺長，蒼苔古蘚媚晴空。梅花萬幅詩萬首，平生墨汁費千斗。老來老氣欲凌虛①，萬鈞神力運之肘[十四]。千枝萬葉浩煙海，恍如駿馬奔九有[十五]。我讀翁畫洗煩惱，夭矯龍蛇看揮掃[十六]。孤芳不與眾芳伍，一枝何須竹外好。知翁此意有深理，見梅如見翁懷抱。昔人為洮湖作序[十七]，借一韻。梅妖憑之使之語。今翁隱隱有神助，梅妖其在翁之筆端歟。

【校勘】

①漆永祥校本云："'虛'，《乙丙集》本作'空'。"
②漆永祥校本云："'隱隱'《乙丙集》本作'奕奕'。"

【題解】

　　爲童鈺畫梅而作。盛讚童氏畫藝高超，畫梅入神，且人如其畫，襟懷高潔。二樹老人：指童鈺（一七二一——一七八二），字二如，後字二樹，號璞岩，又號借庵，浙江山陰（今紹興）人，有《二樹詩略》《二樹今體詩》等。

【注釋】

［一］稽：《廣雅》：“稽，考也。”

［二］《小正》：即《夏小正》，我國現存最早的一部傳統農事曆書，原爲《大戴禮記》中的第四十七篇。

［三］《離騷經》：指屈原《離騷》，漢代人稱其爲“經”。

［四］敷榮：開花。嵇康《琴賦》：“迫而察之，若衆葩敷榮曜春風，既豐贍以多姿，又善始而令終。”

［五］六朝：一般指中國歷史上三國至隋統一前南方的六個朝代，即三國吳、東晉和南朝的宋、齊、梁、陳。

［六］無聲詩：指畫。古人的畫雖不能吟詠，但有詩意，故稱。

［七］昊：天。《詩經·小雅·巷伯》：“豺虎不食，投畀有北。有北不受，投畀有昊。”《毛傳》：“昊，昊天也。”

［八］趙王孫：指趙孟頫（一二五四——一三二二），宋太祖子秦王德芳之後，字子昂，號松雪道人，吳興（今浙江湖州）人。善書工畫，有《尚書注》《松雪齋文集》等。

［九］元章：指米芾（一〇五一——一一〇七），字元章，號鹿門居士，宋太原人，與蘇軾、黃庭堅、蔡襄並稱四大書家。

［十］“落筆”句：杜甫《飲中八仙歌》：“揮毫落紙如雲煙。”

［十一］會稽山：亦稱茅山，位於浙江紹興北部平原南部。

［十二］下筆有神：杜甫《奉贈韋左丞丈二十二韻》：“讀書破萬卷，下筆如有神。”

［十三］九里山中農：指元代詩人、書畫家王冕（一二八七——一三五九），字元章，號煮石山農，九里先生、梅花屋主，紹興諸暨人。隱居九里山，以賣畫爲生。以畫梅著稱，尤攻墨梅，有《墨梅圖卷》。

［十四］萬鈞：形容力量大。鈞：《說文解字·金部》：“鈞，三十斤也。”

［十五］九有：《詩·商頌·玄鳥》：“方命厥後，奄有九有。”《毛傳》：“九有，九州也。”

［十六］夭矯：《文選·張衡〈思玄賦〉》：“偃蹇夭矯，娩以連卷兮。”李善《注》：“夭矯，自縱恣貌也。”

［十七］洮（táo）湖：又名長蕩湖，位於江蘇省金壇縣東南部，係古太湖分化

湖之一。

作二樹老人畫梅歌後老人作梅書長歌見答遂次其韻

老人畫梅梅骨奇[一]，不獨橫斜於其枝。我來揚州生睡癖，三餐一覺有何益？我詩小如曹鄶君[二]，羞殺翁呼陳參軍[三]。翁詩有"君才不數陳參軍"之句。幸得侍翁共朝夕，喚起俗夢時論文。海岳送藥冒暑熱，翁病暑，予冒熱送藥。看翁作梅如電瞥。如椽之筆灑淋漓[四]，端溪石硯古墨凸。花光濟之何足論，浮之以酒三百樽。醉來如眠香雪海，具區萬頃升朝暾[五]。

【題解】

與童鈺唱和之作。全篇充溢着對童氏畫梅技藝的頌揚，兼及二人詩酒唱和的愜意。

【注釋】

[一]梅骨：此指梅花的風骨。

[二]"我詩"句：北宋黃庭堅《子瞻詩句妙一世，乃云效庭堅體，蓋退之戲效孟郊》："我詩如曹鄶，淺陋不成邦。"

[三]陳參軍：指"蘇門六君子"之一的陳師道（一〇五三——一一〇二），字履常，一字無己，號後山居士，彭城人。官徐州教授。閉門苦吟，詩風峭拔，有《後山先生集》。

[四]椽：安在檁子上承接屋面和瓦片的的木條。《說文解字·木部》："椽，榱也。"端溪：在廣東省高要縣東南，盛產硯石。製成者稱端溪硯或端硯，爲硯中上品。

[五]暾(tūn)：初生的太陽。《玉篇》："暾，日欲出。"

絕 句

千枝琅玕高拂雲[一]，前溪歸鳥趁斜曛[二]。蘆簾草屋攤破書，時有新雨來論文。

【題解】

黄昏又逢新雨，江藩即興而作，流露與書爲伍的自得。

【注釋】

[一]琅玕：指翠竹。杜甫《鄭駙馬宅宴洞中》：“主家陰洞細煙霧，留客夏簟青琅玕。”

[二]趂：同“趁”。曛：《玉篇》：“曛，黄昏時。”

二樹先生畫梅竹一幅並題絶句見贈舟至江口阻風細讀於水窗中次韻一首

愛梅愛竹執兩端，竹邊作梅玉攢攢[一]。與君同好差分別[二]，只愛花香不愛酸。詩中有“伴他清冷耐它酸”之句。

【題解】

與童鈺唱和而作，展現二人志趣相投，時江藩乘船遇風阻於江口。

【注釋】

[一]攢攢：叢聚貌，叢集貌。漢無名氏《古咄唶歌》：“棗下何攢攢，榮華各有時。”

[二]差(chā)：略微。

六月二十九日阻風江口作

涼風振籟終日吹，江城籌策收津旗[一]。瓜州城上都闒豎渡江旗[二]，風大了①旗，則行客不得渡江。行客欲去不得去，銀浪高低舟傾欹[三]。泊舟正在江之灣，推篷已見江南山[四]。千迭萬迭近復遠，中有青山露煙鬟[五]。江堤初築青草生，山外無數霞腳明[六]。郭熙善畫工平遠[七]，填碧染翠恐難成。頹波急浪涌復摧，金山樓閣層層開。乘興欲法乘槎叟[八]，何妨泛宅去不回[九]。篙師不敢渡江去[十]，忽有野鴨衝波來。

【校勘】

①漆永祥校本云："'丆'，《乙丙集》本作'收'。"

【題解】

因阻風江口即興而作，旨在摹畫江水的浩急與江面的壯闊。

【注釋】

[一]篳篥(bì lì)：又稱"觱篥""觱栗""笳管"等。古簧管樂器名。以竹爲管，管口插有蘆制哨子，有九孔。本出西域龜茲，後傳入内地，爲隋唐燕樂及唐宋教坊樂的重要樂器。

[二]都閫(kǔn)：指統兵在外的將帥。

[三]敧：同"攲"。歪斜；傾斜。《荀子·宥坐》："吾聞宥坐之器者，虛則敧，中則正，滿則覆。"

[四]篷：車船等用以遮蔽風雨和陽光的東西，用竹篾、葦席、布等做成。

[五]煙鬟：喻雲霧繚繞的峰巒。蘇軾《凌虛臺》："落日銜翠壁，暮雲點煙鬟。"

[六]霞脚：低垂近地面的雲霞。唐喻鳧《得子侄書》："雁天霞脚雨，漁夜葦條風。"

[七]郭熙(約一〇〇〇—約一〇九〇)：字淳夫，河陽温縣(河南孟縣東)人，善畫山水。

[八]槎：木筏。

[九]泛宅：謂以船爲家。《新唐書·隱逸傳·張志和》："顔真卿爲湖州刺史，志和來謁，真卿以舟敝漏，請更之，志和曰：'願爲浮家泛宅，往來苕霅間。'"

[十]篙師：撑船的熟手。杜甫《水會渡》："篙師暗理楫，歌笑輕波瀾。"

讀玉溪生傾城消息隔重簾之句有感而作

郁金堂北理琴絲[一]，蜀國相如二十時[二]。壁内花妖工度曲[三]，樹頭木客好吟詩[四]。茨菇葉爛郎心遠[五]，荷芰房空妾夢遲[六]。睡鴨爐中香力軟[七]，秋風飄去弱難持。

【題解】

讀晚唐詩人李商隱詩有感而作，旨在表現男女相戀的愁苦之情。玉溪生：指李商隱(八一二—八五八)，字義山，號玉溪生，懷州河内(今河南沁陽)人，有《樊南文集》。傾城消息隔重簾：李商隱《楚宮二首》之一：“月姊曾逢下彩蟾，傾城消息隔重簾。”

【注釋】

[一]郁金堂：指芳香高雅的居室。唐沈佺期《古意》：“盧家少婦郁金堂，海燕雙栖玳瑁梁。”

[二]蜀國：泛指蜀地。相如：指司馬相如(前一七九—前一一八)，字長卿，西漢成都人，有《子虚》《上林》等賦。

[三]花妖：花的精怪。明唐寅《花月吟效連珠體》之六：“風動花枝探月影，天開月鏡照花妖。”度曲：按曲譜歌唱。東漢張衡《西京賦》：“度曲未終，雲起雪飛。”

[四]木客：指傳説中的木客鳥。

[五]茨菰：植物名，亦作“茨菰”“慈姑”，可作食用或藥用。清張潮《江南行》：“茨菰葉爛別西灣，蓮子花開猶未還。”

[六]芰(jì)：指菱，兩角的叫菱，四角的叫芰。唐賀知章《采蓮》：“莫言春度芳菲盡，別有中流采芰荷。”

[七]睡鴨爐：古代一種香爐，銅制，造型爲鳧鴨入睡狀，故名。中間空隙，可焚香，煙從口出，以爲玩好。李商隱《促漏》：“舞鸞鏡匣收殘黛，睡鴨爐香換夕熏。”

題葛閨秀春柳扇頭

夕照初黃柳葉齊，野橋無客水流西。風梳鬢影人堪醉[一]，著箇鶯兒在上啼。

【題解】

題扇詩，摹畫出一幅鶯啼春柳圖。葛閨秀：葛氏女子。閨秀指世家望族中精通琴棋書畫，才貌雙全、品行優良的女子。

【注釋】

[一]鬢影：鬢髮的影子。語本唐駱賓王《在獄詠蟬》：“那堪玄鬢影，來對白頭吟。”

夜坐和竹香韻

愁心逗破雨中煙，睡有神靈促我眠。叢菊瘦時霜滿地[一]，菰蒲
深處雁來天。秋千勛業如窺鏡，兩晉文章已論錢[二]。不了了危詩句
好，靜消長日小如年。

【題解】

與汪元亮唱和之作。前半寫景，清幽迷蒙；後半議論兼抒情，流露出淡
泊閑逸的心志。竹香：指汪元亮，字明之，一字竹香，元和（今蘇州）人。早
年與同郡余蕭客、薛起鳳結詩社唱和，後親善戴震，究心經義。屢試不第，
以教授生徒自給。

【注釋】

[一]瘦：細削。菰蒲：菰和蒲。水生草本植物。謝靈運《從斤竹澗越嶺溪
　　行》：“蘋萍泛沈深，菰蒲冒清淺。”
[二]“兩晉”句：指西晉魯褒所撰《錢神論》，其主旨在譏刺金錢崇拜這一社
　　會現象。

題聽秋圖小影

影在騷音微處求[一]，試將此意問莊周[二]。池生秋水從聞覺，天
奏商聲與耳謀[三]。瓦枕夢清桐葉戰，石床人靜草蟲愁。升平無事砧
聲斷[四]，不寄征衣萬里游。

【題解】

題畫寫景詩。勾勒出一幅秋景圖，結尾兩句表現出對社會升平、家人團
聚的祈願。

【注釋】

[一]騷音：嘈雜的聲音。南宋葉適《端午行》：“夜邅無騷音，絳紗蒙首去。”

[二]莊周(約前三六九—前二八六)：戰國時期睢陽蒙縣(今河南商丘東北)
　　人，老子之後道家學派的代表人物，有《莊子》。

[三]商聲：秋聲。《文選·阮籍〈詠懷詩〉之十》："素質游商聲，悽愴傷我
　　心。"李善《注》："《禮記》曰：'孟秋之月，其音商。'鄭玄曰：'秋氣和
　　則音聲調。'"

[四]砧：本指擣衣石。《説文解字·新附·石部》："砧，石柎也。"此處指擣
　　衣聲。唐劉滄《秋日山寺懷友人》："雲盡獨看晴塞雁，月明遥聽遠
　　村砧。"

月夜渡太湖

　　十月湖水清，扁舟去二更[一]。丹楓當夜落，明月共潮生[二]。樹
樹碧雲合，峰峰翠靄輕[三]。他年如泛宅，垂釣答升平。

【題解】
　　江藩夜渡太湖而作，描繪月夜太湖的美景，流露出山林隱逸之思。

【注釋】
[一]二更：晚上九時至十一時。

[二]明月共潮生：唐張若虛《春江花月夜》："春江潮水連海平，海上明月共
　　潮生。"

[三]"樹樹"二句：似化用唐王績《野望》"樹樹皆秋色，山山唯落暉"。靄：
　　雲霧。《説文解字·新附·雨部》："靄，雲兒。"

禦兒亭

　　越爲兒子吳爲父[一]，豈料兒能典父刑[二]。若爲夫差洗羞恥[三]，
不妨謬作語兒亭[四]。

【題解】
　　懷古詠史詩，圍繞禦兒亭詠嘆吳越爭霸這段歷史。禦兒：古地名，又作
語兒、語溪。在今浙江省桐鄉市崇福鎮。《國語·越語》："勾踐之地，南至

於句無，北至於禦兒。”

【注釋】

[一]越：諸侯國。處在東南揚州之地，以紹興禹王陵爲中心，《史記》記載
　　其始祖爲夏朝君主少康的庶子無余，是大禹的直系後裔中的一支。吳：
　　諸侯國。周代太王長子泰伯受封於吳地，在今江蘇省無錫縣。傳至夫
　　差，爲越王句踐所滅。

[二]典：主持，掌管。《廣雅》：“典，主也。”

[三]夫差(約前五二八—前四七三)：春秋時吳國末代國君。吳王闔閭之子，
　　即位後爲報父仇，攻陷越都，使越王勾踐臣服。後窮兵黷武，耽於女
　　色，國力日漸衰退，終爲勾踐所敗，自刎而死。

[四]語兒亭：唐陸廣微《吳地記》：“嘉興縣……縣南一百里，有語兒亭。勾
　　踐令范蠡取西施以獻夫差，西施於路與范蠡潛通。三年，始達於吳，遂
　　生一子。至此亭，其子一歲，能言，因名語兒亭。”

登煙雨樓

　　黃蘆叢裏西風急，乘興登樓意盡便[一]。水氣上蒸晴亦雨，柳陰
低拂日吹煙。坡塘高下東南利，浦漵平分吳越年[二]。倚盡欄干方萬
里，釣鼇磯下草芊芊[三]。

【題解】

　　江藩登臨煙雨樓即景而作，主要敷寫煙雨樓迷蒙景致。煙雨樓：名勝
地。在今浙江嘉興縣鴛鴦湖中。爲五代吳越錢元璙所建，以景色迷蒙若在煙
雨中而得名。

【注釋】

[一]便：安適；安寧。《楚辭·大招》：“魂乎歸徠，恣所便只。”王逸《注》：
　　“便，猶安也。”蘇軾《和子由寒食》：“繞城駿馬誰能借，到處名園意
　　盡便。”

[二]浦：水濱。《説文解字·水部》：“浦，瀕也。”漵：水邊。《説文解字·
　　新附·水部》：“漵，水浦也。”

[三]釣鼇磯：明萬曆十年(一五八二)，嘉興知府龔勉在煙雨樓周圍增築亭

榭，並以樓南面臨水拓台爲垂釣之處，題書“釣鰲磯”三字刻於石上。

芊芊：草木茂盛的樣子。《説文解字·艸部》：“芊，草盛也。”

舟至王江涇却寄鍾觀察

維摩示疾禮空王[一]，彭澤休官學道裝[二]。郭外漫田俱割稻，城中隙地盡栽桑。橘庭先生齋名。履道容分徑，桂釀詩情合得嘗。先生開家釀桂花三百，爲我洗塵[三]。惟有天心湖畔好，先生有福老桐鄉[四]。

【題解】

鍾觀察設宴爲江藩接風洗塵，江藩感懷而作，主要表現鍾觀察樂享田園的意趣和熱情好客的情誼。王江涇：古地名，在今浙江省嘉興市。鍾觀察：齋名橘庭，官居道員。

【注釋】

[一]維摩：維摩詰的省稱。《維摩詰經》記載：維摩詰與釋迦牟尼同時，是毘耶離城中的一位大乘居士，嘗以稱病爲由，向釋迦遣來問訊的舍利弗和文殊師利等宣揚教義。空王：佛的尊稱。佛説世界一切皆空，故稱“空王”。

[二]“彭澤”句：意謂陶淵明辭去彭澤縣令歸隱田園。

[三]洗塵：設宴歡迎遠方的客人。

[四]桐鄉：縣市名，隸屬浙江嘉興。

墨莊太虛子乘文洲同甫容門集玉蘭堂以坡公桃李漫山總粗俗分韻賦海棠得桃字二首

春江森森漲名桃[一]，蜀國佳人有薛濤[二]。數點嫣然生酒暈[三]，好如花底潑葡萄。

【題解】

與汪緄、褚華等以東坡詩句分韻賦海棠而作。墨莊即汪緄，字墨莊。太虚：指翟金蘭，字同甫，號太虚，涇縣（今屬安徽宣城）人。文洲：指褚華，字秋蕚，號文洲。甫容門：不詳。桃李漫山總粗俗：語出蘇軾《寓居定惠院之東雜花滿山有海棠一株土人不知貴也》：“嫣然一笑竹籬間，桃李漫山總粗俗。”

【注釋】

[一]淼淼：水勢浩大貌。淼：《説文解字·水部》：“淼，大水也。”

[二]薛濤（約七六八—八三二）：字洪度，長安（今陝西西安）人。父薛鄖，仕宦入蜀，死後，妻女流寓蜀中。薛濤貌美能詩，曉音律，多才藝，聲名傾動一時。有《錦江集》。其摹寫海棠盛開景致的《海棠溪》詩較有名。

[三]嫣然：美好貌。南宋范成大《紅梅》：“滿城桃李各嫣然，寂寞傾城在空穀。”酒暈：酒後臉上呈現出的紅暈。

　　枝頭結屋徐佺老[一]，似鳥爲巢數尺高。若道成溪總粗俗，玄都道士不栽桃[二]。

【注釋】

[一]結屋：構築屋舍。徐佺（一一四三——一九五）：字孔靈，婺州（今浙江金華）人，嘗在烏鎮爲官，多施惠政，深受百姓愛戴。

[二]“玄都”句：反用唐劉禹錫《元和十年自朗州至京戲贈看花諸君子》“玄都觀裏桃千樹，儘是劉郎去後栽”句意。玄都：指玄都觀，在長安（今陝西西安）南崇業坊。

和答玉松

　　僻巷無人迹，成都楊子居[一]。暮雲天際闊，春草故交疏。謂眉峰、文洲、遠①齋。邀月呼酸酒，尋人讀冷書。商量詩格律，結習去無餘。
　　三載江湖夢，幡②然閉户居[二]。日求文字樂，漸與俗人疏。蟲蝕千年紙，家貧百本書。仙翁成鶴去[三]，無計惜春餘。謂二樹先生。

【校勘】

①“遠”，原作“元”。按：林遠齋，號火蓮居士，福建龍岩人，江藩《詩鈔》他處均作“遠齋”，今據改。

②"幡"，《乙丙集》本作"番"。

【題解】

　　與吳雲唱和之作。詩篇展現出江藩耽於詩書、清貧自守的人生意趣，結尾兩句表達了對亡故師友童鈺的思念。玉松：指吳雲，字潤之，號玉松。

【注釋】

［一］揚子：指揚雄（前五三——一八），字子雲，西漢蜀郡成都（今屬四川）人，博覽群書，長於辭賦，撰有《甘泉賦》《羽獵賦》及《太玄》《法言》等。唐盧照鄰《長安古意》："寂寂寥寥揚子居，年年歲歲一床書。"

［二］幡然：劇變貌。《孟子·萬章上》："湯三使往聘之，既而幡然改曰。"

［三］"仙翁"句：謂二樹老人離開人世。

和答子乘

　　不住明花落，其如愛我居。有無山外色，得失夢中疏^{［一］}。勛業如圖畫，人情類憲書^{［二］}。吾儕言語過^{［三］}，不拾昔賢餘。

【題解】

　　與子乘唱和之作。詩篇流露出江藩達觀淡薄的人生態度，以及反對因循、力主創新的文藝思想。在江藩《秋日遣價邀墨莊清話墨莊作詩報僕和韻答之》中亦有"從此與君約清話，了危莫拾晋人餘"之句。

【注釋】

［一］"有無"句：唐王維《漢江臨眺》："江流天地外，山色有無中。"

［二］"勛業"二句：意謂功業、人情如同圖畫、曆書一般，俱成過眼雲煙，難以持久。勛業：功業。《説文解字·力部》："勛，能成王功也。"憲書：指曆書。西漢劉向《新序·雜事二》："子賤辭去，因請借善書者二人，使書憲書教品。"

［三］儕：同輩，同類的人。《説文解字·人部》："儕，等輩也。"過：超出。

席上三首

　　綠簾紅燭怨涼宵，百萬纏頭興亦豪^{［一］}。顛倒樽前春意思，阿儂難放鄭櫻桃[二]。

【題解】

　　此三首詩着力摹寫宴飲場景，表現諸如歡愛、思戀、訣別等情感。

【注釋】

[一]纏頭：古代歌舞藝人表演完畢，客以羅錦爲贈，稱爲"纏頭"。杜甫《即
　　事》："笑時花近眼，舞罷錦纏頭。"

[二]儂：古時吳越一帶稱他人爲"儂"。鄭櫻桃(？—三四九)：後趙襄國(今
　　河北邢臺)人，優伶出身，頗具美色，深得後趙武帝石虎寵愛，後被封
　　爲皇后。

　　笙簫弦管響丁東[一]，人影徘徊花影中。春夢無端夢楊柳，柳條
繫住可憐蟲。

【注釋】

[一]丁東：象聲詞。唐莊南杰《陽春曲》："紫錦紅囊香滿風，金鸞玉軏搖
　　丁冬。"

　　首戴萌蒲衣縕襏[一]，忽然欲去又還留。從今檀板清樽裏[二]，不
信當年許散愁[三]。

【注釋】

[一]"首戴"句：語本北魏祖鴻勛《與陽休之書》："首戴萌蒲，身衣縕襏。"
　　萌蒲：用蒲草編的斗笠。縕襏(yùn bó)：蓑衣。

[二]檀板：古代一種打擊樂器，簡稱板，因常用檀木製作而有檀板之名。

[三]許散愁：古之貞男。清唐孫華《維揚舟中作》之四："生來不作樊川夢，
　　直是當年許散愁。"

持螯次墨翁韻

　　小則穴沮洳[一]，大則趨江海。出魯望《蟹志》[二]。吾但甘其味，無
暇爲志蟹。開介富黃雄[三]，擘螯美肉彩[四]。團臍與足螯[五]，螯實爲

主宰。九雌並十雄，蟹命其危殆。尚云性燥腥，夾橙清輔頰[六]。嗟彼緯蕭者[七]，涼夜持燈待。日日味黄中，何須烹鼎鼐[八]。食之又談禪，墨莊詩及殺生之戒。佛性將何在。將霜籬菊肥，欲寒秋雨灑。此時不食此，其痴亦可駭。食羊便爲羊，願受爲蟹罪。放生是耶非，非紿且爲紿[九]。

【題解】

與汪縄唱和之作。以蟹爲題，贊其美味，論及佛性，表現出輕形式重内涵的崇佛理念。

【注釋】

[一]沮洳：低濕之地。《詩・魏風・汾沮洳》：“彼汾沮洳，言采其莫。”孔穎達《疏》：“沮洳，潤澤之處。”

[二]魯望：指陸龜蒙(？—八八一)，字魯望，號天隨子、江湖散人、甫里先生，長洲(今蘇州)人。有《甫里先生文集》。所撰《蟹志》是一篇有關大閘蟹的文章。

[三]介：甲。

[四]擘：分開；剖裂。螯：螃蟹等節肢動物變形的第一對脚，形狀像鉗子。

[五]團臍：雌蟹腹甲形圓，稱團臍。雄蟹腹甲形尖，稱尖臍。

[六]輔：臉頰。《説文解字・車部》：“輔，人頰車也。”頯：頰。《廣韻》：“頯，頰頯。”

[七]緯蕭：編織蒿草。蕭，蒿類，可以織爲簾箔。用爲安貧或安貧樂道之典。

[八]鼐：大鼎。《爾雅・釋器》：“鼎絶大謂之鼐。”

[九]紿(dài)：疑。

題雪垞所藏洛神圖

從前悔嫁與中郎[一]，夢裏何妨獻耳璫[二]。宛若輕雲來蔽月[三]，纖穠如讀十三行[四]。

畫裏人如夢裏人，看他羅襪也生塵[五]。感甄題目何須諱[六]，冤殺東阿侮洛神[七]。

【題解】

　　題畫詩，據圖畫和史料敷衍成篇。洛神：傳說中的洛水女神，即宓妃。

【注釋】

[一]中郎：指曹丕。丕曾爲五官中郎將。

[二]瑞：耳環。《說文解字·新附·玉部》：“瑞，環屬。”

[三]“宛若”句：曹植《洛神賦》：“仿佛兮若輕雲之蔽月，飄搖兮若流風之
　　回雪。”

[四]纖穠：纖細和豐腴。曹植《洛神賦》：“穠纖得衷，修短合度。”十三行：
　　法帖名。指東晉王獻之所書《洛神賦》真迹，至南宋時僅存十三行，共
　　二百五十字。故名。

[五]“看他”句：曹植《洛神賦》：“凌波微步，羅襪生塵。”

[六]“感甄”句：《文選·曹植〈洛神賦〉》李善題注載，三國魏曹植求甄逸女
　　不遂，廢寢與食。甄女後歸曹丕，被讒死。黃初中植入朝，丕示以甄后
　　遺物玉鏤金帶枕。植還，將息洛水上，思甄后，遂作《感甄賦》。丕子
　　明帝諱其事，改爲《洛神賦》。

[七]東阿：指曹植。植曾被封爲東阿王。

正月十日大雪不止越日遠齋過我出用放翁韻長歌一首見示遂次其韻

　　半夜一日六寸雪，江南得此已叫絕。滿高下凹凸空隙，更奇隨樹
枝曲折。坐臥不出裹敝裘，看山有僻登層樓。山中積雪當忘[①]想，如
夢如幻如臥游[一]。六月踏冰苦不得，今日誰敢雙脚赤。窗外老梅寒
到骨，三枝兩枝倚側石。雖未作花亦可觀，不必縮頸歪驢鞍。忍凍何
苦好爲此，灞橋冷殺孟夫子[二]。

【校勘】

①“忘”，《乙丙集》本作“望”。

【題解】

　　與林遠齋唱和之作，旨在摹畫正月雪後之奇麗與寒冷。過：探望。放
翁：指陸游（一一二五——一二一〇），字務觀，號放翁，越州山陰（今浙江紹

興)人，有《劍南詩稿》《渭南文集》等。

【注釋】

［一］卧游：不能親身去旅游，單從游記、圖片等資料中去想像。語本《宋
　　書·宗炳傳》：“宗炳嘆曰：‘老疾俱至，名山恐難遍睹，唯當澄懷觀
　　道，卧以游之。’”

［二］“灞橋”句：指孟浩然風雪騎驢，灞橋覓詩。

遠齋雪中過我薄暮即去用東坡大雪獨留尉氏韻

　　雪飛席大稱大觀，川之娥眉塞之北^[一]。近日南國得其半^[二]，著
地色白漫空黑。數見不至誤楊花，南人以此廣見識^[三]。客來向火看
煨雪^[四]，蚯蚓竅中茶煙濕^[五]。飲之以酒客掉①頭，若曰路塞畏深夕。
爲客牽驢急跨鞍，出門手冷不能策^[六]。

【校勘】

①“掉”，原作“棹”，漆永祥校本據《乙丙集》本改，今從。

【題解】

　　與林遠齋唱和之作，勾勒出一幅飲酒賞雪圖。蘇軾《大雪獨留尉氏》移録
於下：古驛無人雪滿庭，有客冒雪來自北。紛紛笠上已盈寸，下馬登堂面蒼
黑。苦寒有酒不能飲，見之何必問相識。我酌徐徐不滿觥，看客倒盡不留
濕。千門晝閉行路絶，相與笑語不知夕。醉中不復問姓名，上馬忽去橫
短策。

【注釋】

［一］峨眉：指峨眉山，在四川峨眉縣西南。

［二］南國：泛指南方。

［三］“數見”二句：宋范正敏《遯齋閑覽》：“南人不識雪，向道似楊花。”楊
　　花：指柳絮。

［四］煨：用文火燉熟或加熱。

［五］蚯蚓竅：蚯蚓藏身的洞穴。謂石鼎之孔洞。

［六］策：鞭打。《説文解字·竹部》：“策，馬箠也。”

十一日^①大雪不止季二雪垞同其弟蓉湖過舍茶話季氏仲季雅善調律玉笛牙板互相角勝頗慰岑寂用六一先生聚星堂雪詩禁體韻

尖纖合度六出蕚^[一]，平漫高低無厚薄。下積寸指將及尺，作而復止止而作。鐘聲遠透識僧寺，炊煙上尋知城郭。二子幽興頗不淺，冒雪扣門亦矍鑠^[二]。共聽密密疏疏聲，香參净界空花落^[三]。有酒一罍火一爐^[四]，此間大煖勝狐貉^[五]。寒林飛起覓食鴉，五穀之精饞則攫。屋角屋角有鳥巢，千點萬點噪黃雀。吾今莫恤羽族饑^[六]，爲我放歌王子屬^[七]。笛聲清兮鼓聲急，百千斛愁翻^②爲樂。肺腸已浣無埃氛，俗耳又得新聲瀹^[八]。推窗仰視勢轉嚴，太虛塵墮萬衆漠^[九]。歐九善戰無寸鐵，巨筆橫掃如橫槊^[十]。老門生詩實過之，我欲追配殊大噱^[十一]。東坡《聚星堂詩序》："僕以老門生繼公後，不足追配先生。"

【校勘】

①"日"，原作"月"。按：前詩題作"正月十日大雪不止越日遠齋過我……"，可知作於十一日，此詩亦作於當日，故"十一月"當作"十一日"，漆永祥校本已據改，今從。

②"翻"，《乙丙集》本作"番"。

【題解】

與季雪垞兄弟雪天茶話而作。旨在展現雪天友朋同飲共賞，其樂融融。蓉湖：指季蓉湖，雪垞弟。牙板：象牙或木制的拍板，歌時擊之爲節拍。角勝：較量勝負。六一先生：指歐陽修（一〇〇七——一〇七二），字永叔，號醉翁、六一居士，吉州永豐（今江西吉安永豐），有《歐陽文忠集》。史載其守汝陰時，因雪會客聚星堂賦詩，詩中玉、月、梨、梅等事皆勿用。

【注釋】

[一]尖纖：細小；窄小。

[二]矍鑠：形容目光炯炯、精神健旺。

[三]空花：北宋洪朋《喜雪》："漫天干雨紛紛暗，到地空花片片明。"

[四]罍：盛酒的器皿。

[五]煖：同“暖”。

[六]羽族：鳥類。

[七]王子屬：姬姓，名晋，字子喬，別稱王喬或王子晋，是東周春秋時期周靈王姬泄心之子，曾習老子《道德經》而得道。《文選·古詩十九首》之十六：“仙人王子喬，難可與等期。”

[八]淪：沈淪；没落。《廣雅》：“淪，漬也。”

[九]太虚：空寂玄奥之境。《莊子·知北游》：“是以不過乎昆侖，不游乎太虚。”漠：同“寞”，寂静無聲。

[十]“歐九”二句：南宋胡仔《苕溪漁隱叢話》（前集）卷二十九：“苕溪漁隱曰：‘六一居士守汝陰日，因雪會客賦詩，詩中玉、月、梨、梅、練、絮、白、舞、鵝、鶴、銀等事，皆請勿用。詩曰……其後，東坡居士出守汝陰，禱雨張龍公祠，得小雪，與客會飲聚星堂。忽憶歐陽文忠公作守時，雪中約客賦詩，禁體物語，於艱難中特出奇麗，爾來四十餘年莫有繼者。僕以老門生繼公後，雖不足追配先生，而賓客之美，殆不减當時。公之二子，又適在郡，故輒舉前令，各賦一篇。詩曰：……汝南先賢有故事，醉翁詩話誰續説？當時號令君聽取，白戰不許持寸鐵。自二公賦詩之後，未有繼之者，豈非難措筆乎？’”槊：同“矟”，長矛。《説文解字·木部》：“槊，槊矛也。”

[十一]追配：與前人相匹敵。噱：《説文解字·口部》：“噱，大笑也。”

讀墨莊詩書其後用坡翁書林逋卷尾韻

　　性僻愛住梅花麓，卅年飽飲山水緑[一]。吐向剡溪千萬紙[二]，掬非手盡皆珠玉。先生本是三泖人[三]，娶婦生兒諳藕俗[四]。有時作詩調老妻，還是當年賦花燭。得酒雄辯如懸河[五]，其妙猶在醉中足。語言文字有牙蠹，管城子本不食肉[六]。性情所至俯拾之，著手成春隨筆録。酒酣酣態亦自在，忽然低度無腔曲。愛梅最恨結酸子，口饞不許笋成竹。置之冷梅修竹裹，悠哉斯人淡如菊。

【題解】

　　用東坡詩韻，抒寫江藩品讀汪縬詩之所感，展示出汪縬悠游山水，襟懷坦蕩的形象。坡翁書林逋卷尾：即蘇軾《書林逋詩後》。林逋（九六七——一○

二八)，字君復，錢塘(今浙江杭州)人。隱居西湖孤山，終生不娶不仕，種梅養鶴，號稱"梅妻鶴子"。

【注釋】

[一]卅(sà)：三十。

[二]剡溪：水名。曹娥江的上游。在浙江嵊縣南。李白《夢游天姥吟留別》："湖月照我影，送我至剡溪。"

[三]三泖(mǎo)：即泖湖。在上海市松江縣西。有上、中、下三泖。上承澱山湖，下流合黃浦入海。今多淤積爲田。

[四]諳：熟悉。《説文解字·言部》："諳，悉也。"

[五]懸河：喻指論辯流暢。

[六]"管城子"句：化用黃庭堅《戲呈孔毅父》"管城子無食肉相"。管城子：唐韓愈作《毛穎傳》，稱筆爲管城子，後以"管城子"爲筆的別稱。

寄呈述庵夫子

風雨蕭蕭到水鄉，先生愛客勝圭璋[一]。圖書情思尊周孔，金石文章數漢唐[二]。十國世家搜典故[三]，先生有《五代史注》。兩川征戰記農桑[四]。先生有書記兩川風土。徐君空讀《春秋》例[五]，但繼歐公論滅亡。謂徐無黨。

經訓堂中秋色老，山光搖落泖湖前。草生南國蕭蕭晝，人住東方點點煙。兩漢學行三十載，六書藝絕一千年[六]。道高大力持風雅[七]，紅豆分枝火獨然[八]。

【題解】

江藩《國朝漢學師承記·王昶》稱其從王昶游"垂三十年，論學談藝，多蒙鑒許"。此篇即爲與王昶唱和之作。旨在欽慕和頌揚王昶的品格與學行。述庵夫子：指王昶(一七二四——八〇六)，字德甫，號蘭泉，晚號述庵，江蘇青浦(今屬上海)人，有《春融堂集》。

【注釋】

[一]圭璋：兩種貴重的玉制禮器。

[二]金石：古代鐫刻文字、頌功紀事的鐘鼎碑碣之屬。

[三]十國：指五代時十個割據政權，爲吴、南唐、吴越、楚、前蜀、後蜀、南漢、南平、閩、北漢。

[四]兩川：東川和西川的合稱。

[五]徐君：指徐無黨（一○二四——一○八六），初名光，五崗塘村人，少時隨歐陽修學古文辭，後爲歐陽修《新五代史》作注。《春秋》：相傳是孔子據魯史修訂而成的編年體史書。始創"一字褒貶"的"春秋筆法"。左丘明概括爲"微而顯，志而晦，婉而成章，盡而不污，懲惡而勸善"。

[六]六書：古人分析漢字造字的理論。即象形、指事、會意、形聲、轉注、假借。

[七]風雅：詩文之事。南朝梁蕭統《文選序》："故風雅之道，粲然可觀。"

[八]紅豆：指惠棟，學者稱小紅豆先生，王昶曾從惠棟游，故稱"紅豆分枝"。

梅窗獨坐憶文洲歸舟遇雪用山谷竹軒詠雪韻寄之

孟陬之九日[一]，客子當夕發。朔風捲明沙[二]，聽窗知灑雪。舴艋舟中人[三]，哦雪應未歇。塞向尚云寒，蓬底尤冽冽[四]。詩脾不必湔[五]，斯人本自潔。有詩當寄我，讀之必過悦。譬諸食甘蔗，一節美一節。雪擁廬更冷，無長者車轍[六]。幸有破臘梅，末花傲夜月。

【題解】

酬贈褚華之作，表現出對羈旅友人的挂念和雪夜賞梅的閑逸。《竹軒詠雪》：指黄庭堅《竹軒詠雪，呈外舅謝師厚，並調李彦深》詩。

【注釋】

[一]孟陬：孟春正月。正月爲陬，又爲孟春月，故稱。《楚辭・離騷》："攝提貞於孟陬兮，惟庚寅吾以降。"王逸《注》："孟，始也。貞，正也。于，於也。正月爲陬。"

[二]朔：《爾雅》："朔，北方也。"

[三]舴艋：《廣雅》："舴艋，舟也。"

[四]冽：《玉篇》："冽，寒冷也。"

[五]詩脾：詩思。楊萬里《仲良見和再和謝焉》："未惜詩脾苦，端令鬼膽寒。"湔：洗。《三蒼》："湔，濯也。"

[六]長者车辙：西漢開國功臣、宰相陳平小時家境貧寒，以破席爲門，卻有很多長者乘車去拜訪他。後遂用"長者車""長者轍""門外轍"等指前來尋訪或相送的長者車馬，多言其人受到長者的器重，有對其才德的稱美之意。

殘雪用山谷韻

　　敗葉紛紛掃還落，捲空堆雪似堆沙。<small>中山《浪陶沙》[一]："卷起沙堆似雪堆。"</small>向南久已融朝盡，背北猶能傲日斜[二]。枕上夢回疑聽雨[三]，樹頭鳥啄不成花。報晴春已梅將吐，好入山中看歲華。

【題解】
　　用黃庭堅詩韻詠雪。主要描摹入春前的殘雪之景。

【注釋】
[一]中山：指劉禹錫(七七二—八四二)，字夢得，河南洛陽人，自言系出中山靖王劉勝，有《劉夢得文集》。
[二]"向南"二句：意謂向南的雪已隨太陽融化，背北的雪因地處陰面難以化開，仍與太陽傲然相對。
[三]夢回：從夢中醒來。

上元夕同子乘藥師王廟觀燈用坡公雪後到乾明寺遂宿韻

　　試燈風雨皆成雪[一]，著屐泥中滑滑行。象板冰弦歌里巷[二]，銀花火樹鬧吳城[三]。人因新月消寒夜，天爲疏梅放早晴。唯有酒腸禁不得，春來社鼓太平聲[四]。

【題解】
　　與子乘上元夜觀燈所作，描繪了節日賞燈的熱鬧景象。上元：指元宵節。雪後到乾明寺遂宿：指蘇軾的一首七言律詩，移録於下：門外山光馬亦驚，階前屐齒我先行。風花誤入長春苑，雲月長臨不夜城。未許牛羊傷至潔，且看鴉鵲弄新晴。更須攜被留僧榻，待聽催簷瀉竹聲。

【注釋】

[一]試：試驗。三國蜀諸葛亮《出師表》：“試用於今日，先帝稱之曰能。”

[二]象板：象牙拍板，打擊樂器。冰弦：亦作“冰弦”。傳説中有用冰蠶絲作的琴弦。

[三]銀花火樹：比喻燦爛的焰火或燈火。清李斗《揚州畫舫録·城北録》：“銀花火樹，光焰競出。”

[四]社鼓：舊時社日祭神所鳴奏的鼓樂。

玉松家梅花盛開作此索飲

陶令閑愛菊[一]，逋仙能愛梅[二]。我則兼愛之，春秋多佳懷。飲酒濡巾角，洗濯古尊罍[三]。苦雨更不飲，形神俱虺隤[四]。雨雨若雨酒，願築糟邱臺[五]。君家老梅花，料①因風雨催。爲我急置酒，不妨只舊陪。謂墨莊、子乘、遠齋。暗香雨中度，散落滿莓苔。花底潑燒春[六]，春色浮酒杯。醉矣穿梨雲[七]，鄙笑夢大槐。主人能辦此，風雨吾當來。

【校勘】

①“料”，《乙丙集》本作“殘”。

【題解】

江藩與汪緄、林遠齋等人於吳雲家賞梅飲酒，興致勃勃，遂有此作。

【注釋】

[一]陶令：指陶淵明（三五二或三六五—四二七），字元亮，又名潛，私謚“靖節”，世稱靖節先生，潯陽柴桑（今江西九江）人。曾任江州祭酒、彭澤令等，後歸隱田園，有《陶淵明集》。

[二]逋仙：指林逋。

[三]罍（léi）：古代一種盛酒的容器。小口，廣肩，深腹，圈足，有蓋，多用青銅或陶製成。

[四]虺隤：疲極致病。《詩經·國風·周南·卷耳》：“陟彼崔嵬，我馬虺隤。”

[五]“雨雨”二句：化用李白《襄陽歌》：“此江若變作春酒，壘曲便築糟
　　邱臺。”
[六]燒春：形容春意濃重。白居易《早春招張賓客》：“池色溶溶藍染水，花
　　光焰焰火燒春。”
[七]梨雲：即梨花雲。唐王建《夢看梨花雲歌》：“薄薄落落霧不分，夢中喚
　　作梨花雲。”

書去年事

　　如幻如真實蹈虛[一]，去年何事夢蘧蘧[二]。三人同口疑成虎[三]，
一字諧聲誤買驢。累我昏昏尋鬼訂[四]，虧他咄咄向空書[五]。好迎富
貴醫詩病[六]，努力謀生讀與鋤。

【題解】
　　因去年事有感而作。展現出江藩雖身處困境，仍秉持吟詩成癖、砥礪耕
讀的人生旨趣。

【注釋】
[一]蹈虛：意謂不切實際。
[二]蘧(qú)蘧：驚動的樣子。《莊子·齊物論》：“俄然覺，則蘧蘧然周也。”
[三]“三人”句：典出《戰國策·魏策》“三人成虎”的故事，比喻謠言重複多
　　次，就能使人信以爲真。
[四]尋鬼訂：東漢王充《論衡》有《訂鬼》篇，批駁社會上關於鬼的謬説。此
　　處借指著書立説。
[五]咄咄向空書：即“咄咄書空”。《世説新語·黜免》載殷被黜放，口無怨
　　言，但終日書空作“咄咄怪事”四字，後因以“咄咄書空”爲嘆息、憤慨、
　　失志、懊恨的典實。
[六]詩病：指好詩成癖。唐司空圖《即事》：“此生詩病苦，此病更蕭條。”

春風有感寄墨莊遠齋

　　具癖尊閑道可傳，夢中結得暗香緣[一]。安排笠屐勤春事，撿點

魚蝦辦酒錢[二]。蜂放衙時催蜜課[三]，伎成圍裏竊花權[四]。若能了却今生願，也近沙門也近仙[五]。

【題解】

與汪縉、林遠齋唱和之作。描摹田園春光與生活，流露出禪悦之趣。

【注釋】

[一]暗香：猶幽香，此指梅花香。

[二]撿點：即檢點，查點。

[三]放衙：屬吏早晚参謁主司听候差遣谓之衙参。退衙谓之“放衙”。此處指閒暇休息。課：賦税。《廣韻》：“課，税也。”

[四]伎：通“技”，技藝。

[五]沙門：出家的佛教徒的總稱。

廣文朱先生送胙羊一支僕轉饋胡丈澹園丈作詩道謝語似久不味葷酒者怪其寒儉和韻嘲之

廣文七十首常搖，胙肉分來裹白茅[一]。他日西川爲節度[二]，萬羊盡可散知交。

太常齋禁爲誰開[三]，費却床頭淘米醅。豈夢臟神頻致語，放羊踏破菜園來[四]。

【題解】

與胡澹園酬贈之作，語多調侃。胙：祭祀求福用的肉。《説文解字·月部》：“胙，祭福肉也。”廣文朱先生：姓朱，字廣文。胡丈澹園：指胡澹園。丈爲對老年男子的尊稱。

【注釋】

[一]白茅：植物名。多年生草本。古代常用以包裹祭品。

[二]節度：官名，指節度使，始自唐睿宗時。節度使統管一道或數州，總攬軍、民、財政。宋代節度使爲虛銜，遼金沿置，元代廢除。

[三]太常：官名。秦置奉常，漢景帝六年更名太常，掌宗廟禮儀，兼掌選試博士。歷代沿襲，專掌祭祀禮樂。

[四]"豈夢"二句：語出三國魏邯鄲淳《笑林》六十九："有人常食蔬茹，忽食
　　羊肉，夢五臟神曰：'羊踏破菜園！'"意指吃素的人，破了葷戒。

與墨莊子乘文洲遠齋題范箴牧牛圖以牧人驅犢返分韻得返字

　　江南江北春未晚，煙雨中有柳千本。農事勤作牧人忙，忙裏閑卧
牛背穩。蓑衣箬笠服制古[一]，何必冠蓋方袞袞[二]。驅之渡水不過橋，
其意豈以阡陌遠。一牛在水已沒腹，二牛欲渡勢難挽。中有牝者回顧
犢[三]，犢鼻未穿恐不返。柴門待牧故不關，絕無人屋唯牛圈。驅之
策之非避雨，急欲歸家飼牛飯。古人畫牛在點睛，中有童子仆而
偃[四]。紫琅畫牛固神手，牛目炯炯神不損。他年若得負郭田[五]，豢
養九十務開墾。雖然誰謂我無牛，苦在畫中殊偃蹇[六]。

【題解】

　　與汪緄等人唱和而作，摹畫詠歎范箴《牧牛圖》。范箴：字墨湖，明福建
崇安人。書畫家，善花卉、翎毛，尤長畫貓。牧人驅犢返：唐王績《野望》：
"牧人驅犢返，獵馬帶禽歸。"

【注釋】

[一]蓑衣：用草或棕製成的、披在身上的防雨用具。箬笠：用箬竹葉或篾編
　　結成的寬邊帽。唐張志和《漁夫歌》之一："青箬笠，綠蓑衣，春江細雨
　　不須歸。"冠、蓋：泛指官員的冠服和車乘。

[二]冠蓋：官吏的官帽服飾和車乘的頂蓋。袞袞：氣勢盛大的樣子。

[三]牝：指雌牛。《說文解字·牛部》："牝，畜母也。"犢：小牛。《說文解
　　字·牛部》："犢，牛子也。"

[四]仆：向前傾倒。《說文解字·人部》："仆，頓也。"偃：倒伏。《字彙》：
　　"偃，仆也，靡也。"

[五]負：具有，享有。郭：外城。

[六]偃蹇：眾盛貌。《楚辭·離騷》："何瓊佩之偃蹇，眾薆然而蔽之？"王逸
　　《注》："偃蹇，眾盛貌。"

春日雜興

春日身如不繫舟[一]，年來詩句解探幽。踏殘芳草應成恨，坐得青山合便休。濯濯宜爲香案吏[二]，昏昏拜倒①醉鄉侯[三]。伊人欲走三千里，瘴雨蠻煙古福州[四]。竺香先生近有福州之行[五]。

【校勘】
①“拜倒”，《乙丙集》本作“例拜”。

【題解】
春日雜感而作。感叹身世飄零，兼送別友人。

【注釋】
[一]不繫舟：典出《莊子·列御寇》，比喻自由而無所牽掛。此處形容作者行踪不定，四處漂泊。
[二]濯濯：光明貌。香案吏：指宮廷中隨侍帝王的官員。元稹《以州宅誇於樂天》：“我是玉皇香案吏，謫居猶得住蓬萊。”
[三]醉鄉侯：戲稱醉酒者。蘇軾《喬將行烹鵝鹿出刀劍以飲客以詩戲之》：“便可先呼報恩子，不妨仍帶醉鄉侯。”王十朋《集注》：“唐人詩：‘若使劉伶爲酒帝，亦須封我醉鄉侯。’”
[四]瘴：瘴氣。指南方山林間濕熱蒸鬱致人疾病的毒氣。《玉篇》：“瘴，瘴癘也。”蠻：指我國古代南方的民族。
[五]竺香先生：指汪元亮，字竹香(竺香)，元和(今蘇州)人。

去歲友人持扇頭索書僕以墨莊所作七律書以畀之今年春細讀此詩於友人扇頭詩中有芳草不生窮巷地好花多散夕陽天之句有感於僕之近況作此寄之

去年書扇今年讀，只向江流感舊交。一室僅存懸似磬[一]，此身無用系如匏[二]。豈因敗履思東郭[三]，墨莊常著敗履。直欲低頭拜孟郊[四]。他日逃禪香雪海，子雲何事被人嘲[五]。

【題解】

讀王緄詩感懷而作。詩篇感念故友，傷悼窘境，流露牢騷不平之氣。
畁：給予。《説文解字·丌部》：“畁，相付與之，約在閣上也。”

【注釋】

[一]“一室”句：《國語·魯語上》：“室如懸磬，野無青草，何恃而不恐。”

[二]“此身”句：《論語·陽貨》：子曰：“吾豈匏瓜也哉？焉能系而不食？”
匏：一年生草本植物。果實比葫蘆大，對半剖開可做水瓢。《説文解字·包部》：“匏，瓠也。”

[三]“豈因”句：化用“東郭履”之典，典出《史記·滑稽列傳·東郭先生傳》。東郭先生鞋子有上無下，行走雪中，脚板踏地。後遂以“東郭履”指稱窮困潦倒。

[四]“直欲”句：韓愈《醉留東野》：“低頭拜東野，原得終始如駏蛩。”孟郊（七五一—八一四）：字東野，湖州武康（今浙江德清）人。境遇坎坷，發於吟詠，與賈島齊名“郊寒島瘦”，有《孟東野詩集》。

[五]子雲：指揚雄。揚雄曾因官位不顯被人嘲笑。

耳 鳴

去年學道求仙旨，耳中成韻韻不已。守一握固坐枯禪[一]，耳韻聲洪心便喜。豈知外聲引内聲，一朝引去如流水。今年《離》火反填《坎》[二]，雷霆之郭摩耳底。作勢原與不勞同，地下笙簧鳴不止[三]。仙經有術求草木，先生之病彌月矣[四]。欲書符籙請軒轅[五]，爲我一修昆侖耳[六]。

【題解】

江藩身患耳鳴而作。感歎耳朵嗡嗡不已，煩躁難耐，欲請符籙除之而後快。

【注釋】

[一]守一：道家修養之術，謂專一精思以通神。《莊子·在宥》：“我守其一

以處其和，故我修身千二百歲矣，吾形未常衰。"握固：屈指成拳。《老子》："骨弱筋柔而握固。"

[二]《離》：八卦之一，又爲六十四卦之一。《易·説卦》："離爲火，爲日，爲電。"《坎》：八卦之一，又爲六十四卦之一。《易·坎》："《象》曰：習坎，重險也。"

[三]笙：一種傳統的簧管樂器。簧：樂器裏用以震動發生的薄片。《説文解字·竹部》："簧，笙中簧也。"

[四]先生之病彌月矣：此句不合平仄，就語意而言，亦顯突兀，當是詩中夾注。彌：滿。彌月即整一個月。

[五]符籙：道家所傳秘密文書符和籙的統稱。軒轅：傳説中古代帝王黃帝的名字。

[六]昆侖耳：即耳朵。道家稱頭爲"崑崙"。

今歲耳鳴異於往昔至他人喧笑漠然不聞仙經所云聞内聲不聞外聲皆參悟之矣復叠前韻冀其清净與古人驅瘧之詩同例云

閉門飲酒辨甘旨，甘旨之味辨難已[一]。一朝酒酣耳有聲，耳鳴之病實傷於酒。如聞天籟心歡喜[二]。二千女樂隨帝釋[三]，絲竹綿綿似流水。有時仰臥察無形，牛鬭牟搖竹床底。豈因晝永入矮屋，萬蟻戰酣哦不止[四]。豈因不欲聞是非，耳根之塵真盡矣。羨殺鷄冠老秀才，耳聰頭上生三耳[五]。

【題解】

江藩於酣醉中調侃自己的耳鳴之病，如同驅瘧之詩，希冀早得清净。驅瘧之詩：祛除瘧疾之詩。語出宋計有功《唐詩紀事·杜甫》："《詩話》云：'有病瘧者，子美曰："吾詩可以療之。"'"

【注釋】

[一]甘：《説文解字·甘部》："甘，美也。"段玉裁《注》："甘爲五味之一。而五味之可口皆曰甘。"旨：《説文解字·旨部》："旨，美也。"

[二]天籟：自然界的聲響。

[三]女樂：歌舞藝人。帝釋：佛教護法神之一。

[四]酣：《説文解字·酉部》：“酣，酒樂也。”形容激烈的程度。《韓非子·十過》：“酣戰之時，司馬子返渴而求飲。”

[五]“羡殺”二句：傳說隋董慎被冥府追爲右曹從事，召常州秀才張審通掌書記。慎令爲判，申天府。有黄衫人持天符云，所申不當。慎怒，以方寸肉塞其耳。審通再判之，後有天符來云，甚允當。慎喜，命左右割去耳肉。令一小兒擘爲耳，安於額上，曰：“塞君一耳，與君三耳，可乎？”後審通復活，覺額癢，涌出一耳，尤聰。時人笑曰：“天有九頭鳥，地有三耳秀才。”後即用以爲典，謂人聰明穎悟，異於往常。蘇軾《次韻秦太虚見戲耳聾》：“須防額癢出三耳，莫放筆端風雨快。”

題蒸砂方丈歌郎李金玉小影張雪鴻筆也

愛他顧陸丹青手[一]，寫出漁洋絶妙詞[二]。畫裏陽關今幾叠[三]，世間唯有右丞知。影名《半江紅樹賣鱸魚》。

作賦吟詩湖海流，雲郎端合爲君愁[四]。低眉欲結同心帶[五]，渾似登場唱務頭[六]。

假裝雲鬢早知名，畫裏相逢也目成。我見猶憐無足怪，阿翁白髮老成精。“老成精”三字出《楞嚴》[七]。

【題解】

題畫詩。旨在摹寫畫意，展現歌郎李金玉的才情。張雪鴻：指張敔(一七三四——一八〇三)，字虎人，一字敬之，號雪鴻、苣園等，山東歷城(今濟南)人。善畫山水、人物、花鳥。

【注釋】

[一]顧陸：東晉畫家顧愷之與南朝宋畫家陸探微的並稱。丹青：畫工的代稱。曹丕《與孟達書》：“故丹青盡其形容，良史載其功勛。”

[二]漁洋：指王士禛(一六三四——一七一一)，字貽上，號阮亭，別號漁洋山人，山東新城(今桓台)人，有《帶經堂集》《漁洋詩話》等。據詩注，影名《半江紅樹賣鱸魚》，出自王士禛《真州絶句》之四：“江干多是釣人居，柳陌菱塘一帶疏。好是日斜風定後，半江紅樹賣鱸魚。”

[三]“畫裏”二句：王維(七〇一——七六一)，字摩詰，太原祁(今山西祁縣)人，號摩詰居士，世稱“王右丞”。時人據其詩《送元二使安西》譜爲《陽

關三疊》古琴曲。

[四]端合：應當。

[五]同心帶：縮有同心結的絲帶。唐楊衡《夷陵郡内叙别》：“留念同心帶，贈遠芙蓉簪。”

[六]務頭：戲曲、説唱藝術術語，解説不一。或指曲中最緊要或最精彩、動聽之句，或指曲中平、上、去三聲聯串之處。

[七]《楞嚴》：指佛教典籍《楞嚴經》。

阻雨盤古山莊

索綯蓋茅屋[一]，四面緑楊遮。雨潤虚心竹[二]，秋生得意花[三]。采蔬開野圃，乞酒向鄰家。欲到西山去，占晴看晚霞。

【題解】

羈旅詩。描繪遇雨受阻於盤古山莊時所見之景。

【注釋】

[一]索：《説文解字·宋部》：“索，草有莖葉可作繩索。”綯：繩索。《廣雅》：“綯，索也。”

[二]虚心竹：指竹子。清鄭燮撰有對聯：“虚心竹有低頭葉，傲骨梅無仰面花。”

[三]得意花：指菊花。語出陶淵明《飲酒》其五：“采菊東籬下，悠然見南山。山氣日夕佳，飛鳥相與還。此中有真意，欲辯已忘言。”

寒夜危坐小樓聞胥江舟人呷啞聲愴然生江湖之感有懷眉峰得五絶句

西風勒住月明天，艓子呀咻倍偅然[一]。江北江南三百里，一年六踏渡江船。予去年六次渡江。

【題解】

感懷身世、思念友人而作。危：端正。《廣雅》：“危，正也。”愴：《説文解字・心部》："愴，傷也。"

【注釋】

[一]艓：小船。呀、咻：象聲詞，均指小船發出的聲音。愴然：即"愴然"，
　悲傷的樣子。曹操《讓縣自明本志令》："孤每讀此二人書，未嘗不愴然
　流涕也。"

　　車軨驄鐸紙燈紅[一]，無力今朝①犯曉風。人語潮生霜外落，江湖
盡到小樓中。

【校勘】

①漆永祥校本云："'今朝'，《乙丙集》本作'輕貂'。"

【注釋】

[一]軨：古代車箱前面和左右兩面的木欄。鐸：《説文解字・金部》："鐸，
　大鈴也。"

　　琵琶弦索①響嗚嗚，北調淒涼趙女歌[一]。底事饑驅千里路[二]，
風塵欺客鬢間多[三]。

【校勘】

①"弦索"，原作"錢索"。按：弦索，指樂器上的弦，且江藩《詩鈔》卷下《章
　夏店觀妓》詩有句云"弦索丁東笑語嘩，數間茅屋客停車"，今據改。

【注釋】

[一]北調：即北曲，用七音階，用韻以《中原音韻》爲準，無入聲。聲調遒
　勁樸實，以弦樂器伴奏，有"弦索調"之稱。
[二]底事：何事。南宋張元干《賀新郎・送胡邦衡侍制赴新州》詞："底事昆
　崙傾砥柱，九地黃流亂注？"饑驅：爲饑餓所驅使。東晉陶淵明《飲酒》
　之十："此行誰使然？似爲饑所驅。"
[三]風塵：塵世，紛擾的現實生活境界。

　　欲辯人聲聲轉遥，篙師刺水柁工搖[一]。相思南北三千里，明月
西風共此宵。

【注釋】

[一]篙師：撑船的熟手。柂工：船上掌舵的人。

讀書飲酒腹便便^[一]，隔斷人煙得穩眠。老在江南山裏住，安知不是地行仙^[二]。

【注釋】

[一]便便：腹部肥滿。

[二]地行仙：比喻遠行的人。南宋文天祥《懷則堂實堂》：“中夜想應發深
省，故人南北地行仙。”

栢因軒有梅一株倚墻而生今年春笥河夫子探梅見此婆娑樹本以竹杖去其枝頭蛛網謂藩曰何其古也十一月二十六日與墨莊約明年春宿還元閣作衆香國主人談及此事而先生已歸道山矣唏噓久之泫然泣下感而作此

春風春雨春山道，春風裊裊梅信早^[一]。吾家山下司徒廟^[二]，梅花如屏倚墻倒。花飛點額壽陽睡^[三]，睡起無力春態好。栢樹有因梅有緣，因緣暗結東坡老^[四]。喜歡無量弄苔蘚，瘴雨蠻煙被花掃。先生從閩中來。婆娑不去花間坐^[五]，牛頭梅子禪參破。橫杖枝頭撥蛛網，美人恐與風塵涴。玉堂神仙今羽化^[六]，灞橋驢背誰人跨。催花風去敗花雨，梅爲誰開爲誰罷^[七]。春風未來梅已胎^[八]，梅花又被春風嫁。浪説明年踏香雪^[九]，忍在山中過春夜。

【題解】

爲師長朱笥仙逝而作，追念往事，傷悼不已。據詩題，可知此詩作於朱笥卒年，即乾隆四十六年（一七八一）。婆娑：闌珊、舒展。北周庚信《枯樹賦》：“此樹婆娑，生意盡矣。”衆香國：佛國名。歸道山：謂死亡。道山：傳説中的仙山。唏噓：嘆息。泫：泪流貌。《説文解字·水部》：“泫，潸流也。”

【注釋】

[一]梅信：梅花開放所報春天將到的訊息。北宋賀鑄《江夏寓興》："朋從正相遠，梅信爲誰開。"

[二]司徒廟：東漢光武帝的大司徒鄧禹的祠廟，位於蘇州西南的光福鎮。

[三]壽陽：指劉宋武帝之女壽陽公主。《宋書》："武帝女壽陽公主人日臥於含章簷下，梅花落公主額上，成五出之華，拂之不去。皇后留之，自後有梅花妝，後人多效之。"

[四]東坡老：指蘇軾，號東坡居士。此處借指朱筠，詩學東坡，且博學多才，從游者衆。

[五]婆娑：盤旋、停留。《文選·宋玉·神女賦》："既姽嫿於幽靜兮，又婆娑乎人間。"

[六]玉堂：神仙的居處。《文選·左思〈吳都賦〉》："玉堂對溜，石室相距。"羽化：指飛升成仙。

[七]"梅爲誰開"句：王安石《梅花》："白玉堂前一樹梅，爲誰零落爲誰開。"

[八]胎：孕育。《方言》："胎，養也。"

[九]浪説：漫説。

解　嘲

　　羽陵紙裏手中開，僻陋書生眼帶灰[一]。試展南華《秋水》讀[二]，不教河伯望洋回[三]。

【題解】

　　解嘲意謂因被人嘲笑而自作解釋，始自揚雄賦《解嘲》。此詩亦仿其意而作。

【注釋】

[一]僻陋：性情偏執，見識淺陋。《莊子·知北游》："天知予僻陋慢訑，故弃予而死。"

[二]南華：指莊子。唐玄宗於天寶元年詔封莊子爲"南華真人"，尊其書爲《南華真經》。《秋水》：指《莊子》中的《秋水》篇。

[三]"不教"句：化用《莊子·秋水》中"望洋興嘆"之典。河伯：傳説中的河神。

伴月樓詩鈔　卷下

呈簡齋先生

公才如大河，從天下注地。一瀉一萬里，氣可吞淮泗[一]。不屑事章句[二]，讀書通大義。發爲古文辭，畢天下能事[三]。徐庾作奴隸[四]，韓柳亦愕眙[五]。文章見性情，經史供驅使。讀者眩生花[六]，作者實游戲。仁者見爲仁，智者見爲智[七]。

高論法漢魏[八]，稍卑宗李杜[九]。此皆詩囚語[十]，攎拾前人吐[十一]。作詩寫性靈[十二]，何必立門户。公詩通造化[十三]，揮灑天花雨。藩籬破腐儒[十四]，靈音振聾瞽[十五]。並驅蔣心余先生。與趙[十六]，甌①北先生。余子何足數。大哉詩世界，公作風騷主。置身天地外，安得不千古。

垂老不佞佛[十七]，居山不學仙。出處任所之，萬事皆隨緣。休官築別墅，六朝山色前。園中花與木，亦各全其天。看山行萬里，縮地至海邊。詩文到處佳，往往如參禪[十八]。方知仙與佛，公身早兼焉。

昔我年二十，拜公於山塘[十九]。十年復見公，仍在雲岩傍。春花正爛熳，月照琉璃觴[二十]。公枉過飲於蠅須館[二十一]。鬚鬢白於雪，欲爭花月光。望之若神仙，剪水雙瞳方[二十二]。聲名斗牛懸[二十三]，四海所仰望。嫫母不知醜[二十四]，技癢呈篇章。定當拜床下，私心拈瓣香[二十五]。

【校勘】

①"甌"，原作"鷗"。按：此處"甌北先生"指趙翼，號甌北，今據改。

【題解】

　　江藩二十歲時拜袁枚於蘇州山塘，結爲忘年交。三十歲時，即乾隆五十五年(一七九〇)，袁枚訪江藩於蠅須館，二人詩酒唱和，遂有此作。詩篇着力讚譽袁枚的學行與成就，充滿欽慕之意。"作詩寫性靈，何必立門户""詩文到處佳，往往如參禪"云云，亦表現出江藩的創作傾嚮。簡齋：指袁枚(一七一六——一七九七)，字子才，號簡齋，晚號倉山居士、隨園老人，錢塘(今浙江杭州)人，有《小倉山房詩集》《隨園詩話》等。

【注釋】

[一]淮：《説文解字·水部》："淮，水。出南陽平氏桐伯大復山，東南入海。"泗：《説文解字·水部》："泗，受沛水，東入淮。"

[二]章句：剖章析句。經學家解説經義的一種方式。亦泛指書籍注釋。

[三]畢：《爾雅》："畢，盡也。"

[四]徐庾：指南朝陳徐陵和北周庾信。二人均以駢體文著稱於世。

[五]韓柳：指唐代古文家韓愈和柳宗元。愕眙：亦作"愕怡"，驚視。

[六]眩生花：指眼睛昏花。蘇軾《雪後書北台壁》："凍合玉樓寒起粟，光摇銀海眩生花。"

[七]"仁者"二句：指不同的人見解也不一。《周易·繫辭上》："仁者見之謂之仁，智者見之謂之智。"

[八]法：效法，仿效。《字彙》："法，則效也。"

[九]李杜：指唐代詩人李白與杜甫。

[十]詩囚：唐孟郊、賈島作詩苦吟，彷彿爲詩所拘囚，人稱詩囚。後泛指苦吟的詩人。金元好問《遺山集·放言》："長沙一湘累，郊島兩詩囚。"

[十一]攟(jùn)拾：采集。

[十二]性靈：指人的精神、性情、情感。袁枚主張"性靈説"，強調詩歌創作要直抒詩人的心靈，表現真情實感。

[十三]造化：自然界的創造者。天花：佛教語。天界仙花。

[十四]藩籬：比喻境界。蘇軾《和寄天選長官》："藩籬吾未窺，敢議窮閫奥。"腐儒：迂腐的儒者。

[十五]聾瞽：本指耳聽不見目看不見的人。此處喻指糊塗、不清醒的人。

[十六]蔣與趙：指蔣仕銓與趙翼。蔣仕銓(一七二五——一七八五)，字心餘、苕生，號藏園，江西鉛山人。工詩。與袁枚、趙翼齊名，並稱"江右三大家"，有《忠雅堂詩集》《紅雪樓九種曲》等。趙翼(一七二七——一八一四)，字雲崧，號甌北，江蘇陽湖人，精史工詩，有《甌北詩集》《廿二史札記》等。

［十七］佞佛：諂媚佛；討好於佛。後以爲迷信佛教之稱。

［十八］“往往”句：北宋吳可《藏海詩話》：“凡作詩如參禪，須有悟門。”

［十九］山塘：水名。亦名射瀆或石瀆。據傳是唐白居易守蘇州時所開。自蘇
　　　　州西北沙盆潭分運河而出，北流繞虎丘，折西至滸墅，仍入運河。

［二十］觴：古代喝酒用的器具。

［二十一］枉：謙辭，使對方受屈。蠅須館：江藩的書齋名。藩有《蠅須館雜
　　　　　記》五種。

［二十二］“剪水”句：形容眼睛清澈明亮。李賀《唐兒歌》：“骨重神寒天廟
　　　　　器，一雙瞳人剪秋水。”

［二十三］“聲名”句：形容聲名顯赫。斗牛：指二十八宿中的斗宿和牛宿。
　　　　　庾信《哀江南賦》：“路已分於湘漢，星猶看於斗牛。”

［二十四］嫫（mó）母：又稱醜女，古代傳說中黃帝的次妃，貌醜而賢德。

［二十五］瓣香：佛教語，猶言一瓣香。喻敬仰。

玉上人云寺内鳴鐘聲聞在此聞聲在彼是現在聲是虛空聲請下一轉語爲述二十八字

　　羅筏城中無有我[一]，毘盧門裏住千人[二]。鐘聲只在阿難耳[三]，
耳本無塵豈有音。

【題解】

　　與玉上人唱和之作，兼及佛理論辯。玉上人：釋子，不詳。

【注釋】

［一］羅筏城：即室羅筏城，印度古王國憍薩羅國的都城，梵文 Sravasti，譯
　　　爲捨衛城。

［二］毘盧：佛教寺廟有毗盧寶殿，供奉毗盧遮那佛（法身佛）。佛教常説的
　　　“三身”，即法身、報身和化身，分別用毗盧遮那佛、盧舍那佛和釋迦
　　　牟尼佛來象徵。身即聚集之義，聚集諸法而成身，故理法之聚集稱爲法
　　　身，智法之聚集稱爲報身，功德法之聚集稱爲應身。

［三］阿難：指阿難陀，釋迦十大弟子之一。

書司馬相如傳後

　　泰山梁父兩茫茫[一]，秦漢先儒説更荒。只道蓋棺諸事了，又將封禪媚君王[二]。

【題解】

　　詠史之作。司馬相如臨死前撰有遺文，勸諫漢武帝封禪，江藩就此有感而發。司馬相如傳：指《史記·司馬相如列傳》。

【注釋】

[一]泰山：山名。在山東省中部，古稱東岳，爲五岳之一。古代帝王常在泰山舉行封禪大典。梁父：也作"梁甫"，山名。在今山東省新泰市西。古代皇帝常在此山辟基祭奠山川。《大戴禮·保傳》："是以封泰山而禪梁甫，朝諸侯而一天下。"

[二]"又將"句：指司馬相如有遺作《封禪書》，勸諫武帝封禪。封禪：古代帝王祭祀天地的大典。

游支硎歸舟作

　　春日游支硎，薄暮蕩槳歸。歸塗何所見，楊柳空依依。河魚萍底躍，白鷺水面飛。輕舠如竹葉[一]，遠遠入翠微[二]。疏林新月上，斷岸草色肥[三]。來茲曠闊境，始悔出山非。故人半零落，良友日漸希。詩成反覆吟，深感知音稀。

【題解】

　　游支硎山而作。旨在讚頌山水的曠美，感慨友朋的零落。支硎：山名，位於蘇州西郊。又名報恩山、南峰山。硎，平整的石頭。山有平石，故名。東晋高僧支遁隱居於此，因以支硎爲號，山亦因支遁得名。

【注釋】

[一]舠(dāo)：形如刀的小船。南朝梁吳均《贈王桂陽詩》："行衣侵曉露，

征舠犯夜湍。”

[二]翠微：青翠掩映的山腰幽深處。唐李白《贈秋浦柳少府》：“摇筆望白
　　雲，開簾當翠微。”

[三]斷岸：江邊絶壁。南朝宋鮑照《蕪城賦》：“崒若斷岸，矗似長雲。”

梅花嶺弔史閣部

埋骨荒郊劇可憐[一]，玉梅零落剩蒼煙。美人舞破《桃花扇》[二]，
狎客翻成《燕子箋》[三]。獨立不同牛李黨[四]，孤忠猶憶甲申年[五]。至
今江上吹霜角[六]，聲在寒花夕照邊。

探梅弔古不勝悲，絶筆家書血泪垂[七]。莫怨北征無遠略，從來
南渡总難支。亂臣詭説清君側[八]，聖主還興問罪師。冷雨斜風斑竹
路[九]，家亡國破欲何之。

【題解】

游梅花嶺弔史可法而作。感嘆家國興亡，頌揚史可法的忠義。梅花嶺：
土丘名，在今江蘇揚州廣儲門外，明萬曆中，州守吳秀在此植梅，故名。明
末，史可法抗擊清軍，殉難於揚州，其衣冠葬於梅花嶺。史閣部：指史可法
（一六〇一—一六四五），字憲之，號道鄰，河南開封祥符（今開封雙龍巷）
人，官至南京兵部尚書。

【注釋】

[一]劇：《説文解字·新附·刀部》：“劇，尤甚也。”

[二]《桃花扇》：傳奇名，清孔尚任撰，共十四出，寫復社名士侯方域與秦
　　淮名妓李香君的離合之情，寄寓南明亡國之痛。狎客：嫖客。

[三]《燕子箋》：傳奇名，明阮大鋮撰，記唐代士人霍都梁與名妓華行雲、
　　尚書千金酈飛雲的曲折婚戀故事，影射明末東林黨與魏忠賢閹黨之爭。

[四]牛李黨：本指唐代分別以牛僧孺、李德裕爲首的黨派。此處借指明末黨
　　派傾軋，史可法獨立不阿。

[五]甲申年：指甲申（一六四四）之變，李自成率起義軍攻陷北京，崇禎帝
　　自殺，史可法聞訊後，北嚮痛哭，以首觸柱，血流至踵。

[六]霜角：邊寒地區戍卒吹的號角。

[七]絶筆家書：指史可法於揚州城破前，作遺書寄母妻，誓死殉國。

［八］詭：欺詐。《玉篇》：“詭，欺也，謾也。”清君側：謂清除君王身邊的奸
臣。語本《公羊傳・定公十三年》：“晋趙鞅取晋陽之甲，以逐荀寅與士
吉射。荀寅與士吉射者，曷爲者也？君側之惡人也。此逐君側之惡
人。”此處指南明弘光元年（一六四五），左良玉率軍由武漢東下，欲除
掉馬士英、阮大鋮等權臣。

［九］斑竹：一種莖上有紫褐色斑點的竹子，也叫湘妃竹。

出古北口

窮廬牙帳曉煙籠[一]，路出幽燕古戍雄[二]。喚夢荒鷄啼落月[三]，
依人老馬怯長風。千山排闥一門瑣[四]，百雉插天萬里通[五]。多少苻
秦慕容事[六]，興亡都在亂流中。

【題解】

懷古詠史詩。作於乾隆五十八年（一七九三）江藩三十三歲之時。描摹古
北口的蒼勁雄俊，兼抒興亡離亂之感。古北口：地名，在北京密雲縣東北，
又叫虎北口，長城隘口之一，古代軍事要地。

【注釋】

［一］穹廬：古代游牧民族居住的氈帳。牙帳：將帥所居的營帳。
［二］幽燕：古地名，在今河北北部及遼寧一帶。南朝宋顔延之《赭白馬賦》：
“旦刷幽燕，晝秣荆越。”戍：軍隊駐防的營壘。《説文解字・戈部》：
“戍，守邊也。”
［三］荒鷄：指三更前啼叫的鷄。
［四］“千山”句：王安石《書湖陰先生壁》：“一水護田將綠繞，兩山排闥送青
來。”闥：《説文解字・新附・門部》：“闥，門也。”
［五］百雉：指城墻。雉：古代計算城墻面積的單位。
［六］苻秦：東晋十六國之一。慕容：鮮卑族複姓，此指拓跋氏建立的北魏，
後分裂爲東魏、西魏。

登齊山①

危梯高百級②，曲折徑通幽[一]。人與鳥爭路，僧邀雲住樓。山收

千里翠③，石放衆溪流。空際聞鐘磬，聲從何處求。

【校勘】

①“登齊山”，袁枚《隨園詩話補遺》卷一引作“登齊雲山”，吳翼鳳《卬須集》
卷四引作“齊雲山”。

②漆永祥校本云：“‘級’，袁枚《隨園詩話補遺》卷一引作‘步’，吳翼鳳《卬
須集》卷四引作‘尺’。”

③“翠”，吳翼鳳《卬須集》卷四引作“碧”。

【題解】

登山即景而作，主要描繪山間高峻清幽的自然風光。

【注釋】

〔一〕“曲折”句：唐常建《題破山寺後禪院》：“曲徑通幽處，禪房花木深。”

三　楚

三楚傳消息，連天草色空。傷心歌《碩鼠》[一]，極目送歸鴻[二]。
楊柳誰家月[三]，笙簫別院風。兩川估客斷[四]，米價問江東[五]。

【題解】

江藩窮困潦倒，有感而發。三楚：戰國時楚地疆域廣闊，秦漢時分西
楚、東楚、南楚，合稱三楚。

【注釋】

〔一〕《碩鼠》：指《詩·魏風·碩鼠》。《詩·魏風·碩鼠序》：“《碩鼠》，刺
　　重斂也。國人刺其君重斂，蠶食於民，不修其政，貪而畏人，若大
　　鼠也。”

〔二〕“極目”句：三國魏嵇康《贈秀才入軍》：“目送歸鴻，手揮五弦。”

〔三〕“楊柳”句：北宋柳永《雨霖鈴》：“今霄酒醒何處，楊柳岸，曉風殘月。”

〔四〕估客：商人。《玉台新詠·梁元帝〈別詩〉》：“莫復臨時不寄人，漫道江
　　中無估客。”

〔五〕江東：指長江以東地區，古人以東爲左，故又稱江左。

寓　樓

　　東風料峭覺衣單[一]，樓閣清虛①夢未殘。病裏拼②教花事去[二]，愁來肯放酒杯寬。畫圖勸客看山色，書卷留人忍夜寒。去歲家書今歲達，老親爲我定加餐。

【校勘】

①“清虛”，袁枚《隨園詩話補遺》卷一引作“虛空”，吳翼鳳《卬須集》卷四引作“虛無”。

②“拼”，袁枚《隨園詩話補遺》卷一、吳翼鳳《卬須集》卷四皆引作“已”。

【題解】

　　江藩病中所作。念念不忘賞花飲酒，吟詩著書，結尾兩句流露對親人的牽挂。詩題“寓樓”，清吳翼鳳《卬須集》卷四引作“寓樓遣興”。寓：《説文解字·宀部》：“寓，寄也。”

【注釋】

[一]料峭：形容風力寒冷、尖利。

[二]花事：指游春看花諸事。

題阮梅叔明經亨鴛湖秋泛圖

　　瀲灩波光滿目秋[一]，釣鰲磯下客生愁。菱塘傍晚花纔放，漁舍初晴網未收。兩岸桑麻開尺幅[二]，一樓煙雨入扁舟。當年曾譜《鴛鴦曲》，載酒江湖憶舊游。

【題解】

　　題畫詩。旨在摹寫畫意，流露載酒江湖的意趣。阮梅叔：指阮亨（一七八三——一八五九），字仲嘉，號梅叔，阮元從弟，江蘇儀徵人，有《瀛舟筆談》。江藩於廣州刊印《國朝漢學師承記》後，曾郵寄初印本至揚州阮亨處，阮氏"讀書之暇，頗喜翻閱，爲其深得史家之體例"（嘉慶二十五年藝古堂刊《國朝漢學師承記》卷首阮亨《序》）。明經：明清對貢士的別稱。

【注釋】

[一]瀲灩：水波蕩漾貌。

[二]尺幅：泛稱畫卷。

山谷次韻王定國揚州見寄詩中有明珠論斗煑鷄頭之句今揚州並無鷄頭何古今之殊若此遂次其韻

揚子江頭不盡流[一]，城頭江色晚來收。涪翁少小來邗上[二]，遷客無端去洛州[三]。夜静雷聲多豹脚，河清雪練少鷄頭[四]。古今不獨殊方物，空有竹西鼓吹愁[五]。揚州竹西，昔人豔稱之，今不知其處矣。

【題解】

江藩讀黃庭堅詩，有感揚州古今風物變遷而次韻賡和。黃庭堅《次韻王定國揚州見寄詩》："清洛思君晝夜流，北歸何日片帆收。未生白髮猶堪酒，垂上青雲却佐州。飛雪堆盤鱠魚腹，明珠論斗煑鷄頭。平生行樂自不惡，豈有竹西歌吹愁。"

【注釋】

[一]揚子江：長江在今儀徵、揚州一帶，古稱"揚子江"。

[二]涪翁：指黃庭堅，晚號涪翁。

[三]遷客：指遭貶斥放逐之人。洛州：指河南洛陽。

[四]雪練：喻指明潔的水流。南朝齊謝朓《晚登三山還望京邑》："余霞散成綺，澄江静如練。"

[五]"空有"句：唐杜牧《揚州禪智寺》："誰知竹西路，歌吹是揚州。"

山谷在廣陵有之字韻詩三首清新可愛追和其韻

捲簾十里春風郭，褷襪騎驢聽所之[一]。平山堂多騎驢子[二]。嬌女但能誇著錦，可憐吳女費蠶絲。

督郵風情眞惡矣[三]，難教徐邈得中之[四]。揚州木瓜酒，惡酒也，余
點滴不沾脣。但烹茗粥權爲樂[五]，静對平山數雨絲。

十里荷花二月分，小僧悟也便知之。憐他絶代風流客，半世銷魂
病似絲[六]。

【題解】

江藩激賞黄庭堅作於揚州的之字韻詩，次韻追和。於此可見江藩的詩學
宗尚，取法"蘇黄"。廣陵：揚州之古稱。

【注釋】

[一]褦襶(nài dài)：形容癡迷失態之狀。之：適也，往也。

[二]平山堂：古迹，宋慶曆八年郡守歐陽修所建，在今江蘇揚州市西北瘦西
　　湖北蜀岡上。

[三]督郵：南朝宋劉義慶《世説新語》載東晋時人謂好酒爲"青州從事"，惡
　　酒爲"平原督郵"。

[四]徐邈(一七一—二四九)：字景山，河北薊(今北京)人，性嗜酒。史載
　　其平日醉客謂酒清者爲聖人，濁者爲賢人。中：醉。

[五]茗：茶。《説文解字·新附·艸部》："茗，茶芽也。"

[六]銷魂：形容極其哀愁。南朝梁江淹《别賦》："黯然銷魂者，唯別而
　　已矣。"

壽滕養魚六十

百隊紫綃曲，泠泠奏管弦[一]。子成天下器，翁是地行仙[二]。澄
極蓬萊水[三]，清和瑶島天[四]。鳩形制筇竹[五]，携曳杖鄉年[六]。
夜推南極步，應現壽人星[七]。菊助長生術，杞分不老經。仙麟
肥勝肉，法酒緑於醴[八]。漫酌彼康爵[九]，閑看玉雪屏。

【題解】

賀壽詩。祈願福壽綿長，康寧喜樂。壽滕：即壽藤，生長年歲長久
之藤。

【注釋】

[一]泠泠：形容聲音清脆、悠揚。

[二]地行仙：喻指高壽之人。

[三]蓬萊：古代傳說中的神山名。《史記·封禪書》：“自威、宣、燕昭使人入海求蓬萊、方丈、瀛洲，此三神山者，其傳在渤海中。”

[四]瑶島：傳說中的仙島。

[五]筇（qióng）竹：手杖。南宋陸游《出遊》：“來往人間不計年，一枝筇竹雪垂肩。”

[六]杖鄉年：《禮記·王制》：“六十杖於鄉。”謂六十歲可拄杖行於鄉里。南朝梁沈約《讓僕射表》：“養老杖鄉，抑推前典。”後作爲六十歲的代稱。

[七]壽人星：星名，指南極老人星。《史記·天官書》：“狼比地有大星，曰南極老人。”張守節《正義》：“老人一星，在弧南，一曰南極，爲人主占壽命延長之應。”

[八]醽（líng）：醽醁，美酒名。

[九]康爵：空酒器。《詩·小雅·賓之初筵》：“酌彼康爵，以奏爾時。”《鄭箋》：“康，虛也。”後以“康爵”用爲敬酒祝壽之典。

友人從蜀中來話兵後風景有志

昨夜天山唱凱歌，七年魂夢繞琱戈[一]。羽書竟報三苗格[二]，鳥道生看萬馬過[三]。寂寂嶺邊猿亦少，哀哀澤畔雁偏多。於今海内增銅柱[四]，不羨當時馬伏波[五]。

紅旗聞已赴神京，巴蜀初回大地春[六]。望遠喜無林障眼，入村幸免犬驚人。版圖舊迹仍歸漢，父老生還不避秦[七]。最是天陰腸欲斷，蕭蕭山雨濕青磷[八]。

【題解】

嘉慶元年（一七九六），湖北爆發白蓮教亂事，亂軍於次年由豫經陝入川，直至嘉慶九年（一八〇四）被平定。此詩即作於叛亂初平之際。詩中既表達了戰爭獲勝、重歸一統的喜悦，亦有生靈塗炭、民生凋敝的傷感。

【注釋】

[一]琱戈：刻鏤之戈。亦爲戈的美稱。北周庾信《哀江南賦》：“横琱戈而對

霸主，執金鼓而問賊臣。”

[二]羽書：猶羽檄。三苗：古國名。《書·舜典》：“竄三苗於三危。”孔
　　《傳》：“三苗，國名，縉雲氏之後，爲諸侯，號饕餮。”格：匡正。

[三]鳥道：險峻狹窄的山路。唐李白《蜀道難》：“西當太白有鳥道，可以橫
　　絕峨眉巔。”

[四]銅柱：銅制的作爲邊界標志的界椿。《後漢書·馬援傳》“嶺南悉平”，
　　李賢《注》引《廣州記》：“援到交趾，立銅柱，爲漢之極界也。”

[五]馬伏波：指馬援（前一四—四九），字文淵，扶風茂陵（今陝西楊凌）人，
　　建武十七年任伏波將軍，南征，立銅柱以表功。

[六]“紅旗”二句：意謂得勝凱旋，天下一統。神京：指帝都北京。巴蜀：
　　巴郡和蜀郡，包括今四川省全境。

[七]“父老”句：陶淵明《桃花源記》：“自云先世避秦時亂，率妻子邑人來此
　　絕境。”此處反用其意。

[八]青磷：即青燐，喻指死者。

朋　舊

　　朋舊年來嘆寂寥，敢將貧賤向人驕。蘭叢在昔多生棘，泮水於今
有集鴞[一]。別駕和香偏忌麝，沈郎封事要彈蕉[二]。自南自北飄風攪，
靜詠《毛詩》日易銷。

【題解】

　　江藩感念朋舊，自明甘於清貧之志，兼抒時政黑暗、人才埋没之慨。

【注釋】

[一]“泮水”句：《詩經·魯頌》：“翩彼飛鴞，集於泮林。”泮水：水名。清
　　戴震《毛鄭詩考證》：“泮水出曲阜縣治，西流至兗州府城，東入泗。
　　《通典》‘兗州泗水縣有泮水’是也。”鴞：《說文解字·鳥部》：“鴞，鴟
　　鴞，寧鴂也。”

[二]“別駕”二句：喻指人才埋没的不平現象。別駕和香偏忌麝：《宋書·范
　　曄傳》載范曄撰《和香方》，序曰：“麝本多忌，過分必害。沈實易和，
　　盈斤無傷。……”別駕：官名。爲州刺史的佐官，因隨刺史巡行視察時
　　另乘車駕，故稱。此處指范曄，曾在荆州刺史劉義康手下任荆州別駕從

事史。麝：指麝香。沈郎：指沈約（四四一—五一三），字休文，吳興武康（今浙江湖州德清）人，有《宋書》《沈隱侯集》等。封事：密封的奏章。古時臣下上書奏事，防有洩漏，用皂囊封緘，故稱。彈蕉：指沈約所作《修竹彈甘蕉文》。

章夏店觀妓

弦索丁東笑語嘩[一]，數間茅屋客停車。朦朧老眼昏黃月，來看山村鼓子花[二]。

一尺長眉掃綠蛾[三]，樽前也解唱《迴波》[四]。漫誇名士多於鯽，不及琵琶比甑多[五]。

【題解】

江藩於章夏店觀妓即興而作，主要描繪觀妓的熱鬧場景。

【注釋】

[一]弦索：指弦樂器。丁東：象聲詞，指樂器聲響。嘩：喧鬧。《説文解字·口部》：“嘩，讙也。”

[二]鼓子花：草花名，即旋花。此喻容色不佳的妓女。

[三]蛾：即蛾眉，指女子美而長的眉毛。

[四]《迴波》：樂府商調曲。

[五]“漫誇”二句：五代孫光憲《北夢瑣言》：“江陵在唐世，號衣冠藪澤，人言琵琶多於飯甑，措大多於鯽魚。”甑（zèng）：古代蒸飯的一種瓦器。底部有許多透蒸氣的孔格，置於鬲上蒸煮，如同現代的蒸鍋。

見漱石齋中盆梅有感

蕭齋瞥見玉攢攢，綠萼回風舞翠盤[一]。春信已來千里遠，暗香不禁十分寒。怳如好友經年別，剩得奇書盡日看。夢斷虎山橋外路，月明初上角聲殘。

【題解】

　　觀盆梅有感而作。將盆梅比作好友，可見江藩之品節。

【注釋】

［一］綠萼：指綠萼梅。翠盤：青玉盤。

題吳蘭雪國博蓮花博士圖

　　東鄉才人老博士[一]，青蓮花眼明如水。愛看初日映芙蕖[二]，納涼坐臥香風裏。金河橋外瑤海西，紅衣出浴環玻璃[三]。郫筒痛飲大官酒[四]，花前醉倒花魂迷。夢入山陰鑒湖曲[五]，頓使情紅意亦綠[六]。湖光花影兩茫茫，七百年夢詩人續。醒來半輪曉月明，詩魂還繞花千莖。羅衣露濕不知冷，蒹葭深處扁舟橫[七]。柳色模糊漾虛壁，白鷺猜疑是狂客。人在不夷不惠間[八]，冰雪聰明花作骨。看花無賴到三秋[九]，霜墜蓮房相對愁[十]。莫向蓬萊怨搖落，空教身世感滄洲[十一]。畫卷生綃長一尺[十二]，煙波魚藻雲霞宅。悠然似有冷香來，披圖令我悲陳迹[十三]。當時流寓日南坊，蝦菜亭中看夕陽。曾爲荷花作生日，卅年舊事斷人腸。

【題解】

　　題畫詩。此詩將吳蘭雪與蓮花圖合一，感懷世事滄桑。吳蘭雪：指吳嵩梁（一七六六——一八三四），字蘭雪，號石溪老漁，江西東鄉人，有《香蘇山館詩鈔》等。

【注釋】

［一］博士：古代學官名。戰國時即有博士，秦因之，諸子、詩賦、術數、方技皆立博士。漢以後仍沿襲之，分科和職能各有不同。

［二］芙蕖：指荷花。

［三］玻璃：比喻平靜澄澈的水面。

［四］郫筒：竹制盛酒具。郫人截大竹二尺以上，留一節爲底，刻其外爲花紋，或朱或黑或不漆，用以盛酒。

［五］山陰：縣名，隸屬浙江紹興。鑒湖：湖名，即鏡湖，東漢永和五年太守馬臻所開創，故址在浙江紹興縣西南。

[六]情紅意亦緑：即紅情緑意，指明豔的春日景色。唐趙彦昭《立春日侍宴
　　内出剪綵應制》："花隨紅意發，葉就緑情新。"

[七]蒹：没有長穗的蘆葦。葭：初生的蘆葦。《説文解字・艸部》："葭，葦
　　之未秀者。"

[八]不夷不惠：謂折中而不偏激。西漢揚雄《法言・淵騫》："不夷不惠，可
　　否之間也。"夷：指殷末伯夷，堅决不仕周朝。惠：指春秋魯國柳下惠，
　　三次被罷官而不肯離開。

[九]無賴：似憎而實愛。含親昵意。唐段成式《折楊柳》之四："長恨早梅無
　　賴極，先將春色出前林。"

[十]蓮房：蓮蓬。蓮花開過後的花托，倒圓柱形，有許多小孔，各孔分隔如
　　房，故名。

[十一]滄州：地名，隸屬直隸省河間府。

[十二]生綃：未漂煮過的絲織品，亦指畫卷。

[十三]披：打開，散開。《廣韻》："披，開也。"

贈程半人

　　四海習鑿齒[一]，六朝陰子春[二]。避囂非佞佛，知足不求人。詩
句斲山骨[三]，鬚眉少市塵。文殊休問病[四]，丈室有前因[五]。

【題解】

　　贈酬程在仁而作。展現出程氏遺世高蹈、參禪自足的形象。程半人：指
程在仁，江蘇常熟人。儒佛兼修，常自悲身世，多憤激之言。

【注釋】

[一]習鑿齒(？—三八四)：字彦威，襄陽人，精通玄學、佛學、史學，有
　　《漢晋春秋》。《晋書・習鑿齒傳》載其拜見釋道安時自稱"四海習鑿
　　齒"。

[二]陰子春(？—五五一)：字幼文，武威姑臧人，官至梁朝左衛將軍。

[三]斲：同"斫"，砍劈。

[四]文殊：佛教四大菩薩之一，爲智慧的象徵。

[五]丈室：佛教語。相傳毗耶離(在中印度)維摩詰大士以稱病爲由，與前
　　來問疾的文殊等討論佛法，妙理貫珠。其卧疾之室雖一丈見方而能容納

無數聽衆。唐顯慶年間，王玄策奉敕出使印度，過維摩詰故宅，乃以手板縱橫量之，僅得十笏，因號方丈、丈室。

書蘭亭後

五百斤油日日磨，東陽潁上事規摩[一]。金龜玉兔誰能辨，贋本《蘭亭》世上多[二]。

【題解】

針對王羲之的《蘭亭序》有感而發，感嘆其真僞難辨，贋本衆多。

【注釋】

[一]東陽：古邑名。在今山東省境内。潁上：古邑名。位於今安徽省西北部。規摩：切磋揣摩。

[二]贋本：仿製的古書畫。

食蟹有感

肥擘雙螯玉樣同，橙黃蘇紫菊花風[一]。年年芒稻輸東海[二]，不救秋來一臂紅[三]。

【題解】

江藩食蟹後所作。主要描摹蟹的形態、色澤，生動形象。

【注釋】

[一]蘇：指紫蘇。一年生直立草本植物，莖綠色或紫色，鈍四棱形，葉闊卵形或圓形，兩面綠色或紫色，葉柄背腹扁平，密被長柔毛。可作藥用、油用、香料、食用等。

[二]芒稻：指芒稻河，主要位於揚州東部。

[三]秋來一臂紅：指入秋後螃蟹成熟，通體發紅。

宿翠屏洲贈王柳村

　　江上翠屏洲，中有高人屋。詩文不受塵，日飲江光渌[一]。好風吹我來，弄潮曲江曲[二]。夢裏似曾經，散步村落熟。匝地盡垂楊[三]，緣坡森野竹。鷗鳥如故人，回翔頗凝矚[四]。草堂面水開，插架書萬軸。著述不好名，歌詠消清福。洗盞酌香醪[五]，堆盤剪新蔌[六]。酒酣耳熱時，出語驚世俗。縱談明月沈，濤聲斷復續。自笑塵緣牽，匆匆桑下宿。題詩約卜鄰[七]，數椽擇幽築[八]。富貴豈可求，飽啜桃花粥[九]。白雲聞此言，終老荒江麓。

【題解】

　　夜宿翠屏洲酬贈王豫而作。摹畫出一幅江藩嚮往的靜謐恬淡、自由安樂的生活圖景。王柳村：指王豫(一七六八——一八二六)，字應和，號柳村，江蘇江都人。工詩，有《種竹軒詩選》等。

【注釋】

[一]渌：清澈。唐柳宗元《田家》之三：“蓼花被堤岸，陂水寒更渌。”

[二]弄潮：在江河水面作戲，如泅水、競渡等。曲江：水名。江蘇省揚州市南長江的一段。

[三]匝：滿，遍。

[四]回翔：盤旋飛翔。王褒《九懷·昭世》：“世溷兮冥昏，違君兮歸真，乘龍兮偃蹇，高回翔兮上臻。”凝矚：凝視。《廣韻》：“矚，視也。”

[五]洗盞：洗杯，指飲酒。

[六]蔌(sù)：蔬菜的總稱。《爾雅·釋器》：“菜謂之蔌。”

[七]卜鄰：《左傳·昭公三年》：“非宅是卜，唯鄰是卜。”卜，選擇。

[八]椽：安在檩子上承接屋面和瓦片的木條。《說文解字·木部》：“椽，榱子。”

[九]桃花粥：舊俗寒食節的食品。

題月香畫蘭

　　美人曉起鏡中酣[一]，絕似朝蘭露半含。却恨天風吹不斷[二]，夜深有夢落湘南。

【題解】

　　題畫詩。將蘭花與美人融爲一體，摹畫其儀態風韻。月香：指袁雙桂，號韻蘭，又號月香，揚州人。工書畫，尤以畫蘭著稱。

【注釋】

[一]酣：暢快，盡情。

[二]不斷：不停。

[三]“夜深”句：隱喻相思。湘：指湘江。屈原作有《湘君》《湘夫人》，均寫湘水之神思念惆悵之情。

古　風

　　松根千歲化茯苓[一]，服之可以壽百齡。仙人淡舌本[二]，出世弃鱻腥[三]。一靈不爲游絲牽[四]，精神澒洞通昊冥[五]。日誦《黃庭》何物者[六]？此心即可朝天庭。世人能音耐。俗求紛紜，象有齒兮身自焚[七]。嗟乎羊叔子[八]，不如銅雀妓[九]，富貴於我如浮雲[十]。

【題解】

　　詩篇旨在表現淡薄名利、精神超拔的人生意趣。所謂古風，即古體詩，與近體詩相對而言。

【注釋】

[一]茯苓：植物名。寄生在松樹根上的菌類植物，形狀像甘薯，中醫用以入藥。

[二]舌本：舌頭。

[三]鱻：魚。《周禮·天官·庖人》：“冬行鱻羽，膳膏膻。”鄭玄《注》：“杜子春云：‘鱻，魚也。’”

[四]游絲：指氣息。

[五]澒洞：虛空混沌貌。范成大《不寐》：“丹田恍澒洞，銀海眩眵黑。”昊冥：廣大深邃。

[六]《黃庭》：指《黃庭經》，道教的經典著作。

[七]"象有齒兮"句:《左傳·襄公二十四年》:"象有齒,以焚其身。"

[八]羊叔子:指羊祜(二二一一二七八),字叔子,泰山南城人。西晋開國元勛,封巨平侯,曾力主伐吳。

[九]銅雀:指銅雀台,曹操營造於鄴城,樓頂立有大銅雀,臺上住姬妾歌姬。

[十]"富貴"句:《論語·述而》:"子曰:'飯疏食,飲水,曲肱而枕之,樂亦在其中矣。不義而富且貴,於我如浮雲。'"

趙大仰葵索贈至江口却寄

學詩學字愧無能,幸得同時好服膺[一]。可惜相逢便言別,江流天末本清澄[二]。

【題解】

贈答趙仰葵而作。感懷友朋間切磋問難的情誼。趙大仰葵:指趙仰葵,排行老大。

【注釋】

[一]服膺:銘記在心;衷心信奉。《禮記·中庸》:"得一善,則拳拳服膺而弗失之矣。"朱熹《集注》:"服,猶著也;膺,胸也。奉持而著之心胸之間,言能守也。"

[二]天末:天的盡頭。指極遠的地方。東漢張衡《東京賦》:"眇天末以遠期,規萬世而大摹。"

和林三遠峰題吳玉松太守涵碧樓原韻

小閣三間占武邱[一],華嚴彈指現清流[二]。從來好景都依水,自古神仙愛住樓。七里煙霞人外境,四時花鳥鏡中秋。登臨不敢誇新句,有客題詩在上頭。

【題解】

與林遠峰唱和之作。主要描摹涵碧樓煙霞繚繞的迷人景致。林三遠峰:

指林遠峰，浙江仁和（今杭州）人。工詩。性豪放不羈。

【注釋】

［一］武邱：即虎丘，位於蘇州古城西北角。

［二］華嚴：佛教語，指大乘境界。彈指：撚彈手指作聲。

題宋丈芝山所畫葉農部雲谷武邱餞別圖

羅浮神仙海上來，梅花香到雲岩隈[一]。陡陂山人弄狡獪[二]，潑墨作畫煙霞開。小槽壓碎珍珠紅[三]，山光闌入杯影中[四]。白堤楊柳影涵碧，先春三日搖東風。東風吹綠晴江水，自憐老病空山裹。夢想當年塞北雲，送君忍看孤帆起。

【題解】

題畫詩。摹寫虎丘風光，抒發惜別的情誼。宋丈芝山：指宋葆淳（一七四八—？），字帥初，一字芝山，晚號倦陂，山西安邑（今運城）人。博學工詩。嘉慶二十一年（一八一六）冬十一月，江藩與宋葆淳相遇於白公堤上，江氏言及近日重病纏身，憂慮書稿散落而欲募資刻印。適淳安方晴江在座，爲繪《募梓圖》，宋氏因作《募梓圖跋》。

【注釋】

［一］雲岩：指雲岩寺，又稱虎丘山寺。在蘇州市虎丘山。隈（wēi）：指角落。

［二］狡獪：狡猾。《廣雅》："狡，獪也。"

［三］珍珠紅：美酒名。《宣和遺事》前集引唐李賀《將進酒》："琉璃鍾，琥珀濃，小槽酒滴珍珠紅。"

［四］闌入：攙雜進去。明袁宗道《獨坐》："闌入朱紫叢，駑馬隨鵬鶤。"

題李小雲刺史吉祥止止圖

坡翁細和淵明句，向子能通莊叟文[一]。南海歸來無長物[二]，袖間只帶吉祥雲。

蒲團一箇證菩提[三]，小築幽居近白堤。笑指此心如止水，不言桃李自成蹊[四]。

【題解】

題畫詩。展現李書吉追求淡泊清幽的人生旨趣。李小雲：指李書吉，字敬銘，號小雲，一號半匏，江蘇常熟人。乾隆四十五年(一七八〇)舉人，歷任雲南宜良、廣東龍川、澄海知縣，升欽州知州。遇事勤敏，興辦教育。卒年七十六。有《寒翠軒詩文集》《澄海縣志》。吉祥止止：語出《莊子·人間世》：“瞻彼闋者，虛室生白，吉祥止止。”郭象《注》：“夫吉祥之所集者，至虛至靜也。”止止：上“止”字意爲聚集，下“止”字爲語末助詞。

【注釋】

[一]向子：指向秀(二二七—二七二)，字子期，河內懷(今河南武陟)人。魏晋間竹林七賢之一，好老莊之學，注《莊子》，唯《秋水》《至樂》二篇未完而卒。

[二]南海：位於中國大陸的南方，是太平洋西部海域，中國三大邊緣海之一。長物：多餘的東西。

[三]蒲團：用蒲草編成的圓形墊子，爲僧人坐禪及跪拜時所用。菩提：佛教語。佛教用以指豁然徹悟的境界。

[四]“不言”句：《史記·李將軍列傳》：“桃李不言，下自成蹊。”比喻爲人真誠坦誠，必然會有極大的感召力。

題林三遠峰雙樹圖行看子

我識雙樹生，三十有八載。一別十五春，清狂如故態。其身戌削頎而長[一]，亭亭直幹凌風霜[二]。其氣輪囷勢無兩[三]，鬱鬱盤空高十丈。閑情乙乙抽繭絲[四]，開花老樹無醜枝。新詩篇篇如屈鐵[五]，偃蓋蒼松積古雪[六]。奇才不遇山中眠，此生但結詩酒緣。籲嗟乎！此生但結詩酒緣，星星白髮堆鬢邊。我今乍醒江湖夢，杯酒樂與好友共。酒酣不受古人欺，誰云材大難爲用[七]。

【題解】

題畫詩。摹畫雙樹形狀，兼及友人才情意趣，結尾則流露出江藩的牢騷不平。行看子：畫卷的別稱。宋樓鑰《題高麗行看子》詩序：“高麗賈人，有

以韓干馬十二匹質於鄉人者，題曰行看子。"按，詩中云："丹青不減陸與顧，
麗人傳來譯通語；裝爲橫軸看且行，云是韓干非虛聲。"

【注釋】

[一]戍削：清瘦貌。李白《上雲樂》："康老胡雛，生彼月窟，巉岩容儀，戍
削風骨。"頎：修長貌。《説文解字·頁部》："頎，一曰長兒。"

[二]凌：迫近，逼近。

[三]輪囷：盤曲貌。《文選·鄒陽〈獄中上書自明〉》："蟠木根柢，輪囷離
奇。"李善《注》引張晏曰："輪囷離奇，委曲盤戾也。"

[四]乙乙：難出之貌。西晉陸機《文賦》："理翳翳而愈伏，思乙乙其若抽。"
李善《注》："乙，難出之貌。"

[五]屈鐵：使鐵片彎曲，形容瘦硬有力之貌。北宋黃庭堅《觀劉永年團練畫
角鷹》："爪拳金鈎觜屈鐵，萬里風雲藏勁翮。"

[六]偃蓋：形容松樹枝葉橫垂，張大如傘蓋之狀。唐杜甫《題李尊師松樹障
子歌》："陰崖却承霜雪干，偃蓋反走虬龍形。"

[七]"誰云"句：杜甫《古柏行》："志士幽人莫怨嗟，古來材大難爲用。"此
處反用其意。

除夕呈三溪舅氏

吳門親戚盡華顛[一]，投老重來有夙緣[二]。眠食如常真壽考[三]，
米鹽粗了即神仙。東風竹報平安信[四]，午夜人歡潑散筵[五]。明日游
山陪杖履[六]，澹香樓外坐梅邊。

【題解】

除夕酬贈舅父而作。展現親友除夕歡聚時的融洽和親密。舅氏：舅父。

【注釋】

[一]華顛：白頭，指年老。《後漢書·崔駰傳》："唐且華顛以悟秦，甘羅童
牙而報趙。"

[二]投老：垂老。夙緣：前生的因緣。

[三]壽考：長壽。《詩·大雅·棫樸》："周王壽考，遐不作人。"《鄭箋》：
"文王是時九十餘歲矣，故云壽考。"

[四]"東風"句：段成式《酉陽雜俎續集・支植下》："衛公(李德裕)言北都
　　惟童子寺有竹一窠，纔長數尺，相傳其寺綱維，每日竹報平安。"
[五]潑散：潑撒。宋朱翌《猗覺寮雜記》卷上："淮人歲暮家人宴集曰潑散。"
[六]杖履：老者所用的竹杖和鞋子，此指對老者的敬稱。

樓　居

我愛樓居喜見山，樓西鑿壁露煙鬟[一]。夕陽一角樓頭挂，無數
詩情在此間。

【題解】

寫景詩。主要描摹江藩居樓週邊雲山環繞、夕陽殘照的景色。

【注釋】

[一]煙鬟：喻雲霧繚繞的峰巒。蘇軾《凌虛台》："落日銜翠壁，暮雲點
　　煙鬟。"

廣南紀夢

珠江閑住狎江鷗[一]，月色昏黃數客舟。夢裏踏殘芳草路，綠楊
城郭是揚州[二]。

【題解】

江藩客居廣州時所作。時在嘉慶二十三年(一八一八)至道光五年(一八
二五)間，流露出濃郁的思鄉之情。

【注釋】

[一]珠江：即粵江，爲我國南方大河西江、北江、東江的總稱。以在廣州市
　　內一段中有一沙洲名"海珠"，故名。狎：親近，接近。《玉篇》："狎，
　　近也。"
[二]"綠楊"句：清王士禎《浣溪紗・紅橋》："北郭清溪一帶流，紅橋風物眼
　　中秋，綠楊城郭是揚州。"

題郭頻伽靈芬館圖

家占煙霞城市遠，柴門長掩長蓬蒿。自甘白屋丁年老[一]，却笑黃金甲第高。顯志漫成馮衍《賦》[二]，揚芬且續屈原《騷》[三]。明年定放松陵棹[四]，爲我先蒭二石醪[五]。

【題解】
題畫詩。感嘆郭麐懷才不遇、甘於清貧。郭頻伽：指郭麐（一七六七——八三一），字祥伯，號頻伽，江蘇吳江（今蘇州）人，有《靈芬館詩集》《靈芬館詞》等。

【注釋】
[一]白屋：指以白茅覆蓋的房屋，爲平民所居。丁：當，遭逢。《爾雅·釋詁下》：“丁，當也。”

[二]馮衍：字敬通，東漢京兆杜陵（今陝西西安）人。晚年撰《顯志賦》以自傷不遇。

[三]屈原（約前三四〇—前二七八）：戰國時楚人，名平，字原，提倡“美政”，後遭流放，以身殉國。曾撰《離騷》以明心志。

[四]松陵：吳淞江的古稱。棹：船槳。

[五]“爲我”句：意謂用“酒蒭（chú）”過濾汁渣混合的酒。“酒蒭”，多用竹蔑編織而成。唐皮日休《酒蒭》：“翠蔑初織來，或如古魚器。新從山下買，静向磚中試。輕可網金醅，疏能容玉蟻。”唐彥謙《宿獨留》：“爭買魚添價，新蒭酒帶渾。”

和洪樾林客中感舊二首

蕭蕭兩鬢已霜華[一]，匹馬曾經萬里沙。笑我雙聲諧競病[二]，愛君險韻押尖叉[三]。嫖姚死事悲荒冢[四]，范式生還哭海涯[五]。一卷新詩紀游歷，至今怕問佛桑花[六]。

【題解】

　　與洪樾林唱和之作。第一首感懷游歷舊事。第二首嘆惋身世飄零、功名無成。洪樾林：不詳。

【注釋】

[一]霜華：喻指白色鬚髮。

[二]雙聲：聲母相同的兩個字或幾個字叫雙聲。競病：《南史·曹景宗傳》載曹景宗破魏而歸，武帝於華光殿宴飲聯句，令沈約賦韻。至景宗，韻已用盡，唯餘競、病二字，景宗操筆立成一詩："去時兒女悲，歸來笳鼓競。借問行路人，何如霍去病。"武帝及群臣驚嘆不已。後因以"競病"指作詩押險韻。蘇軾《王鞏以詩送將官梁交且見寄次韻答之》："老守亡何惟日飲，將軍競病自詩鳴。"

[三]"愛君"句：蘇軾《雪後書北臺壁》詩其一末韻爲"試掃北臺看馬耳，未隨埋没有雙尖"，其二末韻爲"老病自嗟詩力退，空吟《冰柱》憶劉叉"。造語自然，無湊韻之弊。江藩作《詠雪用東坡尖叉韻十六首》。

[四]嫖姚：指霍去病（前一四〇—前一一七），河東平陽（今山西臨汾）人，官至大司馬驃騎將軍，惜英年早逝。死事：死於國事。

[五]范式：字巨卿，山陽郡金鄉（今山東濟寧金鄉）人。與汝南郡人張劭交好。《後漢書·獨行列傳·范式》載張劭死後，靈柩不肯入墓穴，范式趕來送别後方遷入墓穴中。

[六]佛桑：植物名。段成式《西陽雜俎續集·支植上》："閩中多佛桑樹。樹枝葉如桑，唯條上勾。花房如桐，花含長一寸餘，似重臺狀。花亦有淺紅者。"

　　駱馬楊枝一夢中，自言身是可憐蟲[一]。幾回邙上春光好，再到吳趨落月空[二]。眼見功名草頭露[三]，情忘身世絮兼風。我來欲買康山住[四]，腰鼓琵琶弔武功[五]。

【注釋】

[一]駱馬、楊枝：白居易《不能忘情吟》："鬻駱馬兮放楊柳枝，掩翠黛兮頓金羈。"駱馬：白居易所乘之馬。楊枝：指白居易的侍妾樊素。

[二]吳趨：猶吳門，指吳地。門外曰趨。

[三]草頭露：草頭露水，喻難以持久。唐杜甫《送孔巢父謝病歸游江東兼呈李白》："惜君只欲苦死留，富貴何如草頭露？"

[四]康山：指明永樂年間，平江伯陳瑄浚治運河時用挖河的土堆積而成的土丘。狀元康海罷官後築室於此，流連詩書，招集女樂，自彈琵琶，宴飲賓客，遂喚作"康山"。

[五]腰鼓：古時打擊樂器。琵琶：彈撥樂器。武功：代指康海。按康海爲陝西武功人。

伴月樓詩鈔跋

江　璧

　　吾本鼂山之舊族也[一]。先叔祖鄭堂公[二]，生而神異，過目輒不忘，束髮受書[三]，從古農、家艮庭兩先生游。兩先生爲惠氏弟子，經學湛深。叔祖從之學，盡得其淵源，卓然爲當代經師。暇而爲詩，其餘事也。早年詩不自重，間有所作，散見於諸同人集中，無專稿焉。中年游京華，主韓城相國家，凡相國諸製多半出公之手。在京與士大夫相贈答，稿亦罕有存者。有彷《文選》體《河賦》一篇[四]，最爲當時稱誦。當時若陽湖孫淵如、洪稚存[五]，武進黃仲則諸前輩[六]，皆與公爲文字交。公年五十始南歸，居廣陵之城北草堂。維時，適吳穀人祭酒、洪桐生太史掌教在揚[七]，而華亭汪墨莊從吳中來，主於吾家，顧千里先生亦從虎邱買舟來揚[八]，一時士大夫並汪容甫、趙介南諸公相爲過從[九]，文酒之宴無虛日，酬唱之作最多，甚盛事也。

　　公自中年後，亦稍自檢校，集其所爲詩，得若干首，編爲四卷，名曰《伴月樓詩拾》。年六十復游粵，載其詩南下。厥後，此稿亦遺落不復存。在粵時，嘆粵中無可與言詩者，偶有所作，脫稿後輒焚之，故粵中詩今無一留者。蓋當是時，諸名士死亡過半，而其存者又散處四方，公遂罷此調而不彈也。歲在戊子[十]，復歸廣陵。是時曾賓谷先生在揚掌鹺務[十一]，深喜公之歸，而恨公歸之晚也，爲之改館授餐[十二]，猶有風雅之意焉。未幾，賓谷先生謝任去，公鬱鬱不適，絕口不談文字，逾年遂卒。

　　嗟呼！予生也晚，當公壯盛時，既無由領公之教訓；洎乎晚而歸也[十三]，予年已弱冠矣[十四]，又值公衰耄之日，欲聆其議論，復不可得。家有達人而無從受教[十五]，此則予之不幸也！夫今公之亡，已廿有餘年矣。公舊刻有《周易述補》《爾雅小箋》《漢學師承記》《宋學淵源記》《隸經文》《扁舟載酒詞》諸書[十六]，今其板皆在予先伯以臨公家[十七]。先伯以臨爲梟山詩人，亦攻考據[十八]，善守先業，寶公之諸書而珍之，惟《扁舟載酒詞》一卷，板已散失。予今於公故人處，與予兄筱素搜羅公之舊作[十九]，得百餘首，暇與筱素兄校正而厘訂之[二十]，遂合《扁舟載酒詞》一卷、《詩》三卷同付梓人[二十一]，聊志吉光片羽之存云爾[二十二]。侄孫璧謹跋[二十三]。

【注釋】

[一]梟山：山名，又稱石壁山，位於今安徽旌德縣境東部。

[二]鄭堂：江藩之號。

[三]束髮：古代男孩成童時束髮爲髻，代指成童之年。

[四]《文選》：亦稱《昭明文選》，由南朝梁昭明太子蕭統主持編纂而成，選録先秦至梁的各體詩文，凡三十卷。《河賦》：收入《炳燭室雜文》，爲目前可見江藩唯一一篇完整的賦作。

[五]孫淵如：指孫星衍（一七五三——一八一八），字淵如，一字伯淵，江蘇陽湖（今常州）人，有《孫氏周易集解》《尚書今古文注疏》等。洪稚存：指洪亮吉（一七四六——一八〇九），字君直，一字稚存，號北江，晚號更生居士，江蘇陽湖人。官翰林院編修，充國史館編纂官，有《春秋左傳詁》《北江詩話》等。

[六]黄仲則：指黄景仁（一七四九——一七八三），字漢鏞，一字仲則，號鹿菲子，江蘇武進（今常州）人，有《兩當軒全集》等。文字交：以詩文相交的朋友。

[七]吴穀人：指吴錫麒（一七四六——一八一八），字聖征，號穀人，錢塘（今浙江杭州）人，有《有正味齋集》等。祭酒：官名。漢代有博士祭酒，爲博士之首。西晉設國子祭酒，隋唐以後改稱國子監祭酒，清末廢除。洪桐生：指洪梧（一七五〇——一八一七），字桐生，安徽歙縣人，有《辛壬韓江唱酬集》等。太史：官名。三代時爲史官和曆官之長，秦漢以來掌天文曆法，明清時修史之職歸翰林院，故俗稱翰林爲太史。掌教：主管教授。徐干《中論治學》：“故先王立教官，掌教國子，教以六德。”

[八]顧千里：指顧廣圻（一七七〇——一八三九），字千里，號澗薲，又號無悶子、思適居士等，江蘇元和（今蘇州）人，有《説文辨疑》等。虎邱：即虎丘。

[九]汪容甫：指汪中（一七四四——一七九四），字容甫，號頌父，江蘇江都人，有《述學》《經義知新記》等。趙介南：指趙廷樞，字介南，江蘇江都人。

[十]戊子：指清宣宗道光八年（一八二八），時年江藩六十八歲。

[十一]曾賓谷：指曾燠（一七五九——一八三一），字庶蕃，號賓谷，晚號西溪漁隱，江西南城人，有《賞雨茅屋詩集》等。鹺（cuó）：鹽。

[十二]授餐：給以飲食。《詩·鄭風·緇衣》："適子之館兮，還，予授子之粲兮。"《毛傳》："粲，餐也。"《鄭箋》："我則設餐以授之，愛之，欲飲食之。"按：此處記載江藩復歸廣陵以及江藩與曾賓穀交游的時間疑誤。江藩侄孫江順銘在《節甫老人雜著》（道光九年刻本）卷首《跋》中明言江藩於道光乙酉（五年）退息里門（即回歸廣陵）。《跋》亦云江順銘等人編訂《節甫老人雜著》時曾請命於江藩，故江順銘所言當可信從。此外，江藩與曾賓穀交游的時間不在戊子（道光八年）之後。據《清史列傳》《續碑傳集》等所載曾燠（字賓穀）的傳記資料，曾燠先後有兩個時期在揚州爲官。一次是從乾隆五十八年到嘉慶十一年，任兩淮鹽運使。另一次是道光二年，以巡撫銜巡視兩淮鹽政，道光六年四月即被召回京，以五品京堂候補。其後，道光七年，曾燠引病乞歸，奉旨不准給假，直至道光十一年（一作十年）卒於京寓。故此，江藩與曾燠之交游不可能遲至道光八年之後。

[十三]洎（jì）：及，至。《集韻》："洎，及也。"

[十四]弱冠：古時以男子二十歲爲成人，初加冠，因體猶未壯，故稱弱冠。

[十五]達人：通達事理的人。《左傳·昭公七年》："聖人有明德折，若不當世，其後必有達人。"孔穎達《疏》："謂知能通達之人。"

[十六]《周易述補》：江藩爲續補惠棟《周易述》而作，凡四卷。《爾雅小箋》：初名《爾雅正字》，以《説文解字》爲指歸，《説文解字》所無之字，或考訂正文，或旁通假借，不妄改字畫，厘爲三卷。《漢學師承記》：即《國朝漢學師承記》，爲清初至嘉道時治漢學者作傳，凡八卷。《宋學淵源記》：即《國朝宋學淵源記》，爲清初至嘉道時治宋學者作傳，凡二卷。

[十七]以臨：指江懋莊（一七七九——一八四二），字以臨，江蘇甘泉人，爲江藩族侄。

[十八]考據：指對古籍的文字音義和古代的名物典制等進行考核辨證。

[十九]筱素：指江順鈜，字宗海，一名慶安，字筱素，爲懋莊長子。

[二十]厘訂：改正。

[二十一]梓：印書的雕版。後因指印刷。《正字通·木部》："梓，俗謂鋟文書於版曰梓。"

[二十二]吉光：古代神話中的神獸名。片羽：一片毛。比喻殘存的珍貴文物。明焦竑《李氏〈焚書〉序》："不逾時而徵求鼎沸，斷管殘沈，等

於吉光片羽。"

[二十三]璧：指江璧（一八五一——一八八六），字南春，號子笙，江蘇甘泉人，戀鈞子，江藩的姪孫。

扁舟載酒詞序

顧廣圻

　　蓋聞填詞之有宮律，譬則規矩也；其辭句之美，譬則巧也；所謂能事者，盡規矩之道以施夫巧者也。詞家之盛，由兩宋以溯唐、五季而涉金、元，罔有不知此旨者。更明三百年，陵夷衰微[一]，迨至國朝復起其廢。善言宮律者，椎輪萬氏[二]，囊括《詞塵》是已[三]。善用宮律而辭句兼美者，吾友江子屏，方今之一也。子屏於詞，乃餘事中之餘事，而《扁舟載酒》一卷，清真典雅，流麗諧婉，追《花間》之魂[四]，吸《絕妙》之髓[五]，專門名家，未能或之先也。特是讀者知其辭句之美易，知其字字入宮律難。予往者亦嘗留意於《碧鷄漫志》《樂府指迷》等諸家之説[六]，用求卷中衆作，不啻重規疊矩，故敢首揭此旨，將以待聞弦賞音者之擊節云[七]。嘉慶乙亥中秋俊五日顧廣圻序[八]。

【注釋】

[一]陵夷：衰敗；走下坡路。

[二]椎輪：本指無輻條的原始車輪，比喻事物草創。唐白居易《白蘋洲五亭記》："蓋是境也，實柳守濫觴之，顏公椎輪之，楊君績素之，三賢始終，能事畢矣。"萬氏：指萬樹(一六三〇——一六八七)，字紅友，號山翁，宜興人，工詞善曲，有《香膽詞》《詞律》等。

[三]《詞塵》：指清方成培《香研居詞塵》，凡五卷，論詞調曲譜。

[四]《花間》：指五代後蜀趙崇祚編《花間集》，收溫庭筠、韋莊等十八家詞，凡十卷，五百餘首。

[五]《絕妙》：指南宋周密《絕妙好詞》，凡七卷，近四百首。

[六]《碧鷄漫志》：南宋王灼撰，凡五卷。《樂府指迷》：南宋沈義父撰，一卷，乃沈義父與子侄輩講論作詞之法之書，與《碧鷄漫志》《詞源》合稱

“南宋三大詞話”。

[七]擊節：形容對別人的詩、文或藝術等的讚賞。

[八]嘉慶乙亥：指嘉慶二十年(一八一五)。

扁舟載酒詞

浪淘沙　惜春

春色赴屏山[一]。酒冷燈殘。吳綿無力怯輕寒[二]。聞道梅花開過了，月上闌干[三]。　　心事幾多般。夢窄春寬[四]。遣愁無計且偷閑。白日黃鷄人易老，鏡裏朱顏[五]。

【題解】

惜春之詞。感嘆春光易逝，年華易老。

【注釋】

[一] 屏山：屏風。南宋吳文英《杏花天》：“早春入、屏山四角。”

[二] 吳綿：吳地所產之絲綿。

[三] 闌干：通“欄杆”。

[四] 夢窄春寬：指春日無邊，而夢境受限，無法將這大好春光囊括其中。吳文英《鶯啼序·春晚感懷》：“倚銀屏、春寬夢窄，斷紅濕、歌紈金縷。”

[五] “白日”二句：意指時光催人衰老。唐白居易《醉歌示妓人商玲瓏》：“誰道使君不解歌，聽唱黃鷄與白日。黃鷄催曉丑時鳴，白日催年酉前没。腰間紅綬繫未穩，鏡裏朱顏看已失。”

晝夜樂　效柳七體

吟魂慣被花留住。也拼却、歸期誤。憐他粉冷香銷，不問鶯猜燕炉。最恨漫天飛柳絮。恁匆忙、罨煙籠霧。生怕弄風流，變作相思樹[一]。　　《楊枝》一曲斜陽暮。悔從前、等閑度。今番特地思量，竟要把黃金鑄[二]。剛夢梨雲香草路[三]。又恐被、孟婆吹去[四]。別恨寫離情，只有江郎《賦》[五]。

【題解】

效柳永体抒寫別情，纏綿悱惻。柳七，指北宋詞人柳永(約九八四——〇五三)，字耆卿，因排行第七，又稱柳七，福建崇安人。長於創新聲，制慢詞。有《樂章集》。

【注釋】

[一]相思樹，由戰國宋康王的舍人韓憑和他的妻子何氏所化生，用來象徵忠貞不渝的愛情。

[二]黃金鑄：范蠡功成身退後，勾踐爲其鑄黃金像。

[三]梨雲：指梨花。棃，同“梨”。香草路：語出白居易《賦得古原草送別》：“遠芳侵古道，晴翠接荒城。又送王孫去，萋萋滿別情”，後多化用，代指離別。

[四]孟婆：傳說中的風神。元倪瓚《題孫氏〈雪林小隱〉》：“翛然忽起梨雲夢，不定仍因柳絮風。”

[五]江郎《賦》：指江淹《別賦》。

撼庭秋　題畫絡緯

秋水秋雲秋色。絡緯聲無力[一]。拆金花下，牽牛葉底，短籬斜日。　　孤燈夢冷，疏簾風細，那堪啾唧。看抽毫調粉[二]，機絲錦字，不如蠶織。邾經①《絡緯》詩：“燈下有人拋錦字，機絲零亂不成文[三]。”

【校勘】

①“邾經”，原作“郝經”。按：邾經，一作“朱經”，字仲誼，號觀夢道人，維揚海陵(今泰州)人，有《觀夢集》《玩齋集》等。其《題絡緯圖》詩云：“牽牛風露滿籬根，淡月疏星夜未分。燈下有人拋錦字，機絲零亂不成文。”今據改。

【題解】

　　題畫之作。借絡緯擬人，寫相思，却有心無力，難以遂意。

【注釋】

［一］絡緯：蟲名，摩擦翅膀發聲，聲如紡綫。

［二］抽毫：借拿筆出套的動作指寫作。調粉：即調朱弄粉，指書寫前的一系列動作。

［三］"燈下"二句：化用機絲錦字之典。《晋書・列女傳・竇滔妻蘇氏》載，蘇蕙寄給丈夫織錦回文詩，又稱錦字書。

浪淘沙慢　題張大鄂樓《十二梧桐小影》

　　大海上、寒潮暮汐，送到狂客。鄂樓自浙航海至京師，遇颶風，舟幾覆。雪浪追奔陣馬，腥風亂轉彩鷁[一]。却愛看蛟龍時出没。驀忽地、吹至遼東[二]，賴畫中、桐影浸寒碧。行李盡秋色[三]。　　憶昔。自誇俠氣仙骨。到今日、空作依人計，奈此蕭蕭髮。想往時僧寺，禪關岑寂。流光荏苒，三十年，夢裏難尋踪迹。鄂樓少時讀書僧寺，寺中有十二梧桐室。尤堪恨、饑來驅我，清閑福、豈可再得。不如去、重盟舊水石[四]。閱歷過、世路風波，險更劇，洗梧莫笑倪迂癖[五]。

【題解】

　　題畫之作。旨在表現張彤的遭遇和品性。張大鄂樓：指張彤，字虎拜，號鄂樓，歸安(今浙江湖州)人。乾隆丙午舉人，官至山東按察使，有《儀吉堂詩存》。

【注釋】

［一］彩鷁：古代常在船頭上畫鷁，涂以彩色，常用來代指船。

［二］遼東：遼河以東。

［三］行李：指行旅，旅途。東漢蔡琰《胡笳十八拍》："追思往日兮行李難，六拍悲來兮欲罷彈。"

［四］"重盟"句：指歸隱。《旧唐书・隐逸传・田游岩》："臣泉石膏肓，煙霞痼疾，既逢圣代，幸得逍遥。"南宋陳岩《逍遥臺》："逍遥自是天游樂，不結沙鷗水石盟。"

[五]倪迂：指倪瓚(？——一三七四)，字元振，號雲林，江蘇無錫人。擅畫
　　水墨山水，有《雨後空林》等圖存世。有潔癖，人稱"倪迂"。他把廁所
　　用香木搭成空中樓閣，下面墊土，土上鋪滿鵝毛，凡便下，則鵝毛起覆
　　之，不聞有穢氣也。

隔浦蓮近拍　題汪大肯堂冷香水榭填詞圖

　　紅衣香染藻荇[一]。一片清涼境。十五蕭郎竹[二]，荷風吹脫新粉。
高榭堪賞静。芭蕉影。綠映琴書潤[三]，好題詠。　　　蠻箋自寫[四]，
多緣花氣勾引。宮商細嚼，嗣響水雲遺韻[五]。香逗吟魂夢耐冷[六]。
幽景。看他池中月華靚[七]。

【題解】

　　題汪念貽《冷香水榭填詞圖》而作。摹寫畫意，展現冷香水榭的風光與主
人公填詞的韻致。汪大肯堂：指汪念貽，號肯堂，江蘇吳縣(今蘇州)人。喜
填詞，富藏書，嘗校刻徐釚編《本事詩》十二卷。

【注釋】

[一]紅衣：荷花瓣的別稱。
[二]"十五"句：白居易《畫竹歌》："植物之中竹難寫，古今雖畫無似者。蕭
　　郎下筆獨逼真，丹青以來唯一人。……野塘水邊埼岸側，森森兩叢十
　　五莖。"
[三]琴書：即"琴棋書畫"之琴書。
[四]蠻箋：産於蜀地，是爲彩色箋紙。
[五]水雲：指南宋末詞人汪元亮(一二四一——一三一七後)，字大有，號水
　　雲，亦自號水雲子、楚狂、江南倦客，錢塘(今浙江杭州)人。有《湖山
　　類稿》《水雲集》。所作詩詞多紀國亡前後事，時人有"詩史"之目。
[六]逗：引，惹弄。
[七]月華：指月光。

一點春　汪大飲泉索題程四研紅畫梅花便面

　　江南春色滿，淡墨寫梅魂[一]。羅浮好夢匆匆醒[二]，記得枝頭月

一痕。

【題解】

　　題程法畫梅花扇而作。淡筆勾勒，着力表現扇面梅花的風神韻致。汪大
飲泉：指汪潮生（一七七七——一八三二），字汝信，號飲泉，晚號冬巢，儀徵
人。擅詞畫，有《冬巢詩集》《冬巢詞集》等。程法：字宗李，號研紅，安徽
歙縣人。程兆熊子，書法得其家傳。便面：泛指扇面。

【注釋】

[一]淡墨：與“濃墨”相對。

[二]羅浮好夢：典出柳宗元《龍城録·趙師雄醉憩梅花下》，講趙氏在羅浮
　　山下遇到一小女，語言甜美，清香醉人，與此女飲酒及醉，醒後，睡於
　　梅樹之下。後用作詠梅之典。

八歸　汪大飲泉招同人集東柯草堂送石大遠梅返吳門

　　清霜初降，朔風纔緊，衰柳慘淡蕪城[一]。消磨歲月無他計，十
千且辦青錢[二]，買酒同傾。可笑三年槐夢醒[三]，只能得酒國爭名。
坐中諸公，大半皆下第者。海月上、橫挂①東柯，向離筵偏明。　　離情。
江天雲樹[四]，寒濤千疊，翠搖浮玉螺青[五]。醉中分袂[六]，送人南
浦[七]，生怕聽平聲。踏歌聲[八]。祝布帆無恙[九]，棹回射潰凍波皴。
探梅信、虎山橋外[十]，詩吟香雪春[十一]。

【校勘】

①“挂”，原作“卦”，據詞意改。

【題解】

　　因餞別石鈞而作。鋪寫讌飲送別場景，發抒離愁別緒，也流露出人生失
意的苦悶。石鈞（一七五五——一八〇五），字秉綸，號遠梅，吳縣人，有《清
素堂詩集》等。吳門：指蘇州或蘇州一帶。爲春秋吳國故地，故稱。

【注釋】

[一]蕪城：古稱廣陵，地處江蘇江都。劉誕在廣陵城謀反，敗而死，城就荒

廢了，鮑照作《蕪城賦》以諷，因名。

[二]辦青錢：典出《舊唐書·張薦傳》，講唐朝張鷟才學深厚，被贊文如青
　　錢，屢選屢中。辦：置辦，籌措。青錢：唐時白銅錢。

[三]槐夢：典出唐李公佐《南柯太守傳》，淳于棼於古槐下，夢見自己进入
　　槐安國，做駙馬、任南柯太守，长达三十年，醒後見槐下有一大蟻穴，
　　即夢中的槐安國。此指期盼謀取功名。

[四]雲樹：常用以代指友人分別。白居易《早春西湖閑游悵然興懷寄微之》：
　　“雲樹分三驛，煙波限一津。”

[五]翠搖浮玉：指焦山上樹木在風中搖擺的樣子。浮玉：指焦山，位於太湖
　　之南，因漫山蒼松綠竹，遠遠望去，宛如青玉浮於江而得名。《山海
　　經·南山經》：“又東五百里曰浮玉之山，北望具區（即太湖）。”螺青，
　　顏色名，一種近黑的青色。

[六]分袂：離別；分手。

[六]南浦：借指送別之地。語出《楚辭·九歌·河伯》：“子交手兮東行，送
　　美人兮南浦。”

[七]踏歌聲：唐李白《贈汪倫》：“李白乘舟將欲行，忽聞岸上踏歌聲。”

[八]布帆無恙：指希望友人旅途平安。典出《世說新語·排調第二十五》，
　　講顧長康請假回家途中，大風把風帆弄壞了，顧氏寫信説，我還安穩，
　　布帆無恙。

[九]射瀆：水名，地處蘇州，溝通虎山與蘇州城，相传秦始皇曾校射於此，
　　故稱。明王鏊《姑蘇志》：“自潭西流，出渡僧橋，會楓橋諸水，北流與
　　虎丘山塘水合，曰射瀆。”

[十]梅信：梅花開了，預示着春即將到，後用以指信。典出南朝宋盛弘之
　　《荊州記》，講陸凱寄了一枝梅給好友范曄，報告江南的春天即將到了
　　的消息。虎山橋：位於今杭州光福鎮西北，跨虎龜二山，接光福東崦、
　　西崦二湖。

[十一]香雪：這裏指香雪海，南依鄧尉山，北靠虎山，東臨上崦湖，西濱下
　　　崦湖，爲賞梅聖地。清初江蘇巡撫宋犖題名“香雪海”。

鶯啼序

　　乾隆乙卯，至金陵應布政司試，同人集小西湖。汪十三古香
約填《鶯啼序》一闋[一]，古香詞先成，予匆匆渡江，未暇倚聲。

嘉慶戊午，重來白下^[二]，熊三姓欄復舉此會^[三]，遂填是調，以踐前約云。

當年夜游芸館^[四]，正秋風鞠吐^[五]。想陳迹、春夢無痕，感嘆人似朝露。謂平伯物故^[六]。望雲海、松鳴舊侶，離情脉脉停雲句^[七]。瑤圃家松鳴山下。更傷心人癖煙霞，病魔沈痼^[八]。謂林二庚泉^[九]。　三載重來，墻影水色，尚籠煙冒霧。碧梧葉、平分秋色，綠雲侵入庭戶^[十]。換羣鵝、閣名羣鵝。萍花破碧^[十一]，拜奇石、園中駐鶴峰，長丈餘。苔痕封土。漫盤桓，休把流光，等閑輕度。　金臺月白^[十二]，紫塞風寒^[十三]，予自京師歸。自悲作客苦。喜此會、遠來山谷^[十四]，黃進士笑曰。近有方干^[十五]，子雲先生。景伯歸耕，匡衡抗疏。穉存太史^[十六]。屢王下殿，孤臣辭國，傷情羈旅江南怨，安南閟，阮遷客^[十七]。綺筵開、舊雨兼新雨^[十八]。題襟勝事，藏鈎拇戰分曹^[十九]，共建酒壘旗鼓。　湖光弄影，草色搖空，頗有林壑趣^[二十]。憶昔日、西江耆舊^[二十一]，滌齋太史。爲此勾留，種枳編籬，藝花成圃^[二十二]。風流邈矣，蒼松無恙，山邱華屋堪浩嘆^[二十三]，賴才人、能作鷗盟主^[二十四]。生憎秋到垂楊，夢遠江天，挂帆北去。姓欄將之官山左^[二十五]。

【題解】

乾隆五十六年起，江藩入京，館於相國王杰府中。乾隆六十年乙卯（一七九五），由京師至江寧應試，不中。之後仍然館於王杰府邸。此詞作於嘉慶戊午（一七九八），江藩再次由京師至江寧應試之時。着力表現友朋雅集的歡暢，兼有客遊羈旅的傷感。

【注釋】

[一]汪十三古香：指汪廷桂，字古香，號瑤甫（瑤圃），排行十三，安徽歙縣人。工書法、篆刻。

[二]白下：南京的別稱。白下城，在今南京獅子山一帶，是六朝時長江邊的衛城。

[三]熊三姓欄：指熊姓欄，號滌齋，排行第三，康熙年間官翰林學士。袁枚《隨園詩話》卷二十稱熊滌齋"誰倚銀屏坐首筵？三朝白髮老神仙"。

[四]芸館：書齋。

[五]鞠，通"菊"。《禮記·月令》："季秋之月，鞠有黃華。"鄭玄《注》："鞠，本作菊。"鞠吐：指菊花開了。

[六]平伯：不詳。物故：亡故；去世。

[七]停雲：指陶淵明《停雲》詩，因其自序稱"停雲，思親友也"，故後世多用作思親友之意。

[八]病魔沈痼：喻指積久難改的癖好。

[九]林二庚泉：指林道源，號庚泉，排行第二，天長人。有《一無所知齋剩稿》。

[十]綠雲：此指梧桐的綠葉。

[十一]萍花破碧：指浮萍漂在碧綠的水面的景象。

[十二]金台：指古燕都北京。

[十三]紫塞：北方邊塞。西晋崔豹《古今注·都邑》："秦築長城，土色皆紫，漢塞亦然，故稱紫塞焉。"

[十四]山谷：指北宋黃庭堅，號山谷。此處指江藩，乃黃進士戲稱。因江藩詩學"蘇黃"，詩風接近。

[十五]方干：指方正澍（一七四三——一八〇九），一名正添，字子雲，號玉溪，歙縣人。有《子雲詩集》等。

[十六]穉存太史：指洪亮吉，字稚存（穉存）。

[十七]"安南"二句：乾隆五十三年（一七八八），安南阮惠篡國，安南王宗室大舉出逃。清廷派孫士毅出兵安南滅阮。安南，今越南的古稱。

[十八]綺筵：豐盛的宴席。舊雨：老友的代稱。今雨：指新交的朋友。語出杜甫《秋述》："常時車馬之客，舊，雨來；今，雨不來。"

[十九]"藏鈎"句：意謂酒席上兩兩一組玩猜物游戲。藏鈎、拇戰，都屬於游戲。藏鈎：手中置一物，猜物。相傳漢武帝與鈎弋夫人曾玩此種游戲，漢武帝展開鈎弋夫人的手，手中有一鈎。拇戰，猜對方將要伸出的手的手指的數目。曹，是偶的意思，分曹，即是分組。

[二十]林壑趣：指歸隱的意趣。

[二十一]耆舊：年事高、聲望重者。

[二十二]藝：種植。

[二十三]"山邱"句：曹植《箜篌引》："生存華屋處，零落歸山丘。"山丘，墳墓。

[二十四]鷗盟主：與海鷗爲友，此指歸隱。《列子·黃帝》載一好鷗鳥者，海鷗每日清晨都來和他游玩，有時多達上百隻。

[二十五]山左：山東省舊時的別稱。"山"指太行山。

月華清　桂

花媚秋雲，枝團涼露，一輪蟾影纔滿[一]。三五圓時[二]，放遍誰家庭院。賞芳華、金粟芬菲[三]，嘆搖落、玉犀撩亂[四]。悲怨。問根生下土[五]，何如月殿。　　漫説牢騷難遣。正蕙佩同紉[六]，平聲。桂漿頻勸[七]。萬斛藏香，怎貯閑愁無算。耆卿詞[八]："一粒粟中香萬斛，君有梢頭幾金粟。"最恨那、雨冷風盲，恰少箇、蝶迷蜂款。依戀。怕殘黄褪色，元黄庚《木樨花》詩[九]："殘黄銷骨現金粟。"零香成片。

【題解】

以吟詠桂花爲主題，摹寫中秋月下賞花飲酒的情境，並感嘆芳華零落，牢騷難遣。

【注釋】

[一]蟾影：月影。

[二]三五：十五。《禮記・禮運》："是以三五而盈，三五而闕。"

[三]金粟：桂花的別名。其色金黄，花小似粟而得名。

[四]玉犀：指桂花。

[五]"問根"句：化用唐張喬《試月中桂》："根非生下土，葉不墜秋風。"

[六]蕙佩同紉：語出《楚辭・離騷》："紉秋蘭以爲佩。"蕙、佩，均爲香草。紉，連綴。

[七]桂漿：指美酒。《楚辭・九歌・東君》："操餘弧兮反淪降，援北斗兮酌桂漿。"

[八]耆卿：指柳永，字耆卿。"一粒"二句並非柳永詞，而是楊萬里詩《子上弟折贈木犀數枝走筆謝之》，原作："一粒粟中香萬斛，君看一梢幾金粟。"

[九]黄庚：字星甫，天台人，入元不仕，有《月屋漫稿》。

於中好　蝸牛

牽蘿補屋蝸廬小[一]。斷墻上、篆文顛倒[二]。旋螺宛轉藏身好[三]，雨過處，埋幽草。　　人間若箇抽身早。要升高、不愁枯槁。古今興廢真無定，看蠻觸[四]，何時了。

【題解】

詠蝸牛而嘆人世，流露出塵之思。

【注釋】

[一] 牽蘿補屋：杜甫《佳人》：“侍婢賣珠回，牽蘿補茅屋。”

[二] 篆文顛倒：指蝸牛爬過之處留下的粘液，如同篆文。語出北宋陳師道
《春懷示鄰里》：“斷墻著雨蝸成字，老屋無僧燕作家。”

[三] 宛轉：身體轉動，翻來覆去。

[四] 蠻觸：爲不值得的小事而費力爭鬥。語出《莊子·則陽》，講蝸牛的左
觸角和右觸角上分別有個國家，爲了爭奪土地，兩國常常兵戈相向，死
傷無數，乘勝追擊十五天才能返回。

感恩多　叩頭蟲

　　晋人工韻語。描寫求生苦。晋傅咸有《叩頭蟲賦》[一]。是蟲兒也囉。
小么麽[二]。　　却恨乞憐昏夜[三]，感恩多。感恩多。忍辱含羞，怎
知無奈何。

【題解】

　　題詠叩頭蟲，諷刺奴顔婢膝、趨炎慕勢之人。

【注釋】

[一] 傅咸(二三九—二九四)：字長虞，北地泥陽人，有《傅中丞集》。

[二] 么麽：即么么，微細貌。傅咸《叩頭蟲賦·序》曰：“叩頭蟲，蟲之微
細者。”

[三] 乞憐昏夜：《明史·閹党傳·崔呈秀》：“暮夜乞憐者，莫不緣呈秀以
進，蠅集蟻附，其門如市。”

九張機　蠶蛾

　　春天，東風楊柳已三眠[一]。蛾眉畫了人應倦。却愁紅瘦[二]，幾
絲情縷，難續再生緣。

【題解】

　　此篇名爲蠶蛾，通篇却不著一字，借蠶蛾至死絲方盡的傳神寫照來虛筆

勾勒，運思巧妙。

【注釋】

[一]“東風”句：化用南宋張炎《踏莎行》：“柳未三眠，風才一訊。”柳三眠：
　　相傳漢文帝酷愛楊柳，閑暇時觀柳，見柳一日中常三眠三起，故稱。

[二]却愁紅瘦：語出宋李清照《如夢令》：“知否，知否，應是緑肥紅瘦。”

秋宵吟　扁豆花

　　暑初收，江鄉好。處處沿籬①開早。風前立、看嫩葉柔絲，向空中裊。翠條匀，玉蕊飽[一]。最愛司花心巧[二]。分明是、月上緑雲邊，蛾眉低小。扁豆花，一名蛾眉豆花。　　野圃無人，亂壓著、繩棚欹倒[三]。晚香纔放[四]，宿雨初晴，一片秋光到。詩思枝頭繞。幾點疏花，斜映落照。每更闌、約伴乘涼，人語蟲語絮不了[五]。

【校勘】

①“籬”，原作“離”，據詞意改。

【題解】

　　詞人於秋夜題詠扁豆花，表達出閑適恬淡的心境。

【注釋】

[一]玉蕊：花苞。

[二]司花：指司花女，管理百花的女神。語出唐顔師古《隋遺録》卷上，講
　　皇帝對袁寶兒多加寵愛，適逢洛陽進獻迎輦花，花開並蒂，皇帝讓袁寶
　　兒受持此花，稱之爲司花女。

[三]欹倒：歪倒。

[四]晚香：指菊花。語出宋韓琦《九月水閣》：“雖慚老圃秋容淡，且看黄花
　　晚節香。”

[五]絮：形容連續不斷的樣子。

新雁過妝樓　雁來紅

　　三徑就荒[一]。閑吟賞、來看遍地丹黄[二]。錦名十樣[三]，染出葉

葉秋光。嫩綠輕盈同野菊，膩紅淺淡傍衰楊。斷人腸。只須色艷，何必花香。　　千里關山夜月，正雁聲叫曉，影落瀟湘[四]。冷煙暮雨，堪嘆滿目蒼涼。神方可能駐景[五]，秋容老朱顔借夕陽[六]。還惆悵，笑草中仙客[七]，也飽風霜。

【題解】

摹畫草本植物雁來紅，兼及韶華易逝之嘆。雁來紅：一年生草本植物，莧科。深秋之際，葉片轉成紅黃夾雜，適逢群雁南飛，故以稱之。可觀賞、食用或藥用。明李時珍《本草綱目·草四·雁來紅》："莖葉穗子並與鷄冠同。其葉九月鮮紅，望之如花，故名。……一種六月葉紅者名'十樣錦'。"

【注釋】

[一]三徑就荒：陶淵明《歸去來兮辭》："三徑就荒，松菊猶存。"三徑：語出趙岐《三輔決録·逃名》，講漢蔣詡隱居後，院中布下荆棘，只留了三條小路，隱士求仲、羊仲二人和他來往。就：接近、幾近。

[二]丹黃：用顔色代指雁來紅，其葉片表面黃紅交雜。

[三]錦名十樣：雁來紅別名"十樣錦"。

[四]瀟湘：瀟水和湘江的合稱，地處湖南。

[五]"神方"句：用神方可以使容顔常駐，不易老去。李商隱《碧城》："檢與神方教駐景，收將鳳紙寫相思。"

[六]秋容：一語雙關，既指秋色，又代指人的容顔。

[七]草中仙客：指雁來紅，因其愈老愈媚，隨着時日，更勝從前，故稱。清李漁《閑情偶寄·種植部·衆卉第四》："此草一名'雁來紅'……予嘗易其名曰'還童草'……此草中仙品也。"

惜紅衣　題倪大米樓蓮衣夢景圖

水浴紅衣[一]，風翻翠蓋，冷香殘暑。惱殺花間[二]，糢糊夢來去。無端賦別，愁一水、盈盈難訴[三]。憐汝。房空粉墜[四]，又秋來涼雨。　　相思最苦。霜落汀洲[五]，藕絲化情縷。鴛鴦睡醒煙波，渺何許。遥想芰裳雲佩，生怕美人遲暮[六]。畫出花消息[七]，香滿鳩江路[八]。

【題解】

題倪稻孫《蓮衣夢景圖》而作。詠嘆蓮花，自傷遲暮。倪稻孫（一七七四——一八一八），字穀民，號米樓，浙江仁和人，嗜金石，善畫蘭，有《雲林堂詞集》等。

【注釋】

[一]紅衣：荷花瓣的別稱。翠蓋，指荷葉。南朝梁蕭繹《采蓮賦》：“紫莖兮文波，紅蓮兮芰荷，綠房兮翠蓋，素實兮黃螺。”

[二]殺：助詞，表程度深。唐李白《贈段七娘》：“千杯綠酒何辭醉，一面紅妝惱殺人。”

[三]“愁一水”二句：化用《古詩十九首》：“盈盈一水間，脉脉不得語。”

[四]房：蓮房，即蓮蓬。粉：代指蓮花花瓣。

[五]汀洲：水中的小塊陸地。《楚辭·九歌·湘夫人》：“搴汀洲兮杜若，將以遺兮遠者。”

[六]“遙想”二句：化用《楚辭·離騷》，以香草美人作比：“制芰荷以爲衣兮……恐美人之遲暮。”

[七]花消息：指花開了，預示着春天就來了。唐施肩吾《長安早春》：“報花消息是春風，未見先教何處紅。”

[八]鳩江：地處安徽蕪湖市。

澡蘭香　題何三夢華媚蘭小影

誰家燕子，那答鴉兒[一]，鏡裏芙蓉夢覺。花開並蒂，帶結同心，日暮寒生修竹[二]。最傷心、草没裙腰[三]，風吹平聲。湖心縐綠。再到西泠，怕聽《迴波》哀曲[四]。　　却恨韶光有限，九十匆匆，浴蘭簾幙[五]。春風料峭，夜雨凄涼，不管國香流落[六]。奈何郎、萬種情痴，偏少明珠十斛。只剩得、幻影離魂，幽香盈幅[七]。

【題解】

題畫詠蘭，兼寓佳人零落之意。何元錫（一七六六——一八二九），字敬祉，號夢華，錢塘（今浙江杭州）人，有《夢華館雜綴》。

【注釋】

[一]那答：疑問代詞。何處，哪裏。

[二]“日暮”句：杜甫《佳人》：“天寒翠袖薄，日暮倚修竹。”

[三]裙腰：如裙子的腰帶一樣狹長的路。語出白居易《杭州春望》：“誰開湖寺西南路？草緑裙腰一道斜。”

[四]“再到”二句：指南齊名妓蘇小小，其墓在西泠。沈原理《蘇小小歌》：“歌聲引回波，舞衣散秋影。”

[五]浴蘭簾幄：典出屈原《九歌·雲中君》：“浴蘭湯兮沐芳。”浴蘭：指用香草水沐浴。

[六]國香流落：化用黃庭堅《次韻中玉水仙花》：“可惜國香天不管，隨緣流落小民家。”

[七]“奈何郎”六句：典出干寶《晉紀》，講石崇以明珠買了緑珠，孫秀垂涎之，石崇不予，孫秀欲殺石崇，緑珠乃殉情而死。

疏影　題倪大米樓帆影圖

愁心悄寂。正去帆孤影[一]，和煙欹側[二]。擊檻閑看，片片模糊，遮斷天邊山色。飄零莫説鄉關遠，恐惱殺、十年孤客。數倚檣、幾點昏鴉，又是暮潮聲急。　　千里波平似鏡，恰江上細雨，東風無力[三]。客裏相思，夢逐疏篷[四]，歸路迷離難識。憑他六幅隨湘轉，只一半、橫拖空碧[五]。到晚來、卸却蘆灘，卧聽涼宵漁笛[六]。

【題解】

題詠倪稻孫《帆影圖》，兼感淒涼身世。“疏影”出自北宋林逋《山園小梅》“疏影横斜水清淺，暗香浮動月黃昏”，後南宋詞人姜夔創爲詞牌“疏影”“暗香”。

【注釋】

[一]正去帆孤影：李白《送孟浩然之廣陵》：“孤帆遠影碧空盡，唯見長江天際流。”

[二]煙：指海上的霧氣像煙一樣。欹側：歪斜。

[三]“恰江上”二句：化用宋孔平仲《席上口授杜仲觀》：“暮雨蕭蕭何不止，東風弄白起江波。”

[四]夢逐疏篷：倪瓚《南鄉子·東林橋雨篷夢歸》：“篷上雨潺潺。篷底幽人夢故山。”

[五]“憑他”三句：化用唐李群玉《同鄭相並歌姬小飲戲贈》：“裙拖六幅瀟湘水，髻挽巫山一段雲。”意謂衣裙下擺寬大，拖來了瀟湘水碧綠的波浪。六幅：指用六幅布料做的裙子。

[六]涼宵漁笛：南宋周密《齊天樂》：“散髮吟商，簪花弄水，誰伴涼宵橫笛。”

聲聲慢　題汪大飲泉秋隱莽填詞圖

　　霜彫老樹，葉落茅莽，四圍山色如屏。冷淡生涯，商量減字偷聲^[一]。一瓣香熏白石^[二]，譜新詞、笛怨琴清。笑傖父、歌樓酒社^[三]，浪得虛名。　　休唱大江東去^[四]，有玉奴無賴^[五]，慣按銀筝。度曲樽前，將紅豆記分明^[六]。幽人慣多悲怨^[七]，解閑愁、還倩卿卿^[八]。拋象管^[九]，駐歌喉，秋思滿庭。

【題解】

　　題畫之作，摹寫汪潮生填詞圖景。

【注釋】

[一]偷聲：用去掉字的方來調節聲調。偷聲、減字常連用。

[二]一瓣香熏白石：意謂以姜夔爲宗師。白石：指白石道人姜夔。

[三]傖父：南北朝之際，南人譏笑北人粗俗野蠻，稱之爲傖父。

[四]大江東去：蘇軾《念奴嬌·赤壁懷古》：“大江東去浪淘盡，千古風流人物。”

[五]玉奴：此指歌女。無賴：指似憎而實愛。含親昵意。蘇軾被貶時，身邊帶着小妾朝雲。

[六]“度曲”二句：典出唐段安節《樂府雜録》，講韋青的小妾張紅紅，唱歌時，用小豆數并記憶節拍。

[七]幽人：幽居的人，隱士。

[八]卿卿：古人對妻子或朋友的稱呼。

[九]象管：指笛。

暗香　題郭十三頻伽畫箑

朱欄翠箔[一]。算俗塵不到，華嚴樓閣[二]。尺八低吹[三]，住字偷聲費斠酌[四]。搓粉揉酥好手[五]，還怕那、吳姬奚落。自度曲、鬲指和囉，《湘月》譜新格[六]。　　飄泊。嘆落拓。但載酒江湖，幾番離索。綠楊繞郭[七]。今日揚州夢初覺[八]。辜負蒓鄉好景[九]，隔水聽、簫聲脆弱。想夜夜、風露冷，玉人寂寞[十]。

【題解】

題郭麐畫而作。展現譜曲填詞的雅致，兼及人世漂泊的傷感。“暗香”詞牌創自姜夔。郭麐（一七六七——一八三一），字祥伯，號頻伽，江蘇吳江（今蘇州）人。工詩詞，有《靈芬館詩集》《靈芬館詞》等。

【注釋】

[一]翠箔：綠色的簾幕。
[二]華嚴樓閣：泛指佛家境界。
[三]尺八：類似豎笛，竹制，六孔，管長一尺八寸。
[四]住字偷聲：同減字偷聲，詞曲中調節聲調之法。
[五]搓粉揉酥：語出宋王明清《玉照新志》“曉風殘月柳三變，滴粉搓酥左與言”，這裏指填詞。
[六]“自度曲”三句：南宋姜夔《湘月》詞自序：“予度此曲，即《念奴嬌》之鬲指聲也，於雙調中吹之。”
[七]綠楊繞郭：指揚州城。
[八]“今日”句：杜牧《遣懷》：“十年一覺揚州夢，贏得青樓薄倖名。”
[九]蒓鄉：典出張翰思歸。西晉張翰在洛陽見秋風起而想念家鄉的蒓菜鱸魚，遂辭官回家。
[十]“想夜夜”三句：杜牧《寄揚州韓綽判官》：“二十四橋明月夜，玉人何處教吹簫。”

薄倖　過紅如舊院有感索澹生太史同作

落花人遠。恰重過、忘憂別館。想當日、香溫春老[一]，蹙損眉山痕淺^[二]。聽酒邊、《多麗》歌殘^[三]，新愁舊恨難消遣。算釀蜜蜂兒，銜泥燕子，曾到垂楊深院^[四]。　　還記憶、離亭畔，含別淚、更闌夜短。二分無賴月^[五]，長圓長缺，清光徧照秦臺滿。眼枯腸斷。怎禁他情似抽絲，自縛紅蠶繭^[六]。長洲夢近^[七]，又被雞聲喚轉。

【題解】

與秦恩復唱和之作。憶舊游，傷別離。澹生太史：指秦恩復（一七六〇——八四三），字近光，一字淡生，號敦夫，晚號狷翁，江蘇江都人。官至太史。有《石研齋集》。

【注釋】

[一]香溫春老：岑參《喜韓樽相過》：“三月灞陵春已老，故人相逢耐醉倒。”

[二]眉山：《西京雜記》：“文君（卓文君）姣好，眉色如望遠山。”

[三]《多麗》：詞牌名，又名《鴨頭綠》《隴頭泉》等。有平韻、仄韻兩體。

[四]銜泥燕子，曾到垂楊深院：唐劉禹錫《烏衣巷》：“舊時王謝堂前燕，飛入尋常百姓家。”

[五]二分無賴月：唐徐凝《憶揚州》：“天下三分明月夜，二分無賴是揚州。”秦臺：指歌舞場所。

[六]自縛紅蠶繭：白居易《江州赴忠州至江陵已來舟中示舍弟五十韻》：“燭蛾誰救護？蠶繭自纏縈。”

[七]長洲：出自西漢東方朔的《海內十洲記》，是虛構的仙境之地。

望梅花

月香以胭脂水畫紅梅數朵^[一]，嫣然可愛。芝山、澹生皆有題詠，邀予同作。

枝上胭脂勝馥^[二]。不數寒香如玉^[三]。九九圖成花睡足^[四]。待得春回平綠。紅褪^①香殘風雨促。莫被游蜂摧撲。

【校勘】

①“褪”，原作“腿”，據詞意改。

【題解】

與宋葆淳、秦恩復唱和題畫而作。旨在摹畫梅花的風姿。

【注釋】

［一］月香：指袁雙桂，號韻蘭，又號月香，揚州人。受畫法於陳鴻壽（一七
　　　六八——八二二），嘗與墨香合畫墨蘭，陳文述（一七七一——八四三）
　　　曾爲之題。

［二］胭脂：此處指紅梅。馥：香氣。

［三］不數：數不清；無數。東漢王符《潛夫論·思賢》：“近古以來，亡代有
　　　三，穢國不數。”彭鐸《校正》：“不數，即無數。”

［四］九九圖：舊曆稱冬至爲入九，九九八十一天之後，則天氣漸暖，花開
　　　春來。

金縷曲 題車秋舲剪刀池畔讀書圖

　　夢冷吹簫侶[一]。恨人天、匆匆小別，飛空如雨[二]。從此難磨芙
蓉鏡，剩得孤鸞羞舞[三]。忍追憶、悼亡心緒。經卷藥鑪空寂寞[四]，
剔殘燈、只有書聲苦。思往事，堪悽楚。　　香銷玉化悲如許。想華
年、傷心錦瑟，一弦一柱[五]。愁讀遺編紅薑句，秋舲夫人名曜[六]，號蓮
漪。工詩，有《紅薑閣小草》一卷。化作情絲千縷。畫圖裏、只留眉嫵[七]。
頭白潘郎難制淚[八]，恨冤禽、錯注鴛鴦譜[九]。腸斷也，向誰語。

【題解】

　　題畫之作。摹寫畫意，發抒車秋舲喪偶之悲。據詞中“愁讀遺編紅薑句”
及句下小字注“秋舲夫人名曜，號蓮漪。工詩，有《紅薑閣小草》一卷”，按
秋舲妻方曜卒於嘉慶十年乙丑（一八○五），方曜詩詞集初刻於嘉慶十五年
（一八一○），改題作《紅薑閣遺稿》，則可推知江藩此詞作於嘉慶十年至十
五年之間。車持謙（一七七八——八四二），字子尊，號秋舲，又號捧花生，
江蘇上元人。有《捧花樓詞》《秦淮畫舫録》等。

【注釋】

［一］吹簫侶：比喻佳偶。典出吹簫引鳳的故事。劉向《列仙傳·簫史》載，

秦穆公女弄玉，與蕭史吹簫引鳳，後，夫婦二人皆隨鳳凰飛去。

［二］飛空如雨：宋趙功可《桂枝香・和詹天游就訪》：“天上玉簫吹，飛聲如雨。”

［三］“剩得”句：典出南朝宋范泰《鸞鳥詩・序》：王得一隻鸞鳥，甚是喜愛，可是鳥三年了都不鳴叫，後，懸鏡於鳥前，鳥睹形思偶，慨然悲鳴。此處比喻喪偶。

［四］經卷藥罏：語出蘇軾《朝雲》：“經卷藥罏新活計，舞衫歌扇舊姻緣。”

［五］“想華年”三句：李商隱《錦瑟》：“錦瑟無端五十弦，一弦一柱思華年。”

［六］曜：指方曜，字蓮漪，桐城人，車持謙之妻。有《紅豔閣稿》等。

［七］眉：通“媚”。

［八］頭白潘郎：指中年之際鬢髮斑白。典出西晉潘岳《秋興賦序》：“余春秋三十有二，始見二毛。”

［九］“恨冤禽”二句：相傳杜宇稱帝於蜀，號曰望帝。晚年時，洪水爲患，蜀民不得安處，乃使其相鱉靈治水。鱉靈察地形，測水勢，疏導宣洩，水患遂平，蜀民安處。杜宇感其治水之功，讓帝位於鱉靈，號曰開明。杜宇退而隱居西山，傳說死後化作鵑鳥。每年春耕時節，子鵑鳥鳴，蜀人聞之曰“我望帝魂也”，因呼鵑鳥爲杜鵑。一説因通於其相之妻，慚而亡去，其魂化作鵑鳥，後因稱杜鵑爲“杜宇”。

龍山會　九月十日秦澹生太史招飲即席作

苦雨今朝止[一]。再把茱萸[二]，痛飲呼知己。弄東籬菊蕊[三]。人孤冷、恰與寒花相似[四]。笑尨屼歸來[五]，夢初醒、澆愁婪尾[六]。奈尊前、秋風髩影[七]，星星如此[八]。　　當年塞北燕南，作賦登高[九]，也算奇男子。嘆江郎老矣[十]。空搔首、不問昔非今是。且縱酒高歌，看溝壑、誰人餓死[十一]。強如他、朱門肉臭[十二]，綺羅叢裏。

【題解】

與秦恩復等小集而唱和，感嘆人世滄桑。據“當年塞北燕南”“嘆江郎老矣”云云，可知此詞作於晚年。

【注釋】

［一］苦雨：指雨久下，幾近成灾。《左傳・昭公四年》：“春無凄風，秋無苦

雨。"孔穎達《疏》:"養物爲甘,害物爲苦耳。"

[二]再把茱萸:語出唐王維《九月九日憶山東兄弟》:"遥知兄弟登高處,遍
　　插茱萸少一人。"

[三]弄東籬菊蕊:東晉陶淵明《飲酒》:"采菊東籬下,悠然見南山。"

[四]寒花:指菊花。

[五]笑氄氉歸來:唐韋莊《買酒不得》:"停尊待爾怪來遲,手挈空瓶氄氉
　　歸。"氄氉(mào sào):煩惱,郁悶。

[六]棼尾:指酒巡至末座。

[七]尊:通"樽"。

[八]星星:指鬢影,典出西晉左思《白髮賦》:"星星白髮,生於鬢垂。"

[九]作賦登高:《文選·王粲〈登樓賦〉》:"登兹樓以四望兮,聊暇日以銷
　　憂。"李善《注》:"當陽縣城樓,王仲宣登之而作賦。"

[十]嘆江郎老矣:指江藩老境頹唐。

[十一]"看溝壑"二句:《荀子·榮辱》:"是其所以不免於凍餓,操瓢囊爲溝
　　壑中瘠者也。"

[十二]朱門肉臭:杜甫《自京赴奉先縣詠懷五百字》:"朱門酒肉臭,路有凍
　　死骨。"

朝中措　送人還江南

　　一勾蟾影暮雲合[一]。恰是月初三。怕聽黄昏清角,明朝何處停
驂[二]。　　燕臺風冷[三],客中送别,情緒難堪[四]。只恨潞河春水,
幾時流到江南[五]。

【題解】

　　送别之詞。感傷飄零,思鄉情切。據"燕台風冷,客中送别",可知當時
江藩亦離鄉遠游。

【注釋】

[一]蟾影:代指月亮。

[二]驂:駕車時在兩邊的馬,代指馬車。

[三]燕臺:南朝梁任昉《述異記》載,燕昭王爲郭隗所築,又稱招賢臺。

[四]難堪:難以承受。

[五]潞河：潮白河，位於北運河的上游，在通州區。

紅牕睡 題織雲畫蘭扇贈陳月墀

　　睡起矇矓慵掠鬟。添幾許、惱人丰韻。畫樓香滿紗窗净[一]，問幽蘭芳訊[二]。　　扇底春風春色嫩。愁他這、花枝颭顫，湘魂不定[三]。箇儂僥幸[四]，抵千金相贈。

【題解】

　　題畫贈答之作。摹寫女子睡起持扇的風韻。廖雲錦（一七六六——一八三五），女，字蕊珠，號織雲、錦香居士，青浦人，嫁與華亭馬氏。工詩善畫。有《織雲樓詩稿》。陳月墀：指陳增，字月墀，海寧人，師事海寧周春，有《月墀遺稿》。

【注釋】

[一]畫樓：指雕飾華麗的樓房。唐李嶠《晚秋喜雨》：“聚靄籠仙闕，連霏繞畫樓。”
[二]芳訊：花開的信息。
[三]湘魂：娥皇女英之魂（與舜帝離別）。李白《遠別離》：“遠別離，古有皇英之二女，乃在洞庭之南，瀟湘之浦。”
[四]箇儂：意謂你這箇人。

六幺令 夜泊袁江聞笛

　　夢回孤枕，驚起關山笛。篷窗雨絲纏住，漁火昏煙夕。多事《梅花三弄》[一]，惱殺江湖客。酒腸偏窄。消愁無計，怎不教人早頭白。　　忽按商聲側犯[二]，吹得蒼崖裂。看取九折黃流[三]，夜静魚龍寂。聽到更殘漏轉[四]，驀地傷離別。天邊明月。悽涼如此，千里相思向誰説。

【題解】

　　作於夜泊袁江之夜，抒寫游子羈旅的孤寂情懷。袁江：水名，位於江西境内。

【注釋】

[一]《梅花三弄》：古曲名，由晋桓伊的笛曲改編而成，歌詠凌霜傲雪的梅
　　花，因主調出現三次而得名。

[二]商聲：宫、商、角、徵、羽五聲之一。側犯：古代樂曲轉調的名稱。唐
　　人以爲犯有正、旁、偏、側四種，即宫犯宫爲正犯，宫犯商爲旁犯，宫
　　犯角爲偏犯，宫犯羽爲側犯。其實宫調可犯商、角、羽諸調，而十二宫
　　之間則不容相犯。周邦彦《凄涼犯》（仙吕調犯商調）注云：“凡曲言犯
　　者，謂以宫犯商，商犯宫之類。……唐人《樂書》云：‘犯有正、旁、
　　偏、側。宫犯宫爲正，宫犯商爲旁，宫犯角爲偏，宫犯羽爲側。’此説
　　非也。十二宫所住字各不同，不容相犯；十二宫特可犯商、角、
　　羽耳。”

[三]黄流：泛指洪水。张元干《贺新郎·送胡邦衡待制谪新州》：“底事崑崙
　　倾砥柱，九地黄流乱注。”

[四]更殘漏轉：即更殘漏盡，意謂五更將盡，漏壺的水也要滴完了。指黑夜
　　就要過去的時候。更：舊時夜間計時單位，一夜分五更，每更長兩小
　　時。漏：古時盛水滴漏的計時器。

玉簟涼　雨後見新月有感

　　秋到蕉窗。恰小院晚晴，玉簟生涼。愁紅衣亂落，早雨冷蓮
房[一]。奩開蟾魄半吐[二]，睡未穩、幾度思量。緣底事，一樣天邊月，
偏斷人腸。　　難忘。情多夢少，燈炧酒闌[三]，今夜惱殺清光[四]。
憑欄閑獨立，又素影昏黄[五]。長娥不管别恨[六]，竊藥去、但搗元
霜[七]。頻悵望，那忍聽、花裏啼螿[八]。

【題解】

　　望月感懷而作。月華清冷，嫦娥孤寂，流露落寞之思。

【注釋】

[一]蓮房：蓮蓬。

[二]“奩開”句：化用歐陽修《於飛樂》：“寶奩開，美鑒静，一掬清蟾。”

[三]燈炧(yè)酒闌：燈燭將熄，酒筵將盡。

[四]清光：指月光。

[五]素影：月影。

[六]長娥：指嫦娥。

[七]元霜：傳説中的仙藥。

[八]啼螿(jiāng)：指寒蟬，象徵悲涼之意。化用陸游《寒夜遣懷》：“月落照空床，不寐聽寒螿。”

定風波　閨情

惜别生憎蠟燭殘。替人垂泪未曾乾[一]。滿院亂紅飛不定[二]。花影。夜深獨自倚闌干。　　休攬惹鴛鴦夢境。交頸。醒時容易睡時難。七寶爐温蓮漏永[三]。香冷。可憐無事忍春寒。

【題解】

閨怨詞。發抒女子空房獨守的孤寂情思。

【注釋】

[一]“替人”句：杜牧《贈别》：“蠟燭有心還惜别，替人垂泪到天明。”

[二]“滿院”句：歐陽修《蝶戀花》：“泪眼問花花不語，亂紅飛過秋千去。”

[三]七寶爐：佛教語，用多種寶物裝飾的香爐。蓮漏：即蓮花漏。古代的一種計時器。

水調歌頭　題陳大月墀紅笑集

舟停紅藥岸[一]，客住緑楊城[二]。西泠才子[三]，疑雲疑雨賦閑情。一卷香奩别體[四]，惹起花枝欲笑，錦字織難成。新詩寫歌扇，香繞筆端生。　　惱翠翠，憐惜惜，愛卿卿。杏欺桃妒，北里南部盡争名。十二樓頭春色[五]，廿四橋邊明月，贏得鬢絲更[四]。憶昔年痴夢，不忍聽簫聲[六]。

【題解】

　　題陳增《紅笑集》而作，稱其混迹歌樓楚館，詞作香艷穠麗。陳大月墀：指陳增，字月墀，排行老大。

【注釋】

[一]紅藥：指紅芍藥花。揚州城内有古橋吳家磚橋，又稱紅藥橋、二十四橋，附近盛産紅芍藥花。姜夔《揚州慢》："二十四橋仍在，波心蕩，冷月無聲。念橋邊紅藥，年年知爲誰生。"

[二]綠楊城：指揚州城。傳説隋煬帝開挖運河，賜堤岸柳樹與自己同宗。後人遂稱揚州爲綠楊城。

[三]西泠才子：指陳增。西泠，亦稱"西陵橋""西林橋"。在杭州孤山西北盡頭處，是由孤山入北山的必經之路。清康熙間杭州詩人陸圻、丁澎、柴紹炳、毛先舒、孫治、張綱孫、吳百朋、沈謙、虞黄昊、陳廷會等十人結社於西泠，時稱"西泠十子"，亦稱"西泠派"。清陳康祺《郎潛紀聞》卷十四："西泠十子，所作詩文，淹通藻密，符采爛然，世謂之'西泠派'。"陳增爲浙江海寧人，詩詞風格綺麗穠艷，故有此稱。

[四]香奩别體：唐韓偓《香奩集》所代表的一種詩風，寫婦女身邊瑣事，脂粉語重。錦字：指蘇蕙織錦寄詩給丈夫。

[五]十二樓：語出《漢書·郊祀志下》："方士有言皇帝時爲五城十二樓，以侯神人於執期。"指華美的樓閣。

[六]不忍聽簫聲：化用杜牧《寄揚州韓綽判官》："二十四橋明月夜，玉人何處教吹簫？"

鬭百草　題澹生太史少壯三好圖行看子

　　棐几筠簾[一]，好翻卷帙思訛字。許緑難明[二]，紃紅誰辨[三]，專刻影鈔部次。用丹鉛、掃落葉無聲[四]，忙中活計。是福地琅環[五]，人間津逮[六]，館名五笥[七]。　　誰使圖摹展氏[八]，書捧飛仙，真箇是鸞簫鳳翅[九]。辟蠹添香[十]，檢芸開軸[十一]，看珠圍、教人妒忌。叮嚀囑，湘管凝香莫投弃[十二]。且游戲。畫蛾眉、黛痕淺試。

【題解】

　　題畫之作。展現秦恩復藏書校書的閑雅生活。

【注釋】

[一] 棐几：用棐木做的几桌。亦泛指几桌。筠簾：竹簾。

[二] 許緑：古籍注音中的一種訛誤。南北朝顏之推《顏氏家訓·勉學第八》：“元氏之世，在洛京時，有一才學重臣，新得《史記音》，而頗紕繆，誤反‘顓頊’字，頊當爲許急録反，錯作許緣反，遂謂朝士言：‘從來謬音“專旭”，當音“專翾”耳。’此人先有高名，翕然信行；期年之後，更有碩儒，苦相究討，方知誤焉。”

[三] 紂紅：古籍注音中的一種訛誤。《康熙字典》亥集魚部“䲁”字：“《前漢·地理志》：‘汝南郡䲁陽縣。’《注》：‘應劭曰：在䲁水之陽。’按《正字通》引《漢書》孟康《注》：‘䲁音紂紅反。’《左傳·襄四年》注：‘䲁陽縣南，䲁音紂。’《後漢書》：‘陰興子慶封䲁陽侯。’《注》：‘䲁音紂。’孫愐東韻收䲁，直蒙、直柳二切。此皆《地理注》之音‘紂紅反’，訛失其下‘紅反’二字也。戴侗定爲徒紅、篆蛹二切，《韻會補》定音塚，則又緣‘紂紅’改爲上聲也。”

[四] “用丹鉛”二句：指校訂書籍。丹鉛：指點勘書籍用的朱砂和鉛粉。

[五] 福地琅環：傳説中神仙所居多書的洞府。

[六] 津逮：亦作“津達”，謂由津渡而到達，常用以比喻治學的門徑。

[七] 五笥：秦恩復自名書齋“五笥仙館”。

[八] 展氏：指展子虔（約五四五—六一八），渤海人。歷北齊、周、隋，至隋爲朝散大夫。擅畫山水，與畫家董伯仁共稱“董展”。宋無名氏《宣和畫譜》稱展子虔“寫江山遠近之勢尤工，故咫尺有千里趣”。

[九] 鸞簫鳳翅：代指笙簫之樂。

[十] 辟蠹添香：指添加香草防蟲蛀。

[十一] 檢芸開軸：沈括《夢溪筆談·辨證一》：“古人藏書辟蠹用芸。芸，香草也。”檢：通“撿”。

[十二] 湘管：毛筆。以湘竹製作，故名。

木蘭花慢　題翻書美人圖有感圖中瓶插芍藥二枝

捲珠簾獨坐，惜春去，檢新枝。正粉褪①香消，緑肥紅瘦[一]，惹怨添悲。淒其[二]。影隨夢遠，怪連宵冷雨逗將離[三]。可惜名花寂寞，帶圍減了腰肢[四]。　　相思。別恨有誰。知午倦，又難支。且去理芸籤[五]，亂翻殘帙，心緒如絲。攢眉。泪侵黛淺，想今人、不似古人痴。多少傷情倩女，斷魂吹到天涯[六]。

【校勘】

①“褪”，原作“腿”，據詞意改。

【題解】

　　題畫感懷之作，抒發相思別恨。芍藥：古時男女定情，一般贈以芍藥。或代表惜別。

【注釋】

[一]綠肥紅瘦：宋李清照《如夢令》：“知否？知否？應是綠肥紅瘦。”

[二]淒其：寒涼貌；淒涼貌。

[三]逗：短暫停留。

[四]“帶圍”句：語出劉向《列女傳·魏芒慈母》：“前妻中子犯魏王令，當死，慈母憂戚悲哀，帶圍減尺。”帶圍：腰帶繞身一周。古時以其寬松與否，來觀察人是否瘦損。

[五]芸籤：芸簽，書簽。

[六]“斷魂”句：典出唐陳玄佑《離魂記》，倩娘的魂魄與心上人結婚，後又與自己的身體合爲一體。

清商怨

　　蛾眉纏架半卷[一]。看綠雲堆滿。蛺蝶先知[二]，秋來花數點。匆匆一霎夢短。翅粉消、尋香休晚[三]。幾度西風，沿籬愁翠減。

【題解】

　　詠物感懷之作。借詠扁豆表達惜春之情。江藩有《秋宵吟·扁豆花》一詞，可參看。

【注釋】

[一]蛾眉：此指扁豆秧。扁豆又名蛾眉豆。

[二]蛺蝶：蝴蝶。

[三]翅粉：蝴蝶翅膀上的鱗粉。尋香：追逐香氣。北宋歐陽修《憎蒼蠅賦》：
　　"逐氣尋香，無處不到。"

調笑令

春夜。春夜。重到當年舞榭。花陰漏轉三更。惆悵一庭月明。明
月。明月。偏照銷魂離別[一]。

【題解】

春夜傷別之詞。

【注釋】

[一]"明月"三句：北宋晏殊《鵲踏枝》："明月不諳離別苦，斜光到曉穿
　　朱户。"

酷相思　閨怨

幾度玉釵敲欲折[一]。怯夜冷、霜如雪。却追悔、前番輕決絕。
郎眼裏、相思血。妾眼裏、相思血。　　繡罷鴛鴦收綫帖。睡不穩、
漏聲徹。擁衾坐、殘燈還未滅。郎夢裏、關山月。妾夢裏、關山月。

【題解】

閨怨詞。摹寫男女間的刻骨相思。江藩有《定風波・閨情》一詞，題材
相類。

【注釋】

[一]"幾度"句：化用唐韓偓《閨情》："敲折玉釵歌轉咽，一聲聲入兩眉愁。"

暗香疏影

白石老仙製《暗香》《疏影》二曲[一]，本仙吕宫。考段安節

《樂府雜録》論五音二十八調[二]，仙吕在去聲宫七調之内，則填此二曲，當用去聲。而白石用入聲者，北音入聲皆作去聲讀，今伶工歌北曲，所謂"入作去"也。蓋二曲本用去聲，以入代去，多纏聲而流美矣[三]。此夢窗、蘋洲、玉田所以謹守成法而不變[四]。又彭元遜《解佩環》調即《疏影》[五]，用去聲韻，亦一證也。張肯又采《暗香》前段、《疏影》俊段合成《暗香疏影》一闋[六]，變而爲夾鍾宫。夾鍾即燕樂之中吕宫[七]，亦在去聲宫七調之内，當用去聲，近入聲之韻，斯爲協律。仙吕宫下工字住，中吕宫下一字住、清上五字住，此曲用上五住也。春日讀《香研居詞麈》[八]，忽悟此理，乃填是曲，以繼絶響。然自南宋以後，三百年世無知之者矣。嗟乎！倚聲之難也如此。

　　户庭春至。看玉梅破蠟[九]，紅燈初試。影上小窗，冷逗幽香繞詩思。無奈昏黄月下，是何處、簫聲流吹[十]。怎禁仄聲。得、和怨和愁，嗚咽惱花睡。　　剛被哀音破夢，翠禽又踏啄，殘粉低墜。嘱咐東皇[十一]，疏雨疏風，好點綴蕭閑地。去年人日關山路[十二]，怕説那、斷魂天氣。折一枝、多少相思，隴首却教誰寄[十三]。

【題解】

用夾鍾宫《暗香疏影》調填詞，詠梅兼傷懷。

【注釋】

[一]白石：指姜夔，號白石道人。

[二]段安節：唐齊州臨淄人，段志玄的後裔。精於音律。有《樂府雜録》一卷。段安節《樂府雜録・别樂識五音輪二十八調圖》："太宗朝，三百般樂器内挑絲、竹爲胡部，用宫、商、角、羽，并分平、上、去、入四聲。其徵音有其聲，無其調。"因此，五聲爲：宫、商、角、徵、羽。二十八調：指除徵以外，其餘四聲各七調。其中，若以宫作爲音階起點，則稱爲宫調式，指以宫作樂曲中的主音。去聲宫七調，是指第一運正宫調，第二運高宫調，第三運中吕宫，第四運道調宫，第五運南吕宫，第六運仙吕宫，第七運黄鍾宫。

[三]纏聲：樂調中重迭的和聲。沈括《夢溪筆談・樂律一》："古樂府皆有聲有詞，連屬書之，如曰賀賀賀、何何何之類，皆和聲也，今管弦之中纏聲，亦其遺法也。"

[四]夢窗：指吳文英(約一二〇〇——一二六〇)，字君特，號夢窗，晚號覺翁，四明人。本姓翁，出繼吳氏，畢生不仕。有詞集《夢窗甲乙丙丁稿》。蘋洲：指周密(一二三二——一三〇八)，字公謹，號草窗，又號蘋洲、蕭齋等，祖籍濟南(今屬山東)，南渡後居吳興(今屬浙江)。有《蘋洲漁笛譜》《絕妙好詞》等。玉田：指張炎(一二四八——一三二〇)，字叔夏，號玉田，祖籍鳳翔府成紀，寓居臨安。有《山中白雲詞》《詞源》《樂府指迷》等。

[五]彭元遜：字巽吾，南宋廬陵人。有《解佩環》一詞。

[六]張肯(約一三九八年前後)：字繼孟，吳縣人。有《夢庵集》。

[七]燕樂：隋唐以後的俗樂，供宮廷宴飲、娛樂時用。

[八]《香研居詞麈》：音律學專著，清方成培所著。

[九]玉梅破蠟：指燭火如梅花般綻放。

[十]流吹：笳簫之類的吹管樂器。《文選·顏延之〈三月三日曲水詩序〉》：“春官聯事，蒼靈奉塗，然後升秘駕，胤緹騎，搖玉鑾，發流吹。”李周翰《注》：“流吹，笳簫之類也。”

[十一]東皇：語出《尚書緯》“春爲東皇”，指司春之神。

[十二]人日：農曆正月初七爲人日。

[十三]“折一枝”三句：典出南朝宋盛弘之《荆州記》，講陸凱和范曄交好，陸氏從江南給身在長安的范氏寄了一枝梅花，隨花贈詩云：“折梅逢驛使，寄與隴頭人。江南無所有，聊寄一枝春。”

聲聲慢

萬紅友《詞律》“《聲聲慢》末段結句用平仄仄平，乃一定之體，用上聲猶可”云云[一]。考玉田生此調結句一首云“却是故鄉”[二]，一首云“不是晋時”，俱用入聲，可知結句第一字四聲皆可用也。蓋失腔不失腔，在住字煞聲。詞中有一二拗嗓者，配管色時可以融化入律[三]。紅友既不博考諸名家詞，又昧於音律，故爲此刻舟求劍之説耳。秋日寓秦淮水榭，病起無聊，偶作此以自遣云爾。

清涼山外[四]，白下城邊，三間小閣占寒流。隔岸菰蒲，西風葉戰颼颼。衰楊幾枝作態，逗蟬聲、夕照初收。空惆悵，看六朝山色，特地悲秋。　病起郎當堪笑，對藥爐茶竈[五]，何處忘憂。酒陣花圍，辜負了十三樓[六]。江潮暗催月上，譜新詞、數盡更籌[七]。燈影裏，拍紅牙、字字引愁[八]。

【題解】

秋寓秦淮，正值病中，遂填詞自遣，發抒愁悶。

【注釋】

[一]萬紅友：指萬樹（一六三〇——一六八八），字紅友，一字花農，號山翁、山農，常州宜興人。有《香膽詞》等。

[二]玉田：指張炎。

[三]管色：江藩《半氈齋題跋·詞源》：“管色應指字譜……乃吹頭管者，換調之指法也。”

[四]清涼山：又名石頭山，位於南京城西。

[五]對藥爐茶竈：白居易《偶吟二首》：“晴教曬藥泥茶灶，閑看科松洗竹林。”

[六]十三樓：泛指供游樂的場所。

[七]更籌：竹簽，古代夜間報時用。

[八]紅牙：樂器名，即拍板，又名牙板，因其色紅，故名紅牙。檀木制，用以調節拍。

淒涼犯　仙呂調犯商調

寒夜不寐，披衣獨坐，萬籟無聲，百端交集，殘燈半滅，曉月微明，四顧蕭條，不覺悲從中來。乃填是曲，擲筆愴然。

淒涼戍角。朦朧裏、三更短夢驚覺。明月在天，霜華滿地，此情怎托。寒風又作。恰鄰舍荒雞喔喔[一]。剔銀缸、殘燈似豆[二]，顧影感淪落。　五十吾衰甚，如許頭顱[三]，一身無著[四]。浮沈苦海，嘆飄零、燕來巢幕[五]。計拙謀生，竟難覓休糧妙藥[六]。每銷愁、痛飲不醉，魯酒薄[七]。

按仙呂調上字住，起畢下四字、清五字。商調下五字住，起畢上字。此調當用清五字住，若用上字，則住字不同，不容相犯矣。

【題解】

　　寒夜不寐，感慨身世而作。據"五十吾衰甚"句，可知此詞作於嘉慶十五年(一八一○)江藩五十歲時。

【注釋】

[一]荒鷄：三更前啼叫的鷄，古人認爲其鳴不祥。

[二]剔銀缸：指挑燈花。

[三]如許頭顱：意謂頭顱如許，鬢髮斑白，形容人已近衰老。典出南朝梁陶弘景《與從兄書》："今三十六，方作奉朝請，頭顱可知，不如去。"

[四]一身無著：即一無所有。

[五]燕來巢幕：語出《左傳·襄公二十九年》："夫子(孫文子)之在此也，猶燕之巢於幕上。"楊伯峻注："幕即帳幕，隨時可撤。燕巢於其上，至爲危險。"

[六]休糧妙藥：用短暫的停食穀物、不進食的方法，使身體循環加快。語出東晉葛洪《抱樸子·仙藥》："术餌，令人肥健，可以負重涉險，但不及黃精甘美易食，凶年可以與老小休糧，人不能別之，謂爲米脯也。"

[七]魯酒：魯國産，味淡，語出《莊子·胠篋》："魯酒薄而邯鄲圍。"

杏花天影 閨怨

　　箇人遠去三千里。撫瑤琴、偸彈綠綺[一]。可憐無處説相思，暗地。織迴文，湊錦字[二]。　　封姨妒、吹紅墮紫[三]。却春日、芳心不死。恨他池上好鴛鴦，兩兩。浴晴波，並頸睡。

　　按《白石道人歌曲》有《杏花天影》一曲，與《杏花天》不同[四]，越角調也。此調當用上聲韻，白石用上、去者，取其流美耳。然兩結句用去聲韻，而第二字必用上聲始爲協律，過片句必用去聲韻[五]。緣上段去聲韻住，接用去聲，則曲調緊而悦耳。若用上聲，則緩而平矣。越角調六字住，白石宮譜住字填六、凡，凡乃寄煞也[六]。

【題解】

摹寫閨怨，傾訴相思纏綿。

【注釋】

[一]瑤琴：即琴，古人認爲琴之樂聲乃上天瑤池之樂，是以稱。緑綺，古琴
　　名，西晋傅玄《琴賦序》載，司馬相如有緑綺琴。王昌齡《和振上人秋夜
　　懷士會》：“瑤琴多遠思，更爲客中彈。”

[二]錦字：即錦字書。

[三]“封姨妒”二句：典出風神因嫉妒而企圖吹落其他花精的故事，見唐谷
　　神子《博異志·崔玄微》。封姨：古時神話傳説中的風神。

[四]與《杏花天》不同：《杏花天影》較《杏花天》多兩個短句，上三字平仄也
　　有所差異，蓋乃舊調翻新，故名《杏花天影》。越角調：上聲角七調
　　之一。

[五]過片：在雙調裏，多指第二段的開頭。

[六]寄煞：一種終止形式。

琵琶仙　穀人先生招同人爲消夏會

　　消夏開尊[一]，聚吟侣、盡是江湖狂客。紅藥才別春風，生香上
瑤席。家釀熟、人人自遠[二]，却無奈、酒腸枯窄。怕見流鶯，愁聽
啼鴂，催我頭白。　　最堪嘆、愁裏詩邊，恨春去、無端感平昔。誰
問百年身世，把時光空擲。休論那、平原故事[三]，拼醉倒、痛飲今
夕。只惜涼夜簫聲，月明難得。

【題解】

與吳錫麟等消暑唱和而作。展現消夏雅集的盛況，流露功業未竟的悲
慨。吳錫麟（一七四六——一八一八），字聖徵，號穀人，錢塘（今浙江杭州）
人。擅詩詞，精駢文，有《有正味齋集》等。

【注釋】

[一]開尊：指飲酒。尊：通“樽”。

[二]家釀：指家中自釀的酒。

[三]平原故事：指太康十年（二八九），陸機兄弟來到洛陽，文才傾動一時，

受太常張華賞識，此後名氣大振。時有"二陸入洛，三張減價"之説。
平原：指陸機(二六一——三〇三)，字士衡，吳郡吳縣(今江蘇蘇州)人。
曾任平原内史，世稱"陸平原"。工詩文，善書法，有《陸機集》。

夢芙蓉

　　此吳夢窗自度曲也[一]，詞家絶無繼聲者。夏日泛舟湖上，
獨酌荷花中，不覺大醉，醒時已四鼓矣[二]，遂填是詞。明日入
城，乞莊生吹笛，按譜有不叶者，改易數字，音節和諧，幸不失
邯鄲故步，相對痛飲，極歡而散。

　　魂消殘夢裏。恰平湖放棹，鬧紅折翠。那家池館[三]，風送冷香
過。仄聲。露花欲墜。依稀清景難憶。脱却荷衣，正朦朧酒醒，城上
角聲起。　　自悔當年情事。辜負花光，曲罷無人記。舊歌重按，休
把褪紅洗。並頭書錦字。關河路遠誰寄[四]。玉漏催歸[五]，芙蓉帳
外[六]，月如流水。

【題解】

　　夏日泛舟湖上，獨酌醉酒，醒而填詞。摹畫泛舟景況，追憶往昔情事。

【注釋】

[一]夢窗：指吳文英，號夢窗。
[二]四鼓：即四更，舊時巡夜，打更鼓以告知時間。
[三]池館：池中小亭。南朝齊謝朓《游後園賦》："惠氣湛兮帷殿肅，清陰起
　　兮池館涼。"
[四]關河：泛指山河。
[五]玉漏催歸：唐蘇味道《正月十五夜》："金吾不禁夜，玉漏莫相催。"
[六]芙蓉帳：語出白居易《長恨歌》："雲鬢花顔金步摇，芙蓉帳暖度春宵。"

六州歌頭　出古北口有感

單車出塞，山色馬頭前。殘月黑，狂風緊，角聲乾。漫流連。獨

走灤陽道，幾行柳，幾行雁，十里戍，三里堠[一]，盡荒煙。望裏邊墙，雉堞因山築[二]，隔斷幽燕。逐牛羊水草，另是一山川。仰視飛鳶[三]。感華年。　　嘆星星鬢，蒼蒼髮，真骯髒，百憂煎。人易老，征塵撲，冷車氊。有人焉。開府干城寄[四]，催後勁，擁中權[五]。鳴鉦鼓，行酒炙，敞華筵。堪笑將軍負腹[六]，如何浪、用水衡錢[七]。看書生身手，有力拓弓弦。七札能穿[八]。

【题解】

此詞懷古詠史，兼抒懷抱。當作於乾隆五十八年(一七九三)江藩三十三歲之時。江藩另有《出古北口》詩紀行。古北口：長城隘口之一，在北京密雲縣東北。

【注釋】

[一]堠(hòu)：土堡，古戰時用以瞭望敵情。

[二]雉堞：泛指城墙。

[三]飛鳶：即風箏。據說由韓信發明，戰時用以傳遞情報。

[四]開府：指庾信(五一三—五八一)，字子山，南陽新野(今河南新野)人。官至驃騎大將軍、開府儀同三司。有《庾子山集》。干城寄："干城之寄"的省稱，指作爲國家捍衛者的寄託。

[五]後勁：殿後的精兵。中權：指主將。

[六]將軍負腹：語出《通鑒長編》："將軍(黨進)固不負腹，此腹負將軍，未嘗稍出智能也。"

[七]水衡錢：泛指俸禄，由水衡都尉、水衡丞掌管及鑄造，故稱。

[八]七札能穿：語出《左傳·成公十六年》："潘尪之黨，與養由基蹲甲而射之，徹七札焉。"此處借用庾信《三月三日華林園馬射賦》："七札俱穿，五犯同穴。"七札：七層鎧甲。札：甲的葉片。

氐州第一　出龍泉關

更促雞鳴，風送雁影，眉間落月低小。關內桃紅，關前雪白，如夢渾難分曉。遙望南臺，有玉柱、亭亭天表[一]。五臺山有千古不消之雪，雪久成堅冰，遠望峰巒若瑤簪玉柱。柳眼凝青[二]，溪流凍碧，不知春老[三]。予到臺懷[四]，時交初夏，冷似三冬。　　只有金蓮才放了。怎禁得、朔風亂攪。虎迹縱橫，驪蹄蹀躞^[五]，那答韶光好^[六]。説曼殊、曾現化^[七]，旃檀樹、輪迴五道^[八]。古刹猶存，訪遼宫、都埋荒草。

【題解】

與上一首《六州歌頭·出古北口有感》作於同時。展現邊關景致，感懷歷史滄桑。

【注釋】

[一]天表：天外。班固《西都賦》："排飛閣而上出，若游目於天表，似無依而洋洋。"

[二]柳眼：指早春初生的柳葉，因其似人惺忪的睡眼而得名。

[三]春老：指晚春。語出岑參《喜韓樽相過》："三月灞陵春已老，故人相逢耐醉倒。"

[四]台懷：位於五臺山中部。

[五]驪：馬的一種。蹀躞：馬行貌。

[六]那答：那邊，那裏。

[七]曼殊：即曼殊室利，佛教大乘菩薩，專司"智慧"，坐騎爲獅子。相傳五臺山是曼殊顯靈説法的道場。旃檀樹：即檀木，佛教用語，寺廟中用以燃燒祀佛。明李時珍《本草綱目·木一·檀香》："釋氏呼爲旃檀，以爲湯沐，猶言離垢也。"

[八]五道：指佛教的輪迴轉世體系，即天、人、地獄、餓鬼、畜生五道。

八聲甘州　易水　用柳七體

正寒風作意，捲層波，奔流幾時平。想千年遺恨，衝冠怒氣^[一]，都變濤聲。當日悲歌擊筑^[二]，本不求生。空送將軍首^[三]，大事難成。

試問合從辯士，高談抵掌^[四]，立取功名。豈能判一死，直刺嬴正。客來過、衰楊蕭瑟，天半晚霞明。還疑是、白虹光射^[五]，匣劍長鳴^[六]。

按"奔流幾時平"句，第三字當用上聲，或用去聲，若用入聲，則不叶矣。起句"正寒風作意"，或豆或句皆可^[七]，無一定之格。

【題解】

擬柳永體，詠荊軻刺秦事。

【注釋】

[一]衝冠怒氣：語出《史記·廉頗藺相如列傳》："相如因持璧却立，倚柱，怒髪上衝冠。"

[二]悲歌擊築：典出《史記·刺客列傳》："至易水之上，既祖，取道，高漸離擊築，荊軻和而歌，爲變徵之聲，士皆垂泪涕泣。"

[三]空送將軍首：指荊軻帶携帶樊於期將軍的首級，前往秦國刺殺秦王。

[四]高談抵掌：《戰國策·秦策一》："（蘇秦）見説趙王於華屋之下，抵掌而談。"

[五]白虹：寶劍名。西晋崔豹《古今注·輿服》："吳大帝有寶刀三，寶劍六。寶劍六：一曰白虹……"

[六]匣劍長鳴：指希望建功立業。語出唐李益《夜發軍中》："邊馬櫪上驚，雄劍匣中鳴。"

[七]豆：通"逗"，即句逗，古時爲文，用以表示休止及停頓。"句"與"逗"乃語意已盡與未盡之區别。

惜分釵

西郊路。三年住。木樨滿院香風度[一]。篆煙消[二]。夢無聊。雨滴梧桐，雨滴芭蕉。瀟瀟。　　芙蓉渡。沾衣露。緑波江上傷心賦[三]。樹影摇。竹聲敲。似有人來，水複山遥。迢迢。

【題解】

搬離舊居，戀戀不捨，故填詞傷别。

【注釋】

[一]"木樨"句：南宋黄鑄《小重山》："風度木樨香。"木樨：桂花的别稱。

[二]篆煙：燃燒盤香的煙，因形似篆字而得名。

[三]"緑波"句：南朝梁江淹《别賦》："春草碧色，春水緑波，送君南浦，傷之爲何！"

彩雲歸 記湘雲事

芙蓉並蒂浴夗央[一]。愛河翻、割斷柔腸。當乍晴乍雨，心情惡，如中酒、轉側方牀。起來遲、入簾歸燕[二]，恰雙栖畫梁。只恨山程水驛，偏種垂楊[三]。　　思量。燈殘宵冷，閉紗窗、月色昏黄。晚風吹落花片也，算一度滄桑。料得你、平聲。扁舟吹笛，曲罷無限凄涼。停泊處，蘆荻洲邊，夢遠瀟湘[四]。

【題解】

摹寫男女戀情，感嘆別後凄涼。湘雲：不詳。

【注釋】

[一] 夗央：通“鴛鴦”。

[二] 入簾歸燕：蘇軾《次韻定慧欽長老見寄八首》：“鉤簾歸乳燕，穴紙出痴蠅。”

[三] 垂楊：垂柳。代指惜別。南宋范成大《横塘》：“年年送客横塘路，細雨垂楊繫畫船。”

[四] 蘆荻洲：指河流中由泥沙淤積而成的陸地。蘆、荻均是生長在水邊的草本植物。

孤　鸞

秣陵天遠[一]。正夜雨瀟瀟，白楊多少。送到蕪城，怎禁玉啼花惱[二]。病來更加瘦損，自驚疑、衩裙腰小。忽地幽蘭摧折，此恨如何了[三]。　　聽戍樓、畫角秋江曉[四]。便算後思前，十年夢好。嬾去尋春，怕看玉鈎荒草[五]。尚留舞衫疊起，悵人天、海山雲杳。只剩孤鸞飄泊，怕向鏡中照。

【題解】

江藩自南京返回揚州，病痛加劇，自傷漂泊無依。

【注釋】

[一]秣陵：今南京市，秦時稱爲秣陵。

[二]玉啼：女人的眼泪。

[三]恨：遺憾。

[四]戍樓：邊防駐軍的瞭望樓。畫角：古時軍中多用以振士氣，因表面有彩
　　繪，故稱。

[五]玉鈎：指彎月。語出南朝宋鮑照《月詩》："始出西南樓，纖纖如玉鈎。"

滿江紅　雪夜渡江北上

衣帶長江，恰一葉、雙槳破潮。帆懸岸闊明月夜，山積瓊瑶[一]。
兩點金焦浮翠色[二]，千層雲樹浸寒濤[三]。看玉龍、殘甲滿天飛，風
怒號[四]。　　孤蓬底，魂暗銷。雪侵鬢[五]，嘆刁騷[六]。那日饑驅
了，世事全抛。却又風餐還水宿，客愁如海不能消。悵望家、山在有
無間，難畫描。

平調《滿江紅》始於白石，謂仄調多不協律，末句第二字用去
聲方諧音律。予細讀姜詞，玩其音節，第二句五字當用上聲，六
字當用去聲，七句六字當用上聲，下半曲第九句五字當用上聲，
始爲合律，不拗歌喉矣。白石是曲，押寒、山韻，而"阻江南"句
闌入侵、覃，蓋一時失於檢點耳。

【題解】

作於旅途，適逢雪夜渡江北上。摹畫江邊夜景，發抒羈旅情懷。

【注釋】

[一]瓊瑶：指雪。

[二]金焦：金山與焦山的合稱。兩山都在今江蘇省鎮江市。

[三]雲樹：指高聳入雲的樹木。焦山上遍布蒼松翠竹。

[四]"看玉龍"三句：語出宋張元《雪詩》："戰死玉龍三十萬，敗鱗風卷滿天
　　飛"，形容風中裹挾着大雪。

[五]雪侵鬢：指頭髮花白。

[六]刁騷：頭髮稀落的樣子。歐陽修《齊宮尚有殘雪思作學士時攝事於此嘗

有聞鶯詩寄原父因而有感》："休把青銅照雙鬢，君謨今已白刁騷。"

霓裳中序第一

中秋海上月。遍地清光如水活。聽夜半殘漏徹。望天際彩雲，依稀仙闕[一]。星河半滅。何處歌聲恁愁切[二]。匆匆過，一年令節，此恨向誰說。　　愁絕。木樨香屑[三]。引逗我回腸百結[四]。生涯真箇鶻突[五]。六十平頭[六]，世網難脫。學仙求秘訣。客夢裏、飛身蟾窟[七]。塵寰外，看冰輪滿[八]，萬古不殘缺。

　　按白石在衡岳得商調《霓裳》十八闋[九]，皆虛譜無字，乃填《中序》以傳於世，則此調當以姜詞爲正，平仄宜參用个翁、草窗二家[十]。个翁詞有脫字，草窗下半闋"悵洛浦分綃，漢皋遺玦"，較之白石多一"悵"字，《詞律》謂之領句字，即今北曲之襯字[十一]。白石、个翁、草窗皆用入聲韻，有用去聲韻者，非正格矣。

【題解】

摹畫中秋賞月，感嘆年華飛逝，世網難脫。據詞中"六十平頭，世網難脫"句，可知此詞作於嘉慶二十五年（一八二〇），江藩六十歲之時。

【注釋】

[一]依稀：仿佛。

[二]恁：那麼，那樣，如此，這樣。

[三]香屑：花瓣。

[四]回腸百結：形容憂思綿長。司馬遷《報任少卿書》："是以腸一日而九回，居則忽忽若有所亡，出則不知其所往。"

[五]鶻突：即糊塗。

[六]平頭：往往用於計數，指整數，不帶零頭。

[七]蟾窟：指月亮。

[八]冰輪：指明月。

[九]衡岳：南岳衡山的簡稱。

[十]姜个翁：宋代臨江府清江（今屬江西）人。其《霓裳中序第一·春晚旅寓》移逯於下："園林罷組織。樹樹東風翠雲滴。草滿地間行迹。聽得

聲聲，曉鶯如覓。愁紅半濕。煞憔悴、墻根堪惜。可念我、飄零如此，一地送岑寂。　　黿石。當年第一。也似老、人間風日。餘葩選甚顏色。羞撚江南，斷腸詞筆。留春渾未得。翻些入、啼鵑夜泣。清江晚，綠楊歸思，隔岸數峰出。"江藩指个翁有脫字，蓋"聽得聲聲"，脫一字，應爲五個字。草窗：指周密。

[十一] 襯字：指曲詞中用以補足語氣，增加感情色彩的，額外增加的虛字。明王驥德《曲律·論襯字》："古詩餘無襯字，襯字自南、北二曲始。北曲配弦索，雖繁聲稍多，不妨引帶。南曲取按拍板，板眼緊慢有數；襯字太多，搶帶不及，則調中正字反不分明。"

風入松　書儀君墨農劍光樓詞鈔後

蘋洲𥆩笛譜新詞[一]。吹冷胭支[二]。不裁柳七輕盈體[三]，愛他非曲非詩。八寶樓臺拆下，爭如茅舍疏籬[四]。　　夜深明月上梅枝。簾影花移。斷腸好句和香歇，最銷魂、兩髻添絲。滴粉揉酥小令[五]，牽儂多少鄉思。

【題解】

以詞論詞。品評儀克中《劍光樓詞鈔》，認爲其詞輕盈温婉，感人至深。儀克中（一七九六——一八三七），字協一，號墨農，又號姑射山樵，早年居山西太平，因父到廣東爲官，遂爲番禺人。工詩善畫。有《劍光樓集》。

【注釋】

[一]"蘋洲"句：周密有詞集《蘋洲漁笛譜》二卷，此句意謂儀克中如周密般填詞。

[二]胭支：即胭脂，一種化妝用的紅色顏料。明李時珍《本草綱目》卷十五《草部》："時珍曰：按伏候《中華古今注》云：燕脂起自紂，以紅藍花汁凝作之。調脂飾女面，產於燕地，故曰燕脂。或作敋。匈奴人名妻爲閼氏，音同燕脂，謂其顏色可愛如燕脂也。俗作胭肢、胭支者，並謬也。"

[三]柳七輕盈體：指柳永詞，風格婉約。柳永排行第七，故稱柳七。

[四]"八寶"二句：南宋張炎《詞源》："吳夢窗詞如七寶樓臺，眩人眼目，碎拆下來，不成片段。"

[五]滴粉揉酥：指左譽，字與言，臨海人。有《筠翁長短句》，已佚。左譽
長相雖粗，詞却温柔，因爲歌女張濃寫"帷雲剪水，滴粉搓酥"句而得
名"滴粉搓酥左與言"。

采緑吟

　　初秋同友人泛舟珠江，聽珠娘度曲[一]，琵琶拉雜，都操土
音，不知其詞，但覺其聲之怨抑也。

　　蕩漿清波曲，水拍緑楊堤。斜陽欲暮，蟬鳴初歇，人映玻璃[二]。
粉香熏到了，搔頭裹、歌聲出花圍[三]。撥琵琶，吳絲緊[四]，依稀詞
苦韻悽。　　還唱《摸魚歌》[五]，哀音變淒迷，弦緩聲膩。不是醉吟
仙，拭泪也沾衣[六]。望珠江、明月飛來，城頭上、驚起烏栖[七]。聽
歌罷，燈暗酒闌，眉促黛低。

　　按玉田生①《采緑吟·序》云[八]："霞翁會吟社諸友於西
湖[九]，采蓮葉，探題賦詞[十]，余得《塞垣春》[十一]，翁爲番誤②
數字，短簫按之，音極諧婉，因易今名云。"是曲較之《塞垣春》，
詞句不同，且《塞垣春》用仄韻，此用平韻，蓋亦如仄韻《滿江
紅》之不合律也。予在吳門，以玉田詞付與老伶工張仲芳譜之，
按以洞簫，凡拗句音極清脆，惜歌譜失去，不復記憶矣。如第七
句當填"平平入平平"，"依稀"二字叶韻，上段末句"平去去平"，
下段第二句"平平去平平"，三句"平去平去"，末句"平入去平"。
楊霞翁精於音律，所謂"番誤"數字者，即此也。玉田押齊、微
韻，又用支韻，南宋詞家嚴於聲律，而寬於用韻，不如北宋人之
謹嚴矣。

【校勘】

①按：《采緑吟》詞及《自序》爲南宋周密所作，故"玉田生"當作"草窗"。
②"番誤"，周密《采緑吟·序》作"翻譜"。

【題解】

　　聽曲泛舟，感懷而作，表達仕途失意的苦悶。采緑吟：周密自度曲，取

詞中起句二字爲調名。

【注釋】

[一]珠娘：閩粤等地對妓女的稱呼。清錢泳《履園叢話·祥異·八月十五
　　晡》：“閩語謂夜爲晡，屋爲宅，妓女爲珠娘，以方言歌之，頗中
　　音節。”

[二]玻璃：水面。

[三]搔頭：女子的髮簪，因漢武帝李夫人以玉簪搔頭，得名。

[四]吳絲：比喻琴弦。唐李賀《李憑箜篌引》：“吳絲蜀桐張高秋，空山凝雲
　　頹不流。”王琦《注》：“絲之精好者，出自吳地，故曰吳絲。”

[五]摸魚歌：指南宋辛弃疾《摸魚兒》。此處暗指自己壯志難酬的苦悶心情。

[六]拭泪也沾衣：化用唐白居易《琵琶行》“凄凄不似向前聲，滿座重聞皆掩
　　泣。座中泣下誰最多？江州司馬青衫濕”。

[七]驚起鳥栖：化用白居易《清夜琴興》：“月出鳥栖盡，寂然坐空林。”

[八]玉田生：指張炎，號玉田。

[九]“霞翁”句：南宋末年在西湖邊形成一個詞人群體。以文人雅士，尤其
　　以音樂家爲核心，主要傳授音律、分題賦詞等，詞人多臨安籍。早期楊
　　纘和張樞領導，後期爲周密領導。張炎、徐理等活動也較爲頻繁。霞翁
　　指楊纘，約宋理宗淳祐初前後在世，字繼翁，號守齋，又號霞翁，本郡
　　陽洪氏，後被楊石收爲養子，居浙江錢塘，官司農卿，善畫墨竹，能自
　　度曲。有《紫霞洞譜》。

[十]探題賦詞：抽籤以分題賦詞。南宋嚴羽《滄浪詩話·詩體》：“古人分
　　題，或各賦一物，如云送某人分題得某物也。或曰探題。”

[十一]《塞垣春》：此調以周邦彦詞爲正體，雙調九十六字，前段九句六仄
　　　韻，後段八句四仄韻。

扁舟載酒詞跋

張丙炎

　　《扁舟載酒詞》一卷，甘泉江子屏先生所著也。先生少居吳門[一]，師事吳縣余古農、江艮庭兩先生[二]，得師傳於紅豆惠氏[三]。博聞宏覽，心貫羣經，精研鄭君之學[四]，故又號“鄭堂”焉。與阮文達公同學交善[五]。入都，主韓城王文端公家，文端雅重之[六]。又嘗從王蘭泉先生、朱笥河先生游[七]。阮文達督漕[八]，駐山陽[九]，聘主麗正書院講席[十]，以布衣爲諸生師。迨開府兩粵，延先生纂輯《皇清經解》《廣東通志》《肇慶府志》，留幕府最久。所得館金，盡易端溪石硯以歸，歸裝壓擔，暴客疑其挾巨金，尾之兼旬，易舟發篋，乃唾而去。性恬退，所交盡當世達人名彥，而以布衣終老，其《過畢弇山尚書墓道》詩有云“公本愛才勤説項，我因自好未依劉”[十一]，即平生風節可略見矣。先生爲人倜儻權奇，襟懷磊落，走馬奪槊，有逾健兒，遍游齊、魯、燕、趙、江、浙、閩、粵諸勝，其豪邁雄俊之氣，一發之於詩詞。及其窮老倦游，閉門著述，蕭然一室，泊如也。雲間汪墨莊[十二]，工詩，少共唱酬，已而落魄江、淮，乃館之於家，時人謂先生好客忘貧，今之顧俠君也[十三]。其標格如此。先生經術湛深，尤熟於史事，至如詞章、金石、考證之學，旁及九流、二氏之書，兼綜條貫，靡不通擅。嘗作《河賦》，沈博絕麗，論者謂可與木玄虛《海賦》、郭景純《江賦》並傳[十四]。少時恭纂《純廟詩集注》，王文端爲之進呈，聖情欣賞，賜《禦制詩五集》，復諭召封圓明園，會林爽文陷臺灣報至[十五]，遂輟，人惜其數奇[十六]。幼蓄書萬餘卷，歲饑，盡以易米，作《書窠圖》以寓感，一時耆宿題詠殆遍[十七]。嘗自云“十口之家，無一金之産，迹類浮屠，鉢盂求食，睥睨紈袴，儒歌誤身，耳熱酒酣，長歌當哭”，亦可悲矣！卒年七十一[十八]。生時議以兄子爲後[十九]，卒不果。所著《周易述補》《國朝漢學師承記》《國朝經師經義》《國朝宋學淵源記》《隸經文》《樂縣考》諸書，皆在粵刊板，餘如《經傳地理通釋》《儀禮補釋》《考工戴氏車制圖翼》《爾雅小箋》《石經源流考》《禮堂通義》《乙丙①集》《炳燭室雜文》《伴月樓詩鈔》《蠅須館雜記》，稿皆藏於家。先生研究音律，窮極窈眇，寄之倚聲。是集當與夢窗《甲乙稿》《白石道人歌曲》相頡頏，不僅辭句流美已也。丙炎外舅式新先生[二十]，先生之從孫也。道光間，外舅曾刊補其遺集，兵燹轉徙，板復殘闕。近問泉內弟檢點遺編[二十一]，丙炎謂詞集篇葉無多，蓋先印行，問泉乃補其闕佚，印以傳世。因述崖略[二十二]，以告世之讀先生詞者。光緒丙戌秋七月儀徵張丙炎。

【校勘】

①“乙丙”，原作“乙炳”，據中國國家圖書館藏江藩稿本《乙丙集》改。

【題解】

　　光緒十二年丙戌(一八八六)，江藩姪曾孫江巨渠擬補刊江藩《節甫老人雜著》，增入《扁舟載酒詞》，表兄張丙炎遂作題跋，簡介江藩生平與著述，推許《扁舟載酒詞》“當與夢窗《甲乙稿》《白石道人歌曲》相頡頏，不僅辭句流美已也”。

【注釋】

[一]吳門：蘇州的古稱。

[二]師事：拜某人爲師或以師禮相待。

[三]“得師傳”句：意謂江藩因師事余蕭客、江聲而傳承惠棟之學。

[四]鄭君：指鄭玄(一二七—二〇〇)，字康成，北海高密(今山東濰坊)人，融會今古文經學，遍注群經，世稱“鄭學”。

[五]阮文達公：指阮元(一七六四—一八四九)字伯元，號芸臺，揚州人，占籍儀徵，擅經史之學與江藩自幼同里同學。

[六]雅重：甚器重；甚敬重。

[七]王蘭泉：指王昶(一七二四—一八〇六)，字德甫，號琴德、蘭泉，晚號述庵，江蘇青浦(今屬上海)人。精經學，喜金石。有《金石萃編》《春融堂集》等。朱笥河：指朱筠(一七二九—一七八一)，字竹君、美叔，號笥河，順天大興人，有《笥河文集》等。

[八]阮文達：即阮元，謚“文達”。嘉慶十七年(一八一二)八月，阮元任漕運總督。

［九］山陽：江蘇淮安縣的舊稱。

［十］麗正書院：清孫雲錦等《光緒淮安府志》："麗正書院，城内東南隅。乾隆中，漕督楊錫紱建。肄業生正課三十二名，副課二十名，肄業童正副課各二十名。"

［十一］説項：唐楊敬之器重項斯，作《贈項斯》詩："幾度見詩詩總好，及觀標格過於詩。平生不解藏人善，到處逢人説項斯。"後世謂爲人説好話、替人講情爲"説項"。依劉：語出《三國志·魏書·王粲傳》，講王粲才學顯著，皇帝想給他官做，司徒想招他，他都推辭了，而是依靠了有權有勢的劉表。

［十二］雲間：松江府的別稱，今上海松江縣一帶。因西晉文學家陸雲（字士龍，家在松江府治所在地華亭）對客自稱"雲間陸士龍"而得名。汪墨莊：指汪縄，字墨莊，號鶴崖。清洪亮吉《北江詩話》卷三："寄食於江上舍藩家，江亦赤貧之士也。"

［十三］顧俠君：指顧嗣立（一六六五——一七二二），字俠君，號閭丘，江蘇長洲人，善詩，豪飲好客，常周濟他人。有《秀野集》《閭丘集》。

［十四］木玄虚：指木華，字玄虚，廣川人。其《海賦》入選《昭明文選》。郭景純：指郭璞（二七六—三二四），字景純，河東聞喜縣人。工詩賦，有《游仙詩》。

［十五］林爽文（一七五六——一七八八）：臺灣彰化人，原福建平和人。天地會領袖。一七八六年發動農民起義，歷時一年零三個月，於一七八八年失敗被俘，被凌遲處死。

［十六］數奇：命數不好。數：命運、命數。奇：不偶，不好。古代占法以偶爲吉，奇爲凶。

［十七］耆宿：年高有德者。

［十八］卒年七十一：此説不確。江藩卒於道光十年（庚寅，一八三〇），享年七十。漆永祥《江藩與〈漢學師承記〉研究》第二章《江藩生平與學行考》之五"江藩卒年考實"考訂甚詳，可參考。

［十九］兄子：指侄江愨鈞（一七八八——一八五一），字季調。江藩伯父起椿子逢俊之子。增監生。有《詩經釋義》二十卷、《爾雅旁證》八卷等，皆不傳。

［二十］丙炎（一八二六——一九〇五）：字午橋，號藥農，一號榕園，江蘇儀徵人。式新：指江順銘（一八〇六——一八三九），字式新，甘泉人。愨莊次子。曾參與校刻江藩著作。

［二十一］問泉：指江巨渠（一八三六——一九〇四），字問泉。順銘子。

［二十二］崖略：大略，梗概。

炳燭室雜文補遺　一卷

王欣夫　輯

周禮注疏獻疑序

儀徵許君楚生[一]，篤志古學，治《周官經》，著《獻疑》一書示予。予卒讀之而爲之序曰：西京大儒，專守師承，不爲異説，明知師説之可疑，而不敢疑也。至高密鄭君，始疑師説，如《詩箋》之疑《毛傳》，《周官》之疑前鄭、杜子春是矣[二]。然無疑經者，有之自《周官》始。何劭公創義於前[三]，林孝存發難於後[四]，爰及趙宋諸人[五]，改竄經文，漫讥注疏，俞廷椿爲變亂之魁[六]，王與之爲煽助之黨[七]，分門別户，轇葛蔓延[八]，至明末尚祖其謬説，此疑所不當疑者也。鄭《注》、賈《疏》自漢及唐爲專門之學[九]，讀《禮》之宗，雖王肅好難鄭氏，然無異説。宋歐陽修以《周禮注疏》多引讖緯，又改經字，其《請校正五經札子》欲删削其書，然先秦以前之緯，其書皆出聖門弟子，如《乾鑿度》諸書非盡不可據，即先秦以後之緯，亦有所本，豈可概以讖緯爲不經之書而弃之哉！若改字之説，如某字當作某字，所見本異也。如讀如、讀曰，或義從音出，或音從義出，乃聲音訓詁之學，非改字也。後人因歐九不學之説，遂集矢於鄭《注》、賈《疏》，不亦慎歟[十]。此亦疑所不當疑者也。但知者千慮[十一]，必有一失，鄭、賈二君，雖顓門名家之學[十二]，而訓詁節文，亦有可疑者，乃千慮之一失也。宋、元諸儒恣肆排擊，僅摭拾其引讖緯改字而已，非不欲攻訓詁節文之失，然粗心浮氣，又苦《禮經》難讀，不能心通其義，而不能疑也。

許君潛心力學，十有餘年，博綜羣籍，精研本經，疑所當疑，不疑所不當疑，爲鄭、賈之諍友，盡掃前人聚訟陋習，是書一出，而王昭禹、易祓諸人之説皆可廢矣[十三]。嘉慶十六年十一月朔，甘泉友人江藩作。(清許珩《周禮住疏獻疑》卷首，《四庫未收書輯刊》影印嘉慶十六年刻本，北京出版社一九九七年版，第三輯第八册第六九一頁。)

【題解】

《周禮注疏獻疑》爲清代許珩所著。初有二百条，後删与江永等人之说雷同者数十条，又增采数十条。嘉慶十六年(一八一一)，許珩归扬州，乞江藩为其修訂，江藩正訛数十条，並为之作序。

【注釋】

[一]儀徵：縣名。在江蘇省揚州市西南部、長江北岸，鄰接安徽省。唐置揚子縣，明改儀真縣，清改儀徵縣。許楚生：指許珩，字楚生，江蘇儀徵人，有《周禮注疏獻疑》《周禮經注節鈔》。

[二]前鄭：指在鄭玄之前注釋《周禮》的鄭興、鄭衆父子倆，有《周禮解詁》。

[三]何邵公：指何休，字邵公。

[四]林孝存：東漢人，作《十論》《七難》等排斥《周礼》。

[五]趙宋：指宋朝，始建於趙匡胤，故稱趙宋。

[六]俞廷椿：字壽翁，南宋臨川(今江西撫州)人，師事陸九淵，有《周禮復古篇》。

[七]王與之：字次點，號東岩，南宋浙江樂清人，有《周禮訂義》。

[八]轇葛(jiāo gé)：同“轇轕”，交錯，雜亂。

[九]鄭《注》：指鄭玄《周禮注》。賈《疏》：指賈公彦《周禮疏》。

[十]傎(diān)：同“顛倒”的“顛”。

[十一]知：通“智”。

[十二]顓門：謂獨立門户，自成一家。顓，通“專”。《漢書·夏侯勝傳》：“勝非之曰：‘建所謂章句小儒，破碎大道。’建亦非勝爲學疏略，難以應敵。建卒自顓門名經。”顏師古《注》：“顓與專同。專門者，自别爲一家之學。”

[十三]王昭禹：字光運，宋代人，有《周禮詳解》。易祓(一一五六—一二四○)：字彦章，號山齋，湖南長沙人，有《周易總義》等。

夏小正注序

《太傅禮》三十九篇，盧景宣爲之注[一]。《夏小正》，三十九篇之一也。當時《小正》又別行於世，故《隋書·經籍志》有《夏小正》一卷。宋政和中，山陰傅崧卿從其外兄關澮得《夏小正》一卷[二]，不著作傳人名氏，崧卿從杜預《春秋例》，先列正文，後附傳文，月爲一篇，釐成四卷，作傳名氏雖不可考，然相沿爲太傅作[三]，而疑義衍闕，讀者每掩卷不能卒業。太學任君心齋集先儒舊説[四]，參以己意，而爲之注，數千年之霾蘊不明者，一旦軒露，考古之功，可謂精且博矣。太史公曰：“孔子正夏時，學者多傳《夏小正》云。”蓋敬授民時，聖人之所重也，烏可不討論哉！治《小戴》之學者，漢有盧植、孫炎[五]，而《大戴》無傳。今得任君，《大戴》有傳矣。則任君之功，不在盧植、孫炎下。歲在柔兆敦牂之壯月[六]，邗上江藩鄭堂氏。(清任兆麟《夏小正注》卷首，《續修四庫全書》影印清乾隆五十一年忠敏家塾藏版刻本，上海古籍出版社二〇〇二年版，經部第一〇八冊第一八八頁。)

【題解】

《夏小正注》爲清代任兆麟所撰。《夏小正》是《太傅禮》三十九篇中的一篇，後別行於世。《大戴禮記》無傳，任氏此書正補此缺。乾隆丙午年(一七八六)，江藩讀是書後爲之序。按江藩與任兆麟關係甚密，嘗爲任氏作《夏小正注序》《孟子時事略序》《書任心齋詩後》等。另外，江藩妹江珠《讀松陵任夫人春日閑居詩即次原韻奉寄》詩注稱“心齋先生(即任兆麟)與家兄訂道義交，著述行世者十餘種，時有‘吳中二彥’之目”。

【注釋】

[一]盧景宣：指盧辯，字景宣，西魏北周范陽涿(今河北涿縣)人，有《大戴禮記注》等。

[二]傅崧卿(？——一一三八)：字子駿，號樵風，越州山陰(今浙江紹興)人，有《夏小正戴氏傳》。

[三]太傅：指戴德，字延君，西漢梁國(今河南商丘)人，一說魏郡斥丘(今河北邯鄲)人，任信都王劉囂太傅，有《大戴禮記》等。

[四]任心齋：指任兆麟，原名廷麟，字文田，號心齋，江蘇震澤(今蘇州)人，太學生，有《夏小正注》《毛詩通説》等。

[五]孫炎：字叔然，三國時樂安(今山東博興)人，受業於鄭玄，有《周易春秋例》《爾雅音義》等。

[六]柔兆敦牂：即丙午，指乾隆丙午年(一七八六)。壯月：指農曆八月。

孟子時事略序①

　　任太學文田述《孟子時事略》成，舉以示余，余披而讀之，考核精詳，穿穴經史，其趙、陸之功臣乎[一]。郝楚望、譚梁生輩之歧途交出[二]，一旦示以周行矣[三]。然孟子生於烈王四年[四]，卒於赧王二十四年[五]，徵之經史，莫得其實，諸家之説，弟以《孟譜》爲據。夫譜學之盛，盛於南北朝，故劉孝標所見百七十餘家[六]，兵燹之後皆亡矣[七]，譜學繇此放絶。如《孟譜》之傳來已久，何唐、宋人卒無人道及之，此即太學自叙所謂“鑿鑿之年月”者也。然捨此則無可據，亦不得已仍其説耳。不稱《年譜》而稱《時事略》者，重時事不重生卒也。余舉而書之，以告後之讀《時事略》者。乾隆歲在昭陽單閼相月[八]，邗上江藩書。（清任兆麟《孟子時事略》卷首，光緒十三年吳縣朱氏家塾校刊《槐廬叢書》本，第六五册第一頁。）

【校勘】

①按：漆永祥校本改“序”作“跋”，然任兆麟原書作“叙”，故仍從王氏輯本之舊。

【題解】

　　《孟子時事略》爲任兆麟所著。乾隆四十八年（一七八三），江藩歸邗上，任兆麟示此書於江藩。藩讀後作序，以爲其考核精詳，乃趙岐、陸德明之功臣。

【注釋】

[一]陸：指陸善經，唐吳郡（今江蘇蘇州）人，有《孟子注》《文選注》等。

[二]郝楚望：指郝敬（一五五八——一六三九），字仲輿，號楚望，湖北京山人，有《周易正解》《尚書別解》等。譚梁生：指譚貞默（一五九〇——一六六五），字梁生，號埽庵，浙江嘉興人，有《譚子雕蟲》等。

[三]周行：至善之道。《詩·小雅·鹿鳴》：“人之好我，示我周行。”《毛傳》：“周，至；行，道也。”馬瑞辰《通釋》：“鄭注《萊誓》云：‘至，猶善也。’是知《傳》訓‘周行’爲‘至道’，即善道也。”

[四]烈王：指姬喜（？—前三六九），東周第二十二位君主。

［五］赧王：指姬延（？—前二五六），亦稱王赧，東周最後一位君主。

［六］劉孝標：指劉峻（四六二—五二一），字孝標，平原（今屬山東德州）人，有《世説新語注》《劉户曹集》等。

［七］兵燹（xiǎn）：因戰亂而造成的焚燒破壞等灾害。《宋史·神宗紀二》：“丁酉，詔：岷州界經鬼章兵燹者賜錢。”

［八］昭陽單閼：即甲辰，指乾隆四十八年甲辰（一七八三）。相月：指農曆七月。

正信録序

初祖西來[一]，不立文字[二]。自南岳、青原以下[三]，語多棒喝[四]，話似瘋顛，此乃度人不得已之苦心，皆不失西來大旨。逮宋、元間，禪衲居士老婆舌説口頭禪，公案紛紜，本來日昧。蓮池大師[五]，別開方便之門，曲盡錘爐之妙[六]，念彼彌陀，往生净土[七]。夫往生之因，生於一念之誠，念念相續，而蓮華芬馥，此即吾儒所謂“誠則明”。

吾兩峰居士[八]，出儒入佛，悟證人天，作《正信録》，窮諸妄想，究論萬緣，以蓮界之思[九]，爲歸宿之所；以經傳之文，爲近取之譬。嗟乎！至道無歧，同歸於一，生分別心者[十]，其居士之罪人乎。言如寶筏[十一]，度己度人；身坐針鋒[十二]，信人信我。具此阿閦鞞[十三]，以我之信，求人之信，如水合乳，如磁引鐵。則是書之有補於二氏，厥功甚偉，當與《法藏碎金録》同生天壤[十四]，歡喜讚嘆而爲之叙。辟支迦羅居士江藩書。（清羅聘《正信録》卷首，中國國家圖書館藏嘉慶十六年潮陽郭氏校刊本，第六—八頁。）

【題解】

《正信録》爲清代羅聘所著。羅聘为“扬州八怪”之一，乃江藩佛門之友。乾隆五十九年（一七九四），江藩讀是書後，認爲厥功甚偉，故歡喜讚嘆之際爲之作序。序末署“辟支迦羅居士”，乃江藩佛號。

【注釋】

［一］初祖：指初祖達摩（？—五三六），南天竺人，婆羅門种姓，自稱佛傳禪宗第二十八祖，南朝梁武帝時航海到廣州。

［二］不立文字：佛家語。指禪家悟道，不涉文字不依經卷，唯以師徒心心相印，理解契合，傳法授受。

［三］南岳：指懷讓（六七七—七四四），俗姓杜，金州安康（今陝西漢陰）人，慧能大師的高徒。青原：指行思（六七一—七四〇），俗姓劉，廬陵（今江西吉州）人，慧能大師的高徒。

［四］棒喝：佛教禪宗用語。禪師接待初機學人，對其所問，不用言語答覆，或以棒打，或以口喝，以驗知其根機的利鈍，叫“棒喝”。

［五］蓮池大師：指雲栖祩宏（一五三五—一六一五），俗姓沈，名祩宏，字佛慧，別號蓮池，因久居杭州雲栖寺，又稱“雲栖大師”，杭州仁和人，與紫柏真可、憨山德清、藕益智旭並稱爲“明代四大高僧”，有《阿彌陀經疏鈔》《往生集》等。

［六］錘爐：鍛打，比喻對人才的培養造就。南宋陳亮《與韓無咎尚書》：“如亮豈不願從之學，顧筋力念慮已如此，恐不復堪錘爐耳。”

［七］往生：佛教净土宗認爲：具足信、願、行，一心念佛，與阿彌陀佛的願力感應，死後能往西方净土，化生於蓮花中。一説，大徹大悟者，可以隨意往生十方净土。净土：佛教語，佛所居住的無塵世污染的清净世界，多指西方阿彌陀佛净土。

［八］兩峰居士：指羅聘（一七三三—一七九九），字遯夫，號兩峰，江蘇江都人，有《正信録》《鬼趣圖》等。

［九］蓮界：即“蓮花世界”的省稱，指佛教所稱的西方極樂世界。明汪廷訥《獅吼記·攝對》：“安得三輪盡空，化作蓮花世界。”

［十］分别：佛教語。謂凡夫之虚妄計度。白居易《答次休上人》：“禪心不合生分别，莫愛餘霞嫌碧雲。”

［十一］寶筏：佛教語。比喻引導衆生渡過苦海到達彼岸的佛法。李白《春日歸山寄孟浩然》：“金繩開覺路，寶筏渡迷川。”

［十二］身坐針鋒：语出佛教“坐於針之鋒端而聽法”的故事。唐道世《法苑珠林·三界篇》：“色界諸天下來聽法，六十諸天共坐一鋒之端，而不迫窄，都不相礙。”

［十三］阿閦鞞（chù pí）：如來名。意爲無動、不動、無瞋恚。

［十四］《法藏碎金録》：北宋晁迥撰，十卷。融匯佛理，如宗門语録。

校禮堂文集序

《校禮堂文集》三十六卷，亡友凌君次仲之文也。次仲殁於歙，受業弟子宣城張文學裘伯南走歙[一]，北走海州[二]，攗拾次仲之著述及詩古文詞，編次讎校，先刊《燕樂考原》六卷，又手寫《文集》。渡江至淮壖[三]，就正於阮侍郎。返棹過邗江，因藩與次仲有縞紵之雅[四]，屬藩爲序。伏讀卒卷，爲之序曰：

君學貫天人，博綜《丘》《索》。繼本朝大儒顧、胡之後[五]，集惠、戴之成。精於《三禮》，專治《十七篇》，著《禮經釋例》一書，上紹康成，下接公彥。而《復禮》三篇，則由禮而推之於德性[六]，闢蹈空之蔽，探天命之原，豈非一代之禮宗乎！釋禮之暇，謂樂由中出，禮自外作，合情飾貌，相須爲用者。乃辨六律五音[七]，明四旦七調[八]，著《燕樂考原》，絕無師承，解由妙悟，容積周徑之説，《河圖》《洛書》之謬，皆可廢矣。《記》曰："禮義立則貴賤等，樂文同則上下和。"君之學可謂本之情性、稽之度數者也[九]。出其緒餘，爲古文詞，經禮樂，綜人倫，通古今，述美惡，大則憲章典謨[十]，俾贊王道[十一]；小則文義清正，申紓性靈。嗟乎！文章之能事畢矣。蓋先河後海，則學有原委；菲史枕經，則言無支葉。卓爾出羣，斯人而已。近日之爲古文者，規仿韓柳，模擬歐曾[十二]，徒事空言，不本經術，污潦之水不盈，弱條之花先萎，背中而走，豈能與君之文相提並論哉！

藩與君交垂三十年，論樂會意，執禮析疑，雖隔千里，同聲相應。自謂他年得遂耦耕，且代磨琢，豈知日景西頹，遽從短運，遺迹餘文，觸目增泫[十三]，絕弦投筆[十四]，恒有酸辛，涕之無從，言不盡意。悲夫！嘉慶十七年十一月既望，甘泉江藩作。(清凌廷堪著，王文錦點校《校禮堂文集》卷首，中華書局一九九八年版，第三頁。)

【題解】

《校禮堂文集》爲清代凌廷堪所著，收錄了各體文章(包括學術性書信)共一百九十篇。乾隆四十九年(一七八四)，經汪中介紹，凌廷堪與江藩定交，情誼篤厚。凌廷堪殁後，門生張其錦搜其佚文，編成《校禮堂文集》三十卷，並邀序於江藩，江氏遂於嘉慶十七年(一八一二)十一月十六日作序。

【注釋】

[一]張裘伯：指張其錦，安徽宣城人，師事凌廷堪。嘉慶十八年(一八一三)，其錦拜謁江藩於江寧，並爲江氏《樂縣考》作序，引爲知音。文

　　學：官名。漢代於州郡及王國置文學，或稱文學掾，爲後世教官所
　　由來。

[二]海州：州名。唐轄境相當今江蘇連雲港市、東海、沭陽、贛榆、灌雲、
　　灌南等縣及新沂市、濱海部分地區。清雍正初升爲直隸州，轄境復唐宋
　　之舊。

[三]淮壖（ruán）：指淮安（今屬江蘇）一帶。

[四]縞紵：《左傳·襄公二十九年》：“（吳季札）聘於鄭，見子產，如舊相
　　識。與之縞帶，子產獻紵衣焉。”後因以“縞紵”喻深厚的友誼。

[五]胡：指胡渭（一六三三——一七一四），字朏明，號東樵，浙江德清人，
　　有《易圖明辨》等。

[六]德性：指人的自然至誠之性。《禮記·中庸》：“故君子尊德性而道問
　　學。”鄭玄《注》：“德性，謂性至誠者也。”

[七]六律五音：六律，是定樂器的標準，分爲六陽律和六陰律，這裏的六律
　　指十二律中的六個陽律，即黃鐘、太簇、姑洗、蕤賓、夷則、無射。五
　　音，指宮、商、角、徵、羽五個音階。

[八]四旦七調：四旦謂第一弦宮聲，第二弦羽聲，第三弦商聲，第四弦角
　　聲。七調指古樂律高低音域，自黃鐘至中呂，稱七調。宮、商、角、羽
　　皆有七調，合二十八調。《遼史·樂志》云：“四旦二十八調，不用黍
　　律，以琵琶弦叶之。考黍律爲漢以前所定音。王朴論樂，專恃黍律之，
　　叶以琵琶弦，乃龜茲舊譜所用隋、唐以後之音也。旦者，均也，或曰清
　　也。四旦謂第一弦宮聲，第二弦羽聲，第三弦商聲，第四弦角聲。二十
　　八調者，宮、商、角、羽皆有七調。徵則有其聲無其調，分隸四聲
　　之中。”

[九]度數：標準；規則。語出《禮記·樂記》：“是故先王本之情性，稽之度
　　數，制之禮義。”孔穎達《疏》：“‘本之情性’者，言自然所感謂之性，
　　因物念慮謂之情。言先王制樂，本人情性。‘稽之度數’者，稽之言考
　　也，既得人情，考之使合度數。”

[十]憲章：遵守法制。典謨：典、謨，兩種文體。典以記國之大事，謨以載
　　謀略之言。典謨泛指古聖賢所遺留的訓誡。

[十一]俾贊：輔助。王道：古時指以仁義統治天下的政策。

[十二]歐曾：指歐陽修和曾鞏。曾鞏（一〇一九——一〇八三），字子固，建
　　　昌軍（今江西）南豐人，有《元豐類稿》《隆平集》等。

[十三]泫：指眼淚。

[十四]絕弦：典出《呂氏春秋·本味》，亦稱之爲“伯牙絕弦”。伯牙因鍾子
　　　期死了，便把琴摔碎，不再彈琴。比喻知己喪亡後，弃絕某種專長愛

好，表示悼念。

宋刻新編古列女傳跋

《列女傳》八卷，宋建安余氏所刻，余氏名仁仲，曾刊《注疏》，何義門學士所謂萬卷堂本也。卷末有余靖庵模刊款，靖庵豈仁仲之號與？汲古閣册上藏經紙標籤爲子晉手書[一]，下題"秘閣藏書"者，蓋明內府藏本也。書尾有"永樂二年"云云一條，不知爲何人書矣。

予少時聞此書在吳中迎駕橋顧氏家[二]，恨不得見。乾隆戊申，此書爲亡友顧君抱沖所有，始得見之，不覺爲之色飛眉舞。抱沖從弟千里以此本開雕[三]，因王回《序》有"好事爲圖"之語[四]，遂不刻上方畫像。予謂千里曰："此《圖》即好事者爲之，亦宋畫也，存之爲是。"然書已殺青[五]，不能重刻矣。後於宋丈芝山處見趙文敏臨愷之《列女傳·仁智圖》[六]，如蘇子容之言[七]，各題頌於像側，其畫像佩服，與刻本一一吻合，始悟此《圖》乃顧畫之縮本，王回特未之見耳。嘉慶二十五年三月十一日，甘泉江藩題後，時年六十。(漢劉向編撰，東晋顧愷之圖畫《新編古列女傳》卷末，道光五年《文選樓叢書》本，第一一四頁。)

【題解】

《列女傳》爲西漢劉向所著，共七卷，記述了一百零五位婦女的故事。乾隆戊申(一七八八)，江藩二十八歲時，在顧之逵家見宋刻《列女傳》，後之逵從弟廣圻以此本開雕。嘉慶二十五年(一八二〇)，江藩六十歲時，在阮元處又見到所藏宋刻《列女傳》，遂爲之題跋。

【注釋】

[一]子晉：指毛晉(一五九九——六五九)，字子久，後改字子晉，江蘇常熟人，建汲古閣、目耕樓藏書，多宋元刻本，輯刻有《十三經》《十七史》等。

[二]顧氏：指顧之逵(一七五二——一七九七)，字抱沖，江蘇元和(今蘇州)人，有《一瓻錄》等。

[三]開雕：開始刊刻。

[四]王回(? ——〇六五)：字深父，福建福州人，有《文集》。好事：指有某種愛好的人。

[五]殺青：古人校書，初書於竹簡上，改定後再書於絹帛，後因泛稱繕成定
　　本或校刻付印爲"殺青"。

[六]宋丈芝山：指宋葆淳(一七四八—?)，字帥初，一字芝山，晚號倦陬，
　　山西安邑(今運城)人。官國子監助教。長於金石考據，隸書、行楷、
　　山水皆入能品。嘉慶二十一年(一八一六)，江藩與宋葆淳相遇於白公
　　堤上，江氏言及近日重病纏身，憂慮書稿散落而欲募資刻印。適淳安方
　　晴江在座，爲繪《募梓圖》，宋氏因作《募梓圖跋》。趙文敏：指趙孟頫，
　　謚"文敏"，故稱。

[七]蘇子容：指蘇頌(一〇二〇—一一〇一)，字子容，福建泉州(今廈門同
　　安)人，有《蘇魏公文集》等。

南漢紀跋

　　五代十國紀事之書，吳則有《釣磯立談》，南唐則有馬、陸二
《書》[一]，吳越則有《備史》，楚則有《新錄》，蜀則有《錦里耆舊傳》，
惟南漢胡賓王之《劉氏興亡錄》佚而不傳[二]。黃文裕修《廣東通志》
時[三]，其書尚存，《志》中所載南漢事不見羣籍者，疑即《興亡錄》也。
國朝吳任臣《十國春秋》[四]，攟拾甚富，所載故事不注出於何書，讀
者病之。吳石華博士枕經葄史，無所不通，仿前、後《漢紀》之例，年
經事緯，輯爲此書，各注書名以矯其失，至於輿地沿革，考核精詳，
尤非任臣所能及矣。

　　予謂著正史易，著霸史難[五]，正史有史宬之《起居注》《實録》在，
據事直書而已。霸朝多僻處偏隅，又少人士，不設著作郎[六]，不立
起居注[七]，著霸史者，勢必采之稗官野史[八]。然小説家或傳聞異辭，
或詭隨失實，非明決擇，嚴去取，必致變亂黑白，顛倒是非。就南漢
而論，歐《史》世家之紀年，職方之地名，尚有舛誤，況不及歐陽氏者
哉！是《紀》導禾去節[九]，不支不蔓[十]，當興常璩、崔鴻並肩[十一]，
陸游、馬令之徒不足道矣。甘泉江藩跋。(清吳蘭修《南漢紀》，中國國家圖
書館藏道光十四年鄭氏淳一堂刊本，第二冊第一頁。)

【題解】

　　《南漢紀》爲清代吳蘭修所著，記載了南漢一朝五位君主五十五年的興衰
存亡及君臣事迹。江藩爲之作跋，認爲著正史易，著霸史難，而《南漢紀》年

經事緯，考核精詳，堪與常璩《華陽國志》、崔鴻《十六國春秋》相提並論。

　　按嘉庆二十三年（一八一八）至道光三年（一八二三），江藩应阮元之聘，入广州节署修《广东通志》，时吴蘭修亦参与其事，二人多有交往。道光元年（一八二一）六月，吴蘭修欲刻何夢瑶《算迪》，江藩爲之序。九月，江藩《隸經文》刊成，吴蘭修爲作跋文。此篇《南漢紀跋》亦當作於修志期間。

【注釋】

[一] 馬：指馬令，宋江蘇宜興人，有《南唐書》等。陸：指陸游（一一二五——一二一〇），字務觀，號放翁，越州山陰（今浙江紹興）人，有《南唐書》《劍南詩稿》等。

[二] 胡賓王：字時賢，北宋乳源（今廣東乳城）人，有《劉氏興亡録》等。

[三] 黄文裕：指黄佐（一四九〇——一五六六），字才伯，號希齋，廣東香山（今中山）人，有《詩經通解》等。

[四] 吳任臣（一六二八——一六八九）：本名吳志伊，以字行，改字志伊，仁和（今浙江杭州）人，有《十國春秋》等。

[五] 霸史：指稱霸一方的國家的歷史，僭僞之國的歷史。《隋書·經籍志二》：“後魏克平諸國，據有嵩華，始命司徒崔浩，博采舊聞，綴述國史。諸國記注，盡集秘閣。爾朱之亂，並皆散亡。今舉其見在，謂之霸史。”

[六] 著作郎：官名。三國魏明帝始置，屬中書省，掌編纂國史。

[七] 起居注：職官名。負責侍從皇帝、記載皇帝的言行。魏晋及南北朝多以著作郎兼修《起居注》，北魏始置“起居令史”。

[八] 稗官：小官。小説家出於稗官，後因稱野史小説爲稗官。《漢書·藝文志》：“小説家者流，蓋出於稗官。街談巷語，道聽塗説者之所造也。”

[九] 導禾去節：即去粗取精。

[十] 不支不蔓：亦作“不蔓不支”。既不蔓延，也不分支。比喻説話或寫文章簡明扼要，不拖泥帶水。

[十一] 常璩（約二九一——三六一）：字道將，蜀郡江原（今四川崇州）人，官散騎常侍，有《華陽國志》等。崔鴻（四七八——五二五）：字彦鸞，北魏東清河郡鄃縣（今山東夏津）人。官至散騎常侍，追贈鎮東將軍，有《十六國春秋》等。

書任心齋詩後

　　昭陽單閼之歲[一]，余歸邗上，任君文田辱寄《心齋詩稿》。余適有平山之行[二]，挾其詩而至平山，誦於青松翠柏間，每逢佳處，如佛言譬如食蜜，中邊皆甜，東坡居士所謂參禪者，余又將喚起醉翁而語之矣。心齋詩，其格在右丞、蘇州間[三]，至其發纖穠於簡古，寄至味於淡泊[四]，直可與畫戟凝香者分席而坐[五]，蓋得於王者十之三、得於韋者十之七八。昔人謂蘇州性情高潔，鮮食寡欲，君亦寡欲之士也。且好道家言，其與蘇州乃性之所近，則其吐屬自然，清深妙麗若此也。韓子蒼云[六]："柳州、蘇州，歐陽公尚未之愛。"余以爲不足怪也。夫歐陽之學，文深於詩，何以云然？北宋之初，宋白等以律賦競名[七]，晚唐之餘習未除，至士元之雖矯於流俗[八]，尚不能力挽唐季之衰陋，逮歐陽氏，則博大昌明，洋洋乎追武昌黎矣。其於詩，生平自矜者《廬山高》一篇，然不過仿太白《行路難》耳[九]，遂自負曰太白可及，余甚駁梅河豚、郭青山之深以此言爲然[十]。太白之筆，直幹凌空，去天一尺，《廬山高》如蚍蜉撼樹，不自知其力弱，何異於禪房花木深之反思螺蛤也[十一]。試觀今人讀《行路難》者多，讀《廬山高》者少，此即千古之定論有在也。自負者曰太白可及，是不知太白者也；不知太白，烏能知蘇州哉！蓋深於詩者知詩，深於文者知文，歐陽氏之不知太白、蘇州，是不深於詩者，余是以讀心齋詩於平山之上，欲起醉翁而問之者也。甘泉江藩纂。（清任兆麟《有竹居集》卷首，嘉慶二十四年兩廣節署鋟板，第一一一一二頁。）

【題解】

　　乾隆四十八年（一七八三），江藩返回揚州，讀任兆麟《心齋詩稿》後題跋，認爲其詩風在王維與韋應物之間。

【注釋】

[一]昭陽：歲時名。十天干中癸的別稱，用於紀年。《爾雅·釋天》："（太歲）在癸曰昭陽。"單閼（chán yè）：歲陰名。卯年的別稱。《爾雅·釋天》："（太歲）在卯曰單閼。"

[二]平山：指平山堂，位於揚州市西北郊蜀岡中峰大明寺內。始建於宋仁宗慶曆八年（一〇四八），時任揚州知府的歐陽修，極賞這裏的清幽古樸，於此築堂。坐此堂上，江南諸山，歷歷在目，似與堂平，平山堂因而得名。後成爲專供士大夫、文人吟詩作賦的場所。

[三]右丞：指王維（六九九或七〇一—七六一），字摩詰，號摩詰居士，河東蒲州（今山西運城）人，官尚書右丞，世稱"王右丞"，有《王右丞集》

等。蘇州：指韋應物（七三七—七九二），長安（今陝西西安）人，官蘇
州刺史，世稱“韋蘇州”，有《韋蘇州詩集》等。

［四］“至其”二句：蘇軾《書黄子思詩集後》：“李、杜之後，詩人繼作，雖間
有遠韻，而才不逮意。獨韋應物、柳宗元，發纖穠於簡古，寄至味於淡
泊，非餘子所及也。”

［五］畫戟凝香：語出唐韋應物《郡齋雨中與諸文士燕集》：“兵衛森畫戟，宴
寢凝清香。”畫戟：舊時常作爲儀飾之用。

［六］韓子蒼：指韓駒（一〇八〇—一一三五），字子蒼，號牟陽，陵陽仙井
（今四川仁壽）人，有《陵陽集》等。

［七］宋白（九三六—一〇一二）：字太素，大名（今屬河北）人，有《宋文安公
宫詞》等。

［八］士元：指郎士元（七二七—七八〇），字君胄，中山（今河北定州）人，
有《郎士元集》等。

［九］太白：指李白（七〇一—七六二），字太白，號青蓮居士，綿州昌隆縣
（今四川江油）人，有《李太白集》。

［十］梅河豚：指梅堯臣（一〇〇二—一〇六〇），字聖俞，宣城（今安徽宣
城）人，世稱“宛陵先生”，有《宛陵先生集》。郭青山：指郭祥正（一〇
三五—一一一三），字功父，自號謝公山人，安徽當塗，有《青山集》。

［十一］“何異”句：南宋胡仔《苕溪漁隱叢話》前集卷二十引蘇軾云：“常建詩
‘竹徑通幽處，禪房花木深’，歐陽文忠公最愛賞，以爲不可及。此
語誠可人意，然于公何足道，豈非厭飫芻豢，反思螺蛤邪？”

漢帳構銅跋

右漢帳構銅，重今權□□兩，高□□，中空，文十五，藏秦敦夫
太史家。帳構銅見《西京雜記》，《宋書·江夏王義恭傳》《南史·崔祖
思傳》南監本或作“鈎”、或作“搆”，“搆”誤“木”爲“扌”也。周廣業
據《南齊書·崔祖思傳》及《玉海》所引作“鈎”[一]，紛紛辨論，謂改
“搆”爲“鈎”，當避宋高宗諱[二]，《南齊書》亦宋人所改，廣業偶未檢
南監本《宋書》與《南史》耳。考帳構之製，《宋書·江夏王義恭傳》“帳
鈎不得作五花、豎筍形[三]，以意度當如蓋之達常上爲筍距，以内空
中故，通計其長，長一丈也。高八尺五寸者，計帳之高也。構必有
四，立於四阿[四]，以架帳構。”《説文解字》曰：“蓋也。杜林以爲椽桷

字[五]。"《玉篇》曰:"架屋也。構如屋之有柱,若架屋然,故名爲構。"厲鶚《景初帳構銅詩序》云[六]:"狀圜如笛,徑一寸,長四寸,中空,而底方,旁出歧枝。"此乃歧枝形也,是器乃豎笛形也。景初帳構中尚方所造[七],蓋魏時歧枝直笛上下通用,至劉宋時諸王以下定制用歧枝,惟天子得用豎笛矣。文係隸書,極細而勁挺古茂,與海寧沈匏尊拓本相似[八],在方西疇所藏景初帳構之上[九],當是漢代之物無疑也。(王欣夫輯《炳燭室雜文補遺》,王氏學禮齋鈔稿本,藏復旦大學圖書館,無頁碼。)

【題解】

江藩在秦恩復家中見此帳構銅,認爲是漢代之物,遂作跋以記之。帳構銅:古時帳幕上用以結構木架的銅件。

【注釋】

[一]周廣業(一七三〇——一七九八):字勤圃,號耕厓,海寧伊橋(今屬浙江嘉興)人,富藏書,長於考據校勘,有《目治偶鈔》《蓬廬詩文集》等。

[二]宋高宗:指趙構(一一〇七——一一八七),字德基,南宋開國皇帝。

[三]五花:中藥名。五加的根皮和莖皮,陰乾後製成。筍(sǔn):古代懸挂鐘磬鎛等樂器的橫木。《周禮·考工記·梓人》:"梓人爲筍虡。"鄭玄《注》:"樂器所縣,橫曰筍,植曰虡。"

[四]四阿:指屋宇或棺槨四邊的簷霤,可使水從四面流下。《周禮·考工記·匠人》:"四阿重屋。"鄭玄《注》:"四阿,若今四注屋。"

[五]椽桷(chuán jué):泛指椽子。東晉葛洪《西京雜記》卷一:"(昭陽殿)椽桷皆刻作龍蛇,縈繞其間,麟甲分明,見者莫不兢慄。"

[六]厲鶚(一六九二——一七五二):字太鴻,號樊榭,錢塘(今浙江杭州)人,有《宋詩紀事》《樊榭山房集》等。

[七]景初:魏明帝曹睿的年號(二三七—二三九)。中尚方:古代官署名。掌宮内營造雜作。始置於漢代,唐改稱中尚署,元爲中尚監,明以後不設。

[八]沈匏尊:指沈心醇,字抱曾,一字匏尊,號訒齋,清浙江海寧人,有《匏尊集》等。

[九]方西疇:指方士庶,字右將,號西疇、蜀象,清安徽歙縣人。善畫,工詩文,有《西疇詩鈔》《新安竹枝詞》等。

宋拓本隸韻跋

敦夫太史所藏，乃餘清齋之故物[一]，董文敏有跋語[二]，惜闕《表》一首。老友趙晋齋云天一閣藏本有《表文》半篇[三]，今爲雲臺先生所得。《碑目》亦殘闕不全，藩曾補完之。敦夫刻本《碑目》下半册，即藩所輯也。嘉慶庚辰九月二十一日，江藩識。（宋劉球編《隸韻》卷首，明天一閣藏宋拓本，今藏上海圖書館，無頁碼。）

【題解】

《隸韻》爲宋代劉球所編的一部漢隸字典，共十卷，輯録了兩漢以來廟碑、墓碣、遺經殘石、鐙、鉦、盆、鏡等上的隸體字，並分別注明出處。嘉慶二十五年庚辰（一八二〇），江藩为宋拓本《隸韻》作跋。跋文指出此本为秦恩復所藏餘清齋故物，後歸阮文達所有，闕《表》一首，《碑目》亦殘缺不全。秦恩復刻本《隸韻》之《碑目》下册即为江藩所辑。

【注釋】

[一]餘清齋：主人爲吳廷，又名吳國廷，字用卿，號江村，明安徽豐南人，藏晋唐名迹甚富。董其昌、陳繼儒來游，嘗主其家，刻《餘清齋帖》。

[二]董文敏：指董其昌（一五五五—一六三六），字玄宰，號香光居士，謚"文敏"，松江華亭（今上海閔行）人，工書畫，有《畫禪室隨筆》等。

[三]趙晋齋：指趙魏（一七四六—一八二五），字晋齋，號慕森，一號洛生，浙江仁和（今杭州）人，有《竹崦庵金石録》等。天一閣：明嘉靖間浙江鄞縣范欽藏書閣名。取"天一生水，地六成之"義命名，一説因得元揭傒斯所書吳道士龍虎山天一池石刻而取名。

題宋拓魏晋隋唐小楷

《護命經》　右《護命經》，相傳爲柳公權書[一]。藩記。

《尊勝陀羅尼咒》　唐人書《陀羅尼經咒》不下數百種，見於類帖者惟此一種，或以爲歐陽詢書，或以爲陸柬書[二]，疑不能明也。節甫記。

《褚河南書閻立本畫靈室度人經小楷》　是帖載《庚子銷夏記》，乃宋時傳刻本，非《秘閣續帖》也。江藩記。

《陶貞白書茅山帖》　是帖明時人定爲貞白書，貞白於大同二年告化[三]，斷無稱湘東諡法之理[四]。文中“長沙嗣王所造長沙之館”云云，乃弘景化後事，非陶書明矣，明時人妄説往往如此。長沙嗣王，蕭韶也[五]。江藩。嘉慶廿年六月九日邗上江藩觀於宵市橋西一草堂。（王欣夫輯《炳燭室雜文補遺》，無頁碼。）

【題解】

嘉慶二十年（一八一五），江藩於宵市橋西一草堂觀《護命羅》《尊勝陁羅尼咒》《褚河南書閻立本畫靈室度人經小楷》《陶貞白書茅山帖》諸帖，遂一一題跋。

【注釋】

[一] 柳公權（七七八—八六五）：字誠懸，京兆華原（今陝西銅川）人，有《金剛經碑》《玄秘塔碑》等。

[二] 陸榮：唐代書家。

[三] 貞白：陶弘景（四五六—五三六），字通明，自號華陽居士，諡“貞白先生”，丹陽秣陵（今江蘇南京）人，有《陶隱居集》等。大同：梁武帝蕭衍的年號（五三五—五四六）。告化：指去世。道教用“羽化”來稱呼道士的死亡。

[四] 湘東：指湘東王蕭繹（五〇八—五五五），字世誠，號金樓子，蘭陵（今江蘇武進）人，梁武帝蕭衍第七子，南朝梁第四位皇帝。

[五] 蕭韶：字德茂，南朝梁宗室，後嗣長沙宣武王，有《太清紀》等。

與焦里堂書

藩白理堂足下：己酉六月自豫章歸，爲人解説《考工》車制，取戴太史東原《考工記圖》讀之，其書可謂精且確矣。但説有未明，意有未盡，使學者疑惑，循覽之餘，乃作《戴氏考工車制圖翼》，正其謬，引信其説。因貧病相攻，未遑輯録。正月奴子來自廣陵[一]，得手書及大作《與阮良伯書》一篇，比例精審，議論詳明，疏漏如藩者豈能讚一辭哉！然所論之任正後軫掩軓，求之予心，則有未安者，故將《車制圖翼》録成就正，而復爲之説。

康成以"軓"謂"輿下三面之材，輢式之所樹，持車正也"。又曰："任正者，謂輿下三面材，持車正也。"又曰："軫，輿後橫木。"戴君校之曰："軹、衡、軸皆任木。任正①者，軹也；衡任者，軸也、衡也。此先發其意，下文乃舉其制，《記》中文體若是多矣。輿下之材，合而成方，通名軫，故曰'軫之方也，以象地也'。鄭《注》專以輿後橫木爲軫，以輢式之所樹爲軓，又以軓爲任正。如其説，軓記於《輿人》，今軸②人爲之，殆非也。"藩謂鄭説誤，戴説是也。

蓋軹之長，四尺四寸，總名曰軹，分言之則軓前十尺爲頸、爲侯人，輿下四尺四寸爲當兔、爲踵。軸長一丈三尺二寸，除兩轂內六尺六寸，餘六尺六寸承輿爲方徑，即所謂衡任也。軫者，前後左右四面之木，合而成方形，故《記》曰"軫之方也，以象地也"。康成獨言"後軫"者，舉一以知三耳。軓，《説文解字》"車軾前"，鄭司農云"書或爲軓"者，誠如足下所言"軷祭之範"也。今《大馭》作"犯"，《説文解字》讀與"犯"同，《大馭》作"犯"，乃假借字也。然軷祭之訓，皆謂封土爲山，與車制無涉。蓋軓，式前揜版，故《毛傳》曰："揜，軓也。"《釋名》曰："橫側車前，所以隂笒也。"《記》曰："六尺六寸之輪，軹崇三尺有三寸，加軫與轐焉，四尺也。"鄭《注》："此軫與轐並七尺。"則康成定軫與轐爲七寸可見矣。

然軹崇三尺有三寸者，約大數言之，實三尺九寸零六六五也。何以明之？今牙厚一寸三分寸之二，輻長二尺六寸，轂徑一尺零六六六六二，去軹徑三寸二分六六二，餘八寸四分零零六，中詘之四寸二分零零三，並軹徑與轂餘徑凡六寸四分六六五，加牙輻之崇，是三尺九寸零六六五也。康成言七寸者，亦約大數也，實六寸八分六六九。何以明之？衡任之圍一尺三寸二分，方徑三寸三分。入賢之軸，圓徑四寸四分，當兔與轐在衡任上，當推衡任之徑。衡任之徑三寸三分，去軹徑二尺二分六六二，餘一寸零三三八，中詘之五分一六九，加當兔方徑三寸六分，軫方徑二寸七分五，是六寸八分六六九也。轐之厚與當兔等，輿底版在軫一寸二分八厘之上，餘一寸四分有奇，高出輿底版之上，如臥床之有枕，故《釋名》曰："軫，枕也。"若輿底版上與軫平，則不得訓爲"枕"矣。後踵圍七寸六分八，方徑一寸九分二，小於當兔之徑一寸二分八，則踵必上屈一寸二分八以承軫，此乃軫下出一寸二分之明證也。以此推之，則輿下四尺四寸之軹於前軫之下，亦必屈一寸二分八以承前軹，即《禮》所謂"軓祭"之軓也。

軓有二：一爲撗版之軓，一爲軝軹之軓。撗版之軓，从車凡聲。軹前之軓，从車笵省聲。足下"空處爲軹"之説，自是千古定論，至"刻軹陷軓"之説，則近乎鑿矣[二]。《記》："軹崇三尺有三寸，加軫與轐焉，四尺也。人長八尺，登下以爲節。"蓋自牙至後崇四尺，今合軹崇與軫轐之崇四尺五寸九分三三一，所爭在尺寸之間。《記》舉成數言之，不亦可乎？良伯云"後軫與任正交固若一"，此乃墨守鄭説之誤。軸長丈四尺四寸，軓前十尺之軸，亦名任正。入輿下四尺四寸之軸，亦名任正。當兩轐之間，又名當兔。《記》云："任正者，十分其軸之長，以其一爲之圍。"《記》既言任正之圍，而又云十分其軸之長，以其一爲當兔之圍者，以別於任正也。良伯之書[三]，藩雖未之見，然據足下之文而思其意，則於軓軸、任正、任衡、當兔、後踵，皆未深考，足下亦坐此病。不考軓軸、任正、當兔、後踵之所在，而但求其所謂"四尺七寸"者，則臆説縱横，動與古違矣。若此其大略也。若夫詳言之，有戴氏之《圖》與藩之《圖翼》在。狂瞽之言[四]，希剗正幸甚！（清王昶主編《湖海文傳》卷四〇《書》，《續修四庫全書》影印清道光十七年經訓堂刻本，集部第一六六八冊第七三九、七四〇頁。）

【校勘】

①"正"字原脱，漆永祥校本據戴震《考工記圖注》卷一補，今從。

②"軸"，原作"軓"，漆永祥校本據戴震《考工記圖注》卷一改，今從。

【題解】

乾隆五十五年(一七九〇)，江藩家僕自揚州還，得焦循《與阮良伯書》。焦循致函阮元，論《考工》車制，江藩認爲焦循之説雖考論精審，但仍有未安之處，遂將所撰《戴氏考工車制圖翼》録成就正，並爲之解説。

【注釋】

[一]奴子：僮僕。

[二]鑿：穿鑿。

[三]良伯之書：指阮元所撰《考工記車制圖解》。良伯：阮元之字。

[四]狂瞽之言：指愚妄無知的言論。舊時常用作自謙之辭。狂：狂妄。瞽：瞎眼。

炳燭室雜文續補　一卷

漆永祥　輯

漢延熹西岳華山碑考序

《漢延熹西岳華山碑》，明嘉靖時，地震石壞，墨拓傳世者，僅存長垣、四明、華陰三本而已。雲臺司空得四明本[一]，後至日下[二]，獲見長垣、華陰二本，互對缺文，與秦泰山二十九篆字，重模勒石，植於北湖祠墊，輯《考》四卷。適司空門下士程侍御國仁督學廣東[三]，勘校付梓。殺青竟，藩得伏讀數過焉。卷首博采著録諸家之説，二卷叙長垣本，三卷叙四明本，四卷叙華陰本。三本之中，長垣最舊，一字不缺，所以叙次在四明之上也。四明與華陰，同有缺文，然四明乃未翦之本，唐、宋人題名，二本皆無，所以叙次又在華陰之上矣。近世好古之士，但見雙鈎本，及如皋姜氏、歙巴氏、江氏翻刻本，往往誤長垣、華陰爲一。今歷叙流傳之緒，又縮刻碑文，以長垣本校多之字補四明、華陰之缺，而以墨綫界之，已損之字，以墨圈識之，瞭如指掌，較若列眉[四]。金石家循覽是編，可以不爲異説所惑，豈非快事哉！至於考核精審，則出《天發神讖碑考》《瘞鶴銘考》之右矣。甘泉江藩拜撰。(清阮元《漢延熹西岳華山碑考》卷首，《叢書集成新編》本，第五三册第一～三頁。)

【題解】

嘉慶十八年(一八一三)，阮元撰成《漢延熹西岳華山碑考》四卷，江藩爲之序，並刊於廣東。延熹西岳華山碑：指漢桓帝劉志延熹年間(一五八—一六七)所立華山石碑，在陝西華陰縣西岳廟中，明嘉靖三十四年(一五五

五），毀於地震。《華山碑》傳世拓本有四種：長垣本、華陰本、四明本、李
文田本。除長垣本爲宋拓外，其餘均爲明拓。

【注釋】

[一]雲臺司空：指阮元，字雲臺(芸臺)。司空：古代官名。《周禮》司空爲
　　六官之“冬官”，掌土木建設、水利建設之職。嘉慶十七年(一七一二)
　　五月，阮元補授工部右侍郎，兼管錢法堂事務。八月，補授漕運總督。
[二]日下：舊時日指帝王，日下指京都。
[三]程侍御國仁：即程國仁(一七六四——一八二四)，字濟棠，號鶴樵，河
　　南商城人。侍御：唐代稱殿中侍御史、監察御史爲侍御，後世因沿襲
　　此稱。
[四]列眉：兩眉對列，謂真切無疑。《戰國策·燕策二》：“吾必不聽衆口與
　　讒言，吾信汝也，猶列眉也。”鮑彪《注》：“列眉，言無可疑。”

算迪序

　　數學與推步之術，我朝咸推宣城梅氏[一]，然所著之書，叢脞凌
雜[二]，始末不能明備。聖祖仁皇帝《欽定數理精藴》及《欽定曆象考
成》[三]，窮方圓之微眇，薈中西之異同，伊古以來未有此鴻寶鉅典
矣。元和惠半農先生，仰鑽聖學，兼通樂律。督學粵東時，何君西池
爲入室弟子[四]，親受業焉。如松崖徵君雖淹貫經史，博綜羣書，然
於算數測量則略知大概而已。此乃余古農師之言也。何君之書，由梅
氏之書而通之，典學、筆算、籌算、表算、方程、句股、開方、帶縱
幾何、借根方諸法，皆述梅氏之學，至於割圓之八綫、六宗、三要、
二簡及難題諸術，本之梅氏而又闡《精藴》《考成》之旨矣。近日爲此
學者，知法之已然，不知立法之所以然。若何君可謂知立法之所以然
者，豈人云亦云哉！藩昔年即知此書，嘉慶二十五年來粵東，訪求不
可得。道光元年六月，曾文學勉士於友人處得之[五]，吳孝廉石華將
付之剞劂[六]，謂藩曰：“何君衍梅氏之義，似不及梅書之詳贍也。”答
之曰：“是爲孤學，一知半解尚難其人，況中西之法無所不通耶！且
寒士有志於九章、八綫之術者，力不能購欽定諸書，熟讀《算迪》，亦
可以思過半矣。”孝廉以爲然。江藩作。（清何夢瑤《算迪》卷首，《四庫未收

書輯刊》第五輯，第一三册第三頁。)

【題解】

《算迪》爲清何夢瑶著，主要述梅文鼎之學，並闡釋數理精蘊、曆象考成之旨。道光元年(一八二一)六月，吴蘭修欲刊刻《算迪》，江藩遂爲之序，惜未刻成。直至道光同治間，南海伍崇曜將之刻入《嶺南遺書》中。

【注釋】

[一]梅氏：指清代算學名家梅文鼎。

[二]叢脞(cuǒ)：瑣碎；雜亂。《書·益稷》：“元首叢脞哉，股肱惰哉，萬事墮哉。”孔《傳》：“叢脞，細碎無大略。”

[三]聖祖仁皇帝：指康熙帝愛新覺羅·玄燁(一六五四——一七二二)，清朝第四位皇帝。

[四]何君西池：指何夢瑶(一六九三——一七六四)，字報之，號西池，廣東南海(今廣州)人，有《算迪》《醫碥》等。

[五]曾勉士：指曾釗(？——一八五四)，字勉士，廣東南海(今廣州)人，有《周禮注疏小箋》等。

[六]剞劂(jī jué)：雕板印書。

小維摩詩稿序

《碧岑遺稿》者，吴縣江珠之詩，吾君半客之婦，予之三妹也。碧岑生禀淑質，長益貞純。諳習《内則》之儀，隱括傅姆之訓[一]。定省寢門，夙嫻四德[二]。出就家塾，日誦千言。邃於《七經》，兼通《三史》。八綫、九章，辨中西之術；五行、三式[三]，究壬道之奇。乃不櫛之通儒[四]，掃眉之畸士也[五]。

嘗謂河内女子，昔傳《泰誓》之篇；鄭氏家奴，亦解《衛風》之説。況貞順采自《詩》《書》，訓誡本之《曲禮》者哉！詠柳絮之因風，人誇聰慧；頌椒花於元日，自負才華。徒事篇章，不攻根柢，是不知無本之木，推之則折；有源之水，挹之不窮也。至於繡菡萏於深閨[六]，織鴛鴦於當户[七]，抑又末已。於是分剛柔之日，課晝夜之程，校元朗《音義》十三經，讀朱重《説文》九千字。欲明訓詁，先求《爾雅》。蔡謨不識彭蜞[八]，田敏不知日及[九]，學之陋也。遂精研《郭注》，博采舊聞，釋玕瑁爲釵[十]，解竿摭從竹。雖終軍之對鼮鼠[十一]，進士之問天鷄[十二]，不能擅美於前矣。又因《女史圖》不傳，《婦姒訓》久佚，今所有者，惟中壘之《傳》[十三]，虎頭之《圖》[十四]。貞淫並著，乃彤管之董狐[十五]；善惡相彰，洵青閨之金鑒[十六]。就王回之本，補大家之《注》[十七]。解故通經，兼采韓嬰《外傳》[十八]，稱先稽古，博參秦漢羣言。惜乎屬草未成，遺文零落。憶昔筆硯與鏡奩互置[十九]，丹鉛與粉黛同研[二十]。杳若前塵，已成往迹，良可悲夫！

陋步幛之解圍，設紗廚而授業[二十一]。擔簦來自千里[二十二]，著録實有百人。執經問難，環列生徒；面命耳提，自稱都講[二十三]。課讀之餘，間談聲律；治經之暇，偶有詩歌。四愁十索[二十四]，題寫蠻牋[二十五]；叠韻雙聲，音諧象管。然而妙齡通《易》，綺歲知《書》。笑刻楮之徒工[二十六]，薄雕蟲之小技。抽紙伸懷，不自收拾，閑吟橐筆，嬾付胥鈔。若夫論詩之旨，賦茗之才，固可述其緒餘也。五古則辭決義貞，爭驅於正始；緩歌清曲，發響於建安。七古近體，則裁風骨於李杜，騁論説於韓蘇。詞必窮力而追新，情必極貌以寫物。綜而核之，可謂清麗居宗，華實並用者焉。豈如近日女郎之作，但撫唐音；托興之詩，只工柔語者乎！蓋學有淵源，自少緣情之作；言宗《風》《雅》，應無累德之篇也。

碧岑瘦骨支衫，細腰減衱，病魔纏體，藥裹關心。皈依浄土，捨萬劫之愛纏；頂禮空王[二十七]，出四生之泪没[二十八]。伊蒲豈長生之藥，安養無起死之方[二十九]。兼之親故睽離，母喪哀毀。人非宿莽冬生[三十]，拔心不死；命似黃楊閏厄，頽景難延。此潘令《悼亡》[三十一]，所以憂沈遺挂，雖蒙莊曠達，不能不泣下沾衿也。暇拾殘篇，半存綫篋；每思誤字，時剔蘭缸[三十二]。寫向烏絲闌内，裝成古錦函中。今日編陳研北，空憐白燭之吟；他年傳徧江東，定入《玉臺》之選。

僕也既寡兄弟，又少期功，一姊遠嫁在黃海之陰；弱弟早殤，厝雲岩之麓[三十三]。惟吾與汝，篤友于之愛，居然雁序分行；敦急難之情，不捨鶺原常處。方期秦家夫婦，白首相莊；詎意劉氏名姝，黃腸先葬[三十四]。才遜《三都》，嘆參軍之尚在；書成百卷，悲固妹之早亡。是以集編滿願，范征西之淚眼將枯[三十五]；文序令嫻[三十六]，劉阿士之愁腸欲斷矣[三十七]。嘉慶十六年歲在辛未三月朔日兄藩序。（清江珠《小維摩詩稿》卷首，中國國家圖書館藏嘉慶十六年金陵劉文奎家鋟本，第一—三頁。）

【題解】

《小維摩詩稿》爲江藩妹珠所撰，由妹夫吾學海匯輯而成。嘉慶十六年（一八一一），江藩爲之序，敘其身世，核其生平，賞其才情，嘆其早逝，指出江珠通《易》知《書》，作詩"清麗居宗，華實並用"。江藩另有《題碧岑詩集》，可並參。小維摩：指江珠（一七六四——一八〇四），字碧岑，號小維摩，江蘇甘泉（今揚州西北）人，江藩三妹，吾學海之妻，有《小維摩詩稿》《青藜閣詩稿》等。

【注釋】

[一] 傅姆：古時輔導、保育貴族子女的老年婦人。杜枚《杜秋娘》："畫堂授傅姆，天人親捧持。"

[二] 定省（xǐng）：《禮記·曲禮上》："凡爲人子之禮，冬溫而夏凊，昏定而晨省。"鄭玄《注》："定，安其床衽也；省，問其安否何如。"後因稱子女早晚向親長問安爲"定省"。

[三] 五行：指木、火、土、金、水。五行學說認爲宇宙萬物，都由木火土金水五種基本特性的運行和變化所構成。三式：指太乙、奇門、六壬，是古代最高層次的預測術。一般太乙注重預測天象自然災害方面的事情，六壬注重預測民間百事，奇門遁甲注重預測地理環境是否有利。

[四] 不櫛（zhì）：不束髮。櫛：古代男子束髮用的梳篦。《禮記·曲禮上》："父母有疾，冠者不櫛，行不翔，言不惰，琴瑟不御。"陳澔《集說》："不櫛，不爲飾也。"

[五] 掃眉：亦作"掃眉才子"，稱有文才的女子。唐胡曾《寄薛濤》："掃眉才子知多少，管領春風總不如。"畸士：猶畸人，獨行拔俗之人。周密《癸辛雜識》序："余臥病荒間，來者率野人畸士，放言善謔，醉談笑語，靡所不有。"

[六] 菡萏（hàn dàn）：即荷花。

[七] 當戶：對着門戶。《禮記·檀弓》："既歌而入，當戶而坐。"

[八] 蔡謨不識彭蜞：語出《世說新語·紕漏》："蔡司徒渡江，見彭蜞，大喜曰：'蟹有八足，加以二螯。'令烹之。既食，吐下委頓，方知非蟹。後向謝仁祖說此事，謝曰：'卿讀《爾雅》不熟，幾爲《勸學》死。'"蔡謨（二八一——三五六）：字道明，陳留考城（今河南民權）人，有《喪服譜》等。彭蜞：蟹的一種，體小少肉。宋洪邁《容齋四筆·臨海蟹圖》："彭蜞，大於蟛，小於常蟹。"

[九] 田敏（八七九——九七一）：淄州鄒平（今屬山東）人，歷仕梁、唐、晉、漢、周，歸北宋，官至兵部尚書。日及：西晉陸機《嘆逝賦》："譬日及

之在條，恒雖盡而弗悟。’李周翰《注》：‘日及，木槿華也，朝榮夕落。”

[十]玳瑁：指玳瑁(爬行動物，形似龜)的甲殼，這裏指用其甲殼製成的裝飾品。《漢書·東方朔傳》：“宮人簪玳瑁，垂珠璣。”

[十一]終軍之對鼮鼠：《爾雅·釋獸》：“豹文鼮鼠。”郭璞《注》：“鼠文彩如豹者。漢武帝時得此鼠，孝廉郎終軍知之，賜絹百匹。”終軍(約前一四〇—前一一二)：字子雲，山東濟南人，有《終軍書》等。鼮：豹紋鼠。

[十二]進士之問天鷄：宋阮閱《詩話總龜》卷二十九引《談苑》云：“淮南張泌知舉進士，試《天雞弄和風》，泌但以《文選》中詩句爲題，未嘗詳究也。有進士白試官云：‘《爾雅》：鶾，天雞。鶾，天雞。天雞有二，未知孰是？’泌大驚，不能對。亟取《爾雅》，檢《釋虫》有‘鶾，天雞’，小虫，黑身赤頭，一名莎雞，一名樗雞。《釋鳥》有‘鶾，天雞’，赤羽。《逸周書》曰：‘文鶾若彩雞。成王時，蜀人獻之。’江東士人深於學問，有如此者。”

[十三]中壘之《傳》：指劉向著《列女傳》。西漢有中壘校尉，掌北軍營壘之事。劉向曾任此職，後世因以中壘稱之。

[十四]虎頭之《圖》：指顧愷之《列女傳圖》。顧愷之(三四八—四〇九)，字長康，小字虎頭，晉陵無錫(今江蘇無錫)人。博學多才，擅長詩賦、書畫。

[十五]彤管：杆身漆朱的筆，古代女史記事用。《詩·邶風·静女》：“静女其變，貽我彤管。”《鄭箋》：“彤管，筆赤管也。”董狐：亦稱史狐，春秋晉國太史。

[十六]青閨：塗飾青漆的閨房，形容其豪華精緻。金鑒：《新唐書·張九齡傳》：“(玄宗)千秋節，公、王並獻寶鑒，九齡上事鑒十章，號《千秋金鑒録》，以伸諷諭。”後以“金鑒”指對人進行諷諭的文章和書籍。

[十七]大家(gū)：指曹大家班昭(約四九—約一二〇)，名姬，字惠班，班固之妹，扶風安陵人。家：通“姑”。

[十八]韓嬰(約前二〇〇—前一三〇)：燕(今河北)人。漢文帝時爲博士，治《詩》兼治《易》，創立“韓詩學”，有《韓詩外傳》。

[十九]鏡奩(lián)：鏡匣。

[二十]丹鉛：胭脂和鉛粉，古代婦女化妝用品。

[二十一]紗廚：亦作“紗幮”，紗帳。

[二十二]擔簦(dēng)：背着傘，謂奔走、跋涉。南朝宋吳邁遠《長相思》：“虞卿弃相印，擔簦爲同歡。”

[二十三]都講：古代學舍中協助博士講經的儒生，選擇高材者充之。《新唐

書·叛臣傳·陳少游》："幼習老子、莊周書，爲崇玄生，諸儒推爲都講。"

[二十四]四愁：指漢張衡的《四愁詩》。十索：隋代樂妓丁六娘所作的樂府詩。本十首，故稱"十索"。

[二十五]蠻牋：亦作"蠻箋"，唐時高麗紙的別稱，這裏指蜀地所產名貴的彩色箋紙。唐陸龜蒙《酬襲美夏首病癒見招次韻》："雨多青合是垣衣，一幅蠻牋夜款扉。"

[二十六]刻楮(chǔ)：語本《韓非子·喻老》："宋人有爲其君以象爲楮葉者，三年而成。豐殺莖柯，毫芒繁澤，亂之楮葉之中而不可別也。"後因以喻技藝工巧或治學刻苦。

[二十七]頂禮：雙膝下跪，兩手伏地，以頭頂尊者之足，是佛教徒最崇敬的禮節。

[二十八]四生：佛教分世界衆生爲四大類：其一，胎生，如人畜；其二，卵生，如禽鳥魚鱉；其三，濕生，如某些昆蟲；其四，化生，無所依托，唯借業力而忽然出現者，如諸天與地獄及劫初衆生。

[二十九]伊蒲：亦作"伊蒲饌"，齋供、素食。《書言故事·釋教》："齋供食曰伊蒲饌。"

[三十]宿莽：經冬不死的草。《楚辭·離騷》："朝搴阰之木蘭兮，夕攬洲之宿莽。"王逸《注》："草冬生不死者，楚人名曰宿莽。"

[三十一]潘令：指潘岳(二四七—三〇〇)，字安仁，祖籍滎陽中牟(今屬河南)，曾爲河陽令，故稱"潘令"，有《悼亡詩》《閑居賦》等。

[三十二]蘭釭：亦作"蘭缸"，燃蘭膏的燈，亦用以指精緻的燈具。南朝齊王融《詠幔》："但願置尊酒，蘭釭當夜明。"

[三十三]厝：停柩，把棺材停放待葬，或淺埋以待改葬。雲岩：高峻的山。

[三十四]黄腸："黄腸題湊"的簡稱。漢時帝王陵寢槨室四周用柏木枋堆壘成的框形結構。黄腸本謂柏木之心。柏木心黄，故稱。

[三十五]范征西：不詳。

[三十六]令嫻：指劉令嫻，劉孝綽之妹，徐悱之妻，南朝梁代彭城(今江蘇徐州)人，世稱"劉三娘"，有《劉氏集》。

[三十七]劉阿士：指劉孝綽(四八一—五三九)，字孝綽，彭城(今江蘇徐州)人，明人輯有《劉秘書集》。

易大義跋

惠松崖徵君《周易述》三十八卷，内闕十五卦及《序卦》《雜卦》二傳，其《易大義》三卷，《目録》云："《中庸》二卷，《禮運》一卷，闕。"乾隆中葉以後，惠氏之學大行，未刻之《易例》《明堂大道録》《禘説》《易漢學》，好事者皆刊板流傳矣，惟《易大義》世無傳本。嘉慶二十三年春，客游南昌，陽城張孝廉子潔出此見示[一]，爲艮庭先師手寫本，云係徐述卿學士所贈[二]，藩手録一帙，知非《易大義》，乃《中庸注》也。蓋徵君先作此《注》，其後欲著《易大義》以推廣其説，當時著於録而實無其書，嗣君漢光先生即以此爲《大義》耳[三]。是《注》雖徵君少作，然七十子之微言，亦具在是矣。昔年欲補此三卷，於《中庸》之旨，略通其誼，至於《禮運》，則反復求之而不能明也。今行年六十矣，垂老氣盡，學業無成，弗克繼先師之緒言，徒傷日月之易邁。悲夫！嘉慶二十五年三月朔，門人江藩敬跋。（清江藩《周易述補》附《易大義》卷首，道光九年刻《節甫老人雜著》本，第二册第一頁。）

【題解】

嘉慶二十五年（一八二〇），江藩爲惠棟《易大義》作跋，指出是書本非《易大義》，而是《中庸注》。按江藩早年受業吳門，師從余蕭客、江聲，傳惠氏《易》學。

【注釋】

[一]張孝廉子潔：指張薦粲，字子稷，一字字潔，山西陽城人。敦仁子。嘉慶二十一年（一八一六）舉人，官費縣知縣，嗜金石，兼工篆隸飛白。孝廉：漢武帝時設立的察舉制考試，以任用官員的一種科目。後變成明清時對舉人的雅稱。

[二]徐述卿：指徐釚（一七七二——一八二三），字述卿，號少鶴，江蘇蘇州人。少從江聲進學，江聲授其惠氏（惠棟）學，尤精《説文解字》。官翰林院編修、内閣學士、安徽學政等。學士：六朝以後掌管編纂撰述的官名。唐置學士掌整理經籍圖書、起草詔命等。宋代三館諸閣遍設學士，南宋以後設置漸濫。

[三]漢光先生：指惠秉高，惠棟之子。

惠氏手批本説文解字題記

己亥[一]，假朱大秋崖所藏惠氏手批本録[二]。其墨筆者，半農説也；其硃筆者，松崖說也。其凡遇"聲"字闕筆者，□□祖諱也[三]。
江馯記。（王欣夫撰，鮑正鵠等整理《蛾術軒篋存善本書錄·庚辛稿》卷一《說文解
字》，上海古籍出版社二〇〇二年版，上册第四七頁。）

【題解】

乾隆四十四年(一七七九)，江藩從朱克生處借得惠棟、惠士奇手批本
《說文解字》，鈔錄並作題記。據《中國古籍善本書目·經目四》，今存後人
過錄之惠氏批校本《說文解字》計十三種，江藩過錄本即爲其一。

【注釋】

[一]己亥：此指乾隆四十四年(一七七九)，時年江藩十九歲。

[二]朱秋崖：指朱克生(一六三一——一六七九)，字周楨，號秋崖，江蘇寶
　　應人，有《毛詩考證》《秋崖詩集》等。

[三]□□祖：當指惠士奇(號半農)之祖，諱有聲。

多寶塔帖跋

顏文忠《千福寺碑》[一]，歐陽六一《跋尾》未經著錄[二]，趙明誠
《金石錄》始錄之[三]，王弇州謂此帖結法整密[四]，但貴在藏鋒，小遠
大雅，不無佐史之恨，太倉之言，非心賞者不能知也。乃世人不喜
《家廟》之遒勁，獨喜佛塔窘束，是以碑工爭相模拓，幾至日拓千紙。
金源時，碑尚完好。至明初，則無"化城"之"化"字，"期滿六年"之
"期"字，"還懼真龍"之"龍"字，"史華刊"之"刊"字，已斷泐不全。
逮中葉，"宿心鑿井"之"鑿"字，又漫漶不可辨識矣。國朝康熙時，
又缺"可托本願同歸"六字。凡碑中模黏之字，俗工以意修改，迹似塗
鴉，豈特如王柏所云"字體變動"已耶？近日顏書《家廟》諸刻，皆楷
法高妙，波磔如新，然無有過而問之者，而臨池家獨寶此剝蝕之
本[五]，亦可怪矣。嘉慶四年夏仲，思無邪堂主人出此見示[六]，予定
爲明初拓本，並屬書數語於後。（《國粹學報》第一年第四號《撰錄》，第二頁。）

【題解】

《多寶塔帖》爲唐顏真卿所書，是其早期的書法作品，字體工整細緻，結

構規範嚴密。嘉慶四年(一七九九),江藩於吳縣顧蒓處獲睹此帖,定爲明初拓本,並題跋於後。

【注釋】

[一]顔文忠:指顔真卿(七〇九—七八四),字清臣,號應方,京兆萬年(陝西西安)人。工書法,官至尚書,封魯郡公,謚"文忠"。

[二]欧阳六一:指欧阳修,号六一居士。

[三]趙明誠(一〇八一—一一二九):字德甫,山東諸城人,女詞人李清照的丈夫。好藏文物古籍,精研金石,著成《金石録》三十卷。

[四]王弇州:指王世貞(一五二六—一五九〇),字元美,號弇州山人,蘇州府太倉州(今江蘇太倉)人,有《弇州山人四部稿》等。

[五]臨池:《晋書·衛恒傳》:"漢興而有草書……弘農張伯英者,因而轉精甚巧。凡家之衣帛,必書而後練之。臨池學書,池水盡黑。"後因以"臨池"指學習書法,或作爲書法的代稱。

[六]思無邪堂主人:指顧蒓(一七六五—一八三二):字希翰、吳羹,號南雅,晚號息廬,又號思無邪堂,江蘇吳縣(今蘇州)人。工詩文,善書畫,有《南雅詩文鈔》。

祖帳集跋

文端公予告歸里[一],同官公餞於翰林院,公賦二章留別,一時和者幾及百人,亦一代詞林之掌故也。道光四年夏五月,更叔觀察攝兩廣鹽鐵都轉事[二],出草稿命藩編次。今以和韻詩爲上卷,送行詩爲下卷,公之原唱,見《遺集》中,兹不復録,門下士甘泉江藩恭紀。
(清王杰等撰《祖帳集》卷末,道光時粵東刊本,下册第三二—三三頁。)

【題解】

《祖帳集》爲清代王杰所撰。江藩嘗北上京師,館王杰府邸十餘年。道光四年(一八二四),王杰之子王壋時攝兩廣鹽鐵都轉事,示其父《祖帳集》草稿於江藩,囑予編次,江藩遂釐爲二卷。

【注釋】

[一]更叔:指王壋時,王杰第三子。官建寧府知府,監修《肇慶府志》。

遂初堂詩集跋

　　數峰先生掉鞅詞場三十餘年[一]，當乾隆朝蘭泉、笥河兩夫子主盟壇坫[二]，天下奉爲宗匠。藩是時年甫弱冠，隅坐侍側，聞兩夫子稱先生之詩不去口。嘉慶二十年秋，邂逅廣陵，得盡讀《遂初堂集》，始知兩夫子之言不我欺也。先生之詩，出唐入宋，不矜才[三]，不使氣[四]，在從容閑暇之際，不爲無病之呻吟[五]，處窮困抑鬱之時，不作有激之叫嘵，即詩以觀人，可以知其品節之高矣。先生不以藩爲譾陋，囑校文字。嗟乎！三十餘年舊友，落落如晨星，昔日小友如藩者亦兩鬢蒼然，白頭老人商榷此冷淡生活，良可悲也！（清何青《遂初堂詩集》卷首，嘉慶間刻本，第一冊第一頁。）

【題解】

　　《遂初堂詩集》爲清代何青所著。嘉慶二十年（一八一五）秋，江藩五十五歲時，與何青邂逅於廣陵。應何青之囑，江藩爲其《遂初堂詩集》校正文字，並題跋於後。跋文稱何青之詩“出唐入宋，不矜才，不使氣”，人如其詩，品節高拔，並感慨歲月蹉跎，境況冷落。

【注釋】

[一]數峰：指何青，字數峰，清安徽歙縣人，有《味余樓初稿》《遂初堂詩集》等。掉鞅：本謂駕戰車入敵營挑戰時，下車整理馬脖子上的皮帶，以示御術高超，從容有餘，後泛指從容駕馭或掌握戰鬥的主動權。語出《左傳·宣公十二年》：“吾聞致師者，左射以菆，代御執轡，御下兩馬，掉鞅而還。”杜預《注》：“掉，正也；示閑暇。”

[二]蘭泉：指王昶，號蘭泉。笥河：指朱筠（一七二九——一七八一），字美叔，號笥河，順天府大興（北京）人，有《十三經文字同異》《笥河文集》等。壇坫（diàn）：指文壇。

[三]矜才：以才能自負。北宋宋敏求《春明退朝錄》卷上：“殘人矜才，逆詐恃明，吾終身不爲也。”

[四]使氣：恣逞意氣。

[五]無病之呻吟：本指沒有疾病而發出呻吟聲，這裏借指諷喻文辭之矯揉作態。

周太僕銅鬲釋文

　　周太僕散邑，逎即散周田。〓未詳。或云獻字。自溫當是瀗字。涉以南至于大沽[一]。一表[二]。以降。二表。至於邊柳。復涉瀗[三]。降雩戲邊陜[四]。以西。表于馘郭楂木。表于若〓。未詳。表于若導内。降若。登于厂汝。表割歷陜陵剛歷。表于罟導。表于原導。表于周導以東。表于游東彊右導。表于〓未詳。導以南。表于餯〓未詳。導以西。至于鴻莫。〓未詳。井邑田、自樟木導左至于井邑。表。導以東、一表。導以西、一表。降剛、三表。降以南、表于同導。降州剛、登歷、降棫二表。大人有司〓未詳。田。義租[五]。牧戎人、西宮襄、豆人虞丁、原貞、師人右相、小門人糸、原人虞芊準，司工〓、未詳。孝嗣登父、鴻人有司刑丁、井丨右五夫[六]。子〓未詳。大舍散田。司土〓未詳。〓、未詳。司馬罟墨、牧人司工駯君、宰導父[七]。散人子孝小爲髮。或云小子二字。〓。未詳。田戎、牧父、效栗人父、〓未詳。之有司橐、州享、攸條鬲。井散有司丨夫。唯王九月亥十乙卯。大畀義祖奠旅誓曰。我孫付散人田器。有爽實。余有散人毋貸。則援千罰千。傳〓未詳。〓。義且罪旅則誓。逎畀西宮襄戎父誓曰。我戎父則誓。右幸圖大王于豆祈宮東廷[八]，右左執劂史子中鬲[九]。（清李斗著、汪北平等點校《揚州畫舫錄》卷一，《草河錄上》，中華書局一九九七年版，第六頁。）

【題解】

　　周太僕銅鬲，爲周代青銅器，清吳玉搢《金石存》載其文，題作“乙卯鼎銘”。另有俞瀚、江德亮、孔廣森、江藩四家爲之釋文。江藩釋文載於李斗《揚州畫舫錄》卷一。對照吳玉搢《金石存》錄文，江藩釋文文字略有不同，且有缺文。尤其是釋文中“逎畀西宮襄戎父誓曰。我戎父則誓”兩句，吳玉搢《金石存》錄文作：“乃卑西宮襄戎父誓曰。我既付散氏□田。□田余又爽變。爰千罰千。西宮襄戎父誓曰。”

　　按：吳玉搢《金石存》在“乙卯鼎銘”錄文後有按語云：“右鼎銘三百四十九字。文字奇古，不可盡識。即其存者，亦斷續不成文理。唯‘唯王九月辰在乙卯’（江藩釋文作‘唯王九月亥十乙卯’）八字，可讀。亦無‘眉壽萬季，子孫永寶’等語，與它器銘不相類，不知其爲何代之器。惜世無楊南仲，莫能爲之注釋詳盡也。"又云："案銘爲散氏表正疆域而作。是時諸侯互相侵奪，故表正之以播告於衆。文凡六節，用大囗散邑（江藩釋文作'周太僕散邑'）至表二（引者按：據吳玉搢錄文當作'二表'），紀散氏封域之畔；大人有司至十又五夫（江藩釋文作'丨右五夫'），紀侵田之人；大舍散田至十夫（江藩釋文作'丨夫'），紀散氏之人；隹（江藩釋文作'唯'）王九月至爰千罰千，紀義租口旅誓詞；乃卑（江藩釋文作'遁界'）西宫至爰千罰千，紀西宫襄戎父誓詞，末則總紀作圖作器之由。文字邃古，金石家定爲殷物。……"

太僕：職官名。周代爲傳王命之官，秦漢時爲掌管車馬及牧畜的官。銅鬲：古代煮飯用的炊器。《說文解字·鬲部》："鬲，鼎屬也。實五穀，斗二升曰觳。"

【注釋】

[一]大沽：地名。位於河北省東部，大沽口的南岸，與北岸的塘沽，同扼守天津的咽喉。

[二]一表：一個標志。《墨子·備城門》："城上千步一表。"

[三]灛(xiàn)：水名。

[四]雩：古代爲求雨而舉行的祭祀。《說文解字·雨部》："雩，夏祭樂於赤帝，以祈甘雨也。"

[五]義租：古代向民間徵收的額外租糧。

[六]右相：官名。春秋齊景公始置左右相各一，秦及漢初因之，南宋、元、明皆曾設左右丞相，後廢。司工：亦作"司空"，西周始置，西漢成帝時改御史大夫爲大司空。後世用作工部尚書的別稱。

[七]司士：職官名。周禮夏官之屬，掌理群臣的名籍及爵禄的升遷降免。司馬：官名。相傳少昊始置，周時爲六卿之一，曰夏官大司馬，掌軍旅之事。後世用作兵部尚書的別稱，侍郎則稱少司馬。

[八]豆：盛物的器皿，形狀像高腳盤。

[九]鬲：古代炊具，形狀像鼎而足部中空。

陳逆簠釋文

銘曰："唯王正月初吉丁亥，少子陳逆曰：余陳狟子之裔孫[一]，余甹事齊侯[二]，懽卹宗家[三]。罷乃吉金以作[四]，乃元配季姜之祥器[五]，鑄兹寶笑以享，以孝於大宗。封枨、封犬，于封[六]，毋作尨[七]，永命沔壽萬年[八]，子子孫孫羕保用。”

此與《東臦尊》並汪孝廉孟慈藏，其先人所寶吉金彝器[九]。嘉慶二十一年，孟慈官内閣舍人，其母太夫人就養，携之入都，載在後一舟，次於宿遷，夜毁於火。孟慈哀先澤之就湮，遂終身不治金石之學。(清汪喜孫《汪氏學行記》卷四，清汪喜孫撰，楊晉龍主編《汪喜孫著作集》，臺灣“中央研究院”文哲所二〇〇三年版，下册第九九六頁。)

【題解】

嘉慶二十一年(一八一六)，汪喜孫迎養母太夫人京師時，《陳逆簠》《東臦尊》等吉金彝器、其父《述學》舊板及所著手稿，皆毁於大火，遂終身不治金石之學。江藩爲《陳逆簠》作釋文，並紀其事。按阮元亦作《陳逆簠釋文》，云：“此器(指《陳逆簠》)作於魯哀公二十年。……時田常正割齊地，故逆亦自正封邑而銘之彝也。”陳逆：陳(田)氏，名逆，字子行，陳狟子(陳恒子、田恒子)的裔孫，戰國晚期人，齊國的重臣。簠：古代祭祀時盛稻粱的器具。

【注釋】

[一]陳狟子：又作“陳桓子”或“田桓子”，即田無宇，嬀姓，田氏，名無宇，諡桓，故稱田桓子。是春秋時期齊國田氏家族首領之一，陳屬公嬀躍之子陳完四世孫，承襲父親田文子擔任田氏家族首領。狟：通“桓”。

[二]奭：盛大的樣子。

[三]懽卹宗家：意謂厚施於宗族。懽，同“歡”。

[四]吉金：指鼎彝等古器物，古以祭祀爲吉禮，故稱銅鑄之祭器爲“吉金”。

[五]元配：始娶的正妻。季姜：姜姓女子，排行最末。

[六]“封桹”三句：阮元《陳逆簠釋文》云：“桹、犬皆采地名，故曰封桹、封犬，封于封，上三封字謂正其疆界，末封字指己之封邑。猶言區畫桹、犬二邑以入我封疆也。”

[七]尨：亂也。

[八]沔壽：即衍壽，延壽。

[九]彝器：古代宗廟常用的青銅祭器的總稱，如鐘、鼎、尊、罍、俎、豆之屬。《左傳·襄公十九年》：“且夫大伐小，取其所得以作彝器。”杜預《注》：“彝，常也。謂鐘鼎爲宗廟之常器。”

與焦里堂書一

藩啓禮堂大兄先生：西湖歸接手書，頗慰渴想，諸君子因良伯來書分作《纂故》一書，唯小學最難。如《説文解字》，皆訓詁也，其同異譌錯，不能筆述，容來揚時面談。且《纂故》，藩不知其體例如何，足下以《説文》爲主，千古不磨之論，若以《廣韻》爲主，便落下乘矣。至“周旋”“窈窕”，歸“周”“窈”二韻。總之，是書必以《説文》爲主。藩當作札與良伯，使改其體例可也。藩八月中必爲豫章之行，顧小謝先生昔曾有“將伯助予”之説[一]，見時乞爲致候，並請日安。榜花開後，即惠佳音是荷[二]。制弟江藩頓首[三]。外良伯、少白信望代寄進京[四]。（閔爾昌《江子屏先生年譜》，《北京圖書館珍藏年譜叢刊》本，北京圖書館出版社一九九九年版，第一二二册第五九八頁。）

【題解】

乾隆五十二年(一七八七)，阮元在京師與孫星衍、朱錫庚等共商編纂《經籍纂詁》一事，江藩、焦循等亦參與其中。此函即爲江藩與焦循討論編纂體例。江藩認同焦循《纂詁》以《説文解字》爲主的主張，將建議阮元修改《纂詁》體例。閔爾昌《江子屏先生年譜》、漆永祥《新編江藩年譜》均將此書信作年定於乾隆五十二年，可從。

【注釋】

[一]顧小謝(？——七〇四)：名以安，長洲(今江蘇蘇州)人，有《丙子消夏録》等。將伯助予：語本《詩經·小雅·正月》：“載輸爾載，將伯助予。”意謂請求長者幫助。

[二]榜花：唐宣宗大中以後，禮部取士放榜，每年録取姓氏冷僻者二三人，謂之“色目人”，亦謂之“榜花”。是荷(hè)：猶言爲荷，對別人的幫助或恩惠表示感謝，多用於書信的末尾。

[三]制弟：服喪期間，在稱謂前加“制”。頓首：書簡表奏用語，表示致敬，常用於結尾。

[四]少白：指朱錫庚，字少白，一作少河，順天大興(今北京)人。朱筠子。

與焦里堂書二

　　藩於六月間自豫章歸吴，貧病相攻，形神俱喪，屢欲來邗，皆以乏資斧至繭雙足[一]，良可嘆也。山居獨處，於米鹽瑣碎之暇，將《爾雅》舊注見於《史》《漢》、類書中及注疏中者，盡行録出。去年拜懇摘録《御覽》舊注[二]，想已卒業，今乘奴子來揚之便，草此奉請萬安，並祈將所摘舊注交付奴子帶回是荷。足下天資高厚，閉門窮經，比來必有所得，能示我一二，以開茅塞否？明春試鐙後當相見也[三]。不具。教弟江藩萬頓首[四]。（閔爾昌《江子屏先生年譜》，《北京圖書館珍藏年譜叢刊》本，北京圖書館出版社一九九九年版，第一二二册第五九八—五九九頁。）

【題解】

　　乾隆四十二年（一七七七），江藩師從江聲。翌年，著《爾雅正字》，後不斷修訂，直至嘉慶二十五年（一八二〇）删定爲三卷，易名《爾雅小箋》。此札所述，即爲江藩與焦循探討《史記》《漢書》《御覽》等史籍、類書中的《爾雅》舊注。

　　據上引江藩作於乾隆五十五年的《與焦里堂書》，起首云“乙酉六月自豫章歸”，再對照此札所云“藩於六月間自豫章歸吴”，可以判定此札作於乾隆五十四年乙酉（一七八九）。

【注釋】

[一]資斧：貨財器用。《易·旅》：“得其資斧。”

[二]拜懇：祈求。

[三]春試：唐代考試定在春夏之間。宋諸路州軍科場並限八月引試，而禮部試士，常在次年的二月，殿試則在四月，於是有春試、秋貢之名。元代於八月鄉試，二月會試，明、清相沿。故也稱會試爲春試。鐙：通“登”。

[四]教弟：謙稱，承受教誨的兄弟。

夜讀遂初堂詩二首

　　一卷仙音消永夜[一]，每逢佳處輒高歌。賜環不渡伊犂水[二]，磨盾曾當曳落河[三]。絲竹愁來豪興減，篇章老去感懷多。閉門覓句南窗下，坐困詩魔與病魔[四]。

卅載聲華藉甚時[五]，海南燕北繫人思。蠻衣好織都官句，佛藏應收太傅詩[六]。世上炎涼君莫問，此中甘苦我能知。可憐鉢腎彫肝客[七]，賺得秋霜兩鬢絲。（清何青《遂初堂詩集》卷首，第一冊第一頁。）

【題解】

嘉慶二十年（一八一五）秋，江藩在揚州邂逅何青，得盡讀其《遂初堂詩集》，遂爲之跋，並題詩二首。

【注釋】

[一]仙音：仙人所奏美妙的音樂。南宋洪邁《夷堅乙志·九華天仙》：“恒娥奏樂《簫韶》，有仙音異品，自然清脆。”

[二]賜環：亦作“賜圜”，舊時放逐之臣，遇赦召還謂“賜環”。語本《荀子·大略》：“絕人以玦，反絕以環。”楊倞《注》：“古者臣有罪待放於境，三年不敢去，與之環則還，與之玦則絕，皆所以見意也。”伊犁：地名。今新疆綏定縣。乾隆時，平定準噶爾，建立惠遠、綏定、廣仁、熙春、寧遠、拱辰、瞻德、惠寧及搭爾奇等九城，總稱爲“伊犁”。

[三]曳落河：突厥語“健兒”之意。安禄山反唐時，把所養的同羅、奚、契丹八千餘人稱作“曳落河”，與在范陽、平盧、河東等地招募的兵都稱作“父子軍”。

[四]“閉門”二句：宋徐度《却掃編》卷中：“（陳師道）與諸生徜徉林下，或愀然而歸，徑登榻，引被自覆，呻吟久之，蹶然而興，取筆疾書，則一詩成矣。”後因以“閉門覓句”形容作詩時冥思苦想。

[五]聲華：猶言聲譽榮耀。白居易《晏坐閑吟》：“昔爲京洛聲華客，今作江湖老倒翁。”

[六]蠻：舊指我國古代南方的民族。都官：官名。隋唐時指刑部尚書。太傅：官名。三公（太師、太傅、太保）之一。周代始置，輔弼天子治理天下。秦廢。漢復置，次於太師。歷代沿置，多以他官兼領。明清則爲贈官、加銜之用，並無實職。

[七]鉢腎彫肝：亦作“鏤肝鉢腎”，比喻苦心專研。彫、鏤：均指雕刻。《説文解字·彡部》：“彫，琢文也。”《説文解字·金部》“鏤，鋼鐵可以刻鏤。”段玉裁《注》：“鏤，本鋼鐵之名，鋼鐵可受鑴刻，故鑴刻亦曰鏤。”鉢：本意爲長針，引申爲刺。《説文解字·金部》：“鉢，綦針也。”

芍藥吟贈淮陰史上舍

　　鼠姑香殘過穀雨[一]，續芳紅藥當階吐[二]。淡紅香白滿城闉，豐臺名花賤如土。史侯愛花不好名，前身曾主芙蓉城[三]。千枝萬朵塞破屋，浮空一片香雲生[四]。斯人肝腸艷於雪，弃紅取白更痴絶[五]。清宵人静妳月明，不放銀蟾騁皎潔[六]。重簾犀押垂窗櫺[七]，抽毫日寫《靈飛經》[八]。蜂鬚蝶翅不敢近，護花郭女通三靈[九]。廣陵江郎住隔屋[十]，孝先自笑便便腹[十一]。閑時默誦孫樵文[十二]，鼻息揺花睡方熟。將離引我夢還鄉，篠園池館臨斜陽。晚風活色正惝怳[十三]，醒來鼻觀留餘香。慰我鄉思覓紅友[十四]，三百青銅沽一斗。酒酣耳熱忽高歌，醉向花前釂殘酒。願花莫作錦綉堆[十五]，四圍金帶争先開[十六]。魏公秋容淡老圃[十七]，他年誰可調鹽梅[十八]。（清凌廷堪《校禮堂詩集》卷八《淮陰史上舍性嗜花江鄭堂賦芍藥吟贈之癸丑夏客灤陽出以見示並索和章因次鄭堂韻》附江藩詩，《續修四庫全書》影印復旦大學藏道光六年張其錦刻本，集部第一四〇册第六六頁。）

【題解】

　　乾隆五十八年(一七九三)，江藩游熱河(今河北承德)，遇史上舍，遂作詩以贈。後江藩友凌廷堪有次韻和詩。淮陰：今江蘇淮安市淮陰區。史上舍：姓史，監生，江蘇淮陰人。嗜花，工書。羈旅河北邊塞，曾與江藩比鄰而居。上舍：宋代太學分外舍、内舍和上舍，學生可按一定的年限和條件依次而升。明清因以"上舍"爲監生的别稱。

【注釋】

[一]鼠姑：牡丹的别名。唐陸龜蒙《偶輳野蔬寄襲美》："行歌每依鴉舅影，挑頻時見鼠姑心。"穀雨：二十四節氣之一，在每年公曆四月十九—二十一日之間。

[二]紅藥：芍藥花。南朝齊謝朓《直中書省》："紅藥當階翻，蒼苔依砌上。"

[三]芙蓉城：古代傳説中的仙境。歐陽修《六一詩話》："曼卿卒後，其故人有見之者雲，恍惚如夢中，言我今爲龜仙也，所主芙蓉城。"

[四]香雲：美好的雲氣，祥雲。李白《尋山僧不遇作》："香雲遍山起，花雨從天來。"

[五]痴絶：《晋書·顧愷之傳》：愷之在桓温府，常云：“愷之體中痴絶各
　　半，合而論之，正得平耳。”故俗傳愷之有三絶：才絶、書絶、痴絶。

[六]銀蟾：月亮的別稱。傳説中月中有蟾蜍，故稱。白居易《中秋月》：“照
　　他幾許人腸斷，玉兔銀蟾遠不知。”

[七]重簾：一層層簾幕。唐温庭筠《菩薩蠻》：“夜來皓月纔當午，重簾悄悄
　　無人語。”犀押：南宋張炎《浣溪紗》：“犀押重簾水院深，柳綿撲帳畫
　　惛惛。”

[八]《靈飛經》：道經名。今《道藏》中有《上清瓊宮靈飛六甲左右上符》及
　　《上清瓊宮靈飛六甲錄》二種，合稱《靈飛經》。

[九]三靈：道教稱三魂爲三靈。《黄庭内景經·瓊室》：“何爲死作令神泣，
　　忽之禍鄉三靈殁。”梁丘子注：“三靈，三魂也。謂爽靈、胎光、幽精。”

[十]江郎：指江藩。

[十一]“孝先”句：典出《後漢書·邊韶傳》：“邊韶字孝先，以文章知名，教
　　　授數百人，韶口辨，曾晝日假卧，第子私嘲之曰：‘邊孝先，腹便
　　　便，懶讀書，但欲眠。’韶潛聞之，應時對曰：‘邊爲姓，孝爲字。腹
　　　便便，《五經》笥。’”後世用“孝先便腹”“腹便便”“五經腹”“五經笥”
　　　等作爲腹大的戲謔之語，或用寫文人晝寢，或暗喻學識豐富。孝先：
　　　指邊韶，字孝先，漢陳留浚儀（今屬山東濟寧）人。

[十二]孫樵：字可之，唐關東人，有《經維集》等。孫樵作古文，刻意求新，
　　　自稱是韓愈的四傳弟子。

[十三]惝怳（huǎng）：亦作“惝恍”，失意、傷感。《楚辭·遠游》：“步徙倚
　　　而遥思兮，怊惝怳而乖懷。”

[十四]紅友：特指江蘇宜興出産的一種酒。清梁紹壬《兩般秋雨盦隨筆·品
　　　酒》：“論其品格，亦止如蘇州之福貞，惠泉之三白，宜興之紅友，
　　　揚州之木瓜。”

[十五]錦綉：比喻美麗或美好的事物。劉禹錫《酬樂天見貽賀金紫之什》：
　　　“珍重和詩呈錦綉，願言歸計並園廬。”

[十六]金帶：亦稱金腰帶，芍藥之名貴者。南宋沈括《夢溪筆談·補筆談》：
　　　“韓魏公慶曆中以資政殿學士帥淮南。一日，後園中有芍藥一干，分
　　　四歧，歧各一花，上下紅，中間黄蕊間之。當時揚州芍藥未有此一
　　　品，今謂之‘金纏腰’者是也。”

[十七]“魏公”句：北宋韓琦《九月水閣》：“雖漸老圃秋容淡，且看寒花晚節
　　　香。”魏公：指韓琦，字稚圭，官居宰相，封魏國公。

[十八]鹽梅：鹽和梅子。鹽味鹹，梅味酸，均爲調味所需，喻指國家所需的
　　　賢才。《書·説命下》：“若作和羹，爾惟鹽梅。”

衛　霍

伏波久駐五溪蠻[一]，看徧湘南處處山。只恐成功枯萬骨[二]，天教馬革裹屍還[三]。（清王豫《羣雅集》卷二七《江藩》，嘉慶十三年王氏種竹軒刻本，第六册第一二頁。）

【題解】

詠史懷古之作，感嘆一將功成萬骨枯。衛霍：西漢衛青和霍去病皆以軍功著稱，後世並稱“衛霍”。

【注釋】

[一]伏波：漢將軍名號。西漢路博多、東漢馬援都受封爲伏波將軍。五溪：地名。指雄溪、橫溪、無溪、酉溪、辰溪。一説指雄溪、蒲溪、酉溪、沅溪、辰溪。漢屬武陵郡，爲少數民族聚居地，在今湖南西部和貴州東部。北魏酈道元《水經注·沅水》：“武陵有五溪，謂雄溪、橫溪、無溪、酉溪、辰溪其一焉。”

[二]成功枯萬骨：語出唐曹松《己亥歲二首》其一：“憑君莫話封侯事，一將功成萬骨枯。”

[三]馬革裹屍：用馬皮把屍體包裹起來。謂英勇作戰，死於沙場。

題碧岑詩集

《玉臺》風格總卑靡[一]，掃盡前人粉黛姿[二]。直是蘇門四君子[三]，阿誰識得女郎詩[四]。原注：《論詩絶句》之一。（清張允滋選、任兆麟纂《吳中女士詩鈔》卷二江珠《清藜閣詩》卷首，乾隆五十四年刊本，第三二頁。）

【題解】

乾隆五十三年（一七八八），江藩妹珠二十五歲，自叙《青藜閣詩稿》並呈任兆麟審閲，江藩遂作此題詩。藩兄妹二人詩風接近，格調清俊，江珠“直是蘇門四君子[三]，阿誰識得女郎詩”，而江藩《和答黄大石航見寄之作，時石航在廣陵》詩亦有《自注》云：“石航來詩，謂予近日詩文有蘇子之風。"碧岑，江珠表字。

【注釋】

[一]《玉台》：指《玉台新詠》，爲南朝陳徐陵所編的一部詩歌選集。全書收録了漢魏六朝一百余位作家共六百七十餘篇作品，分爲十卷。入選作品大多是言情之作，題材上一般與婦女有關，風格上則以宛轉綺靡爲主。卑靡：指格調低下柔弱。

[二]粉：化妝用的粉末。《説文解字·米部》："粉，傅面者也。"黛：古代婦女畫眉用的青黑色顔料。

[三]蘇門四君子：指北宋的秦觀、黄庭堅、晁補之、張耒。

[四]女郎詩：元好問評價秦觀詩爲女郎詩。元好問《論詩三十首》其二十："拈出退之山石句，始知渠是女郎詩。"

過畢弇山宫保墓道詩(殘句)

公本愛才勤説項，我因自好未依劉。(清洪亮吉著，陳邇冬點校《北江詩話》卷四，人民文學出版社一九八三年版，第六九—七〇頁。)

【題解】

江藩過畢沅墓所作。洪亮吉《北江詩話》云："江上舍藩……爲惠定宇徵君再傳弟子，學有師法。作小詩亦工，其《過畢弇山宫保墓道詩》曰：'公本愛才勤説項，我因自好未依劉。'亦隱然自具身分。"畢弇山：指畢沅(一七三〇—一七九一)，字纕蘅，亦字秋帆，因師從沈德潛於靈岩山，自號靈岩山人，江蘇鎮洋(今江蘇太倉)人。博通經史、小學、金石、地理之學，有《續資治通鑒》《靈岩山人詩文集》等。

送蘭泉從方伯升司寇入都(殘句)

民情愛冬日，朝命轉秋官。(清袁枚著，顧學頡校點《隨園詩話》下册《隨園詩話補遺》卷一，人民文學出版社一九九八年版，第五七六頁。)

【題解】

據阮元《誥授光禄大夫刑部右侍郎述庵王公神道碑》，王昶自乾隆四十五年(一七八〇)起，主政一方，歷任江西按察使、直隸按察使、陝西按察使、雲南布政使、江西布政使等，乾隆五十四年(一七八九)擢拔回京，任刑部右侍郎。可知，此詩作於乾隆五十四年王昶入京赴任刑部之際。方伯：官名。殷周時代一方諸侯之長，後泛稱地方長官。司寇：官名，夏殷已有，周爲六卿之一，曰秋官大司寇。《周禮·秋官》賈公彥題解："鄭《目録》云，像秋所立之官。寇，害也。秋者，遒也，如秋義殺害收聚斂藏於萬物也。天子立司寇使掌邦刑，刑者，所以驅耻惡，納人於善道也。"掌管刑獄、糾察等事。蘭泉：指王昶，號蘭泉。

炳燭室雜文拾遺　一卷

高明峰　輯

廣東廣西得名説

　　廣東廣西，輿地諸書不言得名之義，或云粵東在湖廣之東，粵西在湖廣之西，故名廣東廣西，無明文可證。竊謂廣者，指廣信言之也。漢武元鼎六年開南粵地，置南海、蒼梧、合浦三郡，屬交州刺史。司馬彪《續漢書·郡國志》“蒼梧郡廣信”劉昭注[一]：“《漢官》曰：刺史治。”縣名廣信者，謂初開粵地，宜廣布恩信也。是可知交州刺史治廣信縣矣。至孫吳黄武七年，割南海、蒼梧、郁林、高梁四郡立廣州，交趾、日南、九真、合浦四郡爲交州，俄復舊。永安七年又分立交、廣二州。廣州之名實始於此。所以名廣州者，因刺史治在廣信，乃取縣名之一字以爲州名耳。迨及宋時分廣東路、廣西路，於是有廣東、廣西之名矣。元、明、本朝因之。漢之廣信，今之封川縣，交州刺史治廣信，統領三郡。今分三郡之地爲二省，封川以西，廣西也；封川以東，廣東也。吳以廣名州本於廣信，宋以廣名省亦本於廣信也。若湖廣之名始於明時，元以前烏得有湖廣之名哉！原注：江藩《炳燭室文集》。（原無題目，據文意及《炳燭室雜文·六安州沿革説》等擬。清阮元修，陳昌齊等纂《（道光）廣東通志》卷八十三《輿地略一》，《續修四庫全書》影印道光二年刻本，史部第六七〇册第六〇三—六〇四頁。）

【題解】

　　該文出自《（道光）廣東通志》卷八十三，其後小字注明出處：江藩《炳燭室文集》。今存江氏《炳燭室雜文》未收。考《（道光）廣東通志》由兩廣總督阮元監修，江藩、陳昌齊等主纂。始修於嘉慶二十三年(一八一八)，至道光二年(一八二二)刊成。全書分訓典、郡縣沿革表、職官表、選舉表、輿地略、山川略、關隘略、海防略、建置略、經政略、前事略、藝文略、金石略、古迹略、宦績録、列傳、雜録等十七類三百三十四卷，卷帙浩繁。江藩此篇當作於居阮元幕府修志期間。

【注釋】

[一]司馬彪：司馬彪(？—三〇六)，字紹統，河内温縣(今河南温縣)人，有《續漢書》《九州春秋》等。劉昭：字宣卿，南朝梁平原高唐(今山東濟南東北)人，集注《後漢書》。

本仁堂記

吳會諸任，實維先賢當陽侯大宗之裔，宋元以來稱巨族焉。任子祠肇自宋紹興時。五十九世孫盡言在吳淞江陽之同里，顧無祭産，祀典闕而罔舉稔矣。七十六世孫兆麟盡焉傷之，重爲庀飭[一]，輯家乘[二]，定祠規，建宗子以主奉，祀事乃倡。蠲己所積修資若干[三]，俾生息之，以供歲時祭饗暨祖墓屋址稅賦葺治之用。前堂三楹，爲齋宿講學所。阮雲臺宮保爲書“本仁”以扁諸楣，蓋取禮本仁以聚之之義也。夫講學之方，如農夫之穮蔉其田，存是去非，必本仁以斂之，不斂則學不固。爲仁有本，自孝弟始[四]，而孝弟之本莫先於尊祖。是以禮稱尊祖敬宗，收放也。抑仁者，博愛之謂，然博愛之道，緣親親以及民物，故敦本之務，必立宗祠以序昭穆、別親疏。即子姓散處四方，俾知祖所自出，以溯夫水原木本之由，孝弟之心自油然而生矣。推而廣之，自修齊以暨治平，有不橫乎四清者哉！然則登斯堂者，念祖修德，當知務爲學之本已。(清金福曾等修，熊其英等纂《(光緒)吳江縣續志》卷五《營建四》，《中國地方志集成·江蘇府縣志輯》影印光緒五年刻本，江蘇古籍出版社一九九一年版，第二〇册第三五八頁。)

【題解】

清熊其英《(光緒)吳江縣續志》卷五“家祠”條下載：“先賢任子祠祀當陽侯不齊，在同里稇秫圩。乾隆四十九年重建，長洲顧承爲記，中有本仁堂，江都江藩爲記。”江氏《本仁堂記》云“阮雲臺宮保爲書本仁以扁諸楣”，而阮元於嘉慶十九年(一八一四)調任江西巡撫，因擒匪有功，賞加太子少保銜，則是記當作於嘉慶十九年之後。又據閔爾昌《江子屏先生年譜》，嘉慶二十三年(一八一八)，江藩客嶺南，入阮元幕府，直至道光五年退息里門，是記或作於此間。

阮元、江藩俱屬揚州學派，尊崇漢學，兼采宋學。阮元嘗著《性命古訓》，江藩《書阮雲臺尚書性命古訓後》推許云："述聖經古訓以詘之，使千古沉霾之精義，一旦軒露，可謂功不在禹下。"此《本仁堂記》亦一脈相承，倡言求是去非，爲學本仁。

【注釋】

[一]庀(pǐ)飭：整頓。

[二]家乘(shèng)：家譜；家史。

[三]斶(chù)：同"捐"。

[四]孝弟：即孝悌。弟，通"悌"。

毛詩物名釋序

物之義，不明六書聲音[一]，則物失其名矣。名不正，則言不順。孜孜爲訓之學者，其可忽乎哉。漢時説經，口授專門，皆有師承。自宋儒創爲性命之理，憑虛臆説，以讀書爲玩物喪志，由是而漢學絶。天下沿趙宋之陋，縉紳先生、學士大夫，始則以不識爲恥，久則以不識爲高，較之莫言鄭服非者[二]，罪有甚焉。藩竊恥之，從事於斯，作《毛詩名物解詁》《爾雅正字》二書[三]。風雨晦明，人事間之，尚未卒業也。丁未冬，見理堂於廣陵，出是書示藩，閲三月而竟。可謂班父豹鼠，無愧終軍；八足二螯，熟讀《荀子》[四]。通文字之津涉，粹訓詁之潭奧。辨證《毛詩》，旁通《爾雅》。其閉户覃思之苦，蓋深有慨於不辨菽麥者矣。藩小巫見大巫，如莆萐之於稻稌，瑕礫之於玉石，將焚弃舊稿，用安其拙揆檮昧？敢肆厥詞，爲亦有涉乎此也。歲在著雍涒灘，炳月，日躔大梁之次[五]，吳下經生江藩作。(清焦循《毛詩名物釋》卷首，稿本，上海圖書館藏，無頁碼。)

【題解】

江藩爲焦循《毛詩物名釋》作序。據序文"丁未冬，見理堂於廣陵，出是書示藩，閱三月而竟”，又“歲在著雍涒灘，炳月，日躔大梁之次”，可知此序作於乾隆五十三年戊申（一七八八），江藩時年二十八，而焦循亦僅二十六歲。

　　焦循《毛詩物名釋》稿本，藏上海圖書館，僅存第一卷。而賴貴三《臺灣兩岸焦循文獻考察與學術研究》指出，臺灣傅斯年圖書館亦藏《毛詩物名釋》稿本，六册，二十卷，原題《毛詩多識》。焦循於《毛詩》用力甚勤，據劉建臻《焦循學術論略》，除《毛詩物名釋》外，焦氏另撰有《毛詩傳疏》《陸氏草木鳥獸蟲魚疏》《毛詩草木鳥獸蟲魚釋》《毛詩地理釋》《推小雅十月辛卯日食詳疏》數種，而《毛詩草木鳥獸蟲魚釋》與《毛詩物名釋》關係尤爲密切，其第一卷與上海圖書館所存《毛詩物名釋》第一卷幾乎完全相同。《毛詩草木鳥獸蟲魚釋》的撰寫歷時十餘年，前後七易其稿，堪稱嘔心瀝血之作，由江藩評《毛詩物名釋》“通文字之津涉，粹訓詁之潭奧。辨證《毛詩》，旁通《爾雅》。其閉户覃思之苦，蓋深有慨於不辨菽麥者矣”，亦可見一斑。

　　尤可注意者，江藩在序文中提及“作《毛詩名物解詁》《爾雅正字》二書，風雨晦明，人事間之，尚未卒業”。《爾雅正字》一稿，後釐爲三卷，易名《小箋》，有《鄦齋叢書》本。而《毛詩名物解詁》，他處鮮有提及，今亦未見傳本。關於《毛詩》，江藩除在《周易述補》《爾雅小箋》等書中有所徵引外，論述甚少。江藩《伴月樓詩鈔》卷下《朋舊》詩云“自南自北飄風攬，静詠《毛詩》日易銷”，《爾雅小箋序目》稱“嘉慶二十五年，年六十矣，爲阮生賜卿説《毛詩》”，可知江藩於《毛詩》亦有鑽研，而《毛詩名物解詁》則是鑽研之結晶。

【注釋】

[一]六書：古代分析漢字而歸納出的六種條例，即指事、象形、形聲、會意、轉注、假借。

[二]莫言鄭服非：意謂漢儒謹守師法家學，“寧道孔聖誤，諱聞鄭服非”。鄭服分別指大儒鄭玄和服虔。

[三]《毛詩名物解詁》：未見流傳，可能未有完稿。《爾雅正字》：後改名《爾雅小箋》，凡三卷，由汪喜孫等鈔校後刊印行世。

[四]“可謂”四句：意謂焦循博學多識，熟讀典籍。班父：指位列朝班之人。豹鼠出自《尔雅·释兽》：“豹文，鼮鼠。”郭璞《注》：“鼠文，采如豹者。漢武帝时得此鼠，孝廉郎终军知之，赐绢百匹。”終軍，字子雲，濟南人。少好學，以辯博能文著稱。“蟹六跪而二螯”見於《荀子·勸學》。

[五]“歲在”四句：“著雍”即戊，“涒灘”即申，合起來指戊申，即乾隆五十

三年(一七八八)。"炳月"指三月，"日躔大梁之次"指穀雨。

劉希仁文集序

李唐一代文章，世推昌黎爲正宗[一]，其文取法於子車氏[二]，與柳子厚以文雄於時[三]。而同時希仁，亦法孟子，與韓、柳不謀自合，所以當時與二子齊名也。第其文流傳甚少，後世但知韓、柳之下，有歐陽詹、李觀、李翱而已[四]。之五子者，唯柳子之説，出入儒、釋，餘子之文，其要義皆尊德性，闢邪説。然而退之《原性》，未達孔孟之旨；習之《復性》，竟同空有之言，豈能正誼明道乎？蓋韓子之學，實爲宋儒鼻祖，同一空談，反不如宋儒之能擘肌分理也[五]。至希仁之學，致力於《春秋》《孟子》，持論甚正，不雜禪語，不墜理障[六]。雖行文波瀾不如韓子之汪洋恣肆，而謹嚴則過之。其文在韓子之下，歐陽諸子之上，若中山、文泉，瞠乎後矣。且希仁當楊虞卿、牛僧儒用事之時，能不避權貴，作《牛羊日曆》譏之，其立朝風節，概可想見，又豈子厚所能及哉！

嘉慶歲庚辰，修粤東省志及於《希仁文集》，阮宮保以爲當與《曲江集》並存，因付之梓。甘泉江藩叙。(唐劉珂《劉希仁文集》卷首，道光刻《嶺南遺書》本，第二集第一册第一頁。)

【題解】

江藩爲唐代作家劉珂文集作序，時在嘉慶二十五年(一八二〇)。按劉珂(七七二—?)，字希仁，祖籍彭城沛縣(今徐州沛縣)，祖父劉效徙居韶州(今廣東韶關)，入籍曲江(今韶關南部)，遂爲曲江人。劉珂博學多識，爲文精遂，《新唐書·藝文志》著録《劉珂文》一卷。清初屈大均輯劉珂文章十餘篇，成《劉御史集》，惜未流傳。嘉慶二十五年，阮元因主修《廣東通志》之机，及於《劉希仁文集》，以为可與張九齡《曲江集》並存，遂予刊刻，由江藩撰序，子阮福作傳。

【注釋】

[一]昌黎：指韓愈，昌黎韓氏为当地望族，韓愈自稱"郡望昌黎"，故世稱"韓昌黎"。

[二]子車氏：源出東周秦國，秦穆公死時，以"三良"子車奄息、子車仲行、

子車鉗虎陪葬。

[三]柳子厚：指柳宗元(七七三—八一九)，字子厚，河東(今山西運城)人，唐宋八大家之一，有《柳河東集》。

[四]歐陽詹：字行周，福建晉江潘湖歐厝人，生活在安史之亂後的中唐，官國子監四門助教，有《欧阳行周文集》。李觀(七六六—七九四)：字元賓，隴西人，有《李觀文集》。

[五]擘(bò)肌分理：比喻分析事理十分細緻。擘：分開。理：肌膚的紋理。

[六]理障：佛教語。謂由邪見等理惑障礙真知、真見。

談階平遺書叙録

談泰，字階平，江寧舉人，官南匯縣訓導[一]。泰博覽勤學，精於天算，得梅氏算學之傳[二]，所著考證經史之書曰《觀書雜識》二十卷。其算術之書有《測量周徑正誤》《周髀經算四極南北游法》《增補武城朔閏譜》《召誥月日譜》《歲次月建異同辨》《春秋歲次考》《三統術推》《一歲食限數交食一月終數推》《漢高九年六月晦》《孝文①十一月晦》《孝文元年至七年大小餘》《孝文二年五年天正冬至》《靈帝光和元年大小餘》《四分術譜》《劉宋武帝五年天正冬至》。又著《三統術譜》《冬至權度紀略》《天官書節次斗分辨》《分野辨》《操縵卮言正誤》《圓壺周徑積實》《祖沖之朒法辨》《朒內方非十尺辨》《喪服傳溢説》《五服經帶數》等書。又著《古算書細草》十餘事。(清阮元《儒林傳稿》卷二《談泰傳》，《續修四庫全書》影印南京圖書館藏嘉慶刻本，史部第五三七册第六五二—六五三頁。)

【校勘】

①"十一月"與"元年"之前的"孝文"，原均作"考文"，據阮元《揅經室續集》卷二《談泰傳》改。

【題解】

江藩爲談泰著述作序。序文提供了談泰生平、著述的第一手資料，彌足珍貴，爲阮元《儒林傳稿》所采録。談泰著述豐碩，江藩叙録達二十餘種，然散佚嚴重，然流傳於今的，僅有《王制田畝演算法解》一卷、《王制井田演算法解》一卷、《礼记義疏演算法解》一卷数種，收録於江寧傅氏晦齋一九〇〇年刊《金陵叢刻》中。

【注釋】

[一]南匯縣：位於上海市郊。清雍正四年（一七二六），從上海縣劃出長人
　　鄉建立新縣，因縣治設在原守禦所南匯嘴，故縣名"南匯"。訓導：學
　　官名。明、清兩代學校中協助教導生員的學官，即稱爲訓導。

[二]梅氏：指清代算學名家梅文鼎。

宋刻本金石録跋

《金石録》宋時刻於龍舒[一]。開禧時浚儀趙不譾又刻之[二]。此本
疑是浚儀重刊本也。藩與玉屏先生之長君定甫交[三]，三十年前獲觀
此書及《謝皋羽像》。嘉慶二十年六月五日，晋齋先生出此命題[四]，
爰書數語，以志眼福云。書於邗上宵市橋西一草堂，江藩跋。（清潘祖
蔭著、佘彦焱、柳向春標點《滂喜齋藏書記》卷一"宋刻金石録十卷"條，上海古籍出
版社二〇〇七年版，第三一頁。）

【題解】

《金石録》由宋代趙明誠與其妻李清照共同完成，凡三十卷，著録了上古
三代至隋唐五代以來的鐘器銘文與碑銘墓志等石刻文字。南宋孝宗淳熙（一
一七四——一一八九）年間刻於龍舒郡齋，寧宗開禧（一二〇五——一二〇七）時
又有浚儀趙不譾刻本。今存三十卷龍舒郡齋本，藏國家圖書館。此爲宋刻殘
本十卷，經朱大韶、馮子玄、馮文昌、鮑廷博、江立、趙魏、阮元、韓泰
華、潘祖蔭等遞相收藏，又經江藩、顧千里、翁方綱、姚元之、洪頤煊、沈
濤等賞鑒題跋，今藏上海圖書館。乾隆末年，江藩曾在江立處得見此本，嘉
慶二十年（一八一五）六月又在趙魏處獲睹，遂應囑題跋。

【注釋】

[一]龍舒：今安徽舒城，宋時屬淮南西路廬州，南與舒州接壤，刻工互通。

[二]開禧：宋寧宗趙擴的年號（一二〇五——一二〇七）。浚（xùn）儀：古縣
　　名。西漢置，治所在今河南開封市。南朝宋僑置，一説在今安徽亳州，
　　一説在今安徽壽縣。趙不譾：字師厚，宋宗室，能詩，有佚句。

[三]玉屏：指江立（一七三二——一七八〇），字玉屏，一名炎，字聖言，號

云谿，江蘇揚州人。工詞，與江昉齊名，稱“二江”，有《畫傳編韻》等。
定甫：江立子，名安，工詩。

[四]晋齋：指趙魏(一七四六——一八二五)，字晋齋，號録森，江蘇仁和(今
杭州)人，藏書處有“竹崦庵”，有《竹崦庵傳鈔書目》等。

宋刻本金石録題記

　　馮硯祥名文昌，祭酒夢禎之子[1]，幾社黨人。開先[2]收藏甚富，
得右軍《快雪時晴》真迹，因築快雪堂於西湖之孤山，自嘉禾移居武
陵，遂爲杭人焉。江藩識。(清潘祖蔭著、佘彦焱、柳向春標點《滂喜齋藏書
記》卷一“宋刻金石録十卷”條，上海古籍出版社二○○七年版，第三一頁。)

【校勘】

①“子”，疑作“孫”。《杭郡詩輯》載：“馮文昌字研祥，嘉興諸生，有《吳越
　野民集》。”注云：“研祥爲司成(按：國子監祭酒別稱)開之孫。”按馮夢禎
　(一五四八——一六○六)，字開之，號具區，又號真實居士，浙江秀水(今
　嘉興)人。官國子監祭酒。

②“先”，疑作“之”。按：馮夢禎(一五四八——一六○五)，字開之，號具區，
　浙江秀水(今嘉興)人。移家杭州，築室於孤山之麓。因家藏王羲之《快雪
　時晴帖》，遂名其堂爲“快雪”。著有《快雪堂集》《快雪堂漫録》等。

【題解】

　　此《題記》之前尚有翁方綱跋語，簡要介紹馮硯祥所藏宋槧本《金石録》
十卷，藩文則對馮硯祥及其祖父夢禎作了説明。

宋拓本鼎帖跋

　　《鼎帖》，紹興十一年辛酉十月，郡守張斛刻於常武。常武爲鼎
州，武陵乃常武之附邑，所以每數十行後有“武陵”二字。刻時以《千
字文》編號，又有“海鹽稱”字樣也。余訪求是帖垂三十年，不見真
本，所見者皆俗工以《新蜂帖》僞爲之者。今年夏五月，得此本於吳
下，寶之無異珊瑚鈎矣[一]。嘉慶十六年六月荷花生日，江藩記。(宋

張斛輯《鼎帖》卷末，宋拓本，藏上海圖書館，無頁碼）

【題解】

《鼎帖》爲南宋鼎州郡守張斛於紹興十一年(一一四一)所輯刻之法帖集，故名《鼎帖》，而武陵爲鼎州之附邑，故又名《武陵帖》。江藩尋訪此貼三十年，未得。嘉慶十六年(一八一一)夏，江藩在吳下訪得宋拓《鼎帖》殘本，欣喜讚歎，題跋記之。

【注釋】

[一]珊瑚鈎：比喻文章書畫華麗珍貴。杜甫《奉同郭給事湯東靈湫作》："飄飄青瑣郎，文采珊瑚鈎。"

宋拓本鼎帖題記

《閑者軒帖考》云[一]："《武陵帖》小字《黃庭經》精妙絕倫。"惜予未之見也。節甫又記。(宋張斛輯《鼎帖》卷末，宋拓本，藏上海圖書館，無頁碼。)

【注釋】

[一]《閑者軒帖考》：清孫承澤撰，凡一卷，取《蘭亭》而下至文徵明之《停雲館帖》，凡三十八種，一一考其源流，品其次第。

宋拓本漢石經殘字跋

熹平石經予所見者三本：一爲孫退谷藏本[一]，舊藏華亭王氏[二]，今歸孫淵如①先生[三]；一爲吾郡玲瓏山館馬氏藏本，後歸黃氏小松[四]；一爲蔡松原所藏本[五]，伯元文選樓珍秘即此本也。考宋時重刻有二本，會稽洪文惠刻於蓬萊閣[六]，石熙明刻於越州[七]。何義門、徐壇長皆云朱竹垞見退翁所藏[八]，不察爲石氏原刻，誤爲中郎原石[九]。此説予以爲不然。今以三本互勘，小松本《盤庚》篇無"凶德綏績"四字，與孫、蔡本不同，安知非文惠所刻耶？越州石氏刻石名《博古堂帖》，退翁《閑者軒帖考》②既載《博古堂帖》矣，而《庚子銷夏記》

又載《石經殘字》，且於碑尾手記數語，則非石氏帖無疑。退翁精於鑒賞，豈家藏是帖，懣漫不省耶？此册與退翁本點畫波磔一一相同，雖非洛陽舊迹，並爲蓬萊閣本，蓋可知矣。蔡松原名嘉，丹徒人，能詩善畫，亦玲瓏山館座上之客也，附書於後。嘉慶戊寅秋九月，甘泉江藩跋。（《漢石經殘字》卷末，民國間上海有正書局影印文選樓藏宋拓本，無頁碼。）

【校勘】

①"如"字原脱。按：退谷藏本後歸孫星衍所有，星衍字淵如，今據補。

②"考"前本衍一"者"字，今删。

【題解】

漢刻石經，肇始於熹平四年（一七五），光和六年（一八三）刊成。其後迭經兵火，石板漸毁，拓本流衍。宋嘉祐年間，洛陽、長安兩地曾有漢石經殘石出土，拓本漸次涌現，尤以洪適蓬萊閣本、石熙明越州本影響深遠。至清代，流傳的漢石經拓本主要有三家，即江藩所云，一爲孫承澤（號退谷、退翁）藏本，舊藏華亭王司農，後歸孫星衍（字淵如）；一爲揚州玲瓏山館馬曰館藏本，後歸黃易（號小松）；一爲蔡嘉（字松原）所藏本，後歸阮元，入藏文選樓。江藩將此三本進行比勘，認爲文選樓本與退翁本點畫波磔一一相同，雖非洛陽舊迹，並爲蓬萊閣本。據跋尾"嘉慶戊寅"，可知此跋作於嘉慶二十三年（一八一八），時江藩客居阮元廣州節署。

【注釋】

[一]孫退谷：指孫承澤（一五九三——一六七六），字耳北，一作耳伯，號北海，又號退谷、退翁，順天府上林苑（今河北大興）人。富收藏，精書畫鑒別。著有《研山齋集》《庚子消夏記》等。

[二]華亭王氏：指王鴻緒（一六四五——一七二三），字季友，號儼齋，又號橫雲山人，華亭人。官工部尚書，有《橫雲山人集》等。

[三]孫淵如：指孫星衍（一七五三——一八一八），字淵如，號伯淵，陽湖（今江蘇武進）人，有《周易集解》《芳茂山人詩録》等。

[四]黃氏小松：指黃易（一七四四——一八〇二），字大易，號小松、秋盦，又號秋影庵主、散花灘人，錢塘（今浙江杭州）人。擅篆刻，與丁敬都並稱"丁黃"，爲"西泠八家"之一。

[五]蔡松原：指蔡嘉（一六八六——一七七九後），字松原，一字岑州，號雪堂，一號旅亭，江蘇丹陽人，僑居揚州，有《松原題跋》。

[六]洪文惠：指洪適（一一一七——一一八四），字景伯，又字溫伯、景溫，號盤州，謚文惠，饒州鄱陽（今江西鄱陽）人，有《隸釋》等。

[七]石熙明：指石邦哲，字熙明，新昌人。高宗紹興初爲大理評事，尚書石公弼從姪。嗜書博雅，尤精鑒賞，築博古堂，藏書逾二萬卷，所收碑帖亦多。

[八]徐壇長：指徐用錫，字晝堂，又字壇長，宿遷人，官翰林侍講，有《徐壇長稿》。

[九]中郎：指蔡邕（一三三——一九二），字伯喈，官至左中郎將，世稱“蔡中郎”。熹平年間，蔡邕主持校正經書，刊刻於石，史稱“熹平石經”。

宋拓本漢石經殘字題記

是册爲賜卿所藏，道光四年六月重觀於兩粵節署。當時松原先生用不全宋本紙剪付裝池，所以丁“聘義”二字也。江藩又記。（《漢石經殘字》卷末，民國間上海有正書局影印文選樓藏宋拓本，無頁碼。）

明刻本十二子跋

嘉慶八年四月，借白下朝天宮《道藏》本校於五笥仙館[一]。江藩記。（唐逢行珪注《鬻子》卷末，明刻本《十二子》，江藩校，藏上海圖書館，第一一頁）

嘉慶八年四月，以《道藏》本校，江藩記。（《尹文子》卷末，明刻本《十二子》，江藩校，藏上海圖書館，第一七頁）

嘉慶八年四月十九日，以《道藏》本校於五笥仙館。江藩記。（戰國公孫龍《公孫龍子》卷末，明刻本《十二子》，江藩校，藏上海圖書館，第一五頁）

【題解】

明刻本《十二子》，包括《無能子》（未題撰者）、《小荀子》（未題撰者）、《亢倉者》（未題撰者）、《鬼谷子》（未題撰者）、《玄真子》（唐張志和）、《天隱子》（未題撰者）、《鹿門子》（唐皮日休）、《鬻子》（華州鄭縣尉逢行珪注）、《關尹子》（未題撰者）、《公孫龍子》（趙人公孫龍）、《尹文子》（未題撰者）、《鄧析子》（未題撰者）等十二種，多爲周秦諸子，除個別收入《道藏》外，鮮有傳刻。嘉慶八年(一八○三)四月，江藩借白下朝天宮《道藏》本校勘是書之《鶡子》《公孫龍子》《尹文子》，校書地點在秦恩復五笥仙館。此三種卷後皆有江藩題記，並分別有"子屏"陰文印、"鄭堂"陽文印、"鄭堂"陰文印各一枚。江藩關於此三種書之校勘，主要涉及文字的勘正、篇目的釐定等，如《公孫龍子》之《通變論第四》"兩不明，昏不明，非正舉也"句，江藩校訂作："兩明者，昏不明，非正舉也"，《鶡子·湯政湯治天下理第七》之"人而不善者謂之獸"下注文"人化而爲善，是爲大常"，江藩校訂作："人化而爲善，是曰天常"；又如在《鶡子》之《曲阜魯周公政甲第十四》篇目前，江藩題寫"鶡子卷下"，而關於《進鶡子表》，江藩有校記云："《道藏》本表在序前。"另外，還有一些筆墨模糊之處，江藩一一作了校寫謄録。除此三種外，《十二子》之《無能子》《小荀子》《玄真子》，江藩未作校勘；《關尹子》《鄧析子》《亢倉子》僅校改一二字；《鬼谷子》似有人先點校，江藩復校，或增字校補，或在原字徑改；《天隱子》之卷尾，有江藩朱筆題記："原刻不錯，所改俱非"；《鹿門子》不知何人所點，江藩頗爲不滿，寫有如下多條題記："未知何人所點，可恨""點書之人，可杖八十""如此點法，惡極"。

【注釋】

[一]朝天宮：位於今南京市秦淮區水西門内，是江南地區現存建築等級最高、規模最大、保存最爲完整的明清官式古建築群落。朝天宮之名，由明太祖朱元璋下詔御賜，取"朝拜上天""朝見天子"之意，是明代皇室貴族焚香祈福的道場和節慶前文武百官演習朝拜天子禮儀的場所，與神樂觀同爲明朝最高等級的皇家道觀。明朝末年，朝天宮部分燬於戰火。清代康乾時期，朝天宮得以重修，規模甚大。

明刻本唐語林跋

晁公武《郡齋讀書志》"《唐語林》十卷"，云"未詳撰人，效《世説》體分門記唐世事，新增'嗜好'等十七門，餘仍舊"云。此本上下二卷，上卷四門，下卷十一門，凡十五門，乃未增之本，第殘缺破損，惜無善本一校耳。江藩記。(宋王讜《唐語林》卷首，明嘉靖二年齊之鸞刻本，藏湖北省圖書館，第一册，無頁碼。)

【題解】

《唐語林》是宋代文言軼事小説，王讜撰。此本爲明嘉靖二年齊之鸞刻本，江藩爲之題跋，以爲是未增之本。

明鈔本後村居士詩文集跋

嘉慶二十二年，江藩校於白堤舊居伴月樓中[一]。（宋劉克莊《後村居士詩文集》卷一尾頁，明鈔本，江藩校，藏上海圖書館，第一册，無頁碼。）

【題解】

《後村居士詩文集》，南宋劉克莊撰。是本凡五十卷，明鈔，卷末有民國潘承弼跋文。嘉慶二十二年（一八一七），江藩據宋本校訂，“全書校未及半，疑所校或止殘本耳”（潘承弼《跋》）。

【注釋】

[一]白堤：堤名。故址在江蘇省蘇州市虎丘下，爲白居易任蘇州刺史時所築。伴月樓：江藩的書齋名，江氏有詩集《伴月樓詩鈔》三卷。

明末清初拓本張猛龍碑跋

張猛龍碑在曲阜，是册有退谷先生題跋，然不見於《庚子銷夏記》。《金石略》云“囧音忽”，詳玩碑文，作“囧”，囧，“淵”字也，名猛龍，所以字神淵。質之墨卿先生，以爲然否？江藩跋。（其下鈐“鄭堂”白文方印。《張猛龍碑》，明末清初拓本，人民美術出版社二〇一三年影印，第八四頁。）

【題解】

《張猛龍碑》，全稱《魏魯郡太守張府君清頌之碑》，北魏明孝帝正光三年（五二二）正月立，無書寫者姓名。碑石今在山東曲阜孔廟。碑文記頌魏魯郡太守張猛龍興辦學校功績，爲正宗北碑書體，被世人譽爲“魏碑第一”。此本爲明末清初拓本，有孫承澤（號退谷）、阮元、江藩、何紹基等人題跋。舊藏孫承澤處，後爲阮元購得，於嘉慶十一年持贈伊秉綬（號墨卿）。按伊秉綬，福建寧化人，乾隆五十四年（一七八九）進士。嘉慶十年（一八〇五）至十一年間任揚州知府，嘉慶十二年調任河庫道（駐節清江浦，今江蘇淮安），

旋又調兩淮鹽運使(官署設在揚州)，任職二月後因父喪丁憂而去職返鄉。故
知江藩此跋當作於伊秉綬任職揚州的嘉慶十一至十二年間。江藩跋文主要對
"囧""同"音義作出辨析，指出"囧"當作"同"字。

清鈔本吳越備史跋

予舊弆《吳越備史》四卷[一]，乃述古堂精鈔本[二]。乾隆壬寅年，
是書及《道藏》本李荃注《太乙紫庭經》爲同門南沙程君在仁借去，未
幾在仁物故，此書不覆醬瓿亦爲針綫帖矣[三]。嘉慶丙子冬，客游吳
下，晤枚庵，吳丈出此見示，重校秘書，如獲奇珍。雖非廬山真面
目，然漢武得見李先人幽魂[四]，豈非快事哉！吳丈跋云"維揚江氏"，
即予家也。節父江藩書於白堤舊居之伴月樓中[五]。(宋錢儼《吳越備史》卷
末，清鈔本，藏上海圖書館，第二册第二頁。)

【題解】

乾隆四十一年丙申(一七七六)，吳翌鳳過録江藩家藏"述古堂錢氏鈔
本"《吳越備史》。嘉慶二十一年丙子(一八一六)冬，江藩客游吳地，吳氏出
此見示，遂校而題跋。

【注釋】

[一]弆(jǔ)：收藏。

[二]述古堂：指清初藏書家錢曾(字尊王)的藏書樓。

[三]覆醬瓿：蓋醬壇。比喻著作毫無價值，或無人理解，不被重視。

[四]"漢武"句：《後漢書·外戚傳》載漢武帝寵幸李夫人，惜早逝，武帝憫
    而圖像於甘泉宫，仍思念不已，遂請方士作法，再現李夫人形貌，以慰
    相思。

[五]節父：江藩晚年號節甫，亦作節父。

清鈔本吳越備史題記

嘉慶二十二年六月校畢，江藩記。書中"左右"之"左"皆作"上"，
避忠獻王嫌名也[一]。藩又記。(宋錢儼《吳越備史》卷四，清鈔本，藏上海圖書

館，第二册第四二頁。）

【題解】

　　江藩題記交代校訂《吳越備史》的具體時間和有關內容。

【注釋】

[一]忠獻王：指錢佐（九二八—九四七），原名錢弘佐，字元佑，吳越文穆
　　王錢元瓘第六子，五代十國時期吳越國君主，後漢贈謚號"忠獻王"。

江氏手鈔本燈下閑談跋

　　乾隆丙申，假滋蘭堂本粗録一過。十月初三日，江水松[一]。（繆
荃孫《藝風堂藏書記》，上海古籍出版社二〇〇六年版，第一九八頁。）

【題解】

　　《燈下閑談》乃五代筆記，作者佚名。乾隆丙申年（一七七六），江藩借
朱奐滋蘭堂本鈔録，並題跋其上。

【注釋】

[一]江水松：爲江藩別名。繆荃孫《藝風堂藏書記》著録："《燈下閑談》二
　　卷，江鄭堂手鈔本，余蕭客校。"

虢叔大林鐘釋文①

　　虢叔旅曰：不顯皇考惠叔，穆秉元明德，御于乃邦，頓手𠃌秌。

---

①　馮登府《閩中金石志》卷一亦加引録，文字頗有異同，一併移録於下，以供參考：大林
　　和鐘，即《國語》"鑄無射而爲之大林"也。其法作無射爲大林以覆之，其律中林鐘，説
　　見賈侍中《注》。無射，乾之上九。林鐘，坤之初六。上九位高聲細，初六位下聲大。
　　無射之聲爲大林之所抑，故伶州鳩曰"細抑大陵，不容於耳"。然則大林之鐘，其聲
　　乖於律度，必無和理，而名曰"和鐘"者，"和"當讀作"勾股和較"之"和"。用無射、
　　林鐘二律之和數以鑄此鐘。蓋無射律長四寸六千五百六十一分之六千五百二十四，林
　　鐘律長六寸，以無射之律與林鐘之律兩數相併爲和耳。

旅敢啓帥井皇考威義，□御于天子。迺天子……[一]

大林和鐘即無射之覆[二]，作無射爲大林以覆之，其律中林鐘，說見《國語注》。無射，乾之上九。林鐘，坤之初六。上九位高聲細，初六位下聲大。無射之聲爲大林之聲所抑，是以“細抑大陵，不容於耳”。然則大林鐘，其聲乖於律度，必無和理，而名曰“和鐘”者，蓋無射律長四寸六千五百六十一分之六千五百二十四，林鐘律長六寸，先以無射之律爲本，又加以林鐘之律，此賈侍中之所謂覆也。藩以爲“和”當讀作“和較”之“和”，用無射、林鐘二律之和數以鑄此大林鐘也。鼓間花紋刻作雙鳧，寓鳧氏爲聲之意。(清蔣光煦《東湖叢記》卷一《雜考類》，光緒九年繆氏刻《雲自在龕叢書》本，第一册第八—九頁。)

【題解】

虢叔大林鐘又稱虢叔旅鐘，鐘鉦部有銘文四行，左鼓有銘文六行，共計九十一字。吳昌碩《虢叔大林鐘跋》云：“虢叔大林鐘凡三器，一爲阮文達公藏，一爲伊墨卿太守藏，此鐘本係孫淵如觀察藏，後歸張叔未解元者，今爲耦園所獲。三器銘文同而行款略異。”江藩與阮元、伊墨卿皆有交游，此《虢叔大林鐘釋文》即是針對其所藏大林鐘而作。《虢叔大林鐘釋文》主要考釋大林之義及相關律吕度數。清馮登府《閩中金石志》卷一評曰“和鐘，老友鄭堂之説爲尤窈也”。虢叔：即虢叔旅，是西周晚期東虢國的國君。東虢爲周文王姬昌之弟虢仲的封國，國都在今河南鄭州滎陽一帶。大林鐘爲虢叔旅紀念其父虢惠叔，稱頌功德、祈禱福佑而鑄。

【注釋】

[一]“虢叔旅”數句：此爲虢叔大林鐘銘文，不全。茲據阮元《積古齋鐘鼎彝器款識》卷三《虢叔大林鐘》迻逯全文：“虢叔旅曰：不顯皇考惠叔，穆秉元明德，御于乃邦，尋屯乍攸。旅敢啓帥刑皇考威義，爲御于天子。卤天子多錫旅休。旅對天子魯休揚，用作朕皇考惠叔大林龢鐘。皇考嚴在上，翼在下，愷愷能能，降旅多福。旅其萬年，子子孫孫，永寶用享。”不顯：通“丕顯”，明顯，此指顯赫榮耀之意。皇考：對亡父的尊稱。帥井：遵循，效法。

[二]林鐘、無射：指十二律(又稱十二律吕)的兩種名稱。十二律指從黃鐘律標準音起，按照三分損益法，將一個八度分爲十二個不完全相等的半音的一種律制。十二律分別是黃鐘、大吕、太簇、夾鐘、姑洗、中吕、蕤賓、林鐘、夷則、南吕、無射、應鐘。

與焦理堂書

藩啟理堂仁兄足下：兩得手書，知起居勝常爲慰。藩自入韓城相國幕中，事煩心苦，碌碌終年，局促如轅下駒[一]，殊可笑也。今春隨從臺麓[二]，四月中始回日下，即謀納粟下闈[三]，至七月終，甫得考列，率爾進場[四]，虛應故事而已。

何文伯來[五]，得悉近祉，並知精究九章之學。我朝明算學者無過梅氏[六]，然其書亦有未盡，所以江布衣永有《梅翼》之作[七]。其書今不可得，散見於《五禮通考》中[八]。足下既欲著爲一書，發明梅氏之學，則江布衣之説亦不可不讀也。成書後祈示我一讀，以開茅塞。

藩近日纂《春秋解詁》一書，頗有所得，唯杜預《長曆》[九]，心知其謬，而年根置閏[十]，推算煩重，且史册紀年往往疏舛，無從下手。《三統曆》之疏密[十一]，又遠無可據，如“冬，城向”釋例一條[十二]，讀劉炫所規[十三]，不知孰曲孰直矣。未審年根置閏有何捷法，便中希見示。

汪掌庭昆季近況若何[十四]？庾客去後有消息否[十五]？紅塵十丈中，舉目皆即起鄉思，尤不能去諸懷者，一二故人也。草此並候文祺[十六]，不一[十七]。江藩頓首上。（潘承厚輯《明清藏書家尺牘》，民國三十年影印，上海圖書館藏，第四册，無頁碼。）

【題解】

江藩與焦循交往甚密，時常書信往還，談經論史。此信主要討論曆算問題。江藩建議焦循，著書時參考江永《梅翼》，同時，提及自己正纂寫《春秋解詁》，碰到曆法疑難問題，請焦循介紹年根置閏的捷法。在上海圖書館藏焦循《里堂文稿》中，收錄有焦循答江藩信二通，分別題作《答江鄭堂書》和《答江子屏論春秋曆法書》，經研讀對比，可知二者實爲一信，後者是前者的節略本，且專爲江信而作。據《答江鄭堂書》末尾題署“壬子冬小寒後”，可知此信寫於乾隆五十七年（一七九二）十一月二十三日之後，加之信中明言“前月得手書”，故可推定江藩此信寫於乾隆五十七年十月。

【注釋】

[一]偈促：拘束。

[二]臺麓：指山西五臺山臺麓寺，爲清朝諸帝朝臺行宫。

[三]納粟下闈：意謂捐納財貨進國子監爲監生，直接參加省城或京都的考試。闈：指考場。

[四]率爾：隨便，無拘束貌。

[五]何文伯：指何孫錦，字文伯，江都人。阮元《定香亭筆談》載嘉慶二年（一七九七）七月，方薰爲阮氏繪《湖心夜月圖》，何孫錦有題詩云：“醉後詩情同月涌，夜闌涼夢約雲歸。”

[六]梅氏：指清代算學名家梅文鼎。

[七]江布衣永：指江永，布衣借指平民百姓。《梅翼》：指江永算學著作《翼梅》，八卷本，有光緒七年群玉山房刻本。

[八]《五禮通考》：清秦蕙田輯録，考辯吉、凶、賓、嘉五禮，凡二百六十二卷，有《四庫全書》本。

[九]杜預（二二二—二八五）：字元凱，京兆杜陵（今陝西西安）人。杜氏在注解《春秋經傳》時，撰成《春秋長曆》，後散佚，清人從《永樂大典》中輯出。

[十]年根置閏：指推算年月朔閏的曆法。

[十一]《三統曆》：古代漢族曆法之一，由西漢劉歆整理而成。

[十二]冬，城向：出自《左傳·桓公十六年》，意謂冬季時在“向”地修筑城邑。

[十三]劉炫（約五四六—約六一三）：字光伯，河間景城（今河北獻縣）人。隋開皇（五八一—六〇〇）中，奉敕修史，後與諸儒修定五禮。著有《春秋規過》《尚書述義》等，已佚，清馬國瀚《玉函山房輯佚書》有輯本。

[十四]汪掌庭：指汪光烜，字掌庭（廷），一字震叔，江蘇儀徵人。兄光爔（一七六五—一八〇七），字晋蕃，號芝泉。兄弟二人以文學見稱，與江藩、焦循皆有交游。昆季：兄弟。

[十五]庚客：疑爲林道源，字仲深，號庚泉，安徽天長人。嘗爲鹽務水巡，後裁去。工詩，有《一無所知齋剩稿》。

[十六]文祺：書信祝福語。祺：安好、吉祥之意。

[十七]不一：同“不一一”，即不詳細説，舊時書信結尾常用語。明歸有光《與宣仲濟書》：“人去草草，明當奉晤，不一。”

與汪喜孫書一

《羅鄂州集》一本[一]，曲子一本，希檢入。足下所作《許浦都統司磚考》，乞録付一紙。並俟即安，不一。孟慈世講足下。江藩頓首。
(《乾嘉諸老投贈廿九札》，稿本，藏河北大學圖書館，無頁碼。)

【題解】

　　汪喜孫之父汪中與江藩爲摯友，喜孫視江藩爲師。此札作年，馬學良據
《汪荀叔自撰年譜》"嘉慶六年，十六歲。始識江先生鄭堂，知賞識金石書
畫、銅瓷雕漆、刻絲器用及琢硯造墨之法，後以《許浦都統司磚考》質之先
生，先生賞之，爲延譽于四方文學之士"及汪喜孫之子汪保和等所作《皇清誥
授中憲大夫例晉通奉大夫欽加道銜河南懷慶府知府加三級紀録四次顯考孟慈
府君行述》中稱汪喜孫"年十六，究心金石書畫，就正江鄭堂先生藩，以《許
浦都統司磚考》質之，先生亟加稱賞"，斷爲嘉慶六年(一八〇一)，可從。
札中所言《羅鄂州集》一本與曲子一本，當爲江藩引導喜孫讀書所贈。

【注釋】

[一]《羅鄂州集》：南宋羅願作。羅願(一一三六——一一八四)：字端良，號
　　　存齋，因任鄂州知事，故稱"羅鄂州"，安徽歙縣人，有《爾雅翼》《鄂州
　　　小集》等。

與汪喜孫書二

　　拙著《漢學師承記》望付來手[一]。非石《急就篇考》可擲下一
讀[二]。籍俟即安，不既。江藩頓首。(《乾嘉諸老投贈廿九札》，稿本，藏河
北大學圖書館，無頁碼。)

【題解】

　　江藩致函汪喜孫，索取《漢學師承記》手稿，順便借觀鈕樹玉的《急就篇
考》。
　　據漆永祥、王應憲等人考證，《漢學師承記》約完稿於嘉慶十六年(一八
一一)。今傳世本《漢學師承記》後有汪喜孫跋文，云："吾鄉江先生……喜
孫奉手受教，服膺有年，被命跋尾，不獲固辭，謹以所聞，質諸坐右，未識
先生以爲知言不也"，題署"嘉慶十有七年五月七日後學汪喜孫撰。"據此，
馬學良推斷此札或即江藩《漢學師承記》稿成待梓之際，以書稿示喜孫，命其
作跋，催其交還書稿時所作，時間約在嘉慶十六年至十七年五月間。

　　又，札中提到非石《急就篇考》，當即鈕樹玉《校定皇象本急就章附考證》。鈕氏《校定皇象本急就章附考證·自序》云：“曩讀王伯厚《補注急就篇》所引皇象碑本，遠出顏本上，求之多年而不可得。嘉慶辛未（十六年）薄遊廣陵，見汪氏家藏趙文敏手書小楷《急就章》。余爲之審定，出皇象本。亟假録一通，藏諸行篋。後又獲前明正統間吉水楊君摹宋温仲合刻石本，以之參校，無不吻合，蓋其本並出休明也。……茲以趙本爲主，下附異同，曰《校定皇象本急就章》，好古者或有取焉。”據之可知，鈕樹玉《校定皇象本急就章附考證》完稿並流傳，不得早於嘉慶十七年。

　　合而言之，江藩此札當作於嘉慶十七年一月至五月間。

【注釋】

[一]來手：來人。

[二]非石：指鈕樹玉（一七六〇——一八二七），字藍田，自號匪石山人，江蘇吳縣人，有《群經古義》《急就篇考證》等。

與汪喜孫書三

　　來帖乃明時接頭接尾之僞本也，然皆用舊翻《潭》《絳》合成之[一]。藩幼時曾見一部，邇年來絶少矣。江藩頓首覆。（《乾嘉諸老投贈廿九札》，稿本，藏河北大學圖書館，無頁碼。）

【題解】

　　汪喜孫就所得字帖之版本問題向江藩請教，江藩復函答之。

【注釋】

[一]《潭》《絳》：分別指古代著名法帖《潭帖》和《絳帖》。《潭帖》爲北宋劉沆命僧人希白所摹刻，主要以《淳化閣帖》爲底本，並增入王羲之、王濛、顏真卿等人之帖。《絳帖》爲北宋潘師旦在絳州摹刻，主要以《淳化閣帖》爲基礎，並收入李斯、諸葛亮、王羲之、王獻之、衛夫人、張旭、懷素、李白、顏真卿等人的名作。

與汪喜孫書四

　　前接手書，因有極不如意之事，久羈裁答。伏惟起居迪吉[一]，體候勝常爲慰。承問三事：《華林徧略》，徐勉撰[二]。祖孝徵以《華林徧略》質樗蒱錢文[三]，即此書也。《修文御覽》即祖珽撰，《隋書·經籍志》《新唐書·藝文志》載此二書。《太平御覽》盛行於世，二書遂亡矣。春秋諸臣仕於周者，止晋悼一人，斷非知悼子[四]，疑是晋悼公[五]。晋悼在周，見於《左傳》，而《史記·晋世家》最詳，然仕周不仕周，無明文可證，俟更考之。《宋書·地理志》："南濟陽太守，領縣二：考城、鄄城。"至《南齊》："濟陽郡，領縣一，考城。建武三年，省鄄城，度屬南濮陽郡。""度"者，移之之謂也。《元史》一本呈上，希檢閱。草此奉復，兼請日安，不一。孟慈大兄足下。江藩白。

(《乾嘉諸老投贈廿九札》，稿本，藏河北大學圖書館，無頁碼。)

【題解】

汪喜孫向江藩請教三個問題，包括《華林徧略》《修文御覽》二書的修纂、流傳，春秋時仕周的晋悼謂誰，南濟陽郡的區劃沿革等，江藩一一復函答之。

【注釋】

[一]迪吉：《書·大禹謨》："惠迪吉，從逆凶。"孔安國《傳》："迪，道也。順道吉，從逆凶。"後因以"迪吉"表示吉祥，安好。

[二]徐勉(四六六—五三五)：字修仁，東海郯人(山東臨沂)人。官至右僕射、中書令，領修《華林徧略》。

[三]祖孝徵：指祖珽，字孝徵，北齊范陽遒(今河北淶水)人，曾兩次盜賣《華林徧略》，有《修文御覽》等。樗蒱(chū pú)：同"樗蒲"，古代玩類似擲色子之類的游戲。

[四]知悼子：名知盈，春秋時晋國之卿。晋悼公：指姬周(前五八六—前五五八)，諡"悼"，稱"晋侯周"。

與汪喜孫書五

前月接到手書，得悉北堂安吉暨足下平善[一]，遥企五雲[二]，曷勝欣慰。尊公《述學》雕本甚精[三]，與宋槧無異。即此一事，足徵足下之孝思無窮矣。

拙著二種呈上，希削政[四]。中多錯字，緣《通志》事冗[五]，未暇校正耳。藩平日從不敢以學問傲人，不知何故，見罪於近日自許之通人名士，大肆詆訶[六]，頗悔灾梨[七]。足下讀畢之後，希勿輕以示人，爲我藏拙可也。草此並候，不一。上孟慈大兄先生足下。世愚弟江藩拜手。(《乾嘉諸老投贈廿九札》，稿本，藏河北大學圖書館，無頁碼。)

【題解】

　　據札中"拙著二種呈上，希削政。中多錯字，緣《通志》事冗，未暇校正耳"及"見罪於近日自許之通人名士，大肆詆訶"云云，可推定此札作年。

　　"拙著二種"指《國朝漢學師承記》與《經師經義目録》，據阮元《國朝漢學師承記序》，該書"居元廣州節院時刻之"，且阮元《序》作於嘉慶二十三年(一八一九)除夕。據漆永祥查考，《國朝漢學師承記》初刻初印本爲嘉慶二十三年本，無阮元序，另有補入阮序的初刻重印本，嘉慶二十四年(一八二〇)印出。

　　札中"緣《通志》事冗"，當指江藩入阮元幕纂修《廣東通志》一事。嘉慶二十三年夏，江藩南下入阮元幕。十一月十五日，阮元携廣東巡撫李鴻賓奏《纂修廣東省通志折》，聘江藩爲四位總纂之一。二十四年正月二十三日，阮元得到嘉慶帝批復，獲准纂修《廣東通志》。

　　札中"見罪於近日自許之通人名士，大肆詆訶"，當指江藩《國朝漢學師承記》遭到宋學陣營方東樹的憤慨與批駁，而方東樹於嘉慶二十四年三月進入阮元幕，纂修《廣東通志》。

　　綜合以上材料來看，江藩此札當作於嘉慶二十四年，在《國朝漢學師承記》於廣州初刻重印，纂修《廣東通志》一事啓動，方東樹入幕修志，與江藩就漢宋學術展開爭鳴的交匯點上。

【注釋】

[一]北堂：代稱母親，這裏指汪喜孫之母。

[二]五雲：指皇帝所在地。汪喜孫迎養老母於京師，故江藩云"遥企五雲"。

[三]"尊公"句：指嘉慶二十三年(一八一八)，汪喜孫補刊其父汪中《述學》，較舊刻(汪中手定本、阮元重刊本)增加《補遺》《別録》。此本雕版精審，内容完備。道光三年，又據此本編爲六卷，後來《粤雅堂叢書》本、《四部叢刊》本、《四部備要》本皆據此本翻刻。尊公即汪中(一七四四——一七九四)，字容甫，號頌父，江蘇江都人，有《述學》《廣陵通典》等。

[四]削政：請人指正詩文的敬辭。

[五]《通志》事冗：指江藩應阮元之聘主修《廣州通志》事煩瑣繁忙。

[六]大肆詆訶：指江藩撰《國朝漢學師承記》遭到方東樹的憤慨與批駁，激化了漢宋之爭。

[七]灾梨：謂刻印無用的書，灾及作版的梨木，常用作刻印的謙詞。

集快園詩

客比東南竹箭多，催詩擊鉢太煩苛。主人却愛狂奴態，約我看花日日過。(清凌霄《快園詩話》卷二，嘉慶二十五年凌霄刻本，第一册第三頁。)

【題解】

該詩爲江藩參與快園雅集而作。快園爲明代徐霖的私家園林，乾隆五十年(一七八五)轉歸凌霄，凌氏時與吟友園中雅集。

失 題

子夜愁聞觱篥歌，漫天風雪戍交河。君王莫更開邊塞，青海西頭白骨多。(清凌霄《快園詩話》卷十，嘉慶二十五年凌霄刻本，第三册第七頁。)

【題解】

該詩輯自清代凌霄《快園詩話》卷十，題目脱去。詩篇感嘆戍邊艱辛，表達了對國家和平安寧的期許。

游吾園柬主人

蔬圃魚塘槿作笆，名園水木湛清華。百弓地種層層竹，四照堂開面面花。閑約酒徒飛白墮，來看野鶴側丹砂。詩人有福春如海，吟徧綏山萬樹霞。(清李筠嘉《春雪集》卷六，帶鋤山館藏板，第一二頁。)

【題解】

游吾園而作。吾園爲清代李筠嘉別業，園内帶鋤山館、紅雨樓諸景，有筠嘉及名流題詠，後輯成《春雪集》。李氏喜藏書，精校讎，建藏書樓“慈雲樓”“古香閣”“紅雨樓”“若雲軒”等，樓中吉金貞石、碑帖書畫，無所不有。嘗編《慈雲樓藏書志》八卷，著録圖書六千餘種。

夢揚州　題畫舫録

廣陵城。蘸碧塘，垂柳煙橫。暮雨送春，到處笙歌盈盈。倩才人吮毫描寫，翰墨緣波皺花明。湖光裏，樓臺影，東風吹斷簫聲。
追憶當年夜行。徵妙景牙牌，句麗詞清。問柳愛花，往事空悲枯榮。別裁短李《名園記》[一]，翠織成山水文情。青未殺，洛陽紙貴[二]，人問書名。（清李斗《揚州畫舫録》卷首《題詞》，乾隆六十年自然盒刻本，第一册第四頁。）

【題解】

爲李斗《揚州畫舫録》題詞。李斗（？——一八一七），字北有，號艾塘，又號葵園，江蘇儀徵人。疏於經史而好游山水，工詩，兼通戲曲、音律，有《揚州畫舫録》《永報堂詩集》等。《揚州畫舫録》允稱載述揚州風物之名著，袁枚、阮元、焦循等皆有題序或題詞，江藩稱“別裁短李《名園記》，翠織成山水文情。青未殺，洛陽紙貴，人問書名”，可謂恰如其分。

【注釋】

[一]《名園記》：指李格非《洛陽名園記》。
[二]洛陽紙貴：比喻著作有價值，流傳廣。語出《晉書·左思傳》：“（左思造《三都賦》成）於是豪貴之家競相傳寫，洛陽爲之紙貴。”

紫玉簫　題月底修簫譜

明月初升，玉梅剛吐，畫成無限梨雲。風催綠萼，認暗香疏影[一]，應是前身。洞簫輕按，花拍叠、舊譜翻新。郎無賴，不管玉奴，吹冷朱唇。　　濱州自度漁笛，算近日、江南第一詞人[二]。閑修尺八，聽悠揚嗚咽，破夢傷春。怕柔腸斷，頻囑咐，悄喚真真[三]。簫聲緊，莫犯側商，驚醒梅魂。（清郭麐《靈芬館詞話》，《詞話叢編》本，中華書局二〇〇五年版，第二册第一五一八頁。）

【題解】

江藩與郭麐皆工於詩詞，時有唱和，如江氏《伴月樓詩鈔》卷下《題郭頻伽靈芬館圖》、郭氏《靈芬館詩三集》卷三《雲萍續集·題子屏書窠圖》、《靈芬館詞·懺餘綺語》卷二《台城路·爲江子屏題蟬柳畫扇》等。此篇乃江藩爲郭麐《月底修簫譜》題詞而作。方正澍、汪潮生、查揆等亦先後爲《月底修簫譜》題詞。《紫玉簫》詞譜，雙調九十九字，前段十一句四平韻，後段十句四平韻。僅存宋人晁補之詞一首。藩詞音律諧婉，詞句流麗，帶有清疏俊朗之風，可與晁詞媲美。

【注釋】

[一]暗香疏影：原用來描寫梅花的姿態和香味，後用作梅花的代稱。北宋林逋《山園小梅》：“疏影橫斜水清淺，暗香浮動月黄昏。”

[二]“濱州”三句：指周密填詞，有《蘋洲漁笛譜》二卷。

[三]“怕柔腸斷”三句：典出唐杜荀鶴《松窗雜記》：趙顔見軟障圖中有一婦人，非常漂亮，心生仰慕，欲娶。畫工跟他説，這女子叫做真真，你不分畫夜地呼唤她，百日後將得到回應，此時灌以百家彩灰酒，必活。趙顔按照畫工説的去做，真真遂復活。

淞雲草堂吟稿序(存目)

存目，篇目見清應寶時修，俞樾、方宗誠纂《(同治)上海縣志》卷二十三《顧清泰傳》，同治十年吳門臬署刊本，第一〇册第一三頁。

【題解】

《淞雲草堂吟稿》爲顧清泰所撰。顧清泰，字函三，寶山人，乾隆乙卯副貢。嘉慶初選授安徽寧國縣教諭，署上海縣學事。另著有《禹貢訂注》《漁經家塾緒言》等。江藩爲《淞雲草堂吟稿》作序，認爲可以承繼明末清初詩人、“江左三大家”之一吳偉業(號梅村)之餘緒。

游山具記(存目)

存目，篇目見清李斗撰，汪北平等點校《揚州畫舫錄》卷十二《橋東錄》，第二七六頁。

【題解】

　　清李斗《揚州畫舫録》卷十二《橋東録》載江增性好山水，嘗制茶擔以濟勝，行列美觀，名曰遊山具，江藩因之作《遊山具記》。

海印閣(存目)

　　存目，篇目據清達三《誠齋詩鈔》卷三《和江鄭堂海印閣原韻》，道光四年刊本，第一七頁。

【題解】

　　海印閣爲達三任職廣東時於官署構建的高閣，達三堂侄孫繼昌(？——一九〇八)所撰《行素齋雜記》載之甚詳："予堂伯祖誠齋光禄公達三任粤海榷使，時於衙中構高閣，正當海印石之北，可以遠眺。儀徵阮文達督粤時，名之曰'海印閣'，書額懸之。並紀以詩云：'珠江雨後復炎蒸，傑閣初成快共登。窗納白雲山一角，帆收黃浦浪千層。頓除豪氣涼停扇，爲看禪光暮卻鐙。高倚闌干提海印，蓮花池外問南能。'"據考，達三(一七六二—？)，字誠齋，吉林長白人。道光元年(一八二一)，達三官粤海關監督。道光二年，爲江藩《國朝宋學淵源記》作《序》，稱江氏"博學多識，有志斯文，經術湛深，淵源有自"。道光四年，達三刊刻其詩集《誠齋詩鈔》，阮元作序。而據閔爾昌《江子屏先生年譜》，嘉慶二十三年至道光五年間，江藩受阮元聘入廣州節署。由此可知，江藩《海印閣》詩及達三《誠齋詩鈔》卷三《和江鄭堂海印閣原韻》，當皆作于道光初年海印閣落成、同登共賞之際，即阮元詩所云"傑閣初成快共登"。江詩雖散佚不存，然由達三和詩及阮元紀事詩，可推知其内容不外登閣之所見所感。

眉　嫵　題浮眉樓圖(存目)

　　存目，篇目據清郭麐《靈芬館詞話》，第二册第一五一六頁。

【題解】

　　浮眉樓爲郭麐書齋名，郭氏有《浮眉樓詞》二卷傳世。另有浮眉樓圖，郭麐先自題一闋，江藩、彭兆蓀題詞唱和，郭麐《靈芬館詞話》以爲江、彭二詞皆工。

唐多令(存目)

存目，篇目據清顧廣圻《思適齋集》卷四《唐多令·和江郑堂原韻》，《續修四庫全書》影印清道光二十九年徐渭仁刻本，集部第一四九一册第四一頁。

【題解】

江藩與顧廣圻以《唐多令》詞相唱和。二人均師從江聲，學術旨趣契合，且均工於詩詞。嘉慶二十年(一八一五)，顧廣圻在揚州，爲江藩《扁舟載酒詞》作序。嘉慶二十一年，仍在揚州，江藩以畫蟬柳扇索廣圻題詞，顧氏爲填《小重山》一闋。

佚　句

一箇女郎留不得，笑他磨盾説從戎。(清凌霄《快園詩話》卷六，嘉慶二十五年凌霄刻本，第二册第二頁。)

是處樓臺先得月，誰家楊柳不勝鴉[一]。(清江藩《國朝漢學師承記》卷首《紀略》引阮亨《珠湖草堂筆記》，嘉慶二十五年藝古堂刊本，藏上海圖書館，第一册第一頁。)

【注釋】

[一]"誰家"句：秦觀《如夢令》："門外鴉啼楊柳。春色著人如酒。"

簾内當風紅燭冷，庭前礙月綠蔭稠。(清江藩《國朝漢學師承記》卷首《紀略》引阮亨《珠湖草堂筆記》，嘉慶二十五年藝古堂刊本，藏上海圖書館，第一册第一頁。)

附録一　江藩傳記資料選編

高明峰　輯

江鄭堂像賛並序
黃承吉

江君尚友百家，精師二漢。尤宗高密，爼豆在躬。蚤年顏鄭於堂，因爲別字，示不忘也。長予十齡，締交時，君甫及壯，屬爲著記，述所由來。厥後南北東西，皆將車轍，終焉落魄。没經二年，回憶生平，秒析談天，源沿説地，剖膚置酒，橫獵古今。而語不空階，情無別障，於茲歇絶，更不重聞。屬伯道之嗟，嗣從旁治。罔獲先疇，浮沈宵斗。乃至琴書入市，景迹臨衢。道有鬻者，君之遺像也。當其置身一壑，弄頰三毛，詎有風流，方其意氣，然而驊駵凋喪，畫肉徒勞，雷霆不震，點睛虛矣。乃以桃椎置肆，售夫千錢；諒非党進傳真，原施夫金。薄也梅子，執經候謁。當君暮年，道越乎神父，迹留於貌合，覩君惟肖，中路傷之，以貝易歸，懸諸稽庵之壁。夫衡以斧藻，則君爲通儒；企之金蘭，則君爲摯友。前年室毀，並記之稿本而俱燼焉。昔人睹遺挂在床，猶不能自已，況於褒衣宛具玉山，居然撫縑追骨，抑何可感！爰爲之賛曰：

江君懋學，式懷淵充。千秋一師，源窮派通。江君植躬，載以夷曠。不屑不潔，而非儻蕩。孟喜不達，范丹長貧。憂乃驥屈，樂亦蠖伸。南樓依人，北海好客。飲三百杯，傲二千石。塵席已矣，衡門闃然。想其堂階，如流百川。學母雲遥，經師宛在。金石豈渝，丹青不改。（清黃承吉《夢陔堂文集》卷一，道光二十三年刻本，第一册第五—六頁。）

挽江鄭堂藩先生

王翼鳳

　　實學昭代崇，宗風遞流衍。《六經》觀文章，根柢固不淺。先生信好資，衷籍縱流眄。異説明師承，深心獨精闡。蚤年負書游，聲華軼京輦。吮筆窺宸章，旁徵引墳典。鈔成奏松扉，五雲翼丹篆。皇情頗忻悦，召傳俞未遣。金鞍捧賜函，榮耀照軒冕。先生恭撰《純廟詩小注》，由王韓城相國進呈，恩賞《御製詩五集》。後許召對圓明園，因聞林爽文逆信，廟謀勞臮，遂未果召。脱略時公卿，無心致通顯。東南學海堂，坐抗廣筵辯。都講風每移，操行石匪轉。山岳論知交，黄金一言踐。元禮天下模，詎徒藝文選。晚從粤嶠歸，足息剩雙跰。舊篋新生塵，零落紙萬卷。糲食餔戾光，席門卧陰蘚。蕭條睇孤雲，奄忽送餘喘。往余接德鄰，青天屢容展。嘉慶間曾與先生同住北城外。裁縑旁質疑，豹鼠指能辨。回首高山頽，馬悲涕長泫。廟食同慨梁，豐碑莫置峴。人壽徒須臾，悠悠孰徵善。遺編多待傳，募梓更虛願。先生已刻書惟《周易述補》《隸經文》《國朝漢學師承記》《宋學淵源記》，餘稿多散失。又嘗畫《募梓圖》，載之行篋。空徇假年心，再想音塵緬。名實伸其常，庶令後來眷。（清王翼鳳《舍是集》卷四，道光二十一年刻本，第四册第四頁。）

江藩傳

李元度

　　先生諱蕭客，字仲林，別字古農，吳縣布衣也。……

　　弟子江藩，字子屏，甘泉人。博聞强記，心貫群經。纂《國朝漢學師承記》八卷，使兩漢儒林家法之承授，本朝經學之源流，厘然可考。又作《宋學淵源記》三卷，分北學、南學、附記，共若干人。又取諸家撰述，凡專精漢學者，仿唐陸元朗《經典釋文》傳注姓氏之例，作《國朝經師經義目録》一卷，於《易》取胡氏渭之《易圖明辨》，惠氏士奇之《易説》，惠氏棟之《周易述》《易漢學》《易例》及《本義辨證》，洪氏榜之《易述贊》，張氏惠言之《虞氏義》《虞氏消息》，顧氏炎武之《易音》；於《書》取閻氏若璩之《古文尚書疏證》，胡氏渭之《禹貢錐指》，惠氏棟之《古文尚書考》，宋氏鑒之《尚書考辯》，王氏鳴盛之《尚書後案》，江氏聲之《尚書集注音疏》《尚書經師系表》；於《詩》取惠氏周惕之《詩說》，戴氏震之《毛鄭詩考正》，顧氏炎武之《詩本音》，錢氏坫之《詩音表》；於《三禮》取沈氏彤之《周官禄田考》，惠氏棟之《禘祫說》，江氏永之《周禮疑義舉要》，戴氏震之《考工記圖》，任氏大椿之《弁服釋例》，錢氏坫之《車制考》，張氏爾歧之《儀禮鄭注句讀》，沈氏彤之《儀禮小疏》，江氏永之《儀禮釋宮譜增注》，褚氏寅亮之《儀禮管見》，金氏曰追之《儀禮正譌》，張氏惠言之《儀禮圖》，凌氏廷堪之《禮經釋例》，黃氏宗羲之《深衣考》，惠氏棟之《明堂大道録》，江氏永之《深衣考誤》《禮記訓義擇言》，任氏大椿之《深衣釋例》，惠氏士奇之《禮記說》，江氏永之《禮經綱目》，金氏榜之《禮箋》；於《春秋》取顧氏炎武之《左傳杜解補正》，馬氏驌之《左傳事緯》，陳氏厚耀之《春秋長曆》《春秋世族譜》，惠氏棟之《左傳補注》，沈氏彤之《春秋左傳小疏》，江氏永之《春秋地理考實》，惠氏士奇之《春秋說》；於《論語》《孟子》取閻氏若璩之《四書釋地》，江氏永之《鄉黨圖考》，戴氏震之《孟子字義疏證》，錢氏坫之《論語後録》，劉氏台拱之《論語駢枝》；於諸經總義取顧氏炎武之《九經誤字》，惠氏棟之《九經古義》，江氏永之《群經補義》，臧氏琳之《經義雜記》，余氏蕭客之《古經解鉤沈》，武氏億之《經讀考異》《義證》，劉氏台拱之《經傳小記》；於《爾雅》取邵氏晋涵之《正義》，戴氏震之《方言疏證》，江氏聲之《釋名疏證》《續釋名》，任氏大椿之《小學鉤沈》《字林考逸》，桂氏馥之《說文解字義證》，吳氏玉搢之《別雅》；於音韻取顧氏炎武之《音學五書》，江氏永之《古韻標準》《音學辨微》《四聲切韻表》，戴氏震之《聲韻考》《聲類表》，洪氏榜之《四聲均和表》《示兒切語》；於樂律取江氏永之《律呂新論》《律呂闡微》，錢氏塘之《律呂考文》，凌氏廷堪之《燕樂考原》，皆專宗漢學。凡言不關乎經義小學，意不純乎漢儒古訓者，皆不著録，亦可謂篤信謹守者矣。（清李元度《國朝先正事略》卷三六，《續修四庫全書》影印清同治八年循陔草堂刻本，第五三九册第五四—五五頁。）

江藩傳

繆荃孫

　　江藩，字子屏，江蘇甘泉人。監生。少受業元和惠棟①、吳縣余蕭客、江聲。博綜群經，尤熟於史事。性不喜唐宋文，每被酒，輒自言文無八家氣，人目爲狂，不屑也。幼蓄書萬餘卷，歲饑，盡以易米。作《書巢圖》志感，一時耆宿題詠殆徧。曾恭撰《純廟詩集注》，由大學士王杰進呈，恩賞《御製詩五集》。後諭召對圓明園，值林爽文陷臺灣報至，遂輟，人惜其遇。《廣陵思古編》。纂《國朝漢學師承記》八卷，使兩漢儒林家法之承授，本朝經學之源流，厘然可考。又作《宋學淵源記》三卷，分北學、南學、附記，共若干人。又取諸家撰述，凡專精漢學者，仿唐陸元朗《經典釋文》傳注姓氏之例，作《國朝經師經義目録》一卷，於《易》取胡氏渭之《易圖明辨》，惠氏士奇之《易説》，惠氏棟之《周易述》《易漢學》《易例》及《本義辨證》，洪氏榜之《易述贊》，張氏惠言之《虞氏義》《虞氏消息》，顧氏炎武之《易音》；於《書》取閻氏若璩之《古文尚書疏證》，胡氏渭之《禹貢錐指》，惠氏棟之《古文尚書考》，宋氏鑒之《尚書考辯》，王氏鳴盛之《尚書後案》，江氏聲之《尚書集注音疏》、《尚書經師系表》；於《詩》取惠氏周惕之《詩説》，戴氏震之《毛鄭詩考正》，顧氏炎武之《詩本音》，錢氏坫之《詩音表》；於《三禮》取沈氏彤之《周官禄田考》，惠氏棟之《禘祫説》，江氏永之《周禮疑義舉要》，戴氏震之《考工記圖》，任氏大椿之《弁服釋例》，錢氏坫之《車制考》，張氏爾歧之《儀禮鄭注句讀》，沈氏彤之《儀禮小疏》，江氏永之《儀禮釋宮譜增注》，褚氏寅亮之《儀禮管見》，金氏曰追之《儀禮正譌》，張氏惠言之《儀禮圖》，凌氏廷堪之《禮經釋例》，黄氏宗羲之《深衣考》，惠氏棟之《明堂大道録》，江氏永之《深衣考誤》，《禮記訓義擇言》，任氏大椿之《深衣釋例》，惠氏士奇之《禮記説》，江氏永之《禮經綱目》，金氏榜之《禮箋》；於《春秋》取顧氏炎武之《左傳杜解補正》，馬氏驌之《左傳事緯》，陳氏厚耀之《春秋

---

① 按：惠棟與江藩並非同時人。惠氏生於康熙三十六年，卒於乾隆二十三年，而江藩生於乾隆二十六年，時惠氏已離世四年。故此處"受業元和惠棟"乃誤記。

長曆》《春秋世族譜》，惠氏棟之《左傳補注》，沈氏彤之《春秋左傳小疏》，江氏永之《春秋地理考實》，惠氏士奇之《春秋説》；於《論語》《孟子》取閻氏若璩之《四書釋地》，江氏永之《鄉黨圖考》，戴氏震之《孟子字義疏證》，錢氏坫之《論語後録》，劉氏台拱之《論語駢枝》；於諸經總義取顧氏炎武之《九經誤字》，惠氏棟之《九經古義》，江氏永之《群經補義》，臧氏琳之《經義雜記》，余氏蕭客之《古經解鈎沈》，武氏億之《經讀考異》《義證》，劉氏台拱之《經傳小記》；於《爾雅》取邵氏晋涵之《正義》，戴氏震之《方言疏證》，江氏聲之《釋名疏證》《續釋名》，任氏大椿之《小學鈎沈》《字林考逸》，桂氏馥之《説文解字義證》，吳氏玉搢之《別雅》；於音韻取顧氏炎武之《音學五書》，江氏永之《古韻標準》《音學辨微》《四聲切韻表》，戴氏震之《聲韻考》《聲類表》，洪氏榜之《四聲均和表》《示兒切語》；於樂律取江氏永之《律吕新論》《律吕闡微》，錢氏塘之《律吕考文》，凌氏廷堪之《燕樂考原》，皆專宗漢學。凡言不關乎經義小學，意不純乎漢儒古訓者，皆不著録，亦可謂篤信謹守者矣。《先正事略》。他著有《周易述補》一卷、《隸經文》四卷、《炳燭室雜文》一卷。思古編。（繆荃孫《續碑傳集》卷七四，台北明文书局一九八五年刊行《清代傳記叢刊》本，第一一九册第二六七—二六九頁。）

江藩傳
清史列傳

　　江藩，字子屏，江蘇甘泉人。監生。受業吳縣余蕭客及元和江聲，得惠棟之傳。博綜群經，尤深漢詁，旁及九流、二氏之書，無不綜覽。所爲古文詞，豪邁雄俊，作《河賦》以匹景純、玄虛《江》《海》二賦。性不喜唐宋文，每被酒輒自言文無八家氣，人目爲狂，不顧也。爲人權奇倜儻，能走馬奪槊。豪飲，徧游齊、晋、燕、趙、閩、粤、江、浙。韓城王杰極重之，曾恭撰《純廟詩集注》，由杰進呈，恩賞《御製詩五集》。後論召對圓明園，值林爽文陷臺灣報至，遂輟，人惜其遇。幼蓄書萬餘卷，以好客貧其家，歲饑，盡以易米。作《書窠圖》志感。年五十，以易筮之，得《坎》之《節》，乃思守所傳之經，終老於家，因自號節甫。

　　初，惠棟作《周易述》，未竟而卒，闕自《鼎》至《未濟》十五卦，

《序卦》《雜卦》二傳，藩乃著《周易述補》五卷，羽翼惠氏。歙凌庭堪謂棟尤不免用王弼之説，藩悉無之，方之惠書，有過之無不及也。又著《漢學師承記》八卷，於兩漢儒林家法之承授，國朝經學之源流，厘然可考。又取諸家撰述專精漢學者，仿唐陸德明《經典釋文》傳注姓氏之例，著《國朝經師經義目録》一卷，凡言不關乎經義小學，意不純乎漢儒訓詁者，悉不著録。論者以爲二百年來談漢學不可少之書。又録孫奇逢以下諸人，分南學、北學、附記，著《宋學淵源記》三卷。少嘗爲《爾雅正字》，道光元年年六十一，復重加删訂，爲《爾雅小箋》三卷。他著有《隸經文》四卷、《炳燭室雜文》一卷、《江湖載酒詞》二卷。卒窮困以終。

　　初，藩著《漢學師承記》，仁和龔自珍諍之，大旨謂讀書者實事求是而已，若以漢與宋爲對峙，恐成門户之見。其後壽陽祁寯藻囑光澤何秋濤爲《續記》，秋濤曰：“是編當依阮元《疇人傳》之例，改爲學人傳，若特立一漢學之名，宋學家群起而攻之矣。”方東樹《漢學商兑》所由作也。然藩所著《宋學淵源記》，多以禪學爲宋學，亦爲世所譏云。（佚名纂，王鍾翰點校《清史列傳》卷六九《儒林傳下》，中華書局一九八七年版，第一八册第五六一〇—五六一一頁。）

鄭堂學案

徐世昌

　　鄭堂受學余、江，淵源紅豆。博聞强記，心貫群經，《漢學師承記》一編，於諸儒學行，搜刮靡遺。雖後人對之不無訾議，要爲講清代學術者所不可少之書。述《鄭堂學案》。

江先生藩

　　江藩，字子屏，號鄭堂，晚號節甫，江蘇甘泉人。監生。少長蘇州，受業余仲林、江叔澐之門，傳惠氏學，博綜群經，尤深漢詁，旁及九流、二氏之書，無不綜覽。所爲古文詞，豪邁雄俊，作《河賦》以匹景純、玄虚之《江》《海》二賦。性不喜唐宋文，每被酒，輒自言文無八家氣，人目爲狂，不顧也。早歲蓄書萬餘卷，以好客貧其家，歲饑，盡以易米，作《書窠圖》寓感。初，惠定宇作《周易述》，未竟而卒，闕自《鼎》至《未濟》十五卦、《序卦》《雜卦》二傳，先生乃著《周易述補》五卷，羽翼惠氏。凌次仲序之，謂惠氏猶不免用王弼之説，先生則悉無之，方之惠書，有過之無不及也。又著《漢學師承記》八卷，於兩漢儒林家法之傳授，清代經學之源流，厘然可考。又取諸家撰述凡專精漢學者，仿陸元朗《經典釋文》傳注姓氏之例，作《國朝經師經義目録》一卷，凡言不關乎經義小學，意不純乎漢儒古訓者，皆不著録。又録孫鍾元以下諸人，分南學、北學、附記，著《宋學淵源記》三卷。少嘗爲《爾雅正字》，道光初復重加删訂，爲《爾雅小箋》三卷。他著有《隸經文》四卷《續》一卷、《樂縣考》二卷、《炳燭室雜文》一卷、《扁舟載酒詞》一卷。卒年七十一。參《史傳》。

附　録

凌次仲《與張生其錦書》云：近日學風，尚多留心經學，二史學惟錢辛楣先生用功最深，江君鄭堂亦融洽條貫，相與綜談今古，同時朋好，莫與爲敵。蓋不僅經學專門也。《校禮堂集》。

先生既爲《漢學師承記》，復以《傳》中所載諸家撰述有不盡關經傳者，有雖關經術而不醇者，乃取其專論經術而一本漢學之書，仿唐陸元朗《經典釋文》傳注姓氏之例，作《經師經義目録》一卷，附記於後。其義例有四：一，言不關乎經義小學、意不純乎漢儒古訓者；一，書雖存其名而實未成者；一，書已行於世而未及見者；一，其人尚存，著述僅附見於前人《傳》後者，並不著録。《經師經義跋》。

龔定庵云：以布衣爲掌故宗，且二十年。乾隆朝，佐當道治四庫、七閣之事。於乾隆名公卿老師宿儒，畢上下齟齕，萬聞千睹。窺氣運之大原，孤神明以罙往。《定盦集》。

文達嘗擬取清代諸儒説經之書以及文集、説部，加以翦截，繫於群經各章句之下，勒成一書，名曰《大清經解》，以爲能總其事、審是非、定去取者，海内學友惟先生及顧君千里二三人。《漢學師承記序》。

案：此所云《經解》，與後來體例不同，學海堂本爲嚴厚民所輯，實以人之先後爲次序，不以書爲次序也。

鄭堂家學

江懋鈞，字季調。鄭堂兄子。父歿，母哀痛失明。先生涕泣之餘，强爲歡笑以解母憂。早補諸生，鄭堂以朴學名東南，所交多海内通儒，每宴集，先生侍焉，由是學問日進。教授生徒，成就頗衆。著有《詩經釋義》二十卷、《爾雅旁證》八卷、《鷗寄齋古今體詩》八卷。參《揚州府志》。

鄭堂弟子

阮先生福　　別見《儀徵學案》

黄奭，字右原，江蘇甘泉人。以入資爲刑部郎中。道光中，以順天府尹吳杰薦，賜舉人。家世貨殖，而先生獨好學，嘗從曾賓谷游，賓谷異之曰："爾勿爲時下學，余薦老師宿儒一人與爾爲師。"乃鄭堂也。延鄭堂館其家四年，自是專精漢學。鄭堂以惠定宇著《十三經古義》，惟《爾雅》未成，命先生卒其業，乃就陸元朗《釋文叙録》十家舊注，博引群書，爲之疏證。更於十家之外，擥拾爲衆家，注成《爾雅古義》十二卷。鄭堂卒，又獨學十餘年，閉户探尋，足不出外。其學專鄭氏，又輯《高密遺書》十三種，阮文達亦稱其勤博。他著有《端綺集》《存悔齋集注杜詩》。參《史傳》。

鄭堂交游

汪先生中　　別爲《容甫學案》

李先生惇　　別見《石矔學案》

焦先生循　　別爲《里堂學案》

阮先生元　　別爲《儀徵學案》

凌先生廷堪　　別爲《次仲學案》

武先生億　　別爲《授堂學案》

胡先生虔　　別見《惜抱學案》

黄先生承吉　　別見《白山學案》

李先生鍾泗　　別見《里堂學案》

鍾先生褻　　別見《里堂學案》

顧先生广圻　　別爲《思適學案》

龔先生自珍　　別爲《定盦學案》

徐先生復

徐復，字心仲，江都人。本農家子。少孤，喜讀書。其兄使之牧，乃弃牛而逃至郡西僧寺中，供灑掃之役，暇則誦讀，恒達旦不寝。焦里堂見其所誦之《五經》及所作制義，大奇之，爲之延譽。未幾，補諸生，遂從事於經史之學。省試，與黃君承吉同寓，黃君詰以九章演算法，不能答，以爲恥，典衣購算書歸，就鄭堂相質。未及一年，弧三解之正弧、垂弧、次形、矢較諸法，皆能言其所以然矣。著有《論語疏證》，鄭堂爲之序。參《漢學師承記》。（徐世昌《清儒學案小傳》卷一二，台北明文书局一九八五年刊行《清代傳記叢刊》本，第六册第五七九—五八五頁。）

江藩傳

曾文玉

　　江藩，字子屏，號鄭堂，甘泉人，上舍生。少從惠定宇弟子余古農先生游，遂盡得惠氏之傳。又嘗從學於王侍郎蘭泉，復問學於江艮庭先生。博聞强記，無所不通，心貫羣經，折衷兩漢。阮文達爲漕督，延主山陽麗正書院，以布衣爲諸生師。督粵時又延至節署，總修《廣東通志》，與吳石華、曾冕士兩廣文交頗深。所爲古文詞，不法唐宋而豪邁雄俊，卓然可觀。每酒酣耳熱間，自言文無八家法氣。爲人權奇倜儻，走馬奪槊，遍游齊、晉、燕、趙、江、浙、閩、粵。好客忘貧，隨手揮霍，雖有陸賈裝無益也。窮年矻矻，著述等身，王文端公深器重之。嘗以漢學昌明無過本朝，乃詮次近儒爲漢學者，成《漢學師承記》八卷。又取專論經術、一本漢學之書，倣唐陸元朗《經典敍録》之例，爲《經師經義目録》一卷，附《師承記》之後。凡言不關乎小學，意不純宗乎漢儒古訓者，皆不著録，亦可見其體例之嚴矣。又續惠定宇《周易述》爲《周易述補》四卷，於王輔嗣之注皆不取。又爲《樂縣考》上下卷，其書專考古樂器，而言今樂可通古樂，所見與凌次仲《燕樂考原》大略相同，篇頁無多，條理在握。又從平日所作之文刪存之，非説經者皆不録，編爲《隸經文》四卷，古今人文集鮮有若是編之實事求是者矣。其他著述甚眾，尚有《考工戴氏車制圖翼》《儀禮補釋》《爾雅正字》《石經源流考》《經傳地理通釋》《禮堂通義》《繩須館雜記》《伴月樓詩集》等書。（曾文玉《國朝漢學師承續記》卷五，稿本，藏蘇州圖書館，第三册，無頁碼。）

江藩傳

董玉書

　　江藩，字子屛，號鄭堂，晚號節甫，原籍安徽旌德人，後遷揚。李艾塘《畫舫録》云："天瑞堂藥肆在多子街，旌德江氏生業也。"幼能爲五七言詩，從余秋農①游，始知《風》《雅》之旨。後從江艮庭學，受惠氏《易》。著《爾雅正字》，以《説文》爲指歸，爲王西沚光禄所見賞。弱冠與汪容甫定交，日相過從。又與阮文達同學交善。頻遭喪荒，以書易米，書倉一空，作《書窩圖》以寓感。阮文達題云"書窩小東門，出城路不轉"是也。入都纂《純廟詩集傳》，爲王文端進呈，賜《御製詩》五卷。復諭召對圓明園，會林爽文陷臺灣報至，遂輟。館文端邸二十年。歸揚州，與焦理堂同爲藝林推重，時有"二堂"之目。又稱"江焦黄李"，謂黄謙牧、李濱石也。文達稱其淹貫經史，博通群籍，旁及九流、二氏之書，無不綜覽。所爲詩古文辭，旁邁雄俊。爲人權奇倜儻，能走馬奪槊，豪飲好客，至貧其家。徧游齊、晋、燕、趙、閩、粤、江、浙，王韓城師極重之。晚年得痺疾。平生著述甚富，皆繕寫成書，欲謀剞劂，募之同學，方晴江爲作《募梓圖》。年七十一卒。所著書有《周易述補》五卷、《國朝漢學師承記》八卷、《經師經義目録》一卷、《國朝宋學淵源記》二卷、《附記》一卷、《隸經文》四卷、《續隸經文》一卷、《樂縣考》二卷、《扁舟載酒詞》一卷、《爾雅小箋》三卷、《炳燭室雜文》一卷、《半氈齋題跋》二卷、《乙丙集》《伴月樓詞鈔》《繩須館雜記》《舟車筆談》《舟車聞見録》。無子，以姪爲嗣。姪孫順銘等將所刻書版修補而彙萃之，顔曰《節甫老人雜著》。光緒丙戌，姪曾孫巨渠又以版多殘缺，命二子朝棟、朝槙校讎補刊。又小東門三之棧藥肆，亦爲江氏後人所業，今已易主矣。

　　江懋鈞，字季調，諸生。叔父藩，以朴學名東南，所交多海内通儒，每宴集皆侍側，由是學問日進。著有《詩經釋義》《爾雅旁證》《鷗寄齋古今體詩》。(董玉書《蕪城懷舊録》卷一，民國三十七年建國書店本，第二一一二二頁。)

---

①　據《國朝漢學師承記》卷二《余古農先生》，江藩受業於吴縣余蕭客，其字仲林，別字古農，故此處"秋農"當作"古農"。

江藩傳

支偉成

　　江藩字子屏，號鄭堂，江蘇甘泉人。監生。少受業於惠松崖、江叔澐、余古農。博綜群經，尤熟於史事。性不喜唐宋文，每被酒，輒自言文無八家氣，人目爲狂生。作《河賦》數千言，典麗雄偉，可以上方郭景純《江賦》，人爭傳錄焉。嘗蓄善本書萬餘卷，歲饑，盡以易米，繪《書巢圖》志感，四方名宿題詠殆徧。撰《高宗詩集注》，由韓城王相國杰進呈，恩賞《御製詩文集》，復諭召對。值林爽文陷臺灣報至，遂輟。落魄而歸。饑驅至粵，阮文達延修《通志》，書成，修脯累千金，隨手揮霍略盡。凡以布衣而爲掌故宗者，垂二十年。蓋少爲方聞士，且生於典籍之區；乾隆朝佐當道治四庫、七閣之事，於名公卿老師宿儒，畢上下齮齕，萬聞千睹。因勒成《漢學師承記》八卷，使兩漢儒林家法之承受，清代經學之源流，厘然可考。又成《宋學淵源記》三卷，分北學、南學、附記，共若干人。又取諸儒撰述之專精漢學者，仿唐陸氏《經典釋文》傳注姓氏之例，成《國朝經師經義目錄》一卷。義旨嚴正，文詞茂美；雖間或失之顓固，然能甄擇無泛愛。如陳啓源說《詩》"西方美人"，一言不善，即削其姓氏。而宋學所錄，止窮簷苦行，擯南方浮華士。一命以上，才有政治聲聞，亦斥不載。龔定庵謂其"窺氣運之大源，孤神明以深往"，殆非過譽。

　　初，年十八，撰《爾雅正字》，以《說文》爲指歸，《說文》所無之字，或考定古文，或旁通假借，不敢妄改。王光禄西沚見之，極嘆賞。晚年，重加刪定，成《爾雅小箋》五卷①。縱不逮恂九之備，辨析形聲，差愈於二雲矣。

　　他著《周易述補》一卷，申松崖之剩義；《樂懸考》二卷，可見古人制度；《隸經文》四卷，則說經緒餘也。別有《炳燭室雜文》一卷、《扁舟載酒詞》二卷，均刊行。（支偉成《清代朴學大師列傳·吳派經學大師列傳第四》，岳麓書社一九八六年版，上册第八五—八七頁。）

――――――――

　　① 此處所記卷數有誤。《爾雅小箋》爲三卷本。下文提及的《周易述補》，或作四卷，或作五卷；《扁舟載酒詞》，當作一卷。

附録二　江藩詩文評資料選編

高明峰　輯

隨園詩話補遺一則

袁　枚

凡攻經學者，詩多晦滯，獨江鄭堂藩詩能清拔，王蘭泉司寇之高弟子也。《登齊雲山》云："危梯高百步，曲折径通幽。人与鸟争路，僧邀云住楼。山收千里翠，石放众溪流。空际闻钟磬，声从何处求。"《寓樓》云："东风料峭觉衣单，楼阁清虚梦未残。病里拼教花事去，愁来肯放酒杯寬？画图劝客看山色，书卷留人忍夜寒。去岁家书今岁达，老亲为我定加餐。"《送蘭泉從方伯升司寇入都》："民情愛冬日，朝命轉秋官。"抑何工切。(清袁枚著，顧學頡校點《隨園詩話》下册《隨園詩話補遺》卷一，人民文學出版社一九八二年版，第五七六頁。)

東齋脞語一則

吳翌鳳

余友余仲林蕭客，惠松厓先生棟弟子也。松厓門下多窮經之士，江鯨濤聲以尚書名家，仲林獨工於詩，間復述經義，有《文選音義》《古經解鈎沈》，流行於世……有弟子曰江藩，亦能詩，宗山谷派，頗不羈。(清吳翌鳳《東齋脞語》，《昭代叢書》庚集本，第九三册第一三頁。)

北江詩話一則
洪亮吉

　　江上舍藩，寓居江都，實旌德人也。爲惠定宇徵君再傳弟子，學有師法。作小詩亦工，其《過畢弇山宮保墓道詩》曰："公本愛才勤説項，我因自好未依劉。"亦隱然自具身分。余識上舍已二十年，惜其爲饑寒所迫，學不能進也。（清洪亮吉《北江詩話》卷四，人民文學出版社一九八三年版，第六九~七〇頁。）

江鄭堂半氈齋詩集叙（殘篇）
吳　焘

　　昔孫淵如謂明經學通天人而未食其報，引爲科名之耻。今焘讀君詩，安得不汗流浹背耶！（清汪喜孫編《汪氏學行記》卷三，江都《江氏叢書》本，第二二頁。）

淮陰史上舍性嗜花江鄭堂賦芍藥吟贈之癸丑夏客灤陽出以示并索和章因次鄭堂韻
凌延堪

　　示我江郎芍藥吟，清辭綺思花同潔。哦詩點坐當疏欞，豐臺怳若身重經。……江郎江郎真益友，才氣宁能計升斗。他年江上願卜鄰，朝起談經夜酌酒。（清凌廷堪《校禮堂詩集》卷八，《續修四庫全書》影印道光六年張其錦刻本，集部第一四八〇册第六五頁。）

與江豫來書
凌延堪

　　曩者所云："近見爲文者，稽之於古，則訓詁有乖；驗之於今，則典章多舛。"又云："能文者必多讀書，讀書不多必不能文。"此數語，僕俯首至地，以爲非真讀書人不能道也。蓋文者，載道之器，非虛車之謂也。疏於往代載籍，其文必不能信今；昧於當時掌故，其文必不能傳後。安有但取村童所恒誦者而摹擬之，未博先約，便謂得古人神髓，何其淺之乎視古人也！（清凌廷堪著、王文錦點校《校禮堂文集》卷一，中華書局一九九八年版，第五頁。）

贈江鄭堂
劉大觀

名字耳先聞，遲遲方見君。逸情秋塞鶴，杰筆夏峰雲。賦自長安賣，燈同宰相分。依然身未顯，不肯作時文。（清劉大觀《玉磐山房詩稿》卷二《灘江歸根集》，嘉慶十五至十六年刊本，第三册第二一頁。）

題江子屏書窠圖
劉大觀

我友吳門江子屏，青眼不向衆人看。簡册圍身效任昉，詞華震世輕徐陵。……家居不樂走長安，相國常將國士看。作文聳聳才無對，思母涔涔淚不乾。（《玉磐山房詩集》卷四《邗上集》，嘉慶十五至十六年刊本，第四册第一頁。）

奉題鄭堂大兄先生玉照四首之三
阮　元

不獨文章多士師，一編兀坐不停披。（清丁以誠寫真、費丹旭補圖《鄭堂先生小像》題詩，原畫現藏南京博物院。）

定香亭筆談一則
阮　元

　　甘泉江鄭堂藩，淹貫經史，博通群籍。旁及九流、二氏之書，無不綜覽。所爲詩古文辭，豪邁雄俊，卓然可觀。嘗作《河賦》，以匹景純、玄虚《江》《海》二賦。元和惠徵君定宇棟，經學冠天下，鄭堂受業於惠氏弟子余君仲林，盡得其傳。所著《周易述補》《爾雅正字》諸書，皆有發明。爲人權奇倜儻，能走馬奪槊。豪飲好客，至貧其家，遍游齊、晋、燕、趙、閩、粤、江、浙。王韓城師極重之。(清阮元《定香亭筆談》卷四，中華書局一九八五年重印《叢書集成初編》本，第二六〇四册第四分册第一六八頁。)

江鄭堂詩序
樂　鈞

　　吾友江君鄭堂，瓣香高密，嗣音禮堂，通經之儒也；枕藉《七略》，畋獵百氏，方聞之士也。搜考彝器，校厘逸篇，汲古之業也。鈎於怪牒，博趣於瓅談，搜奇之能也。凡此於學則賅，要皆與詩畫境。故匡、劉之屬，無與風驪；陶、謝之倫，不涉訓故。豈所謂華僕異尚，巧質殊科，博識有功，絢采無力者乎？今讀鄭堂詩，一雪此言矣。君詩葩流雪煉，泉吐玉鳴。泛濫而循洭，馳騁而遵路。因椎輪爲大輅，易繡帨以輕綀。鎔裁通變，自成馨逸。雖曰餘技，殆掩專門。蓋其寸胸之蓄，蒸爲煙雲。三壁之津，融以月露。邊笥陸廚之藏，不以襮裸詩囿；周鼎秦碑之字，不以綴吟豪用。能性蕊秀敷，辭條蔭蔚，綿餘響於簡外，寓遥旨於墨中。可謂舒文載實，沿波討源，符言志之規，契緣情之論者已。夫魏舒角射，鍾毓彌驚；孫登舒嘯，阮籍自失。知之弗盡，良抱咎慚。嗟乎！學既漢聖，詩復唐賢，加體貌魁碩，意氣軒壽，允宜蜚華秋賦，翔步春明，羽儀乎昌運，潤色乎洪典，而名困巾褐，力殫齏鹽，栖屑靡遑，轗軻未已。才之克歟？命之嗇歟？何其窮哉！僕烖掌不勤，糞心無獲，於君無能爲役也，特其堙曖不殊，嘯詠相洽，遂辱以喤引見屬，亦遂不敢亦秕導爲辭，譬清露灑枝，蟬飲知味，秋颷拂草，蛩聞發聲，匪稱賞音氣合云爾。（清樂鈞《青芝山馆骈体文集》卷上，《續修四庫全书》影印山東省圖書館藏清嘉慶二十二年刻後印本，集部第一四九〇册第二一一二二頁。）

江鄭堂詩序
顧廣圻

世之論詩者，以爲有學人之詩，有詩人之詩，此大不然。詩也者，學中之一事，如其不學，無所謂詩矣。是故吾友江君鄭堂，人咸知其爲學人也，而其詩深思雋永，體骨高秀，熔裁精當，聲律諧美。雖窮老盡氣期爲詩人者，未見其能臻此也。生平所作極富，散失幾盡，今子某始掇爲二卷。吾觀天下詩人讀鄭堂詩者，曉然曰“學之所至，詩亦至焉”，則詩道其興矣。敢書斯言以爲序。（清顧廣圻《思適齊集》卷一二，《續修四庫全書》影印清道光二十九年徐渭仁刻本，集部第一四九一册第四一頁。）

漢學商兌一則
方東樹

漢學家論文，每曰土苴韓、歐，俯視韓、歐；又曰欼矣韓、歐。夫以韓、歐之文而謂之欼，真無目而唾天矣！及觀其自爲，及所推崇諸家，類如屠酤計帳。揚州汪氏謂文之衰，自昌黎始。其後揚州學派皆主此論，力詆八家之文爲僞體。阮氏著《文筆考》，以有韻者爲文，其旨亦如此。江藩嘗謂余曰：“吾文無他過人，只不過不帶一毫八家氣息。”又凌廷堪集中，亦詆退之之文非正宗。於是遂有訾《平淮西碑》書法不合史法者。（清方東樹《漢學商兌》卷下，三聯書店一九九八年版《漢學師承記》（外二種）本，第三八四頁。）

珠湖草堂筆記一則
阮　亨

江子屏上舍嗜金石，喜交游，講明漢學，深得惠氏之傳，著《師承記》一書，極有史家體裁。癸酉春同客淮安漕署，曾屬予校訂。余事爲詩文，亦皆清正。嘗讀其《伴月樓詩集》，佳句"如是樓臺先得月，誰家楊柳不勝鴉""簾內當風紅燭冷，庭前礙月緑蔭稠"，皆有弦外音。又題予《鴛湖秋泛圖》詩云："瀲灩波光滿目秋，釣鰲磯下客生愁。菱塘傍晚花才放，漁舍初晴網未收。兩岸桑麻開尺幅，一樓煙雨入扁舟。當年曾譜鴛鴦曲，載酒江湖憶舊游。"（清江藩《國朝漢學師承記》卷首《紀略》，嘉慶二十五年藝古堂刊本，上海圖書館藏。）

挽江鄭堂藩先生
王翼鳳

實學昭代崇，宗風遞流衍。《六經》觀文章，根柢固不淺……山岳論知交，黃金一言踐。元禮天下模，詎徒藝文選。（清王翼鳳《舍是集》卷四，道光二十一年刻本，第四冊第四頁。）

讀江氏隸經文
黃式三

古之傳文多矣，而經説經著者蓋寡，豈非爲之難工乎？自經學既明，文章亦盛，有零雜叙述，不拘起束伏應之例，而自成篇章者，盧公紹弓之文也。有釋經規撫《爾雅》，叙跋諸作，兼運以漢、唐之法者，戴公東原之文也。有謹鎔裁，略事實，靈敏雅潔以行於世者，姚公姬傳之文也。數公者本己之所專長，發揮之爲文，天下之能事已必備，後之儒怖盧、戴二公之實學不可及，乃尤稱姚公之文以爲宗，姚公所作《九經説》，每以古文法行之，間或雜引經傳各説，不詳所自出，式三遇學於姚者問之，則曰考據詳而文難工，嚴裁削所以守文法也。江氏鄭堂之《隸經文》，議、辨、論、解、説、釋、雜文凡七種，苟非説經皆不録。讀其文，汪洋自肆，不似姚公之守法；而渾厚不及盧、戴公。要之，詳博考據，務求精審，有不得盡以文之工拙論者。以其文既爲人之所難工，雖未工者亦可以傳也。鄭堂酒後耳熱，自言其文無唐宋八家氣，作文豈必外八家，意亦謂不拘其法而已。鄭堂作《漢學師承記》，凡前儒經説之創獲者，靚縷述之，不矜裁削，於後儒所講起收虛實之法不拘焉。後之爲《藝文志》《儒林傳》者，將必取法於是也哉。（清黃式三《儆居集》四《子集三》，光緒十四年刻本，第三册第三一頁。）

隸經文跋
伍崇曜

右《隸經文》四卷，國朝江藩撰。按藩字子屏，號鄭堂，甘泉人，上舍生。阮文達督粵時，嘗延至節署，總《廣東通志》。故與吳石華、曾冕士兩廣文交頗深。《定香亭筆談》稱其博通羣籍，旁及九流、二氏之書，無不綜覽。所爲詩古文詞，豪邁雄俊，卓然可觀。嘗作《河賦》，以匹景純、玄虛《江》《海》二賦。爲人權奇倜儻，走馬奪槊，徧游齊、晋、燕、趙、江、浙、閩、粵。王柳村《羣雅集》稱其好客忘貧，今之顧俠君也。尤爲王文端所器重。洪北江《詩話》稱吳門汪墨莊工詩，所遇輒不偶，寄食鄭堂家中，鄭堂亦赤貧之士也。郭頻伽《靈芬館詩話》亦稱墨莊落魄揚州，非鄭堂則寄食亭長矣。則其生平已可概見。著有《周易述補》《考工戴氏車制圖翼》《儀禮補釋》《爾雅正字》《石經源流考》《經傳地理通釋》《禮堂通義》《蠅須館雜記》《伴月樓詩集》等書。是編其文集也。冕士廣文序謂其自稱從諸文中删存者，苟非説經皆不録。故應酬之作不與焉。然如陳氏《郎齋雜記》稱伊墨卿太守居喪，遵昆山徐氏《讀禮通考》、高安朱氏《儀禮節略》之説，子稱稽顙拜，孫及曾孫稱拜稽顙，鄭堂致書謂謝客應用拜字，若始死時，門狀、訃書無庸用拜字，説亦有理雲。書見集中。則亦説經之文耳。石華廣文跋稱阮文達輯《皇清經解》以屬鄭堂，後緝者實嚴厚民茂才杰，詁經精舍講學之士。蓋是時鄭堂已返棹邗江矣。咸豐甲寅穀雨令節，南海伍崇曜跋。（清江藩《隸經文》卷末，咸豐四年伍崇耀輯刻《粵雅堂叢書》

本，第二册第一一—二頁。）

海天琴思録一則
林昌彝

揚州江鄭堂藩通經學，詩不多見，常有句云："是處樓臺先得月，誰家楊柳不勝鴉"，亦見超脱。（清林昌彝《海天琴思録》卷七，同治甲子年刻本，第七頁。）

炳燭齋雜文補遺書録
王欣夫

清甘泉江藩撰，吳縣王欣夫輯，王氏學禮齋鈔稿本。鄭堂著述多刊行，惟文集則未有完本。道光元年删存經説若干篇，曰《隸經文》四卷，又《續》一卷，曾釗、吳蘭修等刊於粤東。後來《粤海堂叢書》《南菁書院續經解》均據以重刻。不知何以皆佚其《續》之一卷。潘祖蔭得其未刻稿，輯言金石者曰《半氈齋題跋》，他作曰《炳燭室雜文》，分刻入功順堂、滂喜齋兩叢書。徐乃昌又刻雜文入《積學齋叢書》，然皆寥寥短帙而已。余於瀏覽之餘，見乾嘉經師集外文，輒掌録之。於鄭堂得十四篇，鈔成一卷。鄭堂經術湛深，不屑屑於文章，然其序凌次仲《校禮堂文集》，謂"近日之爲古文者，規仿韓、柳，模擬歐、曾，徒事空言，不本經術。污潦之水不盈，弱條之花先萎"。其宗旨可見。故曾釗謂"鄭堂先生善漢學，不喜唐宋文，每酒酣耳熱，自言文無八家氣"云。今就此卷讀之，如《周禮注疏獻疑序》《夏小正注序》《孟子時事略序》《與焦里堂書》皆論經義，猶《隸經文》也。《楊太真外傳跋》《南漢紀跋》，則史學也。《漢帳構銅跋》《題宋拓魏晋唐小楷》，則金石學也。《書任心齋詩後》《詞源跋》，則詩詞學也。至《正信録序》又兼通釋氏。不但實事求是，絶無空言，且可窺爲學博涉，無所不通也。（王欣夫撰，鮑正鵠等整理《蛾術軒篋存善本書録·未編年稿》卷三《炳燭室雜文補遺》，下册第一六二〇—一六二一頁。）

附録三　江子屏先生年譜

閔爾昌　編

　　吾鄉子屏江先生，淵源紅豆，著述等身，饑驅朔南，布衣終老，亦可悲矣。平江李氏《先正事略》、江陰繆氏《儒林傳稿》，叙先生行事頗簡，《儒林傳稿》既載《續碑傳集》中。筱珊入民國，復爲清史館撰《儒學傳》，余嘗假得其手稿觀之，先生一傳已從删汰，不識果何意也。汪孟慈嘗稱《漢學師承記》一書聞見廣而義據嚴，“異時采之柱下，傳之其人，先生名山之業，固當附此不朽。或如司馬子長《史記》、班孟堅《漢書》之例，撰次《叙傳》一篇，亦足屏後儒擬議規測之見”。爾昌今爲先生《年譜》，殊未詳備，彌惜無《叙傳》可考耳。十六年十月十日，閔爾昌。

清高宗乾隆二十六年辛巳三月二十二日　先生生

　　先生姓江氏，諱藩，字子屏，號鄭堂，晚號節甫，揚州甘泉人。凌次仲撰《周易述補序》稱“旌德江君國屏”，先生蓋初字國屏。洪稚存《北江詩話》謂先生“寓居江都，實旌德人”。張裛伯亦稱“旌德江鄭堂先生”。汪醇卿《廣陵思古編》又云先生“歙縣籍，後居江都”。

　　父學佛有年，明於去來，嘗曰：“儒自爲儒，佛自爲佛，何必比而同之？學儒、學佛亦視其性之所近而已。儒者談禪，略其迹而存其真，斯可矣。必曰佛、儒一本，亦高明之弊也。”先生守庭訓，少讀儒書，不敢辟佛，亦不敢佞佛。先生家諱棟，未詳何人。阮文達《揅經室集》於先生有“舊家”之稱。李艾塘《揚州畫舫錄》云：“天瑞堂藥肆在多子街，旌德江氏生業也。”

二十七年壬午　二歲

二十八年癸未　三歲

二十九年甲申　四歲

三十年乙酉　五歲

三十一年丙戌　六歲

三十二年丁亥　七歲

三十三年戊子　八歲

三十四年己丑　九歲

三十五年庚寅　十歲

三十六年辛卯　十一歲

三十七年壬辰　十二歲

先生少長吳門。是年，從薛香聞先生受句讀，香聞諭以涵養功夫。一日，先生忽叱僕人，香聞婉言開導曰：“讀書以變化氣質爲先，汝如此氣質，尚能讀書乎？況彼亦人子也，爲汝役者，逼於饑寒耳。方哀矜之不暇，忍加訶責邪?”先生又嘗從汪愛廬先生游，愛廬謂先生曰：“吾於儒、佛書，有一字一句悟之十餘年始通者。讀《二録》《三録》，當通其可通者，不可强通其不可通者。”《二録》《三録》，愛廬所著書也。先生從愛廬游，未詳何年。程在仁亦從愛廬游，與先生友善，嘗下榻先生家。又先生與袁壽階少同里閈，後携家邗上，壽階館於康山，踪迹最密，談論經史有水乳之合。並附記於此。

三十八年癸巳　十三歲

三十九年甲午　十四歲

四十年乙未　十五歲

先生束髮時，即能爲五七言詩。是年，從余古農先生游，始知《風》《雅》之旨，《乙丙集》即始於是年。南陵徐氏《積學齋叢書》中《炳燭室雜文·乙丙集自序》："年十五，從余先生游。"《廣陵思古編》載《乙丙集自序》則作"年十六"。《乙丙集》既始於是年，今從《積學齋》本。案：阮文達《揅經室再續集·高密遺書序》云："子屏之師爲余蕭客仲林，爲惠松崖先生之弟子，曾館子屏家，此子屏昔所告予者。"又《定香亭筆談》稱："元和惠征君定宇經學冠天下，鄭堂受業於惠氏弟子余君仲林，盡得其傳。"張午橋跋《扁舟載酒詞》云："先生師事吳縣余蕭客、江艮庭兩先生，得師傳於紅豆惠氏。"章枚叔亦言："江翁受業余翁，余翁之學，本吳惠君。"明先生爲惠氏再傳弟子也。乃吳石華跋《隸經文》及《廣陵思古編》並云先生"受學於元和惠氏"，《(同治)揚州府志》、繆筱珊《儒林傳稿》直云"少受學於元和惠棟、吳縣余蕭客、江聲"，三先生並列，一似先生親受業於惠氏者，不知松崖卒於乾隆二十三年戊寅，彼時先生尚未生，烏從而受學乎？況先生之《漢學師承記》自言："縮髮讀書，授經於吳郡通儒余古農、同宗艮庭二先生，明象數制度之原、聲音訓詁之學。"如先生親受業於惠氏者，安得不叙述及之乎？《漢學師承記》於古農、艮庭稱先生，《宋學淵源記》於薛香聞、汪愛廬稱師，並先生親受業者，而於松崖固未嘗加以此稱也。松崖嘗言："古人親受業者稱'弟子'，轉相授者稱'門人'。"先生於《周易述補》《易大義》對松崖自稱"門人"，亦是一證。

四十一年丙申　十六歲

受知朱笥河先生。每酒闌燈炧時，笥河嘗謂先生曰："吾儕當以樂死，功名利鈍，何足介意哉！"以《笥河集》考之，是年實在京師，先生亦尚未北游，不知何緣得相見也。竢再考。

四十二年丁酉　十七歲

四十三年戊戌　十八歲

是年，余古農先生歿。此依吳子修《續疑年錄》。《續疑年錄》"年四十七"與《漢學師承記》合。任文田撰《余君墓志銘》云："歿於乾隆四十二年，年四十有九。"古農爲文典博古茂，不苟作。先生編次爲集，得二十余篇藏焉。

古農歿後，先生泛濫諸子百家，如涉大海，茫無涯涘。江艮庭先生教之讀"七經""三史"及許氏《說文》，乃從艮庭受惠氏《易》。《節甫字說》云："弱冠時，受《易》漢學於艮庭。"讀書有疑義，質之艮庭，指畫口授，每至漏四下，猶講論不已。

先生承江艮庭先生之學，著《爾雅正字》，以《說文》爲指歸，《說文》所無之字，或考定正文，或旁通假借，不敢妄改字畫。王西沚光祿見之，深爲嘆賞，謂先生曰："聞邵晉涵太史作《疏》有年矣，子竢其書出，再加訂正未晚也。"此依《爾雅小箋序目》"乾隆四十三年，年十八"，

《漢學師承記》作"十六歲"，蓋"十八"之誤。西沚又嘗謂先生曰："予門下士以金子璞園爲第一。予近日得見好學深思之士，惟子及李子賡芸、費子士璣三人而已。"

朱二亭名筤。見先生歌詩，屬張舊山名居壽。爲介紹，引爲忘年之交。後舊山死，詩稿散失無存，先生因録其唱和投贈之作爲一册而序之。案：先生携家邗上，當在此數年之中。

四十四年己亥，十九歲

四十五年庚子，二十歲

春，從朱文游借得汲古閣影宋鈔《九僧詩》，至壬寅讀《群賢小集》，始知《九僧詩》即《聖宋高僧詩選》之《前集》也。

弱冠時，與汪容甫定交，日相過從。容甫嘗謂先生曰："予於學無所不窺，而獨不能明九章之術。近日患怔忡，一構思，則君火動而頭目暈眩矣。子年富力強，何不爲此絶學？"以梅氏書贈先生。先生自以知志位布策，皆容甫之教也。

李成裕往江陵①，留宿先生家，燃燭豪飲，議論史事，成裕朗誦史文，往往達旦。明日，先生取史文核之，一字不誤也。先生交成裕時年少，好詆訶古人，成裕從旁謂先生曰："王子雍有過人之資，若不作《聖證論》攻康成，豈非淳儒哉！"少頃，又曰："若夫佛氏輪迴因果之説，淺人援儒入墨之論，不可不辨，子車氏所謂'正人心，息邪説'。苟不力辟之，是無是非之心矣。"

先生與阮文達同學交善。文達稱先生爲早年益友。案：先生與成裕、文達定交並未詳何年，姑附於與容甫定交之後。

陽湖洪稚存、黄仲則流寓日下，貧不能歸，偕飲於天橋酒肆。遇偓師武虚谷，招之入席。盡數盞後，虚谷忽左右顧盼，哭聲大作，樓中飲酒者駭而散去。先生嘗叩虚谷曰："何爲如此？"虚谷曰："予幸叨一第，而稚存、仲則則寥落不偶。一動念，不覺涕泣隨之矣。"先生戲之曰："君乃今日之唐衢也。"案：先生是年又似曾至京師。

四十六年辛丑　二十一歲

是年，朱笥河先生殁。

---

① "江陵"，《國朝漢學師承記·李惇》作"江陰"。

十七年壬寅　二十二歲

六月，於揚州書肆中得宋槧本《群賢小集》，乃馬氏玲瓏山館舊藏，後爲汪雪礓所有。

四十八年癸卯　二十三歲

四十九年甲辰　二十四歲

在揚州，汪容甫介凌次仲與先生定交，次仲爲作《周易述補序》。惠松崖先生著《周易述》，未竟而卒，闕自《鼎》清國史館《惠棟傳》作“《革》”，誤。至《未濟》十五卦、《序卦》《雜卦》二傳，先生補之。《凌次仲年譜》：容甫手書海內通人夙相交契者十有六，人示次仲，中有先生。《校禮堂文集·與張生其錦書》云：“近日學者風尚，多留心經學，而史學惟錢辛楣先生用工最深，江君鄭堂亦融洽條貫，相與縱談今古，同時朋好莫與爲敵，蓋不僅經學專門也。辛酉與今科在江寧，子聆其言論氣概，當更有以感奮興起矣。”又《梅邊吹笛譜·齊天樂·同汪容甫訪江豫來留飲》云：“泥人金粉雷塘路，依依半城煙柳。後望雕花，清辭鏤月，比户鴛鴦爭綉。儒風在否，好携取經神，葷門偕叩。訓詁專家，阿誰吳下嗣紅豆。欣然相視一笑，便盤餐小酌，同話耆舊。《易》溯荀、虞，《書》研馬、鄭，信有師承傳授，淵源細剖。漸暝色蒼然，月窺虚牖。洗盞重斟，碧筒香到酒。”繹其意義，疑豫來即先生。《校禮堂文集》又有《與江豫來書》，首云：“癸丑冬，同出都門。”癸丑，先生與次仲同客王文端許，大約歲暮又同南歸也。惟“豫來”之字，它處罕見，姑附記於此以竢考。

五十年乙巳　二十五歲

乙巳、丙午間頻遭喪荒，以所聚書易米。書倉一空，作《書窩圖》以寓感，一時耆宿題詠殆徧。“書窩”，《揅經室四集》作“書窠”。“書窠小東門，出城路不轉”，文達題句也。先生又有《秋江聽潮圖》，見歙汪塋《雅安詩集》。

五十一年丙午　二十六歲

歲大饑，日唯一鹺粥。貧居無事，發所爲詩八百首讀之，起乙未，終乙巳，存一百四十九首，釐爲二卷，名曰《乙丙集》。《積學齋》本《雜文·乙丙集自序》“上卷七十七首，下卷七十二首”，數恰合。《廣陵思古編》下卷作“六十三首”，則少九首矣。惜此集未得見。①

---

① 中國國家圖書館藏稿本《乙丙集》，卷上六十五首，卷下六十三首，共一百二十八首，卷首自序所言亦與此合。

五十二年丁未　二十七歲

客游江西，在謝蘊山先生處，交胡雛君。名虔，嘗於友人許見先生致焦理堂手札兩通，並及游豫章事，錄於下："藩啓禮堂大兄先生：西湖歸接手書，頗慰渴想，諸君子因良伯來書，分作《纂故》一書，唯小學最難。如《說文解字》，皆訓詁也，其同異訛錯不能筆述，容來揚時面談。且《纂故》，藩不知體例如何，足下以《說文》爲主，千古不磨之論，若以《廣韻》爲主，便落下乘矣。至'周旋''窈窕'，歸'周''窈'二韻。總之，是書必以《說文》爲主。藩當作札與良伯，使改其體例可也。藩八月中必爲豫章之行，顧小謝先生昔曾有'將伯助予'之說，見時乞爲致候，並請日安。榜花開後，即惠佳音是荷。制弟江藩頓首。外良伯、少白信望代寄進京。"又"藩啓理堂先生足下：藩於六月間自豫章歸吳，貧病相攻，形神俱喪，屢欲來邗，皆以乏資斧至繭雙足，良可嘆也。山居獨處，於米鹽瑣碎之暇，將《爾雅》舊注見於《史》《漢》、類書中及注疏中者盡行錄出。去年拜懇摘錄《御覽》舊注，想已卒業。今乘奴子來揚之便，草此奉請萬安，並祈將所摘舊注交付奴子帶回是荷。足下天資高厚，閉戶窮經，比來必有所得，能示我一二，以開茅塞否？明春試鐙後當相見也。不具。教弟江藩萬頓首。"案：前札書"制"字，以乙巳、丙午間頻遭喪荒計之，當是丁父憂。以《焦理堂日記》嘉慶元年，先生母夫人尚在蘇州也，此二書自是此一、二年中所作。良伯蓋阮文達字，段若膺《經韻樓集》有《與阮梁伯書》，"良""梁"音同，惟《雷堂盦主弟子記》已不載此字。《纂故》謂《經籍籑詁》，文達在館閣日與孫淵如、朱少白、馬魯陳相約分籑，當亦屬諸江、焦，後乃由浙士編錄也。

先生纂《純廟詩集注》，王文端爲進呈，賜《御製詩五集》，復諭召對圓明園，會林爽文陷臺灣報至，遂輟，人惜其數奇。林爽文事在是年，故列此。伊墨卿《留春草堂詩鈔·贈先生詩》："丞相禮賢意，俾輮金馬門。通儒經學重，上客布衣尊。慷慨憂時志，迂疏復古論。蕭蕭方落木，碩果盼秋原。"《自注》："鄭堂館韓城王文端公邸第二十年。"案：先生館文端第未識始於何時，阮文達《高密遺書序》云："子屏嘉慶初年入京師，予薦館王韓城師相家，備查列《御製詩注》之事，終落魄歸揚州。"先生館文端第既二十年，不得在嘉慶初年始入京師。附記於此，以竢再考。

冬，在揚州與葉霜林名英。訪焦理堂。先生與理堂皆以淹博經史爲藝苑所推，時有"二堂"之目。厥後又稱"江焦黃李"，謂黃謙牧、名承吉。李濱石名鍾泗也。

五十三年戊申　二十八歲

臘月二十一日，王蘭泉先生招翁學使振三及先生，與曹仲梅等官齋小集。乙酉正月初八日，復邀振三、仲梅諸君小集。《春融堂集》並有詩，蘭泉時官江西布政使，先生蓋仍客江西。

五十四年己酉　二十九歳

五十五年庚戌　三十歳

有《廩膳生吳君墓表》。吳名兆松，字蒼虬，江都人，卒於是年，故列於此。蒼虬子夢熊，字曰達，先生與曰達有尹、班之雅。每見蒼虬，執弟子禮，嘗謂先生曰：“讀書當融釋，講學在縝密；不讀書無入德之門，不講學無自得之樂。”

五十六年辛亥　三十一歳

館王文端第。洪稚存時以編修充《石經》收掌詳覆官，文端爲《石經》館總裁。稚存手定條例，先生呈之文端，文端是其説。彭文勤主其事，以爲不然，文端不能與之争也。後文勤自作凡例，文端命先生勘定，駁其秕繆者數十條。文勤大怒，謂先生與稚存互相標榜。

五十七年壬子　三十二歳

五十八年癸丑　三十三歳

凌次仲和先生《芍藥吟》。淮陰史上舍性嗜花，先生賦《芍藥吟》贈之。在濼陽，史以示次仲，因和先生韻。先生原作録下：“鼠姑香殘過穀雨，繼芳紅藥當階吐。淡紅香白滿城闉，豐台名花賤如土。史侯愛花不好名，前身曾主芙蓉城。千枝萬朵塞破屋，浮空一片香雲生。斯人肝腸豔於雪，弃紅取白更痴絶。清宵人静妒月明，不放銀蟾騁皎潔。重簾犀押垂窗櫺，抽豪日寫《靈飛經》。蜂須蝶翅不敢近，護花郭女通三靈。廣陵江郎住隔屋，孝先自笑便便腹。閑時默誦孫樵文，鼻息搖花睡方熟。將離引我夢還鄉，筱園池館臨斜陽。晚風活色正惝怳，醒來鼻觀留餘香。慰我鄉思覓紅友，三百青銅沽一斗。酒酣耳熱忽高歌，醉向花前酹殘酒。願花莫作錦綉堆，四圍金帶争先開。魏公秋容淡老圃，它年誰可調鹽梅。”案：次仲是年夏五月隨王文端往熱河，先生當亦偕行。

自山右至都門，道出保陽，於查觀察處手摹《九歌》石刻。

在都與凌次仲、王更叔文端季子，名堉。[①] 講求象緯之學。

---

① 據王杰弟子阮元所撰《王文端公年譜》，王杰(字文端)共有四子，長子名嵊時，次子名垿時，三子名堉時，四子名壞時。故閔《譜》稱王更叔“文端季子，名堉”有誤，當作“文端叔子，名堉時”。閔《譜》“在都與凌次仲、王更叔(文端季子，名堉)講求象緯之學”一條，當出自張其錦撰《凌次仲先生年譜》“五十八年癸丑，先生三十三歳”條下“是年，在都與江鄭堂(藩)及王文端公季子更叔(堉)講求象緯之學”，乃張氏不明王文端子嗣情況而誤記。

五十九年甲寅　三十四歲

六十年乙卯　三十五歲

至金陵應布政司試，同人集小西湖。章枚叔云："江翁没世，未嘗試府縣廷。"然先生實以國子監生屢應鄉舉而不第者。

冬，阮文達自山左移任浙江，過揚州，先生偕黃秋平、林庚泉、鍾蔎崖、徐心仲、汪晉蕃、掌廷、方月槎、黃春谷、焦里堂、方菊人、汪味芸、李濱石、濮朝衡、翼符、子耕、李艾堂、周采巖、鄭雲洲、何夢華餞之於虹橋净香園。是日，寒雨滿湖，未及平山而返，奚鐵生爲作《虹橋話舊圖》。文達嘗稱先生"淹貫經史，博通群籍，旁及九流、二氏之書，無不綜覽。所爲詩古文詞，豪邁雄俊，卓然可觀。爲人權奇倜儻，能走馬奪槊，豪飲好客，至貧其家，徧游齊、晉、燕、趙、閩、粵、江、浙①。王韓城師極重之"。

在揚州，與徐心仲親善，講習經史。心仲携婦入城，與先生所賃之屋衡宇相望，每相遇，輒日旰忘食，夜分不寢。心仲出所著《論語疏證》，先生爲之序。

仁宗嘉慶元年丙辰　三十六歲

有《享年室銘》。爲黃謙牧作。先生長謙牧十齡，締交時先生甫及壯，見《夢陔堂文集》先生《象贊序》。

二年丁巳　三十七歲

春，與六安張篠原同客王文端第，談釋地沿革之難，作《六安州沿革説》。先生又有《與張篠原書》。

三年戊午　三十八歲

在白下作《鶯嗁序》一関。是年，自京師歸，重來白下。先是，乙卯同人集小西湖，汪古香約填《鶯嗁序》，先生匆匆渡江，未暇倚聲。是年，熊姓欄復舉此會，先生乃填是調，以踐前約。

秋，焦理堂出所製《釋橢》示先生，先生爲之序。

---

①　"江、浙"本作"浙、江"，據阮元《定香亭筆談》改。

四年己未　三十九歲

夏仲，有《多寶塔帖跋》。

先生從王蘭泉先生游，垂三十年，論學談藝，多蒙鑒許。蘭泉因袁簡齋以詩鳴江浙間，從游者若鶩，乃痛詆簡齋，比之"輕清魔"。提唱風雅，以三唐爲宗，而江浙李赤者流，以至吏胥之子、負販之人，能用韻而不失粘者，皆在門下。是年，先生從京師南還，至武林，謁蘭泉於萬松書院，從容言曰："明時湛甘泉，富商大賈多從之講學，識者非之。今先生以五七言爭立門户，而門下士皆不通經史、輒知文義者，一經盼飾，自命通儒，何補於人心學術哉！且昔年先生謂筍河師'太丘道廣'，藩謂今日殆有甚焉！"是時，依草附木之輩，聞先生言，大怒，造謗語構怨，幾削著録之籍。先生先見知蘭泉，後游京師，入王文端幕。先生嘗作《河賦》，沈博絶麗，論者謂可與木玄虚《海賦》、郭景純《江賦》並傳。蘭泉《跋》云："本《漢書》《水經》以立言，故魏晉後置莫論也，醇厚班駁，亦似鄒、枚。"金鐘越《棕亭詩鈔·書江鄭堂河賦後》云："黄河西北來，銀夏受其利。延緣出龍門，厥性乃暴肆。分疏爲九道，聖人巧用智。因勢而利導，所行在無事。後世賈讓策，獨見乃弃地。堰流雖有法，但作日前計。況今廟堂儒，窮源得根蒂。試采宋元書，襯兹漢魏製。文瀾既益雄，賦則當更麗。請君放厥詞，庶以繼其志。"《河賦》有錢坤《注》，江陰繆氏刊入《藕香零拾》中。

先生遇洪稚存於宣城，論《説文解字》"五龍六甲"之説及"冕""旒"字，不合。稚存出所作古文，先生又指摘其用事譌舛。稚存斷斷強辯，先生曰："君如梁武之護前矣。"因談及"輿縣"，稚存云在江都，先生據《文選注》赤岸山之證，當在六合。先生又謂《太平寰宇記》鄧艾石鼈城、白水陂事，不見於史而已，並未言無其事也。稚存忽寓書先生，謂輿縣實在江都，而鄧艾事樂史本之《元和郡縣志》，豈可疑無此事者？先生恐激其怒，不答一字，遂不復相見矣。《北江詩話》稱先生"《過畢弇山宮宫保墓道》詩曰：'公本愛才勤説項，我因自好未依劉。'亦隱然自具身份，惜其爲饑寒所迫，學不能進也。"南海伍氏謂爲"報復之師"。案：《北江年譜》己未稚存似未曾至宣城，稚存至宣城當在丙寅、丁卯修《寧國府志》時。《凌次仲年譜》丙寅二月《與甯郡魯子山太守札》有"今日之招，雖稚存、鄭堂舊雨咸集，竟不敢奉陪"之語，是先生與稚存宣城遇後，遂不復相見。疑非嘉慶四年事，姑記於此以竢考。

是年，江艮庭先生殁。孫淵如《平津館文稿·江聲傳》："嘉慶四年九月三日卒，年七十有九。"《續疑年録》同。《漢學師承記》云："年七十有八。"卒年未詳。案：《尚書集注音疏》卷十二末艮庭自識"乾隆五十四年，年六十有九"，又《小引》

"五十八年，年七十有三"，以此計之，卒嘉慶四年實七十有九，若七十八，則當卒嘉慶三年矣。疑《漢學師承記》誤。

五年庚申　四十歲

六年辛酉　四十一歲

汪孟慈以《許浦都統司磚考》見賞於先生，孟慈時方十六歲。

七年壬戌　四十二歲

是年秋，王文端乞休，明年春歸里。

八年癸亥　四十三歲

九年甲子　四十四歲

十年乙丑　四十五歲

正月，王文端卒於京邸。文端以去年謝賜壽入京。

先生與宋帥初、名葆淳，安邑人。焦理堂、秦敦夫、阮文達擬送唐石佛入焦山，未果。後道光十年，齊梅麓始親載石佛入山，見《焦山志》。

有《與阮侍郎書》。文達以所作先人《墓表》示先生，先生致書論之。案：文達以是年丁父憂，故列此。

雲間汪墨莊名繩工詩，少與先生共唱酬，已而落魄江、淮，乃館之於家。王柳村謂先生"好客忘貧，今之顧俠君也"。《北江詩話》云："墨莊寄食江上舍藩家，聞余至揚，偕江來訪，同至傍花村看菊。明日，携之謁揚州太守伊君秉綬，屬爲之地。"案：墨卿守揚在乙丑至丁卯間，姑附於此。

十一年丙寅　四十六歲

春，在宣城。時洪稚存修《寧國府志》，凌次仲主敬亭講席，並在宣城。

阮文達在甘泉山惠照寺獲四石，先生以爲漢淮南厲王胥①冢石也。翁覃溪蘇齋《跋》云："是胥自造宮殿石，非冢中石。"

---

① 按：此條材料采自阮元《揅經室三集》卷三《甘泉山獲石記》，原文亦作"淮南厲王胥"。然劉胥爲漢武帝劉徹第四子，元狩六年(前一一六)封爲廣陵王，謚號厲，故後人稱廣陵王，則此處"淮南"當作"廣陵"。

十二年丁卯　四十七歲

六月十二日①，釋粟莽告先生舊城二巷井闌有宋嘉定三年蔣世顯刻字，字五行，計六十八字，先生即同兄仙舟、表弟方象明携紙墨往。是日，赤日如爐，火雲似傘，揮汗拓之。旁觀咸以爲痴，而三人不顧也。

儀徵令顏公續修縣志，阮文達屬先生以《輿地紀勝》中《真州》一卷，校補前令陸公舊《志》，得數十條，顏刻諸《續志》之末。

有《與伊墨卿太守書》。先生先在江寧聞墨卿丁父憂，返揚見訃有"稽顙拜""拜稽顙"之文，作弔入署，見門狀亦然，因以書論之。

有《清故刑部山東司員外郎鄭君墓志》。鄭名宗汝，字翼之，江都人，以是年葬江寧，故列此。

十三年戊辰　四十八歲

三月既望，作《朱處士墓表》。月日見《二亭詩鈔》卷首。

十四年己巳　四十九歲

春，客游四明，道出吳門。季秋，復來吳，作《吾母王孺人傳》。先生母先王孺人殁，先生扶柩回邗上，見《傳》中，惟未詳何年。王孺人長子學海，與先生同學，娶先生妹，妹亦先王孺人殁。

十五年庚午　五十歲

有《節甫字説》。

有《詞源跋》。秦敦夫刻《詞源》在嘉慶庚午，重刻在道光戊子，姑繫於此。《半氈齋題跋》又有《駱賓王文集》《草堂詩餘》二跋，當亦爲敦夫作也。

十六年辛未　五十一歲

先生既爲《漢學師承記》，復以《傳》中所載諸家撰述有不盡關經傳者，有雖關經術而不醇者，乃取其專論經術而一本漢學之書，仿唐陸元朗《經典釋文》傳注姓氏之例，作《經師經義目録》一卷，附於《記》後。其義例有四：一，言不關乎經義小學、意不純乎漢儒古訓

---

① "六月十二日"，《功順堂叢書》本《半氈齋題跋·宋嘉定井欄題字》作"六月十一日"。

者；一，書雖存其名而實未成者；一，書已行於世而未及見者；一，其人尚存，著述僅附見於前人傳後者，並不著録。命子鈞繕録。良月既望，鈞因識其後。先生無子，嘗有"門衰祚薄，養姪爲兒"之嘆。《（同治）揚州府志》："江懋鈞，字季調，年十六父殁，早補諸生。叔父以朴學名東南，所交多海內通儒，每宴集，懋鈞皆侍，由是學問日進，有《詩經釋義》《爾雅旁證》《鷗寄齋古今體詩》。"先生《樂縣考》末附懋鈞《宮縣建鼓設於四隅辨》，當即鈞。懋鈞子璧，同治四年進士，進賢知縣。璧子庚學，諸生，有孝行。

十七年壬申　五十二歲

在揚州，作《凌次仲校禮堂文集序》。略云："藩與君交垂三十年，論樂會意，執禮析疑，雖隔千里，同聲相應。豈知日景西頹，遽從短運，遺迹餘文，觸目增泫。"

汪孟慈爲作《國朝漢學師承記跋》。

十八年癸酉，五十三歲

阮文達督漕，延先生主講山陽麗正書院，以布衣爲諸生師。先生發策問漢、魏《易》十五家，山陽丁儉卿晏條萬餘言，摭群籍之精，抉象數之奧，先生嘆賞之。

應鄉試，宣城張裝伯名其錦。謁先生於江寧，先生出《樂縣考》示之。九月望日，裝伯爲作序。裝伯稱先生"體豐神壯，興趣勃勃"。

十九年甲戌　五十四歲

二十年乙亥　五十五歲

中秋後五日，顧千里爲作《扁舟載酒詞序》。《思適齋集》又有《江鄭堂詩序》，録於下："世之論詩者，以爲有學人之詩，有詩人之詩，此大不然。詩也者，學中之一事，如其不學，無所謂詩矣。是故吾友江君鄭堂，人咸知其爲學人也，而其詩神思雋永，體骨高秀，鎔裁精當，聲律諧美，雖窮老盡氣期爲詩人者，未見其能臻此也。生平所作極富，散失幾盡，今子某始掇爲二卷。吾觀天下詩人讀鄭堂詩者，曉然曰'學之所至，詩亦至焉'，則詩道其興矣。敢書斯言以爲序。"吳山尊亦有《半氈齋詩集跋》，見《汪氏學行記》。又《山尊集》中《初三日晚晴補和鄭堂元日雪中詩》有"延齡專倚長桑術"句，《注》："時病甚，專服君方。"先生殆善醫矣，附記於此。

二十一年丙子　五十六歲

秋，在揚州，以畫蟬柳扇索顧千里題，千里爲填《小重山》一闋。

秋，得痹疾。冬十一月，遇宋帥初於白公堤上，方晴江爲先生作《募梓圖》。帥初《跋》云："甘泉江君節甫樂志典墳，潛心撰著，有《周易述補》四册、《易大義》三卷(案：今《江氏叢書》中有《易大義》一册，爲惠松崖徵君撰，非先生著。先生嘗欲爲松崖補《易大義》三卷，未成。見先生嘉慶二十五年撰《易大義跋》中。惟宋《跋》云已繕寫成書，與先生《跋》不合矣)、《樂縣考》二卷、《國朝漢學師承記》八卷、《舟車聞見録》十卷，皆繕寫成書矣。嘉慶二十一年冬十一月，相遇於白公堤上，節甫謂余曰：'某今秋忽得士安痹疾，幾成鑿齒半人，視富貴如浮雲矣。惟平生精力半瘁於此，恐魂魄一去，將安秋草。欲謀剞劂，募之同學。'適淳安方君晴江在坐，云：'在歙時見仇十州畫《朱性夫募驢圖》，祝京兆、唐解元皆出資書疏中，仿其意爲作《募梓圖》，持游江湖，當有應之者。'《圖》成，予爲之記。"案：此《圖》後爲江建霞所得。

二十二年丁丑　五十七歲

龔璱人爲先生叙所著書。略云："江先生以布衣爲掌故宗且二十年，乾隆朝佐當道治四庫、七閣之事，於乾隆名公卿、老師宿儒，畢下上齮齕，萬聞千睹。窺氣運之大原，孤神明以冥往。"謂《漢學師承記》也。冬至日，璱人又附與先生《箋》。固始蔣子瀟湘南嘗從先生問奇字、研經術，見《七經樓文鈔》閻彤恩《序》，附記於此。

二十三年戊寅　五十八歲

客游南昌。陽城張孝廉子絜出惠松崖征君《易大義》示先生，爲江艮庭先生手寫本。征君《易大義》三卷，《目録》云："《中庸》二卷，《禮運》一卷，闕。"當時著於目而實無其書。征君子漢光即以此爲《大義》耳。先生手録一帙，知非《易大義》，乃《中庸注》也。

夏，客羊城。先生先晤陽城張君，後來嶺表，見《揅經室二集·李尚之傳》。先以著述數種付刊問世，四方爭傳誦焉。

阮文達延先生纂輯《皇清經解》《廣東通志》《肇慶府志》，留幕府最久。所得館金，盡易端溪石硯。後去粵時，歸裝壓擔，暴客疑其挾巨金，尾之兼旬，易舟發篋，乃唾而去。文達嘗擬取清代諸儒説經之書以及文集、説部加以翦截，引繫於群經各章句之下，勒成一書，名曰《大清經解》，以爲能總其事、審是非、定去取者，海内學友惟先生及顧君千里二三人。案：此所云《經解》，與後來體例不同，學海堂本爲嚴厚民所輯，實以人之先後爲次序，不以書爲次序也。又文達《高密遺書序》云："子屏饑驅至嶺南，余延總纂《廣東省通志》，數年書成。余調任雲南，遂歸揚州，不再相見。子屏隨手揮霍，雖有陸賈裝，無益也。"案：文達於道光丙戌六月調雲南，而先生侄孫順銘則云"道光乙酉退息里門"，殆先一年歸矣。

是年除夕，阮文達爲作《國朝漢學師承記序》。《夢陔堂詩集·觀漢學師承記懷江鄭堂粵東》云：“祖龍燔書《六經》喪，漢儒續絶嚴師傳。西京人自守一説，力抱殘缺存簡編。由無之有等創護，與失微緒寧拘牽。所以當時重授受，專經譜系如曾玄。東都學者間旁涉，邵公幼季尤稱賞。偉哉鄭許靡不貫，有似巨海納百川。自從蕭弨逞臆會，立言非必皆古先。紛紛同異每互證，南葉北葉各有偏。貞觀諸儒作《義疏》，但解徵綜不解研。焉知宋後實學廢，自許精義徒空詮。坐談性命固道本，苟無禮樂何由宣。物名象數如可置，何必一畫文開天。我朝古義發無隱，辟使有蘊胥昭懸。聖人如日衆星列，中天景運由陶甄。太原德清浚導始，後逮吳歙雙渟淵。支流派衍遂分出，師承不異昭宣年。邇來混沌盡鑿破，一埽疑似歸本然。脱非兩漢能繼述，四代何自供搜穿。聲音弗通字莫恃，訓詁弗講辭難箋。不明制作人道舛，不究推步天行愆。秦郵王氏潤州段，新安程叟蓼城錢。目中所見幾先輩，在漢可列經師筵。吾友凌焦及江李，曩時聚訟猶日前。三君墓木皆已拱，江君遠客如南遷。夢寐康成志矹矹，淵源紅豆膺拳拳。不忘數典創斯作，直憑一綫垂仔肩。茫茫絶業望千載，一堂恍接逢與虔。太常籍奏虎觀論，對此猶遜罩敷全。悔我平生學《詩》《禮》，篋中殘稿成遷延。故人垂問倘見及，更何歲月纏丹鉛。此書一出俗儒省，導訓可令長綿綿。文章性道本一貫，無忘博約求高堅。”

二十四年己卯　五十九歲

二十五年庚辰　六十歲

三月朔，作《惠松崖徵君易大義跋》。

九月二十一日，跋宋拓本《隸韻》。文云：“敦夫太史所藏，乃余清齋之故物，董文敏有跋語。惜缺《表》一首。老友趙晋齋云天一閣藏本有《表》文半篇，今爲雲臺先生所得。《碑目》亦殘缺不全，藩曾補完之。敦夫刻本《碑目》下半册，即藩所輯也。”

爲阮賜卿名福，文達子，先生弟子也。説《毛詩》，因檢《爾雅正字》舊稿，重加删訂，據古本釐爲三卷，易名《小箋》。

宣宗道光元年辛巳　六十一歲

霜月庚申，作《爾雅小箋自序》。霜月，見《韓敕造孔廟禮器碑》。《集古録》以霜月爲九月，黄扶孟、劉楚楨從之。錢竹汀、王石臞並引《爾雅》“七月爲相”，以霜月即相月。附記於此，竢考。

阮文達刻《江蘇詩徵》成。是書王柳村所輯，文達束其稿入粵，屬先生與許楚生、凌曉樓删訂校正者也。阮賜卿仿祭詩故事，隨先生祭之，有詩畫卷。

是年八月二十六日，曾冕士爲作《隸經文序》。此先生從諸文中删存者，苟非説經皆不錄。冕士稱"先生善漢學，不喜唐宋文，每酒酣耳熱，自言文無八家氣云"。

九月，吳石華爲作《隸經文跋》。石華稱先生"今年六十有一矣，矍鑠善飯"。

二年壬午　六十二歲

嘉平月，長白達三字誠齋。爲作《國朝宋學淵源記序》。在粵東權署。又先生《自序》略云："近今漢學昌明，有一知半解者，無不痛詆宋學。然本朝爲漢學者，始於元和惠氏，紅豆山房半農人手書楹聯云：'《六》經尊服虔，百行法程朱。'不以爲非，且以爲法。藩爲是《記》，實本師説。嗟乎！耆英彫謝，文獻無徵，甚懼斯道之將墜，恥躬行之不逮也。"

三年癸未　六十三歲

四年甲申　六十四歲

五年乙酉　六十五歲

退息里門，窮老益甚，所僦屋遷徙無定，客羊城時所刻書板，亡失過半。阮文達《高密遺書序》云："黃右原奭言幼讀書入安定書院，曾賓谷先生異之，曰：'爾勿爲時下學，余薦老師宿儒一人與爾爲師。'乃甘泉江子屛藩也。右原以重脩禮延之館其家。四年，子屛老病卒。"蓋先生退息里門後事也，當在丙戌、丁亥間，附記於此。

六年丙戌　六十六歲

七年丁亥　六十七歲

八年戊子　六十八歲

九年己丑　六十九歲

任孫順銘等請於先生，將所刻書板修補而彙萃之，顏曰《節甫老人雜著》。光緒丙戌，任曾孫巨渠又以板多殘闕，命二子朝棟、朝楨校讎補刊，今《江氏叢書》即此本。

十年庚寅　七十歲

十一年辛卯，七十一歲

先生卒。張午橋跋《扁舟載酒詞》云"卒年七十一"，未言何年。以生乾隆二十六年推之，應卒道光十一年。陳穆堂《讀騷樓詩二集·汪冬巢寒林獨步圖序》云："道光庚寅，江鄭堂、許楚生、李練江、周樂夫相繼殂謝。"則當在年七十矣。包慎伯《安吳四種·汪冬巢傳》亦云："庚寅，君之執友三數人皆以物故，爲《寒林獨步》之圖。"附記於此，以竢再考。汪孟慈跋《爾雅小箋序目》云："江先生爲大興朱學士弟子，博覽九流，尤精史學。爲人闊達大度，視友朋如性命，散其家產，接納滿天下，竟以餓死。籲！可悲也。"黃謙牧《夢陔堂詩集·江鄭堂没已數月秋窗獨坐憶惻然成詩》云："緊予弱冠年，文章頗馳騖。經書雖爛熟，但解事章句。如何爲貫穿，茫然若乘霧。遑論其室堂，不知有門户。無何遇江君，言論迥異趣。吐詞必宗古，内實外敷布。朗如列宿分，不特百川注。瞠乎若有失，側聳叩以故。君曰吾語汝，此豈空領悟。古來善讀書，讀横不讀豎。要在研精微，能使經義著。記誦非可師，經師有先路。由是俗見袪，恍然若趨曙。明我以六書，析我以九數。通我以金石，擴我以傳注。後來交浸多，引類從此赴。我行雖未逮，非君莫假步。君身爲學海，君胸即武庫。鑄金事高密，重以廣資助。窮源極突奥，辟盡妄與固。著書今滿家，顛倒横竹素。當時游京華，宰相汲延譽。高名崛非常，幾將致殊遇。如何竟無成，奔走四依附。東看錢塘潮，西尋豫章樹。南登越王臺，北臨耿公渡。歸來已衰年，窮愁畢呈露。回憶少壯時，酣飲數指顧。答人問百家，未有一字誤。光怪如目前，聞者莫不妒。曾是遂蹉跎，無人與調護。吾鄉邃經者，幾輩皆就墓。賴君爲靈光，今日復訣去。舊會滋銷沈，通儒不再晤。所關鍾靈奇，奚獨感遲暮。慚負鴛鶵姿，每念飛子御。嘆逝益思哀，滔滔水空度。"又《文集·江鄭堂象贊》云："江君懋學，式懷淵充。千秋一師，源窮派通。江君植躬，載以夷曠。不屑不潔，而非儻蕩。孟喜不達，范丹長貧。憂乃驥屈，樂亦蠖伸。南樓依人，北海好客。飲三百杯，傲二千石。塵席已矣，衡門闃然。想其堂階，如流百川。學母云遥，經師宛在。金石豈渝？丹青不改。"王句生《舍是集·挽江鄭堂先生》云："實學昭代崇，宗風邃流衍。《六經》觀文章，根柢固不淺。先生信好資，衰籍縱流昒。異說明師承，深心獨精闡。畚年負書游，聲華轢京輦。呿筆窺宸章，旁徵引墳典。鈔成奏松扉，五雲翼丹篆。皇情頗忻悦，召傳俞未遣。金鞍捧賜函，榮耀照軒冕。（先生恭撰《純廟詩小注》，由王韓城相國進呈，恩賞《御製詩五集》。後許召對圓明園，因聞林爽文逆信，廟謀勞員，遂未果召。）脱略時公卿，無心致通顯。東南學海堂，坐抗廣筵辯。都講風每移，操行石匪轉。山岳論知交，黃金一言踐。元禮天下模，詎徒藝文選。晚從粤嶠歸，足息剩雙跰。舊篋新生塵，零落紙萬卷。糲食餔昃光，席門卧陰薜。蕭條睇孤雲，奄忽送餘喘。往余接德鄰，青天屢容展。（嘉慶間，曾與先生同住北城外。）裁縑旁質疑，豹鼠指能辨。回首高山頽，馬悲涕長泫。廟食同慨梁，豐碑莫置峴。人壽徒須臾，悠悠孰徵善。遺編多待傳，募梓更虛願。(先生已刻書惟《周易述補》《隸經文》《國朝漢學師承記》《宋學淵源記》,餘稿多散失。又嘗畫《募梓圖》,載之行篋。)空徇假年心,再想音塵緬。名實伸其常,庶令後來眷。"薛介伯《學詁齋文集·揚州十經師贊·江氏藩》云:"昭代崇經,黜浮持正。韋布高名,上達天聽。學究師承,辨章爲盛。《周易述補》,精於考證。捧手受教,附見氏姓。文著《隸經》,不同餖飣。博稽《六藝》,希風後鄭。繄無小同,禮堂誰定?"

無子,生時議以兄子爲後,卒不果。《夢陔堂文集》先生《象贊序》云:"屬伯道之嗟,嗣從旁治。罔獲先疇,浮沈筲斗。"又似有子嗣而不肖者。

先生自京歸,盛稱徐星伯及徐少鶴曰:"京師學者,孰與二徐!"先生歿,星伯出泉十萬貫,俾汪孟慈録先生遺書,與吳太守、陳明經是正之。

先生所著書有《周易述補》五卷、在《學海堂經解》及《江氏叢書》中,卷七、卷八合爲一卷,故《經解》只四卷。《國朝漢學師承記》八卷、《經師經義目録》一卷、《國朝宋學淵源記》二卷《附記》一卷、《隸經文》四卷、《續隸經文》一卷、《樂縣考》二卷、以上數中在《江氏叢書》及《粵雅堂叢書》中,《隸經文》亦在《經解續編》中,惟《續隸經文》,《粵雅堂》及《經解續編》並無之。《扁舟載酒詞》一卷、在《江氏叢書》中。又有題《六家詩詞》者,内有《扁舟載酒詞》。六家爲金冬心、朱老匏、朱二亭、汪巢林、羅兩峰及先生。《爾雅小箋》三卷、《鄦齋叢書》中。《炳燭室雜文》一卷、《滂喜齋叢書》及《積學齋叢書》中。《半氊齋題跋》二卷、《功順堂叢書》中。《經傳地理通釋》《儀禮補釋》《考工戴氏車制圖翼》《石經源流考》《禮堂通義》《通鑑訓纂》《挐經室集》有《序》,略云:"江君鄭堂,專治漢經學,而子史百家亦無不通。於《通鑑》讀之尤審,鈔成《資治通鑑訓纂》若干卷,皆取其所采之本書而互證之,引覽甚博,審決甚精。"《乙丙集》《伴月樓詩鈔》王柳村《群雅集》載先生詩四首,録於下。《三楚》一首:"三楚傳消息,連天草色空。傷心歌《碩鼠》,極目送哀鴻。楊柳誰家月,笙簫別院風。兩川估客斷,米價問江東。"《月夜渡太湖》一首:"十月湖水清,扁舟去二更。丹楓當夜落,明月共潮生。樹樹碧雲合,峰峰翠藹輕。它年如泛宅,垂釣笤升平。"《答吳玉松》一首:"僻巷無人迹,成都揚子居。暮雲天際闊,春草故交疏。(謂眉峰、文洲、遠齋。)邀月呼酸酒,尋人讀冷書。商量詩格律,結習去無餘。"《衛霍》一首:"伏波久駐五溪蠻,看徧湘南處處山。只恐功成枯萬骨,天教馬革裹屍還。"《蠅須館雜記》計五種,爲《槍譜》《葉格》《茅亭客話》①《緇流記》《名優記》,見《揚州畫舫録》。《舟車筆談》、嘉興錢氏《碑傳集》曾載一則。《舟車聞見續録》十卷。此目見宋帥初《募梓圖跋》中。疑即《舟車筆談》。案:《經傳地理通釋》以下數種,並尚未見。

---

① "茅亭客話",中華書局校點本《揚州畫舫録》作"茅亭茶話"。

又有《經解入門》八卷，署甘泉江藩纂，前有阮文達序，光緒中上海石印，十九年癸巳復刻於廣西書局，馮德材《跋》已決其非先生真本矣。

自題《江子屏先生年譜》稿後六首

萬聞千睹拓規模，學術甯因漢宋殊。早有淵源溯紅豆，並尊服鄭法程朱。

遨游南北布衣尊，長揖升階禮數敦。一事傲它洪太史，未從幕府拜師門。

同心汪阮播蘭芬，樸學揚州自一軍。不似桐城矜義法，卓然雄俊《隸經文》。先生自言文無八家氣，蓋猶汪容甫不慊於方靈皋諸人之意耳。

十載秋風海上琴，著書辛苦鬢霜侵。歸裝剩壓端溪石，豪客休疑陸賈金。

《載酒扁舟》引興長，《仲軒》《薇竹》亦芬芳。填詞老去風流在，不獨談經豔二堂。《扁舟載酒詞》，中華書局印《清史列傳》作《江湖載酒詞》，誤。吾揚經師有詞集者，似只江、焦二家，它人尚未見。

千秋青史詎相關，《列傳》《儒林》待要刪。付與旁人評得失，朱翁一例落孫山。《清史稿》竹君、正三及先生並無傳。

附録四　新編江藩年譜[①]

高明峰　輯

清高宗乾隆二十六年辛巳(一七六一)　一歲

三月二十二日，先生生於吳縣寓所。(江藩《隸經文》卷四《節甫字説》、江沅《染香盦文外集·處士江公墓志銘》)

先生初名帆，一作飄，字雨來，一作豫來。後改今名，字子屏，一作國屏，號鄭堂，又號水松、竹西詞客，晚號節甫、節父、節甫老人、炳燭老人等，佛號辟支迦羅居士。祖籍安徽旌德，自祖父日宙遷徙揚州後，遂著籍甘泉。先生父名起棟，字胥容，號秋莊，佛號若波。學佛有年，明於去來。嘗曰："儒自爲儒，佛自爲佛，何必比而同之？學儒學佛亦視其性之所近而已。儒者談禪，略其迹而存其真，斯可矣。必曰佛、儒一本，亦高明之弊也。"先生守庭訓，少讀儒書，不敢辟佛，亦不敢佞佛。(江沅《染香盦文外集·處士江公墓志銘》、江藩《國朝宋學淵源記·附記·程在仁》)

先生母吳孺人、徐孺人，姐某，生年皆不詳。先生乃徐孺人所出。(江沅《染香盦文外集·處士江公墓志銘》)

是年，先生師友中，吳兆松五十二歲，袁枚四十六歲，朱筠四十四歲，童鈺四十一歲，江聲四十一歲，王昶三十八歲，汪縉三十七歲，王杰三十七歲，錢大昕三十四歲，余蕭客三十三歲，朱筠三十三歲，羅聘二十九歲，翁方綱二十九歲，薛起鳳二十八歲，李惇二十七

---

① 此譜主要參考了閔爾昌《江子屏先生年譜》(民國十六年江都閔氏刊本)、漆永祥《江藩年譜新編》(見漆永祥《江藩與〈漢學師承記〉研究》附録一，上海古籍出版社二〇〇六年版，第四〇八~四九九頁)、薛以偉《江藩年譜補訂》(南京師範大學二〇〇七年碩士學位論文)，特此致謝，文中恕不一一出注。凡遇諸譜載録歧異者，擇善而從。爲省篇幅，擇要在有關條目下標注出處，引文從略。

歲，段玉裁二十七歲，謝啓昆二十五歲，吳翌鳳二十歲，方正澍十九歲，江鏐十九歲，邵晋涵十九歲，汪中十八歲，武億十七歲，洪亮吉十六歲，吳錫麒十六歲，吳雲十五歲，宋葆淳十四歲，李斗十三歲，胡量十一歲，劉台拱十一歲，胡虔九歲，伊秉綬八歲，石鈞七歲，吳蕭七歲，凌廷堪六歲，褚華四歲，錢泳三歲，鈕樹玉二歲，曾燠二歲，秦恩復二歲，鍾褱一歲，朱錫庚一歲。

二十七年壬午（一七六二）　二歲

是年，余蕭客撰成《古經解鈎沈》三十卷，並題寫《後序》。（余蕭客《古經解鈎沈》卷一上《後序》）

是年，顧鳳毛、達三生。鳳毛爲九苞長子，後向阮元薦舉先生參纂《經籍籑詁》。先生亦嘗致函焦循，請代爲問候顧氏。（閔爾昌《江子屏先生年譜》乾隆五十二年條）

二十八年癸未（一七六三）　三歲

是年，王鳴盛丁母憂返里，旋卜居蘇州閶門，專意著述。（錢大昕《潛研堂文集》卷四十八《西沚先生墓志銘》）

是年，汪中二十歲，治舉子業，深究群經注疏。時李因培督學江蘇，試《射雁賦》，汪中應試，榜出，列揚州府屬第一，入江都學爲附生。時杭世駿主講安定書院，見汪中文，深加嘆賞，汪中因從杭氏借讀群經正義，學以日進。（汪喜孫《容甫先生年譜》乾隆二十八年條）

是年，李鍾泗、袁廷檮、焦循生。

二十九年甲申（一七六四）　四歲

是年，先生妹珠生。江珠字碧岑，號小維摩，善詩，有《小維摩詩稿》《青黎閣詩》等，於乾隆四十六年嫁與吾學海。（江珠《小維摩詩稿》卷首江藩《序》）

是年，王文誥生。後先生與文誥同客阮元廣州幕府，稱許文誥爲鎔經鑄史之學。［梁鼎芬修，丁仁長纂《（宣統）番禺縣續志》卷二五《王文誥傳》］

是年，徐復、阮元生。

三十年乙酉（一七六五）　五歲

是年，乾隆南巡，王念孫以大臣之子迎駕，獻頌册，得賞舉人。

(閔爾昌《王石臞先生年譜》乾隆三十年條)

是年，汪光爔生。

三十一年丙戌(一七六六)　六歲

是年，樂鈞、何元錫、吳嵩梁、王引之生。

三十二年丁亥(一七六七)　七歲

是年，臧庸、郭麐、江沅生。

三十三年戊子(一七六八)　八歲

秋，汪中應省試，本已中式，後不知何故被黜。尋病怔忡，遂不就省試。在江寧刻《策學謏聞》。(汪喜孫《容甫先生年譜》乾隆三十三年條)

是年，焦循受業於表兄范徵麟。(閔爾昌《焦理堂先生年譜》乾隆三十三年條)

是年，汪萊、李鋭、彭兆蓀、王豫、張鑒生。後先生與汪萊、李鋭時相過從，稱汪萊爲“密友”，於李鋭則自稱“老友”，與彭兆蓀、王豫、張鑒等亦有詩詞唱和。(《國朝漢學師承記》卷六《汪萊》、李鋭《李氏遺書》之《漢三統術注》《漢四分術注》《漢乾象術注》卷末署“甘泉老友江藩校”、彭兆蓀《小謨觴館詩餘·齊天樂(江鄭堂繪五更疏欲斷一樹碧無情詩意屬題爲賦此解)》、江藩《伴月樓詩鈔》卷下《宿翠屏洲贈王柳村》、張鑒《冬青館乙集》卷二《北征集》有《過揚州見江鄭堂(藩)》)

三十四年己丑(一七六九)　九歲

是年，張鏐生。

三十五年庚寅(一七七〇)　十歲

是年，儀徵鹽船失火，汪中作《哀鹽船文》，杭世駿爲之序。(汪中著，田漢雲校點《新編汪中集》之《文集》第七輯《哀鹽船文》)

是年，顧廣圻生。

三十六年辛卯(一七七一)　十一歲

是年，汪中在當塗朱筠學使幕。(汪喜孫《容甫先生年譜》乾隆三十六年條)

是年，劉彬華、黄承吉生。

三十七年壬辰（一七七二）　十二歲

先生少長吳門。是年，先生從薛起鳳受句讀，諭以涵養工夫。（江藩《國朝宋學淵源記·附記·薛香聞師》）

是年，汪中在泰州與劉台拱、李惇相見，因與定交。冬，汪中與王念孫定交於朱筠幕中。（汪喜孫《容甫先生年譜》乾隆三十七年條）

是年，凌霄、方東樹生。

三十八年癸巳（一七七三）　十三歲

是年，清廷始修《四庫全書》。（《四庫全書總目》卷首《聖諭》）

是年，江聲撰成《尚書集注音疏》十二卷。（江聲《尚書集注音疏》卷末《後述》）

是年，汪中爲朱筠撰《朱先生學政記》。（汪喜孫《容甫先生年譜》乾隆三十八年條）

是年，劉華東生。

三十九年甲午（一七七四）　十四歲

冬，因朱筠之薦，汪中往寧波依馮廷丞。朱筠在薦書中稱汪中"通人也，其學知經傳之義，而達於史事，又善爲古文詞"。（汪喜孫《容甫先生年譜》乾隆三十九年條）

約是年，先生偕妹珠，從汪縉問學。汪氏嘗誨先生曰："吾於儒、佛書，有一字一句悟之十餘年始通者。讀《二錄》《三錄》，當通其可通者，不可强通其不可通者。"（江珠《小維摩詩稿》卷末吾學海《後序》、江藩《國朝宋學淵源記·附記·汪愛廬師》）

是年，先生妹珠承嚴命從吳雲夫人學針黹事。先生與吳雲時相唱和，其《伴月樓詩鈔》有《和答玉松》《玉松家梅花盛開作此索飲》等詩。（江珠《小維摩詩稿》卷末吾學海《後序》）

是年，薛起鳳卒，倪稻孫、金學蓮生。

四十年乙未（一七七五）　十五歲

先生束髮時即能爲五七言詩。是年，先生從惠棟弟子余蕭客游，始知《風》《雅》之旨，"於是上窺漢、魏、六朝，下逮李唐、趙宋，雖不能入天廚、竊禁臠，而鍾嶸之《品》、皎然之《式》，亦三折肱而思過半矣"。（江藩《乙丙集自序》）

先生《乙丙集》所録之詩，始於是年，集中第一首爲《宿雨亭張丈止園》。第二首爲《谷董羹》，乃與余師唱和之作，亦當作於此一、二年間。(江藩《乙丙集自序》)

是年，馮廷丞調臺灣道，汪中以母病不能偕往，於四月歸里。(汪喜孫《容甫先生年譜》乾隆四十年條)

是年，王念孫會試中式。殿試二甲第七名，改翰林院庶起士。(閔爾昌《王石臞先生年譜》乾隆四十年條)

是年，胡世琦生。後與先生有詩唱和。(《國粹學報》第六年第十二號《撰録》之《贈江上舍藩一首》《江上舍藩以日前在魯太守銓筵上辨説文中五龍六甲之義因步前韻見答復叠韻奉柬一首》)

四十一年丙申(一七七六)　十六歲

是年，先生受知於朱筠。[1] 筠嘗勸諭先生及時爲樂，勿以功名利鈍爲意，先生甚爲折服，有"文章窟裏推先輩，仙佛中間第一人。若有朝雲相伴住，東坡居士定前身"之句[2]。(江藩《國朝漢學師承記》卷四《朱笥河先生》)

是年，余蕭客托書賈錢聽墨假滋蘭堂朱奐所藏《燈下閑談》，命先生鈔録一本。先生鈔録後題跋其上，署"江水松"。(繆荃孫《藝風堂藏書記》)

是年，汪中在江寧，受知於謝墉，與程瑤田定交。(汪喜孫《容甫先生年譜》乾隆四十一年條)

四十二年丁酉(一七七七)　十七歲

是年，先生師余蕭客卒。余氏爲文典博古茂，不輕易爲之。先生編次爲集，得二十余篇藏焉。余氏卒後，先生師從江聲讀七經、三史及許氏《説文》，乃從之受惠氏《易》。(任兆麟《余仲林墓志銘》、江藩《國朝漢學師承記》卷二《江艮庭先生》)

是年，汪中被選入太學。王念孫與汪中、李惇同訪賈田祖，草堂歡聚，送汪中北行。五月，賈田祖卒，汪中爲撰《墓志》。(汪喜孫《容甫

---

[1] 此據江藩的自述，見《國朝漢學師承記》卷四《朱笥河先生》。漆永祥以爲其事似無可能（見漆氏《江藩與〈漢學師承記〉研究》，上海古籍出版社二〇〇六年版，第四五頁），因語係猜測，無法確證，故仍采江藩自述之語。

[2] 引詩出自江藩《伴月樓詩鈔》卷上《孟陬十八日陪笥河夫子游聖恩寺作此以呈》，清鈔本，藏上海圖書館。

先生年譜》乾隆四十二年條）

　　是年，戴震卒，汪潮生生。

四十三年戊戌（一七七八）　十八歲

　　是年，先生承江聲之學，著《爾雅正字》，以《説文解字》爲指歸。《説文解字》所無之字，或考定正文，或旁通假借，不敢妄改字畫。嘉定王鳴盛見之，深爲嘆賞，謂先生曰：“聞邵晋涵太史作《疏》有年矣，子俟其書出，再加訂正未晚也。”（江藩《爾雅小箋》卷首《序目》）

　　是年，朱筠見先生歌詩，囑弟子張居壽爲介紹，引爲忘年之交。張氏與先生亦時有唱和，後張氏歿，先生輯録其與己酬贈之作爲一册，並爲之序。（朱筠《二亭詩鈔》卷首江藩《朱處士墓表》[1]、江藩《炳燭室雜文·張舊山詩集序》）

　　是年，吾學海之父爲學海求婚於秋莊公，聘先生妹珠爲妻室。（江珠《小維摩詩稿》卷末吾學海《後序》）

　　是年，吳慈鶴、車持謙、陳逢衡生。

四十四年己亥（一七七九）　十九歲

　　是年，先生假朱邦衡所藏惠士奇、惠棟父子手批本《説文解字》，鈔録並題記，署名“江颿”。（王欣夫撰，鮑正鵠等整理《蛾術軒篋存善本書録·庚辛稿》卷一《説文解字》）

　　是年，焦循十七歲，應童子試，補縣學生。循受知於學使劉墉，並從之習經。後劉氏卒，循作《感大人賦》以紀之。（閔爾昌《焦理堂先生年譜》乾隆四十四年條）

　　是年，先生族侄懋莊生。後先生所刻《周易述補》《爾雅小箋》《漢學師承記》《宋學淵源記》《隸經文》《扁舟載酒詞》諸書，其板皆藏懋莊家。懋莊寶先生諸書而珍之，惟《扁舟載酒詞》一卷，板已散失。（江藩《伴月樓詩鈔》卷末江璧《跋》）

四十五年庚子（一七八〇）　二十歲

　　春，先生從朱奐處借讀汲古閣影宋鈔《九僧詩》。（江藩《半氈齋題跋》

---

①　江藩《朱處士墓表》有異文。江藩《炳燭室雜文》收録此文，云“乾隆四十二年，處士見藩歌詩”。是書初刻爲同治、光緒間《滂喜齋叢書》本。然朱筠《二亭詩鈔》卷首江藩《朱處士墓表》稱“乾隆四十三年，處士見藩歌詩”，是書爲嘉慶刻本。從刻印時間而言，當以《二亭詩鈔》所録爲是。薛以偉《江藩年譜補訂》據此繫於乾隆四十三年，今從。

卷上《群賢小集》)

時王昶、朱筠主盟文壇，天下奉爲宗匠，先生常侍左右。(何青《遂初堂詩集》卷首江藩《跋》)

是年，先生拜袁枚於山塘，袁氏盛稱先生之詩清拔工切。(江藩《伴月樓詩鈔》卷下《呈簡齋先生》、袁枚《隨園詩話補遺》卷一)

是年，先生與汪中定交，日相過從。容甫嘗謂先生曰："予於學無所不窺，而獨不能明九章之術。近日患怔忡，一構思則君火動而頭目暈眩矣。子年富力强，何不爲此絶學?"以梅氏書贈先生。先生遂知志位布策。(江藩《國朝漢學師承記》卷七《汪中》)

是年，洪亮吉、黃景仁流寓日下，貧不能歸，先生偕飲於天橋酒樓。遇武億，招之入席，盡數盞後，忽左右顧盼，哭聲大作，樓中飲酒者駭而散去。武氏謂先生曰："予幸叨一第，而稚存、仲則，寥落不偶，一動念，不覺涕泣隨之矣。"先生以今日之唐衢戲之。(江藩《國朝漢學師承記》卷四《武億》)

是年，李惇會試中式。(江藩《國朝漢學師承記》卷七《李惇》)

四十六年辛丑（一七八一）　二十一歲

春，朱筠由閩返京，途徑蘇州，與先生同游探梅。旋病逝，先生作詩悼之，有"玉堂神仙今羽化，灞橋驢背誰人跨。催花風去敗花雨，梅爲誰開爲誰罷"云云。(江藩《伴月樓詩鈔》卷上《孟陬十八日陪笥河夫子游聖恩寺作此以呈》、卷中《栢因軒有梅一株倚墻而生今年春笥河夫子探梅見此婆娑樹本以竹杖去其枝頭蛛網謂藩曰何其古也十一月二十六日與墨莊約明年春宿還元閣作衆香國主人談及此事而先生已歸道山矣唏噓久之泫然泣下感而作此》)

是年，先生妹珠歸於吾學海。(江珠《小維摩詩稿》卷末吾學海《後序》)

是年，阮元與凌廷堪訂交於揚州。(阮元《揅經室三集》卷五《凌母王太孺人壽詩序》)

是年，徐松、汪嫈生。汪嫈爲先生友錫維長女，後與先生有詩唱和。(汪嫈《雅安書屋詩集》卷一《江鄭堂父執屬題秋江聽潮圖集唐人句》)

四十七年壬寅（一七八二）　二十二歲

六月，先生於揚州書肆中得宋槧本《群賢小集》，乃馬氏玲瓏山館舊藏，後爲汪雪礓所有。先生録有《序目》一卷。先生亦因讀《群賢小集》，始知《九僧詩》即《聖宋高僧詩選》之前集。(江藩《半氊齋題跋》卷上《群賢小集》)

七月，《四庫全書》修成，永瑢等進表奏上。（《四庫全書總目》卷首《表文》）

是年，程在仁從先生處借述古堂精鈔本《吳越備史》及《道藏》本李荃注《太乙紫庭經》，後因程氏亡故而散失。程氏嘗下榻先生家，喜與秋莊公談論，自悲身世，憤激不平。秋莊公責其學儒、佛十餘年，胸中尚不能消“秀才”二字，遂醒悟。程氏與先生有書信論學，先生嘗致函程氏，答復居喪稱“棘人”之説。（上海圖書館藏清鈔本《吳越備史》江藩《跋》、《國朝宋學淵源記·附記·程在仁》、《隸經文》卷四《答程在仁書》）

是年，焦循傳家教，好《孟子》書，立志爲《正義》。子廷琥生。（閔爾昌《焦理堂先生年譜》乾隆四十七年條）

是年，阮元結識汪中於揚州。（阮元《揅經室續集》卷三《汪容甫先生手書跋》）

是年，童鈺卒。先生與童鈺時有唱和，其《伴月樓詩鈔》卷中有《二樹老人畫梅歌》《作二樹老人畫梅歌後老人作梅書長歌見答遂次其韻》《二樹先生畫梅竹一幅並題絶句見贈舟至江口阻風細讀於水窗中次韻一首》等詩。

四十八年癸卯（一七八三）　二十三歲

春，凌廷堪在京師聞先生作《周易述補》，心慕其人，惜未得見。（江藩《周易述補》卷首凌廷堪《叙》）

是年，先生歸邗上，有平山之行。爲任兆麟作《孟子時事略序》和《書任心齋詩後》。先生與任氏訂道義交，時有“吳中二彦”之目。（任兆麟《孟子時事略》卷首江藩《叙》、王欣夫輯《炳燭室雜文補遺·書任心齋詩後》、張滋蘭選録，任兆麟閲定《吳中女士詩鈔·清溪詩稿》卷首江珠《讀松陵任夫人春日閑居詩即次原韻奉寄》）

是年，汪中往江寧，修《南巡聖典》。（汪喜孫《容甫先生年譜》乾隆四十八年條）

是年，黄景仁卒，阮元從弟阮亨生。黄氏與先生爲文字交。（江藩《伴月樓詩鈔》卷末江璧《跋》）

四十九年甲辰（一七八四）　二十四歲

是年，在揚州，汪中介凌廷堪與先生定交，廷堪爲先生《周易述補》作序。（江藩《周易述補》卷首凌廷堪《叙》）

是年，凌廷堪上書翁方綱，薦舉阮元，信中提及先生與汪中。［凌

廷堪《校禮堂文集》卷二二《上洗馬翁覃溪師書(甲辰)》]

是年，謝墉督學江蘇，歲試揚州，阮元取入儀徵縣學第四名。先生因與阮氏同學交善。(張鑒等《雷塘庵主弟子記》乾隆四十九年條、江藩《國朝漢學師承記》卷首阮元《序》)

是年，李惇卒。李惇嘗往江陰，留宿先生家，燃燭豪飲，議論史事，惇朗誦史文，往往達旦。明日，先生取史文核之，一字不誤也。時先生年少氣盛，好詆訶古人，惇從旁謂先生曰："王子雍有過人之資，若不作《聖證論》攻康成，豈非淳儒哉!"少頃，又曰："若夫佛氏輪回因果之説，淺人援儒入墨之論，不可不辨，子車氏所謂'正人心，息邪説'。苟不力辟之，是無是非之心矣。"(江藩《國朝漢學師承記》卷七《李惇》)

五十年乙巳(一七八五)　二十五歲

先生自編詩集《乙丙集》所收之作，止於是年。(江藩《乙丙集》卷首《自序》)

是年，先生於江安家觀覽其父立所藏宋刻本《金石録》及《謝皋羽像》。(潘祖蔭《滂喜齋藏書記》卷一"宋刻金石録十卷"條載江藩《金石録跋》)

是年，程晉芳卒。

五十一年丙午(一七八六)　二十六歲

正月十二日，先生自序《乙丙集》，有"丙午歲大饑，日唯一饘粥。貧居無事，發八百首讀之，吟哦之聲與饑腸雷鳴聲相斷續，乃去蕭取艾、伐稂存禾，得一百二十八首，釐爲二卷，上卷六十五首，下卷六十三首，起乙未，終乙巳"云云。(江藩《乙丙集》卷首《自序》)

二月五日，先生父秋莊公殁，年六十五。(江沅《染香盦文外集·處士江公墓志銘》)

八月，先生爲任兆麟《夏小正注》作序。(任兆麟《夏小正注》卷首江藩《序》)

丙午、丁未間，頻遭饑荒，先生以所聚書易米，書倉爲之一空，遂作《書窠圖》以寓感，一時耆宿題詠殆徧。先生所藏明初槧本《農書》，上有業師余蕭客《跋》，亦於此間轉手散失。(江藩《炳燭室雜文·石研齋書目序》《炳燭齋雜著·舟車聞見雜録續集·架田》)

是年，談泰中舉。談氏從錢大昕游，與先生、焦循等友善。亡故後，先生爲作《談階平遺書叙録》，采録於阮元《儒林傳稿》中。(阮元

《儒林傳稿·談泰傳》)

　　是年，阮元應鄉試，以第八名中式。後抵京師，得見前輩學者邵晉涵、王念孫及任大椿。(張鑒等《雷塘庵主弟子記》乾隆五十一年條)

　　是年，林爽文在臺灣率天地會起義，攻占彰化，清廷命常青、徐嗣曾等剿辦。(《清史稿》卷一五《高宗本紀六》)

　　是年，汪喜孫生。

五十二年丁未(一七八七)　二十七歲

　　正月，汪中謁太興朱珪侍郎於錢塘節署，作《廣陵對》三千言。(汪喜孫《容甫先生年譜》乾隆五十二年條)

　　先生自西湖歸揚，接焦循手書，即致函焦氏，討論阮元主編《經籍籑詁》事，並言八月必爲豫章之行。後遂客游江西，在謝啓昆處，交胡虔。時先生又有致阮元、朱錫庚書，請焦氏代寄進京。(閔爾昌《江子屏先生年譜》乾隆五十二年條、江藩《半氈齋題跋》卷上《三輔黃圖》)

　　冬，先生與葉英訪焦循。先生獲睹焦氏《毛詩物名釋》，閱三月而讀竟，遂題序其上。後先生與焦循以淹博經史爲藝苑所推，時有"二堂"之目。(焦循《雕菰樓集》卷二一《葉霜林傳》、焦循《毛詩物名釋》卷首江藩《序》、王豫《群雅集》卷一九《焦循》)

　　是年，焦循以文質汪中，汪中曰："蓺之，此唐、宋人小説，何不學左丘明、司馬遷?"(汪喜孫《容甫先生年譜》乾隆五十二年條)

　　是年，阮元《考工記車制圖解》撰成付梓。(阮元《揅經室一集》卷七《考工記車制圖解跋》)

　　是年，先生母吳孺人卒，殯於甘泉之寶城。(江沅《染香盦文外集·處士江公墓志銘》)

五十三年戊申(一七八八)　二十八歲

　　十二月，先生妹珠自叙《青藜閣詩稿》並呈任兆麟審閱。先生有《題碧岑詩集》一首。(江珠《青藜閣詩稿》卷首《自叙詩稿簡呈心齋先生》、江藩《題碧岑詩集》)

　　十二月二十一日，王昶招翁方綱及先生、曹秉鈞、王尚鈺、金鴻書、施晉、汪庚、吳照、何元錫諸君於江西官署小集。[王昶《春融堂集》卷一九《臘月二十一日招翁學使振三及曹仲梅(秉鈞)家若農金寶函(鴻書)施錫蕃(晉)江子屏(藩)汪上章(庚)吳照南(照)何夢華(元錫)諸君小集》]

　　是年，先生請焦循摘録《御覽》舊注。(閔爾昌《江子屏先生年譜》乾隆五

十二年條引江藩《與焦理堂書》）

是年，先生於蘇州顧之逵家獲睹宋刻《列女傳》，爲之眉飛色舞。（王欣夫輯《炳燭室雜文補遺·宋刻新編古列女傳跋》）

是年，任兆麟《述記》刊印，先生嘗參與審定。（任兆麟《述記·鑒閱參訂姓氏》）

是年，林爽文兵敗被殺。（《清史稿》卷一五《高宗本紀六》）

是年，顧鳳毛卒，侄懋鈞生。後先生以樸學名東南，所交多海內通儒，每宴集，懋鈞皆侍，由是學問日進，著有《詩經釋義》二十卷、《爾雅旁證》八卷、《鷗寄齋古今體詩》八卷。〔英杰修，晏端書等纂《（同治）續纂揚州府志》卷一三《江懋鈞傳》〕

五十四年己酉（一七八九）　二十九歲

正月初八日，王昶復邀翁方綱及先生等官齋小集。（王昶《春融堂集》卷二〇《初八日復邀振三及仲梅諸君官齋小集》）

孟春既望，先生妹珠爲張滋蘭《清溪詩集》題詞。（張滋蘭《清溪詩稿》卷首江珠《清溪詩集題詞》）

五月，先生妹珠爲任兆麟《簫譜》作序。（任兆麟《簫譜》江珠《簫譜後叙》）

閏五月，張滋蘭等吳中女士於林屋吟榭會課《白蓮花賦》，任兆麟評江珠爲第一。（任兆麟評《翡翠樓閨秀雅集》卷首《目錄》、張芬《兩面樓詩稿·晚春小飲懷碧岑江姊》）

六月，先生自豫章歸吳下，貧病相交，形神俱喪。爲人解説《考工》車制，乃作《考工戴氏車制圖翼》。（閔爾昌《江子屏先生年譜》乾隆五十二年條、王昶《湖海文傳》卷四〇江藩《與焦里堂書》）

秋，先生妹珠爲席蕙文《采香樓詩集》作序。（席蕙文《采香樓詩集》卷首江珠《叙》）

是年，吳照拔貢。吳氏與先生同客王昶幕府，後有詩憶之，稱許先生云：“鄭堂能文兼好武，凜凜鬚眉真丈夫。”（吳照《聽雨齋詩集》卷二三《古今體詩·廣陵漫興》）

是年，鈕樹玉於紫陽書院拜謁錢大昕，後又獲見江聲、先生等，切磋問難，每有所聞見，因筆錄之。（鈕樹玉《鈕匪石日記》卷首自題）

是年，張滋蘭選錄，任兆麟閱定《吳中女士詩鈔》刊印，收錄張滋蘭、江珠等十位吳中閨秀詩詞。（張滋蘭選錄，任兆麟閱定《吳中女士詩鈔》，乾隆己酉夏鐫本）

是年，汪中游武昌，居湖北總督畢沅幕。爲撰《黄鶴樓銘》，程瑶田書石，錢坫篆額，時人稱“三絶”。（汪喜孫《容甫先生年譜》乾隆五十四年條）

是年，焦循與黄承吉交。（閔爾昌《焦理堂先生年譜》乾隆五十四年條）

是年，阮元中會試第二十八名，旋中殿試二甲第三名，賜進士出身，改翰林院庶吉士。（張鑒等《雷塘庵主弟子記》乾隆五十四年條）

是年，吴蘭修、黄式三生。後黄氏作《讀江氏隸經文》《漢學師承記跋》。（黄式三《儆居集》四《子集三·讀江氏隸經文》、五《雜著一·漢學師承記跋》）

五十五年庚戌（一七九〇）　三十歲

正月，先生家僕自揚州還，得焦循手書及焦氏《與阮良伯書》。焦氏致函阮元論《考工》車制，先生以爲焦説比例精審，議論詳明，然亦有未安者，遂將所撰《戴氏考工車制圖翼》録成就正，復爲之説。（王昶《湖海文傳》卷四〇江藩《與焦里堂書》）

春，顧廣圻師從江聲，成先生同門學侣。（顧廣圻《思適齋集》卷一五《題江艮庭先師遺札册後》）

是年，袁枚嘗過先生蠅須館，詩酒唱和。先生有《呈簡齋先生》四首。（江藩《伴月樓詩鈔》卷下《呈簡齋先生》）

是年，先生與黄承吉交。（黄承吉《夢陔堂詩集》卷三二《江鄭堂没已數月秋窗坐憶惻然成詩》）

是年，吴兆松卒，先生爲撰《墓表》，有“每見君，執弟子禮，謂藩曰：‘讀書當融釋，講學在縝密；不讀書無入德之門，不講學無自得之樂’”云云。（江藩《炳燭室雜文·廪膳生吴君墓表》）

是年，汪中自武昌歸里。（汪喜孫《容甫先生年譜》乾隆五十五年條）

是年，焦循館於揚州卞氏。撰成《群經宫室圖》二卷，旋刊行於世。江聲有書信與之辯難。（閔爾昌《焦理堂先生年譜》乾隆五十五年條）

是年，凌廷堪應萬壽恩科會試，中式第四名。（張其錦《凌次仲先生年譜》乾隆五十五年條）

是年，清廷頒發三部《四庫全書》，分庋文宗、文匯、文瀾三閣。（《四庫全書總目》卷首《聖諭》）

五十六年辛亥（一七九一）　三十一歲

是年，先生晤阮元於京師，談及焦循近況。（焦循《群經宫室圖》卷首阮元《致焦循函》）

是年，得阮元之薦，先生館東閣大學士兼管禮部事務王杰府第。時，王杰爲《石經》館總裁，洪亮吉充《石經》收掌詳覆官。亮吉手定條例，囑先生呈之，杰是其説。副總裁彭元瑞主其事，杰不能與之争。後元瑞自作凡例，杰命先生勘定，駁其秕謬者數十條。元瑞大怒，謂先生與亮吉互相標榜。期間，先生又嘗協助王杰編輯《御製詩五集》，備查列《御製詩注》之事。(江藩《國朝漢學師承記》卷四《洪亮吉》、阮元《揅經室再續集》卷三《高密遺書序》)

約是年前後，吳鼒館朱珪府第，時與洪亮吉、趙懷玉等雅集。吳氏嘗病甚，專服先生所開藥方，後吳氏有詩紀之。(吳鼒《吳學士詩集》卷四《初三日晚晴補和鄭堂元日雪中詩》)

是年，阮元任詹事府詹事、文淵閣直閣事。復充《石經》校勘官，校《儀禮》十七篇。(張鑒等《雷塘庵主弟子記》乾隆五十一年條)

五十七年壬子(一七九二)　三十二歲

十一月，先生致書焦循，言及撰《春秋解詁》一書，並向焦氏請教年根置閏之捷法。十二月，焦循有《答江子屏論春秋曆法書》《答江鄭堂書》，答先生之疑，並談及擬撰《加減乘除》等算學三書。焦氏《答江鄭堂書》有"京師華聚之所，曾有志相合而可以埤助者乎"云云，知是年先生仍在京師。(焦循《里堂文稿·答江子屏論春秋曆法書》《里堂文稿·答江鄭堂書》)

是年，汪中寫定《述學·內篇》三卷、《外篇》一卷，刊行於世。復寫定鄭氏《周易》、衛包未改《古文尚書》及《儀禮·喪服》子夏《傳》，教授喜孫於禮堂。(汪喜孫《容甫先生年譜》乾隆五十七年條)

是年，凌廷堪作《與焦里堂論路寢書》。(張其錦《凌次仲先生年譜》乾隆五十七年條)

是年，汪縉卒，龔自珍生。

五十八年癸丑(一七九三)　三十三歲

年初，先生蓋嘗南返至吳，與段玉裁交。[1]　(段玉裁《經韻樓文集補編》

---

[1]　漆永祥《江藩年譜新編》據段玉裁作於乾隆五十八年的《有竹居集序》有"余自蜀中歸，訪友吳中，若汪明之元亮、江雨來藩，皆博雅士也"云云，且段玉裁於乾隆五十七年避禍移居蘇州，遂繫於乾隆五十七年。然據焦循寫於乾隆五十七年的《里堂文稿·答江鄭堂書》，內有"京師華聚之所，曾有志相合而可以埤助者乎"云云，知是年江藩仍在京師，難與移家蘇州的段玉裁相見。而乾隆五十八年，江藩自山右入都門，或於年初有南返吳門之舉，故繫於此。

卷上《有竹居集序》)

初夏，先生嘗至五臺山，有《氐州第一》(出龍泉關)詞。復至保陽，於查觀察處手摹《九歌石刻》。(江藩《扁舟載酒詞·氐州第一》《半氈齋題跋》卷下《九歌石刻》)

其後，先生又嘗至古北口，有《六州歌頭》(出古北口有感)、《出古北口》紀游。後又至灤陽。(江藩《扁舟載酒詞·六州歌頭》《伴月樓詩鈔》卷下《出古北口》《舟車聞見録》卷下《歐李》)

五月，凌廷堪隨座主王杰至熱河(河北承德，亦稱灤陽)。先生後游熱河，遇淮陰史上舍，賦《芍藥吟》贈之，凌廷堪次韻和之。(張其錦《凌次仲先生年譜》乾隆五十八年條，凌廷堪《校禮堂詩集》卷八《淮陰史上舍性嗜花江鄭堂賦芍藥吟贈之癸丑夏客灤陽出以見示並索和章因次鄭堂韻》)

五月，阮元爲焦循《群經宮室圖》作序。六月，阮元任山東學政。(閔爾昌《焦理堂先生年譜》、張鑒等《雷塘庵主弟子記》乾隆五十八年條)

五月三十日，蔣立崖携夫人遺照索題於先生妹珠，時珠病，立秋後一日方好轉，遂執筆題詩。(江珠《小維摩詩稿·癸丑五月晦日立崖先生携王夫人遺照索題是夕珠寒熱交作奄卧終月至立秋後一日始能坐起信筆率成聊以塞責》)

先生返京師，仍寓王杰邸，與凌廷堪及王杰子堉時講求象緯之學。(凌廷堪《校禮堂文集》卷一《懸象賦(並序)》)

冬，先生與凌廷堪同出都門，廷堪返板浦。途中談及時文，先生云："近見爲文者，稽之於古，則訓詁有乖；驗之於今，則典章多舛。"又云："能文者必多讀書，讀書不多必不能文。"廷堪深爲折服，以爲非真讀書人不能道也。(凌廷堪《校禮堂文集》卷二四《與江豫來書》)

是年，林道源過吳，至吾學海家，詢先生近況，江珠感而贈詩。(江珠《小維摩詩稿·癸丑正月林庚泉過吳至舍詢鄭堂近況感而賦贈》)

五十九年甲寅(一七九四)　三十四歲

是年，錢敬開與鈕樹玉談及先生嘗在江西見王安石《新經》。(鈕樹玉《鈕匪石日記》)

約是年前後，先生爲羅聘《正信録》作序。(羅聘《正信録》卷首江藩《序》)

是年，汪中卒，丁晏生。

六十年乙卯(一七九五)　三十五歲

六月八日，鈕樹玉舟次揚州，訪先生。先生示所藏秦刻《嶧山

碑》、阮元《儀禮考》，並偕鈕氏訪徐復。先生謂鈕氏曰："揚州學者，焦、徐而已。"（鈕樹玉《鈕匪石日記》）

八月，先生自京師至金陵，應布政司試，未中。與同人集小西湖。（江藩《扁舟載酒詞·鶯啼序》）

是年，先生與徐復親善，講習經義。每相遇，輒日旰忘食，夜分不寢。後徐氏出所著《論語疏證》，先生爲之序。（江藩《隸經文》卷四《徐心仲論語疏證序》）

是年，凌廷堪有《與江豫來書》。（張其錦《凌次仲先生年譜》乾隆六十年條）

是年，焦循隨阮元游幕山東。冬，阮元自山東移任浙江，過揚州，先生偕黃文暘、林道源、鍾褱、徐復、汪光爔、黃承吉、焦循、方仕燮、仕杰、汪澍、李鍾泗、濮士銓、士鉁、士鈐、李斗、周瓚、鄭兆玗、何元錫諸人餞之於虹橋净香園。是日，寒雨滿湖，未及平山而返，奚岡爲作《虹橋話舊圖》。（閔爾昌《焦理堂先生年譜》乾隆六十年條、阮元《定香亭筆談》卷三）

是年，焦循有《與孫季述比部辨考據著作書》，提及先生與焦氏談及孫星衍之爲人。先生與孫氏爲文字交，此前當已有交游。（焦循《里堂文稿·與孫季述比部辨考據著作書》、江藩《伴月樓詩鈔》卷末江璧《跋》）

是年，顧清泰拔副貢。顧氏性孝友，善吟詠，有《淞雲草堂吟稿》，先生爲之序。［應寶時修，俞樾、方宗誠纂《（同治）上海縣志》卷二三《顧清泰傳》］

是年，王引之應順天鄉試，成孝廉。（劉盼遂《高郵王氏父子年譜》乾隆六十年條）

是年，蔣湘南生。後師從先生，閆彤恩《七經樓文鈔序》稱蔣氏"從江鄭堂、阮芸台兩先生問奇字、研經術"。（蔣湘南《七經樓文鈔》卷首閆彤恩《序》）

仁宗嘉慶元年丙辰（一七九六）　三十六歲

正月，先生爲黃承吉作《亨年室銘（並序）》。（江藩《炳燭室雜文·亨年室銘（並序）》）

六月，焦循子廷琥患濕幾危，循送之吳中就醫。七月初七日，焦循趨山塘，過先生家，見太夫人生活艱苦，贈錢一千文。（焦循《里堂日記》）

是年，王念孫《廣雅疏證》粗成，自爲之序。（閔爾昌《王石臞先生年

譜》嘉慶元年條）

是年，邵晉涵卒，儀克中生。

二年丁巳（一七九七）　三十七歲

春，先生與張篠原同客王杰邸，談釋地沿革之難，作《六安州沿革説》。後又有《與張篠原書》，考釋《通典》和《文獻通考》中一則史料。（江藩《炳燭室雜文·六安州沿革説》《炳燭室雜文·與張篠原書》）

時先生與焦循因讒言而生誤會。先生多次致函焦循，語帶責備；焦氏遂答書解釋，言辭懇切，有"幸無以小人之讒而踐韓、富之轍也"云云。（焦循《里堂文稿·丁巳手札·答江子屏》）

是年，先生在京師，黃承吉作《寄江鄭堂》懷之，有"吾子振長策，三度游京師。……酒味長如此，人生何別離"云云。（黃承吉《夢陔堂詩集》卷三《寄江鄭堂》）

是年，凌廷堪致函阮元，論李斗《揚州畫舫録》得失，欲請阮元偕先生及焦循、汪光爔等纂輯《補遺録》。（凌廷堪《校禮堂文集》卷二三《與阮元伯元閣學論畫舫録書》）

是年，阮元主持修纂《經籍籑詁》。《疇人傳》亦開始編纂。（張鑒等《雷塘庵主弟子記》嘉慶二年條）

是年，王引之《經義述聞》刊行，自爲之序。（劉盼遂《高郵王氏父子年譜》嘉慶二年條）

是年，袁枚、朱筠、王鳴盛、葉英、顧之逵、徐復卒。

三年戊午（一七九八）　三十八歲

正月，阮元主纂之《淮海英靈集》修成，先生嘗協助徵詩。（阮元《淮海英靈集》卷首《凡例》）

先生自京師歸，重至金陵，應布政司試，仍未中。與方正澍等雅集。先生作《鶯啼序》一闋，憶及汪廷桂、林道源諸友。方正澍有《贈江鄭堂》詩，或作於此間。是詩稱先生豪邁超逸，並勸先生少飲酒、多珍重。（江藩《扁舟載酒詞·鶯啼序》、方正澍《子雲詩集》卷八《贈江鄭堂》）

秋，焦循出所製《釋橢》示先生，先生爲之序。（江藩《炳燭齋雜文·釋橢序》）

九月初三日，阮元主纂之《經籍籑詁》書成。冬，阮元委臧庸往廣東刊刻，次年刊成印行。九月十二日，阮元任滿入都。阮元是年有《題江子屏（藩）書窠圖卷》，當作於入京前。［阮元等《經籍籑詁》卷首臧庸

《後序》、張鑒等《雷塘庵主弟子記》嘉慶三年條、阮元《揅經室四集》卷四《題江子屏（藩）書窠圖卷》]

十月，應石鈞之招，先生與王昶暨汪文錦、李斗、程贊和、贊皇、吳蕭、程法、趙廷樞、焦循、錢東、許玤、李周南、汪光爔、光烜、黃恩長、楊試昕、李鍾泗、黃承吉、黃至馥、汪潮生等二十餘人休園文燕，王豫有詩紀之。[王豫《種竹軒詩選》卷三《戊午十月石遠梅招同家述庵司寇暨汪繡谷李艾塘（斗）程爕齋吳山尊程硯紅（法）程平泉（贊皇）趙劍南（廷樞）江鄭堂焦里堂錢玉魚（東）許白齋（玤）李靜齋（周南）汪芝泉（光爔）黃蒼雅（恩長）汪春山（光烜）楊時庵（試昕）李濱石（鍾泗）黃春谷秋谷（至馥）汪飲泉（潮生）諸子休園文燕》]

至是年，先生已與黃承吉結交至密，亦因黃氏之故，結交汪潮生。（黃承吉《夢陔堂文集》卷六《汪飲泉冬潮詩集序》）

是年，凌廷堪致函王昶，言及先生數年前借閱凌氏舊作雜文一編，得王氏殷殷稱道。[凌廷堪《校禮堂文集》卷二四《與王蘭泉侍郎書（戊午）》]

是年，王引之撰成《經傳釋詞》，自爲之序。（劉盼遂《高郵王氏父子年譜》嘉慶三年條）

四年己未（一七九九）　三十九歲

三月二十日，鈕樹玉泛舟訪先生於山塘。先生云畢沅幕中有三人：方正澍、洪亮吉、孫星衍也。若人品辭華，尤推方爲第一。又言《方言》斷非揚雄所作，皇侃《論語義疏》亦不可信。樹玉獲睹先生所藏《玉剛卯》，上有銘文十六字，與《漢書》及《輟耕録》所引不同，定爲漢器。（鈕樹玉《鈕匪石日記》）

夏仲，思無邪堂主人出《多寶塔帖》見示，先生定爲明初拓本，並題跋於後。（《國粹學報》第一年第四號《撰録》之《多寶塔帖跋》）

十月，阮元編成《疇人傳》，自爲之序。（阮元《疇人傳》卷首《序》）

是年，先生自京師南歸，至武林，謁王昶於萬松書院，言其以五七言詩爭立門户，而門下士皆不通經史，無補於人心學術。依草附木之輩，遂造謗語構怨，幾削著録之籍。然先生終不忍背師立異。先生從王昶游，垂三十年，論學談藝，多蒙鑒許。（江藩《國朝漢學師承記》卷四《王蘭泉先生》）

是年，先生遇洪亮吉於宣城，論《説文解字》及《太平寰宇記》等，多有不合。（江藩《國朝漢學師承記》卷四《洪亮吉》）

是年，王引之成一甲三名進士，授翰林院編修。（劉盼遂《高郵王氏父子年譜》嘉慶四年條）

是年，江聲、羅聘、武億卒。

五年庚申(一八〇〇)　四十歲

是年，先生與黃承吉往復論學，黃氏有詩紀其事。（黃承吉《夢陔堂詩集》卷四《鄭堂見過論及字書音義別後申前意成詩簡之》）

約是年，先生折足復愈，黃承吉有詩紀之。（黃承吉《夢陔堂詩集》卷四《喜江鄭堂折足復愈》）

是年，阮元自序《定香亭筆談》，刊印行世。（阮元《定香亭筆談》卷首《叙》）

是年，凌廷堪自序詞集《梅邊吹笛譜》。（張其錦《凌次仲先生年譜》嘉慶五年條）

是年，江鏐卒。

六年辛酉(一八〇一)　四十一歲

是年，汪喜孫以《許浦都統司磚考》見賞於先生，先生爲之延譽。（汪喜孫《汪荀叔自撰年譜》嘉慶六年條）

是年，先生、焦循、李鍾泗、張其錦俱至江寧應鄉試，焦循、李鍾泗中式舉人。（凌廷堪《校禮堂文集》卷二五《與張生其錦書》、閔爾昌《焦理堂先生年譜》嘉慶六年條、焦循《雕菰樓集》卷二三《揀選知縣李君濱石事狀》）

是年，生母徐孺人卒於吳，先生扶柩回邘上，乃啓殯，與父秋莊公、母吳孺人合葬於甘泉西鄉。（江沅《染香盦文外集·處士江公墓志銘》）

是年，汪萊與先生共論算學。（汪萊《衡齋算學》第五册《序》）

是年，黃瑞鄉試中舉。（楊鐘羲《雪橋詩話餘集》卷六）

是年，章學誠卒，阮元子福生。

七年壬戌(一八〇二)　四十二歲

是年，金學蓮有《題江鄭堂上舍(藩)書窠圖》。方正澍亦有《江鄭堂索題書窠圖》，以爲先生"清福異才天最靳，儒林文苑爾兼堪"。〔金學蓮《三李堂集》卷六《題江鄭堂上舍(藩)書窠圖》、方正澍《子雲詩集》卷八《江鄭堂索題書窠圖》〕

是年，焦循入京會試，下第歸里，作《壬戌會試記》紀其事。（閔爾昌《焦理堂先生年譜》嘉慶七年條）

是年，王杰乞休，奉旨慰留。（阮元《王文端公年譜》嘉慶七年條）

是年，謝啓昆卒。

八年癸亥(一八〇三)　四十三歲

四月，先生借白下朝天宫《道藏》本，於秦恩復五笥仙館校明刻本《十二子》之《鶡子》《尹文子》《公孫龍子》，涉及文字的勘正、篇目的厘定等，各書卷尾皆有先生題跋。除此三種外，《十二子》之《小荀子申鑒》《無能子》《玄真子》，先生未作校勘；《關尹子》《鄧析子》《亢倉子》僅校改一二字；《鬼谷子》似有人先校點，先生復校，或增字校補，或在原字徑改；《天隱子》有多處文字校改，卷尾有先生朱筆題記：“原刻不錯，所改俱非”；《鹿門子》不知何人所點，先生頗爲不滿，寫有如下多條題記：“未知何人所點，可恨”“點書之人，可杖八十”“如此點法，惡極”。(上海圖書館藏明刻本《十二子》，江藩校)

春，焦循訪先生於秦恩復家，見先生晝夜著書不輟。先生示所著《周易述補》，囑焦氏作序。焦氏讀之三月，序而歸之。(焦循《里堂文稿·江子屏周易述補叙》)

是年，王杰予告歸里，嘉慶帝恩賜乾隆御用玉鳩杖及《御製詩》二章，以寵其行，王杰及朝中達官依韻奉答。後先生據之編成《賜杖集》二卷。(阮元《王文端公年譜》嘉慶八年條)

是年，先生侄懋鈞之父逢俊歿，母哀痛失明，懋鈞涕泣之余，強爲歡笑以解母憂。[英杰修，晏端書等纂《(同治)續纂揚州府志》卷一三《江懋鈞傳》]

是年，焦循爲汪萊《衡齋算學》作序，又有《與黃春谷論詩書》。(閔爾昌《焦理堂先生年譜》嘉慶七年條)

是年，奚岡卒。

九年甲子(一八〇四)　四十四歲

八月十七日，江珠病卒。(江珠《小維摩詩稿》卷末吾學海《後序》)

秋，阮元刻成《積古齋鐘鼎彝器款識》十卷，自爲之序，提及先生、秦恩復等亦爲同好者。(阮元《揅經室三集》卷三《積古齋鐘鼎彝器款識序》)

是年，郭麐客邗上，張鏐爲作《靈芬館第三圖》，先生作《題郭頻伽靈芬館圖》。張氏有《題江(藩)書窠圖》，或作於此時。(郭麐《靈芬館詩話》卷七、張鏐《求當集》卷七)

是年，先生、張其錦俱至江寧應鄉試。凌廷堪致函張其錦，爲其

今科鄉試文稿深感狂喜，且言及先生史學融洽條貫。(凌廷堪《校禮堂文集》卷二五《與張生其錦書》)

甲子、乙丑間，劉大觀僑居揚州，嘗客先生諸舊家。劉氏作《題江子屏書窠圖》，稱"我友吳門江子屏，兩眼不向眾人青。簡册圍身效任昉，詞華震世輕徐陵"，且詩中注云："時子屏傷足，臥榻五十餘日。"(阮元《揅經室三集》卷五《邗上集序》、劉大觀《玉磬山房詩集》卷四《邗上集·題江子屏書窠圖》)

是年，阮元爲錢大昕《十駕齋養新録》作序，旋刻之行世。(錢大昕《十駕齋養新録》卷首阮元《序》)

是年，錢大昕、胡虔、褚華卒。先生嘗向錢氏請益問學，而與褚華唱和甚多。(南京圖書館藏丁以誠寫真、費丹旭補圖《鄭堂先生小像》之戴熙、蕭光襄題詩、江藩《伴月樓詩鈔》卷上《文洲招元謹遠齋及予泛舟石湖以空山無人分韻得空字》、卷中《香雪海次文洲韻》《梅窗獨坐憶文洲歸舟遇雪用山谷竹軒詠雪韻寄之》等)

十年乙丑(一八〇五)　四十五歲

正月初十日，王杰卒於京邸。(阮元《王文端公年譜》嘉慶十年條)

三月，顧廣圻爲秦恩復《石研齋書目》作序，先生已先於顧氏序之。[顧廣圻《思適齋集》卷一二《石研齋書目序》(乙丑三月)]

五月二十二日，劉台拱卒。秋，先生讀阮元《劉端臨先生墓表》，作《與阮侍郎書》，就"親家"稱謂等問題商兌。(阮元《揅經室二集》卷二《劉端臨先生墓表》、江藩《炳燭室雜文·與阮侍郎書》)

七月十七日，鍾褱卒。黃承吉有《挽鍾叝厓》詩悼之，提及先生與焦循。(焦循《雕菰集》卷二二《甘泉優貢生鍾君墓志銘》、黃承吉《夢陔堂詩集》卷九《挽鍾叝厓》)

冬，郭麐作《寒雁篇同谷人先生蓮堂芙初甘亭金手山(學蓮)顧芝山(麟瑞)江鄭堂(藩)蔣秋竹(知節)儲玉琴(潤書)作銷寒第一集》《銷寒第六集飲鄭堂齋中即題壁間金栗道人像》。(郭麐《靈芬館詩三集》卷二《邗上雲萍集》)

是年，先生與宋葆淳、焦循、秦恩復、阮元擬送唐石佛入焦山，未果。(閔爾昌《江子屏先生年譜》嘉慶十年條)

時，汪繩落魄江淮，先生館之於家。① 先生少時即與汪氏交游唱和，其《伴月樓詩鈔》有《和汪大墨莊焚香二首》《和汪大墨莊初秋有感》《僕札墨莊述天平之游墨莊有詩憶山中禪客見示僕次韻答之》等酬贈之作十餘首。（洪亮吉《北江詩話》卷三）

是年，石鈞、鍾裦卒。鍾裦子葵嘉嘗問學於先生，今《樂縣考》有先生與葵嘉答問樂律之語。（江藩《樂縣考》卷末《答問》）

十一年丙寅（一八〇六） 四十六歲

春，先生在宣城。時寧國知府魯銓聘洪亮吉主修《寧國府志》，邀凌廷堪撰《寧國府沿革》，復聘凌氏主敬亭書院。三月十五日，凌廷堪邀同仁南樓小集，席間洪亮吉有詩贈先生。十六日，先生歸揚，洪氏又餞行送別。期間，先生曾與洪氏論《説文解字》"五龍六甲"之説及"冕""旒"字，不合。洪氏出示所作古文，先生又指摘其用事訛舛。洪氏斷斷強辯。先生比之爲梁武之護前，洪氏遂慍怒形於色。因談次偶及輿縣，洪氏認爲在江都，先生則據《文選》注赤岸山之證，以爲當在六合。先生又謂《太平寰宇記》鄧艾石鱉城、白水陂之事，不見於史而已，並未言無此事。洪氏忽寓書於先生，謂輿縣實在江都；而鄧艾事，樂史本之《元和郡縣志》，不可疑爲無此事。灑灑千言，反復論辯。先生恐激洪氏之怒，未答一字，豈知益增其怒，遂不復相見。（江藩《國朝漢學師承記》卷四《洪亮吉》、洪亮吉《更生齋詩續集》卷四《徑山大滌集·三月十五日凌教授廷堪約同人南樓小集酒半率賦即贈江上舍藩》《十六日集賓月閣餞江上舍藩》）

三月，阮元與揚州知府伊秉綬相約纂輯《揚州圖經》②，延先生與焦循、袁廷檮、嚴觀、臧庸、趙懷玉、王豫等共襄其事，後因伊氏丁憂，阮公入都，未果。（王豫《群雅集》卷二三《伊秉綬》）

十月，阮元主纂之《十三經校勘記》刊成。（張鑒等《雷塘庵主弟子記》嘉慶十一年條）

是年，先生將《九歌石刻》摹本檢付裝池，並題跋於後。（江藩《半氈齋題跋》卷下《九歌石刻》）

---

① 洪亮吉《北江詩話》卷三載有洪氏偕汪繩訪揚州知府尹秉綬一事，据《（嘉慶）重修揚州府志》卷三八《秩官四》，伊秉綬於嘉慶十年至十二年任揚州知府，姑繫於是年。

② 今存八卷本《揚州圖經》，題焦循、江藩撰，今人張連生認爲即是其後好事者將當時搜集之部分編寫"事志"之文獻彙編成册者。參見張連生《八卷本〈揚州圖經〉作者質疑》，文載《揚州大學學報》二〇〇一年第二期。

　　是年，阮元於甘泉山惠照寺獲四石，半薶於土，色甚古，若有文字，以帚振水刷之，其文字之體在篆、隸之間，歸而命工以紙揭之。其一石可辨者"中殿第廿八"凡五字，又一石"弟百册"三字，其二石尚未能辨。以拓本示先生，先生以爲漢淮南厲王胥①冢石。後翁方綱以爲廣陵厲王胥自造宮殿石，非冢中石。（阮元《揅室三集》卷三《甘泉山獲石記》）

　　是年，王昶卒，愗莊子順銘生。

十二年丁卯（一八〇七）　四十七歲

　　六月十二日，先生與家兄仙舟、表弟方象明往舊城二巷井欄拓宋嘉定三年蔣世顯刻字。（江藩《半氈齋題跋》卷下《宋嘉定井欄刻字》）

　　七月三日，阮元招先生與胡量、袁廷檮、嚴觀等宴於文選樓，胡氏有詩紀之。胡氏僑居吳門，與先生早有交游，唱和頗多，先生《伴月樓詩鈔》有《句容道中有懷胡大眉峰》《文洲招元謹遠齋及予泛舟石湖以空山無人分韻得空字》《即席次元謹山字韻》《墨莊於九日前有詩約僕與眉峰登高賦詩豈知苦雨久陰登高之約遂不果矣得詩一首示墨莊寄眉峰》《寒夜危坐小樓聞胥江舟人咿啞聲愴然生江湖之感有懷眉峰得五絕句》諸篇，而《句容道中有懷胡大眉峰》"粗淺疏迂從物議，玄黃朱緑要君分"注云："僕工古文，世無知者，唯眉峰亟稱之，真可謂平生第一知己也"，足見其交誼之深。胡氏《海紅堂詩鈔》則有《元日對酒奉酬江大鄭堂》等酬唱之作。（胡量《海紅堂詩鈔·丁卯七月三日阮芸臺中丞招同江鄭堂袁受階嚴子進宴文選樓》）

　　是年，儀徵令顏希源續修縣志，阮元囑先生以《輿地紀勝》中《真州》一卷校補前令陸師舊志，得數十條，顏刻諸《續志》之末。［（劉毓崧《通志堂文集》卷七《輿地紀勝序》（代阮文達公作）］

　　是年，伊秉綬丁父憂去職。先生在江寧，抵舍見訃，有"稽顙拜拜稽顙"之文。後作弔入署，見門狀亦然，心竊疑之。及讀伊氏所刊《陰静夫先生遺文》，始知"稽顙拜拜稽顙"之説出於陰氏。先生以爲"稽顙拜"用於世俗之謝帖則可，用於訃書、門狀則不可，遂致函伊秉綬，與之商榷。（江藩《隸經文》卷四《與伊墨卿太守書》）

　　是年，先生爲鄭宗汝作《墓志》。（江藩《炳燭室雜文·清故刑部山東司員

----

　　①　按：劉胥被封爲廣陵王，謚號厲，故當稱廣陵厲王。

外郎鄭君墓志》）

是年，錢大昕子東塾家刻本《潛研堂全書》刊成。先生纂《國朝漢學師承記》參考錢氏《潛研堂文集》《十駕齋養新録》甚多，故《國朝漢學師承記》主要編纂時間約始於是年。（漆永祥《江藩年譜新編》嘉慶十二年條）

是年，段玉裁撰成《説文解字注》三十卷。（劉盼遂《段玉裁先生年譜》嘉慶十二年條）

是年，汪光爔卒。

十三年戊辰（一八〇八）　四十八歲

三月既望，先生爲亡友朱筼作《朱處士墓表》。（朱筼《二亭詩鈔》卷首江藩《墓表》）

是年，王豫《群雅集》刻成，稱先生“胸羅典籍，世推博雅，尤爲王文端所器重，而好客忘貧，今之顧俠君也”。（王豫《群雅集》卷二五《江藩》）

十四年己巳（一八〇九）　四十九歲

春，先生客游四明，道出吳門。季秋，復來吳，應吾學海之請，作《吾母王孺人傳》。吾學海與先生同學交好，後娶先生妹珠爲妻，結爲姻親。先生與吾氏唱和甚多，今《乙丙集》有《書半客月榭吟後》《吾大半客、滕大庾仙皆和僕作，叠前韻二首》《即事呈半客》《早發銀山却寄半客》諸詩。（江藩《炳燭室雜文·吾母王孺人傳》）

是年，兩淮鹽政阿克當阿主修《揚州府志》，延先生與姚文田、白鎔、朱方增、洪梧、吳慈鶴、秦恩復、龍雲圻、貴徵、江澐、胡秉虔、焦循等共事纂輯，以之前伊秉綬主修的《揚州圖經》爲本，訂訛補缺，於次年刊成。（阿克當阿修，姚文田、江藩等纂《嘉慶重修揚州府志》卷首阿克當阿《序》）

是年，張鑒隨阮元入京，見先生於揚州，有詩相贈。（張鑒《冬青館乙集》卷二《北征集·過揚州見江鄭堂藩》）

是年，方正澍、洪亮吉、凌廷堪、袁廷檮、李鍾泗卒。

十五年庚午（一八一〇）　五十歲

二月廿七日，江西吳嵩梁奉許太宜人出都，春間過揚州，與先生及張鏐游桃花庵，吳氏有詩紀之。吳氏又有《江子屛藏善本書甚多歲

歉持用易米念之心惻自記以文屬爲賦詩》，約作於此數年間。(吳嵩梁
《香蘇山館詩鈔·今體詩鈔》卷七《桃花庵同江子屛張子貞作》《香蘇山館詩鈔·古體詩
鈔》卷八《江子屛藏善本書甚多歲歉持用易米念之心惻自記以文屬爲賦詩》)

三月穀雨後五日，秦恩復重刻《詞源》，偕先生題跋其上。(嘉慶十
五年秦恩復刻《詞源》秦恩復、江藩《跋》)

是年，先生擇元日令辰，啓櫝出筮，得《坎》之《節》，因自號節
甫，作《節甫字說》。又作《凄涼犯》詞，有"五十吾衰甚，如許頭顱，
一身無著。浮塵苦海，嘆飄零、燕來巢幕。計拙謀生，竟難覓休糧妙
藥。每銷愁，痛飮不醉，魯酒薄"云云。(江藩《隸經文》卷四《節甫字說》《扁
舟載酒詞·凄涼犯》)

是年，先生撰《國朝漢學師承記》卷二之《余古農先生》，感嘆治
生艱難、有負師訓。(江藩《國朝漢學師承記》卷二《余古農先生》)

是年，阮元補翰林院侍講，兼國史館總輯，輯《儒林傳》。嘗寄書
焦循、臧庸、張鑒等人，徵詢纂修意見。焦氏等旋有論見呈上。(張鑒
等《雷塘庵主弟子記》嘉慶十五年條、焦循《雕菰集》卷一二《國史儒林文苑傳議》、汪
喜孫《汪氏學行記》卷三錄臧庸《上阮雲臺先生論儒林傳書》、張鑒《冬青館文甲集》卷
五《答阮侍郎書》)

十六年辛未(一八一一)　五十一歲

三月朔，先生作《小維摩詩稿序》。是書乃先生妹珠之遺作，由吾
學海輯校付梓，並作《小維摩詩稿後序》。(江珠《小維摩詩稿》卷首江藩
《序》、卷末吾學海《後序》)

夏五月，先生在吳地覓得《鼎帖》。臘月廿二日，於楊兆鶴太守寓
中展示此帖，錢泳賞鑒後題記其上。(上海圖書館藏宋拓本《鼎帖》江藩《跋》、
錢泳《題記》)

十一月朔，先生爲儀徵許玨作《周禮注疏獻疑序》。許書初有二百
數十條，後删與江永等人之說雷同者數十條，增采數十條，時復删
訂。是年秋暑退後，許氏歸揚州，送贄於先生門下，乞爲修正，先生
爲舉錯謬者數十條，兩可者數十條，復假戴震《考工記圖》、金榜《禮
箋》、程瑤田《通藝錄》諸書，使更訂之。既成，先生遂爲之序。(許玨
《周禮注疏獻疑》卷首江藩《序》、卷末許玨《跋》)

是年，先生撰成《漢學師承記》八卷，復以《傳》中所載諸家撰述
有不盡關經傳者，有雖關經術而不醇者，乃取其專論經術而一本漢學

之書，仿唐陸元朗《經典釋文》傳注姓氏之例，作《經師經義目錄》一卷，附記於後。其義例有四：一，言不關乎經義小學、意不純乎漢儒古訓者；一，書雖存其名而實未成者；一，書已行於世而未及見者；一，其人尚存，著述僅附見於前人《傳》後者，並不著錄。次列既，命侄懋鈞繕錄。十月十六日，繕錄畢，懋鈞題識於後。(江藩《國朝漢學師承記》附《經師經義目錄》江懋鈞《識語》)

是年，崔瑤、臧庸卒。

十七年壬申(一八一二)　五十二歲

五月七日，汪喜孫爲先生作《漢學師承記跋》。(江藩《國朝漢學師承記》卷末汪喜孫《跋》)

八月十六日，阮元奉到上諭，調漕運總督任。二十日，阮元將纂辦粗畢之《儒林傳》稿本交付國史館。其《文苑傳》創稿未就。(張鑒等《雷塘庵主弟子記》嘉慶十七年條)

十一月望日，在揚州，先生爲亡友凌廷堪《校禮堂文集》作序，以爲凌氏學貫天人，博綜《丘》《索》，繼顧炎武、胡渭之後，集惠棟、戴震之大成，並言及二人相交垂三十年，論樂會意，執禮析疑，雖隔千里，同聲相應。(凌廷堪《校禮堂文集》卷首江藩《序》)

是年，阮元囑先生整理阮氏鈔自《永樂大典》之楊輝《摘奇》及《議古》等文獻。(羅士琳《疇人傳續編》卷一《楊輝傳》)

是年，先生從吳鼐寓所借得《三輔黃圖》校本，一日錄畢，並題跋於後。(江藩《半氈齋題跋》卷上《三輔黃圖》)

是年，王念孫《讀書雜志》始陸續付梓。(劉盼遂《高郵王氏父子年譜》嘉慶十七年條)

是年，薛壽生。後作《揚州十經師贊》，名列先生，以志嚮往。(薛壽《學詁齋文集》卷上《揚州十經師贊》)

是年，張鏐卒。

十八年癸酉(一八一三)　五十三歲

先生至江寧，再應鄉試，仍不中。宣城張其錦謁先生於江寧，先生出《樂縣考》示之。九月望日，張氏序之。(江藩《樂縣考》卷首張其錦《序》)

是年，先生應汪喜孫之請，爲其高祖鎬京作《墓表》。[①]（江藩《炳燭室雜文·汪先生墓表》）

是年，先生應漕運總督阮元之聘主講山陽麗正書院，以布衣爲諸生師，丁晏等從之學。（丁晏《石亭記事·重修麗正書院記》）

是年，阮元撰成《漢延熹西岳華山碑考》四卷，先生爲之序，旋刊於廣東。（阮元《漢延熹西岳華山碑考》卷首江藩《序》）

是年，汪萊卒。

十九年甲戌（一八一四）　五十四歲

二月，阮元得觀先生所薦蕭令裕、文業兄弟之《文集》。同觀者有阮亨、王豫、王實齋、阮琴士、阮小雲諸人。（蕭令裕《寄生館文集》卷首王豫評、蕭文業《永慕廬文集》卷首阮亨評）

閏二月十二日，《全唐文》輯成。董誥等三人爲正總裁官，阮元等五人爲總閱官。（《全唐文》卷首《序》《編校全唐文職名》）

三月二十二日，阮元奉到上諭，調任江西巡撫。（張鑒等《雷塘庵主弟子記》嘉慶十九年條）

是年，曾燠開校刻《全唐文》館，吳鼐薦先生入館，未果。（袁昶《安般簃詩續鈔·題江子屏小像》）

是年，焦循取三十年來手録之讀書筆記，編次爲《里堂道聽録》五十卷，自爲之序。（閔爾昌《焦理堂先生年譜》嘉慶十九年條）

是年，樂鈞卒。樂氏有《江鄭堂詩序》，稱"君詩葩流雪煉，泉吐玉鳴。泛濫而循洄，馳騁而遵路。因椎輪爲大輅，易綉帨以輕縑。鎔裁通變，自成馨逸"。又嘗囑先生校正吳翌鳳手鈔影宋本《楊太真外傳》，並刊印傳世。（樂鈞《青芝山館文集》卷上《江鄭堂詩序》、江藩《半氈齋題跋》卷上《楊太真外傳》）

二十年乙亥（一八一五）　五十五歲

六月五日，先生應趙魏之囑，爲其所藏宋刻本《金石録》題跋。（潘祖蔭《滂喜齋藏書記》卷一"宋刻金石録十卷"條載江藩《金石録跋》）

六月九日，先生觀《護命經》《尊勝陁羅尼咒》《褚河南書閣立本畫

---

① 據《墓表》，鎬京卒於康熙四十一年（一七〇二），卒後一百十二年，江藩應汪喜孫之請爲撰《墓表》，故繫於嘉慶十八年（一八一三）。漆永祥《江藩年譜新編》誤繫於嘉慶十七年（一八一二）。

靈室度人經小楷》《陶貞白書茅山帖》諸帖於宵市橋西一草堂，並作題跋。（王欣夫輯《炳燭室雜文補遺·題宋拓魏晉隋唐小楷》）

　　秋，在揚州，先生邂逅何青，得盡讀其《遂初堂集》，遂爲之跋，並有《夜讀遂初堂詩》二首。（何青《遂初堂詩集》卷首江藩《跋》）

　　中秋後五日，顧廣圻爲先生《扁舟載酒詞》作序，以爲"清真典雅，流麗諧婉，追《花間》之魂，吸《絶妙》之髓，專門名家，未能或之先也"。顧氏另有《江鄭堂詩序》，以爲先生之詩"神思雋永，體有高秀，鎔裁精當，聲律諧美，雖窮老盡氣期爲詩人者，未見其能臻此也"。（江藩《扁舟載酒詞》卷首顧廣圻《序》、顧廣圻《思適齋集》卷一二《江鄭堂詩序》）

　　是年，王念孫作《汪容甫述學叙》。（閔爾昌《王石臞先生年譜》嘉慶二十年條）

　　是年，姚鼐、段玉裁、伊秉綬卒，先生侄懋鈞子璧生。江璧曾與兄筱素搜羅校訂先生之詩，合《扁舟載酒詞》一卷、《詩》三卷，同付梓人。然今未見刻本。（江藩《伴月樓詩鈔》卷末江璧《跋》）

二十一年丙子（一八一六）　五十六歲

　　夏閏六月，秦恩復重刊宋蜀本《駱賓王文集》十卷，先生有《駱賓王文集跋》。（江藩《半氈齋題跋》卷上《駱賓王文集》）

　　秋，阮元主纂之《十三經注疏》附《校勘記》刻成。（張鑒等《雷塘庵主弟子記》嘉慶二十一年條）

　　秋，在揚州，先生以畫蟬柳扇，索顧廣圻題，顧氏爲填《小重山》一闋。後郭麐、金學蓮等亦有題先生蟬柳扇詞。[顧廣圻《思適齋集》卷四《詞·小重山·江鄭堂持畫蟬柳扇索題於時秋也即景賦之（丙子在揚州作）》、郭麐《靈芬館詞·懺餘綺語》卷二《台城路·爲江子屏題蟬柳畫扇》、金學蓮《三李堂集》卷一〇《西子妝慢·爲江子屏賦畫蟬柳和郭頻伽彭甘亭》]

　　秋，先生得痹疾。冬十一月，遇宋葆淳於白公堤上，先生告以得痹疾，幾成鑿齒半人，恐魂魄一去，著述零落，欲謀剞劂，募之同學。適方晴江在座，爲先生作《募梓圖》，宋氏爲之記。時先生所撰《周易述補》四卷、《樂縣考》二卷、《國朝漢學師承記》八卷、《舟車聞見録》十卷，皆已繕寫成書。（葉昌熾《緣督廬日記鈔》卷六"庚寅十二月初四日"條引宋葆淳《募梓圖跋》）

　　冬，先生客游吳下，晤吳翌鳳，獲睹吳氏所示《吳越備史》，重校秘書，如獲奇珍。（錢儼《吳越備史》江藩《跋》，上海圖書館藏清鈔本）

去年，汪喜孫官內閣中書。是年，迎母太夫人就養入都，舟次宿遷，不戒於火。家藏《陳逆簠》《東䣛犧尊》等古硯彝器之屬，載在後一舟，悉毀於火。其父《述學》舊板，與喜孫所著書稿，一時俱燼。喜孫哀先澤之就湮，遂終身不治金石之學。先生有《陳逆簠釋文》，並紀其事。(汪喜孫《汪喜荀自撰年譜》嘉慶二十年、二十一年條、《汪氏學行記》卷四錄江藩《陳逆簠釋文》)

是年，阮元爲焦循作《雕菰樓易學序》。(閔爾昌《焦理堂先生年譜》嘉慶二十一年條)

是年，趙曾卒。

二十二年丁丑(一八一七)　五十七歲

六月，先生完成《吳越備史》之鈔校，並題記於後。(錢儼《吳越備史》卷四江藩《題記》，上海圖書館藏清鈔本)

八月二十八日，阮元調補兩廣總督，於十月二十二日到任接印。(張鑒等《雷塘庵主弟子記》嘉慶二十二年條)

十月，先生自吳門歸，以鈔校之《吳越備史》示秦恩復。秦氏讀竟，遂題跋於後。(錢儼《吳越備史》秦恩復《跋》，上海圖書館藏清鈔本)

是年，龔自珍作《江子屏所著書序》《與江子屏牋》。在《序》中論先生《漢學師承記》爲"窺氣運之大原，孤神明以深往。義顯，故可以縱橫而側求；詞高，故可以無文字而求"。然《牋》中則論先生書名曰《國朝漢學師承記》有"十不安"，建議改爲《國朝經學師承記》，則"渾渾圓無一切語弊矣"。(龔自珍著，王佩諍校《龔自珍全集》第三輯《江子屏所著書序》、第五輯《與江子屏牋》)

是年，焦循寫定《雕菰樓易學》四十卷。(閔爾昌《焦理堂先生年譜》嘉慶二十二年條)

是年，洪梧、李銳、李斗卒。先生嘗爲李斗《揚州畫舫錄》題詞，李氏《揚州畫舫錄》則有多處提到先生，如卷一載錄先生《周太僕銅鬲釋文》一篇，爲先生《文集》所失收；卷九《小秦淮錄》記錄先生之學行著述："天瑞堂藥肆在多子街，旌德江氏生業也。江藩字子屏，號鄭堂，幼受業於蘇州余仲林，遂爲惠氏之學。又參以江慎修、戴東原二家，著有《周易述補》《考工戴氏車制圖翼》《儀禮補釋》《石經源流考》，又《蠅須館雜記》五種，爲《槍譜》《葉格》《茅亭茶話》《緇流記》《名優記》"；卷一一《虹橋錄下》言及先生家庖之"十樣豬頭"風味絕勝；卷一二《橋東錄》記載江增性好山水，嘗制茶擔以濟勝，行列甚都，名曰

“游山具”，先生爲之作《游山具記》。（李斗著，陳文和點校《揚州畫舫録》卷首《題詞》之江藩《題畫舫録·夢揚州》）

二十三年戊寅（一八一八）　五十八歲

春，先生客游南昌，陽城張子絜出惠棟《易大義》示先生，爲江聲手寫本，云係徐述卿學士所贈。先生遂手録一帙，知其非《易大義》，乃《中庸注》也。（江藩《周易述補》附《易大義》卷首《跋》）

夏，先生南下廣州，入阮元幕，並告知李鋭已殁之事。後阮元應李鋭子繼淑之請撰《李尚之傳》。（阮元《揅經室二集》卷四《李尚之傳》）

十一月十五日，阮元携廣東巡撫李鴻賓奏《纂修廣東省通志折》，聘先生與陳昌齊、劉彬華、謝蘭生等四人爲總纂。後吳蘭修、曾釗、劉華東、方東樹、許玿、鄭兆玿、韓衛勛、儀克中等亦參與其事。[《（道光）廣東通志》卷首阮元、李鴻賓《纂修廣東省通志折》《重修廣東通志職名》]

是年，阮元將王豫所輯《江蘇詩征》稿交先生與許玿、凌曙三人，囑删定校正。（阮元《揅經室二集》卷八《江蘇詩征序》）

是年，先生在廣州刻成《國朝漢學師承記》八卷附《國朝經師經義目録》一卷，爲後來諸本之祖。①

除夕，阮元爲先生作《國朝漢學師承記序》，稱先生“得師傳於紅豆惠氏，博聞强記，無所不通，心貫群經，折衷兩漢。……所纂《國朝漢學師承記》八卷，嘉慶二十三年居元節院時刻之。讀此可知漢世儒林家法之承授，國朝學者經學之淵源，大義微言，不乖不絶，而二氏之説，亦不攻自破也”。先生極爲看重此《序》，故其後《國朝漢學師承記》諸本皆録之。（江藩《國朝漢學師承記》卷首阮元《序》）

是年，汪喜孫刊其父《述學》成。此本較舊刻增入《補遺》《別録》。先生有《與汪孟慈書》，稱雕本甚精，足征喜孫之孝思無窮。（汪喜孫《汪氏學行記》卷四《江鄭堂先生與喜孫書》）

是年，翁方綱、吳錫麒、孫星衍、倪稻孫卒。先生與倪氏時有贈答，其《扁舟載酒詞》有《惜紅衣·題倪大米樓蓮衣夢景圖》《疏影·題倪大米樓帆影圖》二闋。

① 該版藏中國國家圖書館，封面題“嘉慶戊寅刊”，依《目録》、《國朝漢學師承記》正文、汪喜孫《跋》《國朝經師經義目録》編次，然無阮元《序》。

二十四年己卯(一八一九)　五十九歲

正月二十三日，阮元、李鴻賓奉到嘉慶帝朱批，准其修纂《廣東省通志》。[《(道光)廣東通志》卷首阮元、李鴻賓《纂修廣東省通志折》]

三月，方東樹赴粵東，阮元延其修《廣東通志》，初任分纂，一月後改任總纂事。(鄭福照《方儀衛先生年譜》嘉慶二十四年條)

約是年，先生將《國朝漢學師承記》初刻版剜改，增入阮《序》後重印，即後來誤認爲初刻本者。(漆永祥《江藩年譜新編》嘉慶二十四年條)

是年，焦循《孟子正義》草稿成，次爲三十卷。(閔爾昌《焦理堂先生年譜》嘉慶二十四年條)

是年，吳翌鳳卒。先生於吳氏以"老友"視之，嘗得吳氏所贈《李賀歌詩編》，又題跋於後。(江藩《半氈齋題跋》卷上《楊太真外傳》《李賀歌詩編》)

二十五年庚辰(一八二〇)　六十歲

三月朔，先生爲先師惠棟《易大義》題跋。(江藩《周易述補》附《易大義》卷首《跋》)

三月初二日，阮元創辦學海堂於廣州城西文瀾書院。(張鑒等《雷塘庵主弟子記》嘉慶二十五年條)

三月十一日，先生爲阮元藏《宋本列女傳》題跋，於道光五年刊入《文選樓叢書》中。(《文選樓叢書》本《新編古列女傳》卷末江藩《跋》)

夏，阮亨《瀛舟筆談》刊印。是書卷八載："余見江鄭堂上舍藩所藏舊鏡銘云：'古鐵頑銀不計年，道袍一拂泠光鮮。分明照得人間事，賣與無鹽不值錢。'詩旨寄托深遠，恐非唐人能及。"(阮亨《瀛舟筆談》卷八)

五月，阮亨於揚州收到先生郵寄之《國朝漢學師承記》刻本，讀書之暇，頗喜翻閱，以爲深得史家體例。爰囑藝古堂坊友黃信仲校正，由同人捐資重刊。(嘉慶二十五年揚州黃氏藝古堂刊《國朝漢學師承記》卷首阮亨《序》)

九月二十一日，先生跋阮元藏宋拓本《隸韻》。(王欣夫輯《炳燭室雜文補遺·隸韻跋》)

是年，先生爲阮福說《毛詩》，肄業及《爾雅》。因檢《爾雅正字》舊稿，重加刪訂，據古文厘爲三卷，易名《爾雅小箋》。(江藩《炳燭室雜文·爾雅小箋序目》)

是年，先生有《霓裳中序第一》詞。（江藩《扁舟載酒詞·霓裳中序第一》）

是年，焦循卒，年五十八。阮元作傳，稱其“通儒”。黃承吉有《挽焦里堂》，憶及先生。循卒後半年，子廷琥亦病逝。（閔爾昌《焦理堂先生年譜》嘉慶二十五年條、黃承吉《夢陔堂詩集》卷二〇《挽焦里堂》）

是年，陳昌齊卒。

宣宗道光元年辛巳（一八二一）　六十一歲

三月二十一日，爲先生誕辰前一日，先生出丹陽丁以誠寫真，西吳費丹旭補圖之《鄭堂先生小像》，李黼平、鄭兆珩、韓衛勛、阮元、阮福等皆奉題作詩，以賀先生誕辰。（南京圖書館藏丁以誠寫真，費丹旭補圖《鄭堂先生小像》）

六月，吳蘭修欲刻何夢瑶《算迪》，先生爲之序。惜不知何故，未能刻成。至道光二十六年，方由伍崇曜刊入《嶺南遺書》中。（何夢瑶《算迪》卷首江藩《序》）

七月，《江蘇詩徵》刻成。除夕，阮元設酒脯祭之，賓僚有祭詩。阮福仿祭詩故事，隨先生祭之，有詩畫卷。（張鑒等《雷塘庵主弟子記》道光元年條）

霜月①庚申，先生作《爾雅小箋自序》。（江藩《炳燭室雜文·爾雅小箋序目》）

八月二十六日，曾釗爲先生《隸經文》作序。九月，全書刊成，吳蘭修爲作《隸經文跋》。先生嘗爲吳氏作《南漢紀跋》。（江藩《隸經文》卷首曾釗《叙》、卷末吳蘭修《跋》、吳蘭修《南漢紀》江藩《跋》）

是年，阮元撰成《性命古訓》，先生爲之跋，盛讚阮氏揭千古沉霾之精義，可謂功不在禹下。（江藩《隸經文》卷四《書阮雲臺尚書性命古訓後》）

時阮元欲萃國朝經説，條繫之爲《大清經解》，擬聘先生總其事。（江藩《隸經文》卷末吳蘭修《跋》）

是年，方東樹主粤東廉州海門書院。（鄭福照《方儀衛先生年譜》道光元年條）

是年，吳鼐、彭兆蓀、張鏐卒。

二年壬午（一八二二）　六十二歲

三月二十八日，《廣東通志》修成。閏三月丙子朔，阮元爲之序，

───────────────

① 七月或九月均可別稱爲霜月。

並刻印行世。（張鑒等《雷塘庵主弟子記》道光二年條、《(道光)廣東通志》卷首阮元《序》）

閏三月，曾燠以巡撫銜巡視兩淮鹽政。（《清史列傳》卷三三《曾燠傳》）

十二月，先生纂成《國朝宋學淵源記》二卷《附記》一卷，達三於粵東權署爲之序。達三另有《和江鄭堂海印閣原韻》，約作於此前後。（江藩《國朝宋學淵源記》卷首達三《序》、達三《誠齋詩鈔》卷三《和江鄭堂海印閣原韻》）

約是年，黃承吉有《觀漢學師承記懷江鄭堂粵東》詩。（黃承吉《夢陔堂詩集》卷二十二《觀漢學師承記懷江鄭堂粵東》）

三年癸未（一八二三）　六十三歲

六月，先生在粵刻《國朝漢學師承記》八卷、《國朝經師經義目錄》一卷、《國朝宋學淵源記》二卷《附記》一卷、《扁舟載酒詞》一卷。[1] 又先生《端硯記》一卷、《續南方草木狀》一卷、《廣南禽蟲述》一卷附《獸述》諸書，亦當撰成於前後數年間。（漆永祥《江藩年譜新編》道光三年條）

是年，先生師江聲孫江沅與先生遇於粵東，先生乞沅爲父秋莊公撰《墓志銘》。又汪沅携汪縉《文錄》及《制義》至南海，張杓、曾釗讀而善之，出資爲刻《文錄》，先生爲汪氏高足，故分任之，計五十余金而十卷之工竣，即道光三年張杓等刻本。（江沅《染香盦文外集·處士江公墓志銘》、汪縉《汪子文錄》卷一〇江沅《跋》）

是年，李鋭《李氏遺書》刊成，其中《漢三統術注》《漢四分術注》《漢乾象術注》等三書由先生校勘。（李鋭《李氏遺書》之《漢三統術注》《漢四分術注》《漢乾象術注》卷末署"甘泉老友江藩校"）

是年，先生應肇慶知府夏修恕之聘，往端州纂輯《肇慶府志》。阮元、周世錦、田軄、蕭光襄等皆有詩送行。（南京圖書館藏丁以誠寫真、費丹旭補圖《鄭堂先生小像》）

約是年或稍後，汪喜孫聞先生刻成《宋學師承記》，遂致函先生，希寄贈。（汪喜孫《從政錄》卷一《與江鄭堂先生書》）

是年，阮元《揅經室集》刻成，分作四集。（張鑒等《雷塘庵主弟子記》道光元年條）

------

[1]　全書一函六册，藏上海圖書館。封面左上隸書題"道光癸未六月刊"，中間隸書大字兩行"國朝漢學/師承記"，右下題"江都胡培翬題"。

是年，方東樹主粵東韶州韶陽書院。（鄭福照《方儀衛先生年譜》道光元年條）

是年，徐頲卒。

四年甲辛(一八二四)　六十四歲

五月，王杰子塒時攝兩廣鹽鐵都轉事，出杰《祖帳集》草稿乞先生編次。杰予告歸里，同僚餞於翰林院，公賦二章留別，一時和者幾及百人，爲一代詞林之掌故。先生遂釐爲二卷，以和韻詩爲上卷，以送行詩爲下卷。王杰另有《賜杖集》①，與《葆淳閣集補遺》《讀書札記》合刻爲一册，亦爲經先生之手編定者。（王杰等《祖帳集》卷末江藩《跋》）

是年，阮福承父命，刻成焦循《雕菰樓集》二十四卷附焦廷琥《蜜梅花館文録》一卷《詩録》一卷。（道光四年揚州阮氏嶺南節署刊《雕菰樓集》附焦廷琥《蜜梅花館詩録》卷末阮福《跋》）

是年，方東樹館阮元幕中。著成《漢學商兌》三卷，以糾揚漢抑宋之弊，並作《上阮芸臺宮保書》，尋求支持。（鄭福照《方儀衛先生年譜》道光四年條、方東樹《儀衛軒文集》卷七《上阮芸臺宮保書》）

五年乙酉(一八二五)　六十五歲

是年，先生自嶺南退息里門，窮老益甚。所僦屋遷徙無定，客羊城時所刻書版亡失過半。先生在肇慶時，極嗜端溪石硯，著有《端研記》一卷，考論其形制，復以所得館金，盡易端硯。後去粵時，歸裝壓擔，暴客疑其挾巨金，尾之兼旬，易舟發篋，乃唾而去。歸揚州後，嘗贈曾燠端硯，曾氏有《鄭堂自嶺外歸見惠端硯爲歌》紀其事。（江藩《節甫老人雜著》卷首江順銘《跋》、江藩《扁舟載酒詞》卷末張丙炎《跋》、曾燠《賞雨茅屋詩集》卷一七《鄭堂自嶺外歸見惠端硯爲作歌》）

是年，阮元輯刻《皇清經解》，主事者爲錢塘嚴杰。阮氏嘗有意囑先生總其事，終未果。（張鑒等《雷塘庵主弟子記》道光五年條、江藩《隸經文》卷末吳蘭修《跋》）

是年，方東樹授經阮元幕中。著《書林揚觶》二卷。（鄭福照《方儀衛先生年譜》道光五年條）

---

① 漆永祥《江藩年譜新編》及《江藩與〈漢學師承記〉研究》第四章《江藩著述考》均誤作《賜枚集》。

是年，趙魏卒。

六年丙戌（一八二六）　六十六歲

四月，兩淮鹽政曾燠奉詔回京，以五品京堂候補。先是，先生自嶺南退息里門，曾氏向黄奭推薦先生，以爲“老師宿儒”，黄氏遂禮聘先生館其家，專誠受教達四年之久。（《清史列傳》卷三三《曾燠傳》、阮元《揅經室再續集》卷三《高密遺書序》）

是年，方東樹作《漢學商兌序例》，仿朱熹《雜學辨》例，摘録原文，各爲辯正於下。（方東樹《漢學商兌》卷首《序例》）

是年，阮元調任雲貴總督，方東樹遂辭阮元聘自粵歸里，旋往浙右。（張鑒等《雷塘庵主弟子記》道光六年條、鄭福照《方儀衛先生年譜》道光六年條）

是年，王豫、吳慈鶴卒。

七年丁亥（一八二七）　六十七歲

秋，曲阜東野隆吉校刻先生《國朝漢學師承記》八卷、《國朝經師經義目録》一卷、《國朝宋學淵源記》二卷《附》一卷。（孫殿起《販書偶記》卷三《經部·諸經總義類·諸經授受源流之屬》）

是年，黄承吉作《孟子正義序》，憶及先生與焦循、李鍾泗及黄氏四人嗜古同學，時有“江焦黄李”之目。（黄承吉《夢陔堂文集》卷五《孟子正義序》）

是年，汪潮生重晤何元錫，極道三十年來離別之感，題詩以贈，憶及先生，有“昔君三十我二十，坐上春風動顔色。……幾度低回異死生，鬚眉惟有江郎鄭堂在”云云。今先生《扁舟載酒詞》有《一點春·汪大飲泉索題程四研紅畫梅花便面》《八歸·汪大飲泉招同人集東柯草堂送石大遠梅返吳門》《聲聲慢·題汪大飲泉秋隱莃填詞圖》等贈答汪氏之作。（汪潮生《冬巢集》卷二《重晤何夢華極道三十年來離別之感爲歌以贈之明日夢華即返武林兼以志別》）

是年，姚文田、鈕樹玉卒。

八年戊子（一八二八）　六十八歲

秋，阮福撰成《滇南金石録》，自爲之序。（阮福《滇南金石録》卷首《序》）

　　冬末，曲阜東公①印行先生《隸經文》四卷《續》一卷，先生同門顧廣圻得之，後賜弟子某，弟子於除夕題跋於後。(江藩《隸經文》，南京圖書館藏，卷末有《跋》，扉頁有顧廣圻《題記》："此吾同門江子屏文，刻於粵東。戊子冬抄，曲阜東公印行。")

　　是年，劉文淇、劉寶楠與諸友赴金陵應鄉試，不中。始相約各治一經，劉文淇任《左傳》，劉寶楠任《論語》。後二人分別撰成《左傳舊疏考正》八卷和《論語正義》二十四卷。另，先生卒後，汪喜孫偕劉文淇、劉寶楠校錄先生《爾雅小箋》。(小澤文四郎《劉孟瞻先生年譜》道光八年條、上海圖書館藏清鈔本《爾雅小箋》卷首《序目》後汪喜孫《跋》)

　　秦恩復刻《詞源》後，閱十餘年，得吳縣戈載所校本，勘訂訛謬，精嚴不苟。自哂前刻鹵莽，幾誤古人，以誤後學。爰取戈本重付梓人，公諸同好，庶免魚魯之訛。(道光八年刊《詞源》秦恩復《跋》)

　　是年，凌霄卒。凌氏與先生乃吟侶，推許先生"博雅"，其《快園詩話》輯錄先生《集快園詩》《失題》等詩。凌氏嘗與先生同游莫愁湖、桃花庵，有詩紀其事。[凌霄《快園詩話》卷二、卷十，吳嵩梁輯《湣鷗集》卷三凌霄《洪稚存提學(亮吉)孫淵如觀察(星衍)蔣秋竹孝廉(知節)江鄭堂上舍(藩)同游莫愁湖舟中口占》《范平圃(邦政)汪寧溪(百川)江鄭堂吳蘭雪(嵩梁)汪玉屏張子貞汪元波(承達)江素山暨蘭溪弟同集桃花庵各成一律]

九年己丑(一八二九)　六十九歲

　　秋，侄孫順銘等請於先生，將所刻書板修補而匯萃之，顏曰《節甫老人雜著》，收錄《周易述補》四卷附惠棟《易大義》一卷、《國朝漢學師承記》八卷、《國朝經師經義目錄》一卷、《國朝宋學淵源記》二卷《附記》一卷、《隸經文》四卷《續》一卷，凡五種二十二卷②。後光緒十二年丙戌，順銘子巨渠又以板多殘缺，命二子朝棟、朝楨校讎補刊，增《樂縣考》二卷、《扁舟載酒詞》一卷，凡七種二十五卷，改題《江氏叢書》。(江藩《節甫老人雜著》卷首江順銘《跋》、江藩《江氏叢書》卷首江巨渠《跋》)

　　九月，《皇清經解》刻成，計一千四百卷，收書一百八十三種，撰著者七十三家。(《皇清經解》卷首夏修恕《序》)

────────

① 按：此東公當即本譜道光七年條所載校刻江藩《國朝漢學師承記》八卷、《國朝經師經義目錄》一卷、《國朝宋學淵源記》二卷《附》一卷之東野隆吉。
② 此據上海圖書館藏本。中國國家圖書館、北京大學圖書館亦有藏本，較上海圖書館藏本多收《樂縣考》二卷。

十一月，阮福《孝經義疏補》刊成。（張鑒等《雷塘庵主弟子記》嘉慶九年條）

約是年，汪喜孫致函先生，告知先生《周易述補》已刊入《皇清經解》，並索求先生《文集》《漢學師承記》諸書。（汪喜孫撰、楊晉龍主編《汪喜孫著作集》上冊《汪孟慈集》卷五《與鄭堂先生書》）

是年，何元錫、劉彬華卒。先生與何氏有贈答之詞，又嘗得何氏所贈《梁武祠堂畫像》，作有考釋文字。（江藩《扁舟載酒詞·澡蘭香·題何三夢華媚蘭小影》《半氈齋題跋》卷下《梁武祠堂畫像》）

十年庚寅（一八三〇）　七十歲

春夏間，先生卒。葬揚州桃花庵側，友朋以詩文悼之。［陳逢衡《讀騷樓詩二集》卷一《汪冬巢寒林獨步圖》、包世臣《安吳四種》卷一六《藝舟雙輯·汪冬巢傳》、汪潮生《冬巢集》卷四《曩以卜生庵圖册乞題於鄭堂練江題未成而兩君皆歿秋窗展玩愴憶爲詩》、黄承吉《夢陔堂文集》卷一《江鄭堂像贊（並序）》《夢陔堂詩集》卷三二《江鄭堂没已數月秋窗坐憶惻然成詩》、汪喜孫《抱璞齋詩集》卷五《五哀詩·江鄭堂先生》、丁晏《頤志齋感舊詩·江鄭堂師》、王翼鳳《舍是集》卷四《挽江鄭堂（藩）先生》］

先生無嗣，嘗以侄懋鈞繼之。（江藩《國朝漢學師承記》卷七《汪中》、江藩《國朝經師經義目録》卷末江懋鈞《跋》）

昔年，先生自京師歸，嘗盛讚徐松及徐頲曰："京師學者，孰與二徐！"先生歿後，徐松出泉十萬貫，俾汪喜孫校録先生遺書，《爾雅小箋》即其中之一。（上海圖書館藏清鈔本《爾雅小箋》卷首《序目》後汪喜孫《跋》）

先生博學多識，著述等身。所撰大抵可分獨著、參編、輯校三類。獨著傳世者有《周易述補》四卷（一作五卷）、《樂縣考》二卷、《爾雅小箋》三卷、《隸經文》四卷《續》一卷、《國朝漢學師承記》八卷、《國朝經師經義目録》一卷、《國朝宋學淵源記》二卷《附記》一卷、《舟車聞見録》二卷《雜録續集》一卷《續録三集》一卷、《端研記》一卷、《續南方草木狀》一卷、《廣南禽蟲述》一卷、《獸述》一卷、《半氈齋題跋》二卷、《炳燭室雜文》一卷、《炳燭室雜文補遺》一卷（王欣夫輯）、《炳燭室雜文續補》一卷（漆永祥輯）、《炳燭室雜文拾遺》一卷（高明峰輯）、《乙丙集》二卷、《伴月樓詩鈔》三卷、《扁舟載酒詞》一卷，凡十八種四十五卷；存目者有《考工戴氏車制圖翼》《儀禮補釋》《禮堂通義》《經傳地理通釋》《石經源流考》《通鑒訓纂》《蠅須館雜記》（計五種，爲《槍譜》《葉格》《茅亭茶話》《緇流記》《名優記》）、《竹西詞鈔》等，凡十二種。參編有《（嘉慶）揚州府圖經》八卷、《（嘉慶）重修揚州府志》七十二卷《卷首》一卷、《（道光）廣東通志》三百三十四卷《卷首》一卷、《（道光）肇慶府志》二十二卷《卷首》一卷，凡四種四百三十九卷。輯校有《校補陸志》一卷、《祖帳集》二卷、《賜杖集》二卷等十餘種①。而舊題先生參編之《嘉慶揚州府圖經》，很可能非先生所爲。舊題先生所撰之《經解入門》，則絕非先生所爲。漆永祥整理先生《詩文集》，收録有《隸經文》四卷、《續隸經文》一卷、《炳燭室雜文》一卷、《半氈齋題跋》二卷、《伴月樓詩鈔》三卷、《扁舟載酒詞》一卷及《炳燭室雜文補遺》（王欣夫輯）一卷、《炳燭室雜文續補》（漆永祥輯）一卷等，可見先生文辭之概貌②。

---

① 詳參高明峰《江藩研究》第三章《江藩著述叙録》，中國文史出版社二〇一五年版，第九七——一一六頁。
② 詳參清江藩著，漆永祥整理《江藩集》，上海古籍出版社二〇〇六年版。

參 考 文 獻

《周易述補》，清江藩撰，《續修四庫全書》影印上海圖書館藏嘉慶刻本。

《樂縣考》，清江藩撰，《江氏叢書》本。

《爾雅小箋》，清江藩撰，《鄦齋叢書》本。

《國朝漢學師承記》，清江藩纂，《續修四庫全書》影印天津圖書館藏嘉慶末年刻本。

《(道光)廣東通志》，清阮元修，陳昌齊、江藩等纂，《續修四庫全書》影印道光二年刻本。

《炳燭齋雜著》，清江藩撰，民國三十七年《合眾圖書館叢書二集》本。

《隸經文》(附《續隸經文》)，清江藩撰，《續修四庫全書》影印浙江圖書館藏道光元年刻本。

《半氈齋題跋》，清江藩撰，《功順堂叢書》本。

《炳燭齋雜文》，清江藩撰，光緒三年《滂喜齋叢書》本。

《河賦注》，清江藩撰，錢坤注，光緒三十一年繆荃孫刻《藕香零拾》本。

《乙丙集》，清江藩撰，稿本，中國國家圖書館藏。

《伴月樓詩抄》，清江藩撰，抄本，上海圖書館藏。

《扁舟載酒詞》，清江藩撰，《江氏叢書》本。

《祖帳集》，清王杰等撰，江藩編，道光間刻本。

《賜杖集》，清王杰等撰，江藩編，嘉慶間刻本。

《節甫老人雜著》，清江藩撰，道光九年刻本。

《江氏叢書》，清江藩撰，光緒十二年刻本。

《江藩集》，清江藩著，漆永祥整理，上海古籍出版社二〇〇六年版。

《漢學師承記箋釋》，清江藩纂，漆永祥箋釋，上海古籍出版社二〇〇六年版。

《江藩與〈漢學師承記〉研究》，漆永祥著，上海古籍出版社二〇〇六年版。

《江子屏先生年譜》，閔爾昌撰，民國十六年江都閔氏刊本。

《江藩年譜補訂》，薛以偉撰，南京師範大學二〇〇七年碩士學位論文。

《續修四庫全書》，顧廷龍主編，上海古籍出版社二〇〇二年版。

《十三經注疏》（標點本），李學勤主編，北京大學出版社一九九九年版。

《續修四庫全書總目提要·經部》，中國科學院圖書館整理，中華書局一九九三年版。

《二十四史》，司馬遷等撰，中華書局排印本。

《清史稿》，趙爾巽等撰，中華書局一九七七年版。

《清史列傳》，王鐘翰點校，中華書局一九八七年版。

《碑傳集》，清錢儀吉纂，中華書局一九九三年版。

《碑傳集補》，閔爾昌纂，上海書店一九八八年影印《清碑傳合集》本。

《碑傳集三編》，汪兆鏞纂，上海書店一九八八年影印《清碑傳合集》本。

《國朝先正事略》，清李元度纂，嶽麓書社二〇〇八年版。

《國朝耆獻類征初編》，清李桓輯，臺灣明文書局一九八五年影印本。

《清代碑傳文通檢》，陳乃乾編，中華書局一九五九年版。

《清代七百名人傳》，蔡冠洛編，中國書店一九八四年版。

《清儒學案》，徐世昌等編，沈芝盈，梁運華點校，中華書局二〇〇八年版。

《三十三中清代傳記綜合引得》，哈佛燕京學社引得編纂處杜連哲、房兆楹編，中華書局一九五九年影印本。

《揚州學派年譜合刊》，鄭曉霞、吳平標點，廣陵書社二〇〇八年版。

《阮元年譜》，王章濤著，黃山書社二〇〇三年版。

《清史稿藝文志及補編》，章鈺、武作成等編，中華書局一九八二年版。

《清史稿藝文志拾遺》，王紹曾著，中華書局二〇〇〇年版。

《清人詩文集總目提要》，柯愈春著，北京古籍出版社二〇〇一年版。

《販書偶記》（附《續編》），孫殿起著，上海古籍出版社一九九九年版。

《中國叢書綜録》，上海圖書館編，上海古籍出版社一九八六年版。

《揚州畫舫録》，清李斗撰，汪北平、塗雨公點校，中華書局一九八〇年版。

《清代詩文集彙編》，《清代詩文集彙編》編輯委員會編，上海古籍出版社二〇一〇年版。

《新編汪中集》，清汪中著，田漢雲點校，廣陵書社二〇〇五年版。

《校禮堂文集》，清凌廷堪著，王文錦點校，中華書局一九九八年版。

《焦循詩文集》，清焦循著，劉建臻點校，廣陵書社二〇〇九年版。

《揅經室集》，清阮元撰，鄧經元點校，中華書局一九九三年版。

《思適齋集》，清顧廣圻撰，《續修四庫全書》影印道光二十九年徐渭仁刻本。

《中國近三百年學術史》，梁啓超著，東方出版社一九九六年版。

《中國近三百年學術史》，錢穆著，商務印書館一九九七年版。

《清代揚州學記》，張舜徽著，上海人民出版社一九六二年版。

《清代揚州學派經學研究》，劉建臻著，江蘇人民出版社二〇〇四年版。

《清詞史》，嚴迪昌著，江蘇古籍出版社一九九九年版。